MÜNCHENER NEUES TESTAMENT

Studienübersetzung

Patmos Verlag

Diese Übersetzung wurde erarbeitet vom
„Collegium Biblicum München e. V.“,
erwachsen aus dem Schülerkreis von
Prof. Dr. Otto Kuss, München.
Sie wird herausgegeben vom ehemaligen Vorsitzenden des
Collegiums, Prof Dr. Josef Hainz, Frankfurt,
und seinen Mitarbeitern
Dr. Martin Schmidl und Dr. Josef Sunckel.

MIX
Papier aus verantwortungsvollen Quellen
FSC® C083411
FSC
www.fsc.org

Bibliografische Information der Deutschen Nationalbibliothek
Die Deutsche Nationalbibliothek verzeichnet diese Publikation in der Deutschen Nationalbibliografie; detaillierte bibliografische Daten sind im Internet über http://dnb.d-nb.de abrufbar.

11. Auflage 2016
Nachdruck der 5., durchgesehenen
und neu bearbeiteten Auflage 1998
Satz: Martin Schmidl, Rimbach
www.patmos.de

Druck: CPI books GmbH, Leck
Hergestellt in Deutschland
ISBN 978-3-8436-0511-3

INHALT

Vorwort

Übersetzungen des Neuen Testaments gibt es viele; aber ihre Zielsetzungen sind sehr verschieden. Die einen orientieren sich am *Leser*, wollen ihm mit der Übersetzung schon ein Stück weit den Text erschließen und Verstehensschwierigkeiten beseitigen, sind also interessiert an Lesbarkeit und Verständlichkeit für den heutigen Menschen. Die anderen halten fest an der Priorität des *Textes*, möchten ihm, so gut es geht, treu bleiben und nicht allzusehr interpretierend eingreifen.

Das „Münchener Neue Testament" (MNT) verfährt im Sinne des zweiten Typs und verfolgt den Grundsatz: „So griechisch wie möglich, so deutsch wie nötig", mit einer Entschiedenheit, wie sie nur selten vertreten wurde.

Sie entspringt dem an Universitäten und Hochschulen immer drängender werdenden Bedürfnis, all jenen Studierenden, aber auch interessierten Laien, die des Griechischen nicht oder nicht genügend mächtig sind, einen Basistext anzubieten, der das Manko fehlender Sprachkenntnisse ein wenig ausgleicht. Das MNT will also nicht das Original ersetzen, es will auch nicht andere Übersetzungen verdrängen. Aber dadurch, daß das MNT dem griechischen Original seine Eigenart, auch seine Ecken und Kanten beläßt, will es einen Weg zum Original erschließen und schafft es eine gewisse Verfremdung der oft allzu bekannten Texte, so daß eine neue Aufmerksamkeit für den Text gewonnen und zu intensiverer Beschäftigung mit dem Text angeregt wird.

Als „Studienübersetzung" will das MNT seinen experimentellen Charakter nicht verleugnen. Manche werden daran Anstoß nehmen. Zu ungewohnt ist vermutlich die weitgehende Beibehaltung der griechischen Wortstellung, der vielen – im Deutschen inzwischen recht ungebräuchlichen – Partizipien, der Komposita, der griechischen und hebräischen Namen usw.; auch wird man wohl des öfteren Anstoß nehmen an stehengelassenen Brüchen im Text, abgebrochenen Satzkonstruktionen, die nicht geglättet, Härten, die nicht harmonisiert sind – oder auch Inkonsequenzen der Übersetzer. Zwar ist die Übersetzung an möglichst einheitlicher Wiedergabe des Urtextes interessiert und um konkordante Wiedergabe griechischer Wörter und Begriffe bemüht, aber sie ist nicht mit dem Computer angefertigt, sondern in jahrelanger Arbeit im Kreis des „Collegium Biblicum München e. V." (CBM e. V.) entstanden.

Am Anfang stand ein von Prof. Dr. Otto Kuss angeregter Übersetzerkreis für seine Promovenden. Einübung war das Ziel; wir sollten unsere Erfahrungen und Entdeckungen machen mit dem griechischen Text. „Gängige" Übersetzungen wurden anfangs bewußt vermieden, Wortschöpfungen eher gesucht als verworfen, alles eingeklammert, was im griechischen Text keine Entsprechung hat, usw.; später, als der Schülerkreis sich 1970 zum Verein CBM e. V. zusammenschloß und allmählich der Plan zur Veröffentlichung der Übersetzung entstand, mußten wir einsehen, daß auch wir zu Kompromissen genötigt waren, wollten wir die Anstößigkeit der Übersetzung nicht überziehen.

Es mag genügen, auf einige Übersetzungsgrundsätze besonders hinzuweisen:

- Grundlage des MNT ist die 26. Auflage von Nestle-Aland. Ihr folgten wir weitgehend: Wir übernehmen die Einteilung der Texte, die Absätze, die eckigen Klammern [ ] und doppelten Klammern [[ ]] für unsichere Lesarten oder spätere Einfügungen in den Text, die durch Kursivdruck angezeigten alttestamentlichen Zitate samt den zugehörigen Verweisstellen am Textrand (einschließlich des G als Hinweis auf die Septuagintafassungen von Zitaten); wir verweisen mit Anmerkungen (*) auf ausgelassene Verse, die in den besten Handschriften fehlen, und wir orientieren uns im allgemeinen auch an der Satzzeichensetzung von Nestle-Aland, weichen allerdings zur Erleichterung des Verständnisses – vor allem durch Kommasetzungen, Doppelpunkte und Ausrufezeichen – des öfteren davon ab. Nicht übernommen haben wir die kleinen Abstände im Text von Nestle-Aland, die auf gedankliche Zäsuren aufmerksam machen, und die Absetzungen von Texten und Zitaten in Versform bzw. in Sinnzeilen.

- Übersetzungsbedingte Hinzufügungen zum Text haben wir mit runden Klammern ( ) kenntlich gemacht, sofern sie nicht zur Wiedergabe griechischer Konstruktionen unabdingbar erschienen (z. B. bei Verwendung von Präpositionen zur Wiedergabe eines griechischen Kasus, bei Auflösung von Partizipien, Genitivus-Absolutus-Konstruktionen usw.).
- Weggelassen haben wir die Artikel vor Eigennamen, v. a. im Nominativ, sowohl bei Personen wie bei Städten und Inseln. Die Eigennamen sind in der Form belassen, wie sie im griechischen Text stehen; doch wurden Ausnahmen gemacht bei Jesus, Isajas, Rom und Kreta sowie überall, wo im Deutschen statt des i ein j gebräuchlich (z. B. Gajos, Benjamin, Kajaphas) oder wo vom Hebräischen her ein h erforderlich ist (z.B. Abraham, Gehenna) oder ein ch (z.B. Rachab; aber: Johannes).
- Unübersetzt blieben des öfteren die kleineren Partikel, die sich im Deutschen viel voluminöser ausnehmen als im Griechischen, sowie die doppelten Verneinungen.
- Häufig mußten wir „Stufenpläne“ anwenden, um dem Griechischen so treu bleiben zu können wie möglich, ohne doch die deutsche Sprache zu vergewaltigen (so z. B. bei der Wiedergabe von griechischen Komposita mit oder ohne nachfolgender Präposition, bei der Zusammenziehung von Präpositionen und Artikeln, bei der Kommasetzung im Falle von vorausgestellten Partizipien und generell bei der Wiedergabe von Partizipien).
- Griechischer Aorist wird in der Regel mit deutschem Imperfekt wiedergegeben; Aorist-Partizipien werden im allgemeinen gleichzeitig übersetzt – außer bei ausgeprägter Vorzeitigkeit.

- Die meisten Kompromisse an das deutsche Sprachempfinden mußten beim Umgang mit der griechischen Wortstellung gemacht werden: etwa bei der Stellung des Personalpronomens zur Verbform, bei der Stellung des Objekts, der Hilfsverben, bei Prädikaten aus konjugierter Verbform plus Infinitivform, bei Partizipien, Nebensätzen, Fragesätzen, Verneinungen und bei der Stellung von Partikeln.
  Hier galt es immer neu, Ermessensentscheidungen zu treffen.
- Durch die Einfügung eines (es) konnte die Stellung von Prädikaten vor den Subjekten beibehalten werden; doch bei näheren Bestimmungen des Prädikats oder wenn ein Nebensatz vorangeht, war auch diese Regelung nicht anwendbar.
- Der Konjunktiv wurde im Deutschen nur, wo er unbedingt gefordert erschien, verwendet.
- Maße, Gewichte, Währungen sind i. d. R. in der griechischen Form belassen, häufig auch Amtsbezeichnungen und Fachausdrücke (wie Praitorion, Synhedrion usw.).
- Dem Substantiv mit Artikel nachgestellte Adjektiva sind vorgezogen (z. B. der große Mensch); doch in Einzelfällen sind wir auch von dieser Regel abgewichen (z. B. Babylon, die große).
- Die konkordante Wiedergabe von Wörtern und Begriffen erfolgte nicht mechanisch und um jeden Preis; es sollte nur nicht grundlos von der Hauptbedeutung eines Wortes oder Begriffes abgewichen werden.

Das MNT ist keine Interlinearübersetzung, für die nur wenige ein Bedürfnis haben, sondern es will möglichst vielen Benutzern eine Hilfe anbieten für Studium und Bibelarbeit.

Nach allen bisherigen Erfahrungen bei der Erprobung des MNT im Hochschulbereich wie in der praktischen Gemeindearbeit erfüllt es die Zwecke, für die es geschaffen wurde. Die Benutzer attestieren der Übersetzung, sie sei im besten Sinne „anstößig“: Sie stoße den Leser auf leicht überlesbare Textprobleme und oft übersehene Textdimensionen hin und rege, indem sie alte Lesegewohnheit irritiert, zu neuem Hören und zu vertiefter Auseinandersetzung an.

Daß das MNT diese Funktionen erfüllt, wünschen sich alle, die im Verlauf der Jahre an seiner Erarbeitung mitgewirkt haben. Es sind dies v. a. die Mitglieder und Freunde des CBM e. V.: Dr. Werner Bracht, Prof. Dr. Jost Eckert, Prof. Dr. Josef Ernst, Prof. Dr. Josef Hainz, Prof. P. Dr. Ivan Havener †, Joachim Herten, Prof. Dr. Dr. Peter Hofrichter, Alfred Hübner, Abt Dr. Emmeram Kränkl, Prof. Dr. Franz Laub, Hans Liebl, Dr. Andrea Link, Dr. Walter Lütgehetmann, Eva-Maria Räpple, Dr. Gerhard Riese, Prof. Dr. Alexander Sand, Helmut Schneider, Prof. Dr. Friedrich Schröger †, Hans Schuierer, Prof. Dr. Dr. Dr. Lutz Simon, Dr. Bernhard Spörlein, Prof. Dr. Hanneliese Steichele, Dr. Hans-Jörg Steichele, Dr. Josef Wagner.

Für das Collegium Biblicum München e. V.

Josef Hainz

Vorwort zur 3. Auflage

Das MNT hat in den vergangenen zwei Jahren die von uns erhoffte, aber doch nicht einfach erwartbare Aufnahme gefunden. Es erfüllt offenbar in hohem Maße die Aufgabe, um derentwillen es geschaffen wurde, nämlich die eines „Arbeitsinstruments" für das Studium des NT.

Studierende vor allen Dingen, aber auch Pfarrer und Katechetinnen/Katecheten verwenden es – wie uns allenthalben bestätigt wird – dankbar, und auch in der gemeindlichen Bibelarbeit scheint es seinen Platz gefunden zu haben.

Diese freundliche Aufnahme des MNT hat uns ermutigt, nun auch eine „Synopse zum MNT" herauszubringen. Bei den Vorarbeiten zu dieser Synopse ergab sich sowohl die Notwendigkeit wie die Möglichkeit, alle Abweichungen in Paralleltexten zu überprüfen und – wo nötig – einer Korrektur zu unterziehen. Manche Übersetzungen und auch Prinzipien der Übersetzung wurden neu durchdiskutiert. Insgesamt zeigte sich aber, daß an der Grundkonzeption des MNT nichts geändert werden sollte. Im Gegenteil: Aufgrund der – noch verbesserten – Genauigkeit in der Wortstellung und der weitgehenden Konkordanz bei der Wiedergabe von Wörtern und Konstruktionen dürfte sich kaum eine Übersetzung für eine Synopse besser eignen als das MNT.

Wir haben die Gelegenheit selbstverständlich auch genutzt, um eine Reihe von Druckfehlern der ersten Auflagen und gelegentliche Inkonsequenzen bei der Übersetzung zu beseitigen, soweit sie uns selber aufgefallen sind. Daß wir auf manche auch von Benutzern aufmerksam gemacht wurden, freut uns ganz besonders, zeigt es doch, daß nicht nur uns selbst daran gelegen ist, das „Arbeitsinstrument MNT" laufend zu verbessern.

Für das Collegium Biblicum München e.V. *Josef Hainz*

Vorwort zur 5. Auflage

10 Jahre nach dem ersten Erscheinen des MNT legen wir jetzt eine 5. Auflage vor, die erstmals größere Veränderungen aufweist. Grund dafür sind die Vorarbeiten zu einer „Konkordanz zum MNT“, die in Kürze erscheinen wird. Verglichen mit den eher geringfügigen Änderungen, die die Herstellung der „Synopse zum MNT“ notwendig gemacht hatte, kann man bei der 5. Auflage von einer gründlichen Überarbeitung sprechen.

Wir hatten uns zwar immer um eine konkordante Wiedergabe des griechischen Textes des NT bemüht, gleichzeitig aber auch immer darauf hingewiesen, daß die in den Jahren zwischen 1965 und 1988 entstandene Übersetzung noch nicht mit den Hilfen des Computerzeitalters arbeiten konnte. Anfangs waren wir noch angewiesen auf Alfred Schmollers „Handkonkordanz“ (Württembergische Bibelanstalt Stuttgart, ^{8}1949, später ^{15}1973); aber deren Vorzüge und Nachteile sind bekannt. Dann gab es zwar die vollständige Computer-Konkordanz von Kurt Aland in 2 Bänden (Vollständige Konkordanz zum griechischen Neuen Testament, de Gruyter Berlin, New York, 1978), aber jedermann kann sich vorstellen, daß es fast unmöglich ist, alle Stellenangaben zu den einzelnen Begriffen des NT zu überprüfen, wenn die Übersetzung im Prinzip fertig ist. Derartiges ist erst möglich, seit das NT für PCs verfügbar ist und solche Überprüfungen mechanisch vorgenommen werden können. Wir haben zu diesem Zweck für die 5. Auflage des MNT „BibleWorks“ (Version 3.5, Hermeneutika Computer Bible Research Software: Big Fork, MT 1997) benutzt und sind mit dem Ergebnis hochzufrieden.

Denn obwohl sich tausende von Änderungen als notwendig ergaben, hat sich doch am MNT nichts Wesentliches geändert; es hat seinen Stil und seine Eigenart bewahrt. Keiner der im Vorwort zur 1. Auflage genannten Übersetzungsgrundsätze mußte geändert werden, eher haben wir sie noch strenger gehandhabt und haben eingegangene Kompromisse (die um der deutschen Sprache willen erfolgten) revidiert. Auch sind wir nicht der Versuchung erlegen, um einer konkordanten Wiedergabe willen die Bedeutungsvielfalt griechischer Begriffe zu beschneiden. Nur wo sich konkordante Übersetzung zwingend nahelegte oder leicht herstellbar war, haben wir Änderungen vorgenommen.

Durch das inzwischen erschienene CBM-Gemeinschaftswerk „Münchener Theologisches Wörterbuch zum Neuen Testament" hat sich der Kreis von Mitgliedern und Freunden des „Collegium Biblicum München e.V." beträchtlich erweitert. Wir haben die Möglichkeit genutzt, viele dieser ausgewiesenen Fachleute zu bitten, bei den Vorarbeiten zur 5. Auflage des MNT mitzuwirken. Und so sind im Zuge dieser Revision noch einmal alle neutestamentlichen Schriften in ihrer Übersetzung im MNT einer eingehenden Überprüfung unterzogen worden.

Wir haben diesen Kolleginnen und Kollegen herzlich zu danken. Es sind dies:

Prof. Dr. Franz Annen, Chur; Prof. Dr. Knut Backhaus, Paderborn; Prof. Dr. Gerhard Dautzenberg, Gießen; Prof. Dr. Detlev Dormeyer, Münster; Prof. Dr. Peter Dschulnigg, Bochum; Dr. Monika Fander, Hilzingen; Siegfried Fay, Schwalbach; Prof. Dr. Dr. Heinz Giesen, Hennef; Prof. Dr. Rudolf Hoppe, Passau; Dr. Gerhard Hotze, Osnabrück; Dr. Beate Kowalski, Paderborn; Dr. Hans-Jürgen Kuhn; Prof. Dr. Lorenz Oberlinner, Freiburg; Dr. Martin Schmidl, Frankfurt; Dr. Sebastian Schneider, Eppstein; Dr. Klaus Scholtissek, Würzburg; Prof. Dr. Otto Schwankl, Passau; Dr. Alois Stimpfle, Augsburg; Dr. Josef Sunckel, Frankfurt; Dr. Joachim Theis, Trier; Prof. Dr. Franz Georg Untergaßmair, Osnabrück; Prof. Dr. Alfons Weiser, Vallendar; und Dr. Armin Wouters, München.

Das Herausgeberteam hat alle eingegangenen Anregungen und Vorschläge bearbeitet. In Frankfurt traf sich eine Kommission zu vielen ganztägigen Sitzungen, um über strittige Fragen zu beraten und zu entscheiden. Dazu gehörten vor allem Prof. Dr. Dr. Heinz Giesen, Alfred Hübner, Dr. Klaus Scholtissek und Dr. Helmut Müller, Sprachlehrer für Griechisch und Hebräisch an der Universität Frankfurt am Main, der uns bereitwillig in schwierigen philologischen Fragen zur Seite stand.

Für die in Aussicht genommene „Konkordanz zum MNT", aber auch für die 2. Auflage der „Synopse zum MNT" mußte eine Datenbank erstellt werden. Für die Einrichtung - wie für alle anderen Computerarbeiten - war Dr. Martin Schmidl verantwortlich; bei der Durchführung halfen Johanna Bayer und Alexander Bauer.

Auch der Ertrag dieser Arbeiten für die Verbesserung von MNT und Synopse war beträchtlich.

Insgesamt darf man sagen, war es ein glückliches Zusammentreffen: Ohne die in Aussicht genommene Konkordanz hätte eine Überarbeitung des MNT und der Synopse wohl noch lange auf sich warten lassen. Niemand schien sie für nötig zu halten; alle waren mit dem bisher Vorgelegten zufrieden.

Um so mehr freut es uns Herausgeber und das ganze „Collegium Biblicum München", ohne gravierende Veränderungen ein stark verbessertes und um einen Anhang (mit Wort- und Sacherklärungen sowie Landkarten) erweitertes MNT in 5. Auflage vorlegen zu können.

Frankfurt, 13. August 1998
Die Herausgeber

Josef Hainz
Martin Schmidl
Josef Sunckel

Nach Matthaios

1 [1] Buch (des) Ursprungs von Jesus Christos, (dem) Sohn
Davids, (dem) Sohn Abrahams.
[2] Abraham zeugte den Isaak, Isaak aber zeugte den Jakob,
Jakob aber zeugte den Judas und seine Brüder, [3] Judas aber
zeugte den Phares und den Zara aus der Thamar, Phares aber
zeugte den Hesrom, Hesrom aber zeugte den Aram, [4] Aram
aber zeugte den Aminadab, Aminadab aber zeugte den Naas-
son, Naasson aber zeugte den Salmon, [5] Salmon aber zeugte
den Boes aus der Rachab, Boes aber zeugte den Jobed aus der
Ruth, Jobed aber zeugte den Jessai, [6] Jessai aber zeugte den
David, den König.

David aber zeugte den Solomon aus der des Uria, [7] Solo-
mon aber zeugte den Roboam, Roboam aber zeugte den Abia,
Abia aber zeugte den Asaph, [8] Asaph aber zeugte den Josa-
phat, Josaphat aber zeugte den Joram, Joram aber zeugte den
Ozias, [9] Ozias aber zeugte den Joatham, Joatham aber zeugte
den Achaz, Achaz aber zeugte den Hezekias, [10] Hezekias aber
zeugte den Manasses, Manasses aber zeugte den Amos, Amos
aber zeugte den Josias, [11] Josias aber zeugte den Jechonias
und seine Brüder während der Umsiedlung nach Babylon.

[12] Nach der Umsiedlung nach Babylon aber zeugte Jechoni-
as den Salathiel, Salathiel aber zeugte den Zorobabel, [13] Zoro-
babel aber zeugte den Abiud, Abiud aber zeugte den Eliakim,
Eliakim aber zeugte den Azor, [14] Azor aber zeugte den Sadok,
Sadok aber zeugte den Achim, Achim aber zeugte den Eliud,
[15] Eliud aber zeugte den Eleazar, Eleazar aber zeugte den
Matthan, Matthan aber zeugte den Jakob, [16] Jakob aber zeugte
den Joseph, den Mann Marias, aus der geboren wurde Jesus,
der Christos genannte.

[17] Alle Geschlechter nun von Abraham bis David (sind)
vierzehn Geschlechter, und von David bis zur Umsiedlung
nach Babylon (sind) vierzehn Geschlechter, und von der Um-

siedlung nach Babylon bis zu dem Christos (sind) vierzehn
Geschlechter.

[18] Des Jesus Christos Ursprung aber war so: Als verlobt
worden war seine Mutter Maria dem Joseph, wurde sie, ehe
sie zusammenkamen, schwanger befunden aus heiligem Geist.
[19] Joseph aber, ihr Mann, der gerecht war und sie nicht bloß-
stellen wollte, beschloß, heimlich sie zu entlassen. [20] Während
er aber dieses dachte, siehe, ein Engel (des) Herrn im Traum
erschien ihm, sagend: Joseph, Sohn Davids, fürchte dich
nicht, anzunehmen Maria als deine Frau; denn das in ihr Ge-
zeugte ist aus heiligem Geist. [21] Gebären aber wird sie einen
Sohn, und rufen wirst du seinen Namen Jesus; denn er wird
retten sein Volk von ihren Sünden. [22] Dieses Ganze aber ist
geschehen, damit erfüllt wird das Gesagte vom Herrn durch
Jes 7,14 (G) den Propheten, (den) sagenden: [23] *Siehe, die Jungfrau wird
schwanger werden, und gebären wird sie einen Sohn, und
rufen werden sie seinen Namen Emmanuel,* das ist übersetzt:
Jes 8,8.10 (G) *mit uns (ist) Gott.* [24] Aufstehend aber Joseph vom Schlaf, tat
er, wie ihm aufgetragen hatte der Engel (des) Herrn, und er
nahm seine Frau an, [25] und nicht erkannte er sie, bis daß sie
gebar einen Sohn; und er rief seinen Namen Jesus.

2 [1] Als aber Jesus geboren war in Bethlehem (in) der Ju-
daia in (den) Tagen (des) Herodes, des Königs, siehe,
Magier von Osten kamen nach Hierosolyma, [2] sagend: Wo ist
der (neu)geborene König der Judaier? Denn wir sahen seinen
Stern im Osten, und wir kamen, ihm zu huldigen. [3] (Es) hö-
rend aber, wurde der König Herodes verwirrt und ganz Hie-
rosolyma mit ihm, [4] und versammelnd alle Hochpriester und
Schriftkundigen des Volkes, erkundigte er sich bei ihnen, wo
der Christos geboren werde. [5] Die aber sprachen zu ihm: In
Bethlehem (in) der Judaia; denn so ist geschrieben durch den
Mi 5,1.3 Propheten: [6] *Und du Bethlehem,* Land Juda, keinesfalls *die
geringste bist du unter den Führern Judas; denn aus dir wird
2 Sam 5,2 herauskommen ein Führer, welcher weiden wird mein Volk Is-
1 Chr 11,2 rael.*

7 Da, heimlich rufend die Magier, erkundete Herodes genau
bei ihnen die Zeit des erscheinenden Sterns, 8 und schickend
sie nach Bethlehem, sprach er: Hineingehend forscht genau
nach dem Kind! Wann ihr (es) aber gefunden habt, meldet
mir, auf daß auch ich kommend ihm huldige. 9 Die aber, hö-
rend den König, gingen weg; und siehe, der Stern, den sie
sahen im Osten, ging ihnen voran, bis kommend er darüber
stand, wo das Kind war. 10 Sehend aber den Stern, freuten sie
sich mit großer Freude sehr. 11 Und kommend in das Haus,
sahen sie das Kind mit Maria, seiner Mutter, und (nieder)fal-
lend huldigten sie ihm, und öffnend ihre Schatz(behälter),
darbrachten sie ihm Geschenke, Gold und Weihrauch und
Myrrhe. 12 Und unterwiesen im Traum, nicht zurückzukehren
zu Herodes, auf einem anderen Weg entwichen sie in ihr
Land.

13 Als sie aber entwichen waren, siehe, ein Engel (des)
Herrn erscheint im Traum dem Joseph, sagend: Aufstehend
nimm mit das Kind und seine Mutter und flieh nach Aigyptos,
und sei dort, bis ich zu dir spreche; denn Herodes will suchen
das Kind, es zu vernichten. 14 Der aber, aufstehend, nahm mit
das Kind und seine Mutter nachts und entwich nach Aigyptos,
15 und er war dort bis zum Ende von Herodes; damit erfüllt
wird das Gesagte vom Herrn durch den Propheten, (den) sa-
genden: *Aus Aigyptos rief ich meinen Sohn.* Hos 11,1

16 Da wurde Herodes, sehend, daß er genarrt wurde von
den Magiern, sehr zornig, und schickend tötete er alle Kna-
ben in Bethlehem und in allen seinen Gebieten, ab zweijährig
und darunter, gemäß der Zeit, die er genau erkundete bei den
Magiern. 17 Da wurde erfüllt das Gesagte durch Jeremias, den
Propheten, (den) sagenden: 18 *Eine Stimme wurde in Rama* Jer 31,15
gehört, Weinen und viel *Klagen; Rachel beweinend ihre Kin-*
der, und nicht wollte sie getröstet werden, weil sie nicht sind.

19 Als aber geendet war Herodes, siehe, ein Engel (des)
Herrn erscheint im Traum dem Joseph in Aigyptos, 20 sagend:
Aufstehend nimm mit das Kind und seine Mutter und geh ins
Land Israel! Denn gestorben sind die Suchenden das Leben

des Kindes. 21 Der aber, aufstehend, nahm mit das Kind und
seine Mutter, und hineinkam er ins Land Israel.

22 Hörend aber, daß Archelaos als König herrsche über die
Judaia anstelle seines Vaters Herodes, fürchtete er sich, dort-
hin zu gehen; unterwiesen aber im Traum, entwich er in die
(Landes)teile der Galilaia, 23 und (an)gekommen wohnte er in
einer Stadt, genannt Nazaret; auf daß erfüllt wird das Gesagte
durch die Propheten, daß Nazoraier er gerufen werden wird.

3 1 In jenen Tagen aber kommt Johannes der Täufer, ver-
kündend in der Öde der Judaia, 2 [und] sagend: Kehrt
um! Denn nahegekommen ist das Königtum der Himmel.
3 Denn dieser ist der Angesprochene durch Isaias, den Pro-
Jes 40,3 (G) pheten, (den) sagenden: *Stimme eines Rufenden in der Öde:*
Bereitet den Weg (des) Herrn, gerade macht seine *Straßen.*
4 Er aber, Johannes, hatte sein Gewand aus Haaren vom Ka-
mel und einen ledernen Gürtel um seine Hüfte; seine Nahrung
aber war Heuschrecken und wilder Honig. 5 Damals hinaus-
ging zu ihm Hierosolyma und die ganze Judaia und die ganze
Umgegend des Jordanes, 6 und sie wurden getauft im Fluß
Jordanes von ihm, bekennend ihre Sünden.

7 Sehend aber viele der Pharisaier und Saddukaier, kom-
mend zu seiner Taufe, sprach er zu ihnen: Brut von Nattern,
wer zeigte euch, zu fliehen vor dem kommenden Zorn?
8 Bringt also Frucht, würdig der Umkehr, 9 und meint nicht,
sagen zu (können) bei euch: Als Vater haben wir den Abra-
ham. Denn ich sage euch: (Es) kann Gott aus diesen Steinen
erwecken Kinder dem Abraham. 10 Schon aber ist die Axt an
die Wurzel der Bäume gelegt; jeder Baum nun, nicht brin-
gend gute Frucht, wird ausgehauen und ins Feuer geworfen.

11 Ich zwar taufe euch mit Wasser zur Umkehr, der aber
nach mir Kommende ist ein Stärkerer als ich, dessen ich nicht
wert bin, die Sandalen zu tragen; er wird euch taufen mit
heiligem Geist und Feuer; 12 dessen Worfschaufel (ist) in sei-
ner Hand, und durchreinigen wird er seine Tenne, und sam-
meln wird er sein Getreide in die Scheune, die Spreu aber

wird er verbrennen mit unlöschbarem Feuer.
[13] Da kommt Jesus von der Galilaia an den Jordanes zu Jo-
hannes, um getauft zu werden von ihm. [14] Johannes aber hin-
derte ihn, sagend: Ich habe nötig, von dir getauft zu werden,
und du kommst zu mir? [15] Antwortend aber sprach Jesus zu
ihm: Laß jetzt; denn so ist es geziemend für uns, zu erfüllen
jede Gerechtigkeit. Da läßt er ihn. [16] Getauft aber stieg Jesus
sofort herauf vom Wasser; und siehe, geöffnet wurden [ihm]
die Himmel, und er sah [den] Geist Gottes herabsteigend wie
eine Taube [und] kommend auf ihn; [17] und siehe, eine Stimme
aus den Himmeln, sagend: Dieser ist mein geliebter Sohn, an
dem ich Gefallen fand.

4 [1] Da wurde Jesus hinaufgeführt in die Öde vom Geist,
um versucht zu werden vom Teufel. [2] Und fastend vier-
zig Tage und vierzig Nächte, zuletzt hungerte (ihn). [3] Und
hinzukommend, der Versucher sprach zu ihm: Wenn du Sohn
Gottes bist, sprich, daß diese Steine Brote werden. [4] Der aber
antwortend sprach: Geschrieben ist: *Nicht vom Brot allein* Dtn 8,3
wird leben der Mensch, sondern von jedem Wort, herausge-
hend durch (den) Mund Gottes. [5] Da nimmt ihn der Teufel mit
in die heilige Stadt und stellte ihn auf den Rand des Heilig-
tums [6] und sagt ihm: Wenn du Sohn Gottes bist, wirf dich
hinunter; denn es ist geschrieben: *Seinen Engeln wird er ge-* Ps 91,11
bieten deinetwillen, und: *Auf Händen werden sie dich tragen,* Ps 91,12
damit du nicht anstoßest gegen einen Stein deinen Fuß. [7] (Es)
sagte ihm Jesus: Wieder ist geschrieben: *Nicht sollst du ver-* Dtn 6,16 (G)
suchen (den) Herrn, deinen Gott. [8] Wieder nimmt ihn der
Teufel mit auf einen sehr hohen Berg und zeigt ihm alle Kö-
nigreiche der Welt und ihre Herrlichkeit [9] und sprach zu ihm:
Dieses alles werde ich dir geben, wenn du (nieder)fallend mir
huldigst. [10] Da sagt ihm Jesus: Geh fort, Satan! Denn es ist
geschrieben: *(Dem) Herrn, deinem Gott, sollst du huldigen* Dtn 6,13 (G); 10,20
und ihm allein *dienen.* [11] Da läßt ihn der Teufel, und siehe,
Engel kamen hinzu und dienten ihm.
[12] Hörend aber, daß Johannes übergeben wurde, entwich er
in die Galilaia. [13] Und zurücklassend Nazara, (an)gekommen,

wohnte er in Kapharnaum, dem am Meer in (den) Gebieten
von Zabulon und Nephthalim; 14 damit erfüllt wird das Ge-
Jes 8,23–9,1 sagte durch Isaias, den Propheten, (den) sagenden: 15 *Land*
Zabulon und *Land Nephthalim gegen das Meer (hin), jenseits*
des Jordanes, Galilaia der Heiden, – 16 *das Volk, das in Fin-*
sternis sitzende, sah ein großes Licht, und den im Land und
Schatten (des) Todes Sitzenden, ein Licht ging ihnen *auf.*

17 Von da (an) begann Jesus zu verkünden und zu sagen:
Kehrt um! Denn nahegekommen ist das Königtum der Himmel.

18 Umhergehend aber entlang dem Meer der Galilaia, sah er
zwei Brüder, Simon, den Petros genannten, und Andreas, sei-
nen Bruder, werfend ein Wurfnetz ins Meer; denn sie waren
Fischer. 19 Und er sagt ihnen: Auf, hinter mich! Und machen
werde ich euch zu Fischern von Menschen. 20 Die aber, so-
gleich lassend die Netze, folgten ihm. 21 Und weitergehend von
dort, sah er andere zwei Brüder, Jakobos, den des Zebedaios,
und Johannes, seinen Bruder, im Boot mit Zebedaios, ihrem
Vater, zurechtbringend ihre Netze, und er rief sie. 22 Die
aber, sogleich lassend das Boot und ihren Vater, folgten ihm.

23 Und umherzog er in der ganzen Galilaia, lehrend in ihren
Synagogen und verkündend das Evangelium des Königtums
und heilend jede Krankheit und jede Schwäche im Volk.

24 Und hinausging sein Ruf in die ganze Syria; und hin-
brachten sie ihm alle, denen es schlecht ging, durch man-
cherlei Krankheiten und Qualen Bedrängte [und] Besessene
und Mondsüchtige und Gelähmte; und er heilte sie. 25 Und
(es) folgten ihm viele Volksmengen von der Galilaia und (der)
Dekapolis und von Hierosolyma und Judaia und von jenseits
des Jordanes.

5 1 Sehend aber die Volksmengen, hinaufstieg er auf den
Berg; und als er sich gesetzt hatte, kamen zu ihm seine
Schüler; 2 und öffnend seinen Mund lehrte er sie, sagend:
3 Selig die Armen dem Geist (nach), denn ihrer ist das Kö-
nigtum der Himmel. 4 Selig die Trauernden, denn sie werden
ermutigt werden. 5 Selig die Sanften, denn sie werden erben

die Erde. 6 Selig die Hungernden und Dürstenden nach der
Gerechtigkeit, denn sie werden gesättigt werden. 7 Selig die
sich Erbarmenden, denn sie werden Erbarmen finden. 8 Selig
die Reinen dem Herzen (nach), denn sie werden Gott sehen.
9 Selig die Frieden Schaffenden, denn sie werden Söhne Got-
tes gerufen werden. 10 Selig die Verfolgten wegen (der) Ge-
rechtigkeit, denn ihrer ist das Königtum der Himmel. 11 Selig
seid ihr, wann sie euch schmähen und verfolgen und sagen
alles Böse über euch, [lügend], wegen meiner. 12 Freut euch
und jubelt, denn euer Lohn (ist) groß in den Himmeln; denn
so verfolgten sie die Propheten, die vor euch.

13 Ihr seid das Salz der Erde; wenn aber das Salz schal
wird, mit was wird es salzig gemacht werden? Zu nichts hat
es mehr Kraft, außer, hinausgeworfen, zertreten zu werden
von den Menschen.

14 Ihr seid das Licht der Welt. Nicht kann eine Stadt sich
verbergen, auf einem Berg liegend. 15 Auch zündet man nicht
an eine Leuchte und stellt sie unter den Scheffel, sondern auf
den Leuchter, und sie leuchtet allen im Haus. 16 So soll leuch-
ten euer Licht vor den Menschen, auf daß sie sehen eure rech-
ten Werke und verherrlichen euren Vater in den Himmeln.

17 Meint nicht, daß ich kam, aufzulösen das Gesetz oder die
Propheten; nicht kam ich aufzulösen, sondern zu erfüllen.
18 Amen, denn ich sage euch: Bis vergeht der Himmel und die
Erde, nicht ein einziges Jota oder ein einziges Häkchen ver-
geht vom Gesetz, bis alles geschieht. 19 Wer immer also auf-
löst ein einziges dieser geringsten Gebote und lehrt so die
Menschen, (der) Geringste wird er gerufen werden im Kö-
nigtum der Himmel; wer aber immer (es) tut und (so) lehrt,
dieser wird groß gerufen werden im Königtum der Himmel.

20 Denn ich sage euch: Wenn nicht überfließt eure Gerech-
tigkeit mehr als (die) der Schriftkundigen und Pharisaier,
nicht werdet ihr hineingehen ins Königtum der Himmel.

21 Ihr hörtet, daß gesagt wurde den Alten: *Du sollst nicht* Ex 20,13
morden! Wer aber immer mordet, verfallen wird er sein dem Dtn 5,17
Gericht. 22 Ich aber sage euch: Jeder Zürnende seinem Bruder

wird verfallen sein dem Gericht. Wer aber immer spricht zu
seinem Bruder: Tor, verfallen wird er sein dem Synhedrion.
Wer aber immer spricht: Törichter, verfallen wird er sein in
die Gehenna des Feuers. 23 Wenn du nun hinbringst deine
Gabe zum Altar und dort dich erinnerst, daß dein Bruder et-
was hat gegen dich, 24 laß dort deine Gabe vor dem Altar und
geh zuerst fort, versöhne dich mit deinem Bruder, und dann,
kommend, bring hin deine Gabe! 25 Sei ein Wohlgesonnener
deinem Widersacher, (und zwar) schnell, solange du mit ihm
auf dem Weg bist, damit dich nicht übergeben wird der Wi-
dersacher dem Richter und der Richter dem Diener und du
ins Gefängnis geworfen wirst. 26 Amen, ich sage dir: Nicht
wirst du herausgehen von dort, bis du zurückgibst den letzten
Kodrantes.

Ex 20,14 27 Ihr hörtet, daß gesagt wurde: *Du sollst nicht ehebrechen!*
Dtn 5,18 28 Ich aber sage euch: Jeder Ansehende eine Frau, um sie zu
begehren, brach schon die Ehe mit ihr in seinem Herzen.
29 Wenn aber dein rechtes Auge dir Anstoß gibt, reiß es aus
und wirf (es) von dir! Denn es ist nützlich(er) für dich, daß
zugrundegeht eines deiner Glieder und nicht dein ganzer Leib
geworfen wird in (die) Gehenna. 30 Und wenn deine rechte
Hand dir Anstoß gibt, schlag sie ab und wirf (sie) von dir!
Denn es ist nützlich(er) für dich, daß zugrundegeht eines dei-
ner Glieder und nicht dein ganzer Leib in (die) Gehenna hin-
geht.

31 Gesagt wurde aber: Wer immer seine Frau entläßt, gebe
ihr einen Scheidebrief. 32 Ich aber sage euch: Jeder Entlassen-
de seine Frau, ausgenommen aufgrund von Unzucht, macht,
daß zum Ehebruch sie genommen wird, und wer immer eine
Entlassene heiratet, bricht die Ehe.

33 Wieder hörtet ihr, daß gesagt wurde den Alten: Du sollst
nicht eidbrüchig werden, erfüllen aber sollst du dem Herrn
deine Eide! 34 Ich aber sage euch: Überhaupt nicht schwören!
Weder beim Himmel, denn Thron Gottes ist er, 35 noch bei
der Erde, denn Fußbank seiner Füße ist sie, noch bei Hiero-
solyma, denn Stadt des großen Königs ist sie; 36 auch nicht bei

deinem Kopf schwöre, denn nicht kannst du ein einziges Haar
weiß machen oder schwarz. 37 Sein soll aber euer Wort: ja ja,
nein nein; das Mehr aber als dieses ist vom Bösen.

38 Ihr hörtet, daß gesagt wurde: *Auge anstelle von Auge* und Ex 21,24f
Zahn anstelle von Zahn. 39 Ich aber sage euch: Nicht dem Bö- Lev 24,20
sen widerstehen! Sondern, welcher dich schlägt auf [deine] Dtn 19,21
rechte Wange, wende ihm auch die andere zu! 40 Und dem,
der willens ist, mit dir zu rechten und dein Untergewand zu
nehmen, laß ihm auch das Obergewand! 41 Und welcher dich
zwingen will zu einer Meile, geh fort mit ihm zwei! 42 Dem
dich Bittenden gib, und den, der von dir leihen will, weise
nicht ab!

43 Ihr hörtet, daß gesagt wurde: *Du sollst lieben deinen* Lev 19,18
Nächsten und du sollst hassen deinen Feind. 44 Ich aber sage
euch: Liebt eure Feinde und betet für die euch Verfolgenden,
45 auf daß ihr werdet Söhne eures Vaters in (den) Himmeln,
weil seine Sonne er aufgehen läßt über Böse und Gute und er
regnen läßt über Gerechte und Ungerechte. 46 Denn wenn ihr
liebt die euch Liebenden, welchen Lohn habt ihr? Tun nicht
auch die Zöllner dasselbe? 47 Und wenn ihr grüßt allein eure
Brüder, was tut ihr Besonderes? Tun nicht auch die Heidni-
schen dasselbe? 48 Seid also ihr vollkommen, wie euer himm-
lischer Vater vollkommen ist!

6 1 Achtet [aber] darauf, eure Gerechtigkeit nicht zu tun
vor den Menschen, um gesehen zu werden bei ihnen;
wenn aber doch, Lohn habt ihr nicht bei eurem Vater in den
Himmeln. 2 Wann du also tust eine Wohltat, trompete nicht
vor dir (her) wie die Heuchler tun in den Synagogen und in
den Gassen, auf daß sie verherrlicht werden von den Men-
schen; amen, ich sage euch: Weghaben sie ihren Lohn.
3 Wenn du aber tust eine Wohltat, nicht erfahre deine Linke,
was deine Rechte tut, 4 auf daß deine Wohltat im Verborgenen
ist; und dein Vater, der im Verborgenen sehende, wird dir
vergelten.

5 Und wann ihr betet, seid nicht wie die Heuchler; denn sie
lieben (es), in den Synagogen und in den Ecken der Straßen

stehend zu beten, auf daß sie leuchten vor den Menschen;
amen, ich sage euch: Weghaben sie ihren Lohn. 6 Du aber,
wann du betest, geh hinein in deine Kammer und, verschlie-
ßend deine Tür, bete zu deinem Vater, dem im Verborgenen;
und dein Vater, der im Verborgenen sehende, wird dir ver-
gelten.

7 Betend aber, plappert nicht wie die Heidnischen; denn sie
meinen, daß in ihrer Vielrederei sie erhört werden. 8 Nicht
also gleicht euch ihnen an; denn (es) weiß euer Vater, wessen
ihr Bedarf habt, bevor ihr ihn bittet.

9 So nun sollt ihr beten: Unser Vater in den Himmeln; ge-
heiligt werden soll dein Name; 10 kommen soll dein König-
tum; geschehen soll dein Wille, wie im Himmel auch auf Er-
den; 11 unser nötiges Brot gib uns heute; 12 und erlaß uns un-
sere Schuldigkeiten, wie auch wir erließen unseren Schuld-
nern; 13 und nicht führe uns hinein in Versuchung, sondern
rette uns vom Bösen.

14 Denn wenn ihr erlaßt den Menschen ihre Übertretungen,
wird erlassen auch euch euer himmlischer Vater; 15 wenn ihr
aber nicht erlaßt den Menschen, auch euer Vater wird nicht
erlassen eure Übertretungen.

16 Wann ihr aber fastet, werdet nicht wie die mürrischen
Heuchler; denn unansehnlich machen sie ihre Gesichter, auf
daß sie erscheinen den Menschen als Fastende; amen, ich
sage euch: Weghaben sie ihren Lohn. 17 Du aber fastend salbe
deinen Kopf, und dein Gesicht wasche, 18 auf daß du nicht er-
scheinst den Menschen fastend, sondern deinem Vater, dem
im Verborgenen; und dein Vater, der im Verborgenen sehen-
de, wird dir vergelten.

19 Sammelt euch nicht Schätze auf der Erde, wo Motte und
Wurm vernichten und wo Diebe einbrechen und stehlen;
20 sammelt euch aber Schätze im Himmel, wo weder Motte
noch Wurm vernichten und wo Diebe nicht einbrechen und
nicht stehlen; 21 denn wo dein Schatz ist, dort wird sein auch
dein Herz.

22 Die Leuchte des Leibes ist das Auge. Wenn nun dein

Auge lauter ist, wird dein ganzer Leib licht sein; 23 wenn aber
dein Auge böse ist, wird dein ganzer Leib finster sein. Wenn
nun das Licht in dir Finsternis ist, wie groß (ist) die Finster-
nis!

24 Keiner kann zwei Herren dienen; denn entweder den ei-
nen wird er hassen, und den anderen wird er lieben, oder er
wird an den einen sich halten, und den anderen wird er ver-
achten. Nicht könnt ihr Gott dienen und (dem) Mammon.

25 Deswegen sage ich euch: Sorgt euch nicht um euer Le-
ben, was ihr essen sollt [oder was ihr trinken sollt] und nicht
um euren Leib, was ihr anziehen sollt! Ist nicht das Leben
mehr als die Nahrung und der Leib (mehr) als das Gewand?
26 Schaut auf zu den Vögeln des Himmels, daß sie nicht säen
noch ernten noch sammeln in Scheunen, und euer himmli-
scher Vater nährt sie; unterscheidet nicht ihr euch (viel) mehr
von ihnen? 27 Wer aber von euch kann, sorgend, hinzulegen
zu seinem Alter eine einzige Elle? 28 Und um ein Gewand,
was sorgt ihr euch? Beobachtet die Lilien des Ackers, wie sie
wachsen; nicht mühen sie sich noch spinnen sie; 29 ich sage
euch aber: Auch nicht Solomon in seiner ganzen Herrlichkeit
war umkleidet wie eine von diesen. 30 Wenn aber Gott das
Gras des Ackers, das heute ist und morgen in (den) Ofen ge-
worfen wird, so kleidet, nicht um viel mehr euch, Kleingläu-
bige? 31 Sorgt euch also nicht, sagend: Was sollen wir essen?
oder: Was sollen wir trinken? oder: Womit sollen wir uns
umkleiden? 32 Denn alles dieses erstreben die Völker; denn
(es) weiß euer himmlischer Vater, daß ihr alles dessen be-
dürft. 33 Sucht aber zuerst das Königtum [Gottes] und seine
Gerechtigkeit, und dieses alles wird euch hinzugelegt werden.
34 Sorgt also nicht für das Morgen, denn das Morgen wird
sorgen für sich; genügend (ist) dem Tag seine Schlechtigkeit.

7 1 Richtet nicht, damit ihr nicht gerichtet werdet! 2 Denn
mit welchem Richtspruch ihr richtet, werdet ihr ge-
richtet werden, und mit welchem Maß ihr meßt, gemessen
werden wird euch. 3 Was aber siehst du den Span im Auge
deines Bruders, den Balken in deinem Auge aber beachtest du

nicht? 4 Oder wie wirst du sagen deinem Bruder: Laß, ich
möchte herausziehen den Span aus deinem Auge, und siehe,
der Balken (ist) in deinem Auge? 5 Heuchler, zieh heraus zu-
erst aus deinem Auge den Balken, und dann wirst du zusehen,
herauszuziehen den Span aus dem Auge deines Bruders.

6 Gebt nicht das Heilige den Hunden und werft nicht eure
Perlen vor die Schweine, damit sie nicht zertreten sie mit ih-
ren Füßen und sich umwendend zerreißen euch.

7 Bittet, und gegeben werden wird euch; sucht, und finden
werdet ihr; klopft an, und geöffnet werden wird euch; 8 denn
jeder Bittende empfängt, und der Suchende findet, und dem
Anklopfenden wird geöffnet werden. 9 Oder wer von euch ist
ein Mensch, den sein Sohn bitten wird um Brot, – wird er
etwa einen Stein übergeben ihm? 10 Oder auch um einen Fisch
wird er bitten, – wird er etwa eine Schlange übergeben ihm?
11 Wenn nun ihr, die ihr böse seid, wißt, gute Gaben zu geben
euren Kindern, um wieviel mehr wird euer Vater in den Him-
meln geben Gutes den ihn Bittenden.

12 Alles nun, was immer ihr wollt, daß euch die Menschen
tun, so auch tut ihr ihnen! Denn dieses ist das Gesetz und die
Propheten.

13 Geht hinein durch das enge Tor! Denn breit (ist) das Tor
und weit der Weg, der ins Verderben führende, und viele
sind die Hindurchgehenden durch es; 14 wie eng (ist) das Tor
und gedrängt der Weg, der ins Leben führende, und wenige
sind die ihn Findenden!

15 In acht nehmt euch vor den Lügenpropheten, welche zu
euch kommen in Gewändern von Schafen, innen aber sind sie
räuberische Wölfe. 16 An ihren Früchten werdet ihr sie erken-
nen. Man sammelt doch nicht von Dornen Weintrauben oder
von Disteln Feigen? 17 So bringt jeder gute Baum gute Früch-
te, der faule Baum aber bringt schlechte Früchte. 18 Nicht
kann ein guter Baum schlechte Früchte bringen noch ein fau-
ler Baum gute Früchte bringen. 19 Jeder Baum, nicht bringend
gute Frucht, wird ausgehauen, und er wird ins Feuer gewor-
fen. 20 Also denn, an ihren Früchten werdet ihr sie erkennen.

21 Nicht jeder Sagende zu mir: Herr, Herr, wird hineinge-
hen ins Königtum der Himmel, sondern der Tuende den Wil-
len meines Vaters in den Himmeln. 22 Viele werden sagen zu
mir an jenem Tag: Herr, Herr, prophezeiten wir nicht in dei-
nem Namen, und warfen wir (nicht) in deinem Namen Dämo-
nen hinaus, und taten wir (nicht) in deinem Namen viele Kraft
(-taten)? 23 Und dann werde ich bekennen ihnen: Niemals kann-
te ich euch; *geht weg von mir, die ihr wirkt das Ungesetzliche!* Ps 6,9
24 Jeder nun, welcher diese meine Worte hört und sie tut,
verglichen werden wird er einem verständigen Mann, welcher
baute sein Haus auf den Felsen; 25 und herabkam der Regen,
und (es) kamen die Flüsse, und (es) wehten die Winde, und
niederfielen sie auf jenes Haus, aber nicht fiel es; denn es war
gegründet worden auf den Felsen. 26 Und jeder diese meine
Worte Hörende und sie nicht Tuende, verglichen werden wird
er einem törichten Mann, welcher baute sein Haus auf den
Sand; 27 und herabkam der Regen, und (es) kamen die Flüsse,
und (es) wehten die Winde, und anstießen sie an jenes Haus,
und es fiel, und (es) war sein Fall groß.
28 Und es geschah, als Jesus beendete diese Worte, gerieten
außer sich die Volksmengen über seine Lehre, 29 denn er war
lehrend sie wie ein Vollmacht Habender und nicht wie ihre
Schriftkundigen.

8 1 Als er aber herabgestiegen war vom Berg, folgten ihm
viele Volksmengen. 2 Und siehe, ein Aussätziger, hin-
zukommend, fiel nieder vor ihm, sagend: Herr, wenn du
willst, kannst du mich reinigen. 3 Und ausstreckend die Hand,
berührte er ihn, sagend: Ich will, werde gereinigt! Und so-
gleich wurde gereinigt sein Aussatz. 4 Und (es) sagt ihm Je-
sus: Sieh, daß zu keinem du sprichst, sondern geh fort, zeig
dich dem Priester und bring dar die Gabe, die verordnete
Moyses, zum Zeugnis ihnen!
5 Als er aber hineinkam nach Kapharnaum, kam zu ihm ein
Hauptmann, bittend ihn 6 und sagend: Herr, mein Knecht liegt
im Haus gelähmt, arg gequält. 7 Und er sagt ihm: Ich werde

kommend ihn heilen. [8] Und antwortend sagte der Hauptmann:
Herr, nicht bin ich wert, daß unter mein Dach du hinein-
kommst, aber sprich nur mit einem Wort, und geheilt werden
wird mein Knecht. [9] Denn auch ich bin ein Mensch unter
Vollmacht, habend unter mir Soldaten, und sage ich diesem:
Geh! Und er geht, und einem andern: Komm! Und er kommt,
und meinem Sklaven: Tue dies! Und er tut (es). [10] (Es) hörend
aber, staunte Jesus und sprach zu den (ihm) Folgenden:
Amen, ich sage euch: Bei keinem fand ich so großen Glauben
in Israel. [11] Ich sage euch aber: Viele werden von Osten und
Westen kommen und sich (zu Tisch) legen mit Abraham und
Isaak und Jakob im Königtum der Himmel, [12] die Söhne aber
des Königtums werden hinausgeworfen werden in die Fin-
sternis draußen; dort wird sein das Weinen und das Klappern
der Zähne. [13] Und (es) sprach Jesus zum Hauptmann: Geh
fort! Wie du glaubtest, soll dir geschehen. Und geheilt wurde
[sein] Knecht in jener Stunde.

[14] Und kommend Jesus in das Haus von Petros, sah er des-
sen Schwiegermutter (aufs Bett) geworfen und fiebernd;
[15] und er berührte ihre Hand, und (es) verließ sie das Fieber;
und sie stand auf und diente ihm.

[16] Als es aber Abend geworden war, hinbrachten sie ihm
viele Besessene; und hinauswarf er die Geister durch ein Wort,
und alle, denen es schlecht ging, heilte er, [17] auf daß erfüllt
würde das Gesagte durch Isaias, den Propheten, (den) sagen-
Jes 53,4 den: *Er nahm unsere Schwachheiten, und die Krankheiten
trug er.*

[18] Sehend aber Jesus eine Volksmenge um ihn, befahl er,
wegzufahren zum Gegenüber. [19] Und hinzukommend, ein
Schriftkundiger sprach zu ihm: Lehrer, ich werde dir folgen,
wo immer du hingehst. [20] Und (es) sagt ihm Jesus: Die Füchse
haben Höhlen und die Vögel des Himmels Nester, der Sohn
des Menschen aber hat nicht(s), wohin er den Kopf lege.
[21] Ein anderer aber [seiner] Schüler sprach zu ihm: Herr, er-
laube mir, zuerst fortzugehen und zu begraben meinen Vater.
[22] Jesus aber sagt ihm: Folge mir, und laß die Toten begraben

ihre Toten!
23 Und als er eingestiegen war ins Boot, folgten ihm seine
Schüler. 24 Und siehe, ein großes Beben entstand im Meer, so
daß das Boot bedeckt wurde von den Wellen; er aber schlief.
25 Und hinzukommend weckten sie ihn, sagend: Herr, rette,
wir werden vernichtet! 26 Und er sagt ihnen: Was seid ihr
feige, Kleingläubige? Dann, geweckt, anfuhr er die Winde
und das Meer, und (es) wurde große Stille. 27 Die Menschen
aber staunten, sagend: Was für einer ist dieser, daß auch die
Winde und das Meer ihm gehorchen?
28 Und als er gekommen war zum Gegenüber ins Land der
Gadarener, begegneten ihm zwei Besessene, aus den Gräbern
herauskommende, sehr gefährliche, so daß nicht vermochte
einer, vorüberzugehen auf jenem Weg. 29 Und siehe, sie
schrien, sagend: Was (ist zwischen) uns und dir, Sohn Got-
tes? Kamst du hierher vor (der) Zeit, uns zu quälen? 30 (Es)
war aber weit von ihnen eine Herde vieler Schweine weidend.
31 Die Dämonen aber baten ihn, sagend: Wenn du uns hin-
auswirfst, schick uns in die Herde der Schweine! 32 Und er
sprach zu ihnen: Geht fort! Die aber, herauskommend, weg-
gingen in die Schweine; und siehe, (es) raste die ganze Herde
hinunter den Abhang ins Meer, und sie starben in den Was-
sern. 33 Die (sie) Weidenden aber flohen, und weggehend in
die Stadt, meldeten sie alles, auch das von den Besessenen.
34 Und siehe, die ganze Stadt kam heraus zur Begegnung mit
Jesus, und sehend ihn, baten sie, daß er fortgehe von ihren
Gebieten.

9 1 Und einsteigend in ein Boot, fuhr er hinüber und kam
in die eigene Stadt.
2 Und siehe, hinbrachten sie ihm einen auf ein Bett gelegten
Gelähmten. Und sehend Jesus ihren Glauben, sprach er zu
dem Gelähmten: Hab Mut, Kind, erlassen werden deine Sün-
den. 3 Und siehe, einige der Schriftkundigen sprachen bei
sich: Dieser lästert. 4 Und sehend Jesus ihre Gedanken, sprach
er: Weshalb denkt ihr Böses in euren Herzen? 5 Was ist denn
müheloser, zu sprechen: Erlassen werden deine Sünden, oder

zu sprechen: Steh auf und geh umher? 6 Damit ihr aber wißt,
daß Vollmacht hat der Sohn des Menschen, auf der Erde zu
erlassen Sünden – da sagt er dem Gelähmten: Aufstehend,
trag dein Bett und geh fort in dein Haus! 7 Und aufstehend
wegging er in sein Haus. 8 (Es) sehend aber, fürchteten sich
die Volksmengen und verherrlichten Gott, den gebenden sol-
che Vollmacht den Menschen.

9 Und weitergehend Jesus von dort, sah er einen Menschen,
sitzend bei der Zollstelle, Matthaios genannt, und er sagt ihm:
Folge mir! Und aufstehend folgte er ihm.

10 Und es geschah, als er (zu Tisch) lag im Haus, und siehe,
viele Zöllner und Sünder, kommend, lagen (zu Tisch) mit Je-
sus und seinen Schülern. 11 Und (es) sehend, sagten die Phari-
saier seinen Schülern: Weshalb ißt euer Lehrer mit den Zöll-
nern und Sündern? 12 Der aber, hörend (es), sprach: Nicht
nötig haben die Starken einen Arzt, sondern die, denen es
Hos 6,6 schlecht geht. 13 Hingehend aber lernt, was es ist: *Erbarmen
will ich und nicht ein Opfer;* denn nicht kam ich, zu rufen Ge-
rechte, sondern Sünder.

14 Da kommen zu ihm die Schüler von Johannes, sagend:
Weshalb fasten wir und die Pharisaier [viel], deine Schüler
aber fasten nicht? 15 Und (es) sprach zu ihnen Jesus: Können
etwa die Söhne des Brautgemachs trauern, solange bei ihnen
ist der Bräutigam? Kommen werden aber Tage, wann wegge-
nommen wurde von ihnen der Bräutigam, und dann werden
sie fasten. 16 Keiner aber setzt einen Flicken ungewalkten
Stoffes auf ein altes Gewand; denn (es) reißt sein Füllstück
vom Gewand, und schlimmer wird (der) Riß. 17 Und nicht
schüttet man jungen Wein in alte Häute; wenn aber nun doch,
zerreißen die Häute, und der Wein wird verschüttet, und die
Häute werden vernichtet; sondern man schüttet jungen Wein
in neue Häute, und beide werden bewahrt.

18 Als dieses er zu ihnen redete, siehe, ein Vorsteher, kom-
mend, fiel nieder vor ihm, sagend: Meine Tochter starb so-
eben; aber kommend leg deine Hand auf sie, und sie wird le-
ben. 19 Und aufstehend folgte ihm Jesus und seine Schüler.

[20] Und siehe, eine Frau, an Blutfluß leidend zwölf Jahre,
hinkommend von hinten, berührte die Quaste seines Gewan-
des.

[21] Denn sie sagte bei sich: Wenn ich nur berühre sein Ge-
wand, werde ich gerettet werden. [22] Jesus aber, sich umwen-
dend und sie sehend, sprach: Hab Mut, Tochter! Dein Glaube
hat dich gerettet. Und gerettet wurde die Frau von jener Stun-
de (an).

[23] Und kommend Jesus in das Haus des Vorstehers und se-
hend die Flötenspieler und die Volksmenge lärmend, [24] sagte
er: Weicht! Denn das Mädchen starb nicht, sondern schläft.
Und sie verlachten ihn. [25] Als aber hinausgeworfen war die
Volksmenge, hineinkommend ergriff er ihre Hand, und auf-
stand das Mädchen. [26] Und hinausging diese Kunde in jenes
ganze Land.

[27] Und dem von dort weitergehenden Jesus folgten zwei
Blinde, schreiend und sagend: Erbarme dich unser, Sohn Da-
vids! [28] Als er aber ins Haus kam, kamen zu ihm die Blinden,
und (es) sagt ihnen Jesus: Glaubt ihr, daß ich dies tun kann?
Sie sagen ihm: Ja, Herr. [29] Da berührte er ihre Augen, sa-
gend: Nach eurem Glauben soll euch geschehen! [30] Und ge-
öffnet wurden ihre Augen. Und anschnaubte sie Jesus, sa-
gend: Seht (zu), keiner soll (es) erfahren! [31] Die aber, heraus-
kommend, erzählten herum über ihn in jenem ganzen Land.

[32] Während sie aber weggingen, siehe, hinbrachten sie ihm
einen stummen, besessenen Menschen. [33] Und als hinausge-
worfen worden war der Dämon, redete der Stumme. Und (es)
staunten die Volksmengen, sagend: Niemals erschien so (et-
was) in Israel. [34] Die Pharisaier aber sagten: Im Herrscher der
Dämonen hinauswirft er die Dämonen.

[35] Und (es) durchzog Jesus die Städte alle und die Dörfer,
lehrend in ihren Synagogen und verkündend das Evangelium
des Königtums und heilend jede Krankheit und jede Schwä-
che.

[36] Sehend aber die Volksmengen, wurde er ergriffen über

Num 27,17 sie, weil sie geschunden und hingeworfen waren *wie Schafe,*
Jdt 11,19 *nicht habend einen Hirten.* [37] Da sagt er seinen Schülern: Die
2 Chr 18,16 Ernte (ist) zwar viel, die Arbeiter aber (sind) wenige; [38] bittet
nun den Herrn der Ernte, auf daß er ausschicke Arbeiter in
seine Ernte.

10 [1] Und herbeirufend seine zwölf Schüler, gab er ihnen Vollmacht über unreine Geister, um sie hinauszuwerfen und zu heilen jede Krankheit und jede Schwäche.

[2] Der zwölf Apostel Namen aber sind diese: Als erster Simon, der Petros genannte, und Andreas, sein Bruder, und Jakobos, der des Zebedaios, und Johannes, sein Bruder, [3] Philippos und Bartholomaios, Thomas und Matthaios, der Zöllner, Jakobos, der des Alphaios, und Thaddaios, [4] Simon, der Kananaier, und Judas, der Iskariotes, der ihn auch Übergebende.

[5] Diese zwölf schickte Jesus (aus), gebietend ihnen, sagend: Auf einen Weg zu Heiden geht nicht fort, und in eine Stadt (der) Samariter geht nicht hinein! [6] Geht aber (viel)mehr zu den verlorenen Schafen (des) Hauses Israel! [7] Hingehend aber verkündet, sagend: Nahegekommen ist das Königtum der Himmel. [8] Kranke heilt, Tote erweckt, Aussätzige reinigt, Dämonen werft hinaus! Umsonst empfingt ihr, umsonst gebt! [9] Nicht erwerbt Gold, auch nicht Silber, auch nicht Kupfer (-geld) in eure Gürtel, [10] nicht eine Tasche für (den) Weg, auch nicht zwei Gewänder, auch nicht Sandalen, auch nicht einen Stock; denn wert (ist) der Arbeiter seiner Nahrung. [11] In welche Stadt aber immer oder (in welches) Dorf ihr hineingeht, forscht, wer in ihr (es) wert ist; und dort bleibt, bis ihr hinausgeht. [12] Hineingehend aber in das Haus, grüßt es! [13] Und wenn das Haus (es) wert ist, soll kommen euer Friede auf es; wenn aber nicht (es) wert ist, soll euer Friede zu euch zurückkehren. [14] Und wer immer euch nicht aufnimmt und nicht hört eure Worte, herausgehend aus (jenem) Haus oder jener Stadt, schüttelt ab den Staub eurer Füße! [15] Amen, ich sage euch: Erträglicher wird es ergehen (dem) Land Sodoma und Gomorra am Tag (des) Gerichts als jener Stadt.

[16] Siehe, ich schicke euch wie Schafe inmitten von Wölfen;
werdet also verständig wie die Schlangen und unverdorben
wie die Tauben.

[17] Nehmt euch aber in acht vor den Menschen; denn sie
werden euch übergeben in Synhedrien, und in ihren Synago-
gen werden sie euch geißeln. [18] Und vor Statthalter aber und
Könige werdet ihr geführt werden wegen meiner, zum Zeug-
nis ihnen und den Völkern. [19] Wann sie aber übergeben euch,
sorgt nicht, wie oder was ihr reden sollt; denn gegeben wer-
den wird euch in jener Stunde, was ihr reden sollt; [20] denn
nicht ihr seid die Redenden, sondern der Geist eures Vaters
(ist) der Redende in euch.

[21] Übergeben aber wird (der) Bruder (den) Bruder zum Tod
und (der) Vater (das) Kind, und aufstehen werden Kinder ge-
gen Eltern, und sie werden sie töten. [22] Und ihr werdet sein
Gehaßte von allen wegen meines Namens; der Durchhaltende
aber zum Ende, dieser wird gerettet werden.

[23] Wann aber sie euch verfolgen in dieser Stadt, flieht in die
andere; amen, denn ich sage euch, nicht werdet ihr zu Ende
kommen mit den Städten Israels, bis kommt der Sohn des
Menschen.

[24] Nicht ist ein Schüler über dem Lehrer und nicht ein Skla-
ve über seinem Herrn. [25] Es genügt dem Schüler, daß er wird
wie sein Lehrer und der Sklave wie sein Herr. Wenn sie den
Hausherrn Beelzebul riefen, um wieviel mehr seine Hausge-
nossen.

[26] Fürchtet sie also nicht; denn nichts ist verhüllt, was nicht
offenbart werden wird, und verborgen, was nicht erkannt
werden wird. [27] Was ich euch sage in der Finsternis, sprecht
im Licht, und was ins Ohr ihr hört, verkündet auf den Dä-
chern! [28] Und fürchtet euch nicht vor denen, die töten den
Leib, die Seele aber nicht töten können; fürchtet aber mehr
den, der sowohl Seele wie Leib vernichten kann in (der) Ge-
henna! [29] Werden nicht zwei Sperlinge für ein Assarion ver-
kauft? Und nicht einer von ihnen wird fallen auf die Erde
ohne euren Vater. [30] Von euch aber auch die Haare des Kop-

fes sind alle gezählt. 31 Fürchtet euch also nicht! Von (den)
vielen Sperlingen unterscheidet ihr euch.

32 Jeder nun, welcher sich bekennen wird zu mir vor den
Menschen, bekennen werde auch ich mich zu ihm vor mei-
nem Vater in [den] Himmeln; 33 welcher aber mich (ver)leug-
net vor den Menschen, (ver)leugnen werde auch ich ihn vor
meinem Vater in [den] Himmeln.

34 Meint nicht, daß ich kam, Frieden zu werfen auf die
Erde; nicht kam ich, Frieden zu werfen, sondern ein Schwert.
Mi 7,6 35 Denn ich kam, zu entzweien *einen Menschen gegen seinen
Vater* und *eine Tochter gegen ihre Mutter* und *eine Schwie-
gertochter gegen ihre Schwiegermutter,* 36 und *Feinde des
Menschen (werden) seine Hausgenossen.*

37 Der Vater oder Mutter mehr Liebende als mich, nicht ist
meiner wert, und der Sohn oder Tochter mehr Liebende als
mich, nicht ist meiner wert; 38 und wer nicht nimmt sein
Kreuz und folgt hinter mir, nicht ist meiner wert. 39 Der sein
Leben Findende, verlieren wird er es, und der sein Leben
Verlierende wegen meiner, finden wird er es.

40 Der Aufnehmende euch, mich nimmt er auf, und der
mich Aufnehmende nimmt auf den mich Schickenden. 41 Der
einen Propheten Aufnehmende auf (den) Namen eines Pro-
pheten (hin), wird (den) Lohn eines Propheten empfangen,
und der einen Gerechten Aufnehmende auf (den) Namen eines
Gerechten (hin), wird (den) Lohn eines Gerechten empfan-
gen. 42 Und wer immer zu trinken gibt einem dieser Kleinen
einen Becher kalten (Wassers) allein auf (den) Namen eines
Schülers (hin), amen, ich sage euch: Nicht verliert er seinen
Lohn.

11 1 Und es geschah, als Jesus zu Ende kam, Anord-
nung gebend seinen zwölf Schülern, ging er fort
von dort, um zu lehren und zu verkünden in ihren Städten.

2 Johannes aber, hörend im Gefängnis die Werke des Chri-
stos, schickend durch seine Schüler, 3 sprach zu ihm: Bist du
der Kommende, oder sollen einen anderen wir erwarten?
4 Und antwortend sprach Jesus zu ihnen: Hingehend meldet

Johannes, was ihr hört und seht: [5] *Blinde sehen wieder,* und Jes 29,18; 35,5f;
Lahme gehen umher, Aussätzige werden gereinigt, und *Taube* 42,18; 26,19; 61,1
hören, und *Tote werden erweckt,* und Armen wird (ein Evan-
gelium) verkündet; [6] und selig ist, wer immer nicht Anstoß
nimmt an mir.

[7] Während diese aber gingen, begann Jesus zu reden zu den
Volksmengen über Johannes: Was kamt ihr heraus in die Öde
zu sehen? Ein Rohr, vom Wind geschüttelt? [8] Doch, was kamt
ihr heraus zu sehen? Einen Menschen in weiche (Gewänder)
gekleidet? Siehe, die das Weiche Tragenden sind in den Häu-
sern der Könige. [9] Doch, was kamt ihr heraus zu sehen? Ei-
nen Propheten? Ja, ich sage euch, und mehr als einen Pro-
pheten. [10] Dieser ist (es), über den geschrieben ist: *Siehe, ich* Ex 23,20
schicke meinen Boten vor deinem *Angesicht (her), der her-* Mal 3,1
richten wird deinen *Weg vor* dir.

[11] Amen, ich sage euch: Nicht ist erweckt worden unter
(den) Geborenen von Frauen ein Größerer als Johannes der
Täufer; der Kleinere aber im Königtum der Himmel ist grö-
ßer als er. [12] Von den Tagen aber (des) Johannes des Täufers
bis jetzt wird das Königtum der Himmel vergewaltigt, und
Gewalttätige reißen es (an sich). [13] Denn alle Propheten und
das Gesetz bis zu Johannes prophezeiten; [14] und wenn ihr (es)
annehmen wollt: Er ist Elias, der Kommen-Sollende. [15] Der
Ohren Habende soll hören!

[16] Wem aber werde ich vergleichen dieses Geschlecht?
Gleich ist es Kindern, sitzend auf den Märkten, die, zurufend
den anderen, [17] sagen: Auf der Flöte spielten wir euch, und
nicht tanztet ihr, Klagelieder sangen wir, und nicht trauertet
ihr. [18] Denn (es) kam Johannes, weder essend noch trinkend,
und sie sagen: Einen Dämon hat er. [19] (Es) kam der Sohn des
Menschen, essend und trinkend, und sie sagen: Siehe, ein
Mensch, ein Fresser und Weinsäufer, von Zöllnern ein Freund
und von Sündern. Und gerechtgesprochen wurde die Weisheit
von ihren Werken.

[20] Da begann er zu schelten die Städte, in denen seine mei-
sten Kraft(taten) geschahen, weil sie nicht umkehrten. [21] Wehe

dir, Chorazin, wehe dir, Bethsaida! Denn wenn in Tyros und
Sidon geschehen wären die Kraft(taten), die geschehenen bei
euch, längst in Sack und Asche wären sie umgekehrt. [22] Je-
doch ich sage euch, Tyros und Sidon wird es erträglicher er-
gehen am Tag (des) Gerichts als euch. [23] Und du, Kaphar-
naum, wirst du nicht bis zum Himmel erhoben werden? Bis in
(den) Hades wirst du hinabsteigen; denn wenn in Sodoma ge-
schehen wären die Kraft(taten), die bei dir geschehenen, ge-
blieben wäre es bis zum Heute. [24] Jedoch ich sage euch: (Dem)
Land Sodoma wird es erträglicher ergehen am Tag (des) Ge-
richts als dir.

[25] In jener Zeit antwortend sprach Jesus: Ich preise dich,
Vater, Herr des Himmels und der Erde, daß du verbargst die-
ses vor Weisen und Verständigen und es offenbartest Unmün-
digen; [26] ja, Vater, weil so es Gefallen fand vor dir. [27] Alles
wurde mir übergeben von meinem Vater, und keiner erkennt
den Sohn außer der Vater, auch den Vater erkennt keiner
außer der Sohn und wem immer der Sohn (es) offenbaren
will.

[28] Auf, zu mir alle sich Mühenden und Belasteten! Und ich
werde euch ausruhen lassen. [29] Nehmt mein Joch auf euch und
lernt von mir, weil sanft ich bin und demütig dem Herzen
Jer 6,16 (nach), und *ihr werdet finden Ruhe für eure Seelen;* [30] denn
mein Joch ist erträglich und meine Last leicht.

12 [1] In jener Zeit ging Jesus an den Sabbaten durch die
Saaten; seine Schüler aber hungerten, und sie
begannen, Ähren zu rupfen und zu essen. [2] Die Pharisaier
aber, sehend (es), sprachen zu ihm: Siehe, deine Schüler tun,
was nicht erlaubt ist, zu tun am Sabbat. [3] Er aber sprach zu
ihnen: Nicht last ihr, was David tat, als er hungerte und die
mit ihm, [4] wie er hineinging in das Haus Gottes und sie die
Brote der Ausstellung aßen, was ihm nicht erlaubt war zu es-
sen, auch nicht denen mit ihm, außer den Priestern allein?
[5] Oder nicht last ihr im Gesetz, daß an den Sabbaten die Prie-
ster im Heiligtum den Sabbat entweihen und schuldlos sind?
[6] Ich sage euch aber: Ein Größeres als das Heiligtum ist hier.

7 Wenn ihr aber erkannt hättet, was es ist: *Erbarmen will ich* Hos 6,6
und nicht ein Opfer, nicht hättet ihr verurteilt die Schuldlo-
sen. 8 Denn Herr ist des Sabbats der Sohn des Menschen.
9 Und fortgehend von dort, kam er in ihre Synagoge; 10 und
siehe, ein Mensch, habend eine vertrocknete Hand. Und sie
befragten ihn, sagend, ob es erlaubt ist, an den Sabbaten zu
heilen?, damit sie anklagten ihn. 11 Der aber sprach zu ihnen:
Wer wird sein von euch ein Mensch, der haben wird ein ein-
ziges Schaf, und wenn dieses hineinfällt an Sabbaten in eine
Grube, wird er es nicht ergreifen und aufrichten? 12 Um wie-
viel (mehr) nun unterscheidet sich ein Mensch von einem
Schaf. Deshalb ist es erlaubt, an den Sabbaten recht zu tun.
13 Da sagt er dem Menschen: Strecke aus deine Hand! Und
ausstreckte er (sie), und wiederhergestellt wurde sie, gesund
wie die andere. 14 Hinausgehend aber die Pharisaier, faßten
sie einen Beschluß gegen ihn, auf daß sie ihn vernichteten.
15 Jesus aber erkennend (es), entwich von dort. Und (es)
folgten ihm viele [Volksmengen], und er heilte sie alle, 16 und
anfuhr er sie, damit sie nicht offenbar ihn machten, 17 damit
erfüllt wird das Gesagte durch Isaias, den Propheten, (den)
sagenden: 18 *Siehe, mein Knecht, den ich erwählte, mein Ge-* Jes 42,1–4
liebter, an dem Gefallen fand meine Seele; legen werde ich
meinen Geist auf ihn, und ein Gericht wird er verkünden den
Völkern. 19 *Nicht wird er streiten, und nicht wird er schreien,*
und nicht wird hören einer auf den Straßen seine Stimme.
20 *Ein angebrochenes Rohr wird er nicht zerbrechen, und ei-*
nen glimmenden Docht wird er nicht löschen, bis er führt zum
Sieg das *Gericht.* 21 *Und auf seinen Namen werden Völker*
hoffen.
22 Da wurde hingebracht zu ihm ein Besessener, blind und
stumm, und er heilte ihn, so daß der Stumme redete und sah.
23 Und außer sich gerieten alle Volksmengen und sagten: Ist
etwa dieser der Sohn Davids? 24 Die Pharisaier aber, hörend
(es), sprachen: Dieser wirft nicht hinaus die Dämonen, außer
mit dem Beelzebul, (dem) Herrscher der Dämonen. 25 Ken-
nend aber ihre Gedanken, sprach er zu ihnen: Jedes König-

tum, geteilt in sich, wird verwüstet, und jede Stadt oder (je-
des) Haus, geteilt in sich, wird nicht bestehen. 26 Und wenn
der Satan den Satan hinauswirft, wurde er in sich geteilt; wie
also wird bestehen sein Königtum? 27 Und wenn ich mit Beel-
zebul hinauswerfe die Dämonen, eure Söhne, mit wem wer-
fen sie hinaus? Deswegen werden sie Richter sein über euch.
28 Wenn aber mit (dem) Geist Gottes ich hinauswerfe die Dä-
monen, also kam zu euch das Königtum Gottes. 29 Oder wie
kann einer hineingehen in das Haus des Starken und seine Ge-
fäße rauben, wenn er nicht zuerst band den Starken? Und
dann wird er sein Haus ausrauben. 30 Der nicht mit mir ist,
gegen mich ist er, und der nicht sammelt mit mir, zerstreut.

31 Deshalb sage ich euch: Jede Sünde und Lästerung wird
erlassen werden den Menschen, aber die Lästerung des Gei-
stes wird nicht erlassen werden. 32 Und wer immer spricht ein
Wort wider den Sohn des Menschen, erlassen werden wird
ihm; wer aber immer spricht wider den heiligen Geist, nicht
erlassen werden wird ihm, weder in diesem Aion noch im zu-
künftigen.

33 Entweder haltet den Baum für gut und seine Frucht für
gut, oder haltet den Baum für faul und seine Frucht für faul;
denn aus der Frucht wird der Baum erkannt. 34 Brut von Nat-
tern, wie könnt ihr Gutes reden, die ihr böse seid? Denn aus
dem Überfluß des Herzens redet der Mund. 35 Der gute
Mensch wirft aus dem guten Schatz(behälter) heraus Gutes,
und der böse Mensch wirft aus dem bösen Schatz(behälter)
heraus Böses. 36 Ich sage euch aber: Jedes unnütze Wort, wel-
ches reden werden die Menschen, ablegen werden sie über es
Rechenschaft am Tag (des) Gerichts. 37 Denn aus deinen Wor-
ten wirst du gerechtgesprochen werden, und aus deinen Wor-
ten wirst du verurteilt werden.

38 Da antworteten ihm einige der Schriftkundigen und Pha-
risaier, sagend: Lehrer, wir wollen von dir ein Zeichen se-
hen. 39 Der aber antwortend sprach zu ihnen: Ein böses und
ehebrecherisches Geschlecht verlangt ein Zeichen, aber ein
Zeichen wird ihm nicht gegeben werden, wenn nicht das Zei-

chen (des) Jonas, des Propheten. 40 Denn wie *Jonas war im* Jona 2,1
Bauch des Seeungetüms drei Tage und drei Nächte, so wird
sein der Sohn des Menschen im Herzen der Erde drei Tage
und drei Nächte. 41 (Die) ninevitischen Männer werden auf-
stehen im Gericht mit diesem Geschlecht, und sie werden es
verurteilen, weil sie umkehrten zur Verkündigung (des) Jo-
nas, und siehe, mehr als Jonas (ist) hier. 42 (Die) Königin vom
Südreich wird aufstehen im Gericht mit diesem Geschlecht,
und sie wird es verurteilen, weil sie kam von den Enden der
Erde, zu hören die Weisheit Solomons, und siehe, mehr als
Solomon (ist) hier.

43 Wann aber der unreine Geist herauskommt von dem
Menschen, hindurchgeht er durch wasserlose Gegenden, su-
chend einen Ruheplatz, und nicht findet er. 44 Da sagt er: In
mein Haus werde ich zurückkehren, von wo ich herauskam;
und kommend findet er (es) leerstehend, gefegt und ge-
schmückt. 45 Da geht er, und mit sich nimmt er sieben andere
Geister, böser als er selbst, und hineinkommend wohnen sie
dort; und es wird das Letzte jenes Menschen schlimmer als
das Erste. So wird es sein auch mit diesem bösen Geschlecht.

46 Noch während er redet zu den Volksmengen, siehe, die
Mutter und seine Brüder standen draußen, suchend mit ihm
zu reden. 47 [(Es) sprach aber einer zu ihm: Siehe, deine Mut-
ter und deine Brüder, draußen stehen sie, suchend mit dir zu
reden.] 48 Der aber antwortend sprach zu dem mit ihm Reden-
den: Wer ist meine Mutter, und welche sind meine Brüder?
49 Und ausstreckend seine Hand über seine Schüler, sprach er:
Siehe, meine Mutter und meine Brüder! 50 Denn welcher
immer tut den Willen meines Vaters in den Himmeln, er ist
mein Bruder und (meine) Schwester und Mutter.

13 1 An jenem Tag, als Jesus herausgekommen war aus
dem Haus, saß er am Meer. 2 Und zusammenkamen
bei ihm viele Volksmengen, so daß er, in ein Boot eingestie-
gen, sich setzte, und die ganze Volksmenge stand am Strand.

3 Und er redete zu ihnen vieles in Gleichnissen, sagend:
Siehe, hinausging der Säende, um zu säen. 4 Und bei seinem

Säen – die einen (Samen) fielen entlang des Weges, und kom-
mend die Vögel fraßen sie auf. 5 Andere aber fielen auf das
Felsige, wo sie nicht viel Erde hatten, und sogleich gingen sie
auf wegen des Nicht-Tiefe-Habens an Erde; 6 als aber die
Sonne aufging, wurden sie verbrannt, und wegen des Nicht-
Wurzel-Habens vertrockneten sie. 7 Andere aber fielen unter
die Dornen, und aufstiegen die Dornen, und sie erstickten sie.
8 Andere aber fielen auf die gute Erde und gaben Frucht, das
eine hundert, das andere sechzig, das andere dreißig. 9 Der
Ohren Habende soll hören!

10 Und hinzukommend sprachen die Schüler zu ihm: Wes-
halb redest du in Gleichnissen zu ihnen? 11 Der aber antwor-
tend sprach zu ihnen: Euch ist es gegeben, zu erkennen die
Geheimnisse des Königtums der Himmel, jenen aber ist es
nicht gegeben. 12 Denn wer hat, gegeben werden wird ihm,
und überreich wird er gemacht werden; wer aber nicht hat,
auch was er hat, wird weggenommen werden von ihm. 13 Des-
wegen rede ich in Gleichnissen zu ihnen, weil als Sehende sie
nicht sehen und als Hörende sie nicht hören und nicht verste-
hen. 14 Und erfüllt wird ihnen die Prophetie (des) Isaias, die
Jes 6,9f (G) sagende: *Mit (dem) Gehör werdet ihr hören, und nicht sollt
ihr verstehen, und sehend werdet ihr sehen, und nicht sollt ihr
schauen.* 15 *Denn verstockt ist das Herz dieses Volkes, und mit
den Ohren schwer hörten sie, und ihre Augen verschlossen
sie, damit sie nicht schauen mit den Augen und mit den Ohren
hören und mit dem Herz verstehen und umkehren und ich sie
heilen werde.* 16 Eure Augen aber (sind) selig, weil sie sehen,
und eure Ohren, weil sie hören. 17 Amen, denn ich sage euch:
Viele Propheten und Gerechte begehrten zu schauen, was ihr
seht, und nicht schauten sie, und zu hören, was ihr hört, und
nicht hörten sie.

18 Ihr nun, hört das Gleichnis des Säenden! 19 Jedesmal,
wenn einer hört das Wort des Königtums und nicht versteht,
kommt der Böse und raubt das Gesäte in seinem Herzen; die-
ser ist der entlang des Weges Gesäte. 20 Der aber auf das Fel-
sige Gesäte, dieser ist der das Wort Hörende und sofort mit

Freude es Aufnehmende, [21] nicht aber hat er eine Wurzel in
sich, sondern auf (den) Augenblick ist er; wenn aber entsteht
Bedrängnis oder Verfolgung wegen des Wortes, sofort nimmt
er Anstoß. [22] Der aber in die Dornen Gesäte, dieser ist der das
Wort Hörende, aber die Sorge des Aions und der Trug des
Reichtums erstickt das Wort, und fruchtlos wird es. [23] Der
aber auf die gute Erde Gesäte, dieser ist der das Wort Hören-
de und Verstehende, der dann Frucht bringt, und der eine
trägt hundert, der andere sechzig, der andere dreißig.

[24] Ein anderes Gleichnis legte er ihnen vor, sagend: Vergli-
chen wurde das Königtum der Himmel einem Menschen, sä-
end guten Samen auf seinem Acker. [25] Beim Schlafen der
Menschen aber kam sein Feind, und er säte darauf Unkraut
inmitten des Weizens, und er ging weg. [26] Als aber keimte der
Halm und Frucht trug, da erschien auch das Unkraut. [27] Hin-
zukommend aber sprachen die Sklaven des Hausherrn zu ihm:
Herr, sätest du nicht guten Samen auf deinem Acker? Woher
also hat er Unkraut? [28] Der aber sagte ihnen: Ein feindlicher
Mensch tat dies. Die Sklaven aber sagen ihm: Willst du nun,
daß weggehend wir es sammeln? [29] Der aber sagt: Nein, damit
ihr nicht, sammelnd das Unkraut, entwurzelt zugleich mit ihm
den Weizen. [30] Laßt miteinander wachsen beide bis zur Ernte;
und zur Zeit der Ernte werde ich sagen den Erntearbeitern:
Sammelt zuerst das Unkraut und bindet es zu Bündeln, um es
zu verbrennen; den Weizen aber sammelt in meine Scheune.

[31] Ein anderes Gleichnis legte er ihnen vor, sagend: Gleich
ist das Königtum der Himmel einem Senfkorn, das nehmend
ein Mensch säte auf seinem Acker; [32] das kleiner zwar ist als
alle Samen, wann es aber wuchs, größer als die Gartenge-
wächse ist es, und es wird ein Baum, so daß kommen *die Vö-* Ps 103,12 (G)
gel des Himmels und *nisten in seinen Zweigen.*

[33] Ein anderes Gleichnis redete er zu ihnen: Gleich ist das
Königtum der Himmel einem Sauerteig, den nehmend eine
Frau hineinverbarg in drei Saton Mehl, bis daß es durchsäuert
wurde ganz. [34] Dieses alles redete Jesus in Gleichnissen zu
den Volksmengen, und ohne Gleichnis redete er nichts zu ih-

nen, [35] auf daß erfüllt würde das Gesagte durch den Prophe-
Ps 78,2 ten, (den) sagenden: *Öffnen werde ich in Gleichnissen meinen*
Mund, aussprechen werde ich Verborgenes seit Grundlegung
[(der) Welt].

[36] Dann, verlassend die Volksmengen, kam er ins Haus.
Und (es) kamen zu ihm seine Schüler, sagend: Erkläre uns
das Gleichnis vom Unkraut des Ackers. [37] Der aber antwor-
tend sprach: Der Säende den guten Samen ist der Sohn des
Menschen, [38] der Acker aber ist die Welt; der gute Same aber,
diese sind die Söhne des Königtums; das Unkraut aber sind
die Söhne des Bösen, [39] der Feind aber, der es Säende, ist der
Teufel; die Ernte aber ist (die) Vollendung (des) Aions, die
Erntearbeiter aber sind (die) Engel. [40] Wie nun gesammelt
wird das Unkraut und durch Feuer [ver]brannt wird, so wird
es sein bei der Vollendung des Aions: [41] Schicken wird der
Sohn des Menschen seine Engel, und sie werden sammeln aus
seinem Königtum alle Ärgernisse und die Tuenden das Unge-
Dan 3,6 setzliche, [42] und *sie werden sie werfen in den Feuerofen;* dort
wird sein das Weinen und das Klappern der Zähne. [43] Dann
werden die Gerechten aufleuchten wie die Sonne im König-
tum ihres Vaters. Der Ohren Habende soll hören!

[44] Gleich ist das Königtum der Himmel einem Schatz, ver-
borgen im Acker, den, nachdem er (ihn) gefunden hatte, ein
Mensch verbarg, und in seiner Freude geht er fort, und er
verkauft alles, wieviel er hat, und er kauft jenen Acker.

[45] Wieder gleich ist das Königtum der Himmel einem Men-
schen, einem Kaufmann, suchend schöne Perlen; [46] nachdem
er aber eine wertvolle Perle gefunden hatte, hat er, wegge-
hend, alles verkauft, wieviel er hatte, und er kaufte sie.

[47] Wieder gleich ist das Königtum der Himmel einem
Schleppnetz, geworfen ins Meer und aus jeder Art (Fische)
sammelnd; [48] das, als es gefüllt war, zogen sie hinauf auf den
Strand, und sich setzend sammelten sie die guten (Arten) in
Gefäße, die faulen aber warfen sie hinaus. [49] So wird es sein
bei der Vollendung des Aions; hinausgehen werden die En-
gel, und sie werden aussondern die Bösen aus (der) Mitte der

Gerechten, [50] und *sie werden sie werfen in den Feuerofen;* Dan 3,6
dort wird sein das Weinen und das Klappern der Zähne.

[51] Habt ihr verstanden das alles? Sie sagen ihm: Ja. [52] Der
aber sprach zu ihnen: Deshalb ist jeder Schriftkundige, Schü-
ler geworden des Königtums der Himmel, gleich einem Men-
schen, einem Hausherrn, welcher herausholt aus seinem
Schatz(behälter) Neues und Altes.

[53] Und es geschah, als Jesus beendete diese Gleichnisse,
brach er auf von dort. [54] Und kommend in seine Vaterstadt,
lehrte er sie in ihrer Synagoge, so daß sie außer sich gerieten
und sagten: Woher (sind) diesem diese Weisheit und die
Kräfte? [55] Ist nicht dieser des Zimmermanns Sohn? Wird nicht
seine Mutter genannt Mariam und seine Brüder Jakobos und
Joseph und Simon und Judas? [56] Und sind seine Schwestern
nicht alle bei uns? Woher also (ist) diesem dieses alles? [57] Und
sie nahmen Anstoß an ihm. Jesus aber sprach zu ihnen: Nicht
ist ein Prophet ungeehrt, außer in (seiner) Vaterstadt und in
seinem Haus. [58] Und nicht tat er dort viele Kraft(taten) wegen
ihres Unglaubens.

14 [1] In jener Zeit hörte Herodes, der Tetrarch, das Ge-
rücht über Jesus, [2] und er sprach zu seinen Knech-
ten: Dieser ist Johannes der Täufer; er wurde erweckt von
den Toten, und deswegen wirken die Kräfte in ihm.

[3] Denn Herodes, ergreifend den Johannes, hatte gebunden
[ihn] und im Gefängnis verwahrt wegen Herodias, der Frau
(des) Philippos, seines Bruders. [4] Denn (es) sagte ihm Johan-
nes: Nicht ist dir erlaubt, sie zu haben. [5] Und obwohl er ihn
töten wollte, fürchtete er die Volksmenge, weil für einen
Propheten sie ihn hielten.

[6] Als aber das Geburtsfest des Herodes war, tanzte die
Tochter der Herodias in der Mitte, und sie gefiel dem Hero-
des, [7] weshalb er mit einem Eid zusicherte, ihr zu geben, was
immer sie erbitte. [8] Die aber, vorgeschoben von ihrer Mutter:
Gib mir, sagt sie, hier auf einem Teller den Kopf (des) Jo-
hannes des Täufers! [9] Und der König, betrübt wegen der Eide
und der mit (zu Tisch) Liegenden, befahl, daß (er) gegeben

werde, 10 und (hin)schickend ließ er enthaupten [den] Johan-
nes im Gefängnis. 11 Und gebracht wurde sein Kopf auf einem
Teller, und gegeben wurde er dem Mädchen, und es brachte
(ihn) seiner Mutter. 12 Und hinkommend seine Schüler, weg-
trugen sie die Leiche, und sie begruben sie*, und kommend
meldeten sie (es) Jesus.

13 (Es) hörend aber, entwich Jesus von dort in einem Boot
an einen einsamen Ort für sich; und hörend (es), folgten die
Volksmengen ihm zu Fuß von den Städten. 14 Und heraus-
kommend sah er eine große Volksmenge, und er wurde er-
griffen über sie, und er heilte ihre Kranken.

15 Als es aber Abend geworden war, kamen zu ihm die
Schüler, sagend: Einsam ist der Ort und die Stunde schon
vorübergegangen; entlasse die Volksmengen, damit, wegge-
hend in die Dörfer, sie sich kaufen Speisen. 16 [Jesus] aber
sprach zu ihnen: Nicht nötig haben sie wegzugehen, gebt ih-
nen ihr zu essen! 17 Die aber sagen ihm: Nicht(s) haben wir
hier außer fünf Brote und zwei Fische. 18 Der aber sprach:
Bringt mir sie hierher! 19 Und befehlend, daß die Volksmen-
gen sich hinlegten auf das Gras, nehmend die fünf Brote und
die zwei Fische, aufschauend zum Himmel, segnete er, und
brechend gab er den Schülern die Brote, die Schüler aber den
Volksmengen. 20 Und (es) aßen alle und wurden gesättigt, und
wegtrugen sie das Übriggebliebene der Stücke, zwölf volle
Körbe. 21 Die Essenden aber waren etwa fünftausend Männer,
ohne Frauen und Kinder.

22 Und sogleich nötigte er die Schüler, einzusteigen ins Boot
und vorauszufahren ihm zum Gegenüber, bis daß er entlasse
die Volksmengen. 23 Und entlassend die Volksmengen, hin-
aufstieg er auf den Berg für sich, um zu beten. Als es aber
Abend geworden war, allein war er dort. 24 Das Boot aber
war schon viele Stadien vom Land entfernt, bedrängt von den
Wellen, denn (es) war entgegen der Wind. 25 Bei (der) vierten
Wache der Nacht aber kam er zu ihnen, umhergehend auf
dem Meer. 26 Die Schüler aber, sehend ihn auf dem Meer

* bzw. [ihn]

umhergehend, wurden verwirrt, sagend: Ein Gespenst ist
(es), und vor Furcht schrien sie. 27 Sofort aber redete [Jesus]
zu ihnen, sagend: Habt Mut, ich bin (es); fürchtet euch nicht!
28 Antwortend aber ihm, sprach Petros: Herr, wenn du (es)
bist, befiehl mir, zu kommen zu dir auf den Wassern! 29 Der
aber sprach: Komm! Und hinabsteigend vom Boot, ging Pe-
tros umher auf den Wassern und kam zu Jesus. 30 Sehend aber
den [starken] Wind, fürchtete er sich, und beginnend zu sin-
ken, schrie er, sagend: Herr, rette mich! 31 Sogleich aber,
ausstreckend die Hand, ergriff ihn Jesus und sagt ihm: Klein-
gläubiger, warum zweifeltest du? 32 Und als sie hinaufstiegen
ins Boot, nachließ der Wind. 33 Die aber im Boot fielen nieder
vor ihm, sagend: Wahrhaft, Gottes Sohn bist du.

34 Und hinüberfahrend kamen sie auf das Land, nach Gen-
nesaret. 35 Und erkennend ihn, schickten die Männer jenes
Ortes in jene ganze Umgegend, und hinbrachten sie ihm alle,
denen es schlecht ging, 36 und sie baten ihn, daß sie nur be-
rührten die Quaste seines Gewandes; und wieviele berührten,
wurden gerettet.

15 1 Da kommen zu Jesus von Hierosolyma Pharisaier
und Schriftkundige, sagend: 2 Weshalb übertreten
deine Schüler die Überlieferung der Älteren? Denn nicht wa-
schen sie [ihre] Hände, wann Brot sie essen. 3 Der aber ant-
wortend sprach zu ihnen: Weshalb übertretet auch ihr das
Gebot Gottes wegen eurer Überlieferung? 4 Denn Gott sprach:
Ehre den Vater und die Mutter, und: *Der Beschimpfende Va-* Ex 20,12
ter oder Mutter soll mit Tod enden. 5 Ihr aber sagt: Wer im- Dtn 5,16
mer spricht zum Vater oder zur Mutter: Weihegabe (sei), was Ex 21,17 Lev 20,9
immer du von mir Nutzen hättest, 6 nicht wird er ehren seinen
Vater; und ihr entmachtetet das Wort Gottes wegen eurer
Überlieferung. 7 Heuchler, recht prophezeite über euch Isaias,
sagend: 8 *Dieses Volk ehrt mit den Lippen mich, ihr Herz aber* Jes 29,13 (G)
hält sich weit fern von mir; 9 *vergeblich aber verehren sie*
mich, lehrend als Lehren Gebote von Menschen. 10 Und her-
beirufend die Volksmenge, sprach er zu ihnen: Hört und ver-
steht! 11 Nicht das Hineingehende in den Mund macht gemein

den Menschen, sondern das Herausgehende aus dem Mund,
dieses macht gemein den Menschen.

12 Da, hinzukommend die Schüler, sagen sie ihm: Weißt
du, daß die Pharisaier, hörend das Wort, Anstoß nahmen?
13 Der aber antwortend sprach: Jede Pflanze, die nicht pflanz-
te mein himmlischer Vater, wird entwurzelt werden. 14 Laßt
sie; als Blinde sind sie Führer [von Blinden]; wenn aber ein
Blinder einen Blinden führt, werden beide in eine Grube fal-
len.

15 Antwortend aber sprach Petros zu ihm: Deute uns [die-
ses] Gleichnis! 16 Der aber sprach: Noch seid auch ihr Unver-
ständige? 17 Nicht begreift ihr, daß alles Hineingehende in den
Mund in den Bauch gelangt und in (den) Abort ausgeschieden
wird? 18 Das Herausgehende aber aus dem Mund, aus dem
Herzen kommt es heraus, und jenes macht gemein den Men-
schen. 19 Denn aus dem Herzen gehen aus böse Gedanken,
Morde, Ehebrüche, Unzüchtiges, Diebstähle, Falschzeugnis-
se, Lästerungen. 20 Dieses ist das Gemeinmachende den Men-
schen, das Essen aber mit ungewaschenen Händen macht
nicht gemein den Menschen.

21 Und herauskommend von dort, entwich Jesus in die (Lan-
des)teile von Tyros und Sidon. 22 Und siehe, eine Frau, eine
Chananaierin, von jenen Gebieten herauskommend, schrie,
sagend: Erbarme dich meiner, Herr, Sohn Davids! Meine
Tochter ist böse besessen. 23 Der aber antwortete ihr nicht ein
Wort. Und hinzukommend baten seine Schüler ihn, sagend:
Entlaß sie, denn sie schreit hinter uns (her). 24 Der aber ant-
wortend sprach: Nicht wurde ich geschickt, außer zu den
verlorenen Schafen des Hauses Israel. 25 Die aber kommend
fiel nieder vor ihm, sagend: Herr, hilf mir! 26 Der aber ant-
wortend sprach: Nicht ist es recht, zu nehmen das Brot der
Kinder und hinzuwerfen (es) den Hündchen. 27 Die aber
sprach: Ja, Herr; denn auch die Hündchen essen von den
Bröckchen, den fallenden vom Tisch ihrer Herren. 28 Da,
antwortend, sprach Jesus zu ihr: O Frau, groß (ist) dein Glau-
be; es soll dir geschehen, wie du willst. Und geheilt wurde

ihre Tochter von jener Stunde (an).
29 Und fortgehend von dort, kam Jesus entlang am Meer der
Galilaia, und hinaufsteigend auf den Berg setzte er sich dort.
30 Und (es) kamen zu ihm viele Volksmengen, habend bei sich
Lahme, Blinde, Krüppel, (Taub)stumme und viele andere,
und sie legten sie hin zu seinen Füßen; und er heilte sie;
31 daher staunte die Volksmenge, sehend (Taub)stumme re-
dend, Krüppel gesund und Lahme umhergehend und Blinde
sehend; und sie verherrlichten den Gott Israels.
32 Jesus aber, herbeirufend seine Schüler, sprach: Ergriffen
werde ich über die Volksmenge, weil sie schon drei Tage
bleiben bei mir und nicht(s) haben, was sie essen könnten;
und entlassen will ich sie nicht hungrig, damit sie nicht erlie-
gen auf dem Weg. 33 Und (es) sagen ihm die Schüler: Woher
(kämen) uns in (der) Öde soviele Brote, um zu sättigen eine
so große Volksmenge? 34 Und (es) sagt ihnen Jesus: Wieviele
Brote habt ihr? Die aber sprachen: Sieben und wenige Fisch-
chen. 35 Und gebietend der Volksmenge, sich niederzulassen
auf die Erde, 36 nahm er die sieben Brote und die Fische, und
dankend brach er (sie), und er gab (sie) den Schülern, die
Schüler aber den Volksmengen. 37 Und (sie) aßen alle und
wurden gesättigt. Und das Übriggebliebene der Stücke trugen
sie weg, sieben volle Körbe. 38 Die Essenden aber waren
viertausend Männer, ohne Frauen und Kinder.
39 Und entlassend die Volksmengen, stieg er ein ins Boot,
und er kam in die Gebiete von Magadan.

16 1 Und hinzukommend die Pharisaier und Saddu-
kaier, (ihn) versuchend, verlangten sie von ihm, ein
Zeichen aus dem Himmel zu zeigen ihnen. 2 Der aber ant-
wortend sprach zu ihnen: [Wenn es Abend wird, sagt ihr:
Heiteres Wetter (kommt); denn (es) rötet sich der Himmel;
3 und (in der) Frühe: Heute (kommt) Sturm; denn (es) rötet
sich der sich trübende Himmel. Das Angesicht des Himmels
zwar wißt ihr zu beurteilen, die Zeichen der Zeiten aber
könnt ihr nicht?] 4 Ein böses und ehebrecherisches Geschlecht
verlangt ein Zeichen, aber ein Zeichen wird ihm nicht gege-

ben werden, wenn nicht das Zeichen (des) Jonas. Und zu-
rücklassend sie, wegging er. 5 Und als die Schüler kamen zum
Gegenüber, vergaßen sie, Brote mitzunehmen. 6 Jesus aber
sprach zu ihnen: Seht (zu) und nehmt euch in acht vor dem
Sauerteig der Pharisaier und Saddukaier! 7 Die aber überleg-
ten bei sich, sagend: Brote nahmen wir nicht (mit). 8 (Es) er-
kennend aber, sprach Jesus: Was überlegt ihr bei euch, Klein-
gläubige, daß Brote ihr nicht habt? 9 Noch nicht begreift ihr,
und nicht erinnert ihr euch an die fünf Brote der Fünftausend
und wieviele Körbe ihr aufhobt? 10 Und nicht an die sieben
Brote der Viertausend und wieviele Körbe ihr aufhobt?
11 Wieso begreift ihr nicht, daß nicht über Brote ich zu euch
sprach? Nehmt euch aber in acht vor dem Sauerteig der Pha-
risaier und Saddukaier! 12 Da verstanden sie, daß er nicht (da-
von) sprach, sich in acht zu nehmen vor dem Sauerteig der
Brote, sondern vor der Lehre der Pharisaier und Saddukaier.

13 Kommend aber Jesus in die (Landes)teile von Kaisareia,
dem von Philippos, fragte er seine Schüler, sagend: Wer, sa-
gen die Menschen, daß der Sohn des Menschen sei? 14 Die
aber sprachen: Die einen: Johannes der Täufer, andere aber:
Elias, andere aber: Jeremias oder einer der Propheten. 15 Er
sagt ihnen: Ihr aber, wer, sagt ihr, daß ich sei? 16 Antwortend
aber sprach Simon Petros: Du bist der Christos, der Sohn des
lebendigen Gottes. 17 Antwortend aber sprach Jesus zu ihm:
Selig bist du, Simon Barjona, weil nicht Fleisch und Blut dir
offenbarten, sondern mein Vater in den Himmeln. 18 Und ich
sage dir: Du bist Petros, und auf diesem Felsen werde ich
bauen meine Kirche, und (die) Tore (des) Hades werden sie
nicht überwinden. 19 Geben werde ich dir die Schlüssel des
Königtums der Himmel, und was immer du bindest auf der
Erde, wird gebunden sein in den Himmeln, und was immer
du löst auf der Erde, wird gelöst sein in den Himmeln.
20 Dann trug er den Schülern auf, daß sie keinem sagten: Er
ist der Christos.

21 Von da (an) begann Jesus zu zeigen seinen Schülern, daß
er müsse nach Hierosolyma hingehen und vieles leiden von

den Ältesten und Hochpriestern und Schriftkundigen und ge-
tötet werden und am dritten Tag erweckt werden. 22 Und her-
beinehmend ihn, begann Petros ihn anzufahren, sagend: (Gott
sei) dir gnädig, Herr; nicht soll dir dies geschehen. 23 Der
aber, sich umwendend, sprach zu Petros: Geh fort, hinter
mich, Satan! Ein Ärgernis bist du mir, weil du nicht sinnst
das von Gott, sondern das der Menschen.
24 Da sprach Jesus zu seinen Schülern: Wenn einer will
hinter mir (her)kommen, soll er sich selbst verleugnen und
tragen sein Kreuz und mir folgen! 25 Denn wer immer will
sein Leben retten, verlieren wird er es; wer aber immer ver-
liert sein Leben wegen meiner, finden wird er es. 26 Denn was
wird es nützen einem Menschen, wenn er die ganze Welt ge-
winnt, an seinem Leben aber bestraft wird? Oder was wird
geben ein Mensch als Gegenwert seines Lebens? 27 Denn es
wird der Sohn des Menschen kommen in der Herrlichkeit sei-
nes Vaters mit seinen Engeln, und dann *wird er vergelten je-* Ps 62,13
dem nach seinem Tun. 28 Amen, ich sage euch: (Es) sind ei- Spr 24,12
nige der hier Stehenden, welche nicht kosten werden (den) Sir 35,22 (G)
Tod, bis sie sehen den Sohn des Menschen kommend in sei-
nem Königtum.

17 1 Und nach sechs Tagen mitnimmt Jesus den Petros
und Jakobos und Johannes, dessen Bruder, und hin-
aufbringt er sie auf einen hohen Berg für sich. 2 Und er wurde
umgestaltet vor ihnen, und (es) leuchtete sein Gesicht wie die
Sonne, seine Gewänder aber wurden weiß wie das Licht.
3 Und siehe, (es) erschien ihnen Moyses und Elias, sich unter-
redend mit ihm. 4 Antwortend aber sprach Petros zu Jesus:
Herr, recht ist es, daß wir hier sind; wenn du willst, werde
ich machen hier drei Zelte, dir eines und Moyses eines und
Elias eines. 5 Während er noch redet, siehe, eine lichte Wolke
überschattete sie, und siehe, eine Stimme aus der Wolke, sa-
gend: Dieser ist mein geliebter Sohn, an dem ich Gefallen
fand; hört ihn! 6 Und hörend (es), fielen die Schüler auf ihr
Gesicht und fürchteten sich sehr. 7 Und hinzukam Jesus und,
berührend sie, sprach er: Steht auf und fürchtet euch nicht.

8 Erhebend aber ihre Augen, keinen sahen sie außer ihn, Jesus
allein. 9 Und während sie herabstiegen vom Berg, gebot ihnen
Jesus, sagend: Zu keinem sprecht von dem Gesicht, bis daß
der Sohn des Menschen aus Toten erweckt ist. 10 Und (es) be-
fragten ihn die Schüler, sagend: Was nun sagen die Schrift-
Mal 3,23f kundigen: *Elias muß kommen zuerst?* 11 Der aber antwortend
sprach: *Elias kommt zwar und wird* alles *wiederherstellen;*
12 ich sage euch aber: Elias kam schon, aber nicht erkannten
sie ihn, sondern sie taten an ihm, was sie wollten; so wird
auch der Sohn des Menschen leiden von ihnen. 13 Da verstan-
den die Schüler, daß über Johannes den Täufer er sprach zu
ihnen.

14 Und als sie kamen zur Volksmenge, kam zu ihm ein
Mensch, auf die Knie fallend vor ihm 15 und sagend: Herr,
erbarme dich meines Sohnes, denn er ist mondsüchtig, und
schlecht ergeht es ihm; denn oft fällt er ins Feuer und oft ins
Wasser. 16 Und hinbrachte ich ihn deinen Schülern, aber nicht
konnten sie ihn heilen. 17 Antwortend aber sprach Jesus: O
ungläubiges und verkehrtes Geschlecht, bis wann werde ich
mit euch sein? Bis wann werde ich ertragen euch? Bringt mir
ihn hierher! 18 Und anfuhr ihn Jesus, und herauskam von ihm
der Dämon, und (es) war geheilt der Knabe von jener Stunde
(an).

19 Da, kommend die Schüler zu Jesus für sich, sprachen sie:
Weshalb konnten wir nicht hinauswerfen ihn? 20 Der aber sagt
ihnen: Wegen eures Kleinglaubens, amen, denn ich sage
euch: Wenn ihr habt einen Glauben wie ein Senfkorn, werdet
ihr sagen diesem Berg: Geh fort von hier nach dort, und fort-
gehen wird er; und nichts wird euch unmöglich sein.*

22 Als sie aber zusammengekommen waren in der Galilaia,
sprach zu ihnen Jesus: Der Sohn des Menschen ist im Begriff
übergeben zu werden in (die) Hände von Menschen, 23 und sie
werden töten ihn, und am dritten Tag wird er erweckt wer-
den. Und sie wurden sehr betrübt.

24 Als sie aber kamen nach Kapharnaum, kamen die die

* V 21 ist sekundär, eingedrungen aus Mk 9,29.

Doppeldrachmen Einnehmenden zu Petros und sprachen:
Euer Lehrer, zahlt er nicht [die] Doppeldrachmen? [25] Er sagt:
Ja. Und kommend ins Haus, kam ihm Jesus zuvor, sagend:
Was dünkt dir, Simon? Die Könige der Erde, von welchen
nehmen sie Zoll oder Steuer? Von ihren Söhnen oder von den
Fremden? [26] Als er aber sprach: Von den Fremden, sagte ihm
Jesus: Also sind frei die Söhne. [27] Damit wir aber nicht An-
stoß geben ihnen: Gehend ans Meer, wirf eine Angel aus und
nimm den ersten heraufsteigenden Fisch, und öffnend sein
Maul, finden wirst du einen Stater; jenen nehmend, gib (ihn)
ihnen für mich und dich!

18 [1] In jener Stunde kamen die Schüler zu Jesus, sa-
gend: Wer also ist (der) Größere im Königtum der
Himmel? [2] Und herbeirufend ein Kind, stellte er es in ihre
Mitte [3] und sprach: Amen, ich sage euch: Wenn ihr euch nicht
umwendet und werdet wie die Kinder, nicht kommt ihr hinein
ins Königtum der Himmel. [4] Wer also sich erniedrigen wird
wie dieses Kind, dieser ist der Größere im Königtum der
Himmel. [5] Und wer immer aufnimmt ein solches Kind in mei-
nem Namen, mich nimmt er auf.

[6] Wer aber immer Anstoß gibt einem dieser Kleinen, der
Glaubenden an mich, zukommt ihm, daß umgehängt würde
ein Eselsmühlstein um seinen Nacken und er versenkt würde
in der Tiefe des Meeres. [7] Wehe der Welt wegen der Ärger-
nisse; denn (die) Notwendigkeit (besteht), daß die Ärgernisse
kommen, jedoch wehe dem Menschen, durch den das Ärger-
nis kommt. [8] Wenn aber deine Hand oder dein Fuß dir Anstoß
gibt, schlag ihn ab und wirf (ihn) von dir! Besser für dich ist
es, hineinzugehen ins Leben als Krüppel oder Lahmer, als,
zwei Hände oder zwei Füße habend, geworfen zu werden ins
ewige Feuer. [9] Und wenn dein Auge dir Anstoß gibt, reiß es
aus und wirf (es) von dir! Besser für dich ist es, als Einäugi-
ger ins Leben hineinzugehen, als, zwei Augen habend, ge-
worfen zu werden in die Gehenna des Feuers.

[10] Seht (zu), daß ihr nicht verachtet eines dieser Kleinen;
denn ich sage euch: Ihre Engel in (den) Himmeln schauen un-

ablässig das Angesicht meines Vaters in (den) Himmeln.*
12 Was dünkt euch? Wenn es geschieht, (daß) einem Men-
schen hundert Schafe (gehören) und (es) verirrt sich eines von
ihnen, wird er nicht verlassen die neunundneunzig auf den
Bergen, und gehend sucht er das verirrte? 13 Und wenn es ge-
schieht, daß er es findet, amen, ich sage euch: Er freut sich
über es mehr als über die neunundneunzig, die nicht sich
verirrten. 14 So ist es nicht (der) Wille vor eurem Vater in
(den) Himmeln, daß verlorengehe eines dieser Kleinen.

15 Wenn aber gesündigt hat [gegen dich] dein Bruder, geh
fort, überführe ihn zwischen dir und ihm allein. Wenn er dich
hört, gewannst du deinen Bruder; 16 wenn er aber nicht hört,
Dtn 19,15 nimm mit dir noch einen oder zwei, damit *auf (dem) Mund*
von zwei Zeugen oder drei bestehe jedes Wort; 17 wenn er aber
vorbeihört an ihnen, sprich zur Gemeinde; wenn er aber auch
an der Gemeinde vorbeihört, sei er dir wie der Heidnische
und der Zöllner. 18 Amen, ich sage euch: Wieviel immer ihr
bindet auf der Erde, wird gebunden sein im Himmel, und wie-
viel immer ihr löst auf der Erde, wird gelöst sein im Himmel.

19 Wieder [amen] sage ich euch: Wenn zwei übereinstim-
men von euch auf der Erde in jeder Sache, die immer sie er-
bitten, geschehen wird es ihnen von meinem Vater in (den)
Himmeln. 20 Denn wo zwei oder drei versammelt sind auf
meinen Namen, dort bin ich in ihrer Mitte.

21 Dann hinkommend sprach Petros zu ihm: Herr, wie oft
wird sündigen gegen mich mein Bruder, und ich werde ihm
erlassen? Bis siebenmal? 22 (Es) sagt ihm Jesus: Nicht sage ich
dir: bis siebenmal, sondern bis siebzigmal sieben.

23 Deswegen wurde verglichen das Königtum der Himmel
einem Menschen, einem König, der Abrechnung halten wollte
mit seinen Sklaven. 24 Als er aber begann, (sie) abzuhalten,
wurde hingebracht zu ihm einer, ein Schuldner von zehntau-
send Talenten. 25 Da er aber nicht(s) hatte zurückzugeben, be-
fahl der Herr, daß er verkauft werde und die Frau und die
Kinder und alles, wieviel er hat, und daß zurückgegeben

* V 11 ist nur in einigen unbedeutenderen Handschriften bezeugt.

werde. 26 Fallend nun fiel der Sklave nieder vor ihm, sagend:
Sei großmütig zu mir, und alles werde ich dir zurückgeben!
27 Ergriffen aber entließ der Herr jenes Sklaven ihn, und die
Schuld erließ er ihm. 28 Herauskommend aber fand jener
Sklave einen seiner Mitsklaven, der ihm schuldete hundert
Denare, und ergreifend ihn, würgte er (ihn), sagend: Gib zu-
rück, wenn du etwas schuldest! 29 (Nieder)fallend nun bat sein
Mitsklave ihn, sagend: Sei großmütig zu mir, und ich werde
dir zurückgeben. 30 Der aber wollte nicht, sondern weggehend
warf er ihn ins Gefängnis, bis er zurückgebe das Geschuldete.
31 Sehend nun seine Mitsklaven das Geschehene, wurden sie
sehr betrübt, und kommend erklärten sie ihrem Herrn alles
Geschehene. 32 Dann, herbeirufend ihn, sagt sein Herr ihm:
Böser Sklave, all jene Schuld erließ ich dir, weil du mich ba-
test; 33 mußtest nicht auch du dich erbarmen deines Mitskla-
ven, wie auch ich mich deiner erbarmte? 34 Und erzürnt über-
gab ihn sein Herr den Folterern, bis daß er zurückgebe alles
Geschuldete. 35 So wird auch mein himmlischer Vater euch
tun, wenn ihr nicht erlaßt, jeder seinem Bruder, von euren
Herzen.

19 1 Und es geschah, als Jesus beendete diese Worte,
aufbrach er von der Galilaia, und er kam in die Ge-
biete der Judaia jenseits des Jordanes. 2 Und (es) folgten ihm
viele Volksmengen, und er heilte sie dort.

3 Und hinzukamen zu ihm Pharisaier, versuchend ihn und
sagend: Ob es erlaubt ist einem Menschen, zu entlassen seine
Frau aus jedem Grund? 4 Der aber antwortend sprach: Nicht
last ihr, daß der Erschaffende von Anfang (an) *männlich und* Gen 1,27; 5,2
weiblich machte sie? 5 Und er sprach: *Dessentwegen wird zu-* Gen 2,24 (G)
rücklassen ein Mensch den Vater und die Mutter, und an-
schließen wird er sich seiner Frau, und (es) werden sein die
zwei zu einem Fleisch. 6 Daher nicht mehr sind sie zwei, son-
dern ein Fleisch. Was nun Gott zusammenjochte, soll ein
Mensch nicht trennen. 7 Sie sagen ihm: Warum nun gebot
Moyses, einen Scheidebrief zu geben und [sie] zu entlassen?
8 Er sagt ihnen: Moyses erlaubte euch wegen eurer Harther-

zigkeit, eure Frauen zu entlassen; von Anfang (an) aber ist es nicht gewesen so. 9 Ich sage euch aber: Wer immer entläßt seine Frau – nicht bei Unzucht – und heiratet eine andere, bricht die Ehe.

10 (Es) sagen ihm [seine] Schüler: Wenn so ist die Sache des Menschen mit der Frau, ist es nicht nützlich zu heiraten. 11 Der aber sprach zu ihnen: Nicht alle fassen [dieses] Wort, sondern (die), denen es gegeben ist. 12 Denn (es) sind Verschnittene, welche aus (dem) Mutterleib geboren wurden so, und (es) sind Verschnittene, welche verschnitten wurden von den Menschen, und (es) sind Verschnittene, welche sich selbst verschnitten wegen des Königtums der Himmel. Der fassen Könnende soll (es) fassen!

13 Da wurden hingebracht zu ihm Kinder, damit er die Hände auflege ihnen und bete; die Schüler aber fuhren sie an. 14 Jesus aber sprach: Laßt die Kinder und hindert sie nicht, zu kommen zu mir; denn solcher ist das Königtum der Himmel! 15 Und als er ihnen die Hände aufgelegt hatte, ging er von dort.

16 Und siehe, einer hinzukommend sprach zu ihm: Lehrer,
was Gutes soll ich tun, damit ich habe ewiges Leben? 17 Der
aber sprach zu ihm: Was fragst du mich über das Gute? Einer
ist der Gute; wenn du aber willst ins Leben hineingehen, be-
wahre die Gebote! 18 Er sagt ihm: Welche? Jesus aber sprach:
Ex 20,12–16 Das: *Nicht sollst du morden, nicht sollst du ehebrechen, nicht*
Dtn 5,16–20 *sollst du stehlen, nicht sollst du falschzeugen,* 19 *ehre den Va-*
Lev 19,18 *ter und die Mutter,* und *lieben sollst du deinen Nächsten wie*
dich selbst. 20 (Es) sagt ihm der junge Mann: Dieses alles hielt
ich, wessen noch ermangle ich? 21 (Es) sagte ihm Jesus: Wenn
du willst vollkommen sein, geh fort, verkaufe deinen Besitz
und gib (ihn) [den] Armen, und du wirst haben einen Schatz
in (den) Himmeln, und auf, folge mir! 22 Hörend aber der
junge Mann das Wort, wegging er betrübt; denn er hatte viele
Güter.

23 Jesus aber sprach zu seinen Schülern: Amen, ich sage euch: Ein Reicher wird schwer hineingehen ins Königtum der

Himmel! 24 Wieder sage ich euch aber: Müheloser ist es, daß
ein Kamel durch (das) Loch einer Nadel hindurchgeht, als
daß ein Reicher hineingeht ins Königtum Gottes. 25 (Es) hö-
rend aber die Schüler, gerieten sie außer sich sehr, sagend:
Wer also kann gerettet werden? 26 (Sie) anschauend aber,
sprach Jesus zu ihnen: Bei Menschen ist dies unmöglich, bei
Gott aber (ist) alles möglich.
27 Da, antwortend sprach Petros zu ihm: Siehe, wir verlie-
ßen alles und folgten dir. Was also wird sein mit uns? 28 Jesus
aber sprach zu ihnen: Amen, ich sage euch: Ihr, die mir Fol-
genden, bei der Wiedergeburt, wann sich setzt der Sohn des
Menschen auf den Thron seiner Herrlichkeit, werdet auch ihr
sitzen auf zwölf Thronen, richtend die zwölf Stämme Israels.
29 Und jeder, welcher verließ Häuser oder Brüder oder
Schwestern oder Vater oder Mutter oder Kinder oder Äcker
wegen meines Namens, Hundertfaches wird er empfangen,
und ewiges Leben wird er erben. 30 Viele Erste aber werden
sein Letzte und Letzte Erste.

20 1 Denn gleich ist das Königtum der Himmel einem
Menschen, einem Hausherrn, welcher herauskam
gleich (in der) Frühe, zu mieten Arbeiter in seinen Weinberg.
2 Übereinkommend aber mit den Arbeitern auf einen Denar
den Tag, schickte er sie in seinen Weinberg. 3 Und heraus-
kommend um (die) dritte Stunde, sah er andere untätig ste-
hend auf dem Markt, 4 und zu jenen sprach er: Geht auch ihr
fort in den Weinberg, und was immer gerecht ist, werde ich
euch geben! 5 Die aber gingen hin. Wieder [aber] heraus-
kommend um (die) sechste und neunte Stunde, tat er ebenso.
6 Um die elfte aber herauskommend, fand er andere stehend,
und er sagt ihnen: Was seid ihr hier gestanden den ganzen
Tag untätig? 7 Sie sagen ihm: Weil keiner uns mietete. Er sagt
ihnen: Geht auch ihr fort in den Weinberg! 8 Als es aber
Abend geworden war, sagt der Herr des Weinbergs seinem
Verwalter: Ruf die Arbeiter und erstatte ihnen den Lohn, be-
ginnend bei den Letzten bis zu den Ersten! 9 Und kommend
die um die elfte Stunde, empfingen sie je einen Denar. 10 Und

kommend meinten die Ersten, daß mehr sie empfingen; und
(es) empfingen [den] je einen Denar auch sie. [11] Empfangend
aber murrten sie gegen den Hausherrn, [12] sagend: Diese Letz-
ten arbeiteten eine einzige Stunde, und gleich machtest du sie
uns, die wir trugen die Last des Tages und die Hitze. [13] Der
aber, antwortend, sprach zu einem jeden von ihnen: Freund,
nicht tue ich Unrecht dir; kamst du nicht auf einen Denar
überein mit mir? [14] Nimm das Deine und geh fort! Ich will
aber diesem Letzten geben wie auch dir. [15] [Oder] ist mir
nicht erlaubt, was ich will, zu tun an den Meinen? Oder ist
dein Auge böse, weil ich gut bin? [16] So werden sein die Letz-
ten Erste und die Ersten Letzte.

[17] Und hinaufsteigend nach Hierosolyma, mitnahm Jesus die
zwölf [Schüler] für sich, und auf dem Weg sprach er zu ih-
nen: [18] Siehe, hinaufsteigen wir nach Hierosolyma, und der
Sohn des Menschen wird übergeben werden den Hochprie-
stern und Schriftkundigen, und sie werden verurteilen ihn
zum Tod [19] und übergeben ihn den Heiden zum Verspotten
und Geißeln und Kreuzigen, und am dritten Tag wird er er-
weckt werden.

[20] Da kam zu ihm die Mutter der Söhne (des) Zebedaios mit
ihren Söhnen, niederfallend und erbittend etwas von ihm.
[21] Der aber sprach zu ihr: Was willst du? Sie sagt ihm:
Sprich, daß sitzen diese meine zwei Söhne, einer zu deiner
Rechten und einer zu deiner Linken in deinem Königtum.
[22] Antwortend aber sprach Jesus: Nicht wißt ihr, was ihr er-
bittet. Könnt ihr trinken den Kelch, den ich trinken werde?
Sie sagen ihm: Wir können. [23] Er sagt ihnen: Zwar werdet ihr
meinen Kelch trinken, das Sitzen aber zu meiner Rechten und
zur Linken, [dies] zu geben, ist nicht meine (Sache), sondern
(ist für die,) denen es bereitet ist von meinem Vater.

[24] Und (es) hörend, wurden die Zehn unwillig über die zwei
Brüder. [25] Jesus aber, herbeirufend sie, sprach: Ihr wißt, daß
die Führer der Völker sich ihrer bemächtigen und die Großen
sie vergewaltigen. [26] Nicht so soll es sein unter euch, sondern
wer immer will unter euch groß werden, soll sein euer Die-

ner, 27 und wer immer will unter euch sein Erster, soll sein
euer Sklave; 28 wie der Sohn des Menschen nicht kam, bedient
zu werden, sondern zu dienen und zu geben sein Leben als
Lösegeld anstelle vieler.

29 Und als sie herausgingen von Jericho, folgte ihm eine
große Volksmenge. 30 Und siehe, zwei Blinde sitzend am
Weg, hörend, daß Jesus vorbeigeht, schrien, sagend: Erbar-
me dich unser, [Herr], Sohn Davids! 31 Die Volksmenge aber
anfuhr sie, daß sie schwiegen; die aber schrien mehr, sagend:
Erbarme dich unser, Herr, Sohn Davids! 32 Und stehenblei-
bend rief Jesus sie und sprach: Was wollt ihr, soll ich euch
tun? 33 Sie sagen ihm: Herr, daß sich öffnen unsere Augen.
34 Ergriffen aber berührte Jesus ihre Augen, und sogleich sa-
hen sie wieder, und sie folgten ihm.

21

1 Und als sie nahekamen nach Hierosolyma und ka-
men nach Bethphage zum Berg der Ölbäume, da
schickte Jesus zwei Schüler, 2 sagend ihnen: Geht in das Dorf
euch gegenüber, und sogleich finden werdet ihr eine Eselin
angebunden und ein Füllen bei ihr; lösend (sie), führt (sie) zu
mir! 3 Und wenn einer zu euch etwas spricht, werdet ihr sa-
gen: Der Herr hat sie nötig; sofort aber wird er sie schicken.
4 Dies aber ist geschehen, damit erfüllt wird das Gesagte
durch den Propheten, (den) sagenden: 5 *Sprecht zur Tochter* Jes 62,11
Sion: Siehe, dein König kommt zu dir, sanft und aufgestiegen Sach 9,9
auf eine Eselin und auf ein Füllen, (dem) Jungen eines Zug-
tiers. 6 Gehend aber die Schüler und tuend, gleichwie ihnen
aufgetragen hatte Jesus, 7 führten sie die Eselin und das Füllen
(herbei), und auflegten sie auf sie die Gewänder, und darauf-
setzte er sich auf sie. 8 Die ganz große Volksmenge aber
breitete aus ihre Gewänder auf dem Weg, andere aber schlu-
gen Zweige ab von den Bäumen und breiteten (sie) aus auf
dem Weg. 9 Die Volksmengen aber, die ihm vorausgehenden
und die folgenden, schrien, sagend: *Hosanna* dem Sohn Da- Ps 118,25f
vids; *gesegnet der Kommende im Namen (des) Herrn; Hosan-*
na in den Höhen!

10 Und als er hineinging nach Hierosolyma, erbebte die
ganze Stadt, sagend: Wer ist dieser? 11 Die Volksmengen aber
sagten: Dieser ist der Prophet Jesus, der vom Nazareth der
Galilaia.

12 Und hineinging Jesus ins Heiligtum, und hinauswarf er
alle Verkaufenden und Kaufenden im Heiligtum, und die Ti-
sche der Geldwechsler stieß er um und die Sitze der die Tau-
Jes 56,7 ben Verkaufenden, 13 und er sagt ihnen: Geschrieben ist: *Mein
Haus wird Haus (des) Gebets gerufen werden,* ihr aber macht
Jer 7,11 es *zu einer Höhle von Räubern.* 14 Und (es) kamen zu ihm
Blinde und Lahme im Heiligtum, und er heilte sie. 15 Sehend
aber die Hochpriester und die Schriftkundigen das Staunens-
werte, das er tat, und die Kinder, die schreienden im Heilig-
tum und sagenden: Hosanna dem Sohn Davids, wurden sie
unwillig 16 und sprachen zu ihm: Hörst du, was diese sagen?
Ps 8,3 (G) Jesus aber sagt ihnen: Ja. Niemals last ihr: *Aus (dem) Mund
von Unmündigen und Säuglingen bereitetest du Lob?* 17 Und
zurücklassend sie, hinausging er aus der Stadt nach Bethania
und übernachtete dort.

18 (In der) Frühe aber, hinaufgehend in die Stadt, hungerte
(ihn). 19 Und sehend einen einzelnen Feigenbaum auf dem
Weg, kam er zu ihm, und nichts fand er an ihm außer Blätter
allein, und er sagt ihm: Niemals mehr soll aus dir eine Frucht
werden in Ewigkeit. Und (es) vertrocknete auf der Stelle der
Feigenbaum.

20 Und sehend (es), staunten die Schüler, sagend: Wie ver-
trocknete auf der Stelle der Feigenbaum? 21 Antwortend aber
sprach Jesus zu ihnen: Amen, ich sage euch: Wenn ihr habt
Glauben und nicht zweifelt, nicht allein das des Feigenbaumes
werdet ihr tun, sondern auch wenn zu diesem Berg ihr
sprecht: Werde weggetragen und werde geworfen ins Meer,
werden wird er (es); 22 und alles, wieviel immer ihr erbittet
im Gebet, glaubend werdet ihr (es) empfangen.

23 Und als er kam ins Heiligtum, kamen zu ihm, während er
lehrte, die Hochpriester und die Ältesten des Volkes, sagend:
In welcher Vollmacht tust du dieses? Und wer gab dir diese

Vollmacht? [24] Antwortend aber sprach Jesus zu ihnen: Fragen
werde euch auch ich ein einziges Wort, wenn ihr das mir
sagt, werde auch ich euch sagen, in welcher Vollmacht ich
dieses tue: [25] Die Taufe (des) Johannes, woher war sie? Vom
Himmel oder von Menschen? Die aber überlegten bei sich,
sagend: Wenn wir sprechen: Vom Himmel, sagen wird er
uns: Weshalb nun glaubtet ihr ihm nicht? [26] Wenn wir aber
sprechen: Von Menschen, fürchten wir die Volksmenge; denn
alle halten für einen Propheten den Johannes. [27] Und antwor-
tend sprachen sie zu Jesus: Wir wissen (es) nicht. (Es) sagte
ihnen auch er: Auch ich sage euch nicht, in welcher Voll-
macht ich dieses tue.

[28] Was aber dünkt euch? Ein Mensch hatte zwei Kinder.
Und kommend zum ersten, sprach er: Kind, geh fort heute,
arbeite im Weinberg! [29] Der aber antwortend sprach: Ich will
nicht; zuletzt aber, Reue bekommend, ging er hin. [30] Kom-
mend aber zu dem anderen sprach er ebenso. Der aber ant-
wortend sprach: Ich (will), Herr! Aber nicht ging er hin.
[31] Wer von den zweien tat den Willen des Vaters? Sie sagen:
Der erste. (Es) sagt ihnen Jesus: Amen, ich sage euch: Die
Zöllner und die Dirnen gehen euch voran ins Königtum Got-
tes. [32] Denn (es) kam Johannes zu euch auf (dem) Weg (der)
Gerechtigkeit, und nicht glaubtet ihr ihm, die Zöllner aber
und die Dirnen glaubten ihm; ihr aber, sehend (es), auch
nicht zuletzt bekamt ihr Reue, ihm zu glauben.

[33] Ein anderes Gleichnis hört! Es war ein Mensch, ein
Hausherr, welcher pflanzte einen Weinberg, und einen Zaun
setzte er um ihn herum, und er grub in ihm eine Kelter, und
er baute einen Turm, und er vergab ihn an Bauern, und er
verreiste. [34] Als aber nahekam die Zeit der Früchte, schickte
er seine Sklaven zu den Bauern, zu nehmen seine Früchte.
[35] Und die Bauern, nehmend seine Sklaven: Den einen schun-
den sie, den anderen aber töteten sie, den anderen aber stei-
nigten sie. [36] Wieder schickte er andere Sklaven, mehr als die
ersten, und sie taten ihnen ebenso. [37] Zuletzt aber schickte er
zu ihnen seinen Sohn, sagend: Scheuen werden sie sich vor

meinem Sohn. [38] Die Bauern aber, sehend den Sohn, sprachen
bei sich: Dieser ist der Erbe; auf, töten wir ihn, und behalten
wir sein Erbe! [39] Und nehmend ihn, warfen sie (ihn) hinaus
außerhalb des Weinbergs, und sie töteten (ihn). [40] Wann nun
kommt der Herr des Weinbergs, was wird er tun jenen Bau-
ern? [41] Sie sagen ihm: Als Böse wird er sie bös zugrunderich-
ten, und den Weinberg wird er vergeben an andere Bauern,
welche ihm abgeben werden die Früchte zu ihren Zeiten.

[42] (Es) sagt ihnen Jesus: Niemals last ihr in den Schriften:
Ps 118,22f *(Der) Stein, den verwarfen die Bauenden, dieser wurde zum
Hauptstein; vom Herrn wurde dieses, und es ist staunenswert
in unseren Augen?* [43] Deswegen sage ich euch: Weggenom-
men werden wird von euch das Königtum Gottes, und gege-
ben werden wird es einem Volk, bringend seine Früchte.
[[44] Und der Fallende auf diesen Stein wird zerschellen; auf
wen aber immer er fällt, zermalmen wird er ihn.]

[45] Und hörend die Hochpriester und die Pharisaier seine
Gleichnisse, erkannten sie, daß über sie er redet; [46] und su-
chend, ihn zu ergreifen, fürchteten sie die Volksmengen, da
für einen Propheten sie ihn hielten.

22 [1] Und antwortend sprach Jesus wieder in Gleichnis-
sen zu ihnen, sagend: [2] Verglichen wurde das Kö-
nigtum der Himmel einem Menschen, einem König, welcher
machte eine Hochzeit für seinen Sohn. [3] Und er schickte seine
Sklaven, zu rufen die Gerufenen zur Hochzeit, aber nicht
wollten sie kommen. [4] Wieder schickte er andere Sklaven, sa-
gend: Sprecht zu den Gerufenen: Siehe, mein Mahl habe ich
bereitet, meine Ochsen und die Masttiere (sind) geschlachtet,
und alles (ist) bereit; auf, zur Hochzeit! [5] Die aber, nicht
kümmernd sich, gingen weg, der eine auf den eigenen Acker,
der andere zu seinem Geschäft; [6] die übrigen aber, ergreifend
seine Sklaven, mißhandelten und töteten (sie). [7] Der König
aber wurde zornig, und schickend seine Heere, vernichtete er
jene Mörder, und ihre Stadt zündete er an. [8] Da sagt er seinen
Sklaven: Die Hochzeit ist zwar bereit, die Gerufenen aber
waren nicht würdig; [9] geht nun an die Kreuzungen der Wege,

und wieviele immer ihr findet, ruft zur Hochzeit. 10 Und hin-
ausgehend jene Sklaven auf die Wege, sammelten sie alle, die
sie fanden, Böse und Gute; und gefüllt wurde der Hochzeits-
saal von (zu Tisch) Liegenden. 11 Hereinkommend aber der
König, zu schauen die (zu Tisch) Liegenden, sah er dort ei-
nen Menschen, nicht bekleidet mit einem Hochzeitsgewand,
12 und er sagt ihm: Freund, wie kamst du hier herein, nicht
habend ein Hochzeitsgewand? Der aber verstummte. 13 Da
sprach der König zu den Dienern: Bindend seine Füße und
Hände, werft ihn hinaus in die Finsternis draußen; dort wird
sein das Weinen und das Klappern der Zähne. 14 Denn viele
sind Berufene, wenige aber Auserwählte.

15 Dann weggehend faßten die Pharisaier einen Beschluß,
auf daß sie ihn fingen in einem Wort. 16 Und sie schicken ihm
ihre Schüler mit den Herodianern, sagend: Lehrer, wir wis-
sen, daß wahrhaftig du bist und den Weg Gottes in Wahrheit
du lehrst und du dich um keinen kümmerst. Denn nicht siehst
du auf (das) Gesicht von Menschen; 17 sprich also zu uns, was
dir dünkt: Ist es erlaubt, Steuer zu geben (dem) Kaiser oder
nicht? 18 Erkennend aber ihre Bosheit, sprach Jesus: Was ver-
sucht ihr mich, Heuchler? 19 Zeigt mir die Steuermünze! Die
aber brachten ihm hin einen Denar. 20 Und er sagt ihnen: Von
wem (ist) dieses Bild und die Aufschrift? 21 Sie sagen ihm:
(Vom) Kaiser. Da sagt er ihnen: Gebt also das (des) Kaisers
(dem) Kaiser und das Gottes Gott! 22 Und (es) hörend, staun-
ten sie, und lassend ihn, gingen sie weg.

23 An jenem Tag hinzukamen zu ihm Saddukaier, sagend,
nicht gebe es Auferstehung, und sie befragten ihn, 24 sagend:
Lehrer, Moyses sprach: *Wenn einer stirbt, nicht habend Kin-* Dtn 25,5
der, als Schwager heiraten soll sein Bruder dessen Frau, und Gen 38,8
aufstellen soll er Nachkommenschaft seinem Bruder. 25 Es wa-
ren aber bei uns sieben Brüder; und der erste, nachdem er
geheiratet hatte, starb, und nicht habend Nachkommenschaft,
hinterließ er seine Frau seinem Bruder; 26 gleicherweise auch
der zweite und der dritte bis zu den sieben. 27 Zuletzt aber von
allen starb die Frau. 28 Bei der Auferstehung nun, wessen der

sieben Frau wird sie sein? Denn alle hatten sie. 29 Antwortend
aber sprach Jesus zu ihnen: Ihr irrt, nicht kennend die Schrif-
ten und nicht die Kraft Gottes; 30 denn bei der Auferstehung
weder heiraten sie, noch werden sie verheiratet, sondern wie
Engel im Himmel sind sie. 31 Über die Auferstehung der To-
ten aber, nicht last ihr das euch Gesagte von Gott, (dem) sa-
Ex 3,6 genden: 32 *Ich bin der Gott Abrahams und der Gott Isaaks und*
der Gott Jakobs? Nicht ist er [der] Gott Toter, sondern Le-
bender. 33 Und (es) hörend, gerieten die Volksmengen außer
sich über seine Lehre.

34 Die Pharisaier aber, hörend, daß zum Schweigen er
brachte die Saddukaier, kamen zusammen daselbst, 35 und (es)
befragte (ihn) einer von ihnen, [ein Gesetzeskundiger,] ihn
versuchend: 36 Lehrer, welches Gebot (ist) groß im Gesetz? 37
Dtn 6,5 Der aber sagte ihm: *Du sollst lieben (den) Herrn, deinen*
Jos 22,5 (G) *Gott, mit deinem ganzen Herzen und mit deiner ganzen Seele*
und mit deiner ganzen Einsicht. 38 Das ist das große und erste
Lev 19,18 Gebot. 39 Ein zweites aber (ist) ihm gleich: *Du sollst lieben*
deinen Nächsten wie dich selbst. 40 An diesen zwei Geboten
hängt das ganze Gesetz und die Propheten.

41 Als aber zusammengekommen waren die Pharisaier, be-
fragte sie Jesus, 42 sagend: Was dünkt euch über den Christos?
Wessen Sohn ist er? Sie sagen ihm: Des David. 43 Er sagt ih-
Ps 110,1 nen: Wie nun ruft David im Geist ihn Herr, sagend: 44 *(Es)*
sprach (der) Herr zu meinem Herrn: Sitze zu meiner Rechten,
bis ich hinlege deine Feinde unter deine Füße? 45 Wenn also
David ihn Herr ruft, wie ist er sein Sohn? 46 Und keiner konn-
te antworten ihm ein Wort, und nicht wagte einer von jenem
Tag (an) mehr, ihn zu befragen.

23 1 Da redete Jesus zu den Volksmengen und zu sei-
nen Schülern, 2 sagend: Auf des Moyses Sitz setzten
sich die Schriftkundigen und die Pharisaier. 3 Alles nun, was
immer sie sprechen zu euch, tut und bewahrt, nach ihren Wer-
ken aber tut nicht! Denn sie reden, aber nicht tun sie. 4 Sie bin-
den aber schwere [und unerträgliche] Lasten, und auflegen sie
(sie) auf die Schultern der Menschen, selbst aber mit ihrem

Finger nicht wollen sie bewegen sie. 5 Alle ihre Werke aber
tun sie zum Gesehenwerden bei den Menschen; denn breit
machen sie ihre Gebetsriemen, und groß machen sie die Qua-
sten, 6 sie lieben aber das Erstlager bei den Mählern und die
Erstsitze in den Synagogen 7 und die Begrüßungen auf den
Märkten und gerufen zu werden von den Menschen Rabbi.

8 Ihr aber sollt nicht gerufen werden Rabbi; denn einer ist
euer Lehrer, ihr alle aber seid Brüder. 9 Auch Vater sollt ihr
nicht rufen (einen) von euch auf der Erde, denn einer ist euer
Vater, der himmlische. 10 Auch sollt ihr nicht gerufen werden
Meister, denn euer Meister ist einer, der Christos. 11 Der
Größere aber von euch soll sein euer Diener. 12 Wer aber er-
höhen wird sich selbst, erniedrigt werden wird er, und wer
erniedrigen wird sich selbst, erhöht werden wird er.

13 Wehe aber euch, Schriftkundige und Pharisaier, Heuch-
ler, weil ihr verschließt das Königtum der Himmel vor den
Menschen; denn ihr geht nicht hinein, und die Hineingehen-
den laßt ihr nicht hineinkommen.*

15 Wehe euch, Schriftkundige und Pharisaier, Heuchler, weil
ihr durchzieht das Meer und das Trockene, zu machen einen
einzigen zum Proselyten, und wann er (es) geworden ist, macht
ihr ihn zum Sohn (der) Gehenna, zweimal (mehr als) ihr.

16 Wehe euch, blinde Führer, die ihr sagt: Wer immer aber
schwört beim Tempel, nichts ist es; wer immer aber schwört
beim Gold des Tempels, schuldet. 17 Törichte und Blinde, wer
ist denn größer, das Gold oder der das Gold heiligende Tem-
pel? 18 Und: Wer immer schwört beim Altar, nichts ist es;
wer immer aber schwört bei der auf ihm (liegenden) Gabe,
schuldet. 19 Blinde, was ist denn größer, die Gabe oder der
Altar, der heiligende die Gabe? 20 Der Schwörende also beim
Altar, schwört bei ihm und bei all dem auf ihm; 21 und der
Schwörende beim Tempel, schwört bei ihm und bei dem ihn
Bewohnenden, 22 und der Schwörende beim Himmel, schwört
beim Thron Gottes und bei dem Sitzenden auf ihm.

23 Wehe euch, Schriftkundige und Pharisaier, Heuchler,

* V 14 fehlt in den wichtigsten Handschriften.

weil ihr bezehntet die Minze und den Dill und den Kümmel
und unterließet die gewichtigen (Teile) des Gesetzes, das
Recht und das Erbarmen und die Treue; dieses [aber] müßte
man tun und jenes nicht lassen. 24 Blinde Führer, die ihr durch-
seiht die Mücke, das Kamel aber verschlingt.

25 Wehe euch, Schriftkundige und Pharisaier, Heuchler,
weil ihr reinigt das Äußere des Bechers und der Schüssel, in-
nen aber sind sie voll von Raub und Unbeherrschtheit. 26 Blin-
der Pharisaier, reinige zuerst das Innen des Bechers, damit
auch sein Außen rein wird.

27 Wehe euch, Schriftkundige und Pharisaier, Heuchler,
weil ihr gleicht geweißten Grabmälern, welche außen zwar
schön scheinen, innen aber voll sind von Totengebein und je-
der Unreinheit. 28 So auch ihr, außen zwar scheint ihr den
Menschen gerecht, innen aber seid ihr voll von Heuchelei und
Ungesetzlichkeit.

29 Wehe euch, Schriftkundige und Pharisaier, Heuchler,
weil ihr baut die Grabmäler der Propheten und schmückt die
Gräber der Gerechten, 30 und ihr sagt: Wenn wir gewesen wä-
ren in den Tagen unserer Väter, nicht wären wir gewesen ihre
Teilhaber am Blut der Propheten. 31 Daher bezeugt ihr euch
selbst, daß ihr Söhne derer seid, die mordeten die Propheten.
32 Und ihr machtet voll das Maß eurer Väter. 33 Schlangen,
Brut von Nattern, wie flieht ihr vor dem Gericht der Gehenna?

34 Deswegen siehe: Ich schicke zu euch Propheten und
Weise und Schriftkundige; (etliche) von ihnen werdet ihr tö-
ten und kreuzigen, und (etliche) von ihnen werdet ihr geißeln
in euren Synagogen und werdet ihr verfolgen von Stadt zu
Stadt; 35 auf daß komme über euch alles gerechte Blut, ausge-
gossen auf der Erde, vom Blut Abels, des Gerechten, bis zu
dem Blut (des) Zacharias, (des) Sohnes (des) Barachias, den
ihr mordetet zwischen dem Tempel und dem Altar. 36 Amen,
ich sage euch: Kommen wird dieses alles über dieses Ge-
schlecht.

37 Jerusalem, Jerusalem, die tötet die Propheten und steinigt
die zu ihr Geschickten, wie oft wollte ich zusammenführen

deine Kinder, auf welche Weise ein Vogel zusammenführt
seine Jungen unter die Flügel, und nicht wolltet ihr. 38 Siehe,
gelassen wird euch euer Haus öde. 39 Denn ich sage euch:
Nicht sollt ihr mich sehen ab jetzt, bis ihr sprecht: *Gesegnet* Ps 118,26
der Kommende im Namen (des) Herrn.

24 1 Und herauskommend Jesus vom Heiligtum, ging er
weg, und hinzukamen seine Schüler, zu zeigen ihm
die Bauten des Heiligtums. 2 Der aber antwortend sprach zu
ihnen: Nicht seht ihr dieses alles? Amen, ich sage euch: Nicht
wird gelassen hier Stein auf Stein, der nicht zerstört werden
wird.

3 Als er aber saß auf dem Berg der Ölbäume, kamen zu ihm
die Schüler für sich, sagend: Sprich zu uns: Wann wird dieses
sein und was (ist) das Zeichen deiner Ankunft und (der) Vollendung des Aions?

4 Und antwortend sprach Jesus zu ihnen: Seht (zu), daß
nicht einer euch irreführt! 5 Denn viele werden kommen in
meinem Namen, sagend: Ich bin der Christos, und viele werden sie irreführen. 6 Ihr werdet aber hören von Kriegen und
Gerüchten von Kriegen; seht (zu), erschreckt nicht! Denn es
muß geschehen, doch noch nicht ist (es) das Ende. 7 Denn
aufstehen wird Volk gegen Volk und Königtum gegen Königtum, und (es) werden sein Hungersnöte und Erdbeben an
(manchen) Orten; 8 alles dieses aber (ist der) Anfang (der)
Wehen.

9 Dann werden sie euch übergeben in Bedrängnis, und sie
werden euch töten, und ihr werdet sein Gehaßte von allen
Völkern wegen meines Namens. 10 Und dann werden Anstoß
nehmen viele, und sie werden einander übergeben, und sie
werden hassen einander; 11 und viele Lügenpropheten werden
aufstehen, und sie werden viele irreführen; 12 und wegen des
Übervollwerdens der Ungesetzlichkeit wird sich abkühlen die
Liebe der Vielen. 13 Der Durchhaltende aber zum Ende, dieser wird gerettet werden. 14 Und verkündet werden wird dieses Evangelium des Königtums auf dem ganzen Erdkreis zum
Zeugnis allen Völkern, und dann wird kommen das Ende.

Dan 9,27; [15] Wann nun ihr seht *den Greuel der Verwüstung,* den ange-
11,31; 12,11 sprochenen durch Daniel, den Propheten, stehend an heiligem
Ort – der Lesende soll begreifen –, [16] dann sollen die in der
Judaia fliehen in die Berge, [17] der auf dem Dach soll nicht
herabsteigen, wegzutragen die (Dinge) aus seinem Haus,
[18] und der auf dem Acker soll nicht zurückkehren nach hinten,
wegzutragen sein Gewand. [19] Wehe aber den Schwangeren
und den Säugenden in jenen Tagen!

[20] Betet aber, damit nicht geschehe eure Flucht winters und
nicht am Sabbat! [21] Denn sein wird dann große Bedrängnis,
dergleichen nicht geschehen ist von Anfang (der) Welt bis
zum Jetzt und auch gewiß nicht geschehen wird. [22] Und wenn
nicht abgekürzt würden jene Tage, nicht würde gerettet wer-
den jedes Fleisch; wegen der Auserwählten aber werden ab-
gekürzt werden jene Tage.

[23] Dann, wenn einer zu euch spricht: Siehe, hier (ist) der
Christos! oder: Hier!, glaubt (es) nicht! [24] Denn aufstehen
werden Lügenchristosse und Lügenpropheten, und geben
werden sie große Zeichen und Wunder, so daß sie irreführen,
wenn möglich, auch die Auserwählten. [25] Siehe, vorhergesagt
habe ich (es) euch. [26] Wenn sie also sprechen zu euch: Siehe,
in der Öde ist er, geht nicht hinaus! Siehe, in den Kammern,
glaubt (es) nicht! [27] Denn wie der Blitz ausgeht von Osten und
scheint bis Westen, so wird sein die Ankunft des Sohnes des
Menschen; [28] wo immer ist die Leiche, dort werden sich ver-
sammeln die Geier.

Jes 13,10; 34,4 [29] Sogleich aber nach der Bedrängnis jener Tage *wird die
Sonne verfinstert werden, und der Mond wird nicht geben sei-
nen Schein, und die Sterne werden fallen* vom Himmel, *und
die Kräfte der Himmel* werden erschüttert werden. [30] Und
dann wird erscheinen das Zeichen des Sohnes des Menschen
am Himmel, und dann werden trauern alle Stämme der Erde,
Dan 7,13f und sie werden sehen *den Sohn des Menschen, kommend auf
den Wolken des Himmels* mit Kraft und viel Herrlichkeit;
[31] und er wird schicken seine Engel mit großem Trompeten
(-stoß), und sie werden zusammenführen seine Auserwählten

aus den vier Winden, von (den) Enden (der) Himmel bis zu
ihren Enden. 32 Vom Feigenbaum aber lernt das Gleichnis:
Wann schon sein Zweig wird zart und die Blätter heraus-
wachsen, erkennt ihr, daß nahe der Sommer; 33 So auch ihr,
wann ihr seht alles dieses, erkennt, daß nahe er ist vor (den)
Türen! 34 Amen, ich sage euch: Nicht geht vorüber dieses Ge-
schlecht, bis alles dieses geschieht. 35 Der Himmel und die
Erde wird vorübergehen, meine Worte aber werden gewiß
nicht vorübergehen.

36 Über jenen Tag aber und (die) Stunde weiß keiner, auch
nicht die Engel der Himmel, auch nicht der Sohn, außer der
Vater allein.

37 Denn wie die Tage des Noe, so wird sein die Ankunft des
Sohnes des Menschen. 38 Denn wie sie waren in [jenen] Tagen
vor der Sintflut essend und trinkend, heiratend und verheira-
tend, bis zu (dem) Tag, an dem hineinging Noe in die Arche,
39 und sie (es) nicht erkannten, bis die Sintflut kam und alle
wegtrug; so wird sein [auch] die Ankunft des Sohnes des
Menschen. 40 Dann werden zwei sein auf dem Acker, einer
wird mitgenommen und einer wird (zurück)gelassen; 41 (es
werden sein) zwei Mahlende an der Mühle, eine wird mitge-
nommen und eine wird (zurück)gelassen.

42 Wacht also, weil ihr nicht wißt, an welchem Tag euer
Herr kommt! 43 Jenes aber erkennt: Wenn der Hausherr wüß-
te, zu welcher (Nacht)wache der Dieb kommt, wachen würde
er, und nicht ließe er (zu), daß eingebrochen wird (in) sein
Haus. 44 Deswegen werdet auch ihr bereit, denn zu welcher
Stunde ihr (es) nicht meint, kommt der Sohn des Menschen.

45 Wer also ist der treue und verständige Sklave, den auf-
stellte der Herr über sein Hausgesinde, zu geben ihnen die
Nahrung zur (bestimmten) Zeit? 46 Selig jener Sklave, den,
kommend, sein Herr finden wird, so tuend; 47 amen, ich sage
euch: Über all seinen Besitz wird er ihn aufstellen. 48 Wenn
aber spricht jener üble Sklave in seinem Herzen: Zeit läßt
sich mein Herr, 49 und er beginnt zu schlagen seine Mitskla-
ven, ißt aber und trinkt mit den Betrunkenen, 50 kommen wird

der Herr jenes Sklaven an einem Tag, an dem er (es) nicht
erwartet, und in einer Stunde, in der er (es) nicht erkennt,
51 und zweiteilen wird er ihn, und seinen Teil wird er mit den
Heuchlern festsetzen; dort wird sein das Weinen und das
Klappern der Zähne.

25 1 Dann wird verglichen werden das Königtum der
Himmel zehn Jungfrauen, welche, nehmend ihre
Lampen, hinausgingen zur Begegnung mit dem Bräutigam.
2 Fünf aber von ihnen waren töricht und fünf verständig. 3 Die
törichten nämlich, nehmend ihre Lampen, nicht nahmen Öl
mit sich. 4 Die verständigen aber nahmen Öl (mit) in den Ge-
fäßen mit ihren Lampen. 5 Als aber der Bräutigam sich Zeit
ließ, einnickten alle und schliefen. 6 Mitten (in der) Nacht
aber entstand Geschrei: Siehe, der Bräutigam! Kommt heraus
zur Begegnung mit [ihm]! 7 Da standen alle jene Jungfrauen
auf, und zurechtmachten sie ihre Lampen. 8 Die törichten aber
sprachen zu den verständigen: Gebt uns von eurem Öl, weil
unsere Lampen erlöschen! 9 (Es) antworteten aber die ver-
ständigen, sagend: Niemals! Nicht würde es genügen uns und
euch; geht (viel)mehr zu den Verkaufenden und kauft euch!
10 Als sie aber weggingen zu kaufen, kam der Bräutigam, und
die Bereiten gingen hinein mit ihm zur Hochzeit, und ver-
schlossen wurde die Tür. 11 Zuletzt aber kommen auch die üb-
rigen Jungfrauen, sagend: Herr, Herr, öffne uns! 12 Der aber
antwortend sprach: Amen, ich sage euch: Ich kenne euch
nicht. 13 Wacht also, weil ihr nicht wißt den Tag und nicht die
Stunde!

14 Denn wie ein Mensch, verreisend, rief die eigenen Skla-
ven und ihnen übergab seinen Besitz – 15 und dem (einen) gab
er fünf Talente, dem (anderen) zwei, dem (anderen) eines, je-
dem nach der eigenen Kraft, und er verreiste. Indem sogleich
16 wegging, der die fünf Talente empfangen hatte, arbeitete er
mit ihnen und gewann andere fünf; 17 ebenso der die zwei
(empfangen hatte), er gewann andere zwei. 18 Der aber das
eine empfangen hatte, hingehend grub er die Erde auf, und er
verbarg das Silber(geld) seines Herrn. 19 Nach viel Zeit aber

kommt der Herr jener Sklaven und hält Abrechnung mit ihnen. [20] Und hinzukommend (der), der die fünf Talente empfangen hatte, brachte er hinzu andere fünf Talente, sagend: Herr, fünf Talente übergabst du mir; sieh, andere fünf Talente gewann ich. [21] (Es) sagte ihm sein Herr: Gut, guter und treuer Sklave, über weniges warst du treu, über vieles werde ich dich stellen; geh ein in die Freude deines Herrn. [22] Hinzukommend [aber] auch der mit den zwei Talenten sprach: Herr, zwei Talente übergabst du mir; sieh, andere zwei Talente gewann ich. [23] (Es) sagte ihm sein Herr: Gut, guter und treuer Sklave, über weniges warst du treu, über vieles werde ich dich stellen; geh ein in die Freude deines Herrn! [24] Hinzukommend aber auch (der), der das eine Talent empfangen hatte, sprach: Herr, ich kannte dich, daß du ein harter Mensch bist, erntend, wo du nicht sätest, und sammelnd von dort, (wo) du nicht ausstreutest; [25] und (dich) fürchtend, hingehend verbarg ich dein Talent in der Erde; sieh, du hast das Deine! [26] Antwortend aber sprach sein Herr zu ihm: Böser und träger Sklave, du wußtest, daß ich ernte, wo ich nicht säte, und sammle von dort, (wo) ich nicht ausstreute? [27] Du hättest also hinlegen müssen mein Silber(geld) den Geldwechslern, und kommend hätte ich empfangen das Meine mit Zins. [28] Nehmt also weg von ihm das Talent und gebt (es) dem Habenden die zehn Talente. [29] Denn jedem Habenden wird gegeben werden, und er wird überreich gemacht werden, von dem Nicht-Habenden aber, auch was er hat, wird weggenommen werden von ihm. [30] Und den unnützen Sklaven werft hinaus in die Finsternis draußen! Dort wird sein das Weinen und das Klappern der Zähne.

[31] Wann aber kommt der Sohn des Menschen in seiner Herrlichkeit und alle Engel mit ihm, dann wird er sich setzen auf (den) Thron seiner Herrlichkeit; [32] und (es) werden versammelt werden vor ihm alle Völker, und er wird trennen sie voneinander, wie der Hirt trennt die Schafe von den Böcken, [33] und er wird stellen die Schafe zu seiner Rechten, die Böcke aber zur Linken. [34] Dann wird sagen der König denen zu sei-

ner Rechten: Auf, (ihr) Gesegneten meines Vaters, erbt das
Königtum, euch bereitet seit Grundlegung (der) Welt. 35 Denn
ich hungerte, und ihr gabt mir zu essen, ich dürstete, und ihr
tränktet mich, fremd war ich, und ihr führtet mich ein,
36 nackt, und ihr umkleidetet mich, krank war ich, und ihr
schautet auf mich, im Gefängnis war ich, und ihr kamt zu
mir. 37 Dann werden antworten ihm die Gerechten, sagend:
Herr, wann sahen wir dich hungernd, und wir speisten (dich),
oder dürstend, und wir tränkten (dich)? 38 Wann aber sahen
wir dich fremd, und wir führten (dich) ein, oder nackt, und
wir umkleideten (dich)? 39 Wann aber sahen wir dich krank
oder im Gefängnis, und wir kamen zu dir? 40 Und antwortend
wird der König ihnen sagen: Amen, ich sage euch: In dem
(Maß) ihr tatet einem dieser meiner geringsten Brüder, mir
tatet ihr (es). 41 Dann wird er sagen auch denen zur Linken:
Geht weg von mir, [ihr] Verfluchten, in das ewige Feuer, das
bereitete für den Teufel und seine Engel. 42 Denn ich hunger-
te, und nicht gabt ihr mir zu essen, ich dürstete, und nicht
tränktet ihr mich, 43 fremd war ich, und nicht führtet ihr mich
ein, nackt, und nicht umkleidetet ihr mich, krank und im Ge-
fängnis, und nicht schautet ihr auf mich. 44 Dann werden ant-
worten auch sie, sagend: Herr, wann sahen wir dich hun-
gernd oder dürstend oder fremd oder nackt oder krank oder
im Gefängnis, und wir dienten dir nicht? 45 Dann wird er ant-
worten ihnen, sagend: Amen, ich sage euch: In dem (Maß)
ihr nicht tatet einem dieser Geringsten, auch mir tatet ihr (es)
nicht. 46 Und weggehen werden diese zu ewiger Strafe, die
Gerechten aber zum ewigen Leben.

26 1 Und es geschah, als Jesus beendete alle diese
Worte, sprach er zu seinen Schülern: 2 Ihr wißt, daß
nach zwei Tagen das Pascha ist, und der Sohn des Menschen
wird übergeben, um gekreuzigt zu werden.

3 Da kamen zusammen die Hochpriester und die Ältesten
des Volkes in den Hof des Hochpriesters, des Kajaphas ge-
nannten, 4 und sie berieten sich, damit sie Jesus mit List er-

greifen und töten; 5 sie sagten aber: Nicht am Fest, damit
nicht ein Tumult entsteht im Volk.

6 Als aber Jesus war in Bethania im Haus Simons des Aus-
sätzigen, 7 kam zu ihm eine Frau, habend eine Alabasterfla-
sche kostbaren Öls, und ausschüttete sie (es) auf seinen Kopf,
während er (zu Tisch) lag. 8 (Es) sehend aber die Schüler,
wurden sie unwillig, sagend: Wozu diese Vergeudung? 9 Denn
(es) hätte dies verkauft werden können für viel und gegeben
werden (den) Armen. 10 (Es) erkennend aber, sprach Jesus zu
ihnen: Was bereitet ihr Mühen der Frau? Denn ein rechtes
Werk wirkte sie an mir; 11 denn allzeit habt ihr die Armen bei
euch, mich aber habt ihr nicht allzeit; 12 denn da sie schüttete
dieses Öl auf meinen Leib, zu meinem Begräbnis tat sie (es).
13 Amen, ich sage euch: Wo immer verkündet wird dieses
Evangelium in der ganzen Welt, geredet werden wird auch,
was diese tat, zum Gedenken an sie.

14 Dann ging einer der Zwölf, der Judas Iskariotes genann-
te, zu den Hochpriestern, (und) 15 er sprach: Was wollt ihr
mir geben, und ich werde euch übergeben ihn? Die aber leg-
ten ihm dreißig Silber(geldstücke) hin. 16 Und von da (an)
suchte er Gelegenheit, daß er ihn übergebe.

17 Aber am ersten (Tag des Festes) der Ungesäuerten kamen
die Schüler zu Jesus, sagend: Wo, willst du, sollen wir be-
reiten dir, zu essen das Pascha? 18 Der aber sprach: Geht fort
in die Stadt zu dem und dem und sprecht zu ihm: Der Lehrer
sagt: Meine Zeit ist nahe, bei dir will ich halten das Pascha
mit meinen Schülern. 19 Und (es) taten die Schüler wie ihnen
aufgetragen hatte Jesus, und sie bereiteten das Pascha.

20 Als es aber Abend geworden war, (zu Tisch) lag er mit
den Zwölf. 21 Und während sie aßen, sprach er: Amen, ich
sage euch: Einer von euch wird mich übergeben. 22 Und sehr
betrübt begannen sie ihm zu sagen ein jeder: Doch nicht ich
bin (es), Herr? 23 Der aber antwortend sprach: Der Eintau-
chende mit mir die Hand in die Schüssel, dieser wird mich
übergeben. 24 Der Sohn des Menschen geht zwar fort, gleich-
wie geschrieben ist über ihn; wehe aber jenem Menschen,

durch den der Sohn des Menschen übergeben wird; besser
wäre es für ihn, wenn nicht gezeugt worden wäre jener
Mensch! [25] Antwortend aber Judas, der ihn Übergebende,
sprach: Doch nicht ich bin (es), Rabbi? Er sagt ihm: Du sag-
test (es).

[26] Während sie aber aßen, nehmend Jesus Brot und seg-
nend, brach er (es), und gebend es den Schülern, sprach er:
Nehmt, eßt! Dies ist mein Leib. [27] Und nehmend einen Becher
und dankend, gab er (ihn) ihnen, sagend: Trinkt aus ihm alle!
[28] Denn dies ist mein Blut des Bundes, das für viele ausgegos-
sene zu(m) Erlaß von Sünden. [29] Ich sage euch aber: Nicht
trinke ich ab jetzt aus diesem Ertrag des Weinstocks bis zu
jenem Tag, wann ich ihn trinke mit euch neu im Königtum
meines Vaters. [30] Und nachdem sie (den Lobgesang) gesungen
hatten, hinausgingen sie zum Berg der Ölbäume.

[31] Da sagt ihnen Jesus: Ihr alle werdet Anstoß nehmen an
Sach 13,7 mir in dieser Nacht; denn es ist geschrieben: *Schlagen werde
ich den Hirten, und (es) werden zerstreut werden die Schafe
der Herde.* [32] Nach meinem Erwecktwerden aber werde ich
vorangehen euch in die Galilaia. [33] Antwortend aber sprach
Petros zu ihm: Wenn alle Anstoß nehmen werden an dir, ich
werde niemals Anstoß nehmen. [34] (Es) sagte ihm Jesus:
Amen, ich sage dir: In dieser Nacht, ehe ein Hahn schreit,
wirst du dreimal mich verleugnen. [35] (Es) sagt ihm Petros:
Und wenn es sein müßte, daß ich mit dir sterbe, nicht werde
ich dich verleugnen. Gleicherweise sprachen auch alle Schü-
ler.

[36] Dann kommt mit ihnen Jesus zu einem Platz, genannt
Gethsemani, und er sagt den Schülern: Setzt euch da, bis
[daß] ich hingehend dort bete! [37] Und mitnehmend den Petros
und die zwei Söhne (des) Zebedaios, begann er betrübt zu
Ps 42,6.12; 43,5 werden und Angst zu haben. [38] Da sagt er ihnen: *Ganz betrübt
ist meine Seele* bis zum Tod; bleibt hier und wacht mit mir!
[39] Und vorgehend ein wenig, fiel er auf sein Gesicht, betend
und sagend: Mein Vater, wenn es möglich ist, soll vorüber-
gehen an mir dieser Kelch; jedoch nicht wie ich will, sondern

wie du! 40 Und er kommt zu den Schülern und findet sie schla-
fend, und er sagt dem Petros: So vermochtet ihr nicht eine
einzige Stunde zu wachen mit mir? 41 Wacht und betet, damit
ihr nicht hineinkommt in Versuchung! Der Geist (ist) zwar
bereit, das Fleisch aber schwach. 42 Wieder, zum zweiten
(Mal) weggegangen, betete er, sagend: Mein Vater, wenn
dieser nicht kann vorübergehen, ohne daß ich ihn trinke, soll
geschehen dein Wille! 43 Und gekommen, wieder fand er sie
schlafend, denn (es) waren ihre Augen beschwert. 44 Und las-
send sie, wieder weggegangen, betete er zum dritten (Mal),
dasselbe Wort wieder sprechend. 45 Dann kommt er zu den
Schülern und sagt ihnen: Schlaft weiter und ruht! Siehe, na-
hegekommen ist die Stunde, und der Sohn des Menschen wird
übergeben in (die) Hände von Sündern. 46 Steht auf, gehen
wir! Siehe, nahegekommen ist der mich Übergebende.

47 Und noch während er redet, siehe, Judas, einer der
Zwölf, kam und mit ihm eine große Volksmenge mit Schwer-
tern und Hölzern von den Hochpriestern und Ältesten des
Volks. 48 Der ihn Übergebende aber gab ihnen ein Zeichen,
sagend: Wen immer ich küssen werde, er ist (es); ergreift
ihn! 49 Und sogleich hinkommend zu Jesus, sprach er: Gruß
(dir), Rabbi! Und abküßte er ihn. 50 Jesus aber sprach zu ihm:
Freund, für was bist du da? Dann, hinzukommend, legten sie
Hand an Jesus, und sie ergriffen ihn. 51 Und siehe, einer derer
mit Jesus, ausstreckend die Hand, zog heraus sein Schwert
und, schlagend den Sklaven des Hochpriesters, abhieb er des-
sen Ohr. 52 Da sagt ihm Jesus: Stecke dein Schwert weg an
seinen Platz! Denn alle ein Schwert Nehmenden, durchs
Schwert werden sie vernichtet werden. 53 Oder meinst du, daß
ich nicht bitten kann meinen Vater, und hinstellen wird er mir
jetzt mehr als zwölf Legionen von Engeln? 54 Wie nun würden
erfüllt die Schriften, daß es so geschehen muß? 55 In jener
Stunde sprach Jesus zu den Volksmengen: Wie gegen einen
Räuber herauskamt ihr mit Schwertern und Hölzern, mich
festzunehmen? Täglich saß ich im Heiligtum lehrend, und
nicht ergrifft ihr mich. 56 Dies Ganze aber geschah, damit er-

füllt werden die Schriften der Propheten. Dann flohen die
Schüler, alle ihn verlassend.

57 Die aber, ergreifend Jesus, führten (ihn) ab zu Kajaphas,
dem Hochpriester, wo die Schriftkundigen und die Ältesten
zusammenkamen. 58 Petros aber folgte ihm von weitem bis
zum Hof des Hochpriesters, und hineinkommend drinnen
setzte er sich mit den Dienern, zu sehen das Ende.

59 Die Hochpriester aber und das ganze Synhedrion suchten
ein Falschzeugnis gegen Jesus, auf daß sie ihn töteten, 60 und
nicht fanden sie (eines), obwohl viele Falschzeugen hinzuka-
men. Zuletzt aber zwei Hinzukommende 61 sprachen: Dieser
sagte: Ich kann zerstören den Tempel Gottes und während
dreier Tage bauen. 62 Und aufstehend sprach der Hochpriester
zu ihm: Nichts antwortest du (auf das), was diese gegen dich
bezeugen? 63 Jesus aber schwieg. Und der Hochpriester sprach
zu ihm: Ich beschwöre dich beim lebendigen Gott, damit du
uns sagst, ob du bist der Christos, der Sohn Gottes. 64 (Es)
sagt ihm Jesus: Du sagtest (es). Jedoch ich sage euch: Ab
Dan 7,13 jetzt werdet ihr sehen *den Sohn des Menschen* sitzend zur
Rechten der Kraft und *kommend auf den Wolken des Him-
mels*. 65 Da zerriß der Hochpriester seine Gewänder, sagend:
Er lästerte, was noch haben wir nötig Zeugen? Sieh, jetzt
hörtet ihr die Lästerung; 66 was dünkt euch? Die aber antwor-
tend sprachen: Schuldig (des) Todes ist er.

67 Dann spuckten sie in sein Gesicht, und sie schlugen ihn,
andere aber ohrfeigten (ihn), 68 sagend: Prophezeie uns, Chri-
stos! Wer ist, der dich schlug?

69 Petros aber setzte sich draußen im Hof; und (es) kam zu
ihm eine Magd, sagend: Auch du warst mit Jesus, dem Gali-
laier. 70 Der aber leugnete vor allen, sagend: Nicht weiß ich,
was du sagst. 71 Hinausgehend aber zum Tor, sah ihn eine an-
dere, und sie sagt denen dort: Dieser war mit Jesus, dem Na-
zoraier. 72 Und wieder leugnete er mit einem Eid: Nicht kenne
ich den Menschen. 73 Nach kurzem aber hinzukommend,
sprachen die Dastehenden zu Petros: Wahrhaft, auch du bist
von ihnen, denn auch deine Rede macht dich offenbar.

74 Dann begann er, zu fluchen und zu schwören: Nicht kenne
ich den Menschen. Und sogleich schrie ein Hahn.

75 Und (es) erinnerte sich Petros des Wortes von Jesus, der
gesagt hatte: Ehe ein Hahn schreit, dreimal wirst du mich
verleugnen, und hinausgehend nach draußen, weinte er bitter.

27 1 Als aber Morgenfrühe geworden war, faßten einen
Beschluß alle Hochpriester und die Ältesten des
Volkes gegen Jesus, um ihn zu töten. 2 Und als sie ihn gebun-
den hatten, abführten und übergaben sie (ihn) Pilatos, dem
Statthalter.

3 Dann, als Judas, der Übergebende ihn, sah, daß er verur-
teilt wurde, Reue bekommend, zurückbrachte er die dreißig
Silber(geldstücke) den Hochpriestern und Ältesten, 4 sagend:
Ich sündigte, übergebend unschuldiges Blut. Die aber spra-
chen: Was betrifft (das) uns? Du magst sehen! 5 Und hinwer-
fend die Silber(geldstücke) in den Tempel, entwich er, und
weggehend erhängte er sich. 6 Die Hochpriester aber, neh-
mend die Silber(geldstücke), sprachen: Nicht ist es erlaubt,
sie zu werfen in den Tempelschatz, da es ein Preis für Blut
ist. 7 Einen Beschluß aber fassend, kauften sie von ihnen den
Acker des Töpfers zum Begräbnis für die Fremden. 8 Deshalb
wurde gerufen jener Acker Blutacker bis zum Heute. 9 Da
wurde erfüllt das Gesagte durch Jeremias, den Propheten,
(den) sagenden: *Und sie nahmen die dreißig Silber(geldstüc-* Sach 11,13
ke), den Schätzpreis des Geschätzten, den sie schätzten von
(seiten der) Söhne Israels, 10 und sie gaben sie für den Acker
des Töpfers, *gleichwie* mir *aufgetragen hatte (der) Herr.* Ex 9,12 (G)
11 Jesus aber wurde gestellt vor den Statthalter; und (es) be-
fragte ihn der Statthalter, sagend: Du bist der König der Ju-
daier? Jesus aber sagte: Du sagst (es). 12 Und während er an-
geklagt wurde von den Hochpriestern und Ältesten, antwor-
tete er nichts. 13 Da sagt ihm Pilatos: Hörst du nicht, wieviel
sie gegen dich bezeugen? 14 Und nicht antwortete er ihm, auch
nicht auf ein einziges Wort, so daß der Statthalter sehr staun-
te.

15 Zum Fest aber war gewohnt der Statthalter, freizulassen

der Volksmenge einen Gefangenen, den sie wollten. 16 Sie hatten aber damals einen berüchtigten Gefangenen, genannt [Jesus] Barabbas. 17 Nachdem sie nun zusammengekommen waren, sprach zu ihnen Pilatos: Wen wollt ihr, soll ich euch freilassen, [Jesus, den] Barabbas oder Jesus, den Christos genannten? 18 Denn er wußte, daß wegen Neid sie ihn übergaben.

19 Als er sich aber gesetzt hatte auf den Richterstuhl, schickte zu ihm seine Frau, sagend: Nichts (sei zwischen) dir und jenem Gerechten; denn vieles litt ich heute im Traum wegen seiner.

20 Die Hochpriester aber und die Ältesten überredeten die Volksmengen, damit sie erbäten den Barabbas, Jesus aber vernichteten. 21 Antwortend aber sprach der Statthalter zu ihnen: Wen wollt ihr, soll ich euch von den Zweien freilassen? Die aber sprachen: Den Barabbas. 22 (Es) sagt ihnen Pilatos: Was nun soll ich tun (mit) Jesus, dem Christos genannten? (Sie) sagen alle: Gekreuzigt soll er werden! 23 Der aber sagte: Was denn Schlechtes tat er? Die aber schrien übermäßig, sagend: Gekreuzigt soll er werden!

24 Sehend aber Pilatos, daß es nichts nützt, sondern (noch) mehr Tumult entsteht, nehmend Wasser, wusch er die Hände vor der Volksmenge, sagend: Unschuldig bin ich an diesem Blut; seht ihr (zu)! 25 Und antwortend sprach das ganze Volk: Sein Blut (komme) über uns und über unsere Kinder! 26 Da ließ er ihnen frei den Barabbas, Jesus aber, (ihn) geißeln (lassend), übergab er, damit er gekreuzigt werde.

27 Dann, mitnehmend die Soldaten des Statthalters Jesus ins Praitorion, versammelten sie um ihn die ganze Kohorte. 28 Und ausziehend ihn, legten sie einen scharlachroten Mantel ihm um, 29 und flechtend einen Kranz aus Dornen, auflegten sie (diesen) auf seinen Kopf und ein Rohr in seine Rechte, und auf die Knie fallend vor ihm, verspotteten sie ihn, sagend: Gruß (dir), König der Judaier! 30 Und spuckend auf ihn, nahmen sie das Rohr und schlugen auf seinen Kopf. 31 Und als sie ihn verspottet hatten, auszogen sie ihm den Mantel, und anzogen sie ihm seine Gewänder, und abführten sie ihn zum

Kreuzigen. [32] Hinausgehend aber fanden sie einen Menschen,
einen Kyrenaier, mit Namen Simon; diesen zwangen sie, daß
er trage sein Kreuz.

[33] Und kommend an einen Ort, genannt Golgotha, welches
ist (der) Kraniou-Topos (= Schädel-Ort) genannte, [34] gaben
sie ihm zu trinken Wein mit Galle gemischt; und kostend
wollte er nicht trinken. [35] Nachdem sie ihn aber gekreuzigt
hatten, *aufteilten sie sich seine Gewänder, werfend ein Los,* Ps 22,19
[36] und sitzend bewachten sie ihn dort. [37] Und anbrachten sie
über seinem Kopf seine Schuld geschrieben: Dieser ist Jesus,
der König der Judaier.

[38] Dann werden gekreuzigt mit ihm zwei Räuber, einer zur
Rechten und einer zur Linken. [39] Die Vorbeigehenden aber lä-
sterten ihn, schüttelnd ihre Köpfe [40] und sagend: Der den
Tempel zerstören und in drei Tagen bauen wollte, rette dich
selbst, wenn (der) Sohn Gottes du bist, [und] steig herab vom
Kreuz! [41] Gleicherweise auch die Hochpriester, spottend mit
den Schriftkundigen und Ältesten, sagten: [42] Andere rettete er,
sich selbst kann er nicht retten; König Israels ist er, herab-
steigen soll er jetzt vom Kreuz, und wir werden glauben an
ihn. [43] *Er hat vertraut auf Gott, er soll jetzt ihn retten, wenn* Ps 22,9
er will; denn er sprach: Gottes Sohn bin ich. [44] (Auf) dieselbe
(Weise) aber auch die Räuber, die mitgekreuzigten mit ihm,
schmähten ihn.

[45] Von der sechsten Stunde (an) aber wurde Finsternis über
die ganze Erde bis zur neunten Stunde. [46] Um die neunte
Stunde aber aufschrie Jesus mit lauter Stimme, sagend: *Eli,* Ps 22,2
Eli, lema sabachthani? Dies ist: *Mein Gott, mein Gott, wes-*
halb verließest du mich? [47] Einige aber der dort Stehenden,
hörend (es), sagten: Nach Elias schreit dieser. [48] Und sogleich
laufend einer von ihnen und nehmend einen Schwamm und
füllend (ihn) mit Essig und steckend (ihn) auf ein Rohr, gab
er zu trinken ihm. [49] Die übrigen aber sagten: Laß, sehen wir,
ob Elias kommt, rettend ihn. [50] Jesus aber, wieder rufend mit
lautem Schrei, gab auf den Geist.

[51] Und siehe, der Vorhang des Tempels wurde gespalten

von oben bis unten in zwei (Stücke), und die Erde erbebte,
und die Felsen wurden gespalten, 52 und die Gräber wurden
geöffnet, und viele Leiber der entschlafenen Heiligen wurden
erweckt; 53 und herauskommend aus den Gräbern nach seiner
Erweckung, gingen sie hinein in die heilige Stadt und er-
schienen vielen.

54 Der Hauptmann aber und die mit ihm, bewachend Jesus,
sehend das Erdbeben und die Geschehnisse, fürchteten sich
sehr, sagend: Wahrhaft Gottes Sohn war dieser.

55 (Es) waren aber dort viele Frauen von weitem schauend,
welche gefolgt waren Jesus von der Galilaia, ihm zu dienen;
56 unter ihnen war Maria, die Magdalenerin, und Maria, die
Mutter des Jakobos und Joseph, und die Mutter der Söhne
(des) Zebedaios.

57 Als es aber Abend geworden war, kam ein reicher
Mensch von Arimathaia, namens Joseph, der auch selbst
Schüler geworden war von Jesus; 58 dieser, gehend zu Pilatos,
erbat den Leib des Jesus. Da befahl Pilatos, daß er hergege-
ben werde. 59 Und nehmend den Leib, einhüllte Joseph ihn
[in] reines Leinen 60 und legte ihn in sein neues Grab, das er
gehauen hatte in den Felsen, und hinwälzend einen großen
Stein zur Tür des Grabes, ging er weg. 61 (Es) war aber dort
Mariam, die Magdalenerin, und die andere Maria, sitzend vor
dem Grabmal.

62 Am folgenden (Tag) aber, welcher ist (der) nach dem
Rüsttag, kamen zusammen die Hochpriester und die Pharisai-
er bei Pilatos, 63 sagend: Herr, wir erinnerten uns, daß jener
Betrüger sprach, noch lebend: Nach drei Tagen werde ich
erweckt. 64 Befiehl also, daß gesichert werde das Grabmal bis
zum dritten Tag, damit nicht kommend seine Schüler ihn
stehlen und sprechen zum Volk: Erweckt wurde er von den
Toten, und (es) wird sein der letzte Betrug schlimmer als der
erste. 65 (Es) sagte ihnen Pilatos: Haltet Wache; geht fort, si-
chert, wie ihr (es) kennt! 66 Die aber gehend, sicherten das
Grabmal, nachdem sie den Stein versiegelt hatten, mit der
Wache.

28 1 Spät aber am Sabbat, beim Aufleuchten zum Er-
sten der Woche, kam Mariam, die Magdalenerin,
und die andere Maria, zu schauen das Grabmal. 2 Und siehe,
(es) geschah ein großes Erdbeben; denn ein Engel (des)
Herrn, herabsteigend aus (dem) Himmel und hinzukommend,
wälzte den Stein weg und setzte sich auf ihn. 3 (Es) war aber
sein Anblick wie ein Blitz und sein Gewand weiß wie Schnee.
4 Aus Furcht aber vor ihm erbebten die Bewachenden, und sie
wurden wie Tote. 5 Antwortend aber sprach der Engel zu den
Frauen: Fürchtet euch nicht, denn ich weiß, daß ihr Jesus,
den Gekreuzigten, sucht; 6 nicht ist er hier, denn erweckt
wurde er, gleichwie er gesprochen hatte. Auf, seht den Ort,
wo er lag! 7 Und schnell gehend, sprecht zu seinen Schülern:
Er wurde erweckt von den Toten, und siehe, vorangeht er
euch in die Galilaia, dort werdet ihr ihn sehen. Siehe, ich
sprach zu euch.

8 Und weggehend schnell vom Grab mit Furcht und großer
Freude, liefen sie, (es) zu melden seinen Schülern. 9 Und
siehe, Jesus begegnete ihnen, sagend: Gruß (euch)! Die aber,
hinzukommend, ergriffen seine Füße und fielen nieder vor
ihm. 10 Da sagt ihnen Jesus: Fürchtet euch nicht! Geht fort,
meldet meinen Brüdern, daß sie hingehen in die Galilaia, und
dort werden sie mich sehen.

11 Während sie aber gingen, siehe, einige der Wache, kom-
mend in die Stadt, meldeten den Hochpriestern alles Gesche-
hene. 12 Und sich versammelnd mit den Ältesten und einen
Beschluß fassend, gaben sie beträchtliches Silber(geld) den
Soldaten, 13 sagend: Sagt: Seine Schüler, (des) Nachts kom-
mend, stahlen ihn, während wir schliefen. 14 Und wenn dies
gehört wird beim Statthalter, werden wir [ihn] überreden und
euch sorgenfrei machen. 15 Die aber, nehmend das Silber
(-geld), taten, wie sie belehrt worden waren. Und herumer-
zählt wurde dieses Wort bei (den) Judaiern bis zum heutigen
[Tag].

16 Die elf Schüler aber gingen in die Galilaia auf den Berg,
wohin sie Jesus bestellt hatte, 17 und sehend ihn, huldigten sie

(ihm), andere aber zweifelten. [18] Und hinzukommend redete
Jesus mit ihnen, sagend: Gegeben wurde mir alle Vollmacht
im Himmel und auf [der] Erde. [19] Gehend nun, macht zu
Schülern alle Völker, taufend sie auf den Namen des Vaters
und des Sohnes und des heiligen Geistes, [20] lehrend sie, alles
zu bewahren, wieviel ich euch geboten habe; und siehe, ich
bin mit euch alle Tage bis zur Vollendung des Aions.

Nach Markos

1 [1] Anfang des Evangeliums von Jesus Christos, [(dem)
Sohn Gottes]. [2] Gleichwie geschrieben ist in dem Isaias,
dem Propheten: *Siehe, ich schicke meinen Boten vor deinem* Ex 23,20
Angesicht (her), der herrichten wird deinen *Weg;* [3] *Stimme ei-* Mal 3,1
nes Rufenden in der Öde: Bereitet den Weg (des) Herrn, ge- Jes 40,3 (G)
rade macht seine *Straßen,* [4] – war Johannes [der] Taufende in
der Öde und verkündend eine Taufe (der) Umkehr zu(m) Erlaß von Sünden. [5] Und hinausging zu ihm das ganze judaische Land und die Hierosolymiten alle, und sie wurden getauft von ihm im Fluß Jordanes, bekennend ihre Sünden. [6] Und (es) war Johannes angezogen mit Haaren vom Kamel und einem ledernen Gürtel um seine Hüfte und essend Heuschrecken und wilden Honig.

[7] Und er verkündete, sagend: (Es) kommt der Stärkere als ich nach mir, dessen ich nicht wert bin, gebückt zu lösen den Riemen seiner Sandalen. [8] Ich taufte euch mit Wasser, er aber wird taufen euch mit heiligem Geist.

[9] Und es geschah – in jenen Tagen kam Jesus vom Nazaret der Galilaia und wurde getauft im Jordanes von Johannes. [10] Und sofort, heraufsteigend aus dem Wasser, sah er sich spaltend die Himmel und den Geist wie eine Taube herabsteigend auf ihn; [11] und eine Stimme kam aus den Himmeln: Du bist mein geliebter Sohn, an dir fand ich Gefallen.

[12] Und sofort treibt der Geist ihn hinaus in die Öde. [13] Und er war in der Öde vierzig Tage, versucht vom Satan, und er war mit den Tieren, und die Engel dienten ihm.

[14] Nachdem aber übergeben war Johannes, kam Jesus in die Galilaia, verkündend das Evangelium Gottes [15] und sagend: Erfüllt ist die Zeit, und nahegekommen ist das Königtum Gottes; kehrt um und glaubt an das Evangelium!

[16] Und entlanggehend entlang dem Meer der Galilaia, sah er

Simon und Andreas, den Bruder Simons, (Wurfnetze) aus-
werfend im Meer; denn sie waren Fischer. 17 Und (es) sprach
zu ihnen Jesus: Auf, hinter mich! Und machen werde ich, daß
ihr werdet Fischer von Menschen. 18 Und sofort, lassend die
Netze, folgten sie ihm. 19 Und weitergehend ein wenig, sah er
Jakobos, den des Zebedaios, und Johannes, seinen Bruder,
und sie im Boot zurechtbringend die Netze; 20 und sofort rief
er sie. Und lassend ihren Vater Zebedaios im Boot mit den
Lohnarbeitern, weggingen sie hinter ihm.

21 Und hineingehen sie nach Kapharnaum; und sofort an den
Sabbaten hineinkommend in die Synagoge, lehrte er. 22 Und
sie gerieten außer sich über seine Lehre; denn er war lehrend
sie wie ein Vollmacht Habender und nicht wie die Schriftkun-
digen.

23 Und sofort war in ihrer Synagoge ein Mensch in unrei-
nem Geist, und aufschrie er, 24 sagend: Was (ist zwischen)
uns und dir, Jesus, Nazarener? Kamst du, uns zu vernichten?
Ich kenne dich, wer du bist, der Heilige Gottes. 25 Und anfuhr
ihn Jesus, sagend: Verstumme und komm heraus aus ihm!
26 Und zerrend ihn der unreine Geist und schreiend mit lauter
Stimme, kam er heraus aus ihm. 27 Und sie erschraken alle, so
daß sie stritten unter sich, sagend: Was ist dies? Eine neue
Lehre mit Vollmacht; und den unreinen Geistern befiehlt er,
und sie gehorchen ihm. 28 Und hinausging sein Ruf sofort
überall in die ganze Umgegend der Galilaia.

29 Und sofort, aus der Synagoge hinausgehend, kamen sie in
das Haus von Simon und Andreas mit Jakobos und Johannes.
30 Die Schwiegermutter Simons aber lag danieder, fiebernd,
und sofort reden sie zu ihm über sie. 31 Und hinzukommend
richtete er sie auf, ergreifend die Hand; und (es) verließ sie
das Fieber, und sie diente ihnen.

32 Als es aber Abend geworden war, da untergegangen war
die Sonne, brachten sie zu ihm alle, denen es schlecht ging,
und die Besessenen; 33 und (es) war die ganze Stadt versam-
melt an der Tür. 34 Und er heilte viele, denen es schlecht ging
durch mancherlei Krankheiten, und viele Dämonen warf er

hinaus, und nicht ließ er reden die Dämonen, weil sie ihn
kannten.
[35] Und (in der) Frühe, ganz in (der) Nacht, aufstehend, hin-
ausging er, und wegging er zu einem einsamen Ort, und dort
betete er. [36] Und nacheilte ihm Simon und die mit ihm, [37] und
sie fanden ihn und sagen ihm: Alle suchen dich. [38] Und er sagt
ihnen: Gehen wir anderswohin, in die anliegenden Ortschaf-
ten, damit auch dort ich verkünde; denn dazu ging ich aus.
[39] Und er kam verkündend in ihren Synagogen in die ganze
Galilaia und die Dämonen hinauswerfend. [40] Und (es) kommt
zu ihm ein Aussätziger, bittend ihn [und auf die Knie fallend]
und sagend ihm: Wenn du willst, kannst du mich reinigen.
[41] Und ergriffen ausstreckend die Hand, berührte er ihn und
sagt ihm: Ich will, werde gereinigt! [42] Und sofort wegging
von ihm der Aussatz, und er wurde gereinigt. [43] Und an-
schnaubend ihn, sofort warf er ihn hinaus [44] und sagt ihm:
Sieh, daß zu keinem du etwas sprichst, sondern geh fort, zeig
dich dem Priester und bring dar für deine Reinigung, was
verordnete Moyses, zum Zeugnis ihnen! [45] Der aber, hinaus-
gehend, begann, viel zu verkünden und herumzuerzählen das
Wort, so daß er nicht mehr offen in eine Stadt hineingehen
konnte, sondern draußen an einsamen Orten war er; und sie
kamen zu ihm überallher.
2 [1] Und hineinkommend wieder nach Kapharnaum nach
Tagen, wurde gehört, daß er im Haus ist. [2] Und zusam-
menkamen viele, so daß es nicht mehr Raum gab, auch nicht
an der Tür, und er redete zu ihnen das Wort. [3] Und sie kom-
men, bringend zu ihm einen Gelähmten, getragen von Vieren.
[4] Und da sie (ihn) nicht hinbringen konnten zu ihm wegen der
Volksmenge, abdeckten sie das Dach, wo er war, und (es)
aufgrabend, hinablassen sie die Bahre, wo der Gelähmte da-
niederlag. [5] Und sehend Jesus ihren Glauben, sagt er dem
Gelähmten: Kind, erlassen werden deine Sünden. [6] (Es) waren
aber einige der Schriftkundigen dort sitzend und überlegend
in ihren Herzen: [7] Was dieser so redet? Er lästert; wer kann
erlassen Sünden, wenn nicht einer, Gott? [8] Und sofort erken-

nend Jesus mit seinem Geist, daß sie so überlegen bei sich,
sagt er ihnen: Was überlegt ihr dieses in euren Herzen? 9 Was
ist müheloser, zu sprechen zu dem Gelähmten: Erlassen wer-
den deine Sünden, oder zu sprechen: Steh auf und trag deine
Bahre und geh umher? 10 Damit ihr aber wißt, daß Vollmacht
hat der Sohn des Menschen, zu erlassen Sünden auf der Erde,
– sagt er dem Gelähmten: 11 Dir sage ich, steh auf, trag deine
Bahre und geh fort in dein Haus! 12 Und er stand auf, und so-
fort, tragend die Bahre, hinausging er vor allen, so daß alle
sich entsetzten und Gott verherrlichten, sagend: So (etwas)
sahen wir niemals.

13 Und hinausging er wieder entlang dem Meer; und die
ganze Volksmenge kam zu ihm, und er lehrte sie. 14 Und
weitergehend sah er Levi, den des Alphaios, sitzend bei der
Zollstelle, und er sagt ihm: Folge mir! Und aufstehend folgte
er ihm.

15 Und es geschieht, daß er (zu Tisch) liegt in seinem Haus,
und viele Zöllner und Sünder lagen (zu Tisch) mit Jesus und
seinen Schülern; denn sie waren viele, und sie folgten ihm.
16 Und die Schriftkundigen der Pharisaier, sehend, daß er ißt
mit den Sündern und Zöllnern, sagten seinen Schülern: Mit
den Zöllnern und Sündern ißt er? 17 Und hörend (es), sagt Je-
sus ihnen: Nicht nötig haben die Starken einen Arzt, sondern
die, denen es schlecht geht; nicht kam ich, zu rufen Gerechte,
sondern Sünder.

18 Und (es) waren die Schüler von Johannes und die Phari-
saier Fastende. Und sie kommen und sagen ihm: Weshalb fa-
sten die Schüler von Johannes und die Schüler der Pharisaier,
deine Schüler aber fasten nicht? 19 Und (es) sprach zu ihnen
Jesus: Können etwa die Söhne des Brautgemachs, während
der Bräutigam bei ihnen ist, fasten? (Für) wie lange Zeit sie
den Bräutigam bei sich haben, können sie nicht fasten.
20 Kommen werden aber Tage, wann weggenommen wurde
von ihnen der Bräutigam, und dann werden sie fasten an je-
nem Tag. 21 Keiner näht einen Flicken ungewalkten Stoffes
auf ein altes Gewand; wenn aber doch, reißt das Füllstück

von ihm, das neue vom alten, und schlimmer wird (der) Riß.
22 Und keiner schüttet jungen Wein in alte Häute; wenn aber
doch, zerreißen wird der Wein die Häute, und der Wein wird
vernichtet und die Häute; sondern jungen Wein in neue
Häute!

23 Und es geschah, daß er an den Sabbaten entlangging
durch die Saaten, und seine Schüler begannen, einen Weg zu
machen, rupfend die Ähren. 24 Und die Pharisaier sagten ihm:
Sieh, was tun sie an den Sabbaten, was nicht erlaubt ist?
25 Und er sagt ihnen: Niemals last ihr, was David tat, als er
Bedarf hatte und hungerte, er und die mit ihm, 26 wie er hin-
einging in das Haus Gottes unter Abiathar, (dem) Hochprie-
ster, und die Brote der Ausstellung aß, die nicht erlaubt ist zu
essen, außer den Priestern, und auch denen gab, die mit ihm
waren? 27 Und er sagte ihnen: Der Sabbat wurde wegen des
Menschen und nicht der Mensch wegen des Sabbats; 28 daher:
Herr ist der Sohn des Menschen auch des Sabbats.

3 1 Und hineinkam er wieder in die Synagoge. Und (es)
war dort ein Mensch, vertrocknet habend die Hand.
2 Und sie belauerten ihn, ob an den Sabbaten er ihn heilen
wird, damit sie anklagten ihn. 3 Und er sagt dem Menschen,
dem die vertrocknete Hand habenden: Steh auf, in die Mitte!
4 Und er sagt ihnen: Ist es erlaubt, an den Sabbaten Gutes zu
tun oder Schlechtes zu tun, ein Leben zu retten oder zu töten?
Die aber schwiegen. 5 Und rings anschauend sie mit Zorn,
ganz betrübt über die Verstocktheit ihres Herzens, sagt er
dem Menschen: Strecke aus die Hand! Und ausstreckte er
(sie), und wiederhergestellt wurde seine Hand. 6 Und hinaus-
gehend die Pharisaier sofort mit den Herodianern, faßten sie
einen Beschluß gegen ihn, auf daß sie ihn vernichteten.

7 Und Jesus mit seinen Schülern entwich zum Meer, und
eine große Menge von der Galilaia [folgte] und von der Ju-
daia 8 und von Hierosolyma und von der Idumaia und von
jenseits des Jordanes und (aus der Gegend) um Tyros und Si-
don eine große Menge, hörend, wieviel er tat, kam zu ihm.
9 Und er sprach zu seinen Schülern, damit ein Boot ihm be-

reitliege wegen der Volksmenge, damit sie ihn nicht bedrän-
ge; 10 denn viele heilte er, so daß sie herfielen über ihn, damit
ihn berührten, wieviele Plagen hatten. 11 Und die unreinen
Geister, wann sie ihn erblickten, fielen nieder vor ihm und
schrien, sagend: Du bist der Sohn Gottes. 12 Und anfuhr er sie
viel, damit sie nicht ihn offenbar machten.

13 Und hinaufsteigt er auf den Berg, und herbeiruft er, die
er selbst wollte, und fortgingen sie zu ihm. 14 Und er machte
Zwölf, [die er auch Apostel nannte,] damit sie seien mit ihm
und damit er sie schicke, zu verkünden 15 und Vollmacht zu
haben, hinauszuwerfen die Dämonen; 16 [und er machte die
Zwölf,] und auflegte er dem Simon als Namen Petros, 17 und
Jakobos, den des Zebedaios, und Johannes, den Bruder des
Jakobos, und er legte ihnen auf als Name[n] Boanerges, das
ist: Söhne (des) Donners; 18 und Andreas und Philippos und
Bartholomaios und Matthaios und Thomas und Jakobos, den
des Alphaios, und Thaddaios und Simon, den Kananaier,
19 und Judas Iskarioth, der ihn auch übergab.

20 Und er kommt in ein Haus; und zusammenkommt wieder
[die] Volksmenge, so daß sie nicht einmal Brot essen konn-
ten. 21 Und (es) hörend, gingen die bei ihm aus, ihn zu ergrei-
fen; denn sie sagten: Er geriet außer sich.

22 Und die Schriftkundigen, die von Hierosolyma herabge-
stiegenen, sagten: Beelzebul hat er, und: Mit dem Herrscher
der Dämonen hinauswirft er die Dämonen.

23 Und sie herbeirufend, in Gleichnissen sagte er ihnen: Wie
kann Satan Satan hinauswerfen? 24 Und wenn ein Königtum in
sich geteilt wird, nicht kann bestehen jenes Königtum; 25 und
wenn ein Haus in sich geteilt wird, nicht wird jenes Haus be-
stehen können. 26 Und wenn der Satan aufstand wider sich und
geteilt wurde, kann er nicht bestehen, sondern ein Ende hat
er. 27 Doch nicht kann einer, in das Haus des Starken hinein-
gehend, seine Gefäße ausrauben, wenn nicht zuerst den Star-
ken er band, und dann wird er sein Haus ausrauben.

28 Amen, ich sage euch: Alles wird erlassen werden den
Söhnen der Menschen, die Versündigungen und die Lästerun-

gen, wieviel immer sie lästerten; 29 wer immer aber lästerte
gegen den heiligen Geist, nicht hat Erlaß in Ewigkeit, son-
dern schuldig ist er ewiger Versündigung. 30 Weil sie sagten:
Einen unreinen Geist hat er.

31 Und (es) kommt seine Mutter und seine Brüder, und
draußen stehend, schickten sie zu ihm, rufend ihn. 32 Und (es)
saß um ihn eine Volksmenge, und sie sagen ihm: Siehe, deine
Mutter und deine Brüder [und deine Schwestern] draußen su-
chen dich. 33 Und antwortend ihnen, sagt er: Wer ist meine
Mutter und (welche sind) [meine] Brüder? 34 Und rings an-
schauend die um ihn im Kreis Sitzenden, sagt er: Sieh, meine
Mutter und meine Brüder! 35 [Denn] wer immer tut den Wil-
len Gottes, dieser ist mein Bruder und (meine) Schwester und
Mutter.

4 1 Und wieder begann er zu lehren am Meer; und zusam-
menkommt bei ihm eine ganz große Volksmenge, so
daß er, in ein Boot eingestiegen, sich setzte im Meer, und die
ganze Volksmenge, zum Meer hin auf dem Land waren sie.
2 Und er lehrte sie in Gleichnissen vieles, und er sagte ihnen
in seiner Lehre:

3 Hört! Siehe, hinausging der Säende zu säen. 4 Und es ge-
schah beim Säen – das eine fiel entlang des Weges, und (es)
kamen die Vögel und fraßen es auf. 5 Und anderes fiel auf das
Felsige, wo es nicht viel Erde hatte, und sofort ging es auf
wegen des Nicht-Tiefe-Habens an Erde; 6 und als aufging die
Sonne, wurde es verbrannt, und wegen des Nicht-Wurzel-Ha-
bens vertrocknete es. 7 Und anderes fiel in die Dornen, und
aufstiegen die Dornen und erstickten es, und Frucht gab es
nicht. 8 Und andere (Samen) fielen in die gute Erde und gaben
Frucht, aufsteigend und wachsend, und brachten: eines drei-
ßig und eines sechzig und eines hundert. 9 Und er sagte: Wer
Ohren hat zu hören, soll hören!

10 Und als er allein war, fragten ihn die um ihn mit den
Zwölf nach den Gleichnissen. 11 Und er sagte ihnen: Euch ist
das Geheimnis des Königtums Gottes gegeben; jenen aber,
denen draußen, geschieht alles in Gleichnissen, 12 damit

Jes 6,9f *Sehende sehen und nicht schauen und Hörende hören und
nicht verstehen, damit sie nicht etwa umkehren und ihnen
erlassen werde.*

[13] Und er sagt ihnen: Nicht versteht ihr dieses Gleichnis,
und wie werdet ihr alle Gleichnisse erkennen? [14] Der Säende
sät das Wort. [15] Diese aber sind die entlang des Weges, wohin
gesät wird das Wort; und wann sie hören, sofort kommt der
Satan und trägt weg das Wort, das in sie gesäte. [16] Und diese
sind die auf das Felsige Gesäten, die, wann sie hören das
Wort, sofort mit Freude es aufnehmen, [17] aber nicht haben sie
eine Wurzel in sich, sondern auf (den) Augenblick sind sie;
dann, wenn entsteht Bedrängnis oder Verfolgung wegen des
Wortes, sofort nehmen sie Anstoß. [18] Und andere sind die in
die Dornen Gesäten, diese sind die das Wort Hörenden,
[19] aber die Sorgen des Aions und der Trug des Reichtums und
die Begierden um das Übrige hinzukommend ersticken das
Wort, und fruchtlos wird es. [20] Und jene sind die auf die gute
Erde Gesäten, welche hören das Wort und (es) annehmen und
Frucht bringen: eines dreißig und eines sechzig und eines
hundert.

[21] Und er sagte ihnen: Kommt etwa die Leuchte, damit sie
unter den Scheffel gestellt wird oder unter das Bett? Nicht,
damit sie auf den Leuchter gestellt wird? [22] Denn nicht ist
Verborgenes, wenn nicht, damit es offenbart wird; und nicht
wurde Geheimes, außer, damit es kommt ins Offenbare.
[23] Wenn einer Ohren hat zu hören, er soll hören! [24] Und er
sagte ihnen: Seht (zu), was ihr hört! Mit welchem Maß ihr
meßt, gemessen werden wird euch und hinzugelegt werden
wird euch. [25] Denn wer hat, gegeben werden wird ihm; und
wer nicht hat, auch was er hat, wird weggenommen werden
von ihm.

[26] Und er sagte: So ist das Königtum Gottes, wie (wenn) ein
Mensch warf den Samen auf die Erde [27] und schläft und auf-
steht Nacht und Tag, und der Same keimt und wird lang, wie
er selbst nicht weiß. [28] Selbsttätig bringt die Erde Frucht, zu-
erst Halm, dann Ähre, dann voller Weizen in der Ähre.

29 Wann (es) aber zuläßt die Frucht, sofort schickt er die Si-
chel, weil ansteht die Ernte.

30 Und er sagte: Wie sollen wir vergleichen das Königtum
Gottes, oder in welchem Gleichnis sollen wir es darlegen?

31 (Es ist) wie mit einem Senfkorn, das, wann es gesät wird
auf die Erde, kleiner ist als alle Samen auf der Erde, 32 und
wann es gesät wird, aufsteigt und größer wird als alle Gar-
tengewächse und große Zweige macht, so daß unter seinem
Schatten *die Vögel des Himmels nisten* können. Ps 103,12 (G)

33 Und mit vielen solchen Gleichnissen redete er zu ihnen
das Wort, gleichwie sie (es) hören konnten; 34 ohne Gleichnis
aber redete er nicht zu ihnen, für sich aber den eigenen Schü-
lern löste er alles auf.

35 Und er sagt ihnen an jenem Tag, als es Abend geworden
war: Laßt uns hinüberfahren zum Gegenüber! 36 Und lassend
die Volksmenge, mitnehmen sie ihn, wie er war, im Boot,
und andere Boote waren mit ihm. 37 Und (es) entsteht ein gro-
ßer Sturmwind, und die Wellen warfen sich auf ins Boot, so
daß schon gefüllt wurde das Boot. 38 Und er selbst war im
Heck auf dem Kopfkissen schlafend. Und sie wecken ihn und
sagen ihm: Lehrer, nicht kümmert dich, daß wir vernichtet
werden? 39 Und aufgeweckt, anfuhr er den Wind und sprach
zum Meer: Schweig, sei stumm! Und nachließ der Wind, und
(es) wurde große Stille. 40 Und er sprach zu ihnen: Was seid
ihr feige? Noch nicht habt ihr Glauben? 41 Und sie fürchteten
sich in großer Furcht, und sie sagten zueinander: Wer also ist
dieser, daß auch der Wind und das Meer ihm gehorcht?

5 1 Und sie kamen zum Gegenüber des Meeres ins Land
der Gerasener. 2 Und als er herauskam aus dem Boot,
sofort begegnete ihm aus den Gräbern ein Mensch in unrei-
nem Geist, 3 der die Behausung hatte in den Grabstätten, und
auch mit einer Kette konnte keiner mehr ihn binden, 4 deswe-
gen, (weil) er oft mit Fußfesseln und Ketten gebunden wor-
den war und zerrissen worden waren von ihm die Ketten und
die Fußfesseln zerrieben, und keiner vermochte ihn zu bändi-
gen; 5 und allzeit, nachts und tags, war er in den Grabstätten

und in den Bergen, schreiend und zerschlagend sich mit Stei-
nen. 6 Und sehend den Jesus von weitem, lief er und fiel nie-
der vor ihm, 7 und schreiend mit lauter Stimme, sagt er: Was
(ist zwischen) mir und dir, Jesus, Sohn Gottes, des Höchsten?
Ich beschwöre dich bei Gott, quäle mich nicht! 8 Denn er
sagte ihm: Komm heraus, unreiner Geist, aus dem Menschen!
9 Und er befragte ihn: Was (ist) dein Name? Und er sagt ihm:
Legion (ist) mein Name, weil wir viele sind. 10 Und er bat ihn
sehr, daß er nicht sie schicke außerhalb des Landes. 11 (Es)
war aber dort bei dem Berg eine große Herde von Schweinen
weidend; 12 und sie baten ihn, sagend: Schick uns in die
Schweine, damit wir in sie hineingehen! 13 Und er erlaubte
(es) ihnen. Und herauskommend die unreinen Geister, hin-
eingingen sie in die Schweine, und (es) raste die Herde hin-
unter den Abhang ins Meer, etwa zweitausend, und sie ersof-
fen im Meer.

14 Und die sie Weidenden flohen, und sie meldeten (es) in
die Stadt und in die Höfe; und sie kamen zu sehen, was das
Geschehene ist. 15 Und sie kommen zu Jesus und erblicken
den Besessenen dasitzend, bekleidet und bei Sinnen, den, der
den Legion gehabt hatte, und sie fürchteten sich. 16 Und (es)
erzählten ihnen, die gesehen hatten, wie dem Besessenen ge-
schah, und über die Schweine. 17 Und sie begannen, ihn zu
bitten, wegzugehen von ihren Gebieten.

18 Und als er einsteigt ins Boot, bat ihn der besessen Gewe-
sene, daß er mit ihm sei. 19 Und nicht ließ er ihn, sondern sagt
ihm: Geh fort in dein Haus zu den Deinen und melde ihnen,
wieviel der Herr dir getan hat und sich erbarmte deiner!
20 Und wegging er und begann zu verkünden in der Dekapolis,
wieviel ihm Jesus getan, und alle staunten.

21 Und als Jesus hinübergefahren war [im Boot] wieder zum
Gegenüber, zusammenkam eine große Volksmenge bei ihm,
und er war am Meer. 22 Und (es) kommt einer der Synago-
genvorsteher mit Namen Jairos, und sehend ihn, fällt er zu
seinen Füßen, 23 und er bittet ihn sehr, sagend: Mit meinem
Töchterchen geht es zum Letzten; kommend leg die Hände

ihr auf, damit sie gerettet werde und lebe! 24 Und wegging er
mit ihm. Und (es) folgte ihm eine große Volksmenge, und sie
bedrängten ihn.

25 Und eine Frau, welche war im Blutfluß zwölf Jahre 26 und
vieles leidend von vielen Ärzten und verausgabend das Ganze
von ihr und keinen Nutzen habend, sondern (viel)mehr zum
Schlimmeren kommend, 27 hörend über Jesus, kommend in
der Volksmenge, von hinten berührte sein Gewand; 28 denn
sie sagte: Wenn ich berühre auch nur seine Gewänder, werde
ich gerettet werden. 29 Und sofort vertrocknete die Quelle ih-
res Blutes, und sie erkannte am Leib, daß sie geheilt ist von
der Plage. 30 Und sofort erkennend bei sich die von ihm aus-
gegangene Kraft, sich umwendend in der Volksmenge, sagte
Jesus: Wer berührte mich an den Gewändern? 31 Und (es)
sagten ihm seine Schüler: Du siehst die Volksmenge, dich
bedrängend, und sagst: Wer berührte mich? 32 Und herum-
schaute er zu sehen, die dies getan hatte. 33 Die Frau aber,
sich fürchtend und zitternd, wissend, was ihr geschehen ist,
kam und fiel nieder vor ihm und sagte ihm die ganze Wahr-
heit. 34 Der aber sprach zu ihr: Tochter, dein Glaube hat dich
gerettet; geh fort in Frieden und sei gesund von deiner Plage!

35 Noch als er redet, kommen vom Synagogenvorsteher Sa-
gende: Deine Tochter starb; was noch bemühst du den Leh-
rer? 36 Jesus aber, überhörend das geredete Wort, sagt dem
Synagogenvorsteher: Fürchte dich nicht, glaube nur! 37 Und er
ließ keinen mit sich folgen, außer Petros und Jakobos und Jo-
hannes, den Bruder von Jakobos. 38 Und sie kommen in das
Haus des Synagogenvorstehers, und er erblickt einen Tumult
und Weinende und Heulende sehr, 39 und hineingehend sagt er
ihnen: Was lärmt und weint ihr? Das Kind starb nicht, son-
dern schläft. 40 Und sie verlachten ihn. Er aber, hinauswer-
fend alle, mitnimmt den Vater des Kindes und die Mutter und
die mit ihm, und hineingeht er, wo das Kind war. 41 Und er-
greifend die Hand des Kindes, sagt er ihr: Talitha kum, was
ist übersetzt: Mädchen, dir sage ich, steh auf! 42 Und sofort
stand auf das Mädchen und ging umher; denn es war von

zwölf Jahren. Und sie entsetzten sich [sofort] mit großem
Entsetzen. 43 Und auftrug er ihnen sehr, daß keiner erfahre
dies, und er sagte, daß gegeben werde ihr zu essen.

6 1 Und hinausging er von dort und kommt in seine Va-
terstadt, und (es) folgen ihm seine Schüler. 2 Und als es
Sabbat geworden, begann er zu lehren in der Synagoge, und
viele Hörende gerieten außer sich, sagend: Woher (ist) die-
sem dieses, und welche (sind) die Weisheit, die diesem gege-
bene, und solche Kräfte, geschehend durch seine Hände? 3 Ist
nicht dieser der Zimmermann, der Sohn der Maria und Bru-
der von Jakobos und Joses und Judas und Simon? Und sind
nicht seine Schwestern hier bei uns? Und sie nahmen Anstoß
an ihm. 4 Und (es) sagte ihnen Jesus: Nicht ist ein Prophet
ungeehrt, außer in seiner Vaterstadt und bei seinen Verwand-
ten und in seinem Haus. 5 Und nicht konnte er dort tun ir-
gendeine Kraft(tat), außer daß er, wenigen Kranken die Hän-
de auflegend, (sie) heilte. 6 Und er staunte wegen ihres Un-
glaubens. Und er durchzog die Dörfer im Umkreis, lehrend.
7 Und herbeiruft er die Zwölf, und er begann, sie zu schicken
zwei (und) zwei, und er gab ihnen Vollmacht über die unrei-
nen Geister, 8 und er gebot ihnen, daß sie nichts tragen auf
(dem) Weg, außer einen Stock nur, nicht Brot, nicht Tasche,
nicht im Gürtel Kupfer(geld), 9 sondern untergebunden Sanda-
len; und: Nicht zieht an zwei Gewänder! 10 Und er sagte ih-
nen: Wo ihr etwa hineingeht in ein Haus, dort bleibt, bis ihr
hinausgeht von dort. 11 Und welcher Ort immer euch nicht
aufnimmt, und sie euch nicht hören, herausgehend von dort,
schüttelt ab den Staub unter euren Füßen, zum Zeugnis ihnen!
12 Und hinausgehend verkündeten sie, damit man umkehre,
13 und viele Dämonen warfen sie hinaus, und sie salbten mit
Öl viele Kranke und heilten (sie).

14 Und (es) hörte der König Herodes, denn bekannt wurde
sein Name, und man sagte: Johannes der Taufende ist er-
weckt worden aus Toten, und deswegen wirken die Kräfte in
ihm. 15 Andere aber sagten: Elias ist er; andere aber sagten:

Ein Prophet wie einer der Propheten. 16 (Es) hörend aber
sagte Herodes: Den ich enthaupten ließ, Johannes, dieser
wurde erweckt.

17 Denn er, Herodes, (aus)schickend hatte ergriffen den Jo-
hannes und hatte gebunden ihn im Gefängnis wegen Hero-
dias, der Frau (des) Philippos, seines Bruders, weil er sie ge-
heiratet hatte; 18 denn (es) sagte Johannes dem Herodes: Nicht
ist dir erlaubt, zu haben die Frau deines Bruders. 19 Herodias
aber grollte ihm und wollte ihn töten, aber sie konnte nicht;
20 denn Herodes fürchtete Johannes, kennend ihn als einen
Mann, gerecht und heilig, und er bewahrte ihn, und hörend
ihn, war er sehr ratlos, und gern hörte er ihn.

21 Und als ein günstiger Tag geworden, als Herodes an sei-
nem Geburtsfest ein Mahl machte für seine Großen und die
Chiliarchen und die Ersten der Galilaia, 22 und als hereinkam
seine Tochter, (die der) Herodias, und tanzte, gefiel sie dem
Herodes und den mit (zu Tisch) Liegenden. (Es) sprach der
König zu dem Mädchen: Bitte mich, was immer du willst,
und geben werde ich (es) dir! 23 Und er schwor ihr [vielfach]:
Was immer du mich bittest, geben werde ich dir bis zur Hälf-
te meines Königreiches. 24 Und hinausgehend sprach sie zu ih-
rer Mutter: Was soll ich bitten? Die aber sprach: Den Kopf
(des) Johannes des Taufenden. 25 Und hineingehend sofort mit
Eile zum König, bat sie, sagend: Ich will, daß sogleich du
mir gibst auf einem Teller den Kopf (des) Johannes des Täu-
fers. 26 Und ganz betrübt werdend wegen der Eide und der (zu
Tisch) Liegenden, wollte der König sie nicht abweisen; 27 und
sofort (aus)schickend einen Henker, befahl der König, zu
bringen seinen Kopf. Und weggehend ließ er enthaupten ihn
im Gefängnis, 28 und er brachte seinen Kopf auf einem Teller
und gab ihn dem Mädchen, und das Mädchen gab ihn seiner
Mutter. 29 Und (es) hörend kamen seine Schüler und trugen
weg seine Leiche und legten sie in ein Grab.

30 Und zusammenkommen die Apostel bei Jesus, und sie
meldeten ihm alles, wieviel sie taten und wieviel sie lehrten.
31 Und er sagt ihnen: Auf, (geht) ihr selbst für euch an einen

einsamen Ort, und ruht ein wenig! Denn (es) waren die Kom-
menden und die Fortgehenden viele, und nicht einmal zu
essen hatten sie Zeit.

32 Und wegfuhren sie im Boot an einen einsamen Ort für
sich. 33 Und man sah sie abfahrend, und (es) erfuhren viele,
und zu Fuß von allen Städten liefen sie zusammen dort, und
zuvorkamen sie ihnen.

34 Und herauskommend sah er eine große Volksmenge, und
Num 27,17 er wurde ergriffen über sie, weil sie waren *wie Schafe, nicht
habend einen Hirten,* und er begann sie zu lehren vieles.

35 Und als (es) schon späte Stunde geworden war, kommend
zu ihm, sagten seine Schüler: Einsam ist der Ort und schon
späte Stunde; 36 entlasse sie, damit, weggehend in die Höfe
und Dörfer im Umkreis, sie sich kaufen, was sie essen (könn-
ten). 37 Der aber antwortend sprach zu ihnen: Gebt ihnen ihr
zu essen! Und sie sagen ihm: Sollen wir weggehend kaufen
für zweihundert Denare Brote und ihnen zu essen geben?
38 Der aber sagt ihnen: Wieviele Brote habt ihr? Geht fort,
seht! Und (es) erfahrend, sagen sie: Fünf, und zwei Fische.
39 Und er befahl ihnen, daß alle sich hinlegen, Gruppe um
Gruppe, auf dem grünen Gras. 40 Und niederließen sie sich,
Schar um Schar, zu hundert und zu fünfzig. 41 Und nehmend
die fünf Brote und die zwei Fische, aufschauend zum Him-
mel, segnete und brach er die Brote, und gab (sie) [seinen]
Schülern, damit sie (sie) vorlegten ihnen, auch die zwei Fi-
sche ließ er verteilen allen. 42 Und (es) aßen alle und wurden
gesättigt, 43 und wegtrugen sie Stücke, von zwölf Körben (die)
Füllungen, auch von den Fischen. 44 Und (es) waren die Es-
senden [die Brote] fünftausend Männer.

45 Und sofort nötigte er seine Schüler, einzusteigen ins Boot
und vorauszufahren zum Gegenüber nach Bethsaida, bis er
selbst entläßt die Volksmenge. 46 Und sich verabschiedend
von ihnen, wegging er auf den Berg, um zu beten. 47 Und als
es Abend geworden war, war das Boot inmitten des Meeres,
und er allein auf dem Land. 48 Und sehend sie, sich quälend
beim Rudern, denn es war der Wind ihnen entgegen, um (die)

vierte Wache der Nacht kommt er zu ihnen, umhergehend auf
dem Meer, und er wollte vorübergehen an ihnen. 49 Die aber,
sehend ihn auf dem Meer umhergehend, meinten, daß es ein
Gespenst sei, und aufschrien sie; 50 denn alle sahen ihn und
wurden verwirrt. Der aber redete sofort mit ihnen und sagt
ihnen: Habt Mut, ich bin (es); fürchtet euch nicht! 51 Und hin-
aufstieg er zu ihnen ins Boot, und nachließ der Wind; und
sehr [, im Übermaß] entsetzten sie sich bei sich; 52 denn nicht
hatten sie verstanden aufgrund der Brote, sondern (es) war ihr
Herz verstockt.

53 Und hinüberfahrend auf das Land, kamen sie nach Gen-
nesaret und legten an. 54 Und als sie herauskamen aus dem
Boot, sofort erkennend ihn, 55 umherliefen sie in jenem gan-
zen Land und begannen auf den Bahren die, denen es schlecht
ging, umherzutragen, wo sie hörten, daß er sei. 56 Und wo
immer er hineinging in Dörfer oder in Städte oder in Höfe,
auf den Märkten hinlegten sie die Schwachen, und sie baten
ihn, daß sie, wenn auch nur die Quaste seines Gewandes, be-
rührten; und wieviele immer ihn berührten, wurden gerettet.

7 1 Und zusammenkommen bei ihm die Pharisaier und ei-
nige der Schriftkundigen, kommend von Hierosolyma.
2 Und als sie sehen einige seiner Schüler, daß sie mit gemei-
nen Händen, das ist: ungewaschenen, essen die Brote 3 – denn
die Pharisaier und alle Judaier, wenn nicht mit (der) Faust sie
sich wuschen die Hände, essen nicht, festhaltend die Überlie-
ferung der Älteren, 4 und (kommend) vom Markt, wenn nicht
sie sich besprengten, essen sie nicht, und anderes vieles ist
(es), was sie übernahmen festzuhalten: Waschungen von Be-
chern und Näpfen und Töpfen [und Betten] –, 5 und (es) be-
fragen ihn die Pharisaier und die Schriftkundigen: Weshalb
wandeln deine Schüler nicht nach der Überlieferung der Älte-
ren, sondern essen mit gemeinen Händen das Brot?

6 Der aber sprach zu ihnen: Recht prophezeite Isaias über
euch Heuchler, wie geschrieben ist: *Dieses Volk ehrt mit den* Jes 29,13 (G)
Lippen mich, ihr Herz aber hält sich weit fern von mir; 7 *ver-*
geblich aber verehren sie mich, lehrend als Lehren Gebote

von Menschen. 8 Verlassend das Gebot Gottes, haltet ihr fest
die Überlieferung der Menschen. 9 Und er sagte ihnen: Recht
weist ihr ab das Gebot Gottes, damit ihr eure Überlieferung
Ex 20,12 aufrichtet. 10 Denn Moyses sprach: *Ehre deinen Vater und dei-*
Dtn 5,16 *ne Mutter,* und: *Der Beschimpfende Vater oder Mutter soll*
Ex 21,17 Lev 20,9 *mit Tod enden.* 11 Ihr aber sagt: Wenn ein Mensch spricht zum
Vater oder zur Mutter: Korban, das ist: Weihegabe (sei), wo-
rin immer du von mir Nutzen hättest, 12 nicht mehr laßt ihr
ihn etwas tun für den Vater oder die Mutter, 13 entmachtend
das Wort Gottes durch eure Überlieferung, die ihr überliefert
habt; und ähnliches solches tut ihr vieles.

14 Und herbeirufend wieder die Volksmenge, sagte er ih-
nen: Hört mich alle und versteht! 15 Nichts ist außerhalb des
Menschen, hineingehend in ihn, was ihn gemein machen
kann, sondern das aus dem Menschen Herausgehende ist das
Gemeinmachende den Menschen.*

17 Und als er hineinging in ein Haus, weg von der Volks-
menge, befragten ihn seine Schüler nach dem Gleichnis.
18 Und er sagt ihnen: So seid auch ihr Unverständige? Nicht
begreift ihr, daß alles von außen Hineingehende in den Men-
schen nicht ihn gemein machen kann, 19 weil es nicht hinein-
geht in sein Herz, sondern in den Bauch, und in den Abort
hinausgeht? – (damit) rein erklärend alle Speisen. 20 Er sagte
aber: Das aus dem Menschen Herausgehende, jenes macht
gemein den Menschen. 21 Denn von innen, aus dem Herzen
der Menschen, gehen aus die schlechten Gedanken, Unzüch-
tiges, Diebstähle, Morde, 22 Ehebrüche, Habgierigkeiten,
Bosheiten, List, Ausschweifung, böses Auge, Lästerung,
Überheblichkeit, Unverstand; 23 all dieses Böse geht von innen
heraus und macht gemein den Menschen.

24 Von dort aber, aufstehend, ging er weg in die Gebiete
von Tyros. Und hineingehend in ein Haus, wollte er, keiner
solle (es) erfahren, aber nicht konnte er verborgen sein;
25 doch sofort, hörend über ihn, eine Frau, deren Töchterchen
einen unreinen Geist hatte, kommend, fiel nieder zu seinen

* V 16 ist ein „Wanderlogion“ (vgl. Mk 4,23 u. ö.).

Füßen; [26] die Frau aber war Hellenin, Syrophoinikerin der
Abstammung (nach); und sie bat ihn, daß er den Dämon hin-
auswerfe aus ihrer Tochter. [27] Und er sagte ihr: Laß zuerst
gesättigt werden die Kinder; denn nicht ist es recht, zu neh-
men das Brot der Kinder und (es) den Hündchen hinzuwer-
fen. [28] Die aber antwortete und sagt ihm: Herr, auch die
Hündchen unter dem Tisch essen von den Bröckchen der Kin-
der. [29] Und er sprach zu ihr: Wegen dieses Wortes geh fort,
herausgekommen ist aus deiner Tochter der Dämon. [30] Und
weggegangen in ihr Haus, fand sie das Kind geworfen auf das
Bett und den Dämon herausgekommen.

[31] Und wieder hinausgehend aus den Gebieten von Tyros,
kam er durch Sidon ans Meer der Galilaia mitten in die Ge-
biete (der) Dekapolis. [32] Und man bringt ihm einen Tauben
und Stummen, und man bittet ihn, daß er auflege ihm die
Hand. [33] Und wegnehmend ihn von der Volksmenge für sich,
legte er seine Finger in seine Ohren, und spuckend berührte
er seine Zunge, [34] und aufschauend zum Himmel, stöhnte er
und sagt ihm: Ephphatha, das ist: Werde geöffnet! [35] Und [so-
gleich] öffnete sich sein Gehör, und gelöst wurde die Fessel
seiner Zunge, und er redete richtig. [36] Und auftrug er ihnen,
daß sie (es) keinem sagen; soviel er aber ihnen auftrug, sie
verkündeten (um so) mehr, überreichlich. [37] Und über die
Maßen gerieten sie außer sich, sagend: Recht hat er alles ge-
macht, und die Taub(stumm)en macht er hören und [die] Re-
delose[n] reden.

8 [1] In jenen Tagen, als wieder eine große Volksmenge da
ist und sie nicht(s) haben, was sie essen könnten, her-
beirufend die Schüler, sagt er ihnen: [2] Ergriffen werde ich
über die Volksmenge, weil sie schon drei Tage bleiben bei
mir und nicht(s) haben, was sie essen könnten; [3] und wenn ich
sie entlasse hungrig in ihr Haus, werden sie erliegen auf dem
Weg; und einige von ihnen sind von weit her gekommen.
[4] Und (es) antworteten ihm seine Schüler: Woher wird einer
diese hier sättigen können mit Broten in (der) Öde? [5] Und er
fragte sie: Wieviel habt ihr Brote? Die aber sprachen: Sieben.

6 Und er gebietet der Volksmenge, sich niederzulassen auf der
Erde; und nehmend die sieben Brote, dankend brach er (sie),
und er gab (sie) seinen Schülern, damit sie vorlegten, und sie
legten vor der Volksmenge. 7 Und sie hatten wenige Fisch-
chen; und segnend sie, sagte er, auch diese vorzulegen. 8 Und
sie aßen und wurden gesättigt, und wegtrugen sie Überreste
an Stücken sieben Körbe. 9 Sie waren aber etwa viertausend.
Und er entließ sie.

10 Und sofort, einsteigend ins Boot mit seinen Schülern,
kam er in die (Landes)teile von Dalmanutha.

11 Und hinausgingen die Pharisaier und begannen zu streiten
mit ihm, verlangend von ihm ein Zeichen vom Himmel, ver-
suchend ihn. 12 Und aufstöhnend in seinem Geist, sagt er:
Was verlangt dieses Geschlecht ein Zeichen? Amen, ich sage
euch, nicht wird gegeben werden diesem Geschlecht ein Zei-
chen. 13 Und lassend sie, wieder einsteigend, wegging er zum
Gegenüber.

14 Und sie vergaßen, mitzunehmen Brote, und außer einem
Brot hatten sie nicht(s) mit sich im Boot. 15 Und er trug ihnen
auf, sagend: Seht (zu), hütet euch vor dem Sauerteig der Pha-
risaier und dem Sauerteig (des) Herodes! 16 Und sie überleg-
ten untereinander, daß Brote sie nicht haben. 17 Und (es) er-
kennend, sagt er ihnen: Was überlegt ihr, daß Brote ihr nicht
habt? Noch nicht begreift ihr und nicht versteht ihr? Habt ihr
Jer 5,21 verstockt euer Herz? 18 *Augen habend seht ihr nicht, und Oh-
ren habend hört ihr nicht?* Und nicht erinnert ihr euch, 19 als
die fünf Brote ich brach für die Fünftausend, wieviele Körbe
von Stücken voll ihr wegtrugt? Sie sagen ihm: Zwölf. 20 Als
die sieben für die Viertausend, wievieler Körbe Füllungen an
Stücken trugt ihr weg? Und sie sagen [ihm]: Sieben. 21 Und er
sagte ihnen: Noch nicht versteht ihr?

22 Und sie kommen nach Bethsaida. Und sie bringen ihm
einen Blinden, und sie bitten ihn, daß er ihn berühre. 23 Und
ergreifend die Hand des Blinden, hinausbrachte er ihn außer-
halb des Dorfes, und spuckend in seine Augen, auflegend ihm
die Hände, befragte er ihn: Siehst du etwas? 24 Und aufschau-

end sagte er: Ich sehe die Menschen: Wie Bäume sehe ich Umhergehende. [25] Dann wieder auflegte er die Hände auf seine Augen, und er sah klar und wurde wiederhergestellt, und anschaute er alles genau. [26] Und er schickte ihn in sein Haus, sagend: Aber nicht geh ins Dorf hinein!

[27] Und hinausging Jesus und seine Schüler in die Dörfer von Kaisareia, dem von Philippos; und auf dem Weg befragte er seine Schüler, sagend ihnen: Wer, sagen die Menschen, daß ich sei? [28] Die aber sprachen zu ihm, sagend: Johannes der Täufer, und andere: Elias, andere aber: Einer der Propheten. [29] Und er befragte sie: Ihr aber, wer, sagt ihr, daß ich sei? Antwortend sagt ihm Petros: Du bist der Christos. [30] Und anfuhr er sie, daß sie keinem sagen über ihn.

[31] Und er begann zu lehren sie: (Es) muß der Sohn des Menschen vieles leiden und verworfen werden von den Ältesten und den Hochpriestern und den Schriftkundigen und getötet werden und nach drei Tagen aufstehen; [32] und in Offenheit redete er das Wort. Und Petros, herbeinehmend ihn, begann ihn anzufahren. [33] Der aber, sich umwendend und sehend seine Schüler, fuhr Petros an und sagt: Geh fort, hinter mich, Satan, weil du nicht sinnst das von Gott, sondern das der Menschen!

[34] Und herbeirufend die Volksmenge mit seinen Schülern, sprach er zu ihnen: Wenn einer will hinter mir folgen, soll er sich selbst verleugnen und tragen sein Kreuz und mir folgen! [35] Denn wer immer will sein Leben retten, verlieren wird er es; wer aber verlieren wird sein Leben wegen meiner und des Evangeliums, retten wird er es. [36] Denn was nützt es, daß ein Mensch gewinnt die ganze Welt und bestraft wird an seinem Leben? [37] Denn was könnte geben ein Mensch als Gegenwert seines Lebens? [38] Denn wer immer sich schämt meiner und meiner Worte in diesem ehebrecherischen und sündigen Geschlecht, auch der Sohn des Menschen wird sich schämen seiner, wann er kommt in der Herrlichkeit seines Vaters mit den heiligen Engeln.

9 1 Und er sagte ihnen: Amen, ich sage euch: (Es) sind ei-
nige der hier Stehenden, welche nicht kosten werden
(den) Tod, bis sie sehen das Königtum Gottes, gekommen in
Kraft.

2 Und nach sechs Tagen mitnimmt Jesus den Petros und den
Jakobos und den Johannes, und hinaufbringt er sie auf einen
hohen Berg für sich allein. Und er wurde umgestaltet vor ih-
nen, 3 und seine Gewänder wurden strahlend ganz weiß, wie
(sie) ein Walker auf der Erde nicht so weiß machen kann.
4 Und (es) erschien ihnen Elias mit Moyses, und sie waren
sich unterredend mit Jesus. 5 Und antwortend sagt Petros zu
Jesus: Rabbi, recht ist es, daß wir hier sind, und wir wollen
machen drei Zelte, dir eines und Moyses eines und Elias ei-
nes. 6 Denn nicht wußte er, was er antworte, denn erschreckt
wurden sie. 7 Und (es) entstand eine Wolke, überschattend
sie, und (es) kam eine Stimme aus der Wolke: Dieser ist mein
geliebter Sohn, hört ihn! 8 Und plötzlich, herumschauend,
keinen mehr sahen sie, sondern Jesus allein mit ihnen.

9 Und während sie herabsteigen vom Berg, auftrug er ih-
nen, daß sie keinem, was sie sahen, erzählten, außer wann
der Sohn des Menschen aus Toten aufgestanden sei. 10 Und
das Wort hielten sie fest, unter sich streitend: Was ist das
Aus-Toten-Aufstehen?

11 Und sie befragten ihn, sagend: Wieso sagen die Schrift-
Mal 3,23 kundigen: *Elias muß kommen zuerst?* 12 Der aber sagte ihnen:
Elias zwar, kommend zuerst, stellt alles wieder her; aber
wieso ist geschrieben über den Sohn des Menschen, daß er
vieles leidet und verachtet wird? 13 Doch ich sage euch: Auch
Elias ist gekommen, und sie taten ihm, was sie wollten,
gleichwie geschrieben ist über ihn.

14 Und kommend zu den Schülern, sahen sie eine große
Volksmenge um sie und Schriftkundige, streitend gegen sie.
15 Und sofort, die ganze Volksmenge, als sie ihn sahen, er-
schraken sie und herbeilaufend begrüßten sie ihn. 16 Und er
befragte sie: Was streitet ihr gegen sie? 17 Und (es) antwortete
ihm einer aus der Volksmenge: Lehrer, ich brachte meinen

Sohn zu dir, habend einen redelosen Geist; 18 und wo immer
er ihn ergreift, reißt er ihn nieder, und er schäumt und
knirscht die Zähne und erstarrt; und ich sagte deinen Schü-
lern, daß sie ihn hinauswerfen (sollten), aber nicht vermoch-
ten sie (es). 19 Der aber, antwortend ihnen, sagt: O ungläubi-
ges Geschlecht, bis wann werde ich bei euch sein? Bis wann
werde ich ertragen euch? Bringt ihn zu mir! 20 Und sie brach-
ten ihn zu ihm. Und sehend ihn, riß der Geist sofort ihn hin
und her, und fallend auf die Erde, wälzte er sich, schäumend.
21 Und er befragte seinen Vater: Wie lange Zeit ist es, daß
dies ihm geschehen ist? Der aber sprach: Von Kind an; 22 und
oft auch ins Feuer warf er ihn und ins Wasser, damit er ihn
vernichte; doch wenn du etwas kannst, hilf uns, ergriffen
über uns! 23 Jesus aber sprach zu ihm: Das Wenn-du-kannst –
alles (ist) möglich dem Glaubenden! 24 Sofort, schreiend,
sagte der Vater des Kindes: Ich glaube; hilf meinem Unglau-
ben! 25 Sehend aber Jesus, daß zusammenläuft eine Volks-
menge, anfuhr er den unreinen Geist, sagend ihm: Redeloser
und stummer Geist, ich befehle dir, komm heraus aus ihm
und nicht mehr geh hinein in ihn! 26 Und schreiend und viel
zerrend kam er heraus; und er wurde wie tot, so daß die vie-
len sagten: Er starb. 27 Jesus aber, ergreifend seine Hand,
richtete ihn auf, und er stand auf.

28 Und nachdem er hineingegangen war in ein Haus, be-
fragten ihn seine Schüler für sich: Wieso konnten wir ihn
nicht hinauswerfen? 29 Und er sprach zu ihnen: Diese Art
kann durch nichts herauskommen, außer durch Gebet.

30 Und von dort hinausgehend, umhergingen sie durch die
Galilaia, und nicht wollte er, daß einer (es) erführe; 31 denn er
lehrte seine Schüler und sagte ihnen: Der Sohn des Menschen
wird übergeben in (die) Hände von Menschen, und sie wer-
den töten ihn, und getötet, nach drei Tagen wird er aufstehen.
32 Die aber verstanden nicht das Wort, und sie fürchteten sich,
ihn zu befragen.

33 Und sie kamen nach Kapharnaum. Und im Haus ange-
kommen, befragte er sie: Was überlegtet ihr auf dem Weg?

[34] Die aber schwiegen; denn untereinander hatten sie beredet auf dem Weg, wer (der) Größere (sei). [35] Und sich setzend rief er die Zwölf und sagt ihnen: Wenn einer will Erster sein, soll er sein aller Letzter und aller Diener. [36] Und nehmend ein Kind, stellte er es in ihre Mitte, und umarmend es, sprach er zu ihnen: [37] Wer immer eines solcher Kinder aufnimmt in meinem Namen, mich nimmt er auf; und wer immer mich aufnimmt, nicht mich nimmt er auf, sondern den mich Schickenden.

[38] (Es) sagte ihm Johannes: Lehrer, wir sahen einen in deinem Namen hinauswerfend Dämonen, und wir hinderten ihn, weil er nicht uns (nach)folgte. [39] Jesus aber sprach: Hindert ihn nicht! Denn keiner ist, der tun wird eine Kraft(tat) in meinem Namen und fähig sein wird, gleich mich zu beschimpfen; [40] denn wer nicht ist gegen uns, für uns ist er.

[41] Denn wer immer euch zu trinken gibt einen Becher Wassers im Namen, daß ihr (des) Christos seid, amen, ich sage euch: Nicht verliert er seinen Lohn.

[42] Und wer immer Anstoß gibt einem einzigen dieser Kleinen, der Glaubenden [an mich], besser wäre es für ihn mehr, wenn herumgelegt wäre ein Eselsmühlstein um seinen Nacken und er geworfen wäre ins Meer. [43] Und wenn dir Anstoß gibt deine Hand, schlag sie ab! Besser ist es, daß du als Krüppel hineingehst ins Leben, als, die zwei Hände habend, hinzugehen in die Gehenna, in das unlöschbare Feuer.* [45] Und wenn dein Fuß dir Anstoß gibt, schlag ihn ab! Besser ist es, daß du hineingehst ins Leben als Lahmer, als, die zwei Füße habend, geworfen zu werden in die Gehenna.* [47] Und wenn dein Auge dir Anstoß gibt, wirf es weg! Besser ist es, daß du als Einäugiger hineingehst ins Königtum Gottes, als, zwei Augen ha-
Jes 66,24 bend, geworfen zu werden in die Gehenna, [48] wo *ihr Wurm nicht endet und das Feuer nicht gelöscht wird.*

[49] Denn jeder wird mit Feuer gesalzen werden. [50] Gut (ist) das Salz; wenn aber das Salz salzlos wird, mit was werdet ihr es würzen? Habt in euch Salz und haltet Frieden untereinander!

* VV 44 und 46 sind sekundäre Wiederholungen von V 48.

10 1 Und von dort, aufstehend, kommt er in die Gebiete
der Judaia [und] jenseits des Jordanes, und zusam-
menkommen wieder Volksmengen zu ihm, und wie er ge-
wohnt war, wieder lehrte er sie.
2 Und hinzukommende Pharisaier befragten ihn, ob es er-
laubt ist einem Mann, (seine) Frau zu entlassen – versuchend
ihn. 3 Der aber antwortend sprach zu ihnen: Was gebot euch
Moyses? 4 Die aber sprachen: (Es) erlaubte Moyses, einen
Scheidebrief zu schreiben und zu entlassen. 5 Jesus aber
sprach zu ihnen: Wegen eurer Hartherzigkeit schrieb er euch
dieses Gebot. 6 Von Anfang (der) Schöpfung (an) aber *männ-* Gen 1,27; 5,2
lich und weiblich machte er sie; 7 *dessentwegen wird zurück-* Gen 2,24 (G)
lassen ein Mensch seinen Vater und die Mutter [und anschlie-
ßen wird er sich an seine Frau], 8 *und (es) werden sein die*
zwei zu einem Fleisch; daher nicht mehr sind sie zwei, son-
dern ein Fleisch. 9 Was nun Gott zusammenjochte, soll ein
Mensch nicht trennen.
10 Und im Haus wieder befragten ihn die Schüler über dies.
11 Und er sagt ihnen: Wer immer entläßt seine Frau und heira-
tet eine andere, bricht die Ehe gegen sie; 12 und wenn sie, ent-
lassend ihren Mann, heiratet einen anderen, bricht sie die Ehe.
13 Und hinbrachten sie zu ihm Kinder, damit er sie berühre;
die Schüler aber fuhren sie an. 14 (Es) sehend aber, wurde Je-
sus unwillig und sprach zu ihnen: Laßt die Kinder kommen
zu mir, hindert sie nicht, denn solcher ist das Königtum Got-
tes! 15 Amen, ich sage euch: Wer immer nicht aufnimmt das
Königtum Gottes wie ein Kind, nicht kommt er hinein in es.
16 Und umarmend sie, segnete er (sie), legend die Hände auf
sie.
17 Und als er sich auf (den) Weg machte, herbeilaufend ei-
ner und auf die Knie fallend vor ihm, befragte er ihn: Guter
Lehrer, was soll ich tun, damit ewiges Leben ich erbe?
18 Jesus aber sprach zu ihm: Was nennst du mich gut? Keiner
(ist) gut, wenn nicht einer, Gott. 19 Die Gebote kennst du:
Nicht sollst du morden, nicht sollst du ehebrechen, nicht sollst Ex 20,12–16
du stehlen, nicht sollst du falschzeugen, nicht sollst du berau- Dtn 5,16–20
Sir 4,1 (G)

ben, ehre deinen Vater und die Mutter. 20 Der aber sagte ihm:
Lehrer, dieses alles hielt ich seit meiner Jugend. 21 Jesus aber,
anschauend ihn, liebte ihn und sprach zu ihm: Eines mangelt
dir: Geh fort, wieviel du hast, verkaufe und gib (es) [den]
Armen, und du wirst haben einen Schatz im Himmel, und
auf, folge mir! 22 Der aber, entsetzt über das Wort, wegging
betrübt; denn er hatte viele Güter.

23 Und herumschauend sagt Jesus seinen Schülern: Wie
schwer werden die die Güter Habenden ins Königtum Gottes
hineingehen! 24 Die Schüler aber erschraken bei seinen Wor-
ten. Jesus aber, wieder antwortend, sagt ihnen: Kinder, wie
schwer ist es, ins Königtum Gottes hineinzugehen; 25 mühelo-
ser ist es, daß ein Kamel durch [das] Loch [der] Nadel hin-
durchgeht, als daß ein Reicher ins Königtum Gottes hinein-
geht. 26 Die aber gerieten übermäßig außer sich, sagend zu
sich: Und wer kann gerettet werden? 27 Anschauend sie, sagt
Jesus: Bei Menschen (ist es) unmöglich, doch nicht bei Gott;
denn alles (ist) möglich bei Gott.

28 (Es) begann zu sagen ihm Petros: Siehe, wir verließen
alles und sind dir gefolgt. 29 (Es) sagte Jesus: Amen, ich sage
euch, keiner ist, der verließ Haus oder Brüder oder Schwe-
stern oder Mutter oder Vater oder Kinder oder Äcker wegen
meiner und wegen des Evangeliums, 30 ohne daß er empfängt
Hundertfaches: jetzt in dieser Zeit Häuser und Brüder und
Schwestern und Mütter und Kinder und Äcker unter Verfol-
gungen, und im kommenden Aion ewiges Leben. 31 Viele Er-
ste aber werden sein Letzte und [die] Letzte[n] Erste.

32 Sie waren aber auf dem Weg hinaufsteigend nach Hiero-
solyma, und (es) war vorangehend ihnen Jesus, und sie er-
schraken; die Folgenden aber fürchteten sich. Und mitneh-
mend wieder die Zwölf, begann er ihnen zu sagen das ihm
widerfahren Werdende: 33 Siehe, hinaufsteigen wir nach Hie-
rosolyma, und der Sohn des Menschen wird übergeben wer-
den den Hochpriestern und den Schriftkundigen, und sie wer-
den verurteilen ihn zum Tod und übergeben ihn den Heiden
34 und verspotten ihn und anspucken ihn und geißeln ihn und

töten, und nach drei Tagen wird er aufstehen.
35 Und hinzukommen zu ihm Jakobos und Johannes, die
Söhne (des) Zebedaios, sagend ihm: Lehrer, wir wollen, daß,
was immer wir dich bitten, du uns tust. 36 Der aber sprach zu
ihnen: Was wollt ihr, daß [ich] euch tun soll? 37 Die aber
sprachen zu ihm: Gib uns, daß, einer zu deiner Rechten und
einer zur Linken, wir sitzen in deiner Herrlichkeit! 38 Jesus
aber sprach zu ihnen: Nicht wißt ihr, was ihr erbittet. Könnt
ihr trinken den Kelch, den ich trinke, oder die Taufe, die ich
getauft werde, getauft werden? 39 Die aber sprachen zu ihm:
Wir können. Jesus aber sprach zu ihnen: Den Kelch, den ich
trinke, werdet ihr trinken, und die Taufe, die ich getauft
werde, werdet ihr getauft werden, 40 das Sitzen aber zu mei-
ner Rechten oder zur Linken zu geben, ist nicht meine (Sa-
che), sondern (ist für die,) denen es bereitet ist.
41 Und (es) hörend, begannen die Zehn unwillig zu sein
über Jakobos und Johannes. 42 Und herbeirufend sie, sagt Je-
sus ihnen: Ihr wißt, daß die über die Völker zu herrschen
Geltenden sich ihrer bemächtigen und ihre Großen sie verge-
waltigen. 43 Nicht so aber ist es unter euch, sondern wer im-
mer will groß werden unter euch, soll sein euer Diener, 44 und
wer immer will unter euch sein Erster, soll sein aller Sklave;
45 denn auch der Sohn des Menschen kam nicht, bedient zu
werden, sondern zu dienen und zu geben sein Leben als Lö-
segeld anstelle vieler.
46 Und sie kommen nach Jericho. Und als er herausgeht von
Jericho und seine Schüler und eine beträchtliche Volksmenge,
saß der Sohn von Timaios, Bartimaios, ein blinder Bettler,
am Weg. 47 Und hörend, daß Jesus, der Nazarener, (es) ist,
begann er zu schreien und zu sagen: Sohn Davids, Jesus, er-
barme dich meiner! 48 Und anfuhren ihn viele, daß er schwei-
ge; der aber schrie um vieles mehr: Sohn Davids, erbarme
dich meiner! 49 Und stehenbleibend sprach Jesus: Ruft ihn!
Und sie rufen den Blinden, sagend ihm: Hab Mut, steh auf,
er ruft dich! 50 Der aber, wegwerfend sein Gewand, aufsprin-
gend, kam zu Jesus. 51 Und antwortend ihm, sprach Jesus:

Was willst du, soll ich dir tun? Der Blinde aber sprach zu
ihm: Rabbuni, daß ich wieder sehe! [52] Und Jesus sprach zu
ihm: Geh fort! Dein Glaube hat dich gerettet. Und sofort sah
er wieder, und er folgte ihm auf dem Weg.

11 [1] Und als sie nahekommen nach Hierosolyma, nach
Bethphage und Bethania zum Berg der Ölbäume,
schickt er zwei seiner Schüler [2] und sagt ihnen: Geht fort in
das Dorf euch gegenüber, und sofort, hineingehend in es, fin-
den werdet ihr ein Füllen angebunden, auf das keiner (der)
Menschen noch sich setzte; löst es und bringt (es her)! [3] Und
wenn einer zu euch spricht: Was tut ihr dies? Sprecht: Der
Herr hat es nötig, und sofort schickt er es wieder hierher.
[4] Und weggingen sie und fanden ein Füllen, angebunden bei
(der) Tür draußen auf der Straße, und sie lösen es. [5] Und ei-
nige der dort Stehenden sagten ihnen: Was tut ihr, lösend das
Füllen? [6] Die aber sprachen zu ihnen, gleichwie Jesus gespro-
chen hatte, und sie ließen sie. [7] Und sie bringen das Füllen zu
Jesus, und sie werfen auf es ihre Gewänder, und er setzte sich
auf es. [8] Und viele breiteten aus ihre Gewänder auf den Weg,
andere aber Büschel, abschlagend (sie) von den Äckern.
[9] Und die Vorausgehenden und die (ihm) Folgenden schrien:
Ps 118,25f *Hosanna; gesegnet der Kommende im Namen (des) Herrn;*
[10] gesegnet das kommende Königtum unseres Vaters David;
Ps 148,1 *Hosanna in den Höhen!*
Ijob 16,19 [11] Und hineinging er nach Hierosolyma ins Heiligtum, und
rings anschauend alles, als schon spät war die Stunde, hin-
ausging er nach Bethania mit den Zwölf.

[12] Und am folgenden (Tag), als sie hinausgingen von Betha-
nia, hungerte (ihn). [13] Und sehend einen Feigenbaum von
weitem, der Blätter hatte, kam er, ob er wohl etwas fände an
ihm, und kommend zu ihm, nichts fand er außer Blätter; denn
es war nicht die Zeit (der) Feigen. [14] Und antwortend sprach
er zu ihm: Niemals mehr in Ewigkeit soll von dir einer eine
Frucht essen. Und (es) hörten seine Schüler.

[15] Und sie kommen nach Hierosolyma. Und hineingehend
ins Heiligtum, begann er hinauszuwerfen die Verkaufenden

und die Kaufenden im Heiligtum, und die Tische der Geldwechsler und die Sitze der die Tauben Verkaufenden stieß er
um, [16] und nicht ließ er zu, daß einer hindurchtrage ein Gefäß
durch das Heiligtum. [17] Und er lehrte und sagte ihnen: Ist
nicht geschrieben: *Mein Haus wird Haus (des) Gebets gerufen* Jes 56,7
werden für alle Völker? Ihr aber habt es gemacht *zu einer* Jer 7,11
Höhle von Räubern.

[18] Und (es) hörten die Hochpriester und die Schriftkundigen, und sie suchten, wie sie ihn vernichteten; denn sie fürchteten ihn, denn die ganze Volksmenge geriet außer sich über seine Lehre.

[19] Und als es spät wurde, hinausgingen sie außerhalb der Stadt.

[20] Und entlanggehend (in der) Frühe, sahen sie den Feigen-
baum, vertrocknet von (den) Wurzeln (her). [21] Und sich er-
innernd sagt ihm Petros: Rabbi, sieh, der Feigenbaum, den
du verfluchtest, ist vertrocknet! [22] Und antwortend sagt ihnen
Jesus: Habt Glauben an Gott! [23] Amen, ich sage euch: Wer
immer spricht zu diesem Berg: Werde weggetragen und werde geworfen ins Meer, und nicht zweifelt in seinem Herzen, sondern glaubt, daß, was er redet, geschieht, zuteil wird es
ihm. [24] Deswegen sage ich euch, alles, wieviel ihr betet und
erbittet, glaubt, daß ihr (es) erhieltet, und zuteil wird es euch!
[25] Und wann ihr (da)steht betend, erlaßt, wenn ihr etwas habt gegen einen, damit auch euer Vater in den Himmeln erlasse euch eure Übertretungen.*

[27] Und sie kommen wieder nach Hierosolyma. Und während er umhergeht im Heiligtum, kommen zu ihm die Hoch-
priester und die Schriftkundigen und die Ältesten, [28] und sie
sagten ihm: In welcher Vollmacht tust du dieses? Oder wer
gab dir diese Vollmacht, damit du dieses tust? [29] Jesus aber
sprach zu ihnen: Fragen werde ich euch ein einziges Wort, und antwortet mir, und ich werde euch sagen, in welcher
Vollmacht ich dieses tue. [30] Die Taufe (des) Johannes, vom
Himmel war sie oder von Menschen? Antwortet mir! [31] Und

* V 26 ist aus Mt 6,14f eingedrungen.

sie überlegten bei sich, sagend: Wenn wir sprechen: Vom
Himmel, wird er sagen: Weshalb [nun] glaubtet ihr ihm
nicht? 32 Doch sollen wir sprechen: Von Menschen? – Sie
fürchteten (aber) die Volksmenge; denn alle hielten den Jo-
hannes wirklich (dafür), daß er ein Prophet war. 33 Und ant-
wortend sagen sie zu Jesus: Wir wissen (es) nicht. Und Jesus
sagt ihnen: Auch ich sage euch nicht, in welcher Vollmacht
ich dieses tue.

12 1 Und er begann, zu ihnen in Gleichnissen zu reden:
Einen Weinberg pflanzte ein Mensch, und er setzte
herum einen Zaun, und er grub eine Kelter, und er baute ei-
nen Turm, und er vergab ihn an Bauern, und er verreiste.
2 Und er schickte zu den Bauern zur (rechten) Zeit einen
Sklaven, damit er von den Bauern nehme von den Früchten
des Weinbergs; 3 und nehmend ihn, schunden sie (ihn) und
schickten (ihn) leer (weg). 4 Und wieder schickte er zu ihnen
einen anderen Sklaven; und jenen schlugen sie auf den Kopf
und entehrten sie. 5 Und einen anderen schickte er; und jenen
töteten sie, und viele andere, die einen schindend, die anderen
tötend. 6 Noch einen hatte er, einen geliebten Sohn; er schick-
te ihn als letzten zu ihnen, sagend: Scheuen werden sie sich
vor meinem Sohn. 7 Jene Bauern aber sprachen zu sich: Die-
ser ist der Erbe; auf, töten wir ihn, und unser wird sein das
Erbe! 8 Und nehmend (ihn), töteten sie ihn und warfen ihn
hinaus außerhalb des Weinbergs. 9 Was [nun] wird tun der
Herr des Weinbergs? Kommen wird er, und zugrunderichten
wird er die Bauern, und geben wird er den Weinberg ande-
Ps 118,22f ren. 10 Und nicht last ihr diese Schrift: *(Der) Stein, den ver-
warfen die Bauenden, dieser wurde zum Hauptstein;* 11 *vom
Herrn wurde dieses, und es ist staunenswert in unseren Au-
gen?* 12 Und sie suchten ihn zu ergreifen, aber sie fürchteten
die Volksmenge; denn sie erkannten, daß er gegen sie das
Gleichnis sprach. Und lassend ihn, gingen sie weg.

13 Und sie schicken zu ihm einige der Pharisaier und der
Herodianer, damit sie ihn fingen im Wort. 14 Und kommend
sagen sie ihm: Lehrer, wir wissen, daß wahrhaftig du bist und

du dich um keinen kümmerst; denn nicht siehst du auf (das)
Gesicht von Menschen, sondern in Wahrheit den Weg Gottes
lehrst du: Ist es erlaubt, Steuer zu geben (dem) Kaiser oder
nicht? Sollen wir geben oder sollen wir nicht geben? 15 Der
aber, kennend ihre Heuchelei, sprach zu ihnen: Was versucht
ihr mich? Bringt mir einen Denar, damit ich sehe! 16 Die aber
brachten (einen). Und er sagt ihnen: Von wem (ist) dieses
Bild und die Aufschrift? Die aber sprachen zu ihm: (Vom)
Kaiser. 17 Jesus aber sprach zu ihnen: Das (des) Kaisers gebt
(dem) Kaiser und das Gottes Gott. Und sie erstaunten über
ihn.

18 Und (es) kommen Saddukaier zu ihm, welche sagen, Auf-
erstehung gebe es nicht, und sie befragten ihn, sagend: 19 Leh-
rer, Moyses schrieb uns: *Wenn jemandes Bruder stirbt* und Dtn 25,5f
zurückläßt eine Frau *und nicht hinterläßt ein Kind,* daß *nehme* Gen 38,8
sein Bruder die Frau und erstehen lasse er Nachkommen-
schaft seinem Bruder. 20 Sieben Brüder waren; und der erste
nahm eine Frau und sterbend nicht hinterließ er Nachkom-
menschaft; 21 und der zweite nahm sie, und er starb, nicht zu-
rücklassend Nachkommenschaft; und der dritte ebenso; 22 und
die sieben nicht hinterließen Nachkommenschaft. Zuletzt von
allen starb auch die Frau. 23 Bei der Auferstehung, [wann sie
aufstehen,] wessen von ihnen Frau wird sie sein? Denn die
sieben hatten sie als Frau. 24 (Es) sagte ihnen Jesus: Irrt ihr
nicht deswegen, nicht kennend die Schriften und nicht die
Kraft Gottes? 25 Denn wann sie aus Toten aufstehen, weder
heiraten sie, noch werden sie verheiratet, sondern sie sind wie
Engel in den Himmeln. 26 Über die Toten aber, daß sie er-
weckt werden, nicht last ihr im Buch von Moyses beim Dorn-
busch, wie Gott zu ihm sprach, sagend: *Ich, der Gott Abra-* Ex 3,6
hams und [der] Gott Isaaks und [der] Gott Jakobs? 27 Nicht ist
er ein Gott Toter, sondern Lebender; viel irrt ihr.

28 Und hinzukommend einer der Schriftkundigen, hörend
sie streitend, sehend, daß er recht geantwortet hatte ihnen,
befragte ihn: Welches ist (das) erste Gebot von allem? 29 (Es)
antwortete Jesus: (Das) erste ist: *Höre, Israel, (der) Herr un-* Dtn 6,4f

Jos 22,5 (G) *ser Gott ist einziger Herr,* 30 *und du sollst lieben (den) Herrn,*
deinen Gott, aus deinem ganzen Herzen und aus deiner gan-
zen Seele und aus deiner ganzen Einsicht und aus deiner gan-
Lev 19,18 *zen Kraft.* 31 (Das) zweite (ist) dieses: *Du sollst lieben deinen*
Nächsten wie dich selbst. Größer als dieses ist ein anderes
Gebot nicht. 32 Und (es) sprach zu ihm der Schriftkundige:
Dtn 6,4; 4,35 Recht, Lehrer, in Wahrheit sprachst du: *Einziger ist (er), und*
Jes 45,21 Dtn 6,5 *nicht ist ein anderer außer ihm;* 33 und das *Ihn-Lieben aus dem*
Jos 22,5 (G) *ganzen Herzen und aus dem ganzen Verstehen und aus der*
Lev 19,18 *ganzen Kraft* und das *Den-Nächsten-Lieben wie sich selbst* ist
überreichlich mehr als alle Brandopfer und Schlachtopfer.
34 Und Jesus, sehend [ihn], daß er vernünftig geantwortet
hatte, sprach zu ihm: Nicht weit bist du vom Königtum Got-
tes. Und keiner wagte mehr, ihn zu befragen.

35 Und antwortend sagte Jesus, lehrend im Heiligtum: Wie-
so sagen die Schriftkundigen, daß der Christos Sohn Davids
Ps 110,1 ist? 36 David selbst sprach im heiligen Geist: *(Es) sprach (der)*
Herr zu meinem Herrn: Sitze zu meiner Rechten, bis ich hinle-
ge deine Feinde unter deine Füße! 37 David selbst nennt ihn
Herr, und woher ist er sein Sohn? Und [die] große Volksmen-
ge hörte ihn gern.

38 Und in seiner Lehre sagte er: Hütet euch vor den Schrift-
kundigen, die wollen in Talaren umhergehen und Begrüßun-
gen auf den Märkten 39 und Erstsitze in den Synagogen und
Erstlager bei den Mählern, 40 die Auffressenden die Häuser
der Witwen und zum Schein lang Betenden: Diese werden
empfangen überreichliches Gericht.

41 Und sich setzend gegenüber dem Schatzkasten, sah er,
wie die Volksmenge Kupfer(geld) wirft in den Schatzkasten.
Und viele Reiche warfen viel; 42 und kommend, eine arme
Witwe warf zwei Lepta, das ist ein Kodrantes. 43 Und herbei-
rufend seine Schüler, sprach er zu ihnen: Amen, ich sage
euch: Diese arme Witwe warf mehr als alle in den Schatz-
kasten Werfenden; 44 denn alle warfen aus ihrem Überfluß,
diese aber warf aus ihrem Mangel alles, wieviel sie hatte, ih-
ren ganzen Besitz.

13 1 Und als er herausgeht aus dem Heiligtum, sagt ihm einer seiner Schüler: Lehrer, sieh, was für Steine und was für Bauten! 2 Und Jesus sprach zu ihm: Siehst du diese großen Bauten? Nicht wird gelassen hier Stein auf Stein, der nicht zerstört wird.

3 Und als er saß auf dem Berg der Ölbäume gegenüber dem Heiligtum, befragte ihn für sich Petros und Jakobos und Johannes und Andreas: 4 Sprich zu uns: Wann wird dieses sein und was (ist) das Zeichen, wann dieses alles im Begriff ist, vollendet zu werden? 5 Jesus aber begann zu sagen ihnen: Seht (zu), daß nicht einer euch irreführt! 6 Viele werden kommen in meinem Namen, sagend: Ich bin (es), und viele werden sie irreführen. 7 Wann ihr aber hört von Kriegen und Gerüchten von Kriegen, erschreckt nicht! Es muß geschehen, doch noch nicht (ist es) das Ende. 8 Denn aufstehen wird Volk gegen Volk und Königtum gegen Königtum, (es) werden sein Erdbeben an (manchen) Orten, (es) werden sein Hungersnöte; (der) Anfang (der) Wehen (ist) dieses.

9 Seht aber ihr auf euch selbst; übergeben werden sie euch in Synhedrien, und in Synagogen werdet ihr geschunden werden, und vor Statthalter und Könige werdet ihr gestellt werden wegen meiner, zum Zeugnis ihnen. 10 Aber zu allen Völkern muß zuerst verkündet werden das Evangelium. 11 Und wann sie euch führen, (euch) übergebend, nicht vorher sorgt euch, was ihr reden sollt, sondern was immer euch gegeben wird in jener Stunde, dies redet; denn nicht seid ihr die Redenden, sondern der heilige Geist. 12 Und übergeben wird (der) Bruder (den) Bruder zum Tod und (der) Vater (das) Kind, und aufstehen werden Kinder gegen Eltern, und sie werden töten sie; 13 und ihr werdet sein Gehaßte von allen wegen meines Namens. Der Durchhaltende aber zum Ende, dieser wird gerettet werden.

14 Wann aber ihr seht *den Greuel der Verwüstung* stehend, Dan 9,27;
wo er nicht darf – der Lesende soll begreifen –, dann sollen 11,31; 12,11
die in der Judaia fliehen in die Berge, 15 der auf dem Dach
[aber] soll nicht herabsteigen und nicht hineingehen, wegzutra-

gen etwas aus seinem Haus, 16 und der auf dem Acker soll nicht
zurückkehren nach hinten, wegzutragen sein Gewand. 17 We-
he aber den Schwangeren und den Säugenden in jenen Tagen!

18 Betet aber, damit es nicht geschehe winters; 19 denn (es)
werden sein jene Tage eine Bedrängnis, dergleichen nicht ge-
schehen ist eine solche von Anfang (der) Schöpfung, die Gott
schuf, bis zum Jetzt und gewiß nicht geschehen wird. 20 Und
wenn nicht abgekürzt hätte (der) Herr die Tage, nicht würde
gerettet werden jedes Fleisch; doch wegen der Auserwählten,
die er auswählte, abkürzte er die Tage.

21 Und dann, wenn einer zu euch spricht: Sieh, hier (ist) der
Christos, sieh, dort!, glaubt (es) nicht! 22 Denn aufstehen wer-
den Lügenchristosse und Lügenpropheten, und geben werden
sie Zeichen und Wunder, um irrezuführen, wenn möglich, die
Auserwählten. 23 Ihr aber seht (zu)! Vorhergesagt habe ich
euch alles.

Jes 13,10 24 Doch in jenen Tagen nach jener Bedrängnis *wird die*
Sonne verfinstert werden, und der Mond wird nicht geben sei-
Jes 34,4 *nen Schein,* 25 *und die Sterne werden sein* aus dem Himmel
fallende, und die Kräfte in den Himmeln werden erschüttert
Dan 7,13f werden. 26 Und dann werden sie sehen *den Sohn des Men-*
schen, kommend in Wolken mit viel Kraft *und Herrlichkeit.*
27 Und dann wird er schicken die Engel, und er wird zusam-
menführen [seine] Auserwählten aus den vier Winden, vom
Ende (der) Erde bis zum Ende (des) Himmels.

28 Vom Feigenbaum aber lernt das Gleichnis: Wann schon
sein Zweig wird zart und herauswachsen die Blätter, erkennt
ihr, daß nahe ist der Sommer; 29 so auch ihr, wann ihr seht
dieses geschehend, erkennt, daß nahe er ist vor (den) Türen!

30 Amen, ich sage euch: Nicht geht vorüber dieses Ge-
schlecht, bis daß dieses alles geschieht. 31 Der Himmel und
die Erde werden vorübergehen, meine Worte aber werden
gewiß nicht vorübergehen.

32 Über jenen Tag aber oder die Stunde weiß keiner, auch
nicht die Engel im Himmel, auch nicht der Sohn, außer der
Vater.

33 Seht (zu), wacht! Denn nicht wißt ihr, wann die Zeit ist.
34 Wie ein Mensch auf Reisen, verlassend sein Haus und ge-
bend seinen Sklaven die Vollmacht, jedem sein Werk – und
dem Türhüter gebot er, daß er wache. 35 Wacht also! Denn
nicht wißt ihr, wann der Herr des Hauses kommt, ob spät
oder mitternachts oder beim Hahnenschrei oder (in der)
Frühe, 36 damit nicht, plötzlich kommend, er euch finde schla-
fend. 37 Was ich aber euch sage, allen sage ich (es): Wacht!

14 1 (Es) war aber das Pascha und das (Fest der) Unge-
säuerten nach zwei Tagen. Und (es) suchten die
Hochpriester und die Schriftkundigen, wie sie ihn in List er-
greifend töten könnten; 2 denn sie sagten: Nicht am Fest, da-
mit nicht sein wird ein Tumult des Volkes.

3 Und als er war in Bethania im Haus Simons des Aussätzi-
gen, während er (zu Tisch) lag, kam eine Frau, habend eine
Alabasterflasche echten, kostbaren Nardenöls; zerbrechend
die Alabasterflasche, ausschüttete sie (es) auf seinen Kopf.
4 (Es) waren aber einige unwillig bei sich selbst: Wozu ist
diese Vergeudung des Öls geschehen? 5 Denn es hätte dieses
Öl verkauft werden können um über dreihundert Denare und
gegeben werden den Armen; und anschnaubten sie sie. 6 Jesus
aber sprach: Laßt sie! Was bereitet ihr ihr Mühen? Ein rech-
tes Werk wirkte sie an mir. 7 Denn allzeit habt ihr die Armen
bei euch, und wann ihr wollt, könnt ihr ihnen gut tun, mich
aber habt ihr nicht allzeit. 8 Was sie hatte, tat sie; vorweg-
nahm sie, zu salben meinen Leib zum Begräbnis. 9 Amen, ich
sage euch aber: Wo immer verkündet wird das Evangelium in
die ganze Welt, auch was diese tat, wird geredet werden zum
Gedenken an sie.

10 Und Judas Iskarioth, der eine der Zwölf, ging weg zu
den Hochpriestern, damit er ihn übergebe ihnen. 11 Die aber,
hörend (es), freuten sich und sagten zu, ihm Silber(geld) zu
geben. Und er suchte, wie er ihn gelegen übergäbe.

12 Und am ersten Tag (des Festes) der Ungesäuerten, als
man das Pascha schlachtete, sagen ihm seine Schüler: Wo,

willst du, sollen wir weggehend bereiten, damit du essen
(kannst) das Pascha? 13 Und er schickt zwei seiner Schüler
und sagt ihnen: Geht fort in die Stadt, und begegnen wird
euch ein Mensch, einen Tonkrug Wassers tragend; folgt ihm,
14 und wo immer er hineingeht, sagt dem Hausherrn: Der
Lehrer sagt: Wo ist meine Unterkunft, wo ich das Pascha mit
meinen Schülern esse? 15 Und er selbst wird euch zeigen ein
großes Oberzimmer, ausgelegt, bereit; und dort bereitet (es)
für uns! 16 Und hinausgingen die Schüler, und sie kamen in
die Stadt und fanden (es), gleichwie er gesprochen hatte zu
ihnen, und sie bereiteten das Pascha.

17 Und als es Abend geworden war, kommt er mit den
Zwölf. 18 Und während sie (zu Tisch) lagen und aßen, sprach
Jesus: Amen, ich sage euch: Einer von euch wird mich über-
geben, der Essende mit mir. 19 Sie begannen betrübt zu wer-
den und ihm zu sagen einer nach dem andern: Doch nicht
ich? 20 Der aber sprach zu ihnen: Einer der Zwölf, der Ein-
tauchende mit mir in die Schüssel. 21 Denn der Sohn des Men-
schen geht zwar fort, gleichwie geschrieben ist über ihn;
wehe aber jenem Menschen, durch den der Sohn des Men-
schen übergeben wird; besser (wäre es) für ihn, wenn nicht
gezeugt worden wäre jener Mensch!

22 Und während sie aßen, nehmend Brot, segnend, brach er
(es) und gab (es) ihnen und sprach: Nehmt! Dies ist mein
Leib. 23 Und nehmend einen Becher, dankend gab er (ihn) ih-
nen, und sie tranken aus ihm alle. 24 Und er sprach zu ihnen:
Dies ist mein Blut des Bundes, das ausgegossene für viele.
25 Amen, ich sage euch: Nicht mehr trinke ich aus dem Ertrag
des Weinstocks bis zu jenem Tag, wann ich ihn trinke neu im
Königtum Gottes.

26 Und nachdem sie (den Lobgesang) gesungen hatten, hin-
ausgingen sie zum Berg der Ölbäume. 27 Und (es) sagt ihnen
Jesus: Alle werdet ihr Anstoß nehmen, weil geschrieben ist:
Sach 13,7 *Schlagen werde ich den Hirten, und die Schafe werden zer-
streut werden.* 28 Aber nach meinem Erwecktwerden werde
ich vorangehen euch in die Galilaia. 29 Petros aber sagte ihm:

Wenn auch alle Anstoß nehmen werden, doch nicht ich.
30 Und (es) sagt ihm Jesus: Amen, ich sage dir: Du wirst
heute in dieser Nacht, ehe zweimal ein Hahn schreit, dreimal
mich verleugnen. 31 Der aber redete überaus (heftig): Wenn es
sein müßte, daß ich mitsterbe (mit) dir, nicht werde ich dich
verleugnen. Ebenso aber sagten auch alle.

32 Und sie kommen zu einem Platz, dessen Name Gethse-
mani, und er sagt seinen Schülern: Setzt euch hier, solange
ich bete! 33 Und mitnimmt er den Petros und [den] Jakobos
und [den] Johannes mit sich, und er begann zu erschrecken
und Angst zu haben, 34 und er sagt ihnen: *Ganz betrübt ist* Ps 42,6.12; 43,5
meine Seele bis zum Tod; bleibt hier und wacht! 35 Und vor-
gehend ein wenig, fiel er auf die Erde und betete, damit,
wenn es möglich ist, vorübergehe weg von ihm die Stunde,
36 und er sagte: Abba, Vater, alles (ist) dir möglich; nimm
fort diesen Kelch weg von mir; doch nicht was ich will, son-
dern was du! 37 Und er kommt und findet sie schlafend, und
er sagt dem Petros: Simon, du schläfst? Nicht vermochtest
du, eine einzige Stunde zu wachen? 38 Wacht und betet, damit
ihr nicht kommt in Versuchung! Der Geist (ist) zwar bereit,
das Fleisch aber schwach. 39 Und wieder weggegangen, betete
er, dasselbe Wort sprechend. 40 Und wieder gekommen, fand
er sie schlafend, denn (es) waren ihre Augen ganz beschwert,
und nicht wußten sie, was sie ihm antworten sollten. 41 Und er
kommt das dritte (Mal) und sagt ihnen: Schlaft weiter und
ruht! Es ist genug; (es) kam die Stunde, siehe, übergeben
wird der Sohn des Menschen in die Hände der Sünder.
42 Steht auf, gehen wir! Siehe, der mich Übergebende ist na-
hegekommen.

43 Und sofort, noch während er redet, kommt hinzu Judas,
einer der Zwölf, und mit ihm eine Volksmenge mit Schwer-
tern und Hölzern von den Hochpriestern und den Schriftkun-
digen und den Ältesten (her). 44 (Es) hatte aber gegeben ihnen
der ihn Übergebende ein Zeichen, sagend: Wen immer ich
küssen werde, er ist (es); ergreift ihn und führt ihn sicher ab!
45 Und kommend sofort, hinkommend zu ihm, sagt er: Rabbi!

Und abküßte er ihn; 46 die aber legten Hand an ihn, und sie
ergriffen ihn. 47 Einer aber, [einer] der Dabeistehenden, zie-
hend das Schwert, schlug den Sklaven des Hochpriesters, und
abhieb er sein Ohr.

48 Und antwortend sprach Jesus zu ihnen: Wie gegen einen
Räuber herauskamt ihr mit Schwertern und Hölzern, mich
festzunehmen? 49 Täglich war ich bei euch im Heiligtum leh-
rend, und nicht ergrifft ihr mich; doch (dies geschah,) damit
erfüllt werden die Schriften. 50 Und verlassend ihn, flohen
alle. 51 Und ein junger Mann folgte ihm, umworfen mit einem
Leinen auf nacktem (Leib), und sie ergreifen ihn; 52 der aber,
zurücklassend das Leinen, floh nackt.

53 Und abführten sie Jesus zum Hochpriester, und zusam-
menkommen alle Hochpriester und Ältesten und Schriftkun-
digen. 54 Und Petros von weitem folgte ihm bis innen in den
Hof des Hochpriesters, und er war zusammensitzend mit den
Dienern und sich wärmend beim Licht.

55 Die Hochpriester aber und das ganze Synhedrion suchten
gegen Jesus ein Zeugnis, um ihn zu töten, und nicht fanden
sie (eines); 56 denn viele falschzeugten gegen ihn, aber gleich
waren die Zeugnisse nicht. 57 Und einige, aufstehend, falsch-
zeugten gegen ihn, sagend: 58 Wir hörten ihn, sagend: Ich
werde zerstören diesen Tempel, den handgemachten, und
während dreier Tage werde ich einen anderen, nicht handge-
machten, bauen. 59 Und auch so war nicht gleich ihr Zeugnis.
60 Und aufstehend in (die) Mitte, befragte der Hochpriester Je-
sus, sagend: Nicht antwortest du etwas (auf das), was diese
gegen dich bezeugen? 61 Der aber schwieg, und nicht antwor-
tete er etwas. Wieder befragte ihn der Hochpriester und sagt
ihm: Du bist der Christos, der Sohn des Gelobten? 62 Jesus
Dan 7,13 aber sprach: Ich bin (es), und ihr werdet sehen *den Sohn des
Menschen* sitzend zur Rechten der Kraft und *kommend mit
den Wolken des Himmels*. 63 Der Hochpriester aber, zerrei-
ßend seine Gewänder, sagt: Was noch haben wir nötig Zeu-
gen? 64 Ihr hörtet die Lästerung; was scheint euch? Die aber
verurteilten ihn alle, schuldig zu sein (des) Todes.

65 Und (es) begannen einige, ihn anzuspucken und sein Ge-
sicht zu umhüllen und ihn zu schlagen und ihm zu sagen:
Prophezeie! Und die Diener übernahmen ihn mit Schlägen.
66 Und während Petros unten ist im Hof, kommt eine der
Mägde des Hochpriesters, 67 und sehend den Petros sich wär-
mend, anschauend ihn, sagt sie: Auch du warst mit dem Na-
zarener, dem Jesus. 68 Der aber leugnete, sagend: Weder weiß
ich noch verstehe ich, was du sagst. Und hinausging er nach
draußen in den Vorhof [, und ein Hahn schrie].
69 Und die Magd, sehend ihn, begann wieder den Dabeiste-
henden zu sagen: Dieser ist von ihnen. 70 Der aber leugnete
wieder. Und nach kurzem wieder sagten die Dabeistehenden
zu Petros: Wahrhaft, von ihnen bist du, denn auch ein Gali-
laier bist du. 71 Der aber begann zu fluchen und zu schwören:
Nicht kenne ich diesen Menschen, den ihr nennt. 72 Und so-
fort, zum zweiten (Mal) schrie ein Hahn. Und (es) erinnerte
sich Petros an das Wort, wie Jesus zu ihm sprach: Ehe ein
Hahn schreit zweimal, dreimal wirst du mich verleugnen; und
sich hinwerfend weinte er.

15 1 Und sofort, (in der) Frühe, nachdem einen Be-
schluß herbeigeführt hatten die Hochpriester mit
den Ältesten und Schriftkundigen und das ganze Synhedrion,
als sie Jesus gebunden hatten, wegbrachten sie (ihn) und
übergaben (ihn) Pilatos.
2 Und (es) befragte ihn Pilatos: Du bist der König der Ju-
daier? Der aber, antwortend ihm, sagt: Du sagst (es). 3 Und
anklagten ihn die Hochpriester vieles. 4 Pilatos aber befragte
ihn wieder, sagend: Nicht antwortest du etwas? Sieh, wieviel
sie dich anklagen! 5 Jesus aber antwortete nichts mehr, so daß
Pilatos staunte.
6 Zum Fest aber freiließ er ihnen einen Gefangenen, den sie
erbaten. 7 (Es) war aber der Barabbas Genannte mit den Auf-
rührern gebunden, welche bei dem Aufruhr einen Mord getan
hatten. 8 Und hinaufsteigend begann die Volksmenge zu bit-
ten, gleichwie er ihnen zu tun pflegte. 9 Pilatos aber antwor-
tete ihnen, sagend: Wollt ihr, ich soll euch freilassen den Kö-

nig der Judaier? [10] Denn er erkannte, daß wegen Neid übergeben hatten ihn die Hochpriester. [11] Die Hochpriester aber hetzten die Volksmenge auf, damit er (viel)mehr den Barabbas freilasse ihnen. [12] Pilatos aber, wieder antwortend, sagte ihnen: Was nun [wollt ihr], soll ich tun (mit dem) [, den ihr nennt] den König der Judaier? [13] Die aber schrien wieder: Kreuzige ihn! [14] Pilatos aber sagte ihnen: Was denn tat er Schlechtes? Die aber schrien übermäßig: Kreuzige ihn!

[15] Pilatos aber, wollend der Volksmenge Genüge tun, freiließ ihnen den Barabbas und übergab Jesus, (ihn) geißeln (lassend), damit er gekreuzigt werde.

[16] Die Soldaten aber abführten ihn hinein in den Hof, das ist (das) Praitorion, und zusammenrufen sie die ganze Kohorte. [17] Und anziehen sie ihm einen Purpurmantel, und umlegen sie ihm einen dornigen Kranz, den sie flochten; [18] und sie begannen, ihn zu grüßen: Gruß (dir), König der Judaier! [19] Und sie schlugen seinen Kopf mit einem Rohr und spuckten ihn an, und beugend die Knie, fielen sie nieder vor ihm. [20] Und als sie ihn verspottet hatten, auszogen sie ihm den Purpurmantel, und anzogen sie ihm seine Gewänder.

Und hinausführen sie ihn, damit sie kreuzigten ihn. [21] Und sie zwingen einen Vorbeigehenden, Simon, einen Kyrenaier, kommend vom Acker, den Vater von Alexandros und Ruphos, daß er trage sein Kreuz.

[22] Und sie bringen ihn zu dem Golgotha-Ort, welches übersetzt ist: Kraniou-Topos (= Schädel-Ort). [23] Und sie gaben ihm mit Myrrhe gewürzten Wein; der aber nahm (ihn) nicht.
Ps 22,19 [24] Und sie kreuzigen ihn und *aufteilen sie sich seine Gewänder, werfend ein Los über sie,* wer was nähme. [25] (Es) war aber (die) dritte Stunde, und sie kreuzigten ihn. [26] Und (es) war die Aufschrift seiner Schuld aufgeschrieben: Der König der Judaier.

[27] Und mit ihm kreuzigen sie zwei Räuber, einen zur Rechten und einen zur Linken von ihm.*

[29] Und die Vorbeigehenden lästerten ihn, schüttelnd ihre

* V 28 ist aus Lk 22,37 eingedrungen.

Köpfe und sagend: Ha, (du,) der den Tempel zerstören und
bauen wollte in drei Tagen, 30 rette dich selbst, herabsteigend
vom Kreuz! 31 Gleicherweise auch die Hochpriester, spottend
untereinander mit den Schriftkundigen, sagten: Andere rettete
er, sich selbst kann er nicht retten; 32 der Christos, der König
Israels, soll herabsteigen jetzt vom Kreuz, damit wir sehen
und glauben. Auch die Mitgekreuzigten mit ihm schmähten
ihn.

33 Und als geworden war (die) sechste Stunde, Finsternis
wurde über die ganze Erde bis zur neunten Stunde. 34 Und in
der neunten Stunde schrie Jesus mit lauter Stimme: *Eloi Eloi* Ps 22,2
lema sabachthani? Was ist übersetzt: *Mein Gott, mein Gott,*
wozu verließest du mich? 35 Und einige der Dabeistehenden,
hörend (es), sagten: Sieh, nach Elias schreit er. 36 Laufend
aber einer [und] füllend einen Schwamm mit Essig, steckend
(ihn) auf ein Rohr, gab er zu trinken ihm, sagend: Laßt, se-
hen wir, ob Elias kommt, ihn herunterzuholen. 37 Jesus aber,
ausstoßend einen lauten Schrei, hauchte aus.

38 Und der Vorhang des Tempels wurde gespalten in zwei
(Stücke) von oben bis unten. 39 Sehend aber der Centurio, der
dabeistehende gegenüber von ihm, daß er so aushauchte,
sprach: Wahrhaft, dieser Mensch war Sohn Gottes.

40 (Es) waren aber auch Frauen von weitem schauend, unter
ihnen auch Maria, die Magdalenerin, und Maria, (des) Jako-
bos des Kleinen und (des) Joses Mutter, und Salome, 41 die,
als er war in der Galilaia, ihm folgten und ihm dienten, und
viele andere Mitheraufgestiegene mit ihm nach Hierosolyma

42 Und als es schon Abend geworden war, da Rüsttag war,
das ist: Vorsabbat, 43 kommend Joseph, [der] von Arimathaia,
ein vornehmer Ratsherr, der auch selbst war erwartend das
Königtum Gottes, (es) wagend ging hinein zu Pilatos und er-
bat den Leib des Jesus. 44 Pilatos aber staunte, daß er schon
gestorben sei, und herbeirufend den Centurio, befragte er ihn,
ob er bereits starb; 45 und (es) erfahrend vom Centurio,
schenkte er die Leiche dem Joseph. 46 Und kaufend Leinen,
herunterholend ihn, einwickelte er (ihn) mit dem Leinen und

legte ihn in ein Grab, das gehauen war aus einem Felsen, und
hinwälzte er einen Stein an die Tür des Grabes. [47] Maria aber,
die Magdalenerin, und Maria, die von Joses, erblickten, wo
er hineingelegt worden ist.

16 [1] Und als vorüber war der Sabbat, Maria, die Mag-
dalenerin, und Maria, die [des] Jakobos, und Salo-
me kauften Essenzen, damit kommend sie ihn salbten. [2] Und
sehr früh am Ersten der Woche gehen sie zum Grab, als auf-
gegangen war die Sonne. [3] Und sie sagten zu sich: Wer wird
wegwälzen uns den Stein aus der Tür des Grabes? [4] Und auf-
schauend erblicken sie, daß weggewälzt war der Stein; denn
er war sehr groß.

[5] Und hineingehend ins Grab, sahen sie einen jungen Mann
sitzend zur Rechten, umworfen mit weißem Gewand, und sie
erschraken. [6] Der aber sagt ihnen: Erschreckt nicht! Jesus
sucht ihr, den Nazarener, den Gekreuzigten; erweckt wurde
er, nicht ist er hier; sieh, der Ort, wohin sie ihn legten!
[7] Doch geht fort, sprecht zu seinen Schülern und dem Petros:
Vorangeht er euch in die Galilaia; dort werdet ihr ihn sehen,
gleichwie er gesprochen hatte zu euch.

[8] Und herausgehend flohen sie vom Grab, denn (es) hielt
sie Zittern und Entsetzen; und keinem sagten sie etwas; denn
sie fürchteten sich.

[[Alles Gebotene aber meldeten sie denen um Petros eilig. Danach aber schickte auch Jesus selbst vom Osten und bis zum Westen durch sie aus die heilige und unvergängliche Verkündigung des ewigen Heils. Amen.]]

[[[9] Auferstanden aber früh am Wochenersten, erschien er
zuerst Maria, der Magdalenerin, von der er hinausgeworfen
hatte sieben Dämonen. [10] Jene, gehend, meldete (es) den mit
ihm gewesenen Trauernden und Weinenden; [11] aber jene, hö-
rend, daß er lebt und gesehen wurde von ihr, glaubten nicht.

[12] Danach aber wurde er zweien von ihnen, die umhergin-

gen, offenbart in anderer Gestalt, als sie gingen aufs Land;
13 und jene, weggehend, meldeten (es) den übrigen; auch je-
nen glaubten sie nicht.

14 Später [aber] wurde er den Elfen selbst, als sie (zu Tisch)
lagen, offenbart, und er schalt ihren Unglauben und (ihre)
Hartherzigkeit, daß sie denen, die ihn gesehen hatten als Er-
weckten, nicht glaubten. 15 Und er sprach zu ihnen: Gehend in
die ganze Welt, verkündet das Evangelium der ganzen Schöp-
fung! 16 Der Glaubende und Getaufte wird gerettet werden,
der Nichtglaubende aber wird verurteilt werden. 17 Als Zei-
chen aber werden den Glaubenden diese folgen: In meinem
Namen werden sie Dämonen hinauswerfen, in neuen Zungen
werden sie reden, 18 [und in den Händen] werden Schlangen
sie tragen, und wenn immer etwas Tödliches sie trinken, nicht
wird es ihnen schaden, auf Kranke werden sie (die) Hände
auflegen und recht wird es ihnen gehen.

19 Der Herr Jesus nun, nach dem Reden zu ihnen, wurde
aufgenommen in den Himmel und setzte sich zur Rechten
Gottes. 20 Jene aber, hinausgehend, verkündeten überall, in-
dem der Herr mitwirkte und das Wort festigte durch die nach-
folgenden Zeichen.]]

Nach Lukas

1 1 Da nun viele versuchten, abzufassen eine Erzählung
über die Dinge, die sich bei uns erfüllt haben,
2 gleichwie uns übergaben die von Anfang (an) Augenzeugen
und Diener des Wortes Gewordenen, 3 schien es auch mir
(gut), der ich von vorn an allem gefolgt bin, genau nachein-
ander dir zu schreiben, bester Theophilos, 4 damit du erkennst
die Sicherheit (der) Worte, über die du unterrichtet wurdest.

5 (Es) geschah in den Tagen (des) Herodes, (des) Königs
der Judaia, ein Priester mit Namen Zacharias aus (der) Ta-
gesdienstabteilung (des) Abia, und er (hatte) eine Frau aus
den Töchtern Aarons, und ihr Name (war) Elisabet. 6 (Es)
waren aber beide gerecht vor Gott, wandelnd in allen Gebo-
ten und Rechtsprüchen des Herrn untadelig. 7 Aber nicht
(hatten) sie ein Kind, weil die Elisabet unfruchtbar war, und
beide waren vorgerückt in ihren Tagen.

8 Es geschah aber, als er als Priester diente in der Ordnung
seiner Tagesdienstabteilung vor Gott, 9 erloste er nach der
Sitte des Priesteramtes das Räuchern, hineingehend in den
Tempel des Herrn; 10 und die ganze Menge des Volks war
betend draußen zur Stunde des Räucheropfers. 11 (Es) erschien
ihm aber ein Engel (des) Herrn stehend zur Rechten des Al-
tars des Räucheropfers. 12 Und verwirrt wurde Zacharias,
(ihn) sehend, und Furcht befiel ihn. 13 (Es) sprach aber zu ihm
der Engel: Fürchte dich nicht, Zacharias, da erhört wurde
dein Gebet, und deine Frau Elisabet wird dir gebären einen
Sohn, und du wirst rufen seinen Namen Johannes. 14 Und (es)
wird dir Freude sein und Jubel, und viele werden sich über
seine Geburt freuen. 15 Denn er wird groß sein vor [dem]
Num 6,3 Herrn, *und Wein und Rauschtrank wird er gewiß nicht trin-*
Lev 10,9 *ken,* und mit heiligem Geist wird er erfüllt werden schon vom
Leib seiner Mutter (an), 16 und viele der Söhne Israels wird er

hinwenden zum Herrn, ihrem Gott. 17 Und er wird vorange-
hen vor ihm in Geist und Kraft (des) Elias, hinzuwenden (die)
Herzen (der) Väter zu (den) Kindern und Ungehorsame zur
Einsicht von Gerechten, zu bereiten (dem) Herrn ein zugerü-
stetes Volk. 18 Und (es) sprach Zacharias zu dem Engel: An
was werde ich erkennen dies? Denn ich bin ein alter Mann,
und meine Frau ist vorgerückt in ihren Tagen. 19 Und ant-
wortend sprach der Engel zu ihm: Ich bin Gabriel, der Ste-
hende vor Gott, und ich wurde geschickt, zu reden zu dir und
zu verkünden dir dieses; 20 und siehe, du wirst sein schwei-
gend und nicht fähig zu reden bis zu dem Tag, (an dem) die-
ses geschieht, dafür, daß du nicht glaubtest meinen Worten,
welche sich erfüllen werden zu ihrer Zeit.

21 Und (es) war das Volk erwartend den Zacharias, und sie
staunten über sein Sich-Zeit-Lassen im Tempel. 22 Heraus-
kommend aber nicht konnte er reden zu ihnen, und sie er-
kannten, daß er eine Erscheinung gesehen hatte im Tempel;
und er war ihnen zuwinkend und verblieb stumm. 23 Und es
geschah, als sich erfüllten die Tage seines Dienstes, wegging
er in sein Haus. 24 Nach diesen Tagen aber empfing Elisabet,
seine Frau, und sie verbarg sich fünf Monate, sagend: 25 So
hat mir getan (der) Herr in (den) Tagen, in denen er darauf
sah, wegzunehmen meine Schmach bei (den) Menschen.

26 Im sechsten Monat aber wurde geschickt der Engel Ga-
briel von Gott in eine Stadt der Galilaia, deren Name Naza-
reth, 27 zu einer Jungfrau, verlobt einem Mann, dessen Name
Joseph, aus (dem) Haus David, und der Name der Jungfrau
(war) Mariam. 28 Und hineingehend zu ihr sprach er: Gruß
(dir), Begnadete, der Herr (ist) mit dir. 29 Die aber wurde bei
dem Wort verwirrt und überlegte, was für eine Begrüßung
diese sei. 30 Und (es) sprach der Engel zu ihr: Fürchte dich
nicht, Mariam; denn du fandest Gnade bei Gott. 31 Und siehe,
du wirst empfangen im Leib und gebären einen Sohn und
wirst rufen seinen Namen Jesus. 32 Dieser wird groß sein und
Sohn (des) Höchsten gerufen werden, und geben wird ihm
Gott (der) Herr den Thron Davids, seines Vaters, 33 und er

wird als König herrschen über das Haus Jakob in die Aionen,
und seines Königtums wird nicht sein ein Ende. 34 (Es) sprach
aber Mariam zu dem Engel: Wie wird sein dies, da einen
Mann ich nicht erkenne? 35 Und antwortend sprach der Engel
zu ihr: Heiliger Geist wird kommen auf dich und Kraft (des)
Höchsten wird dich überschatten; deshalb wird auch das Ge-
zeugte heilig gerufen werden, Sohn Gottes. 36 Und siehe, Eli-
sabet, deine Verwandte, hat auch selbst empfangen einen
Sohn in ihrem Alter, und dieser ist (der) sechste Monat für
sie, die unfruchtbar Gerufene; 37 weil nicht kraftlos sein wird
von Gott her jedes Wort. 38 (Es) sprach aber Mariam: Siehe,
die Magd (des) Herrn; es geschehe mir nach deinem Wort.
Und wegging von ihr der Engel.

39 Aufstehend aber ging Mariam in diesen Tagen ins Gebir-
ge mit Eile in eine Stadt Judas, 40 und hineinging sie in das
Haus (des) Zacharias und begrüßte Elisabet. 41 Und es ge-
schah, als den Gruß der Maria die Elisabet hörte, hüpfte das
Kind in ihrem Leib, und erfüllt wurde von heiligem Geist die
Elisabet, 42 und ausrief sie mit großem Geschrei und sprach:
Gesegnet du unter (den) Frauen und gesegnet die Frucht dei-
nes Leibes. 43 Und woher mir dies, daß die Mutter meines
Herrn kommt zu mir? 44 Denn siehe, als kam die Stimme dei-
nes Grußes zu meinen Ohren, hüpfte in Jubel das Kind in
meinem Leib. 45 Und selig, die glaubte, daß sein wird Voll-
endung dem ihr vom Herrn Gesagten.

46 Und (es) sprach Mariam: Groß macht meine Seele den
Herrn, 47 und (es) jubelte mein Geist über Gott, meinen Ret-
ter, 48 weil er schaute auf die Niedrigkeit seiner Magd. Denn
siehe, von jetzt (an) werden mich seligpreisen alle Geschlech-
ter, 49 weil mir Großes tat der Mächtige. Und heilig (ist) sein
Name, 50 und sein Erbarmen zu Geschlechtern und Geschlech-
tern für die ihn Fürchtenden. 51 Er wirkte Macht mit seinem
Arm, zerstreute Überhebliche in (der) Gesinnung ihres Her-
zens; 52 herunterholte er Machthaber von Thronen und erhöhte
Niedrige, 53 Hungernde sättigte er mit Gütern, und Reiche
wegschickte er leer. 54 Annahm er sich Israels, seines

Knechts, zu gedenken (des) Erbarmens, [55] gleichwie er redete
zu unsern Vätern, dem Abraham und seiner Nachkommen-
schaft in den Aion. [56] (Es) blieb aber Mariam bei ihr etwa drei
Monate, und zurückkehrte sie in ihr Haus.

[57] Der Elisabet aber erfüllte sich die Zeit, daß sie gebäre,
und sie gebar einen Sohn. [58] Und (es) hörten die Nachbarn
und ihre Verwandten, daß groß machte (der) Herr sein Erbar-
men mit ihr, und sie freuten sich mit ihr. [59] Und es geschah,
am achten Tag kamen sie, zu beschneiden das Kind, und sie
riefen es auf den Namen seines Vaters Zacharias. [60] Und ant-
wortend sprach seine Mutter: Nein, sondern es wird gerufen
werden Johannes. [61] Und sie sprachen zu ihr: Keiner ist aus
deiner Verwandtschaft, der gerufen wird mit diesem Namen.
[62] Sie aber nickten seinem Vater zu, wie er wolle, daß es ge-
rufen werde. [63] Und erbittend ein Täfelchen, schrieb er, sa-
gend: Johannes ist sein Name. Und (es) staunten alle. [64] (Es)
öffnete sich aber sein Mund auf der Stelle und seine Zunge,
und er redete, preisend Gott. [65] Und (es) kam auf alle um sie
Herumwohnenden Furcht, und im ganzen Gebirge der Judaia
wurden alle diese Geschehnisse beredet, [66] und alle Hörenden
legten (es) sich in ihr Herz, sagend: Was also wird dieses
Kind werden? Denn auch (die) Hand (des) Herrn war mit ihm.

[67] Und Zacharias, sein Vater, wurde erfüllt mit heiligem
Geist, und er prophezeite, sagend: [68] Gepriesen (der) Herr,
der Gott Israels, daß er nachschaute und Erlösung wirkte sei-
nem Volk, [69] und er erweckte uns ein Horn (der) Rettung im
Haus Davids, seines Knechtes, [70] gleichwie er redete durch
(den) Mund seiner heiligen Propheten von Ewigkeit, [71] Ret-
tung aus unseren Feinden und aus (der) Hand aller uns Has-
senden, [72] Erbarmen zu üben mit unseren Vätern und zu ge-
denken seines heiligen Bundes, [73] den Eid, den er schwor ge-
genüber Abraham, unserem Vater, zu geben uns, [74] daß wir
furchtlos, aus (der) Hand von Feinden gerettet, ihm dienen
[75] in Heiligkeit und Gerechtigkeit vor ihm an allen unseren
Tagen. [76] Und du aber, Kind, wirst Prophet (des) Höchsten
gerufen werden; denn du wirst voranziehen vor (dem) Herrn,

zu bereiten seine Wege, 77 zu geben Erkenntnis (der) Rettung
seinem Volk im Erlaß ihrer Sünden, 78 durch inniges Erbar-
men unseres Gottes, in dem nach uns schauen wird (der)
Aufgang aus (der) Höhe, 79 zu erscheinen den in Finsternis
und Schatten (des) Todes Sitzenden, auszurichten unsere Füße
auf (den) Weg (des) Friedens.

80 Das Kind aber wuchs und wurde stark im Geist, und es
war in den Öden bis zum Tag seiner Einsetzung für Israel.

2 1 Es geschah aber in jenen Tagen, ausging eine Anord-
nung vom Kaiser Augustos, daß aufgezeichnet werde
der ganze Erdkreis. 2 Diese erste Aufzeichnung geschah, als
Kyrenios regierte die Syria. 3 Und (es) gingen alle, sich auf-
zeichnen zu lassen, jeder in seine Stadt. 4 Hinaufging aber
auch Joseph von der Galilaia aus (der) Stadt Nazareth in die
Judaia, in (die) Stadt Davids, welche gerufen wird Bethle-
hem, weil er war aus (dem) Haus und Geschlecht Davids,
5 sich aufzeichnen zu lassen mit Mariam, der ihm verlobten,
die schwanger war. 6 Es geschah aber, als sie dort waren, er-
füllten sich die Tage, daß sie gebäre, 7 und sie gebar ihren
Sohn, den erstgeborenen, und sie wickelte ihn und legte ihn
nieder in einer Krippe, weil nicht war für sie ein Platz in der
Unterkunft.

8 Und Hirten waren in derselben Gegend im Freien und
hielten Nachtwachen bei ihrer Herde. 9 Und ein Engel (des)
Herrn trat zu ihnen, und (die) Herrlichkeit (des) Herrn um-
strahlte sie, und sie fürchteten sich mit großer Furcht. 10 Und
(es) sprach zu ihnen der Engel: Fürchtet euch nicht; denn
siehe, ich verkünde euch große Freude, welche sein wird dem
ganzen Volk: 11 Geboren wurde euch heute ein Retter, der ist
(der) Christos, (der) Herr, in (der) Stadt Davids. 12 Und dies
(ist) euch das Zeichen: Finden werdet ihr einen Säugling, ge-
wickelt und liegend in einer Krippe. 13 Und plötzlich war mit
dem Engel eine Menge (des) himmlischen Heeres, die Gott
lobten und sagten: 14 Herrlichkeit in (den) Höhen für Gott und
auf (der) Erde Friede bei (den) Menschen (des) Wohlgefallens.

15 Und es geschah, als weggingen von ihnen in den Himmel

die Engel, redeten die Hirten zueinander: Laßt uns doch ge-
hen bis Bethlehem und sehen dieses Geschehnis, das gewor-
dene, das der Herr uns kundtat. 16 Und sie kamen eilend, und
sie fanden sowohl die Mariam und den Joseph und den Säug-
ling liegend in der Krippe; 17 (es) sehend aber gaben sie Kun-
de über das Wort, das zu ihnen geredet wurde über dieses
Kind. 18 Und alle (es) Hörenden staunten über das von den
Hirten zu ihnen Geredete; 19 Mariam aber bewahrte alle diese
Worte, erwägend (sie) in ihrem Herzen. 20 Und zurückkehrten
die Hirten, verherrlichend und lobend Gott wegen allem, was
sie hörten und sahen, gleichwie geredet wurde zu ihnen.

21 Und als sich erfüllten (die) acht Tage, ihn zu beschnei-
den, wurde auch gerufen sein Name Jesus, der gerufen wurde
von dem Engel, bevor er empfangen wurde im (Mutter)leib.

22 Und als sich erfüllten die Tage ihrer Reinigung gemäß
dem Gesetz (des) Moyses, brachten sie ihn nach Hierosolyma
hinauf, darzustellen (ihn) dem Herrn, 23 gleichwie geschrieben
ist im Gesetz (des) Herrn: *Jedes Männliche, öffnend (den)* Ex 13,2.12.15
Mutterschoß, wird dem Herrn heilig gerufen werden, 24 und
ein Opfer zu geben nach dem Gesagten im Gesetz (des)
Herrn: *Ein Paar Turteltauben oder zwei Junge von Tauben.* Lev 5,11; 12,8

25 Und siehe, ein Mensch war in Jerusalem, dessen Name
Symeon, und dieser Mensch (war) gerecht und fromm, er-
wartend (die) Ermutigung Israels, und heiliger Geist war auf
ihm; 26 und es war ihm Weisung gegeben vom heiligen Geist,
nicht zu sehen (den) Tod, ehe er sieht den Christos (des)
Herrn. 27 Und er kam im Geist ins Heiligtum; und als die El-
tern das Kind Jesus hineinführten, um nach der Gewohnheit
des Gesetzes an ihm zu tun, 28 nahm auch er es in die Arme
und pries Gott und sprach: 29 Jetzt entläßt du deinen Sklaven,
Gebieter, nach deinem Wort in Frieden; 30 weil meine Augen
sahen dein Heil, 31 das du bereitetest vor (dem) Angesicht al-
ler Völker, 32 ein Licht zur Offenbarung für Völker und zur
Herrlichkeit für dein Volk Israel. 33 Und (es) war(en) sein
Vater und die Mutter staunend über das Geredete über ihn.
34 Und (es) segnete sie Symeon, und er sprach zu Mariam,

seiner Mutter: Siehe, dieser ist bestimmt zu Fall und Aufer-
stehung vieler in Israel und zu einem Zeichen, dem wider-
sprochen wird – 35 auch deine eigene Seele [aber] wird durch-
dringen ein Schwert –, auf daß offenbart werden aus vielen
Herzen (die) Gedanken.

36 Und (es) war Hanna, eine Prophetin, eine Tochter Pha-
nuels, aus (dem) Stamm Aser; diese, vorgerückt in vielen Ta-
gen, hatte gelebt mit einem Mann sieben Jahre nach ihrer
Jungfrauschaft, 37 und sie war Witwe von vierundachtzig Jah-
ren, die nicht sich entfernte vom Heiligtum, mit Fasten und
Gebeten dienend Nacht und Tag. 38 Und zu eben dieser Stunde
hintretend, lobte sie Gott und redete über ihn zu allen Erwar-
tenden (die) Erlösung Jerusalems.

39 Und als sie alles erfüllt hatten gemäß dem Gesetz (des)
Herrn, kehrten sie zurück in die Galilaia, in ihre Stadt Naza-
reth. 40 Das Kind aber wuchs und wurde stark, erfüllt mit
Weisheit, und (die) Gnade Gottes war auf ihm.

41 Und (es) zogen seine Eltern jährlich nach Jerusalem zum
Fest des Pascha. 42 Und als er zwölf Jahre war, als sie hinauf-
gingen nach der Sitte des Festes 43 und vollendeten die Tage,
blieb, während sie zurückkehrten, Jesus, das Kind, in Jeru-
salem zurück, und nicht bemerkten (es) seine Eltern. 44 Mei-
nend aber, er sei bei der Weggemeinschaft, gingen sie einen
Tagesweg und suchten ihn bei den Verwandten und den Be-
kannten, 45 und nicht findend, zurückkehrten sie nach Jerusa-
lem, suchend ihn. 46 Und es geschah, nach drei Tagen fanden
sie ihn im Heiligtum, sitzend inmitten der Lehrer und ihnen
zuhörend und sie befragend; 47 (es) gerieten aber außer sich
alle ihn Hörenden über sein Verstehen und seine Antworten.
48 Und sehend ihn, wurden sie bestürzt, und (es) sprach zu
ihm seine Mutter: Kind, warum handeltest du an uns so?
Siehe, dein Vater und ich, mit Schmerzen suchten wir dich.
49 Und er sprach zu ihnen: Weswegen suchtet ihr mich? Wuß-
tet ihr nicht, daß in dem, (was) meines Vaters (ist), ich sein
muß? 50 Und sie verstanden nicht das Wort, das er redete zu
ihnen. 51 Und hinabstieg er mit ihnen und kam nach Nazareth

und war sich unterordnend ihnen. Und seine Mutter bewahrte
alle Worte in ihrem Herzen. 52 Und Jesus schritt fort [in der]
Weisheit und im Alter und in Gnade bei Gott und Menschen.

3 1 Im fünfzehnten Jahr der Regierung (des) Kaisers Tibe-
rios aber, als Pontios Pilatos die Judaia regierte und
Herodes Tetrarch der Galilaia war, Philippos aber, sein Bru-
der, Tetrarch der Ituraia und (des) trachonitischen Landes und
Lysanias Tetrarch der Abilene war, 2 unter (dem) Hochprie-
ster Hannas und Kajaphas geschah (das) Wort Gottes an Jo-
hannes, den Sohn (des) Zacharias, in der Öde. 3 Und er kam
in [die] ganze Umgegend des Jordanes, verkündend eine
Taufe (der) Umkehr zu(m) Erlaß von Sünden, 4 wie geschrie-
ben ist im Buch (der) Worte (des) Isaias, des Propheten:
Stimme eines Rufenden in der Öde: Bereitet den Weg (des) Jes 40,3–5 (G)
Herrn, gerade macht seine Straßen; 5 *jede Schlucht wird ge-*
füllt werden, und jeder Berg und Hügel wird niedrig gemacht
werden, und (es) wird werden das Krumme zu Geradem und
die rauhen zu glatten Wegen; 6 *und (es) wird sehen alles*
Fleisch das Heil Gottes.

7 Er sagte nun zu den hinausgehenden Volksmengen, um
getauft zu werden von ihm: Brut von Nattern, wer zeigte
euch, zu fliehen vor dem kommenden Zorn? 8 Bringt also
Früchte, würdig der Umkehr; und beginnt nicht zu sagen bei
euch: Als Vater haben wir den Abraham. Denn ich sage
euch: (Es) kann Gott aus diesen Steinen erwecken Kinder
dem Abraham. 9 Schon aber ist auch die Axt an die Wurzel
der Bäume gelegt; jeder Baum nun, nicht bringend gute
Frucht, wird ausgehauen und ins Feuer geworfen.

10 Und (es) befragten ihn die Volksmengen, sagend: Was
nun sollen wir tun? 11 Antwortend aber sagte er ihnen: Der
Habende zwei Gewänder soll Anteil geben dem nicht Haben-
den, und der Habende Speisen soll gleicherweise tun. 12 (Es)
kamen aber auch Zöllner, um getauft zu werden, und spra-
chen zu ihm: Lehrer, was sollen wir tun? 13 Der aber sprach
zu ihnen: Nicht mehr als das euch Gestattete fordert! 14 (Es)

befragten ihn aber auch Soldaten, sagend: Und was sollen wir tun? Und er sprach zu ihnen: Mißhandelt und erpreßt keinen, und begnügt euch mit eurem Sold!

15 Als aber das Volk in Erwartung war und alle überlegten in ihren Herzen über den Johannes, ob nicht er selbst sei der Christos, 16 antwortete, sagend allen der Johannes: Ich zwar taufe euch mit Wasser; es kommt aber der Stärkere als ich, dessen ich nicht wert bin, zu lösen den Riemen seiner Sandalen; er wird euch taufen mit heiligem Geist und Feuer; 17 dessen Worfschaufel (ist) in seiner Hand, durchzureinigen seine Tenne und zu sammeln das Getreide in seine Scheune, die Spreu aber wird er verbrennen mit unlöschbarem Feuer.

18 Vieles nun auch anderes anmahnend, verkündete er dem Volk. 19 Herodes aber, der Tetrarch, überführt von ihm wegen Herodias, der Frau seines Bruders, und wegen allem Bösen, was getan hatte Herodes, 20 fügte auch dies zu allem hinzu, [und] einschloß er den Johannes im Gefängnis.

21 Es geschah aber, als das ganze Volk getauft wurde und als Jesus getauft wurde und betete, öffnete sich der Himmel, 22 und herabstieg der heilige Geist in leiblicher Gestalt wie eine Taube auf ihn, und eine Stimme aus (dem) Himmel kam: Du bist mein geliebter Sohn, an dir fand ich Gefallen.

23 Und er, Jesus, war, als er begann, etwa dreißig Jahre, Sohn, wie man meinte, Josephs, des Eli, 24 des Matthat, des Levi, des Melchi, des Jannai, des Joseph, 25 des Mattathias, des Amos, des Naum, des Hesli, des Naggai, 26 des Maath, des Mattathias, des Semein, des Josech, des Joda, 27 des Johanan, des Rhesa, des Zorobabel, des Salathiel, des Neri, 28 des Melchi, des Addi, des Kosam, des Elmadam, des Er, 29 des Jesus, des Eliezer, des Jorim, des Matthat, des Levi, 30 des Symeon, des Judas, des Joseph, des Jonam, des Eliakim, 31 des Melea, des Menna, des Mattatha, des Natham, des David, 32 des Jessai, des Jobed, des Boos, des Sala, des Naasson, 33 des Aminadab, des Admin, des Arni, des Hesrom, des Phares, des Judas, 34 des Jakob, des Isaak, des Abraham, des Thara, des Nachor, 35 des Seruch, des Rhagau, des Phalek,

des Eber, des Sala, 36 des Kainam, des Arphaxad, des Sem,
des Noe, des Lamech, 37 des Mathusala, des Henoch, des Ja-
ret, des Maleleel, des Kainam, 38 des Enos, des Seth, des
Adam, Gottes.

4 1 Jesus aber, voll heiligen Geistes, kehrte zurück vom
Jordanes und wurde herumgeführt im Geist in der Öde,
2 vierzig Tage versucht vom Teufel. Und er aß nichts in jenen
Tagen, und als sie beendet waren, hungerte (ihn). 3 (Es)
sprach aber zu ihm der Teufel: Wenn du Sohn Gottes bist,
sprich zu diesem Stein, daß er werde Brot. 4 Und (es) ant-
wortete zu ihm Jesus: Geschrieben ist: *Nicht vom Brot allein* Dtn 8,3
wird leben der Mensch. 5 Und ihn hinaufführend, zeigte er
ihm alle Königreiche des Erdkreises in einem Punkt (der)
Zeit, 6 und (es) sprach zu ihm der Teufel: Dir werde ich ge-
ben diese ganze Macht und ihre Herrlichkeit, weil sie mir
übergeben ist, und wem immer ich will, gebe ich sie; 7 du
nun, wenn du huldigst vor mir, wird sie ganz dein sein. 8 Und
antwortend sprach Jesus zu ihm: Geschrieben ist: *(Dem)* Dtn 6,13; 10,20
Herrn, deinem Gott, sollst du huldigen und ihm allein dienen.
9 Er führte ihn aber nach Jerusalem und stellte (ihn) auf den
Rand des Heiligtums und sprach zu ihm: Wenn du Sohn Got-
tes bist, wirf dich von hier hinunter; 10 denn es ist geschrie-
ben: *Seinen Engeln wird er gebieten deinetwillen, dich zu be-* Ps 91,11
wachen, 11 und: *Auf Händen werden sie dich tragen, damit du* Ps 91,12
nicht anstoßest gegen einen Stein deinen Fuß. 12 Und antwor-
tend sprach zu ihm Jesus: Es ist gesprochen worden: *Nicht* Dtn 6,16 (G)
sollst du versuchen (den) Herrn, deinen Gott. 13 Und als er die
ganze Versuchung beendet hatte, ließ der Teufel von ihm ab
bis zur (bestimmten) Zeit.

14 Und zurückkehrte Jesus in der Kraft des Geistes in die
Galilaia. Und Kunde ging aus über ihn in der ganzen Um-
gegend. 15 Und er lehrte in ihren Synagogen, verherrlicht von
allen.

16 Und er kam nach Nazara, wo er aufgezogen worden war,
und hineinging er nach seiner Gewohnheit am Tag des Sab-

bats in die Synagoge, und aufstand er zu lesen. [17] Und (es)
wurde ihm übergeben (das) Buch des Propheten Isaias, und
öffnend das Buch, fand er die Stelle, wo geschrieben war:
Jes 61,1f (G) [18] *(Der) Geist (des) Herrn (ist) auf mir, deswegen, weil er*
mich salbte, (ein Evangelium) zu verkünden Armen, er hat
mich geschickt, Gefangenen Erlaß zu verkünden und Blinden
Sehvermögen, (aus)zuschicken Gebrochene in Freilassung,
Jes 58,6 [19] *zu verkünden ein genehmes Jahr (des) Herrn.* [20] Und als er
zusammengerollt hatte das Buch, zurückgebend (es) dem Die-
ner, setzte er sich; und aller Augen in der Synagoge waren
starrend auf ihn. [21] Er aber begann zu sagen zu ihnen: Heute
ist erfüllt worden diese Schrift in euren Ohren. [22] Und alle
zeugten für ihn und staunten über die Worte der Gnade, die
herauskommenden aus seinem Mund, und sagten: Ist nicht ein
Sohn Josephs dieser? [23] Und er sprach zu ihnen: Gewiß wer-
det ihr mir sagen dieses Gleichnis: Arzt, heile dich selbst; so-
vieles wir hörten als geschehen in Kapharnaum, tue auch hier
in deiner Vaterstadt! [24] Er aber sprach: Amen, ich sage euch:
Kein Prophet ist genehm in seiner Vaterstadt. [25] In Wahrheit
aber sage ich euch: Viele Witwen waren in den Tagen (des)
Elias in Israel, als verschlossen wurde der Himmel an die drei
Jahre und sechs Monate, als eine große Hungersnot über das
ganze Land kam, [26] und zu keiner von ihnen wurde Elias ge-
schickt, außer nach Sarepta (in) der Sidonia zu einer verwit-
weten Frau. [27] Und viele Aussätzige waren in Israel zur (Zeit
des) Elisaios, des Propheten, und keiner von ihnen wurde ge-
reinigt außer Naiman, der Syrer. [28] Und erfüllt wurden alle
mit Wut in der Synagoge, dieses hörend, [29] und aufstehend
warfen sie ihn hinaus aus der Stadt und führten ihn bis zum
Abhang des Berges, auf dem ihre Stadt gebaut war, um ihn
hinabzustoßen; [30] er aber, hindurchgehend durch ihre Mitte,
ging.

[31] Und hinabkam er nach Kapharnaum, einer Stadt der Ga-
lilaia. Und er war lehrend sie an den Sabbaten. [32] Und sie ge-
rieten außer sich über seine Lehre, weil in Vollmacht war
sein Wort.

33 Und in der Synagoge war ein Mensch, habend (den)
Geist eines unreinen Dämons, und aufschrie er mit lauter
Stimme: 34 Ha, was (ist zwischen) uns und dir, Jesus, Nazare-
ner? Kamst du, uns zu vernichten? Ich kenne dich, wer du
bist, der Heilige Gottes. 35 Und anfuhr ihn Jesus, sagend:
Verstumme und komm heraus von ihm! Und der Dämon,
werfend ihn in die Mitte, kam heraus von ihm, (in) nichts ihm
schadend. 36 Und (es) kam Schrecken über alle, und sie unter-
redeten sich untereinander, sagend: Was (ist) dieses Wort,
daß es in Vollmacht und Kraft befiehlt den unreinen Geistern
und sie herauskommen? 37 Und hinausging Kunde über ihn in
jeden Ort der Umgegend.

38 Aufstehend aber von der Synagoge, hineinkam er in das
Haus von Simon. (Die) Schwiegermutter des Simon aber war
bedrängt von einem starken Fieber, und sie baten ihn für sie.
39 Und hintretend oberhalb von ihr, anfuhr er das Fieber, und
es verließ sie; auf der Stelle aber aufstehend, diente sie ihnen.

40 Als aber die Sonne unterging, alle, die Kranke hatten mit
mancherlei Krankheiten, führten sie zu ihm; der aber, jedem
einzelnen von ihnen die Hände auflegend, heilte sie. 41 Her-
auskamen aber auch Dämonen von vielen, schreiend und sa-
gend: Du bist der Sohn Gottes. Und, anfahrend (sie), nicht
ließ er sie reden, weil sie wußten, daß er der Christos sei.

42 Als aber Tag wurde, hinausgehend ging er zu einem ein-
samen Ort; und die Volksmengen suchten ihn und kamen bis
zu ihm und hielten ihn fest, damit er nicht gehe weg von ih-
nen. 43 Der aber sprach zu ihnen: Auch den anderen Städten
muß ich verkünden das Königtum Gottes, weil ich dazu ge-
schickt wurde. 44 Und er war verkündend in den Synagogen
der Judaia.

5 1 Es geschah aber, als die Volksmenge ihn bedrängte
und hörte das Wort Gottes, und er selbst war stehend
am See Gennesaret, 2 und er sah zwei Boote stehend am See;
die Fischer aber, von ihnen ausgestiegen, wuschen die Netze.
3 Eingestiegen aber in eines der Boote, das Simon gehörte, bat

er ihn, vom Land hinauszufahren ein wenig; sitzend aber,
vom Boot aus lehrte er die Volksmengen.

4 Als er aber aufhörte zu reden, sprach er zu Simon: Fahr
hinaus in die Tiefe, und laßt hinab eure Netze zum Fang.
5 Und antwortend sprach Simon: Meister, durch (die) ganze
Nacht uns mühend, nichts fingen wir; auf dein Wort (hin)
aber werde ich hinablassen die Netze. 6 Und dieses tuend, ein-
schlossen sie eine große Menge von Fischen; (es) zerrissen
aber ihre Netze. 7 Und zuwinkten sie den Genossen im ande-
ren Boot, um kommend mitzufangen mit ihnen; und sie ka-
men, und sie füllten die beiden Boote, so daß sie einsanken.
8 (Es) sehend aber, niederfiel Simon Petros zu den Knien von
Jesus, sagend: Geh weg von mir, weil ein sündiger Mann ich
bin, Herr! 9 Denn Schrecken umfaßte ihn und alle mit ihm
über den Fang der Fische, die sie mitfingen, 10 gleicherweise
aber auch Jakobos und Johannes, (die) Söhne (des) Zebe-
daios, die Teilhaber waren dem Simon. Und (es) sprach zu
Simon Jesus: Fürchte dich nicht! Von jetzt (an) wirst du ein
Menschen Fangender sein. 11 Und führend die Boote ans
Land, lassend alles, folgten sie ihm.

12 Und es geschah, als er in einer der Städte war, und siehe:
ein Mann voll Aussatz; sehend aber den Jesus, fallend aufs
Gesicht, bat er ihn, sagend: Herr, wenn du willst, kannst du
mich reinigen. 13 Und ausstreckend die Hand, berührte er ihn,
sagend: Ich will, werde gereinigt! Und sogleich ging der Aus-
satz weg von ihm. 14 Und er gebot ihm, zu keinem zu spre-
chen, sondern, weggehend, zeig dich dem Priester und bring
dar für deine Reinigung, gleichwie verordnete Moyses, zum
Zeugnis ihnen! 15 (Es) verbreitete sich aber (noch) mehr das
Wort über ihn, und zusammenkamen viele Volksmengen, zu
hören und geheilt zu werden von ihren Krankheiten; 16 er aber
war zurückgezogen in den Einöden und betend.

17 Und es geschah an einem der Tage, und er war lehrend,
und (es) waren dasitzend Pharisaier und Gesetzeslehrer, die
gekommen waren aus jedem Dorf der Galilaia und Judaia und
(aus) Jerusalem. Und (die) Kraft (des) Herrn war (ihm gege-

ben), daß er heile. 18 Und siehe, Männer, bringend auf einem
Bett einen Menschen, der gelähmt war, und sie suchten, ihn
hineinzubringen und hinzulegen [ihn] vor ihm. 19 Und nicht
findend, wie sie hineinbrächten ihn wegen der Volksmenge,
hinaufsteigend auf das Dach, durch die Ziegel herabließen sie
ihn mit dem Bett in die Mitte vor Jesus. 20 Und sehend ihren
Glauben, sprach er: Mensch, erlassen sind dir deine Sünden.
21 Und (es) begannen zu überlegen die Schriftkundigen und
die Pharisaier, sagend: Wer ist dieser, der Lästerungen redet?
Wer kann Sünden erlassen, außer allein Gott? 22 Erkennend
aber Jesus ihre Überlegungen, antwortend sprach er zu ihnen:
Was überlegt ihr in euren Herzen? 23 Was ist müheloser, zu
sprechen: Erlassen sind dir deine Sünden, oder zu sprechen:
Steh auf und geh umher? 24 Damit ihr aber wißt, daß der Sohn
des Menschen Vollmacht hat, auf der Erde zu erlassen Sün-
den – sprach er zum Gelähmten: Dir sage ich, steh auf und,
tragend dein Bett, geh in dein Haus! 25 Und auf der Stelle auf-
stehend vor ihnen, tragend, worauf er daniederlag, wegging
er in sein Haus, verherrlichend Gott. 26 Und Entsetzen erfaßte
alle, und sie verherrlichten Gott und wurden erfüllt von
Furcht, sagend: Wir sahen Ungeheuerliches heute.

27 Und danach hinausging er und sah einen Zöllner mit Na-
men Levi sitzend bei der Zollstelle, und er sprach zu ihm:
Folge mir! 28 Und zurücklassend alles, aufstehend, folgte er
ihm. 29 Und (es) bereitete einen großen Empfang für ihn Levi
in seinem Haus, und (es) war eine große Menge von Zöllnern
und anderen, die waren mit ihnen (zu Tisch) liegend. 30 Und
(es) murrten die Pharisaier und ihre Schriftkundigen, zu sei-
nen Schülern sagend: Weshalb eßt und trinkt ihr mit den
Zöllnern und Sündern? 31 Und antwortend sprach Jesus zu ih-
nen: Nicht nötig haben die Gesunden einen Arzt, sondern die,
denen es schlecht geht; 32 ich bin nicht gekommen, zu rufen
Gerechte, sondern Sünder zur Umkehr.

33 Die aber sprachen zu ihm: Die Schüler von Johannes fa-
sten häufig und verrichten Gebete, gleicherweise auch die der
Pharisaier, die deinen aber essen und trinken. 34 Jesus aber

sprach zu ihnen: Könnt ihr etwa die Söhne des Brautgemachs,
während der Bräutigam bei ihnen ist, fasten lassen? 35 Kom-
men werden aber Tage, und wann weggenommen wurde von
ihnen der Bräutigam, dann werden sie fasten an jenen Tagen.

36 Er sagte aber auch ein Gleichnis zu ihnen: Keiner, einen
Flicken von einem neuen Gewand reißend, setzt (ihn) auf ein
altes Gewand; wenn aber nun doch, wird er auch das neue
zerreißen, und mit dem alten wird nicht zusammenstimmen
der Flicken, der vom neuen. 37 Und keiner schüttet jungen
Wein in alte Häute; wenn aber nun doch, zerreißen wird der
junge Wein die Häute, und er selbst wird verschüttet werden,
und die Häute werden vernichtet werden; 38 sondern jungen
Wein muß man in neue Häute schütten. 39 [Und] keiner, trin-
kend alten, will jungen; denn er sagt: Der alte ist gut.

6 1 Es geschah aber am Sabbat, daß er hindurchging
durch Saaten, und (es) rupften seine Schüler und aßen
die Ähren, (sie) mit den Händen zerreibend. 2 Einige aber der
Pharisaier sprachen: Was tut ihr, was nicht erlaubt ist an den
Sabbaten? 3 Und antwortend zu ihnen sprach Jesus: Und nicht
last ihr dies, was David tat, als er hungerte, er und die mit
ihm [waren], 4 [wie] er hineinging in das Haus Gottes und die
Brote der Ausstellung nehmend aß und denen mit ihm gab,
die nicht erlaubt ist zu essen, außer allein den Priestern?
5 Und er sagte ihnen: Herr ist des Sabbats der Sohn des Men-
schen.

6 Es geschah aber an einem anderen Sabbat, daß er hinein-
kam in die Synagoge und lehrte. Und (es) war ein Mensch
dort, und seine rechte Hand war vertrocknet. 7 (Es) belauerten
ihn aber die Schriftkundigen und die Pharisaier, ob er am
Sabbat heilt, damit sie (etwas) fänden, anzuklagen ihn. 8 Er
aber wußte ihre Überlegungen, sprach aber zu dem Mann,
dem die vertrocknete Hand habenden: Steh auf und stell dich
in die Mitte! Und aufstehend stellte er sich (hin). 9 (Es) sprach
aber Jesus zu ihnen: Ich befrage euch, ob es erlaubt ist, am
Sabbat Gutes zu tun oder Schlechtes zu tun, ein Leben zu
retten oder zu vernichten? 10 Und rings anschauend sie alle,

sprach er zu ihm: Strecke aus deine Hand! Der aber tat (es),
und wiederhergestellt wurde seine Hand. [11] Sie aber wurden
erfüllt von Unverstand und beredeten untereinander, was sie
täten mit Jesus.

[12] Es geschah aber in diesen Tagen, daß er hinausging auf
den Berg, um zu beten, und er war zubringend die Nacht im
Gebet zu Gott. [13] Und als es Tag wurde, herbeirief er seine
Schüler, und auswählend aus ihnen zwölf, die er auch Apostel
nannte, [14] Simon, den er auch nannte Petros, und Andreas,
seinen Bruder, und Jakobos und Johannes und Philippos und
Bartholomaios, [15] und Matthaios und Thomas, und Jakobos,
(den des) Alphaios, und Simon, den Zelot gerufenen, [16] und
Judas, (den des) Jakobos, und Judas Iskarioth, der zum Verräter wurde.

[17] Und hinabsteigend mit ihnen, stellte er sich auf einen
ebenen Platz, und eine große Menge seiner Schüler, und eine
große Menge des Volkes von der ganzen Judaia und Jerusalem und der Meeresküste von Tyros und Sidon, [18] die kamen,
ihn zu hören und geheilt zu werden von ihren Krankheiten;
und die von unreinen Geistern Geplagten wurden geheilt,
[19] und die ganze Volksmenge suchte ihn zu berühren, weil
Kraft von ihm ausging und alle heilte.

[20] Und er, erhebend seine Augen zu seinen Schülern, sagte:
Selig die Armen, denn euer ist das Königtum Gottes. [21] Selig
die Hungernden jetzt, denn ihr werdet gesättigt werden. Selig
die Weinenden jetzt, denn ihr werdet lachen. [22] Selig seid ihr,
wann euch hassen die Menschen und wann sie euch ausschließen und schmähen und hinauswerfen euren Namen als
schlecht wegen des Sohnes des Menschen; [23] freut euch an jenem Tag und hüpft, denn siehe, euer Lohn (ist) groß im Himmel; denn genauso taten den Propheten ihre Väter. [24] Jedoch
wehe euch, den Reichen, denn weghabt ihr euren Trost.
[25] Wehe euch, ihr Gesättigten jetzt, denn ihr werdet hungern.
Wehe, ihr Lachenden jetzt, denn ihr werdet trauern und weinen. [26] Wehe, wann euch schön reden alle Menschen; denn
genauso taten den Lügenpropheten ihre Väter. [27] Aber euch

sage ich, den Hörenden: Liebt eure Feinde, recht tut den euch
Hassenden, 28 segnet die euch Verfluchenden, betet für die
euch Schmähenden! 29 Dem dich Schlagenden auf die Wange,
biete auch die andere, und dem dir Wegnehmenden das Ober-
gewand, auch das Untergewand verweigere nicht! 30 Jedem
dich Bittenden gib, und vom Wegnehmenden das Deine, for-
dere (es) nicht zurück!

31 Und gleichwie ihr wollt, daß euch die Menschen tun, tut
ihnen gleicherweise! 32 Und wenn ihr liebt die euch Lieben-
den, welcher Dank ist euch? Denn auch die Sünder lieben die
sie Liebenden. 33 Und wenn ihr [nämlich] Gutes tut den euch
Gutes Tuenden, welcher Dank ist euch? Auch die Sünder tun
dasselbe. 34 Und wenn ihr leiht, von denen ihr hofft zu erhal-
ten, welcher Dank [ist] euch? Auch Sünder leihen Sündern,
damit sie zurückempfangen das gleiche. 35 Jedoch liebt eure
Feinde und tut Gutes und leiht, nichts zurückerhoffend; und
sein wird euer Lohn groß, und sein werdet ihr Söhne (des)
Höchsten, weil er gütig ist zu den Undankbaren und Bösen.

36 Werdet barmherzig, gleichwie [auch] euer Vater barm-
herzig ist. 37 Und richtet nicht, und nicht werdet ihr gerichtet;
und verurteilt nicht, und nicht werdet ihr verurteilt. Befreit,
und ihr werdet befreit werden; 38 gebt, und gegeben werden
wird euch; ein rechtes Maß, ein gedrücktes, geschütteltes,
überfließendes, wird man geben in euren Schoß: Denn mit
welchem Maß ihr meßt, wiedergemessen werden wird euch.

39 Er sprach aber auch ein Gleichnis zu ihnen: Kann etwa
ein Blinder einen Blinden führen? Werden nicht beide in eine
Grube hineinfallen? 40 Nicht ist ein Schüler über dem Lehrer;
ausgebildet aber, jeder wird sein wie sein Lehrer.

41 Was aber siehst du den Span im Auge deines Bruders,
den Balken aber im eigenen Auge beachtest du nicht? 42 Wie
kannst du sagen deinem Bruder: Bruder, laß, ich möchte her-
ausziehen den Span in deinem Auge, selbst (aber) den Balken
in deinem Auge nicht sehend? Heuchler, zieh heraus zuerst
den Balken aus deinem Auge, und dann wirst du zusehen, den
Span im Auge deines Bruders herauszuziehen.

43 Denn nicht ist ein Baum gut, bringend faule Frucht, noch
wieder ein Baum faul, bringend gute Frucht. 44 Denn jeder
Baum wird aus seiner eigenen Frucht erkannt; denn nicht
sammelt man aus Dornen Feigen, noch erntet man vom Dorn-
busch eine Weintraube. 45 Der gute Mensch bringt aus dem
guten Schatz(behälter) des Herzens hervor das Gute, und der
böse bringt aus dem bösen hervor das Böse; denn aus Über-
fluß (des) Herzens redet sein Mund.
46 Was aber ruft ihr mich: Herr, Herr, und tut nicht, was
ich sage? 47 Jeder zu mir Kommende und meine Worte Hö-
rende und sie Tuende, ich werde euch zeigen, wem er gleich
ist. 48 Gleich ist er einem Menschen, bauend ein Haus, der
grub und in die Tiefe ging und ein Fundament auf den Felsen
setzte; als aber eine Überschwemmung entstand, anstieß der
Fluß an jenes Haus, aber nicht vermochte er, es zu erschüt-
tern, weil es recht gebaut war. 49 Der Hörende aber und nicht
Tuende, gleich ist er einem Menschen, bauend ein Haus auf
die Erde ohne Fundament, an dem anstieß der Fluß, und so-
fort fiel es zusammen, und (es) war der Zusammenbruch je-
nes Hauses groß.
7 1 Nachdem er erfüllt hatte alle seine Worte in die Ohren
des Volkes, hineinkam er nach Kapharnaum. 2 Eines
Hauptmanns Sklave aber, dem es schlecht ging, war im Be-
griff zu sterben; der war ihm teuer. 3 Hörend aber über Jesus,
schickte er zu ihm Älteste der Judaier, bittend ihn, daß er,
kommend, rette seinen Sklaven. 4 Die aber, herankommend
zu Jesus, baten ihn eifrig, sagend: Würdig ist er, daß du ihm
dies gewährst; 5 denn er liebt unser Volk, und die Synagoge
baute selbst er uns. 6 Jesus aber ging mit ihnen. Als er aber
schon nicht (mehr) weit entfernt war vom Haus, schickte der
Hauptmann Freunde, sagend ihm: Herr, bemühe dich nicht,
denn nicht bin ich wert, daß unter mein Dach du hinein-
kommst; 7 deshalb auch hielt ich mich nicht für würdig, zu dir
zu kommen; aber sprich mit einem Wort, und geheilt werden
soll mein Knecht. 8 Denn auch ich bin ein Mensch, unter
Vollmacht gestellt, habend unter mir Soldaten, und sage ich

diesem: Geh! Und er geht, und einem anderen: Komm! Und er kommt, und meinem Sklaven: Tue dies! Und er tut (es). [9] Hörend aber dieses, staunte Jesus über ihn, und sich umwendend sprach er zu der ihm folgenden Volksmenge: Ich sage euch: Auch nicht in Israel fand ich so großen Glauben. [10] Und zurückkehrend ins Haus, fanden die Geschickten den Sklaven gesundend.

[11] Und es geschah in der folgenden (Zeit): Er ging in eine Stadt, gerufen Nain, und mitgingen mit ihm seine Schüler und eine große Volksmenge. [12] Wie er aber nahekam dem Tor der Stadt, und siehe, herausgetragen wurde ein gestorbener, einziggeborener Sohn seiner Mutter, und sie selbst war Witwe, und eine beträchtliche Volksmenge der Stadt war mit ihr. [13] Und sehend sie, erbarmte sich der Herr über sie und sprach zu ihr: Weine nicht! [14] Und hinzutretend berührte er den Sarg, die Träger aber (blieben) stehen, und er sprach: Junger Mann, dir sage ich: Steh auf! [15] Und aufsetzte sich der Tote, und er begann zu reden, und er gab ihn seiner Mutter. [16] (Es) ergriff aber Furcht alle, und sie verherrlichten Gott, sagend: Ein großer Prophet stand auf unter uns; und: Geschaut hat Gott nach seinem Volk. [17] Und hinausging dieses Wort über ihn in die ganze Judaia und (in) die ganze Umgegend.

[18] Und (es) meldeten (dem) Johannes seine Schüler über alles dieses. Und herbeirufend zwei seiner Schüler, [19] schickte Johannes zum Herrn, sagend: Bist du der Kommende, oder sollen einen anderen wir erwarten? [20] Herankommend aber zu ihm, sprachen die Männer: Johannes der Täufer schickte uns zu dir, sagend: Bist du der Kommende, oder sollen einen anderen wir erwarten? [21] In jener Stunde heilte er viele von Krankheiten und Geißeln und bösen Geistern, und vielen Blinden schenkte er zu sehen. [22] Und antwortend sprach er zu ihnen: Hingehend meldet Johannes, was ihr saht und hörtet:
Jes 29,18; 35,5f; 42,18; 26,19; 61,1 *Blinde sehen wieder,* Lahme gehen umher, Aussätzige werden
gereinigt und *Taube hören, Tote werden erweckt,* Armen wird (ein Evangelium) verkündet; [23] und selig ist, wer immer nicht Anstoß nimmt an mir.

24 Als aber weggingen die Boten (des) Johannes, begann er
zu reden zu den Volksmengen über Johannes: Was kamt ihr
heraus in die Öde zu sehen? Ein Rohr, vom Wind geschüttelt?
25 Doch, was kamt ihr heraus zu sehen? Einen Menschen, in
weiche Gewänder gekleidet? Siehe, die in glanzvoller Klei-
dung und Schwelgerei Lebenden sind in den Königspalästen.
26 Doch, was kamt ihr heraus zu sehen? Einen Propheten? Ja,
ich sage euch, und mehr als einen Propheten. 27 Dieser ist
(es), über den geschrieben ist: *Siehe, ich schicke meinen Bo-* Ex 23,20
ten vor deinem *Angesicht (her), der herrichten wird deinen* Mal 3,1
Weg vor dir. 28 Ich sage euch: Ein Größerer unter (den) Gebo-
renen von Frauen als Johannes ist keiner. Der Kleinere aber
im Königtum Gottes ist größer als er.

29 Und das ganze (es) hörende Volk und die Zöllner gaben
Gott recht, sich taufen lassend mit der Taufe (des) Johannes;
30 die Pharisaier aber und die Gesetzeskundigen wiesen den
Ratschluß Gottes für sich selbst ab, nicht sich taufend lassend
von ihm.

31 Wem nun werde ich vergleichen die Menschen dieses
Geschlechts, und wem sind sie gleich? 32 Gleich sind sie Kin-
dern, auf dem Markt sitzend und zurufend einander, die sa-
gen: Auf der Flöte spielten wir euch, und nicht tanztet ihr,
Klagelieder sangen wir, und nicht weintet ihr. 33 Denn ge-
kommen ist Johannes der Täufer, nicht essend Brot noch trin-
kend Wein, und ihr sagt: Einen Dämon hat er. 34 Gekommen
ist der Sohn des Menschen, essend und trinkend, und ihr sagt:
Siehe, ein Mensch, ein Fresser und Weinsäufer, ein Freund
von Zöllnern und Sündern. 35 Und gerechtgesprochen wurde
die Weisheit von allen ihren Kindern.

36 (Es) bat ihn aber einer von den Pharisaiern, daß er esse
mit ihm, und hineinkommend in das Haus des Pharisaiers,
legte er sich (zu Tisch). 37 Und siehe, eine Frau, welche war
in der Stadt eine Sünderin, und erfahrend, daß er (zu Tisch)
liegt im Haus des Pharisaiers, bringend eine Alabasterflasche
mit Öl 38 und tretend hinten zu seinen Füßen, begann weinend
mit Tränen zu benetzen seine Füße, und mit den Haaren ihres

Kopfes wischte sie (sie) ab, und abküßte sie seine Füße und salbte (sie) mit dem Öl. 39 Sehend (es) aber der Pharisaier, der ihn gerufen hatte, sprach er, bei sich selbst sagend: Dieser, wenn er wäre ein Prophet, erkennen würde er, wer und was für eine die Frau (ist), welche ihn berührt, daß eine Sünderin sie ist. 40 Und antwortend sprach Jesus zu ihm: Simon, ich habe mit dir etwas zu sprechen. Der aber: Lehrer, sprich, sagt er. 41 Zwei Schuldner hatte ein Geldverleiher; der eine schuldete fünfhundert Denare, der andere aber fünfzig. 42 Da sie nicht(s) hatten zurückzugeben, schenkte er (es) beiden. Wer nun von ihnen wird mehr ihn lieben? 43 Antwortend sprach Simon: Ich nehme an: (der,) dem er das Mehrere schenkte. Der aber sprach zu ihm: Richtig urteiltest du. 44 Und sich umwendend zu der Frau, sagte er dem Simon: Siehst du diese Frau? Hereinkam ich in dein Haus, Wasser gabst du mir nicht auf (die) Füße; sie aber, mit den Tränen benetzte sie meine Füße, und mit ihren Haaren abwischte sie (sie). 45 Einen Kuß gabst du mir nicht; sie aber, seit ich hereinkam, nicht ließ sie ab, abzuküssen meine Füße. 46 Mit Öl salbtest du nicht meinen Kopf; sie aber, mit Öl salbte sie meine Füße. 47 Deswegen sage ich dir: Erlassen sind ihre vielen Sünden, weil sie viel liebte; wem aber wenig erlassen wird, liebt wenig. 48 Er sprach aber zu ihr: Erlassen sind deine Sünden. 49 Und (es) begannen die mit (zu Tisch) Liegenden zu sagen bei sich: Wer ist dieser, der auch Sünden erläßt? 50 Er sprach aber zu der Frau: Dein Glaube hat dich gerettet; gehe in Frieden!

8 1 Und es geschah in der folgenden (Zeit), daß er selbst durchreiste Stadt und Dorf, verkündigend und (als Evangelium) verkündend das Königtum Gottes, und die Zwölf mit ihm; 2 und einige Frauen, die geheilt worden waren von bösen Geistern und Krankheiten, Maria, die Magdalenerin gerufene, von der sieben Dämonen herausgekommen waren, 3 und Johanna, (die) Frau (des) Chuza, eines Verwalters (des) Herodes, und Susanna und andere viele, welche ihnen dienten aus ihrem Besitz.

[4] Als aber zusammenwar eine große Volksmenge und die
aus jeder Stadt Hinausziehenden zu ihm, sprach er durch ein
Gleichnis: [5] Hinausging der Säende, um zu säen seinen Sa-
men. Und bei seinem Säen – das eine fiel entlang des Weges,
und zertreten wurde es, und die Vögel des Himmels fraßen es
auf. [6] Und anderes fiel nieder auf den Felsen, und gewachsen
vertrocknete es wegen des Nicht-Feuchtigkeit-Habens. [7] Und
anderes fiel mitten unter die Dornen, und die mitgewachsenen
Dornen erstickten es. [8] Und anderes fiel in die gute Erde und
gewachsen brachte es Frucht hundertfach. Dies sagend, rief
er: Der Ohren Habende zu hören soll hören!

[9] (Es) befragten ihn aber seine Schüler, was dieses Gleich-
nis besage. [10] Der aber sprach: Euch ist es gegeben, zu erken-
nen die Geheimnisse des Königtums Gottes, den übrigen aber
in Gleichnissen, damit als Sehende sie nicht sehen und als
Hörende sie nicht verstehen.

[11] Das aber besagt dieses Gleichnis: Der Same ist das Wort
Gottes. [12] Die aber entlang des Weges sind die Hörenden,
dann kommt der Teufel und trägt weg das Wort von ihrem
Herzen, damit sie nicht, glaubend, gerettet werden. [13] Die
aber auf dem Felsen (sind jene), die, wann sie hören, mit
Freude annehmen das Wort, aber diese haben keine Wurzel,
(sie), die für einen Augenblick glauben und im Augenblick
einer Versuchung abfallen. [14] Das aber in die Dornen Gefal-
lene, diese sind die Hörenden, aber von Sorgen und Reichtum
und Vergnügungen des Lebens werden sie, wenn sie gehen,
erstickt und kommen nicht zur Reife. [15] Das aber in der guten
Erde, diese sind, welche mit rechtem und gutem Herzen hö-
rend das Wort, (es) festhalten und Frucht bringen in Geduld.

[16] Keiner aber, eine Leuchte anzündend, bedeckt sie mit ei-
nem Gefäß oder stellt (sie) unter ein Bett, sondern auf einen
Leuchter stellt er (sie), damit die Hereinkommenden sehen
das Licht. [17] Denn nicht ist Verborgenes, das nicht offenbar
werden wird, und nicht Geheimes, das nicht erkannt wird und
ins Offenbare kommt.

[18] Seht nun (zu), wie ihr hört! Denn wer immer hat, gege-

ben werden wird ihm; und wer immer nicht hat, auch was er
meint zu haben, wird weggenommen werden von ihm.

19 Herbeikam aber zu ihm die Mutter und seine Brüder, und
nicht konnten sie zusammentreffen mit ihm wegen der Volks-
menge. 20 Gemeldet aber wurde ihm: Deine Mutter und deine
Brüder stehen draußen, sehen wollend dich. 21 Der aber ant-
wortend sprach zu ihnen: Meine Mutter und meine Brüder
sind diese: die das Wort Gottes Hörenden und Tuenden.

22 Es geschah aber an einem der Tage, daß er selbst einstieg
in ein Boot und seine Schüler, und er sprach zu ihnen: Laßt
uns hinüberfahren zum Gegenüber des Sees! Und abfuhren
sie. 23 Als sie aber segelten, schlief er ein. Und herabstieg ein
Sturmwind auf den See und überflutet wurden sie und waren
in Gefahr. 24 Hinzukommend aber, aufweckten sie ihn, sa-
gend: Meister, Meister, wir werden vernichtet. Der aber,
aufgeweckt, anfuhr den Wind und das Wogen des Wassers;
und aufhörten sie, und (es) wurde Stille. 25 Er sprach aber zu
ihnen: Wo (ist) euer Glaube? Sich fürchtend aber staunten
sie, sagend zueinander: Wer also ist dieser, daß auch den
Winden er befiehlt und dem Wasser, und sie gehorchen ihm?

26 Und hinabsegelten sie ins Land der Gerasener, welches
ist gegenüber der Galilaia. 27 Als er aber herauskam auf das
Land, begegnete ihm ein Mann aus der Stadt, habend Dämo-
nen, und geraume Zeit zog er nicht an ein Gewand und in ei-
nem Haus blieb er nicht, sondern in den Grabstätten. 28 Se-
hend aber den Jesus, aufschreiend fiel er nieder vor ihm, und
mit lauter Stimme sprach er: Was (ist zwischen) mir und dir,
Jesus, Sohn Gottes, des Höchsten? Ich bitte dich, quäle mich
nicht! 29 Denn er gebot dem unreinen Geist, herauszukommen
von dem Menschen. Denn lange Zeiten hatte er ihn gepackt,
und gefesselt wurde er mit Ketten und mit Fußfesseln gehal-
ten, und zerbrechend die Fesseln, wurde er getrieben von
dem Dämon in die Einöden. 30 (Es) befragte ihn aber Jesus:
Was ist dein Name? Der aber sprach: Legion, weil hineinge-
kommen waren viele Dämonen in ihn. 31 Und sie baten ihn,
daß er nicht befehle ihnen, in den Abgrund fortzugehen.

32 (Es) war aber dort eine Herde von beträchtlich (vielen)
Schweinen, weidend am Berg; und sie baten ihn, daß er ihnen
erlaube, in jene hineinzugehen; und er erlaubte (es) ihnen.
33 Herauskommend aber von dem Menschen, hineingingen die
Dämonen in die Schweine, und (es) raste die Herde hinunter
den Abhang in den See, und sie ersoff.

34 Sehend aber die (sie) Weidenden das Geschehene, flohen
sie und meldeten (es) in die Stadt und in die Höfe. 35 Heraus-
kamen sie aber, zu sehen das Geschehene, und sie kamen zu
Jesus und fanden dasitzend den Menschen, von dem die Dä-
monen herausgekommen waren, bekleidet und bei Sinnen zu
den Füßen von Jesus, und sie fürchteten sich. 36 (Es) meldeten
ihnen aber, die gesehen hatten, wie der Besessene gerettet
wurde. 37 Und (es) bat ihn die ganze Menge der Umgegend
der Gerasener, wegzugehen von ihnen, weil sie von großer
Furcht bedrängt wurden; er aber, einsteigend in ein Boot,
kehrte zurück. 38 (Es) bat ihn aber der Mann, von dem her-
ausgekommen waren die Dämonen, zu sein mit ihm; er ent-
ließ ihn aber, sagend: 39 Kehre zurück in dein Haus und er-
zähle, wieviel dir Gott getan! Und wegging er, durch die
ganze Stadt verkündend, wieviel ihm Jesus getan.

40 Als aber zurückkehrte Jesus, aufnahm ihn die Volksmen-
ge; denn (es) waren alle ihn erwartend. 41 Und siehe, (es) kam
ein Mann, dessen Name Jairos, und dieser war ein Vorsteher
der Synagoge, und fallend zu den Füßen [des] Jesus, bat er
ihn, hineinzukommen in sein Haus, 42 weil er eine einziggebo-
rene Tochter hatte von etwa zwölf Jahren und diese im Ster-
ben war. Als er aber fortging, erstickten ihn (förmlich) die
Volksmengen. 43 Und eine Frau, welche war im Blutfluß seit
zwölf Jahren, welche [für Ärzte verbraucht hatte ihren ganzen
Besitz], (aber) nicht konnte von irgendjemandem geheilt wer-
den, 44 hinkommend von hinten, berührte die Quaste seines
Gewandes, und auf der Stelle stillstand der Fluß ihres Blutes.
45 Und (es) sprach Jesus: Wer (ist), der mich berührte? Als
aber alle leugneten, sprach Petros: Meister, die Volksmengen
bedrängen dich und pressen (dich). 46 Jesus aber sprach: (Es)

berührte mich jemand, denn ich erkannte eine von mir ausge-
gangene Kraft. [47] Sehend aber die Frau, daß sie nicht verbor-
gen blieb, zitternd kam sie, und niederfallend vor ihm, mel-
dete sie vor allem Volk, aus welchem Grund sie ihn berührte,
und wie sie geheilt wurde auf der Stelle. [48] Der aber sprach zu
ihr: Tochter, dein Glaube hat dich gerettet; gehe in Frieden!
[49] Noch als er redet, kommt einer vom Synagogenvorsteher
her, sagend: Gestorben ist deine Tochter; bemühe nicht mehr
den Lehrer! [50] Jesus aber, hörend (es), antwortete ihm: Fürch-
te dich nicht, glaube nur, und gerettet werden wird sie!
[51] Kommend aber in das Haus, nicht ließ er hineingehen einen
mit ihm, außer Petros und Johannes und Jakobos und den
Vater des Kindes und die Mutter. [52] (Es) weinten aber alle und
betrauerten sie. Der aber sprach: Weint nicht, denn sie starb
nicht, sondern schläft! [53] Und sie verlachten ihn, wissend, daß
sie starb. [54] Er aber, ergreifend ihre Hand, rief, sagend: Kind,
steh auf! [55] Und zurückkehrte ihr Geist, und aufstand sie auf
der Stelle, und er ordnete an, daß ihr gegeben werde zu es-
sen. [56] Und (es) entsetzten sich ihre Eltern; der aber gebot ih-
nen, zu keinem zu sprechen über das Geschehene.

9 [1] Zusammenrufend aber die Zwölf, gab er ihnen Kraft
und Vollmacht über alle Dämonen und Krankheiten zu
heilen; [2] und er schickte sie (aus), zu verkünden das Königtum
Gottes und zu heilen [die Kranken], [3] und er sprach zu ihnen:
Nichts tragt auf dem Weg, weder Stock, noch Tasche, noch
Brot, noch Silber(geld), noch [je] zwei Gewänder (sollten sie)
haben. [4] Und in welches Haus immer ihr hineingeht, dort
bleibt und von dort geht hinaus! [5] Und welche immer euch
nicht aufnehmen, herausgehend von jener Stadt, schüttelt ab
den Staub von euren Füßen, zum Zeugnis gegen sie! [6] Hinaus-
gehend aber durchzogen sie die Dörfer, (das Evangelium)
verkündend und heilend überall.

[7] (Es) hörte aber Herodes, der Tetrarch, all das Geschehe-
ne, und er war ratlos, weil gesagt wurde von einigen: Johan-
nes wurde erweckt aus Toten, [8] von einigen aber: Elias er-

schien, von anderen aber: Ein Prophet, einer der alten, stand
auf. 9 (Es) sprach aber Herodes: Ich ließ enthaupten Johannes;
wer aber ist dieser, über den ich höre solches? Und er suchte,
ihn zu sehen.

10 Und zurückkehrend erzählten ihm die Apostel, wieviel
sie taten. Und sie mitnehmend, zog er sich zurück für sich in
eine Stadt, gerufen Bethsaida. 11 Die Volksmengen aber, (es)
erkennend, folgten ihm; und aufnehmend sie, redete er zu ih-
nen über das Königtum Gottes, und die Heilung nötig hatten,
heilte er.

12 Der Tag aber begann sich zu neigen; hinzukommend aber
die Zwölf, sprachen sie zu ihm: Entlasse die Volksmenge,
damit, gehend in die Dörfer und Höfe im Umkreis, sie (sich)
auflösen und Verpflegung finden, weil hier an einem einsa-
men Platz wir sind. 13 Er sprach aber zu ihnen: Gebt ihnen ihr
zu essen! Die aber sprachen: Nicht haben wir mehr als fünf
Brote und zwei Fische, wenn wir nicht, gehend, kaufen sollen
für dieses ganze Volk Speisen. 14 Denn (es) waren etwa fünf-
tausend Männer. Er sprach aber zu seinen Schülern: Laßt sie
sich hinlegen in Abteilungen zu [etwa] fünfzig! 15 Und sie ta-
ten so und ließen alle sich hinlegen. 16 Nehmend aber die fünf
Brote und die zwei Fische, aufschauend zum Himmel, seg-
nete er sie und brach und gab (sie) den Schülern, vorzulegen
(sie) der Volksmenge. 17 Und (es) aßen und wurden gesättigt
alle, und weggetragen wurde das ihnen Übriggebliebene an
Stücken, zwölf Körbe.

18 Und es geschah, als er war betend allein, zusammen wa-
ren mit ihm die Schüler, und er befragte sie, sagend: Wer,
sagen die Volksmengen, daß ich sei? 19 Die aber, antwortend,
sprachen: Johannes der Täufer, andere aber: Elias, andere
aber: Ein Prophet, einer der alten, stand auf. 20 Er sprach aber
zu ihnen: Ihr aber, wer, sagt ihr, daß ich sei? Petros aber,
antwortend, sprach: der Christos Gottes. 21 Der aber, anfah-
rend sie, gebot, keinem dies zu sagen. 22 Er sprach: (Es) muß
der Sohn des Menschen vieles leiden und verworfen werden
von den Ältesten und Hochpriestern und Schriftkundigen und

getötet werden und am dritten Tag erweckt werden.
23 Er sagte aber zu allen: Wenn einer will hinter mir (her-)
gehen, soll er sich selbst (ver)leugnen und tragen sein Kreuz
täglich und mir folgen! 24 Denn wer immer will sein Leben
retten, verlieren wird er es; wer aber immer verliert sein Le-
ben wegen meiner, dieser wird es retten. 25 Denn was nützt es
einem Menschen, der gewinnt die ganze Welt, sich selbst
aber verliert oder bestraft wird? 26 Denn wer immer sich
schämt meiner und meiner Worte, dessen wird der Sohn des
Menschen sich schämen, wann er kommt in seiner Herrlich-
keit und (der) des Vaters und der heiligen Engel. 27 Ich sage
euch aber wahrhaft: (Es) sind einige der hier Stehenden, die
nicht kosten werden (den) Tod, bis sie sehen das Königtum
Gottes.

28 Es geschah aber etwa acht Tage nach diesen Worten,
[daß] mitnehmend Petros und Johannes und Jakobos er hin-
aufstieg auf den Berg, um zu beten. 29 Und es wurde bei sei-
nem Beten die Gestalt seines Gesichtes andersartig und seine
Kleidung weiß aufblitzend. 30 Und siehe, zwei Männer unter-
redeten sich mit ihm, welche waren Moyses und Elias, 31 die,
erschienen in Herrlichkeit, redeten über seinen Ausgang, den
er im Begriff war zu erfüllen in Jerusalem. 32 Petros aber und
die mit ihm waren beschwert vom Schlaf; aufwachend aber
sahen sie seine Herrlichkeit und die zwei Männer, die bei ihm
stehenden. 33 Und es geschah, als sie sich trennten von ihm,
sprach Petros zu Jesus: Meister, recht ist es, daß wir hier
sind, und wir wollen machen drei Zelte, eines dir und eines
Moyses und eines Elias, nicht wissend, was er sagt. 34 Als er
aber dieses sagte, entstand eine Wolke und überschattete sie;
sie fürchteten sich aber bei ihrem Hineingehen in die Wolke.
35 Und eine Stimme kam aus der Wolke, sagend: Dieser ist
mein erwählter Sohn, ihn hört! 36 Und beim Kommen der
Stimme wurde gefunden Jesus allein. Und sie schwiegen, und
keinem meldeten sie in jenen Tagen etwas (von dem), was sie
gesehen hatten.

37 Es geschah aber am folgenden Tag, als sie herabkamen

vom Berg, entgegenkam ihm eine große Volksmenge. 38 Und siehe, ein Mann von der Volksmenge schrie, sagend: Lehrer, ich bitte dich, zu schauen auf meinen Sohn, weil einziggeboren er mir ist, 39 und siehe, ein Geist nimmt ihn, und plötzlich schreit er und zerrt ihn mit Schaum, und kaum geht er weg von ihm, ihn schindend; 40 und ich bat deine Schüler, daß sie hinauswerfen ihn, aber nicht konnten sie (es). 41 Antwortend aber sprach Jesus: O ungläubiges und verkehrtes Geschlecht, bis wann werde ich sein bei euch und ertragen euch? Führe her hierher deinen Sohn! 42 Noch als er herbeikam aber, niederriß ihn der Dämon, und er riß ihn hin und her; anfuhr aber Jesus den unreinen Geist, und er heilte den Knaben, und zurückgab er ihn seinem Vater. 43 Außer sich gerieten aber alle über die Hoheit Gottes.

Als aber alle staunten über alles, was er tat, sprach er zu seinen Schülern: 44 Legt euch in eure Ohren diese Worte; denn der Sohn des Menschen ist im Begriff, übergeben zu werden in (die) Hände von Menschen. 45 Die aber verstanden nicht dieses Wort, und es war verborgen vor ihnen, (so) daß sie es nicht wahrnahmen, und sie fürchteten sich, zu fragen ihn über dieses Wort.

46 Aufkam aber (die) Überlegung unter ihnen, wer (der) Größere sei von ihnen. 47 Jesus aber kennend die Überlegung ihres Herzens, herbeinehmend ein Kind, stellte es neben sich 48 und sprach zu ihnen: Wer immer aufnimmt dieses Kind in meinem Namen, mich nimmt er auf; und wer immer mich aufnimmt, aufnimmt den mich Schickenden; denn (wer) der Kleinere unter euch allen ist, dieser ist groß.

49 Antwortend aber sprach Johannes: Meister, wir sahen einen in deinem Namen hinauswerfend Dämonen, und wir hinderten ihn, weil er nicht (nach)folgt mit uns. 50 (Es) sprach aber zu ihm Jesus: Hindert (ihn) nicht! Denn wer nicht ist gegen euch, für euch ist er.

51 Es geschah aber, als sich erfüllten die Tage seiner Hinaufnahme, daß er richtete das Gesicht (darauf), zu gehen nach

Jerusalem. 52 Und er schickte Boten vor seinem Angesicht
(her). Und gehend, hineinkamen sie in ein Dorf (der) Sama-
riter, um zu bereiten ihm (eine Herberge); 53 aber nicht nah-
men sie ihn auf, weil sein Gesicht war gehend nach Jerusa-
lem. 54 Sehend aber (es), sprachen die Schüler Jakobos und
2 Kön 1,10.12 Johannes: Herr, willst du, daß wir sprechen, daß *Feuer her-
absteigt vom Himmel und sie vertilgt?* 55 Sich umwendend
aber, anfuhr er sie. 56 Und sie gingen in ein anderes Dorf.

57 Und als sie gingen auf dem Weg, sprach einer zu ihm:
Ich werde dir folgen, wo immer du hingehst. 58 Und (es)
sprach zu ihm Jesus: Die Füchse haben Höhlen und die Vögel
des Himmels Nester, der Sohn des Menschen aber hat
nicht(s), wohin er den Kopf lege. 59 Er sprach aber zu einem
anderen: Folge mir! Der aber sprach: [Herr], erlaube mir,
fortgehend zuerst, zu begraben meinen Vater. 60 Er sprach
aber zu ihm: Laß die Toten begraben ihre Toten, du aber,
weggehend, zeig an das Königtum Gottes. 61 (Es) sprach aber
auch ein anderer: Folgen werde ich dir, Herr; zuerst aber er-
laube mir, mich zu verabschieden von denen in meinem
Haus. 62 (Es) sprach aber [zu ihm] Jesus: Kein die Hand an
(den) Pflug Legender und nach hinten Sehender ist tauglich
für das Königtum Gottes.

10 1 Danach aber aufzeigte der Herr andere [zwei-
und]siebzig und schickte sie zu zwei (und) [zwei]
(her) vor seinem Angesicht in jede Stadt und (jeden) Ort, wo-
hin er selbst kommen wollte. 2 Er sagte aber zu ihnen: Die
Ernte (ist) zwar viel, die Arbeiter aber (sind) wenige; bittet
nun den Herrn der Ernte, auf daß er Arbeiter ausschicke in
seine Ernte. 3 Geht fort! Siehe, ich schicke euch wie Lämmer
inmitten von Wölfen. 4 Tragt nicht einen Geldbeutel, nicht
eine Tasche, nicht Sandalen und keinen entlang des Weges
grüßt! 5 In welches Haus immer aber ihr hineingeht, zuerst
sagt: Friede diesem Haus! 6 Und wenn dort ist ein Sohn (des)
Friedens, wird ruhen auf ihm euer Friede; wenn aber nicht,
wird er auf euch zurückkehren. 7 In dem Haus selbst aber
bleibt, essend und trinkend das von ihnen; denn wert ist der

Arbeiter seines Lohnes. Wechselt nicht von Haus zu Haus!
[8] Und in welche Stadt immer ihr hineingeht und sie euch auf-
nehmen, eßt das euch Vorgesetzte [9] und heilt die Kranken in
ihr und sagt ihnen: Nahegekommen ist zu euch das Königtum
Gottes. [10] In welche Stadt aber immer ihr hineingeht und sie
euch nicht aufnehmen, herausgehend auf ihre Straßen,
sprecht: [11] Auch den Staub, den uns anhängenden aus eurer
Stadt an den Füßen, wischen wir euch ab; jedoch dies er-
kennt, daß nahegekommen ist das Königtum Gottes! [12] Ich
sage euch: Sodoma wird es an jenem Tag erträglicher ergehen
als jener Stadt.

[13] Wehe dir, Chorazin, wehe dir, Bethsaida! Denn wenn in
Tyros und Sidon geschehen wären die Kraft(taten), die ge-
schehenen bei euch, längst in Sack und Asche sitzend, wären
sie umgekehrt. [14] Jedoch Tyros und Sidon wird es erträglicher
ergehen im Gericht als euch. [15] Und du, Kapharnaum, wirst
du nicht bis zum Himmel erhoben werden? Bis in den Hades
wirst du hinabsteigen.

[16] Der Hörende euch, mich hört er, und der Abweisende
euch, mich weist er ab; der aber mich Abweisende weist ab
den mich Schickenden.

[17] Zurückkehrten aber die [zweiund]siebzig mit Freude, sa-
gend: Herr, auch die Dämonen sind uns untertan in deinem
Namen. [18] Er sprach aber zu ihnen: Ich schaute den Satan wie
einen Blitz aus dem Himmel fallend. [19] Siehe, ich habe euch
gegeben die Vollmacht, zu treten auf Schlangen und Skor-
pione, und auf all die Kraft des Feindes, und gewiß wird euch
nichts schädigen. [20] Jedoch darüber freut euch nicht, daß die
Geister euch untertan sind, freut euch aber, daß eure Namen
eingeschrieben sind in den Himmeln.

[21] In eben der Stunde jubelte er [in] dem heiligen Geist und
sprach: Ich preise dich, Vater, Herr des Himmels und der
Erde, daß du verbargst dieses vor Weisen und Verständigen
und es offenbartest Unmündigen; ja, Vater, weil so es Gefal-
len fand vor dir. [22] Alles wurde mir übergeben von meinem
Vater, und keiner erkennt, wer der Sohn ist, außer der Vater,

und wer der Vater ist, außer der Sohn und wem immer der
Sohn (es) offenbaren will.

[23] Und sich umwendend zu den Schülern für sich, sprach
er: Selig die Augen, die sehenden, was ihr seht. [24] Denn ich
sage euch: Viele Propheten und Könige wollten schauen, was
ihr seht, und nicht schauten sie, und hören, was ihr hört, und
nicht hörten sie.

[25] Und siehe, ein Gesetzeskundiger stand auf, ihn versu-
chend, sagend: Lehrer, was tuend werde ich ewiges Leben
erben? [26] Der aber sprach zu ihm: Im Gesetz, was ist ge-
Dtn 6,5 schrieben? Wie liest du? [27] Der aber, antwortend, sprach: *Du*
Jos 22,5 (G) *sollst lieben (den) Herrn, deinen Gott, aus deinem ganzen*
Herzen und mit deiner ganzen Seele und mit deiner ganzen
Lev 19,18 *Kraft und mit deiner ganzen Einsicht, und deinen Nächsten*
wie dich selbst. [28] Er sprach aber zu ihm: Richtig antwortetest
du; dies tue, und du wirst leben. [29] Der aber, wollend sich
rechtfertigen, sprach zu Jesus: Und wer ist mein Nächster?

[30] Aufnehmend (dies) sprach Jesus: Ein Mensch stieg hinab
von Jerusalem nach Jericho und fiel unter Räuber, die auszie-
hend ihn und (ihm) Schläge versetzend, weggingen, lassend
(ihn) halbtot. [31] Durch Zufall aber stieg ein Priester hinab auf
jenem Weg, und sehend ihn, ging er vorbei; [32] gleicherweise
aber [war] auch ein Levit an den Ort kommend, und sehend
(ihn), ging er vorbei. [33] Ein Samariter aber, der unterwegs
war, kam zu ihm, und sehend (ihn), erbarmte er sich, [34] und
hingehend verband er seine Wunden, daraufgießend Öl und
Wein; ihn daraufsetzend aber auf das eigene Maultier, führte
er ihn in eine Herberge und sorgte für ihn. [35] Und am Tag
darauf, herausnehmend, gab er zwei Denare dem Herbergs-
wirt und sprach: Sorge für ihn, und was immer du dazu auf-
wendest, ich werde (es) bei meinem Zurückkommen dir zu-
rückgeben. [36] Wer von diesen dreien dünkt dir, Nächster ge-
worden zu sein des unter die Räuber Gefallenen? [37] Der aber
sprach: Der getan hat das Erbarmen mit ihm. (Es) sprach
aber zu ihm Jesus: Geh, und du tue gleicherweise!

[38] Bei ihrem Gehen aber hineinging er selbst in ein Dorf;

eine Frau aber mit Namen Martha nahm ihn auf. 39 Und diese hatte eine Schwester, gerufen Mariam, und [die], dasitzend zu den Füßen des Herrn, hörte sein Wort. 40 Martha aber war überbeschäftigt mit viel Dienst; hintretend aber sprach sie: Herr, nicht kümmert dich, daß meine Schwester allein mich zurückließ zu dienen? Sprich nun zu ihr, damit sie mir beisteht. 41 Antwortend aber sprach zu ihr der Herr: Martha, Martha, du sorgst und beunruhigst dich um vieles, 42 eines aber ist nötig; denn Mariam wählte aus den guten Teil, welcher nicht wird weggenommen werden von ihr.

11 1 Und es geschah, als er war an einem Ort betend, wie er aufhörte, sprach einer seiner Schüler zu ihm: Herr, lehre uns beten, gleichwie auch Johannes lehrte seine Schüler. 2 Er sprach aber zu ihnen: Wann ihr betet, sagt: Vater, geheiligt werden soll dein Name; kommen soll dein Königtum; 3 unser nötiges Brot gib uns täglich; 4 und erlaß uns unsere Sünden, denn auch wir selbst erlassen jedem uns Schuldenden; und nicht führe uns hinein in Versuchung.

5 Und er sprach zu ihnen: Wer von euch wird haben einen Freund und wird gehen zu ihm mitternachts und spräche zu ihm: Freund, leih mir drei Brote, 6 da ein Freund von mir ankam vom Weg zu mir und ich nicht(s) habe, was ich ihm vorsetzen werde; 7 und jener von innen antwortend, spräche: Bereite mir nicht Mühen; schon ist die Tür verschlossen, und meine Kinder sind mit mir ins Bett; nicht kann ich, aufstehend, dir geben. 8 Ich sage euch, wenn er auch nicht ihm geben wird, aufstehend, weil er sein Freund ist, doch wegen seiner Unverschämtheit wird er, aufgestanden, ihm geben, wieviel er bedarf. 9 Und ich sage euch: Bittet, und gegeben werden wird euch; sucht, und finden werdet ihr; klopft an, und geöffnet werden wird euch; 10 denn jeder Bittende empfängt, und der Suchende findet, und dem Anklopfenden wird geöffnet [werden]. 11 Welchen Vater aber von euch wird bitten der Sohn um einen Fisch, und er wird anstelle eines Fisches eine Schlange ihm übergeben? 12 Oder auch bitten wird er um ein Ei, wird er übergeben ihm einen Skorpion? 13 Wenn

nun ihr, die ihr böse seid, wißt, gute Gaben zu geben euren Kindern, um wieviel mehr wird der Vater, [der] aus (dem) Himmel, geben heiligen Geist den ihn Bittenden.

14 Und er war hinauswerfend einen Dämon [und der war] stumm; es geschah aber, als der Dämon herausging, redete der Stumme, und (es) staunten die Volksmengen. 15 Einige aber von ihnen sprachen: Mit Beelzebul, dem Herrscher der Dämonen, hinauswirft er die Dämonen; 16 andere aber, (ihn) versuchend, verlangten ein Zeichen aus (dem) Himmel von ihm. 17 Er aber, kennend ihre Gedanken, sprach zu ihnen: Jedes Königtum, in sich selbst zerteilt, wird verwüstet, und Haus fällt auf Haus. 18 Wenn aber auch der Satan in sich zerteilt wurde, wie wird bestehen sein Königtum? Denn ihr sagt, daß mit Beelzebul ich hinauswerfe die Dämonen. 19 Wenn aber ich mit Beelzebul hinauswerfe die Dämonen, eure Söhne, mit wem werfen sie hinaus? Deswegen werden sie eure Richter sein. 20 Wenn aber mit (dem) Finger Gottes [ich] hinauswerfe die Dämonen, also kam zu euch das Königtum Gottes. 21 Wann der Starke bewaffnet bewacht seinen Hof, in Frieden ist sein Besitz; 22 wenn aber ein Stärkerer als er, herbeikommend, ihn besiegt, nimmt er seine Rüstung, auf die er vertraute, und seine Beute verteilt er. 23 Der nicht mit mir ist, gegen mich ist er, und der nicht sammelt mit mir, zerstreut.

24 Wann der unreine Geist herauskommt von dem Menschen, hindurchgeht er durch wasserlose Gegenden, suchend einen Ruheplatz und nicht findend; [da] sagt er: Zurückkehren werde ich in mein Haus, von wo ich herauskam; 25 und kommend findet er (es) gefegt und geschmückt. 26 Da geht er, und mitnimmt er andere Geister, böser als er selbst, sieben, und hineinkommend wohnen sie dort; und es wird das Letzte jenes Menschen schlimmer als das Erste.

27 Es geschah aber, als er dieses sagte, sprach eine Frau aus der Volksmenge, erhebend (ihre) Stimme, zu ihm: Selig der Leib, der dich trug und (die) Brüste, an denen du sogst. 28 Er aber sprach: Vielmehr selig die Hörenden das Wort Gottes und (es) Bewahrenden.

29 Als aber die Volksmengen herzudrängten, begann er zu
sagen: Dieses Geschlecht ist ein böses Geschlecht; ein Zei-
chen verlangt es, aber ein Zeichen wird ihm nicht gegeben
werden, wenn nicht das Zeichen (des) Jonas. 30 Denn gleich-
wie Jonas den Niniviten ein Zeichen wurde, so wird (es) sein
auch der Sohn des Menschen für dieses Geschlecht. 31 (Die)
Königin vom Südreich wird aufstehen im Gericht mit den
Männern dieses Geschlechts, und sie wird sie verurteilen,
weil sie kam von den Enden der Erde, zu hören die Weisheit
Solomons, und siehe, mehr als Solomon (ist) hier. 32 (Die) ni-
nevitischen Männer werden aufstehen im Gericht mit diesem
Geschlecht, und sie werden es verurteilen, weil sie umkehrten
zur Verkündigung (des) Jonas, und siehe, mehr als Jonas (ist)
hier.

33 Keiner, eine Leuchte anzündend, stellt (sie) ins Verbor-
gene, [auch nicht unter den Scheffel,] sondern auf den Leuch-
ter, damit die Hereinkommenden das Licht sehen.

34 Die Leuchte des Leibes ist dein Auge. Wann dein Auge
lauter ist, ist auch dein ganzer Leib licht; wenn es aber böse
ist, (ist) auch dein Leib finster. 35 Achte nun, daß nicht das
Licht in dir Finsternis ist. 36 Wenn nun dein ganzer Leib licht
(ist), nicht habend einen finsteren Teil, wird er sein ganz licht,
wie wann die Leuchte mit (ihrem) Strahl dich erleuchtet.

37 Bei seinem Reden aber bittet ihn ein Pharisaier, daß er
frühstücke bei ihm; hineingehend aber, ließ er sich nieder.
38 Der Pharisaier aber, sehend (es), staunte, weil er nicht zu-
erst sich wusch vor dem Frühstück. 39 (Es) sprach aber der
Herr zu ihm: Jetzt, ihr Pharisaier, das Äußere des Bechers
und des Tellers reinigt ihr, euer Inneres aber ist voll von
Raub und Bosheit. 40 Unvernünftige, machte nicht der Ma-
chende das Äußere auch das Innere? 41 Jedoch das Inwendige
gebt als Almosen, und siehe, alles ist euch rein. 42 Aber wehe
euch, den Pharisaiern, weil ihr bezehntet die Minze und die
Raute und alles Gemüse und vorbeigeht am Recht und an der
Liebe zu Gott; dieses aber müßte man tun und jenes nicht las-
sen. 43 Wehe euch, den Pharisaiern, weil ihr liebt den Erstsitz

in den Synagogen und die Begrüßungen auf den Märkten.
44 Wehe euch, weil ihr seid wie die unerkennbaren Gräber,
und die Menschen, [die] umhergehen darauf, wissen (es)
nicht.

45 Antwortend aber, sagt einer der Gesetzeskundigen zu
ihm: Lehrer, dieses sagend beschimpfst du auch uns. 46 Der
aber sprach: Auch euch, den Gesetzeskundigen, wehe, weil
ihr belastet die Menschen mit unerträglichen Lasten, und
selbst, nicht mit einem eurer Finger rührt ihr an die Lasten.
47 Wehe euch, weil ihr baut die Gräber der Propheten, eure
Väter aber töteten sie. 48 Also seid ihr Zeugen, und zustimmt
ihr den Werken eurer Väter, weil sie zwar sie töteten, ihr
aber baut. 49 Deswegen auch sprach die Weisheit Gottes: Ich
werde schicken zu ihnen Propheten und Apostel, und (etliche)
von ihnen werden sie töten und verfolgen, 50 damit gefordert
wird von diesem Geschlecht das Blut aller Propheten, das
ausgegossene von Grundlegung (der) Welt (an), 51 vom Blut
Abels bis zum Blut (des) Zacharias, des zugrundegegangenen
zwischen dem Altar und dem Haus; ja, ich sage euch, gefor-
dert werden wird es von diesem Geschlecht. 52 Wehe euch,
den Gesetzeskundigen, weil ihr wegnahmt den Schlüssel der
Erkenntnis; ihr selbst kamt nicht hinein, und die Hineinge-
henden hindertet ihr.

53 Und als er von dort herauskam, begannen die Schriftkun-
digen und die Pharisaier arg zu grollen und auf den Mund zu
schauen ihm wegen mehrerem, 54 nachstellend ihm, zu erjagen
etwas aus seinem Mund.

12 1 Als sich unterdessen versammelten Zehntausende
der Volksmenge, so daß sie traten einander, begann
er zu sagen zu seinen Schülern zuerst: Nehmt euch selbst in
acht vor dem Sauerteig der Pharisaier, welcher ist Heuchelei!

2 Nichts aber ist ganz und gar verhüllt, was nicht offenbart
werden wird, und verborgen, was nicht erkannt werden wird.
3 Dagegen, wieviel ihr in der Finsternis spracht, im Licht
wird es gehört werden, und was zum Ohr ihr redetet in den
Kammern, wird verkündet werden auf den Dächern.

4 Ich sage aber euch, meinen Freunden: Fürchtet euch nicht
vor denen, die töten den Leib, aber danach nicht (die Mög-
lichkeit) haben, darüber hinaus etwas zu tun! 5 Zeigen aber
werde ich euch, wen ihr fürchten sollt: Fürchtet den, der nach
dem Töten Vollmacht hat, hineinzuwerfen in die Gehenna!
Ja, ich sage euch: Diesen fürchtet! 6 Werden nicht fünf Sper-
linge verkauft für zwei Assaria? Und nicht einer von ihnen ist
vergessen vor Gott. 7 Aber auch die Haare eures Kopfes sind
alle gezählt. Fürchtet euch nicht! Von (den) vielen Sperlingen
unterscheidet ihr euch.

8 Ich sage euch aber: Jeder, der immer sich bekennt zu mir
vor den Menschen, auch der Sohn des Menschen wird sich
bekennen zu ihm vor den Engeln Gottes; 9 der aber mich
(Ver)leugnende vor den Menschen, wird verleugnet werden
vor den Engeln Gottes.

10 Und jeder, der sagen wird ein Wort gegen den Sohn des
Menschen, erlassen werden wird ihm; dem aber gegen den
heiligen Geist Lästernden, nicht erlassen werden wird (ihm).

11 Wann sie aber hinführen euch zu den Synagogen und den
Hoheiten und den Mächten, sorgt nicht, wie oder was ihr
verteidigen sollt oder was ihr sprechen sollt! 12 Denn der hei-
lige Geist wird euch lehren in der Stunde selbst, was nötig ist,
zu sprechen.

13 (Es) sprach aber einer aus der Volksmenge zu ihm: Leh-
rer, sprich zu meinem Bruder, teilen soll er mit mir das Erbe.
14 Der aber sprach zu ihm: Mensch, wer stellte mich auf als
Richter oder Teiler über euch? 15 Er sprach aber zu ihnen:
Seht (zu) und hütet euch vor aller Habgier, denn wenn einer
Überfluß hat, nicht ist sein Leben aus seinem Besitz.

16 Er sprach aber ein Gleichnis zu ihnen, sagend: Eines rei-
chen Menschen Land trug gut. 17 Und er überlegte bei sich,
sagend: Was werde ich tun, weil nicht(s) ich habe, wo ich
sammeln werde meine Früchte? 18 Und er sprach: Dies werde
ich tun: Niederreißen werde ich meine Scheunen, und größere
werde ich bauen, und sammeln werde ich dort den ganzen
Weizen und meine Güter; 19 und sagen werde ich meiner

Seele: Seele, du hast viele Güter liegend für viele Jahre; ruhe aus, iß, trink, freu dich! [20] (Es) sprach aber zu ihm Gott: Unvernünftiger, in dieser Nacht fordert man ein deine Seele von dir; was du aber bereitetest, für wen wird es sein? [21] So (steht da) der Schätze Sammelnde für sich, aber nicht auf Gott (hin) Reiche.

[22] Er sprach aber zu [seinen] Schülern: Deswegen sage ich euch: Sorgt euch nicht um das Leben, was ihr essen sollt, und nicht um den Leib, was ihr anziehen sollt! [23] Denn das Leben ist mehr als die Nahrung und der Leib (mehr) als das Gewand. [24] Beachtet die Raben, daß sie nicht säen noch ernten, die nicht haben eine Kammer noch eine Scheune, und Gott nährt sie; um wieviel mehr unterscheidet ihr euch von den Vögeln. [25] Wer aber von euch kann, sorgend, zu seinem Alter hinzulegen eine Elle? [26] Wenn nun nicht (das) Geringste ihr könnt, was sorgt ihr euch um die übrigen (Dinge)? [27] Beachtet die Lilien, wie sie wachsen; nicht mühen sie sich noch spinnen sie; ich sage euch aber: Auch nicht Solomon in seiner ganzen Herrlichkeit war umkleidet wie eine von diesen. [28] Wenn aber Gott im Acker das Gras, das heute ist und morgen in (den) Ofen geworfen wird, so kleidet, um wieviel mehr euch, Kleingläubige. [29] Und ihr, sucht nicht, was ihr essen sollt und was ihr trinken sollt und beunruhigt euch nicht! [30] Denn dieses alles erstreben die Völker der Welt, euer Vater aber weiß, daß ihr dessen bedürft. [31] Jedoch sucht sein Königtum, und dieses wird euch hinzugelegt werden. [32] Fürchte dich nicht, kleine Herde, denn es gefiel eurem Vater, euch zu geben das Königtum.

[33] Verkauft euren Besitz und gebt ein Almosen! Macht euch nicht veraltende Geldbeutel, einen unerschöpflichen Schatz in den Himmeln, wo ein Dieb nicht nahekommt, noch eine Motte (etwas) vernichtet; [34] Denn wo euer Schatz ist, dort wird auch euer Herz sein.

Ex 12,11 [35] Es sollen sein *eure Hüften umgürtet* und die Leuchten brennend; [36] und ihr (sollt sein) gleich Menschen, erwartend ihren Herrn, wann er aufbricht von der Hochzeit, damit sie,

wenn er kommt und klopft, sogleich ihm öffnen. 37 Selig jene
Sklaven, die, kommend, der Herr finden wird wachend;
amen, ich sage euch: Umgürten wird er sich und sie hinlegen
(lassen) und entlanggehend ihnen dienen. 38 Und wenn er in
der zweiten und wenn er in der dritten (Nacht)wache kommt
und findet (sie) so, selig sind jene! 39 Dies aber erkennt: Wenn
der Hausherr wüßte, zu welcher Stunde der Dieb kommt,
nicht ließe er zu, daß eingebrochen wird (in) sein Haus.
40 Werdet auch ihr bereit, denn zu welcher Stunde ihr (es)
nicht meint, kommt der Sohn des Menschen.

41 (Es) sprach aber Petros: Herr, sagst du zu uns dieses
Gleichnis, oder auch zu allen? 42 Und (es) sprach der Herr:
Wer also ist der treue Verwalter, der verständige, den auf-
stellen wird der Herr über seine Dienerschaft, zu geben zur
(bestimmten) Zeit [die] Verpflegungsration? 43 Selig jener
Sklave, den, kommend, sein Herr finden wird, tuend so.
44 Wahrhaft, ich sage euch: Über all seinen Besitz wird er ihn
aufstellen. 45 Wenn aber spricht jener Sklave in seinem Her-
zen: Zeit läßt sich mein Herr zu kommen, und er beginnt zu
schlagen die Knechte und die Mägde und zu essen und zu
trinken und betrunken zu werden, 46 kommen wird der Herr
jenes Sklaven an einem Tag, an dem er (es) nicht erwartet,
und in einer Stunde, in der er (es) nicht erkennt, und zwei-
teilen wird er ihn und seinen Teil wird er mit den Ungläubi-
gen festsetzen.

47 Jener Sklave aber, der kennt den Willen seines Herrn,
aber nicht bereitete oder tat nach seinem Willen, wird ge-
schunden werden mit vielen (Schlägen); 48 der (ihn) aber nicht
kennt, aber tat, was Schläge wert ist, wird geschunden wer-
den mit wenigen (Schlägen). Jedem aber, dem gegeben wurde
viel, viel wird verlangt werden von ihm, und wem sie anver-
trauten viel, mehr werden sie fordern von ihm.

49 Feuer kam ich zu werfen auf die Erde, und was will ich,
wenn (nicht), (daß) es schon angezündet wäre. 50 Eine Taufe
aber habe ich getauft zu werden, und wie bin ich bedrängt,
bis daß sie vollendet wird. 51 Meint ihr, daß ich kam, Frieden

zu geben auf der Erde? Nein, ich sage euch: sondern (eher)
Zerteilung. 52 Denn es werden sein von jetzt (an) fünf in ei-
nem Haus Zerteilte, drei gegen zwei und zwei gegen drei,
Mi 7,6 53 zerteilt werden Vater gegen Sohn und *Sohn* gegen *Vater,*
Mutter gegen die Tochter, und *Tochter gegen die Mutter,*
Schwiegermutter gegen ihre Schwiegertochter und *Schwie-
gertochter gegen die Schwiegermutter.*

54 Er sagte aber auch den Volksmengen: Wann ihr seht [die]
Wolke aufgehend im Westen, sogleich sagt ihr, daß Regen
kommt, und es wird so; 55 und wann (ihr seht den) Südwind
wehend, sagt ihr, daß Hitze sein wird, und es wird. 56 Heuch-
ler, das Angesicht der Erde und des Himmels wißt ihr zu prü-
fen, diese Zeit aber, wie(so) wißt ihr (sie) nicht zu prüfen?

57 Warum aber urteilt ihr nicht auch von euch selbst aus das
Rechte? 58 Denn wenn du fortgehst mit deinem Widersacher
zu einem Vorsteher, auf dem Weg gib (dir) Mühe, loszu-
kommen von ihm, damit er dich nicht fortschleppt zum Rich-
ter, und der Richter dich übergeben wird dem Schergen, und
der Scherge dich werfen wird ins Gefängnis. 59 Ich sage dir:
Nicht wirst du herausgehen von dort, bis auch das letzte
Lepta du zurückgibst.

13 1 Anwesend aber waren irgendwelche eben zu der
Zeit, meldend ihm über die Galilaier, deren Blut
Pilatos mischte mit ihren Opfern. 2 Und antwortend sprach er
zu ihnen: Meint ihr, daß diese Galilaier Sünder waren, mehr
als alle Galilaier, weil dieses sie erlitten haben? 3 Nein, ich
sage euch: Sondern wenn ihr nicht umkehrt, alle werdet ihr
gleicherweise zugrundegehen. 4 Oder jene achtzehn, auf die
der Turm fiel am Siloam und sie tötete, meint ihr, daß sie
Schuldner waren, mehr als alle Menschen, die Jerusalem be-
wohnen? 5 Nein, ich sage euch: Sondern wenn ihr nicht um-
kehrt, alle werdet ihr ebenso zugrundegehen.

6 Er sagte aber dieses Gleichnis: Einen Feigenbaum hatte
einer gepflanzt in seinem Weinberg, und er kam, suchend
Frucht an ihm, und nicht fand er. 7 Er sprach aber zu dem
Winzer: Siehe, drei Jahre, seitdem ich komme, suchend

Frucht an diesem Feigenbaum, und nicht finde ich; hau ihn
[nun] aus, weshalb auch saugt er die Erde aus? 8 Der aber
antwortend sagt ihm: Herr, laß ihn auch dieses Jahr, bis daß
ich grabe (herum) um ihn und werfe Mist, 9 vielleicht auch
trägt er Frucht in der Zukunft; wenn aber nicht, aushauen
wirst du ihn.

10 Er war aber lehrend in einer der Synagogen an den Sab-
baten. 11 Und siehe, eine Frau, habend einen Krankheitsgeist
achtzehn Jahre, und sie war gekrümmt und konnte sich nicht
aufrichten zur Gänze. 12 Sehend aber sie, herbeirief sie Jesus
und sprach zu ihr: Frau, sei befreit von deiner Krankheit,
13 und auflegte er ihr die Hände; und auf der Stelle wurde sie
wieder aufgerichtet und verherrlichte Gott. 14 Antwortend aber
der Synagogenvorsteher, unwillig, weil Jesus am Sabbat
heilte, sagte der Volksmenge: Sechs Tage sind, an denen man
arbeiten muß; an ihnen nun, kommend, laßt euch heilen, aber
nicht am Tag des Sabbats. 15 (Es) antwortete ihm aber der
Herr und sprach: Heuchler, löst nicht jeder von euch am Sab-
bat sein Rind oder den Esel von der Krippe und wegführend
tränkt er (ihn)? 16 Diese aber, die eine Tochter Abrahams ist,
die der Satan band, siehe, achtzehn Jahre, sollte sie nicht ge-
löst werden von dieser Fessel am Tag des Sabbats? 17 Und als
er dieses sagte, schämten sich alle seine Gegner, und die
ganze Volksmenge freute sich über alle glanzvollen (Taten),
die geschahen von ihm.

18 Er sagte nun: Wem ist gleich das Königtum Gottes, und
wem soll ich es vergleichen? 19 Gleich ist es einem Senfkorn,
das nehmend ein Mensch warf in seinen Garten, und es
wuchs und wurde zu einem Baum, und *die Vögel des Him-* Ps 103,12 (G)
mels nisteten in seinen Zweigen.

20 Und wieder sprach er: Mit wem soll ich vergleichen das
Königtum Gottes? 21 Gleich ist es einem Sauerteig, den neh-
mend eine Frau [hinein]verbarg in drei Saton Mehl, bis daß
es durchsäuert wurde ganz.

22 Und er durchwanderte (die Gegend) nach Städten und
Dörfern, lehrend und eine Reise machend nach Hierosolyma.

23 (Es) sprach aber einer zu ihm: Herr, ob (es) wenige (sind), die gerettet werden? Der aber sprach zu ihnen: 24 Kämpft, hineinzugehen durch die enge Tür, denn viele, sage ich euch, werden suchen hineinzugehen und (es) nicht vermögen. 25 Von (der Zeit) an, da aufsteht der Hausherr und verschließt die Tür und ihr beginnt, draußen zu stehen und zu klopfen an die Tür, sagend: Herr, öffne uns, und antwortend wird er euch sagen: Nicht kenne ich euch, woher ihr seid. 26 Da werdet ihr beginnen zu sagen: Wir aßen vor dir und tranken, und auf unseren Straßen lehrtest du; 27 und sprechen wird er, sagend euch: Nicht kenne ich [euch], woher ihr seid;
Ps 6,9 *entfernt euch von mir, alle Wirker von Unrecht!* 28 Dort wird
1 Makk 3,6 sein das Weinen und das Klappern der Zähne, wann ihr seht Abraham und Isaak und Jakob und alle Propheten im Königtum Gottes, euch aber als Hinausgeworfene draußen. 29 Und kommen werden sie von Osten und Westen und von Norden und Süden, und sie werden sich (zu Tisch) legen im Königtum Gottes. 30 Und siehe, es sind Letzte, die sein werden Erste, und es sind Erste, die sein werden Letzte.

31 In eben der Stunde hinzukamen einige Pharisaier, sagend ihm: Geh hinaus und geh fort von hier, denn Herodes will dich töten. 32 Und er sprach zu ihnen: Geht, und sprecht zu diesem Fuchs: Siehe, hinauswerfe ich Dämonen, und Heilungen vollbringe ich heute und morgen, und am dritten (Tag) werde ich vollendet. 33 Jedoch muß ich heute und morgen und am kommenden (Tag) gehen, weil es nicht angeht, daß ein Prophet zugrundegeht außerhalb Jerusalems.

34 Jerusalem, Jerusalem, die tötet die Propheten und steinigt die zu ihr Geschickten, wie oft wollte ich zusammenführen deine Kinder, auf welche Weise ein Vogel (zusammenführt) seine Brut unter die Flügel, und nicht wolltet ihr. 35 Siehe, gelassen wird euch euer Haus (öde). Ich sage euch [aber]: Nicht sollt ihr sehen mich, bis [kommen wird, wann] ihr
Ps 118,26 sprecht: *Gesegnet der Kommende im Namen (des) Herrn.*

14 1 Und es geschah, als er ging in (das) Haus eines der Vorsteher [der] Pharisaier am Sabbat, Brot zu es-

sen, daß sie waren ihn belauernd.
2 Und siehe, ein wassersüchtiger Mensch war vor ihm.
3 Und antwortend sprach Jesus zu den Gesetzeskundigen und
Pharisaiern, sagend: Ist es erlaubt am Sabbat zu heilen oder
nicht? 4 Die aber blieben ruhig. Und anfassend heilte er ihn
und entließ (ihn). 5 Und zu ihnen sprach er: Wem von euch
wird ein Sohn oder Rind in einen Brunnen fallen, und nicht
sogleich wird er ihn heraufziehen am Tag des Sabbats? 6 Und
nicht vermochten sie entgegenzureden auf dieses.

7 Er sagte aber zu den Gerufenen ein Gleichnis, achtend
darauf, wie die Erstlager sie auswählten, sagend zu ihnen:
8 Wann du gerufen wirst von einem zu einer Hochzeit, leg
dich nicht (zu Tisch) auf das Erstlager, damit nicht ein Ange-
sehenerer als du gerufen ist von ihm, 9 und (es) kommt, der
dich und ihn gerufen hat, (und) er wird dir sagen: Gib diesem
Platz! Und dann wirst du beginnen, mit Schande den letzten
Platz einzunehmen. 10 Sondern, wann du gerufen wirst, geh,
laß dich nieder auf den letzten Platz, damit, wann kommt, der
dich gerufen hat, er dir sagen wird: Freund, rücke höher hin-
auf! Dann wird dir Ehre (zuteil) vor allen mit (zu Tisch) Lie-
genden mit dir. 11 Denn jeder Erhöhende sich selbst wird er-
niedrigt werden, und der Erniedrigende sich selbst wird er-
höht werden.

12 Er sagte aber auch dem, der ihn gerufen hatte: Wann du
machst ein Frühstück oder Mahl, rufe nicht deine Freunde
und nicht deine Brüder und nicht deine Verwandten und nicht
reiche Nachbarn, damit nicht auch sie dich gegenrufen und
dir Vergeltung geschieht. 13 Sondern, wann einen Empfang du
machst, rufe Arme, Krüppel, Lahme, Blinde! 14 Und selig
wirst du sein, weil nicht(s) sie haben, dir zu vergelten, denn
vergolten werden wird dir bei der Auferstehung der Gerech-
ten.

15 Hörend aber dieses sprach einer der mit (zu Tisch) Lie-
genden zu ihm: Selig, welcher ißt Brot im Königtum Gottes.

16 Der aber sprach zu ihm: Ein Mensch machte ein großes
Mahl und rief viele, 17 und er schickte seinen Sklaven zur

Stunde des Mahls, zu sprechen zu den Gerufenen: Kommt,
weil es schon bereit ist! 18 Aber sie begannen auf einmal alle,
sich zu entschuldigen. Der erste sprach zu ihm: Einen Acker
kaufte ich, und ich bin gezwungen, hinausgehend, ihn zu se-
hen; ich bitte dich, halte mich für entschuldigt. 19 Und ein an-
derer sprach: Fünf Joch Rinder kaufte ich, und ich gehe, sie
zu prüfen; ich bitte dich, halte mich für entschuldigt. 20 Und
ein anderer sprach: Eine Frau heiratete ich, und deswegen
kann ich nicht kommen. 21 Und ankommend meldete der
Sklave seinem Herrn dieses. Da, zornig geworden, sprach der
Hausherr zu seinem Sklaven: Geh schnell hinaus auf die Stra-
ßen und Gassen der Stadt, und die Armen und Krüppel und
Blinden und Lahmen führe herein, hierher! 22 Und (es) sprach
der Sklave: Herr, es ist geschehen, was du befahlst, und noch
ist Platz. 23 Und (es) sprach der Herr zu dem Sklaven: Geh
hinaus an die Wege und Zäune und zwinge (sie) hereinzu-
kommen, damit gefüllt wird mein Haus! 24 Denn ich sage
euch: Keiner jener Männer, die gerufen waren, wird kosten
mein Mahl.

25 Mitgingen aber mit ihm viele Volksmengen, und sich
umwendend sprach er zu ihnen: 26 Wenn einer kommt zu mir
und nicht haßt seinen Vater und die Mutter und die Frau und
die Kinder und die Brüder und die Schwestern und auch noch
sein eigenes Leben, nicht kann er sein mein Schüler. 27 Wel-
cher nicht trägt sein Kreuz und geht hinter mir (her), nicht
kann er sein mein Schüler.

28 Denn wer von euch, der einen Turm bauen will, nicht
zuerst, sich setzend, berechnet den Aufwand, ob er hat (ge-
nug) zur Vollendung? 29 Damit nicht etwa, wenn er setzte ein
Fundament und nicht vermag zu vollenden, alle Schauenden
beginnen, ihn zu verspotten, 30 sagend: Dieser Mensch begann
zu bauen und nicht vermochte er zu vollenden. 31 Oder wel-
cher König, (daran) gehend mit einem anderen König zu-
sammenzutreffen zum Krieg, wird nicht, sich setzend, zuerst
beraten, ob er fähig ist, mit zehntausend entgegenzutreten
dem mit zwanzigtausend Kommenden gegen ihn? 32 Wenn

aber nicht, schickt er, wenn der noch weit ist, eine Gesandt-
schaft (und) bittet um die (Bedingungen) für Frieden. 33 So
also kann jeder von euch, der nicht sich trennt von all seinem
Besitz, nicht sein mein Schüler.

34 Gut also (ist) das Salz; wenn aber auch das Salz schal
wird, mit was wird es gewürzt werden? 35 Weder für (die)
Erde noch für (den) Mist ist es tauglich, hinauswirft man es.
Der Habende Ohren zu hören soll hören!

15 1 Es waren aber ihm sich nähernd alle Zöllner und
Sünder, ihn zu hören. 2 Und (es) murrten sowohl die
Pharisaier und die Schriftkundigen, sagend: Dieser nimmt
Sünder an und ißt mit ihnen.

3 Er sprach aber zu ihnen dieses Gleichnis, sagend: 4 Wel-
cher Mensch von euch, habend hundert Schafe und verlierend
von ihnen eines, läßt nicht zurück die neunundneunzig in der
Öde, und geht zu dem verlorenen, bis er es findet? 5 Und
wenn er (es) gefunden hat, auflegt er (es) auf seine Schultern,
sich freuend, 6 und wenn er gekommen ist ins Haus, zusam-
menruft er die Freunde und die Nachbarn, sagend ihnen:
Freut euch mit mir, weil ich fand mein Schaf, das verlorene.
7 Ich sage euch: So wird (mehr) Freude im Himmel sein über
einen umkehrenden Sünder als über neunundneunzig Gerech-
te, welche nicht nötig haben eine Umkehr.

8 Oder welche Frau, habend zehn Drachmen, wenn sie ver-
liert eine Drachme, zündet nicht an eine Leuchte und fegt das
Haus und sucht sorgfältig, bis daß sie findet? 9 Und wenn sie
gefunden hat, zusammenruft sie die Freundinnen und Nachba-
rinnen, sagend: Freut euch mit mir, weil ich fand die Drach-
me, die ich verlor. 10 So, sage ich euch, entsteht Freude vor
den Engeln Gottes über einen umkehrenden Sünder.

11 Er sprach aber: Ein Mensch hatte zwei Söhne. 12 Und (es)
sprach der jüngere von ihnen zum Vater: Vater, gib mir den
(mir) zufallenden Teil des Vermögens! Der aber zuteilte ih-
nen den Besitz. 13 Und nach nicht vielen Tagen sammelte alles
der jüngere Sohn, verreiste in ein fernes Land, und dort ver-
praßte er sein Vermögen, liederlich lebend. 14 Als er aber ver-

ausgabt hatte alles, entstand eine starke Hungersnot über je-
nes Land, und er begann Mangel zu leiden. 15 Und gehend,
anschloß er sich einem der Bürger jenes Landes, und er
schickte ihn auf seine Äcker, zu weiden Schweine, 16 und er
begehrte, sich zu sättigen von den Schoten, die die Schweine
fraßen, und keiner gab (sie) ihm. 17 In sich gehend aber, sagte
er: Wieviele Lohnarbeiter meines Vaters haben Überfluß an
Broten, ich aber gehe an (der) Hungersnot hier zugrunde.
18 Aufgestanden, gehen werde ich zu meinem Vater und sagen
werde ich ihm: Vater, ich sündigte gegen den Himmel und
vor dir, 19 nicht mehr bin ich wert, gerufen zu werden dein
Sohn; mache mich wie einen deiner Lohnarbeiter! 20 Und auf-
gestanden ging er zu seinem Vater. Noch als er aber weit ent-
fernt war, sah ihn sein Vater und erbarmte sich, und laufend
fiel er um seinen Hals, und abküßte er ihn. 21 (Es) sprach aber
der Sohn zu ihm: Vater, ich sündigte gegen den Himmel und
vor dir, nicht mehr bin ich wert, gerufen zu werden dein
Sohn. 22 (Es) sprach aber der Vater zu seinen Sklaven: Schnell
bringt heraus das erste Gewand und bekleidet ihn, und gebt
einen Ring an seine Hand und Sandalen an die Füße, 23 und
bringt das gemästete Kalb, schlachtet, und essend wollen wir
feiern, 24 weil dieser mein Sohn tot war und auflebte, verloren
war und gefunden wurde. Und sie begannen zu feiern. 25 (Es)
war aber sein älterer Sohn auf (dem) Acker; und wie er,
kommend, nahekam dem Haus, hörte er Musik und Reigen,
26 und herbeirufend einen der Knechte, erkundigte er sich,
was dieses sei. 27 Der aber sprach zu ihm: Dein Bruder ist ge-
kommen, und (es) schlachtete dein Vater das gemästete Kalb,
weil gesund er ihn zurückempfing. 28 Zornig aber wurde er,
und nicht wollte er hineingehen, sein Vater aber, heraus-
kommend, bat ihn. 29 Der aber antwortend sprach zu seinem
Vater: Siehe, soviele Jahre diene ich dir und niemals überging
ich dein Gebot, und mir gabst du niemals einen Bock, damit
mit meinen Freunden ich feiere; 30 als aber dieser dein Sohn,
der auffressende deinen Besitz mit Dirnen, kam, schlachtetest
du ihm das gemästete Kalb. 31 Der aber sprach zu ihm: Kind,

du bist allzeit bei mir, und alles Meine ist dein; 32 feiern aber und sich freuen mußte man, weil dieser dein Bruder tot war und auflebte, und verloren (war) und gefunden wurde.

16 1 Er sagte aber auch zu den Schülern: Ein Mensch war reich; der hatte einen Verwalter, und dieser wurde ihm verklagt als zerstreuend seinen Besitz. 2 Und rufend ihn, sprach er zu ihm: Was höre ich dies über dich? Gib die Rechenschaft ab über deine Verwaltung, denn nicht kannst du noch (länger) verwalten. 3 (Es) sprach aber bei sich der Verwalter: Was werde ich tun, weil mein Herr wegnimmt die Verwaltung von mir? Graben kann ich nicht, zu betteln schäme ich mich. 4 Ich erkannte, was ich tun werde, damit, wann ich entfernt werde aus der Verwaltung, sie mich aufnehmen in ihre Häuser. 5 Und herbeirufend einzeln jeden der Schuldner seines Herrn, sagte er dem ersten: Wieviel schuldest du meinem Herrn? 6 Der aber sprach: Hundert Bat Öl. Der aber sprach zu ihm: Nimm deine Schriften und, dich setzend, schnell schreibe fünfzig! 7 Danach zu einem anderen sprach er: Du aber, wieviel schuldest du? Der aber sprach: Hundert Kor Weizen. Er sagt ihm: Nimm deine Schriften und schreibe achtzig. 8 Und es lobte der Herr den Verwalter der Ungerechtigkeit, weil klug er handelte; denn die Söhne dieses Aions sind klüger als die Söhne des Lichts in ihrer eigenen Art. 9 Und ich sage euch, macht euch Freunde aus dem Mammon der Ungerechtigkeit, damit, wann es aufhört, sie euch aufnehmen in die ewigen Zelte.

10 Der Treue im Geringsten, auch im Vielen ist er treu, und der im Geringsten Ungerechte, auch im Vielen ist er ungerecht. 11 Wenn ihr nun im ungerechten Mammon nicht treu wart, wer wird das Wahre euch anvertrauen? 12 Und wenn ihr im Fremden nicht treu wart, wer wird das Eure euch geben?

13 Kein Hausdiener kann zwei Herren dienen; denn entweder den einen wird er hassen, und den anderen wird er lieben, oder er wird an den einen sich halten, und den anderen wird er verachten. Nicht könnt ihr Gott dienen und (dem) Mammon.

14 (Es) hörten aber dieses alles die Pharisaier, die geldgierig
sind, und sie verhöhnten ihn. 15 Und er sprach zu ihnen: Ihr
seid die sich selbst Gerechtsprechenden vor den Menschen,
Gott aber erkennt eure Herzen; denn das bei Menschen Hohe,
ein Greuel (ist es) vor Gott.

16 Das Gesetz und die Propheten (galten) bis Johannes; von
da (an) wird das Königtum Gottes (als Evangelium) verkün-
det, und jeder dringt gewalttätig ein in es. 17 Leichter aber ist,
daß der Himmel und die Erde vergehen, als daß vom Gesetz
ein einziges Häkchen (weg)fällt.

18 Jeder Entlassende seine Frau und Heiratende eine andere
bricht die Ehe, und der eine vom Mann Entlassene Heiratende
bricht die Ehe.

19 Ein Mensch aber war reich, und er zog sich an Purpur-
gewand und Feinleinen, feiernd täglich glänzend. 20 Ein Ar-
mer aber mit Namen Lazaros war hingeworfen vor sein Tor,
geschwürig 21 und begehrend, sich zu sättigen vom Fallenden
vom Tisch des Reichen; aber auch die Hunde, kommend, be-
leckten seine Geschwüre. 22 Es geschah aber, daß der Arme
starb und daß er fortgetragen wurde von den Engeln in den
Schoß Abrahams; (es) starb aber auch der Reiche, und er
wurde begraben. 23 Und im Hades erhebend seine Augen,
(denn) er war in Qualen, sieht er Abraham von weitem und
Lazaros in seinem Schoß. 24 Und rufend sprach er: Vater
Abraham, erbarme dich meiner und schick Lazaros, damit er
tauche die Spitze seines Fingers in Wasser und abkühle meine
Zunge, weil ich leide in dieser Flamme. 25 (Es) sprach aber
Abraham: Kind, gedenke, daß du empfingst deine Güter in
deinem Leben, und Lazaros gleicherweise die Übel; jetzt aber
wird er hier getröstet, du aber leidest. 26 Und zu allem diesem
ist zwischen uns und euch eine große Kluft aufgerichtet, auf
daß die hinübergehen Wollenden von hier zu euch, (es) nicht
können, noch von dort zu uns sie durchgelangen. 27 Er sprach
aber: Ich bitte dich nun, Vater, daß du ihn schickst ins Haus
meines Vaters, 28 denn ich habe fünf Brüder, auf daß er ihnen
bezeuge, damit nicht auch sie kommen in diesen Ort der

Qual. 29 (Es) sagt aber Abraham: Sie haben Moyses und die
Propheten; hören sollen sie sie. 30 Der aber sprach: Nein,
Vater Abraham, doch wenn einer von den Toten kommt zu
ihnen, umkehren werden sie. 31 Er aber sprach zu ihm: Wenn
Moyses und die Propheten sie nicht hören, auch nicht, wenn
einer aus Toten aufsteht, werden sie überzeugt werden.

17 1 Er sprach aber zu seinen Schülern: Unmöglich ist,
daß die Ärgernisse nicht kommen, jedoch wehe,
durch den sie kommen; 2 besser wäre für ihn, wenn ein Mühl-
stein herumgelegt wäre um seinen Nacken und er geworfen
wäre ins Meer, als daß er Anstoß gibt einem einzigen dieser
Kleinen. 3 Nehmt euch in acht!

Wenn sündigt dein Bruder, fahre ihn an, und wenn er um-
kehrt, erlasse ihm! 4 Und wenn siebenmal des Tags er sündigt
gegen dich und siebenmal sich hinwendet zu dir, sagend: Ich
kehre um, erlassen sollst du ihm!

5 Und (es) sprachen die Apostel zum Herrn: Verleihe uns
Glauben! 6 (Es) sprach aber der Herr: Wenn ihr habt Glauben
wie ein Senfkorn, sagen würdet ihr [diesem] Maulbeerfeigen-
baum: Werde entwurzelt und gepflanzt im Meer! Und gehor-
chen würde er euch.

7 Wer aber von euch, habend einen Sklaven pflügend oder
weidend, wird, wenn er hereinkommt vom Acker, ihm sagen:
Sogleich herkommend, leg dich (zu Tisch)! 8 Sondern wird er
nicht ihm sagen: Bereite, was ich speisen werde, und dich
umgürtend bediene mich, solange ich esse und trinke, und
danach wirst du essen und trinken? 9 Hat er etwa Dank dem
Sklaven, weil er tat das Angeordnete? 10 So auch ihr, wann ihr
tatet alles euch Angeordnete, sagt: Unnütze Sklaven sind wir;
was wir schuldeten zu tun, haben wir getan.

11 Und es geschah beim Gehen nach Jerusalem, daß er
durchzog mitten durch Samareia und Galilaia.

12 Und als er hineinkam in ein Dorf, begegneten [ihm] zehn
aussätzige Männer, die stehenblieben von weitem, 13 und sie
erhoben (die) Stimme, sagend: Jesus, Meister, erbarme dich
unser! 14 Und sehend (sie), sprach er zu ihnen: Geht, zeigt

euch den Priestern! Und es geschah, bei ihrem Fortgehen
wurden sie rein. [15] Einer aber von ihnen, sehend, daß er ge-
heilt wurde, kehrte zurück, mit lauter Stimme verherrlichend
Gott, [16] und er fiel aufs Gesicht vor seinen Füßen, dankend
ihm; und er war ein Samariter. [17] Antwortend aber sprach Je-
sus: Wurden nicht die zehn rein? Wo aber (sind) die neun?
[18] Nicht fanden sich (welche), zurückkehrend, Gott die Ehre
zu geben, außer dieser Fremdstämmige? [19] Und er sprach zu
ihm: Aufstehend geh! Dein Glaube hat dich gerettet.

[20] Befragt aber von den Pharisaiern, wann das Königtum
Gottes kommt, antwortete er ihnen und sprach: Nicht kommt
das Königtum Gottes unter Beobachtung, [21] auch werden sie
nicht sagen: Siehe, hier! oder: Dort! Denn siehe, das König-
tum Gottes ist unter euch.

[22] Er sprach aber zu den Schülern: Kommen werden Tage,
da ihr begehren werdet, einen der Tage des Sohnes des Men-
schen zu sehen, und nicht werdet ihr sehen. [23] Und sagen
werden sie euch: Siehe dort! [oder:] Siehe hier! Geht nicht
hin und folgt nicht! [24] Denn wie der Blitz, blitzend, vom (ei-
nen Ende) unter dem Himmel bis zum (anderen Ende) unterm
Himmel leuchtet, so wird sein der Sohn des Menschen [an
seinem Tag]. [25] Zuerst aber muß er vieles leiden und verwor-
fen werden von diesem Geschlecht. [26] Und gleichwie es ge-
schah in den Tagen Noes, so wird es auch sein in den Tagen
des Sohnes des Menschen: [27] Sie aßen, sie tranken, sie heira-
teten, sie wurden verheiratet, bis zu (dem) Tag, an dem hin-
einging Noe in die Arche und die Sintflut kam und alle ver-
nichtete. [28] Gleicherweise gleichwie es geschah in den Tagen
Lots: Sie aßen, sie tranken, sie kauften, sie verkauften, sie
pflanzten, sie bauten; [29] an (dem) Tag aber, an dem Lot her-
ausging von Sodoma, regnete Feuer und Schwefel vom Him-
mel und vernichtete alle. [30] Genauso wird es sein am Tag, an
dem der Sohn des Menschen offenbart wird. [31] An jenem Tag,
wer sein wird auf dem Dach und seine Sachen im Haus (hat),
nicht soll er herabsteigen, sie wegzutragen, und der im Acker
gleicherweise, nicht soll er zurückkehren nach hinten. [32] Er-

innert euch der Frau Lots! 33 Wer immer sucht sein Leben
sich zu erhalten, verlieren wird er es, wer aber immer (es)
verliert, lebendigerhalten wird er es. 34 Ich sage euch, in die-
ser Nacht werden sein zwei auf einem Bett, der eine wird
mitgenommen werden, und der andere wird (zurück)gelassen
werden; 35 (es) werden sein zwei Mahlende an demselben
(Ort), die eine wird mitgenommen werden, die andere aber
wird (zurück)gelassen werden.* 37 Und antwortend sagen sie
ihm: Wo, Herr? Der aber sprach zu ihnen: Wo die Leiche
(ist), dort auch werden die Geier sich versammeln.

18 1 Er sagte aber ein Gleichnis ihnen bezüglich der
Notwendigkeit, daß sie allzeit beten und nicht ermü-
den, 2 sagend: Ein Richter war in einer Stadt, Gott nicht
fürchtend und sich vor einem Menschen nicht scheuend.
3 Eine Witwe aber war in jener Stadt und kam zu ihm, sa-
gend: Recht verschaffe mir vor meinem Widersacher! 4 Und
nicht wollte er für (einige) Zeit. Danach aber sprach er bei
sich: Wenn auch Gott ich nicht fürchte noch vor einem Men-
schen ich mich scheue, 5 weil jedoch mir Mühe bereitet diese
Witwe, werde ich Recht verschaffen ihr, damit nicht am Ende
sie, kommend, mir ins Gesicht schlägt. 6 (Es) sprach aber der
Herr: Hört, was der Richter der Ungerechtigkeit sagt! 7 Gott
aber, wird er nicht schaffen das Recht seiner Auserwählten,
der rufenden zu ihm tags und nachts, und großmütig sein ge-
gen sie? 8 Ich sage euch: Schaffen wird er ihr Recht in Kürze.
Jedoch der Sohn des Menschen, wird er wohl kommend fin-
den den Glauben auf der Erde?

9 Er sprach aber zu einigen Vertrauenden auf sich selbst,
daß sie sind Gerechte, und Verachtenden die übrigen, dieses
Gleichnis: 10 Zwei Menschen hinaufstiegen zum Heiligtum zu
beten, der eine ein Pharisaier und der andere ein Zöllner.
11 Der Pharisaier, sich hinstellend, betete bei sich dieses:
Gott, ich danke dir, daß nicht ich bin wie die übrigen der
Menschen, Räuber, Ungerechte, Ehebrecher, oder auch wie
dieser Zöllner; 12 ich faste zweimal die Woche, ich verzehnte

* V 36 ist aus Mt 24,40 eingedrungen.

alles, wieviel ich erwerbe. 13 Der Zöllner aber, von weitem
stehend, nicht wollte die Augen erheben zum Himmel, son-
dern er schlug seine Brust, sagend: Gott, sei gnädig mir, dem
Sünder! 14 Ich sage euch, hinabstieg dieser gerechtfertigt in
sein Haus im Vergleich zu jenem; denn jeder Erhöhende sich
selbst wird erniedrigt werden, der aber Erniedrigende sich
selbst wird erhöht werden.

15 Hinbrachten sie aber zu ihm auch die Säuglinge, damit er
sie berühre; sehend aber (das) die Schüler, fuhren sie sie an.
16 Jesus aber herbeirief sie, sagend: Laßt die Kinder kommen
zu mir und hindert sie nicht, denn solcher ist das Königtum
Gottes! 17 Amen, ich sage euch: Wer immer nicht aufnimmt
das Königtum Gottes wie ein Kind, nicht kommt er hinein in
es.

18 Und (es) befragte ihn ein Vorsteher, sagend: Guter Leh-
rer, was tuend werde ich ewiges Leben erben? 19 (Es) sprach
aber zu ihm Jesus: Was nennst du mich gut? Keiner (ist) gut,
Ex 20,12–16 wenn nicht einer, Gott. 20 Die Gebote kennst du: *Nicht sollst*
Dtn 5,16–20 (G) *du ehebrechen, nicht sollst du morden, nicht sollst du stehlen,*
nicht sollst du falschzeugen, ehre deinen Vater und die Mut-
ter. 21 Der aber sprach: Dieses alles hielt ich seit (meiner) Ju-
gend. 22 (Es) hörend aber sprach Jesus zu ihm: Noch eines
fehlt dir: Alles, wieviel du hast, verkaufe und verteile (es
den) Armen, und du wirst haben einen Schatz in [den] Him-
meln, und auf, folge mir! 23 Der aber, hörend dieses, wurde
ganz betrübt; denn er war sehr reich.

24 Sehend aber ihn [ganz betrübt geworden], sprach Jesus:
Wie schwer gehen die die Güter Habenden ins Königtum
Gottes hinein; 25 denn müheloser ist es, daß ein Kamel durch
(die) Öffnung einer Nadel hineingeht, als daß ein Reicher ins
Königtum Gottes hineingeht. 26 (Es) sprachen aber die (es)
Hörenden: Und wer kann gerettet werden? 27 Der aber sprach:
Das Unmögliche bei Menschen, möglich ist es bei Gott.

28 (Es) sprach aber Petros: Siehe, wir, verlassend das Eige-
ne, folgten dir! 29 Der aber sprach zu ihnen: Amen, ich sage
euch: Keiner ist, der verließ Haus oder Frau oder Brüder

oder Eltern oder Kinder wegen des Königtums Gottes, 30 der
nicht [zurück]empfängt ein Vielfaches in dieser Zeit und im
kommenden Aion ewiges Leben.

31 Mitnehmend aber die Zwölf, sprach er zu ihnen: Siehe,
hinaufsteigen wir nach Jerusalem, und vollendet werden wird
alles Geschriebene durch die Propheten über den Sohn des
Menschen; 32 denn übergeben werden wird er den Heiden,
und verspottet und mißhandelt und angespuckt werden wird
er, 33 und nachdem sie ihn gegeißelt haben, werden sie töten
ihn, und am dritten Tag wird er aufstehen. 34 Und sie verstan-
den davon nichts, und (es) war diese Rede verborgen vor ih-
nen, und nicht erkannten sie das Gesagte.

35 Es geschah aber bei seinem Nahekommen nach Jericho:
Ein Blinder saß am Weg, bettelnd. 36 Hörend aber (die) durch-
ziehende Volksmenge, erkundigte er sich, was dies sei. 37 Sie
aber meldeten ihm: Jesus, der Nazoraier, geht vorbei. 38 Und
er rief, sagend: Jesus, Sohn Davids, erbarme dich meiner!
39 Und die Vorangehenden anfuhren ihn, daß er schweige, er
aber schrie um vieles mehr: Sohn Davids, erbarme dich mei-
ner! 40 Stehengeblieben aber befahl Jesus, daß er geführt wer-
de zu ihm. Als er aber nahekam, befragte er ihn: 41 Was willst
du, soll ich dir tun? Der aber sprach: Herr, daß ich wieder
sehe! 42 Und Jesus sprach zu ihm: Sieh wieder! Dein Glaube
hat dich gerettet. 43 Und auf der Stelle sah er wieder, und er
folgte ihm, verherrlichend Gott. Und das ganze Volk, sehend
(es), gab Gott Lob.

19 1 Und hineinkommend durchzog er Jericho. 2 Und
siehe, ein Mann, mit Namen gerufen Zakchaios,
und er war Oberzöllner, und er (war) reich; 3 und er suchte
Jesus zu sehen, wer er ist, und konnte (es) nicht wegen der
Volksmenge, weil von Gestalt klein er war. 4 Und vorauslau-
fend nach vorn, hinaufstieg er auf einen Maulbeerfeigen-
baum, damit er sehe ihn, weil jenes (Wegs) er im Begriff war
durchzuziehen. 5 Und als er kam an den Ort, aufschauend
sprach Jesus zu ihm: Zakchaios, eilend steig herab, denn
heute muß in deinem Haus ich bleiben! 6 Und eilend herab-

stieg er, und aufnahm er ihn, sich freuend. 7 Und alle (es) Sehenden murrten, sagend: Bei einem sündigen Mann hineinging er, einzukehren. 8 Stehengeblieben aber sprach Zakchaios zum Herrn: Siehe, die Hälfte meines Besitzes, Herr, gebe ich den Armen, und wenn von einem etwas ich erpreßte, zurückgebe ich vierfaches. 9 (Es) sprach aber zu ihm Jesus: Heute geschah Heil diesem Haus, weil auch er ein Sohn Abrahams ist; 10 denn (es) kam der Sohn des Menschen, zu suchen und zu retten das Verlorene.

11 Da sie aber hörten dieses, hinzufügend sprach er ein Gleichnis, weil er nahe war Jerusalem und sie meinten, daß auf der Stelle im Begriff sei das Königtum Gottes zu erscheinen. 12 Er sprach nun: Ein hochgeborener Mensch zog in ein fernes Land, zu empfangen für sich ein Königtum und zurückzukehren. 13 Rufend aber seine zehn Sklaven, gab er ihnen zehn Mna und sprach zu ihnen: Handelt (damit), bis ich komme! 14 Seine Bürger aber haßten ihn und schickten eine Gesandtschaft hinter ihm (her), sagend: Nicht wollen wir, daß dieser als König herrsche über uns! 15 Und es geschah bei seinem Zurückkommen, nachdem er empfangen hatte das Königtum, daß er sprach, daß ihm gerufen werden diese Sklaven, denen er gegeben hatte das Silber(geld), damit er erkenne, was sie erhandelten. 16 Herankam aber der Erste, sagend: Herr, dein Mna arbeitete zehn Mna hinzu. 17 Und er sprach zu ihm: Wohlan, guter Sklave, weil im Geringsten treu du warst, habe Vollmacht über zehn Städte! 18 Und (es) kam der Zweite, sagend: Dein Mna, Herr, machte fünf Mna. 19 Er sprach aber auch zu diesem: Und du, über fünf Städte werde (bevollmächtigt)! 20 Und der andere kam, sagend: Herr, siehe, dein Mna, das ich niedergelegt hatte in einem Schweißtuch; 21 denn ich fürchtete dich, weil ein strenger Mensch du bist! Du nimmst, was du nicht hinlegtest, und du erntest, was du nicht sätest. 22 Er sagt ihm: Aus deinem Mund werde ich dich richten, böser Sklave. Du wußtest, daß ich ein strenger Mensch bin, nehmend, was ich nicht hinlegte, und erntend, was ich nicht säte? 23 Und weshalb gabst du nicht mein Silber(geld)

auf einen (Wechsel)tisch? Und ich, kommend, mit Zins hätte
ich es eingefordert. 24 Und zu den Dabeistehenden sprach er:
Nehmt weg von ihm das Mna und gebt (es) dem die zehn
Mna Habenden! – 25 Und sie sprachen zu ihm: Herr, er hat
zehn Mna! – 26 Ich sage euch: Jedem Habenden wird gegeben
werden, von dem Nicht-Habenden aber, auch was er hat,
wird weggenommen werden. 27 Jedoch diese meine Feinde,
die nicht wollten, daß ich als König herrsche über sie, führt
sie hierher und schlachtet sie ab vor mir!

28 Und dieses sprechend ging er vor(aus), hinaufsteigend
nach Hierosolyma.

29 Und es geschah, als er nahekam nach Bethphage und
Bethania zu dem Berg, dem Ölberg gerufenen, schickte er
zwei der Schüler, 30 sagend: Geht fort in das Dorf gegenüber,
in dem ihr hineingehend finden werdet ein Füllen angebun-
den, auf das keiner (der) Menschen jemals sich setzte, und lö-
send es, führt (es her)! 31 Und wenn einer euch fragt: Weshalb
löst ihr (es)?, werdet ihr so sagen: Der Herr hat es nötig.
32 Weggehend aber, fanden (es) die Geschickten, gleichwie er
gesprochen hatte zu ihnen. 33 Als sie aber lösten das Füllen,
sprachen seine Herren zu ihnen: Was löst ihr das Füllen?
34 Die aber sprachen: Der Herr hat es nötig. 35 Und sie führten
es zu Jesus, und darauflegend ihre Gewänder auf das Füllen,
daraufsetzten sie Jesus. 36 Als er aber ging, unter (ihm) brei-
teten sie aus ihre Gewänder auf dem Weg. 37 Als er aber
schon nahekam an den Abstieg des Berges der Ölbäume, be-
gann die ganze Menge der Schüler, sich freuend zu loben
Gott mit lauter Stimme, wegen all der Kraft(taten), die sie sa-
hen, 38 sagend: *Gesegnet der Kommende,* der König, *im Na-* Ps 118,26
men (des) Herrn; im Himmel Friede und Herrlichkeit in (den)
Höhen! 39 Und einige der Pharisaier von der Volksmenge
sprachen zu ihm: Lehrer, fahre deine Schüler an! 40 Und ant-
wortend sprach er: Ich sage euch, wenn diese schweigen
werden, die Steine werden schreien.

41 Und als er nahekam, sehend die Stadt, weinte er über sie,
42 sagend: Wenn (doch) erkannt (hättest) an diesem Tag auch

du die (Bedingungen) für Frieden! Jetzt aber wurde es verborgen vor deinen Augen. 43 Denn (es) werden kommen Tage über dich, und aufwerfen werden deine Feinde einen Wall vor dir, und rings umzingeln werden sie dich, und bedrängen werden sie dich (von) überallher, 44 und dem Erdboden gleichmachen werden sie dich und deine Kinder in dir, und nicht werden sie lassen Stein auf Stein in dir, dafür daß du nicht erkanntest die Zeit deiner Heimsuchung.

45 Und hineingehend ins Heiligtum, begann er hinauszuwer-
Jes 56,7 fen die Verkaufenden, 46 sagend ihnen: Geschrieben ist: *Und
(es) wird sein mein Haus ein Haus (des) Gebets,* ihr aber
Jer 7,11 machtet es *zu einer Höhle von Räubern.*

47 Und er war lehrend täglich im Heiligtum. Die Hochpriester aber und die Schriftkundigen suchten ihn zu vernichten, und die Ersten des Volks, 48 und nicht fanden sie, was sie tun (könnten), denn das ganze Volk klammerte sich (an ihn), ihn hörend.

20 1 Und es geschah an einem der Tage, als er lehrte das Volk im Heiligtum und (das Evangelium) verkündete, hinzutraten die Hochpriester und die Schriftkundigen mit den Ältesten, 2 und sie sprachen, sagend zu ihm: Sprich zu uns, in welcher Vollmacht du dieses tust, oder wer ist der Gebende dir diese Vollmacht? 3 Antwortend aber sprach er zu ihnen: Fragen werde euch auch ich ein Wort, und sprecht zu mir: 4 Die Taufe (des) Johannes, vom Himmel war sie oder von Menschen? 5 Die aber überlegten bei sich, sagend: Wenn wir sprechen: Vom Himmel, wird er sagen: Weshalb glaubtet ihr ihm nicht? 6 Wenn wir aber sprechen: Von Menschen, wird das ganze Volk uns steinigen, denn überzeugt ist es, daß Johannes ein Prophet ist. 7 Und sie antworteten, nicht zu wissen woher. 8 Und Jesus sprach zu ihnen: Auch ich sage euch nicht, in welcher Vollmacht ich dieses tue.

9 Er begann aber zum Volk zu sagen dieses Gleichnis: [Ein] Mensch pflanzte einen Weinberg, und er vergab ihn an Bauern, und er verreiste geraume Zeit. 10 Und zur (rechten) Zeit schickte er zu den Bauern einen Sklaven, damit von der

Frucht des Weinbergs sie ihm geben werden; die Bauern
aber, nachdem sie (ihn) geschunden hatten, wegschickten ihn
leer. 11 Und fortfuhr er, einen anderen Sklaven zu schicken;
die aber, nachdem sie auch jenen geschunden und entehrt
hatten, wegschickten (ihn) leer. 12 Und fortfuhr er, einen
dritten zu schicken; die aber, nachdem sie auch diesen ver-
wundet hatten, hinauswarfen (ihn). 13 (Es) sprach aber der
Herr des Weinbergs: Was werde ich tun? Schicken werde ich
meinen Sohn, den geliebten; vielleicht werden sie sich vor
diesem scheuen. 14 Sehend aber ihn, überlegten die Bauern
untereinander, sagend: Dieser ist der Erbe; töten wir ihn,
damit unser wird das Erbe! 15 Und hinauswerfend ihn außer-
halb des Weinbergs, töteten sie (ihn). Was nun wird ihnen tun
der Herr des Weinbergs? 16 Kommen wird er, und zugrunde-
richten wird er diese Bauern, und geben wird er den Wein-
berg anderen.

(Es) hörend aber sprachen sie: Niemals! 17 Der aber, an-
schauend sie, sprach: Was nun ist dieses Geschriebene: *(Der)* Ps 118,22
Stein, den verwarfen die Bauenden, dieser wurde zum Haupt-
stein? 18 Jeder Fallende auf jenen Stein wird zerschellen; auf
wen aber immer er fällt, zermalmen wird er ihn. 19 Und (es)
suchten die Schriftkundigen und die Hochpriester Hand zu le-
gen an ihn in eben der Stunde, aber sie fürchteten das Volk,
denn sie erkannten, daß er gegen sie sprach dieses Gleichnis.

20 Und belauernd (ihn) schickten sie Aufpasser, heuchelnd,
daß sie selbst gerecht seien, damit sie faßten ihn beim Wort,
so daß sie übergäben ihn der Hoheit und der Vollmacht des
Statthalters. 21 Und sie befragten ihn, sagend: Lehrer, wir
wissen, daß richtig du redest und lehrst und nicht (Rücksicht)
nimmst (auf) ein Gesicht, sondern in Wahrheit den Weg Got-
tes lehrst: 22 Ist es uns erlaubt, (dem) Kaiser Steuer zu geben
oder nicht? 23 Durchschauend aber ihre Verschlagenheit,
sprach er zu ihnen: 24 Zeigt mir einen Denar! Von wem hat er
Bild und Aufschrift? Die aber sprachen: (Vom) Kaiser. 25 Der
aber sprach zu ihnen: Daher gebt das (des) Kaisers (dem)
Kaiser und das Gottes Gott! 26 Und nicht vermochten sie, ihn

zu fassen bei einer Rede vor dem Volk, und staunend über
seine Antwort schwiegen sie.

[27] Hinzukommend aber einige der Saddukaier - die [Wi-
der]sprechenden, Auferstehung gebe es nicht –, befragten
Dtn 25,5 ihn, [28] sagend: Lehrer, Moyses schrieb uns: *Wenn jemandes*
Bruder stirbt, habend eine Frau, und dieser *kinderlos* ist, daß
Gen 38,8 *nehme sein Bruder die Frau und erstehen lasse er Nachkom-*
menschaft seinem Bruder. [29] Nun waren sieben Brüder; und
der erste, nehmend eine Frau, starb kinderlos; [30] und der
zweite [31] und der dritte nahm sie, ebenso aber auch die sieben,
nicht zurückließen sie Kinder und starben. [32] Zuletzt starb
auch die Frau. [33] Die Frau nun, bei der Auferstehung, wessen
von ihnen Frau wird sie? Denn die sieben hatten sie als Frau.

[34] Und (es) sprach zu ihnen Jesus: Die Söhne dieses Aions
heiraten und werden verheiratet, [35] die aber gewürdigt wur-
den, jenes Aions teilhaftig zu werden und der Auferstehung
aus Toten, weder heiraten sie, noch werden sie verheiratet;
[36] denn auch sterben können sie nicht mehr, denn Engelglei-
che sind sie und Söhne Gottes sind sie, als der Auferstehung
Söhne. [37] Daß aber erweckt werden die Toten, zeigte auch
Ex 3,6 Moyses beim Dornbusch, wie er nennt *(den) Herrn den Gott*
Abrahams und Gott Isaaks und Gott Jakobs. [38] Gott aber ist
nicht (ein Gott) Toter, sondern Lebender, denn alle leben
ihm.

[39] Antwortend aber sprachen einige der Schriftkundigen:
Lehrer, recht sprachst du. [40] Denn nicht mehr wagten sie, ihn
zu fragen irgendetwas.

[41] Er sprach aber zu ihnen: Wieso sagen sie, der Christos
sei Davids Sohn? [42] Denn David selbst sagt im Buch (der)
Ps 110,1 Psalmen: *(Es) sprach (der) Herr zu meinem Herrn: Sitze zu*
meiner Rechten, [43] *bis ich hinlege deine Feinde als Fußbank*
deiner Füße! [44] David also ruft ihn Herr, und wie ist er sein
Sohn?

[45] Während aber das ganze Volk hörte, sprach er zu [sei-
nen] Schülern: [46] Nehmt euch in acht vor den Schriftkundigen,
die umhergehen wollen in Talaren und lieben Begrüßungen

auf den Märkten und Erstsitze in den Synagogen und Erstlager bei den Mählern, [47] die auffressen die Häuser der Witwen und zum Schein lang beten: Diese werden empfangen überreichliches Gericht.

21 [1] Aufschauend aber sah er die in den Schatzkasten ihre Gaben werfenden Reichen. [2] Er sah aber eine arme Witwe, werfend dort(hin) zwei Lepta, [3] und er sprach: Wahrhaft, ich sage euch: Diese arme Witwe warf mehr als alle; [4] denn alle diese warfen aus ihrem Überfluß zu den Gaben, diese aber warf aus ihrem Mangel den ganzen Besitz, den sie hatte.

[5] Und als einige sagten über das Heiligtum, daß mit schönen Steinen und Weihegeschenken es geschmückt ist, sprach er: [6] Dieses, was ihr schaut, kommen werden Tage, an denen nicht wird gelassen werden Stein auf Stein, der nicht zerstört werden wird.

[7] Sie befragten ihn aber, sagend: Lehrer, wann nun wird dieses sein, und was (ist) das Zeichen, wann dieses im Begriff ist zu geschehen? [8] Der aber sprach: Seht (zu), daß ihr nicht irregeführt werdet! Denn viele werden kommen in meinem Namen, sagend: Ich bin (es), und: Die Zeit ist nahegekommen! Nicht geht hinter ihnen (her)! [9] Wann ihr aber hört von Kriegen und Aufständen, ängstigt euch nicht! Denn dieses muß geschehen zuerst, doch nicht sogleich (ist es) das Ende.

[10] Dann sagte er ihnen: Aufstehen wird Volk gegen Volk und Königtum gegen Königtum, [11] und große Erdbeben und an (manchen) Orten Hungersnöte und Seuchen werden sein, Schrecknisse und vom Himmel große Zeichen werden sein.

[12] Vor diesem allem aber werden sie ihre Hand legen an euch, und sie werden (euch) verfolgen, übergebend in die Synagogen und Gefängnisse (euch), abgeführt vor Könige und Statthalter wegen meines Namens; [13] ablaufen wird es euch zum Zeugnis. [14] Legt nun in eure Herzen, nicht vorher zu überlegen, euch zu verteidigen! [15] Denn ich werde geben euch Mund und Weisheit, der nicht werden widerstehen oder widersprechen können alle eure Gegner. [16] Übergeben aber wer-

det ihr werden auch von Eltern und Brüdern und Verwandten
und Freunden, und sie werden töten (einige) von euch, 17 und
ihr werdet sein Gehaßte von allen wegen meines Namens.
18 Aber nicht ein Haar von eurem Kopf wird zugrundegehen.
19 In eurem Durchhalten erwerbt ihr euer Leben.

20 Wann aber ihr seht umringt von Heeren Jerusalem, dann
erkennt, daß nahegekommen ist seine Verwüstung. 21 Dann
sollen die in der Judaia fliehen in die Berge, und die in seiner
Mitte sollen hinausziehen, und die in den Landschaften sollen
nicht hineingehen in es, 22 weil dies Tage (der) Rache sind,
daß erfüllt wird alles Geschriebene. 23 Wehe den Schwangeren
und den Säugenden in jenen Tagen! Denn große Not wird
sein auf der Erde und Zorn für dieses Volk; 24 und fallen wer-
den sie durch (die) Schärfe (des) Schwertes, und gefangenge-
nommen werden sie werden zu den Völkern allen, und Jeru-
salem wird sein getreten von Völkern, bis daß erfüllt werden
(die) Zeiten (der) Völker.

25 Und sein werden Zeichen an Sonne und Mond und Ster-
nen, und auf der Erde Beklemmung (der) Völker in Ratlosig-
keit vor (dem) Tosen und Wogen (des) Meeres, 26 da ohn-
mächtig werden (die) Menschen vor Furcht und Erwartung
Jes 34,4 der herankommenden (Ereignisse) für den Erdkreis, denn *die
Kräfte der Himmel* werden erschüttert werden. 27 Und dann
Dan 7,13f werden sie sehen *den Sohn des Menschen, kommend in einer
Wolke* mit Kraft und viel Herrlichkeit. 28 Wenn aber dieses
beginnt zu geschehen, aufrichtet und erhebt eure Köpfe, weil
nahekommt eure Erlösung!

29 Und er sprach ein Gleichnis zu ihnen: Seht den Feigen-
baum und alle Bäume! 30 Wann sie schon ausschlagen, sehend
von selbst erkennt ihr, daß schon nahe ist der Sommer; 31 so
auch ihr, wann ihr seht dieses geschehend, erkennt, daß nahe
ist das Königtum Gottes! 32 Amen, ich sage euch: Nicht geht
vorüber dieses Geschlecht, bis alles geschieht. 33 Der Himmel
und die Erde werden vorübergehen, meine Worte aber wer-
den gewiß nicht vorübergehen.

34 Nehmt euch aber in acht für euch selbst, damit nicht etwa

beschwert werden eure Herzen in Rausch und Trinkerei und
Lebenssorgen und herantrete zu euch plötzlich jener Tag
35 wie eine Schlinge; denn hereinbrechen wird er über alle Sit-
zenden auf (der) Oberfläche der ganzen Erde. 36 Wacht aber
zu jeder Zeit, bittend, damit ihr vermögt zu entfliehen diesem
allen, das im Begriff (ist) zu geschehen, und zu bestehen vor
dem Sohn des Menschen.

37 Er war aber die Tage im Heiligtum lehrend, die Nächte
aber, hinausgehend, übernachtete er an dem Berg, dem Öl-
berg gerufenen; 38 und das ganze Volk brach früh auf zu ihm,
im Heiligtum ihn zu hören.

22 1 Nahekam aber das Fest der Ungesäuerten, das Pa-
scha genannte. 2 Und (es) suchten die Hochpriester
und die Schriftkundigen, wie sie ihn beseitigen könnten, denn
sie fürchteten das Volk.

3 Hineinging aber Satan in Judas, den Iskariotes gerufenen,
der war aus der Zahl der Zwölf; 4 und weggehend unterredete
er sich mit den Hochpriestern und Befehlshabern, wie er ih-
nen übergebe ihn. 5 Und sie freuten sich und vereinbarten,
ihm Silber(geld) zu geben. 6 Und er willigte ein, und er suchte
Gelegenheit, ihn ohne Volksmenge zu übergeben ihnen.

7 (Es) kam aber der Tag (des Festes) der Ungesäuerten,
[an] dem geschlachtet werden mußte das Pascha; 8 und er
schickte Petros und Johannes, sprechend: Hingehend bereitet
uns das Pascha, damit wir essen. 9 Die aber sprachen zu ihm:
Wo, willst du, sollen wir bereiten? 10 Der aber sprach zu ih-
nen: Siehe, wenn ihr hineingeht in die Stadt, entgegenkom-
men wird euch ein Mensch, einen Tonkrug Wassers tragend;
folgt ihm in das Haus, in das er hineingeht, 11 und sagen wer-
det ihr dem Hausherrn des Hauses: (Es) sagt dir der Lehrer:
Wo ist die Unterkunft, wo ich das Pascha mit meinen Schü-
lern esse? 12 Und jener wird euch zeigen ein großes Oberzim-
mer, ausgelegt; dort bereitet (es)! 13 Weggehend aber fanden
sie (es), gleichwie er gesagt hatte zu ihnen, und sie bereiteten
das Pascha.

14 Und als kam die Stunde, niederließ er sich und die Apo-

stel mit ihm. [15] Und er sprach zu ihnen: Mit Begierde begehrte ich, dieses Pascha zu essen mit euch, bevor daß ich leide; [16] denn ich sage euch: Nicht (mehr) esse ich es, bis daß es erfüllt ist im Königtum Gottes. [17] Und nehmend einen Becher, dankend, sprach er: Nehmt diesen und teilt (ihn) untereinander! [18] Denn ich sage euch: Nicht trinke ich von jetzt (an) vom Ertrag des Weinstocks, bis daß das Königtum Gottes kommt. [19] Und nehmend Brot, dankend, brach er (es) und gab (es) ihnen, sagend: Dies ist mein Leib, der für euch gegebene; dies tut zu meiner Erinnerung! [20] Und den Becher ebenso nach dem Essen, sagend: Dieser Becher (ist) der neue Bund in meinem Blut, das für euch ausgegossene.

[21] Jedoch siehe, die Hand des mich Übergebenden (ist) mit mir auf dem Tisch. [22] Denn der Sohn des Menschen geht zwar fort gemäß dem Bestimmten, jedoch wehe jenem Menschen, durch den er übergeben wird! [23] Und sie begannen zu streiten untereinander, wer es also sei von ihnen, der dies im Begriff sei zu tun.

[24] (Es) entstand aber auch Streit bei ihnen, wer von ihnen gilt, größer zu sein. [25] Der aber sprach zu ihnen: Die Könige der Völker herrschen über sie, und ihre Gewalthaber werden Wohltäter gerufen. [26] Ihr aber nicht so, sondern der Größere unter euch soll werden wie der Jüngere und der Führende wie der Dienende. [27] Denn wer (ist) größer: Der (zu Tisch) Liegende oder der Dienende? Nicht der (zu Tisch) Liegende? Ich aber bin in eurer Mitte wie der Dienende.

[28] Ihr aber seid die, die verblieben sind bei mir in meinen Versuchungen; [29] und ich vermache euch, gleichwie mir vermachte mein Vater ein Königtum, [30] damit ihr eßt und trinkt an meinem Tisch in meinem Königtum, und sitzen werdet ihr auf Thronen, die zwölf Stämme Israels richtend.

[31] Simon, Simon, siehe, der Satan ausbat sich, euch zu sieben wie den Weizen; [32] ich aber bat für dich, damit nicht aufhöre dein Glaube; und du, einst bekehrt, richte auf deine Brüder! [33] Der aber sprach zu ihm: Herr, mit dir bin ich bereit, auch ins Gefängnis und in (den) Tod zu gehen! [34] Der

aber sprach: Ich sage dir, Petros, nicht wird schreien heute
ein Hahn, bis du dreimal verleugnen wirst, mich zu kennen.

35 Und er sprach zu ihnen: Als ich euch schickte ohne Geld-
beutel und Tasche und Sandalen, ermangeltet ihr etwas? Die
aber sprachen: Nichts. 36 Er sprach aber zu ihnen: Aber jetzt,
der Habende einen Geldbeutel, soll tragen (ihn), gleicherwei-
se auch eine Tasche, und der Nichthabende soll verkaufen
sein Gewand und kaufen ein Schwert. 37 Denn ich sage euch:
Dieses Geschriebene muß vollendet werden an mir, das: *Und* Jes 53,12
unter Gesetzlose wurde er gerechnet; und das nämlich über
mich hat ein Ende. 38 Die aber sprachen: Herr, siehe, hier
zwei Schwerter! Der aber sprach zu ihnen: Genug ist es.

39 Und hinausgehend, ging er nach der Gewohnheit zum
Berg der Ölbäume, (es) folgten ihm aber auch die Schüler.
40 Gekommen aber an den Ort, sprach er zu ihnen: Betet,
nicht hineinzukommen in Versuchung! 41 Und er entfernte sich
von ihnen etwa einen Steinwurf, und beugend die Knie, betete
er, 42 sagend: Vater, wenn du willst, nimm fort diesen Kelch
weg von mir; jedoch nicht mein Wille, sondern der deine soll
geschehen! 43 [[(Es) erschien ihm aber ein Engel vom Him-
mel, stärkend ihn. 44 Und geratend in Beklemmung, anhalten-
der betete er; und (es) wurde sein Schweiß wie Tropfen von
Blut, hinabfallend auf die Erde.]] 45 Und aufstehend vom Ge-
bet, kommend zu den Schülern, fand schlafend er sie vor Be-
trübnis, 46 und er sprach zu ihnen: Was schlaft ihr? Aufste-
hend, betet, damit ihr nicht hineinkommt in Versuchung!

47 Noch während er redet, siehe, eine Volksmenge, und der
Judas Genannte, einer der Zwölf, voranging er ihnen, und
nahekam er Jesus, ihn zu küssen. 48 Jesus aber sprach zu ihm:
Judas, mit einem Kuß übergibst du den Sohn des Menschen?
49 Sehend aber die um ihn das, was sein wird, sprachen: Herr,
ob wir zuschlagen sollen mit (dem) Schwert? 50 Und (es)
schlug einer von ihnen den Sklaven des Hochpriesters, und
abhieb er sein rechtes Ohr. 51 Antwortend aber sprach Jesus:
Laßt, bis (zu) diesem! Und berührend das Ohr, heilte er ihn.

52 (Es) sprach aber Jesus zu den an ihn herangekommenen

Hochpriestern und Befehlshabern des Heiligtums und Älte-
sten: Wie gegen einen Räuber herauskamt ihr mit Schwertern
und Hölzern? [53] Als ich täglich war mit euch im Heiligtum,
nicht ausstrecktet ihr die Hände gegen mich, doch diese ist
eure Stunde und die Vollmacht der Finsternis.

[54] Ihn ergreifend aber, führten und hineinführten sie (ihn) in
das Haus des Hochpriesters; Petros aber folgte von weitem.
[55] Als sie aber anzündeten ein Feuer inmitten des Hofes und sich
zusammensetzten, setzte sich Petros mitten unter sie. [56] Als aber
eine Magd ihn sah, sitzend beim Licht, und (auf) ihn starrte,
sprach sie: Auch dieser war mit ihm! [57] Der aber leugnete, sa-
gend: Ich kenne ihn nicht, Frau. [58] Und nach kurzem ein ande-
rer, sehend ihn, sagte: Auch du bist von ihnen. Petros aber sag-
te: Mensch, ich bin (es) nicht. [59] Und als vergangen war etwa
eine Stunde, versicherte ein anderer, sagend: In Wahrheit,
auch dieser war mit ihm, denn auch ein Galilaier ist er. [60] (Es)
sprach aber Petros: Mensch, ich weiß nicht, was du sagst. Und
auf der Stelle, als er noch redete, schrie ein Hahn. [61] Und sich
umwendend der Herr, anschaute er Petros, und (es) erinnerte
sich Petros des Wortes des Herrn, wie er zu ihm sprach: Ehe
ein Hahn schreit, wirst du heute verleugnen mich dreimal.
[62] Und hinausgehend nach draußen, weinte er bitter.

[63] Und die Männer, die ihn haltenden, verspotteten ihn,
(ihn) schindend, [64] und umhüllend ihn, fragten sie, sagend:
Prophezeie, wer ist, der dich schlug? [65] Und anderes vieles lä-
sternd sagten sie gegen ihn.

[66] Und als es Tag wurde, versammelte sich der Ältestenrat
des Volkes, Hochpriester und Schriftkundige, und abführten
sie ihn in ihr Synhedrion, [67] sagend: Wenn du bist der Chri-
stos, sprich zu uns. Er aber sprach zu ihnen: Wenn ich zu
euch spreche, nicht werdet ihr glauben; [68] wenn ich aber
frage, nicht werdet ihr antworten. [69] Von jetzt (an) aber wird
sein der Sohn des Menschen sitzend zur Rechten der Kraft
Gottes. [70] (Es) sprachen aber alle: Du also bist der Sohn Got-
tes? Der aber sagte zu ihnen: Ihr sagt, daß ich (es) bin. [71] Die
aber sprachen: Was noch haben wir ein Zeugnis nötig? Denn

selbst hörten wir (es) von seinem Mund.
23 [1]Und als aufgestanden war ihre ganze Menge,
führten sie ihn zu Pilatos.
[2]Sie begannen aber, ihn anzuklagen, sagend: Diesen fanden
wir verdrehend unser Volk und hindernd, (dem) Kaiser Steu-
ern zu geben, und sagend, er selbst sei Christos, ein König
[3]Pilatos aber fragte ihn, sagend: Du bist der König der Ju-
daier? Der aber, antwortend ihm, sagte: Du sagst (es). [4]Pila-
tos aber sprach zu den Hochpriestern und den Volksmengen:
Keine Schuld finde ich an diesem Menschen. [5]Die aber be-
standen darauf, sagend, daß er aufhetzt das Volk, lehrend in
der ganzen Judaia und beginnend von der Galilaia bis hierher.
[6]Pilatos aber, (es) hörend, fragte, ob der Mensch ein Gali-
laier sei, [7]und erkennend, daß er aus dem Vollmacht(sgebiet)
(des) Herodes ist, hinschickte er ihn zu Herodes, der auch
selbst war in Hierosolyma in diesen Tagen.
[8]Herodes aber, sehend Jesus, freute sich sehr, denn seit ge-
raumer Zeit wollte er sehen ihn, weil er hörte über ihn, und
er hoffte, irgendein Zeichen zu sehen, von ihm geschehend.
[9]Er befragte ihn aber mit vielen Worten, er aber antwortete
ihm nichts. [10](Es) standen aber die Hochpriester und die
Schriftkundigen (da), heftig ihn anklagend. [11](Es) verachtete
ihn aber [auch] Herodes mit seinen Soldaten und verspottete
(ihn), umwerfend (ihm) ein prächtiges Kleid, hinschickte er
ihn dem Pilatos. [12](Es) wurden aber Freunde Herodes und
Pilatos an eben dem Tag miteinander; denn vorher waren sie
in Feindschaft gegeneinander.
[13]Pilatos aber, zusammenrufend die Hochpriester und die
Vorsteher und das Volk, [14]sprach zu ihnen: Herbrachtet ihr
mir diesen Menschen als abwendig machend das Volk, und
siehe, als ich verhörte ihn vor euch, nichts fand ich an diesem
Menschen an Schuld, die ihr anklagt gegen ihn. [15]Aber auch
Herodes nicht; denn hinschickte er ihn zu uns, und siehe,
nichts würdig (des) Todes ist getan worden von ihm; [16]wenn
ich (ihn) nun gezüchtigt habe, werde ich ihn freilassen.*

* V 17 fehlt in der Mehrzahl der Handschriften.

[18] Aufschrien aber alle zusammen, sagend: Hinweg diesen,
lasse aber frei uns den Barabbas! [19] Der war wegen eines in
der Stadt geschehenen Aufruhrs und Mordes geworfen ins
Gefängnis. [20] Wieder aber zurief Pilatos ihnen, willens, frei-
zulassen Jesus. [21] Die aber schrien entgegen, sagend: Kreuzi-
ge, kreuzige ihn! [22] Der aber sprach ein drittes (Mal) zu ih-
nen: Was denn Schlechtes tat dieser? Nichts schuldig (des)
Todes fand ich an ihm; wenn ich (ihn) nun gezüchtigt habe,
werde ich ihn freilassen. [23] Die aber drängten mit lauten
Schreien, fordernd, daß er gekreuzigt werde, und durchdran-
gen ihre Schreie.

[24] Und Pilatos entschied, geschehen solle ihre Forderung;
[25] freiließ er aber den wegen Aufstand und Mord ins Gefäng-
nis Geworfenen, den sie forderten, Jesus aber übergab er ih-
rem Willen.

[26] Und wie sie ihn abführten, ergreifend Simon, einen Ky-
renaier, kommend vom Acker, auflegten sie ihm das Kreuz,
(es) zu tragen hinter Jesus (her).

[27] (Es) folgte ihm aber eine zahlreiche Menge des Volks
und von Frauen, die ihn betrauerten und beklagten. [28] Sich
umwendend aber zu ihnen sprach Jesus: Töchter Jerusalems,
weint nicht über mich; jedoch über euch selbst weint und über
eure Kinder! [29] Denn siehe, (es) kommen Tage, an denen sie
sagen werden: Selig die Unfruchtbaren und die Leiber, die
nicht gebaren, und Brüste, die nicht nährten. [30] Dann werden
Hos 10,8 sie beginnen zu *sagen den Bergen: Fallt auf uns, und den*
Hügeln: Bedeckt uns! [31] Denn wenn am feuchten Holz sie die-
ses tun, was soll geschehen am trockenen?

[32] Mitgeführt wurden aber auch zwei andere Übeltäter, um
mit ihm getötet zu werden.

[33] Und als sie kamen zu dem Ort, den Kranion (= Schädel)
gerufenen, kreuzigten sie dort ihn und die Übeltäter, den ei-
nen zur Rechten, den anderen zur Linken. [34] [[Jesus aber
sagte: Vater, erlasse ihnen, denn nicht wissen sie, was sie
Ps 22,19 tun.]] *Sich aufteilend aber seine Gewänder, warfen sie Lose.*

[35] Und dastand das Volk, schauend. (Es) verhöhnten (ihn)

aber auch die Vorsteher, sagend: Andere rettete er, er soll
sich selbst retten, wenn dieser ist der Christos Gottes, der
Auserwählte. 36 (Es) verspotteten ihn aber auch die Soldaten,
hingehend, Essig hinbringend ihm 37 und sagend: Wenn du
bist der König der Judaier, rette dich selbst! 38 (Es) war aber
auch eine Aufschrift über ihm: Der König der Judaier (ist)
dieser.

39 Einer aber der gehängten Übeltäter lästerte ihn, sagend:
Bist du nicht der Christos? Rette dich selbst und uns! 40 Ant-
wortend aber sagte der andere, ihn anfahrend: Und nicht
fürchtest du Gott, weil in demselben Gericht du bist? 41 Und
wir zwar gerechterweise, denn Würdiges (für das), was wir
taten, empfangen wir zurück; dieser aber tat nichts Unstatt-
haftes. 42 Und er sagte: Jesus, gedenke meiner, wann du
kommst in dein Königtum. 43 Und er sprach zu ihm: Amen,
ich sage dir: Heute wirst du mit mir sein im Paradies.

44 Und (es) war schon etwa (die) sechste Stunde, und Fin-
sternis wurde über die ganze Erde bis zur neunten Stunde,
45 als die Sonne aufhörte (zu scheinen); gespalten aber wurde
der Vorhang des Tempels mittendurch. 46 Und schreiend mit
lautem Schrei sprach Jesus: Vater, *in deine Hände empfehle* Ps 31,6
ich meinen Geist. Dies aber sprechend, hauchte er aus.

47 Sehend aber der Hauptmann das Geschehene, verherr-
lichte er Gott, sagend: Wirklich, dieser Mensch war ein Ge-
rechter! 48 Und alle Volksmengen, mitdabeistehend bei diesem
Schauspiel, erblickend das Geschehene, schlagend die Brüste,
kehrten zurück.

49 Dastanden aber alle ihm Bekannten von weitem und Frau-
en, die ihm mitgefolgt waren von der Galilaia, dieses zu sehen.

50 Und siehe, ein Mann mit Namen Joseph, der ein Ratsherr
war [und] ein guter Mann und ein gerechter 51 – dieser hatte
nicht mitzugestimmt (ihrem) Ratschluß und ihrem Tun – von
Arimathaia, einer Stadt der Judaier, der das Königtum Gottes
erwartete, 52 dieser, gehend zu Pilatos, erbat den Leib des Je-
sus, 53 und herunterholend, einhüllte er ihn mit Leinen und
legte ihn in eine steingehauene Grabstätte, wo noch keiner

war gelegen. 54 Und Tag (des) Rüsttags war, und (der) Sabbat
leuchtete auf.

55 Die nachfolgenden Frauen aber, welche mitgekommen
waren aus der Galilaia mit ihm, sahen das Grab und wie hin-
eingelegt wurde sein Leib, 56 zurückkehrend aber bereiteten
sie Essenzen und Öle. Und den Sabbat aber ruhten sie gemäß
dem Gebot.

24 1 Am Ersten der Woche aber ganz frühmorgens ka-
men sie zur Grabstätte, bringend Essenzen, die sie
bereitet hatten. 2 Sie fanden aber den Stein weggewälzt vom
Grab; 3 hineingehend aber, nicht fanden sie den Leib des
Herrn Jesus. 4 Und es geschah, als sie ratlos waren über die-
ses, und siehe, zwei Männer traten zu ihnen in blitzendem
Kleid. 5 Als sie aber in Furcht gerieten und die Gesichter zur
Erde neigten, sprachen sie zu ihnen: Was sucht ihr den Le-
benden unter den Toten? 6 Nicht ist er hier, sondern erweckt
wurde er. Erinnert euch, wie er zu euch redete, als er noch
war in der Galilaia, 7 sagend über den Sohn des Menschen,
daß er müsse übergeben werden in Hände sündiger Menschen
und gekreuzigt werden und am dritten Tag aufstehen. 8 Und
sie erinnerten sich seiner Worte.

9 Und zurückkehrend vom Grab, meldeten sie dieses alles
den Elf und allen übrigen. 10 (Es) waren aber die Magdalene-
rin Maria und Johanna und Maria, die (des) Jakobos, und die
übrigen mit ihnen. Sie sagten zu den Aposteln dieses, 11 und
(es) erschienen vor ihnen wie Geschwätz diese Worte, und
nicht glaubten sie ihnen. 12 Petros aber, aufstehend, lief zum
Grab, und sich vorbeugend sieht er die Leinenbinden allein,
und fortging er, bei sich staunend über das Geschehene.

13 Und siehe, zwei von ihnen waren an eben dem Tag ge-
hend in ein Dorf, entfernt sechzig Stadien von Jerusalem, mit
Namen Emmaus, 14 und sie unterhielten sich untereinander
über all dieses Widerfahrene. 15 Und es geschah bei ihrem
Unterhalten und Streiten, daß Jesus selbst, nahegekommen,
mitging mit ihnen; 16 ihre Augen aber waren festgehalten, daß

sie nicht ihn erkannten. 17 Er sprach aber zu ihnen: Welche
Worte (sind) dies, die ihr einander zuwerft, umhergehend?
Und stehenblieben sie mürrisch. 18 Antwortend aber einer mit
Namen Kleopas, sprach zu ihm: Du allein bewohnst Jerusa-
lem und nicht kennst du das Geschehene in ihm in diesen Ta-
gen? 19 Und er sprach zu ihnen: Welches? Die aber sprachen
zu ihm: Das über Jesus, den Nazarener, der auftrat als pro-
phetischer Mann, mächtig in Werk und Wort vor Gott und
allem Volk, 20 und wie ihn übergaben die Hochpriester und
unsere Vorsteher zum Todesurteil und ihn kreuzigten. 21 Wir
aber hofften, daß er (es) ist, der Israel erlösen wird; aber mit
allem diesem verbringt er nun auch diesen dritten Tag (im
Grab), seit dieses geschah. 22 Aber auch einige Frauen von
uns entsetzten uns, als sie waren frühmorgens beim Grab,
23 und nicht findend seinen Leib, kamen sie, sagend, auch eine
Erscheinung von Engeln hätten sie gesehen, die sagen, daß er
lebe. 24 Und weggingen einige der mit uns zum Grab und fan-
den (es) so, gleichwie auch die Frauen gesprochen hatten, ihn
aber sahen sie nicht. 25 Und er sprach zu ihnen: O ihr Unver-
ständigen und Trägen im Herzen, zu glauben an alles, von
dem die Propheten redeten! 26 Mußte nicht dieses leiden der
Christos und hineingehen in seine Herrlichkeit? 27 Und begin-
nend von Moyses und von allen Propheten, auslegte er ihnen
in allen Schriften das über sich.

28 Und nahekamen sie an das Dorf, wo sie hingingen, und
er machte Miene, (noch) weiter zu gehen. 29 Und sie nötigten
ihn, sagend: Bleib bei uns, weil es gegen Abend ist und sich
geneigt hat schon der Tag! Und hineinging er, zu bleiben bei
ihnen. 30 Und es geschah, als er sich (zu Tisch) legte mit ih-
nen, nehmend das Brot, segnete er, und brechend übergab er
(es) ihnen; 31 ihre Augen aber wurden geöffnet, und sie er-
kannten ihn; und er wurde unsichtbar, (weg) von ihnen.
32 Und sie sprachen zueinander: War nicht unser Herz bren-
nend [in uns], wie er redete mit uns auf dem Weg, wie er
öffnete uns die Schriften?

33 Und aufstehend in eben der Stunde, zurückkehrten sie

nach Jerusalem und fanden versammelt die Elf und die mit ihnen, 34 sagend: Wirklich wurde erweckt der Herr, und er erschien Simon. 35 Und sie legten dar die auf dem Weg (geschehenen Ereignisse), und wie er erkannt wurde von ihnen beim Brechen des Brotes.

36 Als sie aber dieses redeten, stellte er sich selbst in ihre Mitte, und er sagt ihnen: Friede euch! 37 Geängstigt aber und in Furcht geraten, meinten sie, einen Geist zu erblicken. 38 Und er sprach zu ihnen: Was seid ihr verwirrt, und weshalb steigen Bedenken in eurem Herzen auf? 39 Seht meine Hände und meine Füße, daß ich (es) selbst bin; berührt mich und seht, daß ein Geist Fleisch und Knochen nicht hat, gleichwie ihr mich (es) haben seht. 40 Und dies sprechend, zeigte er ihnen die Hände und die Füße. 41 Als sie aber noch ungläubig waren vor Freude und staunend, sprach er zu ihnen: Habt ihr etwas Eßbares hier? 42 Die aber übergaben ihm ein Stück gebratenen Fisches; 43 und nehmend, vor ihnen aß er.

44 Er sprach aber zu ihnen: Diese (sind) meine Worte, die ich redete zu euch, als ich noch war mit euch: Es muß erfüllt werden alles Geschriebene im Gesetz (des) Moyses und (in) den Propheten und Psalmen über mich. 45 Dann öffnete er ihren Verstand, zu verstehen die Schriften; 46 und er sprach zu ihnen: So ist geschrieben, daß leidet der Christos und aufsteht aus Toten am dritten Tag, 47 und daß verkündet wird in seinem Namen Umkehr zu(m) Erlaß von Sünden zu allen Völkern. Beginnend von Jerusalem, 48 (seid) ihr Zeugen für dieses. 49 Und [siehe], ich schicke die Zusage meines Vaters auf euch; ihr aber, setzt euch in der Stadt, bis daß ihr anzieht aus (der) Höhe Kraft.

50 Hinausführte er sie aber [nach draußen] bis gegen Bethania, und aufhebend seine Hände, segnete er sie. 51 Und es geschah, als er sie segnete, entfernte er sich von ihnen und wurde hinaufgetragen in den Himmel.

52 Und sie, huldigend ihm, kehrten zurück nach Jerusalem mit großer Freude 53 und waren unablässig im Heiligtum, preisend Gott.

NACH JOHANNES

1 [1]Im Anfang war der Logos, und der Logos war bei
Gott, und Gott war der Logos. [2]Dieser war im Anfang
bei Gott. [3]Alles wurde durch ihn, und ohne ihn wurde auch
nicht eines, was geworden ist. [4]In ihm war Leben, und das
Leben war das Licht der Menschen; [5]und das Licht scheint in
der Finsternis, aber die Finsternis hat es nicht ergriffen.
[6]Auftrat ein Mensch, geschickt von Gott, Name war ihm
Johannes; [7]dieser kam zum Zeugnis, damit er zeuge über das
Licht, damit alle glaubten durch ihn. [8]Nicht war jener das
Licht, sondern damit er zeuge über das Licht.
[9]Er war das wahre Licht, das erleuchtet jeden Menschen,
kommend in die Welt. [10]In der Welt war er, und die Welt
wurde durch ihn, aber die Welt erkannte ihn nicht. [11]In das
Eigene kam er, und die Eigenen nahmen ihn nicht an. [12]Wie-
viele aber ihn aufnahmen, ihnen gab er Vollmacht, Kinder
Gottes zu werden, den Glaubenden an seinen Namen, [13]die
nicht aus Blut und nicht aus Fleischeswillen und nicht aus
Manneswillen, sondern aus Gott gezeugt wurden.
[14]Und der Logos wurde Fleisch, und er zeltete unter uns,
und wir sahen seine Herrlichkeit, Herrlichkeit wie (des) Ein-
zigzeugten vom Vater, voll Gnade und Wahrheit. [15]Johannes
zeugt über ihn und hat gerufen, sagend: Dieser war (es), von
dem ich sprach: Der nach mir Kommende, vor mir ist er ge-
wesen, weil eher als ich er war. [16]Denn aus seiner Fülle wir
alle empfingen, und (zwar) Gnade für Gnade; [17]denn das Ge-
setz ist durch Moyses gegeben worden, die Gnade und die
Wahrheit wurde durch Jesus Christos. [18]Gott hat keiner gese-
hen jemals; (der) einziggezeugte Gott, der ist im Schoß des
Vaters, jener legte (ihn) aus.

[19]Und dies ist das Zeugnis des Johannes, als [zu ihm]
schickten die Judaier aus Hierosolyma Priester und Leviten,

damit sie fragten ihn: Du, wer bist du? [20] Und er bekannte,
und nicht leugnete er, und er bekannte: Ich bin nicht der
Christos. [21] Und sie fragten ihn: Was nun? Du, bist du Elias?
Und er sagt: Ich bin (es) nicht. Bist du der Prophet? Und er
antwortete: Nein. [22] Sie sprachen nun zu ihm: Wer bist du?
Damit wir Antwort geben den uns Schickenden; was sagst du
Jes 40,3 (G) über dich selbst? [23] Er sagte: Ich (bin) *Stimme eines Rufenden
in der Öde: Begradigt den Weg (des) Herrn,* gleichwie sprach
Isaias, der Prophet.

[24] Und geschickt waren sie von den Pharisaiern. [25] Und sie
fragten ihn und sprachen zu ihm: Was also taufst du, wenn du
nicht bist der Christos und nicht Elias und nicht der Prophet?
[26] (Es) antwortete ihnen Johannes, sagend: Ich taufe mit Was-
ser, mitten unter euch steht er, den ihr nicht kennt, [27] der nach
mir Kommende, dessen [ich] nicht würdig bin, daß ich löse
den Riemen seiner Sandale. [28] Dieses geschah in Bethania,
jenseits des Jordanes, wo Johannes war taufend.

[29] Am folgenden (Tag) sieht er Jesus kommend zu ihm und
sagt: Sieh das Lamm Gottes, das tragende die Sünde der
Welt. [30] Dieser ist (es), über den ich sprach: Nach mir kommt
ein Mann, der vor mir gewesen ist, weil eher als ich er war.
[31] Und ich kannte ihn nicht, aber damit er offenbar werde für
Israel, deswegen kam ich, mit Wasser taufend. [32] Und (es) be-
zeugte Johannes, sagend: Ich habe gesehen den Geist herab-
steigend wie eine Taube vom Himmel, und er blieb auf ihm.
[33] Und ich kannte ihn nicht, aber der mich Schickende, zu tau-
fen mit Wasser, jener sprach zu mir: Auf wen immer du
siehst den Geist herabsteigend und bleibend auf ihm, dieser
ist der Taufende mit heiligem Geist. [34] Und ich habe gesehen
und ich habe bezeugt: Dieser ist der Sohn Gottes.

[35] Am folgenden (Tag) wieder dastand Johannes und von
seinen Schülern zwei, [36] und hinschauend auf den umherge-
henden Jesus, sagt er: Sieh, das Lamm Gottes! [37] Und (es)
hörten die zwei Schüler ihn redend, und sie folgten Jesus.
[38] Sich umwendend aber Jesus und sehend sie folgend, sagt er
ihnen: Was sucht ihr? Die aber sprachen zu ihm: Rabbi, das

heißt übersetzt: Lehrer, wo bleibst du? 39 Er sagt ihnen:
Kommt, und ihr werdet sehen. Sie kamen nun und sahen, wo
er bleibt, und bei ihm blieben sie jenen Tag; Stunde war etwa
(die) zehnte. 40 (Es) war Andreas, der Bruder von Simon Pe-
tros, einer von den zweien, den Hörenden von Johannes und
ihm Folgenden; 41 (es) findet dieser zuerst den eigenen Bruder
Simon und sagt ihm: Wir haben gefunden den Messias, das
ist übersetzt: Christos. 42 Er führte ihn zu Jesus. Anschauend
ihn, sprach Jesus: Du bist Simon, der Sohn von Johannes, du
wirst gerufen werden Kephas, das übersetzt wird: Petros.
43 Am folgenden (Tag) wollte er hinausgehen in die Gali-
laia, und er findet Philippos. Und (es) sagt ihm Jesus: Folge
mir! 44 (Es) war aber der Philippos von Bethsaida, aus der
Stadt von Andreas und Petros. 45 (Es) findet Philippos den
Nathanael und sagt ihm: Welchen beschrieb Moyses im Ge-
setz und die Propheten, haben wir gefunden, Jesus, einen
Sohn des Joseph, den von Nazaret. 46 Und (es) sprach zu ihm
Nathanael: Kann aus Nazaret etwas Gutes sein? (Es) sagt ihm
Philippos: Komm und sieh! 47 (Es) sah Jesus den Nathanael
kommend zu ihm und sagt über ihn: Sieh, wahrhaft ein Israe-
lit, in dem List nicht ist. 48 (Es) sagt ihm Nathanael: Woher
kennst du mich? (Es) antwortete Jesus und sprach zu ihm:
Bevor daß dich Philippos rief, als du warst unter dem Feigen-
baum, sah ich dich. 49 (Es) antwortete ihm Nathanael: Rabbi,
du bist der Sohn Gottes, du bist König Israels. 50 (Es) ant-
wortete Jesus und sprach zu ihm: Weil ich sprach zu dir, daß
ich dich sah unter dem Feigenbaum, glaubst du? Größeres als
dieses wirst du sehen. 51 Und er sagt ihm: Amen, amen, ich
sage euch, sehen werdet ihr *den Himmel* geöffnet *und die En-* Gen 28,12
gel Gottes aufsteigend und herabsteigend auf den Sohn des
Menschen.

2 1 Und am dritten Tag, Hochzeit war im Kana der Gali-
laia, und (es) war die Mutter von Jesus dort; 2 gerufen
wurde aber auch Jesus und seine Schüler zu der Hochzeit.
3 Und als Mangel war an Wein, sagt die Mutter von Jesus

zu ihm: Wein haben sie nicht. 4 [Und] (es) sagt ihr Jesus: Was
(ist zwischen) mir und dir, Frau? Noch ist nicht gekommen
meine Stunde. 5 (Es) sagt seine Mutter den Dienern: Was im-
mer er euch sagt, tut! 6 (Es) waren aber dort sechs steinerne
Wasserkrüge gemäß der Reinigung der Judaier dastehend,
fassend je zwei oder drei Metreten. 7 (Es) sagt ihnen Jesus:
Füllt die Wasserkrüge mit Wasser! Und sie füllten sie bis
oben. 8 Und er sagt ihnen: Schöpft jetzt und bringt dem Ta-
felmeister; die aber brachten. 9 Als aber kostete der Tafelmei-
ster das Wasser, (das) Wein gewordene, und nicht wußte,
woher es ist – die Diener aber wußten (es), die geschöpft ha-
ben das Wasser –, ruft den Bräutigam der Tafelmeister, 10 und
er sagt ihm: Jeder Mensch setzt zuerst den guten Wein vor,
und wann sie trunken sind den geringeren; du hast bewahrt
den guten Wein bis jetzt.

11 Diesen Anfang der Zeichen machte Jesus im Kana der
Galilaia, und er offenbarte seine Herrlichkeit, und (es) glaub-
ten an ihn seine Schüler.

12 Danach hinabstieg er nach Kapharnaum, er und seine
Mutter und [seine] Brüder und seine Schüler, und dort blie-
ben sie nicht viele Tage.

13 Und nahe war das Pascha der Judaier, und hinaufstieg Je-
sus nach Hierosolyma.

14 Und er fand im Heiligtum die Rinder und Schafe und
Tauben Verkaufenden und die Wechsler dasitzend, 15 und,
machend eine Peitsche aus Stricken, alle warf er hinaus aus
dem Heiligtum, sowohl die Schafe als auch die Rinder, und
von den Geldwechslern goß er aus das Münzgeld, und die Ti-
sche warf er um, 16 und zu den die Tauben Verkaufenden
sprach er: Hinweg dieses von hier, macht nicht das Haus
meines Vaters zu einem Handelshaus. 17 (Es) erinnerten sich
Ps 69,10 seine Schüler, daß geschrieben ist: *Der Eifer um dein Haus
wird mich auffressen.*

18 (Es) antworteten nun die Judaier und sprachen zu ihm:
Welches Zeichen zeigst du uns, daß du dieses tust? 19 (Es)
antwortete Jesus und sprach zu ihnen: Löst diesen Tempel

auf, und in drei Tagen werde ich ihn aufrichten. [20] (Es) spra-
chen nun die Judaier: Sechsundvierzig Jahre wurde gebaut
dieser Tempel, und du wirst in drei Tagen ihn aufrichten?
[21] Jener aber redete über den Tempel seines Leibes. [22] Als er
nun auferweckt wurde aus Toten, erinnerten sich seine Schü-
ler, daß er dies redete, und sie glaubten der Schrift und dem
Wort, das Jesus sprach.

[23] Als er aber war in Hierosolyma am Pascha, am Fest,
viele glaubten an seinen Namen, sehend seine Zeichen, die er
tat; [24] selbst aber vertraute Jesus sich ihnen nicht an, weil er
alle kannte [25] und weil er nicht nötig hatte, daß einer zeuge
über den Menschen; denn selbst erkannte er, was im Men-
schen war.

3 [1] (Es) war aber ein Mensch aus den Pharisaiern, Niko-
demos sein Name, ein Vorsteher der Judaier; [2] dieser
kam zu ihm nachts und sprach zu ihm: Rabbi, wir wissen,
daß du von Gott gekommen bist als Lehrer; denn keiner kann
diese Zeichen tun, die du tust, wenn nicht Gott ist mit ihm.
[3] (Es) antwortete Jesus und sprach zu ihm: Amen, amen, ich
sage dir, wenn nicht einer geboren wird von oben, nicht kann
er sehen das Königtum Gottes. [4] (Es) sagt zu ihm Nikodemos:
Wie kann ein Mensch geboren werden, der ein Greis ist?
Kann er etwa in den Leib seiner Mutter zum zweiten (Mal)
hineinkommen und geboren werden? [5] (Es) antwortete Jesus:
Amen, amen, ich sage dir, wenn nicht einer geboren wird aus
Wasser und Geist, nicht kann er hineinkommen ins Königtum
Gottes. [6] Das Geborene aus dem Fleisch ist Fleisch, und das
Geborene aus dem Geist ist Geist. [7] Staune nicht, daß ich
sprach zu dir: Ihr müßt geboren werden von oben. [8] Der
Wind weht, wo er will, und seine Stimme hörst du, aber nicht
weißt du, woher er kommt und wohin er fortgeht; so ist jeder
Geborene aus dem Geist. [9] (Es) antwortete Nikodemos und
sprach zu ihm: Wie kann dieses geschehen? [10] (Es) antwortete
Jesus und sprach zu ihm: Du bist der Lehrer Israels, und
nicht erkennst du dieses? [11] Amen, amen, ich sage dir: Was
wir wissen, reden wir, und was wir gesehen haben, bezeugen

wir, aber unser Zeugnis nehmt ihr nicht an. 12 Wenn über das
Irdische ich sprach zu euch und ihr nicht glaubt, wie werdet
ihr glauben, wenn ich spreche zu euch über das Himmlische?
13 Aber keiner ist hinaufgestiegen in den Himmel, wenn nicht
der aus dem Himmel Herabgestiegene, der Sohn des Men-
schen. 14 Und gleichwie Moyses erhöhte die Schlange in der
Wüste, so muß erhöht werden der Sohn des Menschen, 15 da-
mit jeder Glaubende in ihm habe ewiges Leben. 16 Denn so
liebte Gott die Welt, daß er den Sohn, den einziggezeugten,
gab, damit jeder Glaubende an ihn nicht verlorengehe, son-
dern habe ewiges Leben. 17 Denn nicht schickte Gott den Sohn
in die Welt, damit er richte die Welt, sondern damit gerettet
werde die Welt durch ihn. 18 Der Glaubende an ihn wird nicht
gerichtet; der Nichtglaubende aber ist schon gerichtet, weil er
nicht geglaubt hat an den Namen des einziggezeugten Sohnes
Gottes. 19 Dies aber ist das Gericht, daß das Licht gekommen
ist in die Welt, und (es) liebten die Menschen mehr die Fin-
sternis als das Licht; denn (es) waren böse ihre Werke.
20 Denn jeder Schlechtes Tuende haßt das Licht, und nicht
kommt er zum Licht, damit nicht überführt werden seine
Werke; 21 der Tuende aber die Wahrheit kommt zum Licht,
damit offenbar werden seine Werke, daß sie in Gott gewirkt
sind.

22 Danach kam Jesus und seine Schüler in das judaische
Land, und dort verweilte er mit ihnen und taufte.

23 (Es) war aber auch Johannes taufend in Ainon nahe Sa-
leim, weil viel Wasser war dort, und sie kamen herzu und
ließen sich taufen; 24 denn noch nicht war geworfen ins Ge-
fängnis Johannes.

25 (Es) entstand nun eine Auseinandersetzung von den Schü-
lern (des) Johannes mit einem Judaier über Reinigung. 26 Und
sie kamen zu Johannes und sprachen zu ihm: Rabbi, welcher
war mit dir jenseits des Jordanes, für den du Zeugnis gegeben
hast, sieh, dieser tauft, und alle kommen zu ihm. 27 (Es) ant-
wortete Johannes und sprach: Nicht kann ein Mensch emp-
fangen, auch nicht eines, wenn (es) nicht ihm gegeben wor-

den ist aus dem Himmel. 28 Ihr selbst bezeugt mir, daß ich
sprach, [daß] nicht ich bin der Christos, sondern daß ge-
schickt ich bin vor jenem. 29 Der Habende die Braut ist der
Bräutigam; der Freund aber des Bräutigams, der Dastehende
und ihn Hörende, mit Freude freut sich über die Stimme des
Bräutigams. Diese meine Freude nun ist erfüllt worden.
30 Jener muß wachsen, ich aber niedriger werden.

31 Der von oben Kommende, über allen ist er; der von der
Erde ist, von der Erde ist er, und von der Erde (her) redet er.
Der vom Himmel Kommende, [über allen ist er]; 32 was er
gesehen hat und hörte, dies bezeugt er, aber sein Zeugnis
nimmt keiner an. 33 Der Annehmende sein Zeugnis besiegelte,
daß Gott wahrhaftig ist. 34 Denn, den Gott schickte, die Worte
Gottes redet er, denn nicht nach Maß gibt er den Geist. 35 Der
Vater liebt den Sohn, und alles hat er gegeben in seine Hand.
36 Der Glaubende an den Sohn hat ewiges Leben; der Unge-
horsame aber dem Sohn, nicht wird sehen (das) Leben, son-
dern der Zorn Gottes bleibt auf ihm.

4 1 Wie nun Jesus erfuhr, daß gehört hatten die Pharisai-
er, daß Jesus mehr Schüler macht und tauft als Johan-
nes 2 – wiewohl freilich Jesus selbst nicht taufte, sondern
seine Schüler –, 3 verließ er die Judaia, und wegging er wie-
der in die Galilaia.

4 Er mußte aber durchziehen durch die Samareia. 5 Er
kommt nun in eine Stadt der Samareia, genannt Sychar, nahe
dem Land, das Jakob gab [dem] Joseph, seinem Sohn; 6 (es)
war aber dort eine Quelle des Jakob. Jesus nun, ermüdet von
der Wanderung, setzte sich so an die Quelle; Stunde war etwa
(die) sechste. 7 (Es) kommt eine Frau aus der Samareia, zu
schöpfen Wasser. (Es) sagt ihr Jesus: Gib mir zu trinken!
8 Denn seine Schüler waren weggegangen in die Stadt, damit
sie Nahrungsmittel kauften. 9 (Es) sagt ihm nun die Frau, die
Samaritin: Wieso erbittest du, der du ein Judaier bist, von mir
zu trinken, die ich eine samaritische Frau bin? Denn nicht
verkehren (die) Judaier mit (den) Samaritern. 10 (Es) antwor-

tete Jesus und sprach zu ihr: Wenn du kenntest die Gabe
Gottes und wer er ist, der Sagende zu dir: Gib mir zu trinken,
du hättest gebeten ihn, und er hätte gegeben dir lebendiges
Wasser. [11] (Es) sagt ihm [die Frau]: Herr, kein Schöpfgefäß
hast du, und der Brunnen ist tief; woher nun hast du das le-
bendige Wasser? [12] Du bist doch nicht größer als unser Vater
Jakob, der uns gab den Brunnen, und er selbst trank aus ihm
und seine Söhne und seine Tiere? [13] (Es) antwortete Jesus und
sprach zu ihr: Jeder Trinkende von diesem Wasser wird wie-
der dürsten; [14] wer aber immer trinkt von dem Wasser, von
dem ich ihm geben werde, nicht wird dürsten in den Aion,
sondern das Wasser, das ich ihm geben werde, wird werden
in ihm eine Quelle von Wasser, sprudelnd ins ewige Leben.
[15] (Es) sagt zu ihm die Frau: Herr, gib mir dieses Wasser,
damit ich nicht dürste und nicht kommen muß hierher zu
schöpfen. [16] Er sagt ihr: Geh fort, ruf deinen Mann und komm
hierher! [17] (Es) antwortete die Frau und sprach zu ihm: Nicht
habe ich einen Mann. (Es) sagt ihr Jesus: Recht sprachst du:
Einen Mann habe ich nicht; [18] denn fünf Männer hattest du,
und den jetzt du hast, ist nicht dein Mann; dies hast du wahr
gesprochen. [19] (Es) sagt ihm die Frau: Herr, ich sehe, daß ein
Prophet du bist. [20] Unsere Väter beteten an auf diesem Berg;
und ihr sagt: In Hierosolyma ist der Ort, wo man anbeten
muß. [21] (Es) sagt ihr Jesus: Glaube mir, Frau: (Es) kommt
eine Stunde, da ihr weder auf diesem Berg noch in Hieroso-
lyma anbeten werdet den Vater. [22] Ihr betet an, was ihr nicht
kennt; wir beten an, was wir kennen, denn das Heil ist aus
den Judaiern. [23] Aber (es) kommt eine Stunde, und jetzt ist
sie, da die wahren Anbeter anbeten werden den Vater in Geist
und Wahrheit; und der Vater sucht nämlich solche ihn Anbe-
tende. [24] Geist (ist) Gott, und die ihn Anbetenden müssen in
Geist und Wahrheit anbeten. [25] (Es) sagt ihm die Frau: Ich
weiß, daß (der) Messias kommt, der Christos Genannte; wann
jener kommt, verkünden wird er uns alles. [26] (Es) sagt ihr Je-
sus: Ich bin (es), der Redende zu dir.

[27] Und währenddessen kamen seine Schüler und staunten,

daß mit einer Frau er redete; keiner freilich sprach: Was
suchst du oder was redest du mit ihr? 28 (Es) ließ nun ihren
Wasserkrug die Frau und ging weg in die Stadt und sagt den
Menschen: 29 Auf, seht einen Menschen, der mir alles sagte,
wieviel ich tat; ob nicht dieser ist der Christos? 30 Hinausgin-
gen sie aus der Stadt und kamen zu ihm.

31 In der Zwischenzeit baten ihn die Schüler, sagend:
Rabbi, iß! 32 Der aber sprach zu ihnen: Ich habe eine Speise
zu essen, die ihr nicht kennt. 33 (Es) sagten nun die Schüler
zueinander: Ob nicht einer brachte ihm zu essen? 34 (Es) sagt
ihnen Jesus: Meine Speise ist, daß ich tue den Willen des
mich Schickenden und vollende sein Werk. 35 Sagt ihr nicht:
Noch vier Monate sind, und die Ernte kommt? Siehe, ich
sage euch: Erhebt eure Augen und seht die Felder, daß weiß
sie sind zur Ernte. Schon 36 empfängt der Erntende Lohn und
sammelt Frucht zu ewigem Leben, damit der Säende gemein-
sam sich freut und der Erntende. 37 Denn darin ist das Wort
wahr, daß ein anderer ist der Säende und ein anderer der
Erntende. 38 Ich schickte euch zu ernten, worum ihr euch
nicht gemüht habt; andere haben sich gemüht, und ihr seid in
ihre Mühe eingetreten.

39 Aus jener Stadt aber glaubten an ihn viele von den Sama-
ritern wegen des Wortes der Frau, die bezeugte: Er sagte mir
alles, was ich tat. 40 Wie nun zu ihm kamen die Samariter,
baten sie ihn, zu bleiben bei ihnen; und er blieb dort zwei
Tage. 41 Und (um) vieles mehr glaubten sie wegen seines
Wortes, 42 und zu der Frau sagten sie: Nicht mehr wegen dei-
ner Rede glauben wir; denn selbst haben wir gehört und wis-
sen: Dieser ist wahrhaft der Retter der Welt.

43 Nach den zwei Tagen aber wegging er von dort in die
Galilaia; 44 denn selbst bezeugte Jesus, daß ein Prophet in sei-
nem eigenen Vaterland Ehre nicht hat. 45 Als er nun kam in
die Galilaia, aufnahmen ihn die Galilaier, die alles gesehen
hatten, wieviel er getan in Hierosolyma am Fest, denn auch
sie waren gekommen zum Fest.

46 Er kam nun wieder ins Kana der Galilaia, wo er machte

das Wasser zu Wein.

Und (es) war ein Königlicher, dessen Sohn krank war in
Kapharnaum. [47] Dieser, hörend, daß Jesus gekommen sei aus
der Judaia in die Galilaia, wegging zu ihm und bat, daß er
hinabsteige und heile seinen Sohn, denn er war im Begriff zu
sterben. [48] (Es) sprach nun Jesus zu ihm: Wenn nicht Zeichen
und Wunder ihr seht, nicht glaubt ihr. [49] (Es) sagt zu ihm der
Königliche: Herr, steig hinab, ehe mein Kind stirbt! [50] (Es)
sagt ihm Jesus: Geh, dein Sohn lebt! (Es) glaubte der Mensch
dem Wort, das zu ihm sprach Jesus, und er ging. [51] Schon
während er hinabstieg aber, begegneten ihm seine Sklaven,
sagend, daß sein Knabe lebe. [52] Er erforschte nun die Stunde
von ihnen, in der es besser ihm ging; sie sprachen nun zu
ihm: Gestern, zur siebten Stunde verließ ihn das Fieber.
[53] (Es) erkannte nun der Vater, daß (es) [zu] jener Stunde
(war), in der zu ihm sprach Jesus: Dein Sohn lebt; und (es)
glaubte er und sein ganzes Haus. [54] Dieses zweite Zeichen
[aber] wieder tat Jesus kommend aus der Judaia in die Gali-
laia.

5 [1] Danach war ein Fest der Judaier, und hinaufstieg Jesus
nach Hierosolyma.

[2] (Es) ist aber in Hierosolyma beim Schaf(tor) ein Teich,
welcher zubenannt ist auf Hebraisch Bethzatha, der fünf Hal-
len hat. [3] In diesen daniederlag eine Menge der Kranken,
Blinden, Lahmen, Ausgezehrten.* [5] (Es) war aber ein gewis-
ser Mensch dort, acht[und]dreißig Jahre tragend an seiner
Krankheit; [6] diesen sehend Jesus daniederliegend, und erken-
nend, daß viel Zeit schon er trägt, sagt ihm: Willst du gesund
werden? [7] (Es) antwortete ihm der Kranke: Herr, einen Men-
schen habe ich nicht, daß, wann aufgewühlt wird das Wasser,
er mich werfe in den Teich; bis aber ich komme, ein anderer
vor mir steigt hinab. [8] (Es) sagt ihm Jesus: Steh auf, trag
deine Bahre und geh umher! [9] Und sogleich wurde gesund der
Mensch und trug seine Bahre und ging umher.

(Es) war aber Sabbat an jenem Tag. [10] (Es) sagten nun die

* V 3b–4 ist spätere Texterweiterung.

Judaier dem Geheilten: Sabbat ist, und nicht ist dir erlaubt, zu
tragen deine Bahre. [11] Der aber antwortete ihnen: Der mich
gesund Machende, jener sprach zu mir: Trag deine Bahre und
geh umher! [12] Sie fragten ihn: Wer ist der Mensch, der Spre-
chende zu dir: Trag und geh umher? [13] Der Geheilte aber
wußte nicht, wer es ist, denn Jesus verschwand, während eine
Volksmenge an dem Ort war. [14] Danach findet ihn Jesus im
Heiligtum und sprach zu ihm: Sieh, gesund bist du geworden,
sündige nicht mehr, damit nicht etwas Schlimmeres dir ge-
schehe. [15] Wegging der Mensch und meldete den Judaiern,
daß Jesus (es) ist, der ihn gesund gemacht hatte. [16] Und des-
wegen verfolgten die Judaier Jesus, weil er dieses tat an ei-
nem Sabbat.

[17] Der [Jesus] aber antwortete ihnen: Mein Vater wirkt bis
jetzt, auch ich wirke; [18] deswegen nun (umso) mehr suchten
ihn die Judaier zu töten, weil er nicht allein auflöste den Sab-
bat, sondern auch Gott (den) eigenen Vater nannte, gleich
sich machend Gott.

[19] (Es) antwortete nun Jesus und sagte ihnen: Amen, amen,
ich sage euch, nicht kann der Sohn von sich aus etwas tun,
wenn nicht, was er sieht den Vater tuend; denn was immer
jener tut, dieses tut auch der Sohn gleicherweise. [20] Denn der
Vater liebt den Sohn und alles zeigt er ihm, was er selbst tut,
und größere Werke als diese wird er ihm zeigen, damit ihr
staunt. [21] Denn wie der Vater die Toten erweckt und leben-
digmacht, so macht auch der Sohn, die er will, lebendig.
[22] Denn der Vater richtet auch nicht jemanden, sondern das
ganze Gericht hat er gegeben dem Sohn, [23] damit alle ehren
den Sohn, wie sie ehren den Vater. Der nicht Ehrende den
Sohn, nicht ehrt den Vater, den ihn Schickenden.

[24] Amen, amen, ich sage euch: Der mein Wort Hörende
und Glaubende dem mich Schickenden hat ewiges Leben und
ins Gericht kommt er nicht, sondern hinübergegangen ist er
aus dem Tod ins Leben. [25] Amen, amen, ich sage euch: (Es)
kommt eine Stunde, und jetzt ist sie, da die Toten hören wer-
den die Stimme des Sohnes Gottes, und die Hörenden werden

leben. 26 Denn wie der Vater in sich hat Leben, so gab er auch
dem Sohn, Leben in sich zu haben. 27 Und Vollmacht gab er
ihm, Gericht zu halten, weil er Menschensohn ist. 28 Bestaunt
dies nicht, daß eine Stunde kommt, in der alle in den Gräbern
hören werden seine Stimme, 29 und herauskommen werden,
die das Gute taten, zur Auferstehung zum Leben, die aber das
Schlechte taten, zur Auferstehung zum Gericht.

30 Nicht kann ich von mir aus etwas tun; gleichwie ich höre,
richte ich, und mein Gericht ist gerecht, weil ich nicht suche
meinen Willen, sondern den Willen des mich Schickenden.

31 Wenn ich zeuge über mich selbst, ist mein Zeugnis nicht
wahr; 32 ein anderer ist der Zeugende über mich, und ich
weiß, daß wahr ist das Zeugnis, das er zeugt über mich. 33 Ihr
habt geschickt zu Johannes, und er hat gezeugt für die Wahr-
heit; 34 ich aber nehme nicht von einem Menschen das Zeug-
nis an, sondern dieses sage ich, damit ihr gerettet werdet.
35 Jener war die Leuchte, die brennende und scheinende, ihr
aber wolltet jubeln für eine Stunde in ihrem Licht.

36 Ich aber habe das Zeugnis, größer als (das) des Johannes;
denn die Werke, die mir gegeben hat der Vater, damit ich sie
vollende, eben die Werke, die ich tue, zeugen über mich, daß
der Vater mich geschickt hat. 37 Und der mich schickende
Vater, jener hat gezeugt über mich. Weder seine Stimme habt
ihr jemals gehört noch seine Gestalt habt ihr gesehen, 38 und
sein Wort habt ihr nicht bleibend in euch, weil, den jener
schickte, diesem ihr nicht glaubt. 39 Ihr erforscht die Schrif-
ten, weil ihr meint, in ihnen ewiges Leben zu haben; aber
jene sind die Zeugenden über mich; 40 aber ihr wollt nicht
kommen zu mir, damit ihr Leben habt.

41 Ehre von Menschen nehme ich nicht an, 42 sondern ich
habe euch erkannt, daß die Liebe Gottes ihr nicht habt in
euch. 43 Ich bin gekommen im Namen meines Vaters, und
nicht nehmt ihr mich an; wenn ein anderer kommt im eigenen
Namen, jenen werdet ihr annehmen. 44 Wie könnt ihr glauben,
als Ehre voneinander Annehmende, und die Ehre, die vom
einzigen Gott, sucht ihr nicht?

45 Meint nicht, daß ich euch anklagen werde beim Vater;
der euch Anklagende ist Moyses, auf den ihr gehofft habt.
46 Denn wenn ihr glaubtet Moyses, glaubtet ihr mir; denn über
mich schrieb jener. 47 Wenn aber den Schriften jenes ihr nicht
glaubt, wie werdet ihr meinen Worten glauben?

6 1 Danach wegging Jesus jenseits des Meeres der Gali-
laia, des von Tiberias. 2 (Es) folgte ihm aber eine große
Volksmenge, weil sie sahen die Zeichen, die er tat an den
Kranken. 3 Hinaufstieg aber Jesus auf den Berg, und dort
setzte er sich mit seinen Schülern. 4 (Es) war aber nahe das
Pascha, das Fest der Judaier.

5 Erhebend nun die Augen Jesus und sehend, daß eine
große Volksmenge kommt zu ihm, sagt er zu Philippos: Wo-
her sollen wir kaufen Brote, damit diese essen? 6 Dies aber
sagte er, ihn versuchend; denn er selbst wußte, was er tun
wollte. 7 (Es) antwortete ihm Philippos: Für zweihundert
Denare Brote genügen nicht für sie, damit jeder [ein] weniges
empfange. 8 (Es) sagt ihm einer von seinen Schülern, Andre-
as, der Bruder von Simon Petros: 9 (Es) ist ein Knabe hier,
der hat fünf gerstene Brote und zwei Fische; aber was ist die-
ses für soviele? 10 (Es) sprach Jesus: Macht, daß die Men-
schen sich lagern! (Es) war aber viel Gras an dem Ort. (Es)
lagerten sich nun die Männer, an der Zahl etwa fünftausend.
11 (Es) nahm nun Jesus die Brote, und dankend verteilte er den
Liegenden, gleicherweise auch von den Fischen, wieviel sie
wollten. 12 Wie sie aber sich gesättigt hatten, sagt er seinen
Schülern: Sammelt die übriggebliebenen Stücke, damit nicht
etwas zugrundegeht. 13 Sie sammelten nun und füllten zwölf
Körbe mit Stücken von den fünf gerstenen Broten, die übrig-
geblieben waren denen, die gegessen hatten. 14 Die Menschen
nun, sehend, welches Zeichen er tat, sagten: Dieser ist wahr-
haft der Prophet, der in die Welt kommende. 15 Jesus nun er-
kennend, daß sie im Begriff sind, zu kommen und ihn zu ent-
führen, damit sie (ihn) machten zum König, entwich wieder
auf den Berg, er allein.

16 Als (es) aber Abend wurde, hinabstiegen seine Schüler

zum Meer, [17] und einsteigend in ein Boot, kamen sie jenseits
des Meeres nach Kapharnaum. Und Finsternis war schon ge-
worden, und noch nicht war gekommen zu ihnen Jesus, [18] und
das Meer, weil ein starker Wind wehte, wurde aufgewühlt.
[19] Als sie nun gerudert waren etwa fünfundzwanzig Stadien
oder dreißig, sehen sie Jesus, umhergehend auf dem Meer
und nahe gekommen dem Boot, und sie fürchteten sich. [20] Der
aber sagt ihnen: Ich bin (es), fürchtet euch nicht! [21] Sie woll-
ten nun nehmen ihn ins Boot, und sogleich kam das Boot auf
das Land, zu dem sie hinfuhren.

[22] Am folgenden (Tag) sah die Volksmenge, die jenseits des
Meeres stand, daß ein anderes Boot nicht dort war außer ei-
nem und daß nicht miteingestiegen war mit seinen Schülern
Jesus ins Boot, sondern allein seine Schüler wegfuhren; [23] an-
dere Boote kamen aus Tiberias nahe an den Ort, wo sie ge-
gessen hatten das Brot, als gedankt hatte der Herr. [24] Als nun
die Volksmenge sah, daß Jesus nicht dort ist und nicht seine
Schüler, einstiegen sie selbst in die Boote, und sie kamen
nach Kapharnaum, suchend Jesus. [25] Und findend ihn jenseits
des Meeres, sprachen sie zu ihm: Rabbi, wann bist du hierher
gekommen?

[26] (Es) antwortete ihnen Jesus und sprach: Amen, amen, ich
sage euch, ihr sucht mich, nicht weil ihr saht Zeichen, son-
dern weil ihr aßt von den Broten und satt wurdet. [27] Müht
euch nicht um die vergehende Speise, sondern um die zu ewi-
gem Leben bleibende Speise, die der Sohn des Menschen
euch geben wird; denn diesen besiegelte der Vater, Gott.
[28] Sie sprachen nun zu ihm: Was sollen wir tun, damit wir
wirken die Werke Gottes? [29] (Es) antwortete Jesus und sprach
zu ihnen: Das ist das Werk Gottes, daß ihr glaubt an (den),
den jener schickte.

[30] Sie sprachen nun zu ihm: Was nun tust du für ein Zei-
chen, damit wir sehen und dir glauben? Was wirkst du? [31] Un-
sere Väter aßen das Manna in der Wüste, gleichwie geschrie-
Ps 78,24 ben ist: *Brot aus dem Himmel gab er ihnen zu essen.* [32] (Es)
sprach nun zu ihnen Jesus: Amen, amen, ich sage euch, nicht

Moyses hat euch gegeben das Brot aus dem Himmel, sondern mein Vater gibt euch das Brot aus dem Himmel, das wahre; [33] denn das Brot Gottes ist der Herabsteigende aus dem Himmel und Leben Gebende der Welt. [34] Sie sprachen nun zu ihm: Herr, allzeit gib uns dieses Brot! [35] (Es) sprach zu ihnen Jesus: Ich bin das Brot des Lebens; der Kommende zu mir wird gewiß nicht hungern, und der Glaubende an mich wird gewiß nicht wieder dürsten.

[36] Aber ich sprach zu euch, daß ihr zwar [mich] gesehen habt, aber nicht glaubt. [37] Alles, was mir gibt der Vater, wird zu mir kommen, und den Kommenden zu mir werde ich gewiß nicht hinauswerfen nach draußen, [38] denn ich bin herabgestiegen vom Himmel, nicht damit ich tue meinen Willen, sondern den Willen des mich Schickenden. [39] Dies aber ist der Wille des mich Schickenden, daß ich von allem, was er mir gegeben hat, nichts davon verliere, sondern es aufstehen lasse [am] letzten Tag. [40] Denn dies ist der Wille meines Vaters, daß jeder Sehende den Sohn und Glaubende an ihn habe ewiges Leben, und ich werde ihn aufstehen lassen [am] letzten Tag.

[41] (Es) murrten nun die Judaier über ihn, weil er sprach: Ich bin das Brot, das herabgestiegene aus dem Himmel, [42] und sie sagten: Ist dieser nicht Jesus, der Sohn Josephs, von dem wir kennen den Vater und die Mutter? Wie sagt er jetzt: Aus dem Himmel bin ich herabgestiegen? [43] (Es) antwortete Jesus und sprach zu ihnen: Murrt nicht untereinander! [44] Keiner kann kommen zu mir, wenn nicht der Vater, der mich schickende, ihn zieht, und ich werde ihn aufstehen lassen am letzten Tag.
[45] (Es) ist geschrieben in den Propheten: Und sie werden *alle* Jes 54,13
Belehrte Gottes sein; jeder Hörende vom Vater und Lernende kommt zu mir. [46] Nicht daß den Vater gesehen hätte einer, wenn nicht (der), der ist von Gott, dieser hat gesehen den Vater. [47] Amen, amen, ich sage euch, der Glaubende hat ewiges Leben. [48] Ich bin das Brot des Lebens. [49] Eure Väter aßen in der Wüste das Manna und starben; [50] dies ist das Brot, das aus dem Himmel herabsteigende, damit einer von ihm esse

und nicht sterbe. 51 Ich bin das Brot, das lebendige, das aus
dem Himmel herabgestiegene; wenn einer ißt von diesem
Brot, leben wird er in den Aion, und das Brot, das ich geben
werde, ist mein Fleisch für der Welt Leben.

52 (Es) stritten nun untereinander die Judaier, sagend: Wie
kann dieser uns geben [sein] Fleisch zu essen? 53 (Es) sprach
nun zu ihnen Jesus: Amen, amen, ich sage euch, wenn ihr
nicht eßt das Fleisch des Sohnes des Menschen und trinkt sein
Blut, nicht habt ihr Leben in euch. 54 Der Verzehrende mein
Fleisch und Trinkende mein Blut hat ewiges Leben, und ich
werde ihn aufstehen lassen am letzten Tag. 55 Denn mein
Fleisch ist eine wahre Speise, und mein Blut ist ein wahrer
Trank. 56 Der Verzehrende mein Fleisch und Trinkende mein
Blut bleibt in mir und ich in ihm. 57 Gleichwie mich schickte
der lebendige Vater und ich lebe durch den Vater, auch der
mich Verzehrende, auch jener wird leben durch mich. 58 Dies
ist das Brot, das aus dem Himmel herabgestiegene, nicht
gleichwie (es) aßen die Väter und starben; der Verzehrende
dieses Brot wird leben in den Aion.

59 Dieses sprach er in (der) Synagoge lehrend in Kapharna-
um.

60 Viele Hörende nun von seinen Schülern sprachen: Hart
ist dieses Wort; wer kann es hören? 61 Wissend aber Jesus bei
sich, daß murren über dieses seine Schüler, sprach zu ihnen:
Dies bereitet euch Anstoß? 62 Wenn ihr nun seht den Sohn des
Menschen hinaufsteigend, wo er war vorher? 63 Der Geist ist
der Lebendigmachende, das Fleisch nützt gar nichts; die
Worte, die ich geredet habe zu euch, Geist sind sie und Leben
sind sie. 64 Aber (es) sind von euch einige, die nicht glauben.
Denn (es) wußte Jesus von Anfang (an), welches sind die
nicht Glaubenden und welcher ist, der ihn übergeben wird.
65 Und er sagte: Deswegen habe ich euch gesagt: Keiner kann
kommen zu mir, wenn es ihm nicht gegeben ist vom Vater.

66 Von da (an) gingen viele [von] seinen Schülern weg, zu-
rück, und nicht mehr gingen sie mit ihm umher. 67 (Es) sprach
nun Jesus zu den Zwölf: Wollt nicht auch ihr fortgehen?

[68] (Es) antwortete ihm Simon Petros: Herr, zu wem sollen wir
weggehen? Worte ewigen Lebens hast du, [69] und wir haben
geglaubt und wir haben erkannt, daß du bist der Heilige Got-
tes. [70] (Es) antwortete ihnen Jesus: Habe ich nicht euch, die
Zwölf, erwählt? Aber von euch ist einer ein Teufel. [71] Er re-
dete aber vom Judas (des) Simon Iskariotes; denn dieser sollte
ihn übergeben, einer von den Zwölfen.

7
[1] Und danach umherging Jesus in der Galilaia; denn
nicht wollte er in der Judaia umhergehen, weil die Ju-
daier suchten, ihn zu töten.

[2] (Es) war aber nahe das Fest der Judaier, das Laubhütten-
fest. [3] (Es) sprachen nun zu ihm seine Brüder: Geh hinüber
von hier und geh fort in die Judaia, damit auch deine Schüler
sehen deine Werke, die du tust; [4] denn keiner tut irgendetwas
im Verborgenen und sucht selbst in Öffentlichkeit zu sein.
Wenn du dieses tust, offenbare dich der Welt! [5] Denn auch
seine Brüder glaubten nicht an ihn. [6] (Es) sagt nun zu ihnen
Jesus: Meine Zeit ist noch nicht da, eure Zeit aber ist allzeit
bereit. [7] Nicht kann die Welt euch hassen, mich aber haßt sie,
weil ich zeuge über sie, daß ihre Werke böse sind. [8] Geht ihr
hinauf zum Fest; ich gehe nicht hinauf zu diesem Fest, weil
meine Zeit noch nicht erfüllt ist. [9] Dieses aber sprechend,
blieb er selbst in der Galilaia.

[10] Als aber hinaufgingen seine Brüder zum Fest, da ging
auch er hinauf, nicht offen, sondern [wie] im Verborgenen.
[11] Die Judaier nun suchten ihn beim Fest und sagten: Wo ist
jener? [12] Und Gemurmel über ihn war viel bei den Volksmen-
gen; die einen sagten: Gut ist er, andere [aber] sagten: Nein,
sondern er führt irre die Volksmenge. [13] Keiner freilich redete
in Offenheit über ihn wegen der Furcht vor den Judaiern.

[14] Schon mitten während des Festes aber hinaufging Jesus
zum Heiligtum und lehrte. [15] (Es) staunten nun die Judaier,
sagend: Wie kennt dieser Schriften als Ungelehrter? [16] (Es)
antwortete ihnen nun Jesus und sprach: Meine Lehre ist nicht
meine, sondern (die) des mich Schickenden; [17] wenn einer
seinen Willen tun will, wird er erkennen von der Lehre, ob

aus Gott sie ist oder ob ich von mir (aus) rede. 18 Der von sich (aus) Redende sucht die eigene Herrlichkeit; der Suchende aber die Herrlichkeit des ihn Schickenden, dieser ist wahrhaftig, und Ungerechtigkeit ist in ihm nicht.

19 Hat nicht Moyses euch gegeben das Gesetz? Und keiner von euch tut das Gesetz. Was sucht ihr mich zu töten? 20 (Es) antwortete die Volksmenge: Einen Dämon hast du; wer sucht dich zu töten? 21 Es antwortete Jesus und sprach zu ihnen: Ein einziges Werk tat ich, und alle staunt ihr. 22 Deswegen hat Moyses gegeben euch die Beschneidung – nicht daß sie von Moyses ist, sondern von den Vätern –, und am Sabbat beschneidet ihr einen Menschen. 23 Wenn (die) Beschneidung empfängt ein Mensch am Sabbat, ohne daß aufgelöst wird das Gesetz (des) Moyses, mir zürnt ihr, weil ich einen ganzen Menschen gesund machte am Sabbat? 24 Richtet nicht nach Augenschein, sondern das gerechte Gericht richtet!

25 (Es) sagten nun einige von den Hierosolymiten: Ist (es) nicht dieser, den sie suchen zu töten? 26 Und sieh, in Offenheit redet er, und nichts sagen sie ihm. Erkannten etwa wahrhaft die Vorsteher, daß dieser ist der Christos? 27 Aber diesen kennen wir, woher er ist; der Christos aber, wann er kommt, keiner erkennt, woher er ist. 28 (Es) rief nun Jesus, im Heiligtum lehrend und sagend: Und mich kennt ihr und wißt, woher ich bin; aber von mir (aus) bin ich nicht gekommen, sondern wahr ist der mich Schickende, den ihr nicht kennt; 29 ich kenne ihn, weil ich von ihm (her) bin und jener mich schickte.

30 Sie suchten nun, ihn zu ergreifen, aber keiner legte Hand an ihn, weil noch nicht gekommen war seine Stunde.

31 Von der Volksmenge aber glaubten viele an ihn, und sie sagten: Der Christos, wann er kommt, wird er mehr Zeichen tun (im Vergleich zu) denen, (die) dieser tat? 32 (Es) hörten die Pharisaier die Volksmenge murrend über ihn dieses, und (es) schickten die Hochpriester und die Pharisaier Diener, damit sie ergriffen ihn. 33 (Es) sprach nun Jesus: Noch eine kurze Zeit bin ich mit euch und gehe (dann) fort zu dem mich

Schickenden. 34 Suchen werdet ihr mich, und nicht werdet ihr
[mich] finden, und wo ich bin, könnt ihr nicht (hin)kommen.
35 (Es) sprachen nun die Judaier zu sich selbst: Wohin will
dieser gehen, daß wir ihn nicht finden werden? Will er etwa
in die Diaspora der Hellenen gehen und lehren die Hellenen?
36 Was bedeutet dieses Wort, das er sprach: Suchen werdet ihr
mich, und nicht werdet ihr [mich] finden, und wo ich bin,
könnt ihr nicht (hin)kommen?

37 Am letzten Tag aber, dem großen des Festes, dastand Je-
sus und rief, sagend: Wenn einer dürstet, kommen soll er zu
mir und trinken! 38 Der Glaubende an mich, gleichwie die
Schrift sprach: Flüsse werden aus seinem Leib fließen von le-
bendigem Wasser. 39 Dies aber sprach er über den Geist, den
empfangen sollten die Glaubenden an ihn; denn noch nicht
war (der) Geist, weil Jesus noch nicht verherrlicht war.

40 Von der Volksmenge nun Hörende diese Worte sagten:
Dieser ist wahrhaft der Prophet; 41 andere sagten: Dieser ist
der Christos, andere aber sagten: Kommt denn etwa aus der
Galilaia der Christos? 42 Sprach nicht die Schrift: Aus der
Nachkommenschaft Davids und von Bethlehem, dem Dorf,
wo David war, kommt der Christos? 43 Eine Spaltung nun ent-
stand in der Volksmenge wegen ihm; 44 einige aber von ihnen
wollten ihn ergreifen, aber keiner legte Hand an ihn.

45 (Es) kamen nun die Diener zu den Hochpriestern und
Pharisaiern, und (es) sprachen zu ihnen jene: Weshalb führtet
ihr ihn nicht her? 46 (Es) antworteten die Diener: Noch nie re-
dete so ein Mensch. 47 (Es) antworteten ihnen nun die Phari-
saier: Seid auch ihr irregeführt worden? 48 Glaubte etwa ir-
gendeiner von den Vorstehern an ihn, oder von den Pharisai-
ern? 49 Aber diese Volksmenge, die nicht kennende das Ge-
setz, verflucht sind sie. 50 (Es) sagt Nikodemos zu ihnen, der
Gekommene zu ihm [das] frühere (Mal), der einer war von
ihnen: 51 Richtet etwa unser Gesetz den Menschen, wenn es
nicht hört zuerst von ihm und erkennt, was er tut? 52 Sie ant-
worteten und sprachen zu ihm: Bist etwa auch du aus der Ga-
lilaia? Forsche und sieh, daß aus der Galilaia ein Prophet

nicht erweckt wird.

[[53 Und sie gingen, ein jeder in sein Haus,
8 1 Jesus aber ging auf den Berg der Ölbäume.
2 Frühmorgens aber wieder kam er zum Heiligtum, und
das ganze Volk kam zu ihm, und sich setzend lehrte er sie.
3 Vorführten aber die Schriftkundigen und die Pharisaier eine
Frau, beim Ehebruch ertappt, und stellend sie in (die) Mitte,
4 sagen sie ihm: Lehrer, diese Frau ist ertappt worden auf fri-
scher Tat, ehebrechend; 5 im Gesetz aber gebot uns Moyses,
solche zu steinigen. Du nun, was sagst du? 6 Dies aber sagten
sie, ihn versuchend, damit sie (etwas) hätten, ihn anzuklagen.
Jesus aber, hinunter sich bückend, mit dem Finger hinschrieb
auf die Erde. 7 Wie sie aber beharrten, ihn fragend, aufrich-
tete er sich und sprach zu ihnen: Der Sündlose von euch soll
werfen als erster auf sie einen Stein. 8 Und wieder sich nie-
derbückend schrieb er auf die Erde. 9 Die Hörenden aber gin-
gen hinaus, einer nach dem anderen, angefangen von den Äl-
testen, und er wurde zurückgelassen allein, und die Frau, die
in (der) Mitte war. 10 Sich aufrichtend aber sprach Jesus zu
ihr: Frau, wo sind sie? Keiner verurteilte dich? 11 Die aber
sprach: Keiner, Herr. (Es) sprach aber Jesus: Auch ich ver-
urteile dich nicht; geh [und] von jetzt (an) sündige nicht
mehr!]]

12 Wieder nun redete zu ihnen Jesus, sagend: Ich bin das
Licht der Welt; der mir Folgende geht gewiß nicht umher in
der Finsternis, sondern er wird haben das Licht des Lebens.
13 (Es) sprachen nun zu ihm die Pharisaier: Du, über dich
selbst zeugst du; dein Zeugnis ist nicht wahr. 14 (Es) antwor-
tete Jesus und sprach zu ihnen: Auch wenn ich zeuge über
mich selbst, wahr ist mein Zeugnis, weil ich weiß, woher ich
kam und wohin ich fortgehe; ihr aber, nicht wißt ihr, woher
ich komme oder wohin ich fortgehe. 15 Ihr richtet nach dem
Fleisch, ich richte keinen. 16 Und wenn ich richte, ist mein
Gericht wahrhaftig, weil ich nicht allein bin, sondern ich und
der mich schickende Vater. 17 Und in eurem Gesetz ist ge-

schrieben, daß zweier Menschen Zeugnis wahr ist. 18 Ich bin
der Zeugende über mich selbst, und (es) zeugt über mich der
mich schickende Vater. 19 Sie sagten nun zu ihm: Wo ist dein
Vater? (Es) antwortete Jesus: Weder kennt ihr mich noch
meinen Vater; wenn ihr mich kenntet, auch meinen Vater
kenntet ihr. 20 Diese Worte redete er beim Schatzkasten, leh-
rend im Heiligtum; und keiner ergriff ihn, weil noch nicht
gekommen war seine Stunde.

21 Er sprach nun wieder zu ihnen: Ich gehe fort, und ihr
werdet mich suchen, und in eurer Sünde werdet ihr sterben;
wohin ich fortgehe, könnt ihr nicht (hin)kommen. 22 (Es) sag-
ten nun die Judaier: Doch nicht etwa töten wird er sich, weil
er sagt: Wohin ich fortgehe, könnt ihr nicht (hin)kommen?
23 Und er sagte zu ihnen: Ihr seid aus dem Unten, ich bin aus
dem Oben; ihr seid aus dieser Welt, ich bin nicht aus dieser
Welt. 24 Ich sprach nun zu euch, daß ihr sterben werdet in eu-
ren Sünden; denn wenn ihr nicht glaubt, daß ich (es) bin,
werdet ihr sterben in euren Sünden. 25 Sie sagten nun zu ihm:
Du, wer bist du? (Es) sprach zu ihnen Jesus: Überhaupt, was
rede ich auch zu euch? 26 Vieles habe ich über euch zu reden
und zu richten, aber der mich Schickende ist wahrhaftig, und
was ich hörte von ihm, dieses rede ich zur Welt. 27 Nicht er-
kannten sie, daß er vom Vater zu ihnen redete. 28 (Es) sprach
nun [zu ihnen] Jesus: Wann ihr erhöht habt den Sohn des
Menschen, dann werdet ihr erkennen, daß ich (es) bin, und
von mir (aus) tue ich nichts, sondern gleichwie mich lehrte
der Vater, dieses rede ich. 29 Und der mich Schickende ist mit
mir; nicht ließ er mich allein, weil ich das ihm Wohlgefällige
allzeit tue.

30 Als er dieses redete, glaubten viele an ihn. 31 (Es) sagte
nun Jesus zu den Judaiern, die zum Glauben an ihn gekom-
men waren: Wenn ihr bleibt in meinem Wort, wahrhaft meine
Schüler seid ihr, 32 und erkennen werdet ihr die Wahrheit, und
die Wahrheit wird euch befreien. 33 Sie antworteten zu ihm:
Nachkommenschaft Abrahams sind wir, und keinem haben
wir jemals als Sklaven gedient; wie sagst du: Freie werdet ihr

werden? [34] (Es) antwortete ihnen Jesus: Amen, amen, ich sage
euch: Jeder Tuende die Sünde ist Sklave der Sünde. [35] Der
Sklave aber bleibt nicht im Haus in den Aion, der Sohn bleibt
in den Aion. [36] Wenn nun der Sohn euch befreit, wirklich
Freie werdet ihr sein.

[37] Ich weiß, daß Nachkommenschaft Abrahams ihr seid;
aber ihr sucht mich zu töten, weil mein Wort nicht Raum hat
in euch. [38] Was ich gesehen habe beim Vater, rede ich; und
ihr nun, was ihr hörtet vom Vater, tut ihr. [39] Sie antworteten
und sprachen zu ihm: Unser Vater ist Abraham. (Es) sagt zu
ihnen Jesus: Wenn Kinder Abrahams ihr wärt, die Werke
Abrahams tätet ihr; [40] jetzt aber sucht ihr mich zu töten, einen
Menschen, der ich die Wahrheit zu euch geredet habe, die ich
hörte von Gott; dies tat Abraham nicht. [41] Ihr tut die Werke
eures Vaters. Sie sprachen [nun] zu ihm: Wir sind nicht aus
Unzucht gezeugt, als einzigen Vater haben wir Gott. [42] (Es)
sprach zu ihnen Jesus: Wenn Gott euer Vater wäre, liebtet ihr
mich, denn von Gott ging ich aus und bin gekommen; denn
auch nicht von mir (aus) bin ich gekommen, sondern jener
schickte mich. [43] Weshalb versteht ihr meine Rede nicht? Weil
ihr nicht hören könnt mein Wort. [44] Ihr seid aus dem Vater,
dem Teufel, und die Begierden eures Vaters wollt ihr tun. Je-
ner war ein Menschenmörder von Anfang (an), und in der
Wahrheit steht er nicht, weil nicht ist Wahrheit in ihm. Wann
er redet die Lüge, aus dem Eigenen redet er, weil ein Lügner
er ist und der Vater von ihr. [45] Weil ich aber die Wahrheit
sage, nicht glaubt ihr mir. [46] Wer von euch überführt mich
wegen einer Sünde? Wenn ich Wahrheit sage, weshalb glaubt
ihr mir nicht? [47] Wer aus Gott ist, hört die Worte Gottes;
deswegen hört ihr nicht, weil ihr nicht aus Gott seid.

[48] (Es) antworteten die Judaier und sprachen zu ihm: Sagen
wir nicht recht, daß ein Samariter du bist und einen Dämon
hast? [49] (Es) antwortete Jesus: Einen Dämon habe ich nicht,
sondern ich ehre meinen Vater, und ihr entehrt mich. [50] Ich
aber suche nicht meine Herrlichkeit; er ist der Suchende und
Richtende. [51] Amen, amen, ich sage euch, wenn einer mein

Wort bewahrt, (den) Tod nicht schaut er in den Aion. [52] (Es) sprachen [nun] zu ihm die Judaier: Jetzt haben wir erkannt, daß einen Dämon du hast. Abraham starb und die Propheten, und du sagst: Wenn einer mein Wort bewahrt, nicht wird er kosten (den) Tod in den Aion. [53] Bist etwa du größer als unser Vater Abraham, welcher starb? Auch die Propheten starben. Zu wem machst du dich selbst? [54] (Es) antwortete Jesus: Wenn ich mich selbst verherrliche, meine Herrlichkeit ist nichts; (es) ist mein Vater der mich Verherrlichende, von dem ihr sagt, daß unser Gott er ist, [55] und nicht habt ihr ihn erkannt, ich aber kenne ihn. Und wenn ich sagte: Ich kenne ihn nicht, werde ich sein gleich euch ein Lügner; aber ich kenne ihn, und sein Wort bewahre ich. [56] Abraham, euer Vater, jubelte, daß er sehe meinen Tag, und er sah (ihn) und freute sich. [57] (Es) sprachen nun die Judaier zu ihm: Fünfzig Jahre hast du noch nicht und hast Abraham gesehen? [58] (Es) sprach zu ihnen Jesus: Amen, amen, ich sage euch, ehe Abraham wurde, bin ich. [59] Aufhoben sie nun Steine, damit sie würfen auf ihn; Jesus aber verbarg sich, und hinausging er aus dem Heiligtum.

9 [1] Und vorbeigehend sah er einen Menschen, blind von Geburt. [2] Und (es) fragten ihn seine Schüler, sagend: Rabbi, wer sündigte, dieser oder seine Eltern, daß er blind geboren wurde? [3] (Es) antwortete Jesus: Weder sündigte dieser noch seine Eltern, sondern damit offenbar werden die Werke Gottes an ihm. [4] Wir müssen wirken die Werke des mich Schickenden, solange Tag ist; (es) kommt eine Nacht, da keiner kann wirken. [5] Wann in der Welt ich bin, Licht der Welt bin ich. [6] Dieses sprechend spuckte er zur Erde und machte einen Teig aus dem Speichel, und aufstrich er ihm den Teig auf die Augen, [7] und er sprach zu ihm: Geh fort, wasch dich im Teich des Siloam – was übersetzt wird: Gesandter! Wegging er nun und wusch sich und kam sehend.

[8] Die Nachbarn nun und die ihn gesehen hatten vorher, daß ein Bettler er war, sagten: Ist nicht dieser der Sitzende und Bettelnde? [9] Andere sagten: Dieser ist (es), andere sagten:

Nein, sondern ähnlich ist er ihm. Jener sagte: Ich bin (es).
10 Sie sagten nun zu ihm: Wie [nun] wurden geöffnet deine
Augen? 11 (Es) antwortete jener: Der Mensch, der Jesus Ge-
nannte, machte einen Teig und bestrich meine Augen und
sprach zu mir: Geh fort zum Siloam und wasch dich! Wegge-
hend nun und mich waschend, wurde ich wieder sehend.
12 Und sie sprachen zu ihm: Wo ist jener? Er sagt: Ich weiß
nicht.

13 Sie führen ihn zu den Pharisaiern, den einst Blinden.
14 (Es) war aber Sabbat an dem Tag, (an dem) den Teig mach-
te Jesus und öffnete seine Augen. 15 Wieder nun fragten ihn
auch die Pharisaier, wie er wieder sehend wurde. Der aber
sprach zu ihnen: Einen Teig auflegte er mir auf die Augen,
und ich wusch mich und sehe. 16 (Es) sagten nun von den
Pharisaiern einige: Nicht ist dieser Mensch von Gott, weil er
den Sabbat nicht wahrt. Andere [aber] sagten: Wie kann ein
sündiger Mensch solche Zeichen tun? Und Spaltung war unter
ihnen. 17 Sie sagen nun zu dem Blinden wieder: Was sagst du
über ihn, daß er öffnete deine Augen? Der aber sprach: Ein
Prophet ist er.

18 Nicht glaubten nun die Judaier von ihm, daß er blind war
und wieder sehend wurde, bis daß sie riefen seine, des wieder
Sehendgewordenen, Eltern, 19 und sie fragten sie, sagend: Ist
dieser euer Sohn, von dem ihr sagt, daß er blind geboren
wurde? Wie nun sieht er jetzt? 20 (Es) antworteten nun seine
Eltern und sprachen: Wir wissen, daß dieser ist unser Sohn
und daß er blind geboren wurde; 21 wie er aber jetzt sieht,
wissen wir nicht, oder wer öffnete seine Augen, wir wissen
(es) nicht; fragt ihn selbst, ein Erwachsener ist er, selbst wird
er über sich reden. 22 Dieses sprachen seine Eltern, weil sie
fürchteten die Judaier; denn schon hatten vereinbart die Ju-
daier, daß, wenn einer ihn bekenne als Christos, er aus der
Synagoge ausgestoßen werde. 23 Deswegen sprachen seine
Eltern: Ein Erwachsener ist er, befragt ihn selbst!

24 Sie riefen nun den Menschen zum zweiten (Mal), der
blind war, und sprachen zu ihm: Gib Gott Ehre! Wir wissen,

daß dieser Mensch ein Sünder ist. 25 (Es) antwortete nun je-
ner: Ob ein Sünder er ist, weiß ich nicht; eines weiß ich, daß
ich, blind gewesen, jetzt sehe. 26 Sie sprachen nun zu ihm:
Was tat er dir? Wie öffnete er deine Augen? 27 Er antwortete
ihnen: Ich sprach schon zu euch, und nicht hörtet ihr; was
wieder wollt ihr hören? Wollt etwa auch ihr seine Schüler
werden? 28 Und sie schmähten ihn und sprachen: Du bist ein
Schüler von jenem, wir aber sind des Moyses Schüler; 29 wir
wissen, daß zu Moyses geredet hat Gott, von diesem aber
wissen wir nicht, woher er ist. 30 (Es) antwortete der Mensch
und sprach zu ihnen: Darin liegt nämlich das Staunenswerte,
daß ihr nicht wißt, woher er ist, aber er öffnete meine Augen.
31 Wir wissen, daß auf Sünder Gott nicht hört, sondern wenn
einer gottesfürchtig ist und seinen Willen tut, auf diesen hört
er. 32 Aus dem Aion (her) nicht wurde gehört, daß einer öff-
nete (die) Augen eines Blindgeborenen; 33 wenn dieser nicht
wäre von Gott, gar nichts könnte er tun. 34 Sie antworteten
und sprachen zu ihm: In Sünden bist du geboren ganz, und du
belehrst uns? Und hinauswarfen sie ihn nach draußen.

35 (Es) hörte Jesus, daß sie hinauswarfen ihn nach draußen,
und findend ihn, sprach er: Du, glaubst du an den Sohn des
Menschen? 36 (Es) antwortete jener und sprach: Und wer ist
(es), Herr, damit ich glaube an ihn? 37 (Es) sprach zu ihm Je-
sus: Du hast ihn doch gesehen, und der Redende mit dir, je-
ner ist (es). 38 Der aber sagte: Ich glaube, Herr; und niederfiel
er vor ihm.

39 Und (es) sprach Jesus: Zum Gericht kam ich in diese
Welt, damit die Nichtsehenden sehen und die Sehenden blind
werden. 40 (Es) hörten dieses (welche) von den Pharisaiern,
die mit ihm waren, und sie sprachen zu ihm: Sind etwa auch
wir Blinde? 41 (Es) sprach zu ihnen Jesus: Wenn ihr Blinde
wäret, nicht hättet ihr eine Sünde; jetzt aber sagt ihr: Wir se-
hen; eure Sünde bleibt.

10 1 Amen, amen, ich sage euch, der nicht Hineinge-
hende durch die Tür in den Hof der Schafe, sondern
Hinaufsteigende anderswoher, jener ist ein Dieb und Räuber;

2 der aber Hineingehende durch die Tür, Hirt ist er der Scha-
fe. 3 Diesem öffnet der Türhüter, und die Schafe hören auf
seine Stimme, und die eigenen Schafe ruft er nach Namen,
und hinausführt er sie. 4 Wann er die eigenen alle hinaustrieb,
vor ihnen geht er, und die Schafe folgen ihm, weil sie kennen
seine Stimme; 5 einem Fremden aber werden sie gewiß nicht
folgen, sondern fliehen werden sie (weg) von ihm, weil nicht
sie kennen der Fremden Stimme. 6 Diese Rätselrede sprach zu
ihnen Jesus, jene aber wußten nicht, was es war, was er
redete zu ihnen.

7 (Es) sprach nun wieder Jesus: Amen, amen, ich sage
euch: Ich bin die Tür der Schafe. 8 Alle, wieviele kamen [vor
mir], sind Diebe und Räuber, aber nicht hörten auf sie die
Schafe. 9 Ich bin die Tür; wenn einer durch mich hineingeht,
wird er gerettet werden, und er wird hinein- und hinausge-
hen, und Weide wird er finden. 10 Der Dieb kommt nicht, au-
ßer damit er stehle und schlachte und zugrunderichte; ich
kam, damit sie Leben haben und reichlich haben.

11 Ich bin der gute Hirt. Der gute Hirt gibt sein Leben für
die Schafe; 12 wer Lohnhirt und nicht Hirt ist, dem nicht sind
die Schafe eigen, sieht den Wolf kommend und verläßt die
Schafe und flieht – und der Wolf raubt sie und zerstreut (sie)
–, 13 weil Lohnhirt er ist und ihm nicht liegt an den Schafen.

14 Ich bin der gute Hirt, und ich kenne die Meinigen, und
(es) kennen mich die Meinigen, 15 gleichwie mich kennt der
Vater und ich kenne den Vater, und mein Leben gebe ich für
die Schafe. 16 Auch andere Schafe habe ich, die nicht sind aus
diesem Hof; auch jene muß ich führen, und auf meine Stim-
me werden sie hören, und sie werden werden eine Herde, ein
Hirt.

17 Deswegen liebt mich der Vater, weil ich gebe mein Le-
ben, damit ich wieder es empfange. 18 Keiner nimmt es von
mir, sondern ich gebe es von mir selbst. Vollmacht habe ich,
es zu geben, und Vollmacht habe ich, es wieder zu empfan-
gen; diesen Auftrag empfing ich von meinem Vater.

19 Spaltung entstand wieder unter den Judaiern wegen dieser

Worte. [20] (Es) sagten aber viele von ihnen: Einen Dämon hat
er, und verrückt ist er; was hört ihr auf ihn? [21] Andere sagten:
Diese Worte sind nicht (die) eines Besessenen; kann etwa ein
Dämon Blinder Augen öffnen?

[22] (Es) war damals das Tempelweihfest in Hierosolyma,
Winter war, [23] und umherging Jesus im Heiligtum in der Halle
des Solomon. [24] (Es) umringten ihn nun die Judaier, und sie
sagten zu ihm: Wie lange hältst du hin unsere Seele? Wenn
du bist der Christos, sag (es) uns in Offenheit. [25] (Es) ant-
wortete ihnen Jesus: Ich sprach zu euch, und nicht glaubt ihr;
die Werke, die ich tue im Namen meines Vaters, diese zeu-
gen über mich; [26] aber ihr glaubt nicht, weil ihr nicht seid aus
meinen Schafen. [27] Meine Schafe hören auf meine Stimme,
und ich kenne sie, und sie folgen mir, [28] und ich gebe ihnen
ewiges Leben, und nicht gehen sie verloren in den Aion, und
nicht wird rauben einer sie aus meiner Hand. [29] Mein Vater,
was er mir gegeben hat, ist größer als alles, und keiner kann
(es) rauben aus der Hand des Vaters. [30] Ich und der Vater,
eins sind wir.

[31] (Herbei)trugen wieder Steine die Judaier, damit sie ihn
steinigten. [32] (Es) antwortete ihnen Jesus: Viele rechte Werke
zeigte ich euch vom Vater; wegen welchen Werkes von ihnen
steinigt ihr mich? [33] (Es) antworteten ihm die Judaier: Wegen
eines rechten Werkes steinigen wir dich nicht, sondern wegen
Lästerung, und weil du, der du ein Mensch bist, dich selbst
machst zu Gott. [34] (Es) antwortete ihnen Jesus: Ist nicht ge-
schrieben in eurem Gesetz: *Ich sprach: Götter seid ihr?* Ps 82,6
[35] Wenn jene er ansprach als Götter, zu denen das Wort Got-
tes geschah – und nicht kann aufgelöst werden die Schrift –,
[36] (von dem,) den der Vater heiligte und in die Welt schickte,
sagt ihr: Du lästerst, weil ich sprach: Sohn Gottes bin ich?
[37] Wenn ich nicht tue die Werke meines Vaters, glaubt mir
nicht! [38] Wenn aber ich (sie) tue, und wenn ihr mir nicht
glaubt, glaubt den Werken, damit ihr erkennt und wißt, daß
in mir der Vater (ist) und ich im Vater. [39] Sie suchten [nun],
ihn wieder zu ergreifen, und er entkam aus ihrer Hand.

40 Und wegging er wieder jenseits des Jordanes an den Ort,
wo Johannes zuerst war taufend, und er blieb dort. 41 Und
viele kamen zu ihm und sagten: Johannes tat zwar kein Zei-
chen, alles aber, was Johannes sprach über diesen, war wahr.
42 Und viele glaubten an ihn dort.

11 1 (Es) war aber einer krankend, Lazaros von Betha-
nia, aus dem Dorf Marias und Marthas, ihrer
Schwester. 2 Es war aber Mariam, die gesalbt hatte den Herrn
mit Öl und abgewischt hatte seine Füße mit ihren Haaren, de-
ren Bruder Lazaros krank war. 3 (Es) schickten nun die
Schwestern zu ihm, sagend: Herr, sieh, (der,) den du liebst,
ist krank. 4 (Es) hörend aber sprach Jesus: Diese Krankheit
nicht ist zum Tod, sondern für die Herrlichkeit Gottes, damit
verherrlicht werde der Sohn Gottes durch sie. 5 (Es) liebte
aber Jesus die Martha und ihre Schwester und den Lazaros.
6 Wie er nun hörte, daß er krank sei, da blieb er (noch) an
(dem) Ort, wo er war, zwei Tage, 7 dann, danach sagt er den
Schülern: Gehen wir wieder in die Judaia! 8 (Es) sagen ihm
die Schüler: Rabbi, eben suchten dich zu steinigen die Ju-
daier, und wieder fortgehst du dorthin? 9 (Es) antwortete Je-
sus: Hat nicht zwölf Stunden der Tag? Wenn einer umhergeht
am Tag, nicht stößt er an, weil das Licht dieser Welt er sieht;
10 wenn aber einer umhergeht in der Nacht, stößt er an, weil
das Licht nicht ist in ihm.

11 Dieses sprach er, und danach sagt er ihnen: Lazaros, un-
ser Freund, ist entschlafen; aber ich gehe, damit ich aus dem
Schlaf ihn hole. 12 (Es) sprachen nun die Schüler zu ihm:
Herr, wenn er entschlafen ist, wird er gerettet werden. 13 Ge-
sprochen hatte aber Jesus über seinen Tod, jene aber meinten,
daß er vom Entschlafen des Schlafes rede. 14 Da nun sprach
zu ihnen Jesus in Offenheit: Lazaros starb, 15 und ich freue
mich wegen euch, damit ihr glaubt, weil ich nicht dort war;
aber gehen wir zu ihm! 16 (Es) sprach nun Thomas, der Didy-
mos (= Zwilling) genannte, zu den Mitschülern: Gehen auch
wir, damit wir sterben mit ihm!

17 Kommend nun Jesus, fand er ihn vier Tage schon liegend

im Grab. 18 (Es) war aber Bethania nahe bei Hierosolyma,
etwa fünfzehn Stadien (davon). 19 Viele aber von den Judaiern
waren gekommen zu Martha und Mariam, damit sie sie trö-
steten wegen des Bruders. 20 Die Martha nun, wie sie hörte,
daß Jesus kommt, ging ihm entgegen; Mariam aber saß im
Haus. 21 (Es) sprach nun die Martha zu Jesus: Herr, wenn du
wärest hier (gewesen), nicht wäre gestorben mein Bruder;
22 [doch] auch jetzt weiß ich, daß, wieviel immer du bittest
Gott, geben wird dir Gott. 23 (Es) sagt ihr Jesus: Aufstehen
wird dein Bruder. 24 (Es) sagt ihm Martha: Ich weiß, daß er
aufstehen wird bei der Auferstehung am letzten Tag. 25 (Es)
sprach zu ihr Jesus: Ich bin die Auferstehung und das Leben;
der Glaubende an mich - auch wenn er stirbt - wird leben,
26 und jeder Lebende und Glaubende an mich stirbt gewiß
nicht in den Aion. Glaubst du dies? 27 Sie sagt ihm: Ja, Herr,
ich bin zum Glauben gekommen, daß du bist der Christos,
der Sohn Gottes, der in die Welt Kommende.

28 Und dies sprechend, wegging sie und rief Mariam, ihre
Schwester, heimlich, sprechend: Der Lehrer ist da, und er
ruft dich. 29 Jene aber, wie sie (das) hörte, stand schnell auf
und ging zu ihm. 30 Noch nicht aber war gekommen Jesus ins
Dorf, sondern er war noch an dem Ort, wo ihm begegnete
Martha. 31 Die Judaier nun, die mit ihr waren im Haus und
die sie trösteten, sehend die Mariam, daß schnell sie aufstand
und hinausging, folgten ihr, meinend, daß sie fortgeht zum
Grab, damit sie weine dort.

32 Mariam nun, wie sie (hin)kam, wo Jesus war, sehend
ihn, fiel ihm zu den Füßen, sagend ihm: Herr, wenn du wä-
rest hier (gewesen), nicht wäre gestorben mein Bruder. 33 Je-
sus nun, wie er sah sie weinend und die mit ihr gekommenen
Judaier weinend, schnaubte im Geist und erregte sich 34 und
sprach: Wohin habt ihr ihn gelegt? Sie sagen ihm: Herr,
komm und sieh! 35 (Es) weinte Jesus. 36 (Es) sagten nun die Ju-
daier: Sieh, wie er ihn liebte. 37 Einige aber von ihnen spra-
chen: Konnte dieser, der Öffnende die Augen des Blinden,
nicht machen, daß auch dieser nicht stürbe?

38 Jesus nun, wieder schnaubend bei sich, kommt zum
Grab; (es) war aber eine Höhle, und ein Stein auflag auf ihr.
39 (Es) sagt Jesus: Tragt weg den Stein! (Es) sagt ihm die
Schwester des Gestorbenen, Martha: Herr, schon riecht er,
denn er ist (den) vierten (Tag tot). 40 (Es) sagt ihr Jesus:
Sprach ich nicht zu dir, daß, wenn du glaubst, du sehen wirst
die Herrlichkeit Gottes? 41 Wegtrugen sie nun den Stein. Jesus
aber erhob die Augen nach oben und sprach: Vater, ich danke
dir, daß du mich hörtest. 42 Ich zwar wußte, daß allzeit du
mich hörst, aber wegen der herumstehenden Volksmenge
sprach ich, damit sie glauben, daß du mich schicktest. 43 Und
dieses sprechend, mit lauter Stimme schrie er: Lazaros, auf,
heraus! 44 Herauskam der Verstorbene, umbunden die Füße
und die Hände mit Binden, und sein Gesicht war mit einem
Schweißtuch umbunden. (Es) sagt ihnen Jesus: Löst ihn und
laßt ihn fortgehen!

45 Viele nun von den Judaiern, die gekommen waren zu
Mariam und gesehen hatten, was er tat, glaubten an ihn;
46 einige aber von ihnen weggingen zu den Pharisaiern, und
sie sprachen zu ihnen, was Jesus tat.

47 (Es) versammelten nun die Hochpriester und die Phari-
saier (das) Synhedrion, und sie sagten: Was tun wir, weil die-
ser Mensch viele Zeichen tut? 48 Wenn wir lassen ihn so, alle
werden glauben an ihn, und kommen werden die Romaier,
und sie werden nehmen uns sowohl den Ort als auch das
Volk. 49 Einer aber von ihnen, Kajaphas, als Hochpriester je-
nes Jahres, sprach zu ihnen: Ihr wißt nichts, 50 und nicht be-
denkt ihr, daß (es) euch nützt, daß ein einziger Mensch stirbt
für das Volk und nicht das ganze Volk zugrundegeht. 51 Dies
aber nicht von sich (aus) sprach er, sondern als Hochpriester
jenes Jahres prophezeite er, daß Jesus werde sterben für das
Volk, 52 und nicht für das Volk allein, sondern damit er auch
die zerstreuten Kinder Gottes versammle in eins. 53 Von je-
nem Tag (an) nun beschlossen sie, daß sie ihn töteten.

54 Jesus nun nicht mehr in Offenheit umherging unter den
Judaiern, sondern wegging er von dort in das Land nahe der

Öde, in (die) Ephraim genannte Stadt, und dort blieb er mit
den Schülern.

55 (Es) war aber nahe das Pascha der Judaier, und hinauf-
stiegen viele nach Hierosolyma aus dem Land, vor dem Pa-
scha, damit sie sich heiligten. 56 Sie suchten nun Jesus und re-
deten miteinander, im Heiligtum stehend: Was dünkt euch?
Kommt er nicht doch zum Fest? 57 Gegeben hatten aber die
Hochpriester und die Pharisaier Weisungen, daß, wenn einer
wisse, wo er ist, (es) anzeige, auf daß sie ihn ergriffen.
12 1 Jesus nun kam sechs Tage vor dem Pascha nach
Bethania, wo Lazaros war, den Jesus aus Toten er-
weckte. 2 Sie machten ihm nun ein Mahl dort, und Martha
diente, Lazaros aber war einer von den (zu Tisch) Liegenden
mit ihm.
3 Mariam nun, nehmend eine Litra echten, wertvollen Nar-
denöls, salbte die Füße von Jesus, und abwischte sie mit ihren
Haaren seine Füße; das Haus aber wurde erfüllt vom Duft des
Öls. 4 (Es) sagt aber Judas, der Iskariotes, einer [von] seinen
Schülern, der ihn übergeben sollte: 5 Weshalb wurde dieses Öl
nicht verkauft um dreihundert Denare und gegeben Armen?
6 Er sprach aber dies nicht, weil an den Armen ihm lag, son-
dern weil ein Dieb er war und, den Beutel habend, das Ein-
geworfene er entwendete. 7 (Es) sprach nun Jesus: Laß sie,
damit auf den Tag meines Begräbnisses sie es bewahre; 8 denn
die Armen allzeit habt ihr bei euch, mich aber habt ihr nicht
allzeit.
9 (Es) erkannte nun [die] große Volksmenge von den Ju-
daiern, daß er dort ist, und sie kamen, nicht wegen Jesus al-
lein, sondern damit sie auch den Lazaros sähen, den er er-
weckte aus Toten. 10 (Es) beschlossen aber die Hochpriester,
daß sie auch den Lazaros töten, 11 weil viele der Judaier we-
gen ihm hingingen und glaubten an Jesus.
12 Am folgenden (Tag) die große Volksmenge, die gekom-
men war zum Fest, als sie hörten, daß Jesus kommt nach
Hierosolyma, 13 nahmen die Zweige der Palmen, und hinaus-

Ps 118,25f gingen sie zur Begegnung mit ihm, und sie schrien: *Hosanna;*
gesegnet der Kommende im Namen (des) Herrn, [und] der
Zef 3,15 (G) *König Israels!* [14] Als aber gefunden hatte Jesus einen Esel,
Sach 9,9 setzte er sich auf ihn, gleichwie geschrieben ist: [15] *Fürchte*
Jes 35,4; 40,9 *dich nicht, Tochter Sion; siehe, dein König kommt, sitzend*
auf einem Eselsfüllen. [16] Dieses nicht erkannten seine Schüler
zuerst, aber als verherrlicht wurde Jesus, da erinnerten sie
sich, daß dieses war über ihn geschrieben und dieses sie getan
hatten für ihn. [17] (Es) bezeugte nun die Volksmenge, die mit
ihm war, als er den Lazaros rief aus dem Grab und ihn er-
weckte aus Toten. [18] Deswegen [auch] ging ihm entgegen die
Volksmenge, weil sie hörten, daß er getan hatte dieses Zei-
chen. [19] Die Pharisaier nun sprachen zueinander: Ihr seht, daß
es (euch) nichts nützt; sieh, die Welt ging hinter ihm her.

[20] (Es) waren aber einige Hellenen unter den Hinaufsteigen-
den, damit sie anbeteten am Fest; [21] diese nun kamen zu Phi-
lippos, dem vom Bethsaida der Galilaia, und sie baten ihn, sa-
gend: Herr, wir wollen Jesus sehen. [22] (Es) kommt Philippos,
und er sagt (es) dem Andreas; (es) kommt Andreas und Phi-
lippos, und sie sagen (es) Jesus. [23] Jesus aber antwortet ihnen,
sagend: Gekommen ist die Stunde, daß verherrlicht wird der
Sohn des Menschen. [24] Amen, amen, ich sage euch, wenn
nicht das Korn des Weizens, fallend in die Erde, stirbt, bleibt
es allein; wenn es aber stirbt, viel Frucht trägt es. [25] Der Lie-
bende sein Leben verliert es, und der Hassende sein Leben in
dieser Welt, zum ewigen Leben wird er es bewahren. [26] Wenn
mir einer dient, soll er mir folgen, und wo ich bin, dort wird
auch mein Diener sein; wenn einer mir dient, wird ehren ihn
der Vater.

Ps 6,4f [27] *Jetzt ist meine Seele erregt,* und was soll ich sagen? Va-
ter, *rette mich* aus dieser Stunde? Aber deswegen kam ich in
diese Stunde. [28] Vater, verherrliche deinen Namen! (Es) kam
nun eine Stimme aus dem Himmel: Und ich habe verherr-
licht, und wieder werde ich verherrlichen. [29] Die Volksmenge
nun, die dastehende und (es) hörende, sagte: Donner geschah,
andere sagten: Ein Engel hat mit ihm geredet. [30] (Es) antwor-

tete Jesus und sprach: Nicht wegen mir ist geschehen diese
Stimme, sondern wegen euch. [31] Jetzt ist Gericht dieser Welt,
jetzt wird der Herrschende dieser Welt hinausgeworfen wer-
den nach draußen; [32] und ich, wenn ich erhöht werde von der
Erde, alle werde ich ziehen zu mir. [33] Dies aber sagte er, be-
zeichnend, durch welchen Tod er sterben sollte.

[34] (Es) antwortete ihm nun die Volksmenge: Wir hörten aus
dem Gesetz, daß der Christos bleibt in den Aion, und wie(so)
sagst du: (Es) muß erhöht werden der Sohn des Menschen?
Wer ist dieser, der Sohn des Menschen? [35] (Es) sprach nun zu
ihnen Jesus: Noch kurze Zeit ist das Licht unter euch. Wan-
delt, solange das Licht ihr habt, damit nicht Finsternis euch
ergreife; und der Wandelnde in der Finsternis weiß nicht,
wohin er fortgeht. [36] Solange das Licht ihr habt, glaubt an das
Licht, damit ihr Söhne (des) Lichts werdet! Dieses redete Je-
sus, und weggehend verbarg er sich vor ihnen.

[37] Soviele seiner Zeichen er aber gemacht hatte vor ihnen,
nicht glaubten sie an ihn, [38] damit das Wort Isaias, des Pro-
pheten, erfüllt würde, das er sprach: *Herr, wer glaubte unse-* Jes 53,1 (G)
rer Rede? Und der Arm (des) Herrn, wem wurde er offen-
bart? [39] Deswegen konnten sie nicht glauben, weil wieder
sprach Isaias: [40] Blind gemacht hat er *ihre Augen,* und er ver- Jes 6,10
stockte ihr *Herz, damit sie nicht sehen mit den Augen und be-*
greifen mit dem Herzen und umkehren, und ich sie heilen
werde. [41] Dieses sprach Isaias, weil er sah seine Herrlichkeit,
und er redete über ihn. [42] Dennoch freilich auch von den Vor-
stehern viele glaubten an ihn, aber wegen der Pharisaier nicht
bekannten sie (es), damit sie nicht aus der Synagoge ausge-
stoßen würden; [43] denn sie liebten die Herrlichkeit der Men-
schen mehr als die Herrlichkeit Gottes.

[44] Jesus aber rief und sprach: Der an mich Glaubende glaubt
nicht an mich, sondern an den mich Schickenden, [45] und der
mich Sehende sieht den mich Schickenden. [46] Ich bin als Licht
in die Welt gekommen, damit jeder an mich Glaubende nicht
in der Finsternis bleibe. [47] Und wenn einer hört auf meine
Worte und (sie) nicht bewahrt, richte nicht ich ihn; denn nicht

kam ich, damit ich richte die Welt, sondern damit ich rette die
Welt. 48 Der Verwerfende mich und nicht Annehmende meine
Worte hat den ihn Richtenden: Das Wort, das ich redete, je-
nes richtet ihn am letzten Tag. 49 Denn ich redete nicht aus mir
selbst, sondern der mich schickende Vater, er hat mir Auftrag
gegeben, was ich sagen und was ich reden soll. 50 Und ich
weiß, daß sein Auftrag ewiges Leben ist. Was also ich rede,
gleichwie gesprochen hat zu mir der Vater, so rede ich.

13 1 Vor dem Fest aber des Pascha, wissend Jesus, daß
kam seine Stunde, daß er hinübergehe aus dieser
Welt zum Vater, liebend die Seinen, die in der Welt, bis zum
Ende liebte er sie. 2 Und bei einem Mahl, als der Teufel
schon geworfen hatte ins Herz, daß übergebe ihn Judas (der
des) Simon Iskariotes, 3 wissend, daß alles ihm gab der Vater
in die Hände und daß er von Gott ausging und zu Gott fort-
geht, 4 aufsteht er vom Mahl und legt die Obergewänder ab,
und nehmend ein Leinen, umgürtete er sich; 5 dann schüttet er
Wasser ins Becken und begann zu waschen die Füße der
Schüler und abzuwischen mit dem Leinen, mit dem er war
umgürtet. 6 Er kommt nun zu Simon Petros; er sagt ihm:
Herr, du wäschst meine Füße? 7 (Es) antwortete Jesus und
sprach zu ihm: Was ich tue, weißt du jetzt nicht, erkennen
wirst du (es) aber danach. 8 (Es) sagt ihm Petros: Nicht sollst
du waschen meine Füße in den Aion. (Es) antwortete ihm Je-
sus: Wenn ich nicht dich wasche, hast du nicht Teil mit mir.
9 (Es) sagt ihm Simon Petros: Herr, nicht meine Füße allein,
sondern auch die Hände und den Kopf. 10 (Es) sagt ihm Jesus:
Der Gebadete hat nicht(s) nötig, außer die Füße sich zu wa-
schen, sondern er ist ganz rein; und ihr seid rein, aber nicht
alle. 11 Denn er kannte den ihn Übergebenden; deswegen
sprach er: Nicht alle seid ihr rein.

12 Als er nun gewaschen hatte ihre Füße [und] genommen
hatte seine Obergewänder und sich wieder lagerte, sprach er
zu ihnen: Erkennt ihr, was ich euch getan habe? 13 Ihr ruft
mich: Der Lehrer, und: Der Herr, und recht redet ihr; denn
ich bin (es). 14 Wenn nun ich wusch eure Füße, der Herr und

der Lehrer, schuldet auch ihr, einander zu waschen die Füße;
15 denn ein Beispiel gab ich euch, damit, gleichwie ich euch
tat, auch ihr tut. 16 Amen, amen, ich sage euch: Nicht ist ein
Sklave größer als sein Herr, noch ein Gesandter größer als
der ihn Schickende. 17 Wenn dieses ihr wißt, selig seid ihr,
wenn ihr es tut.

18 Nicht über euch alle sage ich: Ich weiß, welche ich aus-
wählte; sondern damit die Schrift erfüllt würde: *Der Verzeh-* Ps 41,10
rende mein Brot erhob *gegen mich* seine *Ferse.* 19 Von jetzt
(an) sage ich euch, bevor es geschieht, damit ihr glaubt, wann
es geschieht, daß ich (es) bin. 20 Amen, amen, ich sage euch:
Wer immer aufnimmt, wen ich schicken werde, mich nimmt
er auf, der aber mich Aufnehmende aufnimmt den mich
Schickenden.

21 Als er dieses gesprochen hatte, wurde Jesus erregt im
Geist, und er bezeugte und sprach: Amen, amen, ich sage
euch: Einer von euch wird mich übergeben. 22 (Es) sahen ein-
ander an die Schüler, ratlos, über wen er rede. 23 (Es) war (zu
Tisch) liegend einer von seinen Schülern im Schoß von Jesus,
den Jesus liebte. 24 Zunickt nun diesem Simon Petros, zu er-
forschen, wer (es) sei, über den er redet. 25 Sich legend nun
jener so an die Brust von Jesus, sagt er ihm: Herr, wer ist
(es)? 26 (Es) antwortet Jesus: Jener ist (es), dem ich eintauchen
werde den Bissen und geben werde ihm. Eintauchend nun den
Bissen, [nimmt und] gibt er (ihn dem) Judas (dem des) Simon
Iskariotes. 27 Und nach dem Bissen, da ging hinein in jenen
der Satan. (Es) sagt nun zu ihm Jesus: Was du tust, tu
schnell! 28 Dies [aber] erkannte keiner von den (zu Tisch)
Liegenden, wozu er sprach zu ihm; 29 denn einige meinten, da
den Beutel hatte Judas, daß ihm Jesus sagt: Kaufe, was wir
nötig haben zum Fest, oder den Armen daß er etwas gebe.
30 Nehmend nun den Bissen, hinausging jener sofort. (Es) war
aber Nacht.

31 Als er nun hinausging, sagt Jesus: Jetzt wurde verherr-
licht der Sohn des Menschen, und Gott wurde verherrlicht in
ihm; 32 [wenn Gott verherrlicht wurde in ihm], wird Gott auch

verherrlichen ihn in ihm, und sofort wird er ihn verherrli-
chen. 33 Kinder, noch kurz bin ich mit euch; suchen werdet
ihr mich, und gleichwie ich sprach zu den Judaiern: Wohin
ich fortgehe, könnt ihr nicht (hin)kommen, auch euch sage
ich (es) jetzt. 34 Ein neues Gebot gebe ich euch, daß ihr liebt
einander, gleichwie ich liebte euch, damit auch ihr liebt ein-
ander. 35 Daran werden erkennen alle, daß ihr mir Schüler
seid, wenn ihr Liebe habt untereinander.

36 (Es) sagt ihm Simon Petros: Herr, wohin gehst du fort?
(Es) antwortete [ihm] Jesus: Wohin ich fortgehe, kannst du
mir jetzt nicht folgen, folgen aber wirst du später. 37 (Es) sagt
ihm Petros: Herr, weshalb kann ich dir nicht folgen jetzt?
Mein Leben werde ich für dich geben. 38 (Es) antwortet Jesus:
Dein Leben wirst du für mich geben? Amen, amen, ich sage
dir: Nicht wird ein Hahn schreien, bis daß du (ver)leugnest
mich dreimal.

14 1 Nicht soll erregt werden euer Herz; glaubt an Gott
und glaubt an mich! 2 Im Haus meines Vaters sind
viele Bleiben; wenn aber nicht, spräche ich zu euch: Ich
gehe, zu bereiten einen Ort für euch? 3 Und wenn ich gehe
und bereite einen Ort für euch, wieder komme ich, und ich
werde euch mitnehmen zu mir, damit, wo ich bin, auch ihr
seid. 4 Und, wohin [ich] fortgehe, wißt ihr den Weg.

5 (Es) sagt ihm Thomas: Herr, nicht wissen wir, wohin du
fortgehst; wie können wir den Weg kennen? 6 (Es) sagt ihm
Jesus: Ich bin der Weg und die Wahrheit und das Leben; kei-
ner kommt zum Vater, außer durch mich. 7 Wenn ihr erkannt
habt mich, auch meinen Vater werdet ihr erkennen. Und von
jetzt (an) kennt ihr ihn und habt ihn gesehen.

8 (Es) sagt ihm Philippos: Herr, zeig uns den Vater, und es
genügt uns! 9 (Es) sagt ihm Jesus: So lange Zeit bin ich mit
euch, und nicht hast du mich erkannt, Philippos? Wer mich
gesehen hat, hat gesehen den Vater; wie(so) sagst du: Zeig
uns den Vater? 10 Glaubst du nicht, daß ich im Vater und der
Vater in mir ist? Die Worte, die ich euch sage, nicht von mir
selbst rede ich, der Vater aber, in mir bleibend, tut seine

Werke. 11 Glaubt mir, daß ich im Vater und der Vater in mir;
wenn aber nicht, wegen der Werke selbst glaubt!

12 Amen, amen, ich sage euch, der an mich Glaubende, die
Werke, die ich tue, auch jener wird (sie) tun, und größere als
diese wird er tun, weil ich zum Vater gehe; 13 und, was im-
mer ihr bittet in meinem Namen, dieses werde ich tun, damit
verherrlicht wird der Vater im Sohn. 14 Wenn etwas ihr mich
bittet in meinem Namen, ich werde (es) tun.

15 Wenn ihr mich liebt, meine Gebote werdet ihr bewahren;
16 und ich werde bitten den Vater, und einen anderen Fürspre-
cher wird er euch geben, damit er mit euch sei in den Aion,
17 den Geist der Wahrheit, den die Welt nicht aufnehmen
kann, weil sie ihn nicht sieht und nicht erkennt; ihr erkennt
ihn, weil er bei euch bleibt und in euch sein wird. 18 Nicht
werde ich lassen euch als Waisen, ich komme zu euch.
19 Noch kurz, und die Welt sieht mich nicht mehr, ihr aber
seht mich, weil ich lebe und ihr leben werdet. 20 An jenem
Tage werdet erkennen ihr, daß ich in meinem Vater und ihr
in mir und ich in euch. 21 Der meine Gebote Habende und sie
Bewahrende, jener ist der mich Liebende; der aber mich Lie-
bende wird geliebt werden von meinem Vater, und ich werde
ihn lieben und sichtbar machen ihm mich selbst.

22 (Es) sagt ihm Judas, nicht der Iskariotes: Herr, [und] was
ist geschehen, daß du uns willst sichtbar machen dich selbst
und nicht der Welt? 23 (Es) antwortete Jesus und sprach zu
ihm: Wenn einer mich liebt, mein Wort wird er bewahren,
und mein Vater wird ihn lieben, und zu ihm werden wir
kommen und eine Bleibe bei ihm machen. 24 Der nicht mich
Liebende, meine Worte nicht bewahrt er; und das Wort, das
ihr hört, nicht ist meines, sondern (das) des mich schickenden
Vaters.

25 Dieses habe ich geredet zu euch, bei euch bleibend; 26 der
Fürsprecher aber, der heilige Geist, den schicken wird der
Vater in meinem Namen, jener wird euch lehren alles und
erinnern euch an alles, was [ich] sprach zu euch.

27 Frieden lasse ich euch, meinen Frieden gebe ich euch;

nicht gleichwie die Welt gibt, gebe ich euch. Nicht soll erregt
werden euer Herz und nicht zagen! [28] Ihr hörtet, daß ich
sprach zu euch: Ich gehe fort und komme zu euch. Wenn ihr
liebtet mich, freutet ihr euch, daß ich gehe zum Vater, weil
der Vater größer als ich ist. [29] Und jetzt habe ich (es) gesagt
zu euch, ehe es geschieht, damit, wann es geschieht, ihr
glaubt. [30] Nicht mehr vieles werde ich reden mit euch, denn es
kommt der die Welt Beherrschende; zwar an mir hat er gar
nichts, [31] aber damit erkenne die Welt, daß ich liebe den Va-
ter, und gleichwie mir gebot der Vater, so tue ich. Steht auf,
gehen wir fort von hier!

15 [1] Ich bin der wahre Weinstock, und mein Vater ist
der Weinbauer. [2] Jede Rebe an mir, nicht tragend
Frucht, sie nimmt er weg, und jede Frucht tragende, sie rei-
nigt er, damit mehr Frucht sie trage. [3] Schon seid ihr rein
durch das Wort, das ich geredet habe zu euch; [4] bleibt in mir,
und ich in euch. Gleichwie die Rebe nicht Frucht tragen kann
von sich (aus), wenn sie nicht bleibt am Weinstock, so auch
nicht ihr, wenn ihr nicht in mir bleibt. [5] Ich bin der Wein-
stock, ihr die Reben. Der Bleibende in mir und ich in ihm,
dieser trägt viel Frucht, denn getrennt von mir könnt ihr gar
nichts tun. [6] Wenn einer nicht bleibt in mir, hinausgeworfen
wird er wie die Rebe und verdorrt, und sie sammeln sie und
ins Feuer werfen sie (sie), und sie brennen. [7] Wenn ihr bleibt
in mir und meine Worte in euch bleiben, was immer ihr
wollt, bittet, und es wird euch geschehen. [8] Darin wird ver-
herrlicht mein Vater, daß viel Frucht ihr tragt und mir Schü-
ler werdet.

[9] Gleichwie mich liebte der Vater, auch ich liebte euch;
bleibt in meiner Liebe! [10] Wenn ihr meine Gebote bewahrt,
werdet ihr bleiben in meiner Liebe, gleichwie ich die Gebote
meines Vaters bewahrt habe und bleibe in seiner Liebe.
[11] Dieses habe ich geredet zu euch, damit meine Freude in
euch sei und eure Freude erfüllt würde. [12] Dieses ist mein Ge-
bot, daß ihr liebt einander, gleichwie ich liebte euch. [13] Eine
größere Liebe als diese hat keiner, daß einer sein Leben gibt

für seine Freunde. 14 Ihr seid meine Freunde, wenn ihr tut,
was ich euch gebiete. 15 Nicht mehr nenne ich euch Sklaven,
weil der Sklave nicht weiß, was sein Herr tut; euch aber habe
ich genannt Freunde, weil alles, was ich hörte von meinem
Vater, ich euch kundtat. 16 Nicht ihr erwähltet mich, sondern
ich erwählte euch und bestimmte euch, daß ihr fortgeht und
Frucht tragt und eure Frucht bleibt, damit, was immer ihr
bittet den Vater in meinem Namen, er euch gibt. 17 Dieses ge-
biete ich euch, daß ihr liebt einander.

18 Wenn die Welt euch haßt, erkennt, daß sie mich zuerst
vor euch gehaßt hat. 19 Wenn aus der Welt ihr wärt, liebte die
Welt das Eigene; weil aber nicht aus der Welt ihr seid, son-
dern ich euch erwählte aus der Welt, deswegen haßt euch die
Welt. 20 Gedenkt des Wortes, das ich sprach zu euch: Nicht
ist ein Sklave größer als sein Herr. Wenn mich sie verfolgten,
werden auch euch sie verfolgen; wenn mein Wort sie be-
wahrten, werden auch das eurige sie bewahren. 21 Aber dieses
alles werden sie tun an euch wegen meines Namens, weil
nicht sie kennen den mich Schickenden. 22 Wenn nicht ich ge-
kommen wäre und geredet hätte zu ihnen, eine Sünde hätten
sie nicht; jetzt aber einen Vorwand haben sie nicht für ihre
Sünde. 23 Der mich Hassende, auch meinen Vater haßt er.
24 Wenn die Werke nicht ich getan hätte unter ihnen, die kein
anderer tat, eine Sünde hätten sie nicht; jetzt aber gesehen
und gehaßt haben sie sowohl mich als auch meinen Vater.
25 Aber damit erfüllt wird das Wort, das in ihrem Gesetz ge-
schriebene: *Sie haßten mich grundlos.* Ps 35,19; 69,5

26 Wann der Fürsprecher kommt, den ich euch schicken
werde vom Vater, der Geist der Wahrheit, der vom Vater
ausgeht, jener wird zeugen über mich; 27 auch ihr aber zeugt,
weil von Anfang (an) bei mir ihr seid.

16 1 Dieses habe ich geredet zu euch, damit ihr nicht
Anstoß nehmt. 2 Zu aus der Synagoge Ausgestoße-
nen werden sie euch machen; doch (es) kommt eine Stunde,
daß jeder euch Tötende meint, einen Dienst zu erbringen für
Gott. 3 Und dieses werden sie tun, weil nicht sie erkannten

den Vater und nicht mich. 4 Doch dieses habe ich geredet zu
euch, damit, wann ihre Stunde kommt, ihr euch erinnert ih-
rer, daß ich sprach zu euch. Dieses aber nicht von Anfang
(an) sprach ich zu euch, weil ich mit euch war. 5 Jetzt aber
gehe ich fort zu dem mich Schickenden, und keiner von euch
fragt mich: Wohin gehst du fort? 6 Aber weil dieses ich gere-
det habe zu euch, hat die Betrübnis erfüllt euer Herz. 7 Aber
ich sage euch die Wahrheit: Es nützt euch, daß ich weggehe.
Denn wenn ich nicht weggehe, wird der Fürsprecher nicht
kommen zu euch; wenn aber ich gehe, schicken werde ich ihn
zu euch. 8 Und kommend wird jener überführen die Welt über
Sünde und über Gerechtigkeit und über Gericht; 9 über Sünde
nämlich, weil nicht sie glauben an mich; 10 über Gerechtigkeit
aber, weil zum Vater ich fortgehe und nicht mehr ihr mich
seht; 11 über Gericht aber, weil der Herrschende dieser Welt
gerichtet ist.

12 Noch vieles habe ich euch zu sagen, aber nicht könnt ihr
(es) (er)tragen jetzt; 13 wann aber jener kommt, der Geist der
Wahrheit, einweisen wird er euch in die ganze Wahrheit;
denn nicht wird er reden von sich (aus), sondern wieviel er
hören wird, wird er reden, und das Kommende wird er euch
verkünden. 14 Jener wird mich verherrlichen, weil aus dem
Meinen er nehmen und euch verkünden wird. 15 Alles, wieviel
der Vater hat, ist mein; deswegen sprach ich: Aus dem Mei-
nen nimmt er und wird er euch verkünden.

16 Ein Kurzes, und nicht mehr schaut ihr mich, und wieder
ein Kurzes, und ihr werdet mich sehen. 17 (Es) sprachen nun
(einige) von seinen Schülern zueinander: Was ist dies, was er
uns sagt: Ein Kurzes, und nicht schaut ihr mich, und wieder
ein Kurzes, und ihr werdet mich sehen? Und: Weil ich fort-
gehe zum Vater? 18 Sie sagten nun: Was ist dies, [was er
sagt]: Das Kurze? Nicht wissen wir, was er redet.

19 (Es) erkannte Jesus, daß sie ihn fragen wollten, und er
sprach zu ihnen: Über dieses erwägt ihr miteinander, daß ich
sprach: Ein Kurzes, und nicht schaut ihr mich, und wieder
ein Kurzes, und ihr werdet mich sehen? 20 Amen, amen, ich

sage euch: Weinen und wehklagen werdet ihr, die Welt aber
wird sich freuen; ihr werdet betrübt werden, aber eure Be-
trübnis wird zu Freude werden. [21] Die Frau, wann sie gebiert,
hat Betrübnis, weil ihre Stunde kam; wann aber sie geboren
hat das Kind, nicht mehr gedenkt sie der Bedrängnis wegen
der Freude, daß geboren wurde ein Mensch in die Welt.
[22] Auch ihr habt also jetzt zwar Betrübnis; wieder aber werde
ich euch sehen, und freuen wird sich euer Herz, und eure
Freude nimmt keiner von euch.

[23] Und an jenem Tag werdet ihr mich gar nichts fragen.
Amen, amen, ich sage euch: Wenn um etwas ihr bittet den
Vater in meinem Namen, geben wird er euch. [24] Bis jetzt batet
ihr gar nichts in meinem Namen; bittet, und ihr werdet emp-
fangen, damit eure Freude sei eine erfüllte.

[25] Dieses habe ich in Rätselreden geredet zu euch; (es)
kommt eine Stunde, da ich nicht mehr in Rätselreden reden
werde zu euch, sondern in Offenheit über den Vater werde
ich euch verkünden. [26] An jenem Tag werdet ihr in meinem
Namen bitten, und nicht sage ich euch: Ich werde bitten den
Vater für euch; [27] denn der Vater selbst liebt euch, weil ihr
mich geliebt und geglaubt habt, daß ich von Gott ausging.
[28] Ausging ich vom Vater und gekommen bin ich in die Welt;
ich verlasse wieder die Welt und gehe zum Vater.

[29] (Es) sagen seine Schüler: Sieh, jetzt redest du in Offen-
heit, und keine Rätselrede sagst du. [30] Jetzt wissen wir, daß du
alles weißt und nicht nötig hast, daß irgendeiner dich fragt;
daher glauben wir, daß von Gott du ausgingst. [31] (Es) ant-
wortete ihnen Jesus: Jetzt glaubt ihr? [32] Siehe, (es) kommt
eine Stunde, und sie ist gekommen, daß ihr zerstreut werdet,
jeder zu dem Eigenen, und mich allein laßt; aber nicht bin ich
allein, weil der Vater bei mir ist. [33] Dieses habe ich geredet zu
euch, damit in mir Frieden ihr habt; in der Welt habt ihr
Bedrängnis; doch habt Mut, ich habe besiegt die Welt.

17 [1] Dieses redete Jesus, und aufhebend seine Augen
zum Himmel sprach er: Vater, gekommen ist die
Stunde; verherrliche deinen Sohn, damit der Sohn verherrli-

che dich, 2 gleichwie du ihm gabst Vollmacht über alles Fleisch, damit alles, was du ihm gegeben hast, er ihnen gebe: ewiges Leben. 3 Dieses aber ist das ewige Leben, daß sie erkennen dich, den einzigen wahren Gott, und den du schicktest, Jesus Christos. 4 Ich verherrlichte dich auf der Erde, das Werk vollendend, das du mir gegeben hast, damit ich (es) tue; 5 und jetzt verherrliche mich du, Vater, bei dir selbst mit der Herrlichkeit, die ich hatte vor dem Sein der Welt bei dir. 6 Ich offenbarte deinen Namen den Menschen, die du mir gabst aus der Welt. Dein waren sie, und mir gabst du sie, und dein Wort haben sie bewahrt. 7 Jetzt haben sie erkannt, daß alles, was du mir gegeben hast, von dir ist; 8 daß die Worte, die du mir gabst, ich gegeben habe ihnen, und sie nahmen auf und erkannten wahrhaft, daß ich von dir ausging, und sie glaubten, daß du mich schicktest.

9 Ich bitte für sie, nicht für die Welt bitte ich, sondern für (sie,) die du mir gegeben hast, weil dein sie sind, 10 und das Meine alles dein ist und das Deine mein, und ich verherrlicht bin in ihnen. 11 Und nicht mehr bin ich in der Welt, aber sie sind in der Welt, und ich komme zu dir. Heiliger Vater, bewahre sie in deinem Namen, den du mir gegeben hast, damit sie eins sind, gleichwie wir. 12 Als ich war bei ihnen, bewahrte ich sie in deinem Namen, den du mir gegeben hast, und ich bewachte (sie), und keiner von ihnen verdarb, wenn nicht der Sohn des Verderbens, damit die Schrift erfüllt würde. 13 Jetzt aber komme ich zu dir, und dieses rede ich in der Welt, damit sie haben meine Freude gefüllt in sich. 14 Ich habe ihnen gegeben dein Wort, und die Welt haßte sie, weil nicht sie sind aus der Welt, gleichwie ich nicht bin aus der Welt. 15 Nicht bitte ich, daß du sie wegträgst aus der Welt, sondern, daß du sie bewahrst vor dem Bösen. 16 Aus der Welt sind sie nicht, gleichwie ich nicht bin aus der Welt. 17 Heilige sie in der Wahrheit; dein Wort ist Wahrheit. 18 Gleichwie mich du schicktest in die Welt, schickte ich auch sie in die Welt; 19 und für sie heilige ich mich, damit auch sie sind geheiligt in Wahrheit.

20 Nicht für diese aber bitte ich allein, sondern auch für die
an mich Glaubenden durch ihr Wort, 21 damit alle eins sind,
gleichwie du, Vater, in mir und ich in dir, damit auch sie in
uns sind, damit die Welt glaubt, daß du mich schicktest.
22 Und ich habe die Herrlichkeit, die du mir gegeben hast, ih-
nen gegeben, damit sie eins sind, gleichwie wir eins (sind);
23 ich in ihnen und du in mir, damit sie sind vollendet in eins,
damit die Welt erkennt, daß du mich schicktest und sie lieb-
test, gleichwie du mich liebtest.

24 Vater, (von dem,) was du mir gegeben hast, will ich,
daß, wo ich bin, auch jene sind bei mir, damit sie sehen mei-
ne Herrlichkeit, die du mir gegeben hast, weil du mich lieb-
test vor Grundlegung (der) Welt. 25 Gerechter Vater, (wenn)
auch die Welt dich nicht erkannte, ich aber erkannte dich,
und diese erkannten, daß du mich schicktest; 26 und kundtat
ich ihnen deinen Namen und werde (ihn) kundtun, damit die
Liebe, mit der du mich liebtest, in ihnen ist und ich in ihnen.

18 1 Dieses sprechend, hinausging Jesus mit seinen
Schülern jenseits des Baches Kedron, wo ein Garten
war, in den hineinging er selbst und seine Schüler.

2 (Es) wußte aber auch Judas, der ihn Übergebende, den
Ort, weil oft sich versammelte Jesus dort mit seinen Schülern.
3 Judas nun, nehmend die Kohorte und von den Hochpriestern
und von den Pharisaiern Diener, kommt dort(hin) mit Fackeln
und Lampen und Waffen. 4 Jesus nun, wissend alles über ihn
Kommende, ging hinaus und sagt ihnen: Wen sucht ihr? 5 Sie
antworteten ihm: Jesus, den Nazoraier. Er sagt ihnen: Ich bin
(es). (Es) stand aber auch Judas, der ihn Übergebende, bei
ihnen. 6 Wie er nun sprach zu ihnen: Ich bin (es), weggingen
sie nach hinten und fielen zur Erde. 7 Wieder nun fragte er
sie: Wen sucht ihr? Die aber sprachen: Jesus, den Nazoraier.
8 (Es) antwortete Jesus: Ich sprach zu euch: Ich bin (es).
Wenn ihr also mich sucht, laßt diese fortgehen! 9 Damit erfüllt
wird das Wort, das er sprach: (Von denen,) die du mir gege-
ben hast, nicht verlor ich von ihnen einen. 10 Simon Petros

nun, habend ein Schwert, zog es und schlug den Sklaven des Hochpriesters, und abschlug er sein rechtes Ohr; (es) war aber (der) Name des Sklaven Malchos. 11 (Es) sprach nun Jesus zu Petros: Stecke das Schwert in die Scheide! Den Kelch, den mir gegeben hat der Vater, nicht soll ich ihn trinken?

12 Die Kohorte nun und der Chiliarch und die Diener der Judaier ergriffen Jesus, und sie banden ihn, 13 und sie führten (ihn) zu Hannas zuerst; denn er war Schwiegervater des Kajaphas, der Hochpriester war jenes Jahres; 14 (es) war aber Kajaphas, der geraten hatte den Judaiern: Es nützt, daß ein einziger Mensch stirbt für das Volk.

15 (Es) folgte aber dem Jesus Simon Petros und ein anderer Schüler. Jener Schüler aber war bekannt dem Hochpriester, und hineinging er mit Jesus in den Hof des Hochpriesters, 16 Petros aber stand an der Tür draußen. Herausging nun der andere Schüler, der Bekannte des Hochpriesters, und er sprach zur Türhüterin, und hineinführte er den Petros. 17 (Es) sagt nun dem Petros die Magd, die Türhüterin: Bist nicht auch du von den Schülern dieses Menschen? (Es) sagt jener: Ich bin (es) nicht. 18 (Es) standen aber die Sklaven und die Diener, die ein Kohlenfeuer gemacht hatten, weil Kälte war, und wärmten sich; (es) war aber auch Petros bei ihnen stehend und sich wärmend.

19 Der Hochpriester nun fragte Jesus über seine Schüler und über seine Lehre. 20 (Es) antwortete ihm Jesus: Ich habe in Offenheit geredet zur Welt, ich lehrte allzeit in einer Synagoge und im Heiligtum, wohin alle Judaier zusammenkommen, und im Verborgenen redete ich nichts. 21 Was fragst du mich? Frag (die), die gehört haben, was ich redete zu ihnen; sieh, diese wissen, was ich sprach. 22 Als er aber dieses sprach, einer, ein Dabeistehender der Diener, gab Jesus einen Schlag, sprechend: So antwortest du dem Hochpriester? 23 (Es) antwortete ihm Jesus: Wenn schlecht ich redete, bezeuge das Schlechte; wenn aber recht, was schindest du mich? 24 (Es) schickte ihn nun Hannas gebunden zu Kajaphas, dem Hochpriester.

25 (Es) war aber Simon Petros stehend und sich wärmend.
Sie sprachen nun zu ihm: Bist nicht auch du von seinen Schü-
lern? (Es) leugnete jener und sprach: Ich bin (es) nicht. 26 (Es)
sagt einer von den Sklaven des Hochpriesters, verwandt
(dem, von) dem abschlug Petros das Ohr: Sah ich dich nicht
im Garten mit ihm? 27 Wieder nun leugnete Petros, und so-
gleich schrie ein Hahn.

28 Sie führen nun Jesus von Kajaphas ins Praitorion; (es)
war aber (in der) Frühe; und selbst nicht hineingingen sie ins
Praitorion, damit sie nicht befleckt würden, sondern essen
(könnten) das Pascha.

29 Hinausging nun Pilatos nach draußen zu ihnen und sagt:
Welche Beschuldigung bringt ihr [gegen] diesen Menschen?
30 Sie antworteten und sprachen zu ihm: Wenn nicht wäre die-
ser ein Schlechtes Tuender, nicht hätten wir ihn dir überge-
ben. 31 (Es) sprach nun zu ihnen Pilatos: Nehmt ihn ihr und
nach eurem Gesetz richtet ihn! (Es) sprachen zu ihm die Ju-
daier: Uns ist es nicht erlaubt, einen zu töten; 32 damit das
Wort von Jesus erfüllt würde, das er sprach, bezeichnend,
welchen Todes er sollte sterben.

33 Hineinging nun wieder ins Praitorion Pilatos, und er rief
Jesus und sprach zu ihm: Bist du der König der Judaier?
34 (Es) antwortete Jesus: Von dir (aus) sagst du dies, oder
sprachen andere zu dir über mich? 35 (Es) antwortete Pilatos:
Bin ich etwa ein Judaier? Dein Volk und die Hochpriester
übergaben dich mir; was tatest du? 36 (Es) antwortete Jesus:
Mein Königtum nicht ist aus dieser Welt; wenn aus dieser
Welt wäre mein Königtum, meine Diener kämpften [wohl],
damit ich nicht übergeben würde den Judaiern; jetzt aber ist
mein Königtum nicht von hier. 37 (Es) sprach nun zu ihm Pi-
latos: Also doch bist du ein König? (Es) antwortete Jesus: Du
sagst, daß ein König ich bin. Ich bin dazu geboren und dazu
gekommen in die Welt, damit ich zeuge für die Wahrheit; je-
der, der ist aus der Wahrheit, hört auf meine Stimme. 38 (Es)
sagt ihm Pilatos: Was ist Wahrheit?

Und dies sprechend, wieder hinausging er zu den Judaiern

und sagt ihnen: Ich finde an ihm keine Schuld. [39] (Es) ist aber
Gewohnheit bei euch, daß einen ich euch freilasse am Pascha;
wollt ihr nun, (daß) ich euch freilasse den König der Judaier?
[40] Sie schrien nun wieder, sagend: Nicht diesen, sondern den
Barabbas! (Es) war aber Barabbas ein Räuber.

19 [1] Da nun nahm Pilatos Jesus und geißelte (ihn).
[2] Und die Soldaten, flechtend einen Kranz aus Dor-
nen, auflegten ihn seinem Kopf, und ein purpurfarbenes
Obergewand umwarfen sie ihm, [3] und sie kamen zu ihm und
sagten: Gruß (dir), König der Judaier! Und sie gaben ihm
Schläge. [4] Und hinausging wieder nach draußen Pilatos, und
er sagt ihnen: Sieh, ich führe ihn euch heraus, damit ihr er-
kennt, daß keine Schuld ich finde an ihm. [5] Herauskam nun
Jesus nach draußen, tragend den dornigen Kranz und das pur-
purfarbene Obergewand. Und er sagt ihnen: Siehe, der
Mensch.

[6] Als nun ihn sahen die Hochpriester und die Diener,
schrien sie, sagend: Kreuzige, kreuzige! (Es) sagt ihnen Pi-
latos: Nehmt ihn ihr und kreuzigt (ihn); denn nicht finde ich
an ihm eine Schuld. [7] (Es) antworteten ihm die Judaier: Wir
haben ein Gesetz, und nach dem Gesetz muß er sterben, weil
zum Sohn Gottes er sich machte. [8] Als nun hörte Pilatos die-
ses Wort, (noch) mehr fürchtete er sich, [9] und hineinging er
ins Praitorion wieder und sagt zu Jesus: Woher bist du? Jesus
aber, eine Antwort gab er ihm nicht. [10] (Es) sagt nun zu ihm
Pilatos: Zu mir redest du nicht? Weißt du nicht, daß Voll-
macht ich habe, dich freizulassen, und Vollmacht ich habe,
dich zu kreuzigen? [11] (Es) antwortete [ihm] Jesus: Nicht hät-
test du irgendeine Vollmacht gegen mich, wenn nicht es ge-
geben wäre dir von oben; deswegen hat der Übergebende
mich dir eine größere Sünde. [12] Von da (an) suchte Pilatos,
ihn freizulassen; die Judaier aber schrien, sagend: Wenn die-
sen du freiläßt, nicht bist du ein Freund des Kaisers; jeder
sich selbst zum König Machende widerspricht dem Kaiser.
[13] Pilatos nun, hörend diese Worte, führte nach draußen Jesus,
und er setzte sich auf (den) Richterstuhl an einem Ort, ge-

nannt Lithostrotos (= Marmorpflaster), hebraisch aber Gab-
batha. 14 (Es) war aber Rüsttag des Pascha, Stunde war (es)
um (die) sechste. Und er sagt den Judaiern: Sieh, euer König!
15 (Es) schrien nun jene: Hinweg, hinweg, kreuzige ihn! (Es)
sagt zu ihnen Pilatos: Euren König soll ich kreuzigen? (Es)
antworteten die Hochpriester: Nicht haben wir einen König,
außer (dem) Kaiser. 16 Da nun übergab er ihn ihnen, damit er
gekreuzigt werde.

Sie übernahmen nun Jesus, 17 und, tragend sich selbst das
Kreuz, hinausging er an den sogenannten Kraniou-Topos (=
Schädel-Ort), der genannt wird hebraisch Golgotha, 18 wo sie
ihn kreuzigten, und mit ihm andere zwei, hüben und drüben,
als mittleren aber Jesus. 19 (Es) schrieb aber auch eine Auf-
schrift der Pilatos, und er heftete (sie) auf das Kreuz; es war
aber geschrieben: Jesus, der Nazoraier, der König der Judai-
er. 20 Diese Aufschrift nun lasen viele von den Judaiern, denn
nahe war der Ort der Stadt, wo gekreuzigt wurde Jesus; und
sie war geschrieben hebraisch, romaisch, hellenisch. 21 (Es)
sagten nun zu Pilatos die Hochpriester der Judaier: Schreibe
nicht: Der König der Judaier, sondern daß jener sprach: Kö-
nig bin ich der Judaier. 22 (Es) antwortete Pilatos: Was ich ge-
schrieben habe, habe ich geschrieben.

23 Die Soldaten nun, als sie gekreuzigt hatten Jesus, nahmen
seine Obergewänder und machten vier Teile, jedem Soldaten
ein Teil, und das Untergewand. (Es) war aber das Unterge-
wand nahtlos, von oben an durchgewebt zur Gänze. 24 Sie
sprachen nun zueinander: Nicht wollen wir es zerreißen, son-
dern losen wollen wir um es, wessen es sein soll; damit die
Schrift erfüllt würde, [die sagende]: *Aufteilten sie sich meine* Ps 22,19
*Gewänder untereinander, und über meine Kleidung warfen sie
ein Los*. Die Soldaten nun machten dieses.

25 Dastanden aber beim Kreuz von Jesus seine Mutter und
die Schwester seiner Mutter, Maria, die des Klopas, und Ma-
ria, die Magdalenerin. 26 Jesus nun sehend die Mutter und den
Schüler dabeistehend, den er liebte, sagt der Mutter: Frau,
sieh, dein Sohn! 27 Dann sagt er zu dem Schüler: Sieh, deine

Mutter! Und von jener Stunde (an) nahm der Schüler sie zu
dem Eigenen.

[28] Danach, wissend Jesus, daß schon alles vollendet war,
damit vollendet wird die Schrift, sagt er: Ich dürste. [29] Ein
Gefäß stand da, von Essig voll; einen Schwamm nun voll des
Essigs auf ein Ysoprohr steckend, heranbrachten sie an seinen
Mund. [30] Als er nun den Essig nahm, sprach Jesus: Es ist
vollendet, und neigend den Kopf, übergab er den Geist.

[31] Die Judaier nun, da Rüsttag war, damit nicht blieben am
Kreuz die Leiber am Sabbat, es war nämlich groß der Tag je-
nes Sabbats, baten den Pilatos, daß zerschlagen würden ihre
Knochen und (sie) abgenommen würden. [32] (Es) kamen nun
die Soldaten und zerschlugen zwar des ersten Knochen und
des anderen Mitgekreuzigten mit ihm; [33] zu Jesus aber kom-
mend, als sie sahen, daß er schon gestorben war, nicht zer-
schlugen sie seine Knochen, [34] sondern einer der Soldaten
stieß mit einer Lanze in seine Seite, und herauskam sofort
Blut und Wasser. [35] Und der (es) gesehen hat, hat (es) be-
zeugt, und wahr ist sein Zeugnis, und jener weiß, daß er
wahr redet, damit auch ihr glaubt. [36] (Es) geschah nämlich
Ex 12,10.46 (G) dieses, damit die Schrift erfüllt würde: *Sein Gebein soll nicht*
Ps 34,21 *zerbrochen werden.* [37] Und wieder eine andere Schrift sagt:
Sach 12,10 *Sie werden sehen auf (den), den sie durchbohrten.*

[38] Danach aber bat den Pilatos Joseph, [der] von Arima-
thaia, der ein Schüler von Jesus war, ein verborgener aber
wegen der Furcht vor den Judaiern, daß er abnehmen lasse
den Leib des Jesus; und (es) erlaubte Pilatos. Er kam nun,
und abnahm er seinen Leib. [39] (Es) kam aber auch Nikode-
mos, der gekommen war zu ihm nachts das erste (Mal), brin-
gend eine Mischung von Myrrhe und Aloe, um hundert Litra.
[40] Sie nahmen nun den Leib von Jesus und banden ihn mit Lei-
nenbinden mitsamt den Essenzen, gleichwie es Sitte ist bei den
Judaiern zu begraben. [41] (Es) war aber an dem Ort, wo er ge-
kreuzigt wurde, ein Garten, und im Garten ein neues Grab, in
das noch keiner gelegt worden war; [42] dort(hin) nun wegen des
Rüsttags der Judaier, weil nahe war das Grab, legten sie Jesus.

20 1 Am Ersten der Woche aber kommt Maria, die
Magdalenerin, (in der) Frühe, als noch Finsternis
war, zum Grab, und sie sieht den Stein weggenommen vom
Grab. 2 Sie läuft nun, und sie kommt zu Simon Petros und zu
dem anderen Schüler, den Jesus liebte, und sagt ihnen: Weg-
nahmen sie den Herrn aus dem Grab, und nicht wissen wir,
wohin sie ihn legten. 3 Hinausging nun Petros und der andere
Schüler, und sie kamen zum Grab. 4 (Es) liefen aber die zwei
gemeinsam, und der andere Schüler lief voraus, schneller als
Petros, und er kam als erster zum Grab, 5 und sich vorbeu-
gend, sieht er liegend die Leinenbinden, nicht freilich ging er
hinein. 6 (Es) kommt nun auch Simon Petros, folgend ihm,
und hineinging er ins Grab, und er sieht die Leinenbinden
liegend 7 und das Schweißtuch, das auf seinem Kopf war,
nicht mit den Leinenbinden liegend, sondern getrennt zusam-
mengewickelt an einem (eigenen) Ort. 8 Da nun ging hinein
auch der andere Schüler, der gekommen war als erster zum
Grab, und er sah und glaubte; 9 denn noch nicht kannten sie
die Schrift, daß er muß aus Toten aufstehen. 10 Weggingen
nun wieder zu ihnen die Schüler.

11 Maria aber stand beim Grab draußen weinend. Wie sie
nun weinte, vorbeugte sie sich ins Grab, 12 und sie sieht zwei
Engel in Weiß (da)sitzend, einen beim Kopf und einen bei
den Füßen, wo gelegen war der Leib von Jesus. 13 Und (es)
sagen ihr jene: Frau, was weinst du? Sie sagt ihnen: Weil sie
wegnahmen meinen Herrn, und nicht weiß ich, wohin sie ihn
gelegt haben. 14 Dieses sagend, umwandte sie sich nach hinten
und sieht Jesus stehend, aber nicht wußte sie, daß (es) Jesus
ist. 15 (Es) sagt ihr Jesus: Frau, was weinst du? Wen suchst
du? Jene, meinend, daß (es) der Gärtner ist, sagt ihm: Herr,
wenn du ihn (weg)trugst, sprich zu mir, wohin du ihn legtest,
und ich werde ihn holen. 16 (Es) sagt ihr Jesus: Mariam! Sich
umwendend sagt jene ihm hebraisch: Rabbuni (das heißt:
Lehrer). 17 (Es) sagt ihr Jesus: Berühre mich nicht! Denn noch
nicht bin ich hinaufgestiegen zum Vater; geh aber zu meinen
Brüdern und sprich zu ihnen: Ich steige hinauf zu meinem

Vater und eurem Vater und meinem Gott und eurem Gott.
[18] (Es) kommt Mariam, die Magdalenerin, meldend den Schü-
lern: Gesehen habe ich den Herrn, und dieses sprach er zu ihr.

[19] Als es nun Abend war an jenem Tag, dem ersten (der)
Woche, und als die Türen verschlossen waren, wo die Schü-
ler waren, wegen der Furcht vor den Judaiern, kam Jesus und
stellte sich in die Mitte, und er sagt ihnen: Friede euch!
[20] Und dies sprechend, zeigte er die Hände und die Seite ih-
nen. (Es) freuten sich nun die Schüler, sehend den Herrn.
[21] (Es) sprach nun zu ihnen [Jesus] wieder: Friede euch;
gleichwie mich geschickt hat der Vater, schicke auch ich
euch. [22] Und dies sprechend, anhauchte er (sie) und sagt ih-
nen: Empfangt heiligen Geist; [23] von welchen immer ihr erlaßt
die Sünden, erlassen werden sie ihnen, von welchen ihr (sie)
behaltet, behalten sind sie.

[24] Thomas aber, einer von den Zwölf, der Didymos (=
Zwilling) genannte, war nicht bei ihnen, als Jesus kam. [25] (Es)
sagten nun ihm die anderen Schüler: Wir haben gesehen den
Herrn. Der aber sprach zu ihnen: Wenn nicht ich sehe an sei-
nen Händen das Mal der Nägel und lege meinen Finger in das
Mal der Nägel und lege meine Hand in seine Seite, nicht
werde ich glauben. [26] Und nach acht Tagen wieder waren
drinnen seine Schüler und Thomas bei ihnen. (Es) kommt Je-
sus, während die Türen verschlossen waren, und er stellte
sich in die Mitte und sprach: Friede euch! [27] Dann sagt er zu
Thomas: Bring deinen Finger hierher und sieh meine Hände
und bring deine Hand und lege (sie) in meine Seite, und nicht
werde ungläubig, sondern gläubig. [28] (Es) antwortete Thomas
und sprach zu ihm: Mein Herr und mein Gott! [29] (Es) sagt ihm
Jesus: Weil du mich gesehen hast, hast du geglaubt? Selig die
nicht Sehenden und Glaubenden!

[30] Viele nun auch andere Zeichen tat Jesus vor [seinen]
Schülern, die nicht geschrieben sind in diesem Buch. [31] Diese
aber sind geschrieben, damit ihr glaubt, daß Jesus ist der
Christos, der Sohn Gottes, und damit ihr als Glaubende Le-
ben habt in seinem Namen.

21 1 Danach offenbarte sich Jesus wieder den Schülern
am Meer von Tiberias; er offenbarte (sich) aber so.
2 (Es) waren zusammen Simon Petros und Thomas, der Di-
dymos (= Zwilling) Genannte, und Nathanael, der vom Kana
der Galilaia, und die des Zebedaios und andere von seinen
Schülern zwei. 3 (Es) sagt ihnen Simon Petros: Fortgehe ich
fischen. Sie sagen ihm: (Es) kommen auch wir mit dir. Hin-
ausgingen und einstiegen sie ins Boot, aber in jener Nacht
fingen sie nichts. 4 Als aber schon Morgenfrühe geworden
war, stellte sich Jesus an den Strand, nicht freilich wußten die
Schüler, daß (es) Jesus ist. 5 (Es) sagt ihnen nun Jesus: Kin-
der, nicht habt ihr irgendeine Zuspeise? Sie antworteten ihm:
Nein. 6 Der aber sprach zu ihnen: Werft auf die rechte Seite
des Bootes das Netz, und finden werdet ihr. Sie warfen nun,
und nicht mehr zu ziehen vermochten sie es wegen der Men-
ge der Fische. 7 (Es) sagt nun jener Schüler, den Jesus liebte,
zu Petros: Der Herr ist (es). Simon Petros nun, hörend, daß
der Herr (es) ist, gürtete das Obergewand, denn er war nackt,
und er warf sich ins Meer, 8 die anderen Schüler aber kamen
mit dem Boot, denn nicht waren sie weit vom Land, sondern
etwa an (die) zweihundert Ellen, schleppend das Netz mit den
Fischen. 9 Wie sie nun ausstiegen ans Land, sehen sie ein
Kohlenfeuer liegend und einen Fisch darauﬂiegend und Brot.
10 (Es) sagt ihnen Jesus: Bringt von den Fischen, die ihr jetzt
fingt! 11 Hinaufstieg nun Simon Petros, und er zog das Netz
ans Land, voll mit einhundertdreiundfünfzig großen Fischen;
und soviele es waren, nicht riß das Netz. 12 (Es) sagt ihnen Je-
sus: Auf, frühstückt! Keiner aber wagte von den Schülern,
ihn auszuforschen: Du, wer bist du? Wissend, daß (es) der
Herr ist. 13 (Es) kommt Jesus und nimmt das Brot und gibt
(es) ihnen, und den Fisch gleicherweise. 14 Dieses dritte (Mal)
schon offenbarte sich Jesus den Schülern, erweckt aus Toten.

15 Als sie nun frühstückten, sagt dem Simon Petros Jesus:
Simon (des) Johannes, liebst du mich mehr als diese? Er sagt
ihm: Ja, Herr, du weißt, daß ich dich liebe. Er sagt ihm:
Weide meine Lämmer! 16 Er sagt ihm wieder ein zweites

(Mal): Simon (des) Johannes, liebst du mich? Er sagt ihm: Ja,
Herr, du weißt, daß ich dich liebe. Er sagt ihm: Weide meine
Schafe! [17] Er sagt ihm das dritte (Mal): Simon (des) Johannes,
liebst du mich? Betrübt wurde Petros, weil er sprach zu ihm
das dritte (Mal): Liebst du mich? Und er sagt ihm: Herr, alles
weißt du, du erkennst, daß ich dich liebe. (Es) sagt ihm [Je-
sus]: Weide meine Schafe! [18] Amen, amen, ich sage dir: Als
du ein Jüngerer warst, gürtetest du dich selbst und umher-
gingst du, wohin du wolltest; wann aber alt du wirst, aus-
strecken wirst du deine Hände, und ein anderer wird dich
gürten und führen, wohin du nicht willst. [19] Dies aber sprach
er, bezeichnend, durch welchen Tod er verherrlichen werde
Gott. Und dies sprechend, sagt er ihm: Folge mir!

[20] Sich umwendend sieht Petros den Schüler, den Jesus
liebte, folgend, der auch beim Mahl an seiner Brust lag und
sprach: Herr, wer ist der dich Übergebende? [21] Diesen nun
sehend, sagt Petros zu Jesus: Herr, dieser aber – was (mit
ihm)? [22] (Es) sagt ihm Jesus: Wenn ich will, daß er bleibt, bis
ich komme, was (geht es) dich an? Du, folge mir! [23] Ausging
nun dieses Wort zu den Brüdern, daß jener Schüler nicht
stirbt; nicht sprach aber zu ihm Jesus, daß er nicht stirbt,
sondern: Wenn ich will, daß er bleibt, bis ich komme, [was
(geht es) dich an]?

[24] Dieser ist der Schüler, der Zeugende über dieses und der
Schreibende dieses, und wir wissen, daß wahr ist sein Zeug-
nis. [25] Es ist aber auch anderes vieles, was Jesus tat, welches,
wenn es geschrieben würde nacheinander, auch nicht, meine
ich, die Welt fassen könnte die zu schreibenden Bücher.

Taten der Apostel

1 1 Den ersten Bericht machte ich über alles, o Theophi-
los, was Jesus anfing zu tun und zu lehren, 2 bis zu
(dem) Tag, an dem er aufgenommen wurde, nachdem er Wei-
sung gegeben hatte den Aposteln, die er erwählt hatte, durch
heiligen Geist. 3 Denen stellte er sich auch hin als lebend nach
seinem Leiden in vielen Bezeugungen, durch vierzig Tage
(hindurch) sichtbar werdend ihnen und sagend das über das
Königtum Gottes; 4 und beim Zusammensein gebot er ihnen,
von Hierosolyma nicht sich zu trennen, sondern zu erwarten
die Zusage des Vaters, die ihr hörtet von mir, 5 daß Johannes
zwar taufte mit Wasser, ihr aber in heiligem Geist getauft
werden werdet nach diesen nicht vielen Tagen. 6 Die aber nun
Zusammengekommenen fragten ihn, sagend: Herr, ob in die-
ser Zeit du wiedererrichtest das Königtum für Israel? 7 Er
sprach aber zu ihnen: Nicht euer ist es, zu kennen Zeiten oder
Fristen, die der Vater setzte in der eigenen Vollmacht, 8 son-
dern ihr werdet empfangen Kraft, wenn herabkommt der hei-
lige Geist auf euch, und ihr werdet sein meine Zeugen in Je-
rusalem und [in] der ganzen Judaia und Samareia und bis zum
Ende der Erde.

9 Und als er dieses gesprochen hatte, wurde er, während sie
schauten, hinaufgehoben, und eine Wolke nahm weg ihn von
ihren Augen. 10 Und wie sie starrend waren in den Himmel,
während er wegging, und siehe, zwei Männer standen neben
ihnen in weißen Kleidern, 11 die auch sprachen: Männer, Ga-
lilaier, was steht ihr [auf]schauend in den Himmel? Dieser Je-
sus, der Aufgenommene (weg) von euch in den Himmel, wird
so kommen, auf welche Weise ihr ihn saht weggehend in den
Himmel.

12 Dann kehrten sie zurück nach Jerusalem vom Berg, dem
Ölberg gerufenen, der nahe ist Jerusalem, einen Sabbatweg
entfernt. 13 Und als sie hineinkamen, ins Obergemach stiegen

sie hinauf, wo sie waren verbleibend, Petros und Johannes und Jakobos und Andreas, Philippos und Thomas, Bartholomaios und Matthaios, Jakobos (des) Alphaios und Simon der Zelot und Judas (des) Jakobos. 14 Diese alle waren ausharrend einmütig im Gebet mit Frauen und Mariam, der Mutter von Jesus, und seinen Brüdern.

15 Und in diesen Tagen, aufstehend inmitten der Brüder, sprach Petros; (es) war aber eine Menge von Namen an demselben (Ort), etwa hundertzwanzig: 16 Männer, Brüder, es mußte erfüllt werden die Schrift, die vorhersagte der heilige Geist durch (den) Mund Davids über Judas, der Wegführer wurde den Jesus Ergreifenden, 17 weil er zugezählt worden war bei uns und erlangt hatte das Los dieses Dienstes. 18 Dieser aber nun erwarb ein Grundstück von (dem) Lohn der Ungerechtigkeit, und vornüber gefallen, platzte er mitten (entzwei), und ausgeschüttet wurden alle seine Eingeweide; 19 und bekannt wurde es allen Jerusalem Bewohnenden, so daß gerufen wurde jenes Grundstück in ihrer eigenen Sprache Hakeldamach, das ist Blutacker. 20 Denn geschrieben ist im
Ps 69,26 Buch (der) Psalmen: *Werden soll sein Gehöft öde, und nicht
Ps 109,8 soll sein der Bewohnende in ihm*, und: *Sein Aufseheramt soll
übernehmen ein anderer.* 21 Es muß also von den Männern, die mit uns zusammengekommen waren zu der ganzen Zeit, in der einging und ausging bei uns der Herr Jesus, 22 angefangen von der Taufe (des) Johannes bis zu dem Tag, an dem er aufgenommen wurde von uns (weg), Zeuge seiner Auferstehung mit uns werden einer von diesen. 23 Und aufstellten sie zwei, Joseph, den Barsabbas Gerufenen, der zudem gerufen wurde Justos, und Matthias. 24 Und betend sprachen sie: Du, Herr, Herzenskenner aller, zeige auf, wen du auswähltest aus diesen zweien einen, 25 einzunehmen den Ort dieses Dienstes und Apostelamts, von dem Judas abtrat, zu gehen an den eigenen Ort. 26 Und sie gaben Lose ihnen, und (es) fiel das Los auf Matthias, und er wurde mithinzugezählt unter die elf Apostel.

2 1 Und als erfüllt wurde der Pfingsttag, waren alle ge-
meinsam an demselben (Ort). 2 Und (es) entstand plötz-
lich aus dem Himmel Tosen, wie (das) eines daherfahrenden
gewaltigen Wehens, und es erfüllte das ganze Haus, wo sie
waren dasitzend, 3 und (es) erschienen ihnen sich zerteilende
Zungen wie von Feuer, und es setzte sich auf einen jeden von
ihnen, 4 und erfüllt wurden alle von heiligem Geist, und sie
begannen zu reden mit anderen Zungen, gleichwie der Geist
ihnen gab kundzutun.

5 (Es) waren aber zu Jerusalem (dort) wohnende Judaier,
fromme Männer, von jedem Volk derer unter dem Himmel.
6 Als aber entstand diese Stimme, zusammenkam die Menge,
und sie wurde verwirrt, weil sie hörten ein jeder in der eige-
nen Sprache sie redend. 7 Sie gerieten aber außer sich und
staunten, sagend: Siehe, sind nicht alle diese Redenden Gali-
laier? 8 Und wie hören wir, jeder in unserer eigenen Sprache,
in der wir geboren wurden? 9 Parther und Meder und Elami-
ter, und die Bewohnenden die Mesopotamia, Judaia und Kap-
padokia, Pontos und die Asia, 10 Phrygia und Pamphylia,
Aigyptos und die (Landes)teile der Libya hinter Kyrene, und
die sich hier aufhaltenden Romaier, 11 Judaier und Proselyten,
Kreter und Araber, wir hören sie redend in unseren Zungen
die Großtaten Gottes. 12 Außer sich gerieten aber alle, und sie
waren ratlos, einer zum anderen sagend: Was will dies sein?
13 Andere aber spottend sagten: Mit Most angefüllt sind sie.

14 Sich hinstellend aber Petros mit den Elf, erhob er seine
Stimme und tat ihnen kund: Männer, Judaier und ihr Jerusa-
lem Bewohnenden alle, dies soll euch bekannt sein, und zu
Ohren nehmt meine Worte! 15 Denn nicht, wie ihr annehmt,
sind diese betrunken, denn es ist (die) dritte Stunde des Ta-
ges, 16 sondern dies ist das Gesagte durch den Propheten Joel:
17 *Und es wird sein* in den letzten Tagen, sagt Gott, *ausgießen* Joël 3,1–5 (G)
werde ich von meinem Geist auf alles Fleisch, und prophezei-
en werden eure Söhne und eure Töchter, und eure jungen
Leute werden Gesichte sehen, und eure Älteren werden Träu-
me träumen; 18 *und auch auf meine Knechte und auf meine*

Mägde werde ich in jenen Tagen ausgießen von meinem
Geist, und sie werden prophezeien. 19 *Und geben werde ich*
Wunder im Himmel oben *und* Zeichen *auf der Erde* unten,
Blut und Feuer und Rauchqualm. 20 *Die Sonne wird umge-*
wendet werden zu Finsternis und der Mond zu Blut, vor (dem)
Kommen (des) großen und aufleuchtenden Tages (des) Herrn.
21 *Und es wird sein: Jeder, der immer anruft den Namen (des)*
Herrn, wird gerettet werden. 22 Männer, Israeliten, hört diese
Worte: Jesus, den Nazoraier, einen Mann, ausgewiesen von
Gott unter euch durch Kraft(taten) und Wunder und Zeichen,
welche tat durch ihn Gott in eurer Mitte, gleichwie ihr selbst
wißt, 23 diesen durch den festgesetzten Ratschluß und (das)
Vorwissen Gottes Ausgelieferten, durch (die) Hand Gesetzlo-
ser annagelnd beseitigtet ihr, 24 den Gott aufstehen ließ, lö-
send die Wehen des Todes, weil es ja nicht möglich war, daß
er festgehalten wurde von ihm. 25 Denn David sagt über ihn:
Ps 16,8–11 (G) *Ich sah den Herrn vor mir immerzu, weil zu meiner Rechten*
er ist, damit ich nicht erschüttert werde. 26 *Deswegen freute*
sich mein Herz und jubelte meine Zunge, dazu aber auch mein
Fleisch wird zelten in Hoffnung, 27 *weil du nicht zurücklassen*
wirst meine Seele im Hades und nicht zulassen wirst, daß dein
Heiliger sieht Verderbnis. 28 *Kundtatest du mir Wege (des)*
Lebens, erfüllen wirst du mich mit Freude vor deinem Ange-
sicht. 29 Männer, Brüder, (es ist) erlaubt, zu sprechen mit
Freimut zu euch über den Urvater David, daß er starb und
begraben wurde, und seine Grabstätte ist unter uns bis zu die-
sem Tag. 30 Da er Prophet nun war und wußte, daß mit einem
Eid Gott ihm schwur, aus der Frucht seiner Lende (einen) zu
setzen auf seinen Thron, 31 redete er voraussehend über die
Auferstehung des Christos, daß weder er zurückgelassen
wurde im Hades, noch sein Fleisch Verderbnis sah. 32 Diesen
Jesus ließ Gott aufstehen, wovon wir alle Zeugen sind; 33 zur
Rechten Gottes nun erhöht und die Zusage des heiligen Gei-
stes empfangend vom Vater, ausgoß er dies, was ihr [sowohl]
seht und hört. 34 Denn nicht David stieg hinauf in die Him-
Ps 110,1 (G) mel, er sagt ja selbst: *(Es) sprach [der] Herr zu meinem*

Herrn: Sitze zu meiner Rechten, 35 *bis ich lege deine Feinde*
als Fußbank unter deine Füße. 36 Untrüglich nun soll erkennen
(das) ganze Haus Israel, daß zum Herrn und Gesalbten Gott
ihn machte, diesen Jesus, den ihr kreuzigtet.

37 (Es) hörend aber wurden sie durchbohrt im Herzen und
sprachen zu Petros und den übrigen Aposteln: Was sollen wir
tun, Männer, Brüder? 38 Petros aber zu ihnen: Kehrt um, [sagt
er], und getauft werden soll jeder von euch auf den Namen
(des) Jesus Christos zu(m) Erlaß eurer Sünden, und ihr wer-
det empfangen das Geschenk des heiligen Geistes. 39 Denn
euch ist die Zusage und euren Kindern und allen in (der)
Ferne, wieviele immer herbeiruft der Herr, unser Gott. 40 Und
mit mehr anderen Worten bezeugte er und ermutigte er sie,
sagend: Laßt euch retten aus diesem verkehrten Geschlecht!
41 Die aber nun Aufnehmenden sein Wort wurden getauft, und
hinzugefügt wurden an jenem Tag etwa dreitausend Seelen.

42 Sie waren aber ausharrend in der Lehre der Apostel und
der Gemeinschaft, beim Brechen des Brotes und in den Ge-
beten. 43 (Es) wurde aber jeder Seele Angst, viele Wunder und
Zeichen geschahen durch die Apostel. 44 Alle Glaubenden
aber waren an demselben (Ort), und sie hatten alles gemein-
sam, 45 und die Güter und die Besitzungen verkauften sie und
verteilten sie an alle, inwieweit einer Bedarf hatte; 46 und täg-
lich ausharrend einmütig im Heiligtum, brechend nach Häu-
sern Brot, nahmen sie Nahrung in Jubel und Einfachheit des
Herzens, 47 lobend Gott und habend Gunst beim ganzen Volk.
Der Herr aber fügte hinzu, die gerettet werden, täglich an
demselben (Ort).

3 1 Petros aber und Johannes stiegen hinauf ins Heiligtum,
zur Stunde des Gebets, der neunten. 2 Und ein Mann,
der lahm war von seiner Mutter Leib (an), wurde getragen,
welchen sie setzten täglich an die Tür des Heiligtums, die
(so)genannte Schöne, zu erbitten ein Almosen von den Hin-
eingehenden ins Heiligtum; 3 der, sehend Petros und Johannes
im Begriff hineinzugehen ins Heiligtum, bat, ein Almosen zu

empfangen. [4] Petros aber starrend auf ihn mit Johannes
sprach: Sieh auf uns! [5] Der aber gab acht auf sie, erwartend,
etwas von ihnen zu empfangen. [6] (Es) sprach aber Petros: Sil-
ber und Gold gehört mir nicht, was aber ich habe, dies gebe
ich dir: Im Namen (des) Jesus Christos, des Nazoraiers, [steh
auf und] geh umher! [7] Und fassend ihn an der rechten Hand,
richtete er ihn auf; auf der Stelle aber wurden gefestigt seine
Füße und die Knöchel, [8] und aufspringend stellte er sich hin
und ging umher und ging hinein mit ihnen ins Heiligtum, um-
hergehend und springend und lobend Gott. [9] Und (es) sah das
ganze Volk ihn umhergehend und Gott lobend; [10] sie erkann-
ten ihn aber, daß er war der wegen des Almosens Dasitzende
beim Schönen Tor des Heiligtums, und erfüllt wurden sie mit
Staunen und Entsetzen über das ihm Widerfahrene.

[11] Als er aber festhielt Petros und Johannes, zusammenlief
das ganze Volk zu ihnen bei der Halle, der (Halle) Solomons
gerufenen, aufgeschreckt. [12] (Es) sehend aber antwortete Pe-
tros zum Volk: Männer, Israeliten, was staunt ihr über die-
sen, oder was starrt ihr uns an, als ob mit eigener Kraft oder
Ex 3,6 Frömmigkeit wir gemacht hätten, daß er umhergeht? [13] *Der
Gott Abrahams und [der Gott] Isaaks und [der Gott] Jakobs,
der Gott unserer Väter,* verherrlichte seinen Knecht Jesus,
den ihr übergabt und (ver)leugnetet vor (dem) Angesicht (des)
Pilatos, der geurteilt hatte, jenen freizulassen; [14] ihr aber
(ver)leugnetet den Heiligen und Gerechten und verlangtet,
daß ein Mörder euch geschenkt wurde, [15] den Anführer des
Lebens aber tötetet ihr, den Gott auferweckte aus Toten, wo-
von wir Zeugen sind. [16] Und aufgrund des Glaubens an seinen
Namen festigte diesen, den ihr seht und kennt, sein Name,
und der Glaube, der durch ihn, gab ihm diese volle Gesund-
heit vor euch allen. [17] Aber jetzt, Brüder, weiß ich, daß nach
Unwissenheit ihr handeltet, wie auch eure Führer; [18] Gott
aber, was er vorausverkündete durch (den) Mund aller Pro-
pheten, daß leide sein Gesalbter, erfüllte er so. [19] Kehrt also
um und bekehrt euch, auf daß ausgelöscht werden eure Sün-
den, [20] auf daß kommen mögen Zeiten (des) Aufatmens von

(dem) Angesicht des Herrn (her), und er schicken möge den
euch vorherbestimmten Gesalbten, Jesus, 21 den der Himmel
aufnehmen muß bis zu (den) Zeiten (der) Wiedererrichtung
von allem, wovon Gott redete durch (den) Mund seiner heili-
gen Propheten von Ewigkeit. 22 Moyses aber sprach: *Einen* Dtn 18,15–20
Propheten wird euch aufstehen lassen (der) Herr, euer Gott,
aus euren Brüdern wie mich; ihn sollt ihr hören in allem, was
immer er redet zu euch. 23 *Es wird aber sein: Jede Seele, wel-* Lev 23,29
che auch immer, wenn sie nicht hört auf jenen Propheten,
wird ausgerottet werden aus dem Volk. 24 Aber auch alle Pro-
pheten von Samuel und den folgenden (an), wieviele redeten,
verkündeten auch diese Tage. 25 Ihr seid die Söhne der Pro-
pheten und des Bundes, den Gott verfügte für eure Väter, sa-
gend zu Abraham: *Und in deiner Nachkommenschaft werden* Gen 22,18; 26,4
gesegnet werden alle Geschlechter der Erde. 26 Euch zuerst,
nachdem Gott aufstehen ließ seinen Knecht, schickte er ihn,
der euch segnet, indem er wegwendet einen jeden von euren
Bosheiten.

4 1 Während sie aber redeten zum Volk, hintraten zu ih-
nen die Priester und der Befehlshaber des Heiligtums
und die Saddukaier, 2 aufgebracht, weil sie das Volk lehren
und verkünden in Jesus die Auferstehung aus Toten, 3 und sie
legten Hand an sie, und sie setzten (sie) in Haft bis zum Tag
darauf; denn es war Abend schon. 4 Viele aber der Hörenden
das Wort glaubten, und (es) wurde [die] Zahl der Männer
[etwa] fünftausend.

5 Es geschah aber am Tag darauf, daß sich versammelten
ihre Vorsteher und die Ältesten und die Schriftkundigen in Je-
rusalem, 6 und Hannas, der Hochpriester, und Kajaphas und
Johannes und Alexandros und wieviele aus hochpriesterli-
chem Geschlecht waren, 7 und stellend sie in die Mitte, er-
kundigten sie sich: In welcher Kraft oder in welchem Namen
tatet ihr dies? 8 Da sprach Petros, erfüllt mit heiligem Geist,
zu ihnen: Vorsteher des Volkes und Älteste, 9 wenn wir heute
verhört werden wegen einer Wohltätigkeit an einem schwa-
chen Menschen, durch wen dieser gerettet worden ist, 10 be-

kannt soll sein euch allen und dem ganzen Volk Israel, daß im Namen (des) Jesus Christos, des Nazoraiers, den ihr kreuzigtet, den Gott auferweckte aus Toten, durch diesen dieser dasteht vor euch gesund. 11 Dieser ist der Stein, der verachtete von euch, den Bauleuten, der zum Hauptstein wurde. 12 Und (es) ist in keinem anderen das Heil, denn nicht ist ein anderer Name unter dem Himmel, der gegeben ist unter (den) Menschen, durch den wir gerettet werden müssen.

13 Sehend aber den Freimut des Petros und (des) Johannes und begreifend, daß ungebildete Menschen sie sind und Laien, staunten sie, und sie erkannten sie, daß mit Jesus sie waren, 14 und den Menschen sehend bei ihnen stehend, den geheilten, nichts hatten sie zu erwidern. 15 Befehlend aber ihnen, aus dem Synhedrion hinauszugehen, beratschlagten sie untereinander, 16 sagend: Was sollen wir tun diesen Menschen? Denn daß ein bekanntes Zeichen geschehen ist durch sie, (ist) allen Jerusalem Bewohnenden offenbar, und nicht können wir (es) leugnen; 17 aber damit nicht noch mehr verbreitet wird ins Volk, wollen wir ihnen drohen, nicht mehr zu reden in diesem Namen zu irgendeinem (der) Menschen. 18 Und rufend sie, geboten sie, überhaupt nichts verlauten zu lassen und nicht zu lehren im Namen von Jesus. 19 Petros aber und Johannes antwortend sprachen zu ihnen: Ob gerecht es ist vor Gott, auf euch mehr zu hören als auf Gott, urteilt! 20 Denn nicht können wir (über das), was wir sahen und hörten, nicht reden. 21 Die aber, weiterdrohend, entließen sie, nichts findend, wie sie sie bestrafen könnten, wegen des Volkes, weil alle verherrlichten Gott wegen des Geschehenen; 22 denn an Jahren mehr als vierzig war der Mensch, an dem geschehen war dieses Zeichen der Heilung.

23 Entlassen aber kamen sie zu den Ihrigen und meldeten, was alles zu ihnen die Hochpriester und die Ältesten spra-
2 Kön 19,15 chen. 24 Die aber, (es) hörend, einmütig erhoben (die) Stimme
Jes 37,16 zu Gott und sprachen: Gebieter, *du, der machte den Himmel*
Neh 9,6 Ex 20,11 *und die Erde und das Meer und alles in ihnen,* 25 der du durch
Ps 146,6 heiligen Geist, (durch den) Mund unseres Vaters David, dei-

nes Knechtes, sprachst: *Weshalb tobten (die) Heiden und (die)* Ps 2,1f (G)
Völker sinnen Vergebliches? 26 *Hinstellten sich die Könige der*
Erde, und die Vorsteher versammelten sich an demselben
(Ort) gegen den Herrn und gegen seinen Gesalbten. 27 Denn
(es) versammelten sich in Wahrheit in dieser Stadt gegen dei-
nen heiligen Knecht Jesus, den du salbtest, Herodes und Pon-
tios Pilatos mit (den) Heiden und (den) Volksscharen Israels,
28 zu tun, was deine Hand und [dein] Ratschluß zu geschehen
vorherbestimmte. 29 Und in bezug auf das Jetzt, Herr, schau
hin auf ihre Drohungen und gib deinen Knechten, mit allem
Freimut zu reden dein Wort, 30 indem du ausstreckst [deine]
Hand, damit Heilung und Zeichen und Wunder geschehen
durch den Namen deines heiligen Knechtes Jesus. 31 Und als
sie gebetet hatten, wurde erschüttert der Ort, an dem sie ver-
sammelt waren, und erfüllt wurden alle vom heiligen Geist,
und sie redeten das Wort Gottes mit Freimut.

32 Der Menge der Glaubenden aber war Herz und Seele
eins, und auch nicht einer sagte, daß etwas von dem Besitz
ihm eigen sei, sondern (es) war ihnen alles gemeinsam. 33 Und
mit großer Kraft gaben das Zeugnis die Apostel von der Auf-
erstehung des Herrn Jesus, und große Gnade war auf ihnen
allen. 34 Denn auch nicht ein Bedürftiger war unter ihnen;
denn wieviele Besitzer von Grundstücken oder Häusern vor-
handen waren, verkaufend brachten sie die Erlöse des Veräu-
ßerten 35 und legten (sie) vor die Füße der Apostel; verteilt
wurde aber jedem, inwieweit einer Bedarf hatte. 36 Joseph
aber, der von den Aposteln zudem Barnabas Gerufene, das ist
übersetzt Sohn (der) Ermutigung, ein Levit, Kyprier der Ab-
stammung (nach), 37 dem ein Acker gehörte, verkaufend (ihn),
brachte das Geld und legte (es) zu den Füßen der Apostel.

5 1 Ein Mann aber, Hananias mit Namen, mit Sapphira,
seiner Frau, verkaufte Besitz, 2 und beiseite schaffte er
für sich vom Erlös, mit Wissen auch der Frau, und bringend
einen Teil, vor die Füße der Apostel legte er (ihn). 3 (Es)
sprach aber Petros: Hananias, weshalb erfüllte der Satan dein
Herz, daß du belogst den heiligen Geist und für dich beiseite

schafftest vom Erlös des Grundstücks? [4] Nicht bleibend blieb es dir, und verkauft stand es (nicht) in deiner Vollmacht? Weswegen setztest du in deinem Herzen diese Tat? Nicht belogst du Menschen, sondern Gott. [5] Hörend aber Hananias diese Worte, fallend hauchte er (sein Leben) aus, und (es) entstand große Furcht bei allen (es) Hörenden. [6] Aufstehend aber verhüllten ihn die Jüngeren, und hinaustragend begruben sie (ihn).

[7] (Es) war aber etwa drei Stunden Zwischenraum, und seine Frau, nicht wissend das Geschehene, kam herein. [8] (Es) antwortete aber zu ihr Petros: Sag mir, ob für soviel ihr das Grundstück abgabt? Die aber sprach: Ja, für soviel. [9] Petros aber zu ihr: Weswegen wurde vereinbart unter euch, zu versuchen den Geist (des) Herrn? Siehe, die Füße derer, die begruben deinen Mann, (stehen) bei der Tür, und sie werden dich hinaustragen. [10] Sie aber fiel auf der Stelle zu seinen Füßen und hauchte (ihr Leben) aus; hereinkommend aber fanden die jungen Männer sie tot, und hinaustragend begruben sie (sie) bei ihrem Mann, [11] und (es) entstand große Furcht bei der ganzen Gemeinde und bei allen dieses Hörenden.

[12] Durch die Hände der Apostel aber geschahen Zeichen und viele Wunder im Volk. Und alle waren einmütig in der Halle Solomons, [13] von den übrigen aber wagte keiner, sich ihnen anzuschließen, doch (es) pries sie das Volk. [14] Mehr Glaubende aber wurden hinzugefügt dem Herrn, Mengen von Männern und Frauen, [15] so daß sie auch auf die Straßen hinaustrugen die Kranken und (sie) legten auf Liegen und Bahren, damit, wenn Petros käme, der Schatten beschatte einen von ihnen. [16] Zusammenkam aber auch die Menge der Städte rings um Jerusalem, bringend Kranke und Geplagte von unreinen Geistern, welche alle geheilt wurden.

[17] Aufstehend aber wurden der Hochpriester und alle mit ihm, (nämlich) die Richtung der Saddukaier, erfüllt mit Eifersucht, [18] und sie legten Hand an die Apostel und setzten sie in öffentliche Haft. [19] Ein Engel (des) Herrn aber, (des) Nachts öffnend die Türen des Gefängnisses und herausführend sie,

sprach: [20] Geht und euch hinstellend, redet im Heiligtum zum
Volk alle Worte dieses Lebens. [21] (Es) hörend aber, hinein-
gingen sie frühmorgens ins Heiligtum und lehrten. Herbei-
kommend aber der Hochpriester und die mit ihm, zusammen-
riefen sie das Synhedrion und den ganzen Ältestenrat der
Söhne Israels, und sie schickten ins Gefängnis, sie vorführen
zu lassen. [22] Die hinkommenden Diener aber fanden sie nicht
im Gefängnis; nachdem sie aber umgekehrt waren, meldeten
sie, [23] sagend: Das Gefängnis fanden wir verschlossen in aller
Sicherheit und die Wächter stehend an den Türen, als wir
aber öffneten, fanden wir drinnen keinen. [24] Als sie aber hör-
ten diese Worte, sowohl der Befehlshaber des Heiligtums als
auch die Hochpriester, waren sie ratlos ihretwegen, was dies
werden möchte. [25] Herbeigekommen aber meldete ihnen ei-
ner: Siehe, die Männer, die ihr setztet ins Gefängnis, sind im
Heiligtum stehend und lehrend das Volk. [26] Dann weggehend,
vorführte sie der Befehlshaber mit den Dienern, nicht mit Ge-
walt, denn sie fürchteten das Volk, daß sie gesteinigt würden.

[27] Vorführend aber stellten sie sie ins Synhedrion. Und (es)
befragte sie der Hochpriester, [28] sagend: Geboten wir euch
[nicht] durch ein Gebot, nicht zu lehren in diesem Namen?
Und siehe, ihr habt erfüllt Jerusalem mit eurer Lehre, und ihr
wollt bringen auf uns das Blut dieses Menschen. [29] Antwor-
tend aber sprachen Petros und die Apostel: Gehorchen muß
man Gott mehr als Menschen. [30] Der Gott unserer Väter er-
weckte Jesus, an den ihr Hand legtet, hängend (ihn) ans Holz;
[31] diesen erhöhte Gott zum Anführer und Retter zu seiner
Rechten, Israel [zu] geben Umkehr und Erlaß von Sünden.
[32] Und wir sind Zeugen dieser Geschehnisse und der heilige
Geist, den Gott gab den ihm Gehorchenden.

[33] Die (es) Hörenden aber ergrimmten und wollten sie be-
seitigen. [34] Aufstehend aber im Synhedrion ein Pharisaier mit
Namen Gamaliel, ein Gesetzeslehrer, geehrt beim ganzen
Volk, befahl, kurz die Männer hinauszuschaffen, [35] und er
sprach zu ihnen: Männer, Israeliten, nehmt euch in acht bei
diesen Menschen, was ihr tun wollt. [36] Denn vor diesen Tagen

stand auf Theudas, sagend, daß er jemand sei, dem sich an-
schloß eine Zahl von vierhundert Männern; der wurde besei-
tigt, und alle, wieviele ihm gehorchten, lösten sich auf und
wurden zu nichts. [37] Nach diesem stand auf Judas der Galilai-
er in den Tagen der Aufzeichnung, und er brachte (zum Ab-
fall) Volk hinter sich; auch jener ging zugrunde, und alle,
wieviele ihm gehorchten, wurden zerstreut. [38] Und in bezug
auf das Jetzt sage ich euch, laßt ab von diesen Menschen und
laßt sie! Denn wenn von Menschen ist dieses Vorhaben oder
dieses Werk, wird es zerstört werden, [39] wenn aber von Gott
es ist, nicht werdet ihr sie zerstören können, damit ihr nicht
etwa gar als Kämpfer gegen Gott erfunden werdet. Sie aber
gehorchten ihm, [40] und herbeirufend die Apostel, geboten sie,
nachdem sie (sie) geschunden hatten, nicht zu reden im Na-
men von Jesus, und entließen (sie). [41] Die aber nun gingen,
sich freuend, (weg) vom Angesicht des Synhedrions, weil sie
gewürdigt worden waren, für den Namen verachtet zu wer-
den, [42] und jeden Tag im Heiligtum und nach Häusern nicht
hörten sie auf, zu lehren und (als Evangelium) zu verkünden
den Gesalbten, Jesus.

6 [1] In diesen Tagen aber, als sich mehrten die Schüler,
entstand ein Murren der Hellenisten gegen die Hebrai-
er, weil übersehen wurden beim täglichen Dienst ihre Wit-
wen. [2] Die Zwölf aber, herbeirufend die Menge der Schüler,
sprachen: Es ist nicht richtig, daß wir, verlassend das Wort
Gottes, bedienen (die) Tische. [3] Seht euch aber um, Brüder,
nach sieben Männern aus euch, mit gutem Zeugnis, voll Geist
und Weisheit, die wir einsetzen werden für diesen Bedarf,
[4] wir aber werden beim Gebet und beim Dienst des Wortes
ausharren. [5] Und (es) gefiel das Wort vor der ganzen Menge,
und auswählten sie Stephanos, einen Mann voll Glauben und
heiligem Geist, und Philippos und Prochoros und Nikanor
und Timon und Parmenas und Nikolaos, einen antiocheni-
schen Proselyten; [6] diese stellten sie vor die Apostel, und be-
tend legten (diese) ihnen die Hände auf. [7] Und das Wort Got-

tes wuchs, und (es) mehrte sich die Zahl der Schüler in Jeru-
salem sehr, und eine große Menge der Priester gehorchten
dem Glauben.

8 Stephanos aber voll Gnade und Kraft tat Wunder und
große Zeichen im Volk. 9 Aufstanden aber einige derer von
der sogenannten Synagoge (der) Libertiner und Kyrenaier und
Alexandriner und derer von Kilikia und Asia, streitend mit
Stephanos, 10 und nicht vermochten sie zu widerstehen der
Weisheit und dem Geist, mit dem er redete. 11 Dann stifteten
sie Männer an, die sagten: Wir haben ihn reden hören läster-
liche Worte gegen Moyses und Gott. 12 Und sie brachten in
Bewegung das Volk und die Ältesten und die Schriftkundigen,
und hinzutretend packten sie ihn und führten (ihn) ins Syn-
hedrion, 13 und sie stellten falsche Zeugen auf, die sagten:
Dieser Mensch hört nicht auf, zu reden Worte gegen [diesen]
heiligen Ort und das Gesetz; 14 denn wir haben ihn sagen hö-
ren: Jesus, der Nazoraier, dieser wird zerstören diesen Ort,
und er wird verändern die Sitten, die uns übergab Moyses.
15 Und starrend auf ihn alle Sitzenden im Synhedrion, sahen
sie sein Gesicht wie (das) Gesicht eines Engels.

7 1 (Es) sprach aber der Hochpriester: Ob dieses sich so
verhält? 2 Der aber sagte: Männer, Brüder und Väter,
hört! Der Gott der Herrlichkeit erschien unserem Vater Abra-
ham, als er war in der Mesopotamia, ehe er wohnte in Char-
ran, 3 und er sprach zu ihm: *Geh hinaus aus deinem Land und* Gen 12,1
[aus] deiner Verwandtschaft, und auf in das Land, welches
immer ich dir zeigen werde. 4 Dann, herausgehend aus (dem)
Land (der) Chaldaier, wohnte er in Charran. Und von dort,
nach dem Sterben seines Vaters, siedelte er ihn um in dieses
Land, in dem ihr jetzt wohnt, 5 und nicht gab er ihm Erb(be-
sitz) in ihm, auch nicht eine Fußbreite, und er sagte zu, *es* Gen 48,4
ihm zur Besitzergreifung zu übergeben und seiner Nachkom-
menschaft nach ihm, obwohl er kein Kind hatte. 6 (Es) redete
aber Gott so: *(Es) wird sein seine Nachkommenschaft ein Zu-* Gen 15,13f
gezogener in fremdem Land, und sie werden sie versklaven Ex 2,22
und mißhandeln vierhundert Jahre; 7 *und das Volk, dem im-*

mer sie Sklave sein werden, werde ich richten, sprach Gott,
und danach werden sie herausgehen und mir dienen an die-
sem Ort. 8 Und er gab ihm einen Bund (der) Beschneidung;
und so zeugte er den Isaak und beschnitt ihn am achten Tag,
und Isaak den Jakob, und Jakob die zwölf Urväter.

9 Und die Urväter, eifersüchtig auf Joseph, gaben (ihn) ab
nach Aigyptos. Und (es) war Gott mit ihm, 10 und er nahm ihn
heraus aus all seinen Bedrängnissen, und er gab ihm Gnade
und Weisheit gegenüber Pharao, (dem) König von Aigyptos,
und er setzte ihn ein zum Führer über Aigyptos und [über]
sein ganzes Haus. 11 (Es) kam aber eine Hungersnot über das
ganze Aigyptos und Chanaan und große Bedrängnis, und
nicht fanden Nahrung unsere Väter. 12 Hörend aber Jakob,
daß Getreide in Aigyptos ist, ausschickte er unsere Väter ein
erstes (Mal). 13 Und beim zweiten (Mal) gab sich zu erkennen
Joseph seinen Brüdern, und offenbar wurde dem Pharao das
Geschlecht [des] Joseph. 14 (Aus)schickend aber ließ Joseph
herbeirufen Jakob, seinen Vater, und die ganze Verwandt-
schaft, an Seelen fünfundsiebzig. 15 Und hinabstieg Jakob
nach Aigyptos, und er starb, er und unsere Väter, 16 und sie
wurden überführt nach Sychem, und sie wurden gelegt in die
Grabstätte, die gekauft hatte Abraham für Silber(geld) von
den Söhnen Emmors in Sychem. 17 Wie aber nahekam die Zeit
der Zusage, die zugesichert hatte Gott dem Abraham, wuchs
Ex 1,8 (G) das Volk und mehrte sich in Aigyptos, 18 bis daß *aufstand ein
anderer König [über Aigyptos], der nicht kannte den Joseph.*
19 Dieser, überlistend unser Geschlecht, mißhandelte [unsere]
Väter, indem er ihre Säuglinge aussetzen ließ, auf daß sie
nicht lebendigerhalten blieben. 20 Zu der Zeit wurde geboren
Moyses, und er war wohlgefällig Gott; er wurde aufgezogen
drei Monate im Haus des Vaters, 21 als er aber ausgesetzt war,
beiseite brachte ihn die Tochter (des) Pharao, und sie zog ihn
auf, sich zum Sohn. 22 Und ausgebildet wurde Moyses [in]
aller Weisheit (der) Aigyptier; er war aber stark in seinen
Worten und Werken. 23 Als aber sich erfüllte ihm (die) Zeit
von vierzig Jahren, aufstieg in seinem Herzen, sich umzuse-

hen nach seinen Brüdern, den Söhnen Israels. 24 Und sehend
einen Unrecht Erleidenden, stand er bei, und er verschaffte
Rache dem Mißhandelten, erschlagend den Aigyptier. 25 Er
meinte aber, daß [seine] Brüder verstehen, daß Gott durch
seine Hand ihnen Rettung gibt; die aber verstanden nicht.
26 Und am folgenden Tag erschien er ihnen, während sie
stritten, und er wollte sie versöhnen zu Frieden, sprechend:
Männer, Brüder seid ihr; weshalb tut ihr Unrecht einander?
27 Der aber dem Nächsten Unrecht Tuende stieß ihn weg,
sprechend: *Wer setzte dich ein als Vorsteher und Richter über* Ex 2,14
uns? 28 *Willst du etwa mich beseitigen, auf welche Weise du*
beseitigtest gestern den Aigyptier? 29 (Es) floh aber Moyses
bei diesem Wort, und er wurde ein Zugezogener im Land
Madiam, wo er zeugte zwei Söhne. 30 Und als sich erfüllten
vierzig Jahre, erschien ihm in der Wüste des Berges Sina ein
Engel in (der) Feuerflamme eines Dornbuschs. 31 Moyses
aber, sehend (es), bestaunte das Gesicht, als er aber hinging
nachzusehen, kam eine Stimme (des) Herrn: 32 *Ich, der Gott* Ex 3,6
deiner Väter, der Gott Abrahams und Isaaks und Jakobs.
Zitternd aber geworden, wagte Moyses nicht nachzusehen.
33 (Es) sprach aber zu ihm der Herr: *Löse die Sandale deiner* Ex 3,5
Füße, denn der Ort, auf dem du stehst, ist heilige Erde. 34 *Se-* Ex 3,7f
hend sah ich die Mißhandlung meines Volkes in Aigyptos, und
ihr Stöhnen hörte ich, und ich stieg hinab, sie herauszuneh-
men; und jetzt, auf, ich will dich schicken nach Aigyptos.
35 Diesen Moyses, den sie (ver)leugneten, sprechend: *Wer* Ex 2,14
setzte dich ein als Vorsteher und Richter?, diesen hat Gott
[sowohl] als Vorsteher und auch als Erlöser geschickt mit
(der) Hand eines Engels, der ihm erschien im Dornbusch.
36 Dieser führte sie heraus, tuend Wunder und Zeichen im
Land Aigyptos und im Roten Meer und in der Wüste vierzig
Jahre. 37 Dieser ist der Moyses, der Sprechende zu den Söh-
nen Israels: *Einen Propheten wird euch aufstehen lassen Gott* Dtn 18,15
aus euren Brüdern wie mich. 38 Dieser ist (es), der war in der
Versammlung in der Wüste mit dem Engel, der zu ihm redete
auf dem Berg Sina, und (mit) unseren Vätern, der empfing,

lebendige Worte uns zu geben; 39 dem wollten nicht gehorsam
werden unsere Väter, sondern wegstießen sie (ihn), und sie
wandten sich in ihren Herzen nach Aigyptos, 40 sprechend zu
Ex 32,1.23 Aaron: *Mach uns Götter, die uns voranziehen werden; denn*
dieser Moyses, der uns herausführte aus (dem) Land Aigyp-
tos, nicht wissen wir, was ihm geschah. 41 Und sie machten
ein Kalb in jenen Tagen, und sie brachten ein Opfer dem
Götzenbild, und sie erfreuten sich an den Werken ihrer Hän-
de. 42 Abwandte sich aber Gott, und er übergab sie, zu dienen
dem Heer des Himmels, gleichwie geschrieben ist im Buch
Am 5,25–27 (G) der Propheten: *Brachtet ihr etwa Geschlachtetes und Opfer*
mir dar vierzig Jahre in der Wüste, Haus Israel? 43 *Und mit-*
nahmt ihr das Zelt des Moloch und den Stern [eures] Gottes
Raipha, die Bilder, die ihr machtet, ihnen zu huldigen, *und*
ich werde euch umsiedeln über Babylon *hinaus.* 44 Das Zelt
des Zeugnisses besaßen unsere Väter in der Wüste, gleichwie
anordnete der Redende mit Moyses, es zu machen nach dem
Bild, das er gesehen hatte; 45 dieses auch, empfangend, hin-
einbrachten unsere Väter, mit Jesus (= Josua) bei der Besitz-
ergreifung (des Landes) der Heiden, die Gott verstieß vom
Angesicht unserer Väter bis zu den Tagen Davids, 46 der Gna-
de fand vor Gott und bat, zu finden eine Zeltwohnung für das
Haus Jakob. 47 Solomon aber baute ihm ein Haus. 48 Doch
nicht wohnt der Höchste in Handgemachtem, gleichwie der
Jes 66,1f Prophet sagt: 49 *Der Himmel (ist) mir Thron, die Erde aber*
Fußbank meiner Füße; was für ein Haus werdet ihr mir bau-
en, sagt (der) Herr, oder welches (ist der) Ort meiner Ruhe?
50 *Machte* nicht *meine Hand dieses alles?* 51 (Ihr) Hartnäckigen
und Unbeschnittenen an (den) Herzen und den Ohren, ihr
widerstrebt immer dem heiligen Geist, wie eure Väter auch
ihr. 52 Welchen der Propheten verfolgten eure Väter nicht?
Und sie töteten die Vorausverkündenden über das Kommen
des Gerechten, dessen Verräter und Mörder ihr jetzt wurdet,
53 welche ihr empfingt das Gesetz auf Anordnungen von En-
geln und (es) nicht hieltet.

54 Hörend aber dieses, ergrimmten sie in ihren Herzen und

knirschten die Zähne gegen ihn. 55 Seiend aber voll heiligen
Geistes, starrend in den Himmel, sah er Gottes Herrlichkeit
und Jesus stehend zur Rechten Gottes, 56 und er sprach: Siehe,
ich sehe die Himmel geöffnet und den Sohn des Menschen
zur Rechten Gottes stehend. 57 Schreiend aber mit lauter Stim-
me hielten sie zu ihre Ohren, und sie stürmten einmütig gegen
ihn, 58 und hinauswerfend aus der Stadt steinigten sie (ihn).
Und die Zeugen legten ab ihre Gewänder vor die Füße eines
jungen Mannes, gerufen Saulos, 59 und sie steinigten den Ste-
phanos, den Anrufenden und Sagenden: Herr Jesus, nimm
meinen Geist! 60 Beugend aber die Knie, schrie er mit lauter
Stimme: Herr, nicht laß bestehen ihnen diese Sünde! Und dies
sprechend, entschlief er.

8 1 Saulos aber war einverstanden mit seiner Hinrichtung.
(Es) entstand aber an jenem Tag eine große Verfolgung
gegen die Gemeinde, die in Hierosolyma, alle aber wurden
zerstreut über die Länder der Judaia und Samareia, außer den
Aposteln. 2 (Es) bestatteten aber den Stephanos fromme Män-
ner, und sie machten ein großes Klagen um ihn. 3 Saulos aber
suchte zu vernichten die Gemeinde, in die (einzelnen) Häuser
hineingehend, fortschleppend Männer und Frauen, übergab er
(sie) ins Gefängnis.

4 Die Zerstreuten aber nun zogen umher, (als Evangelium)
verkündend das Wort. 5 Philippos aber, hinabkommend in
[die] Stadt der Samareia, verkündete ihnen den Christos.
6 (Es) achteten aber die Volksmengen auf das von Philippos
Gesagte einmütig, indem sie darauf hörten und die Zeichen
sahen, die er tat. 7 Denn viele derer, die unreine Geister hat-
ten, – schreiend mit lauter Stimme fuhren sie aus, viele Ge-
lähmte aber und Lahme wurden geheilt; 8 (es) entstand aber
viel Freude in jener Stadt.

9 Ein Mann aber mit Namen Simon war vorher in der Stadt,
zaubernd und außer sich bringend das Volk der Samareia, sa-
gend, er selbst sei ein Großer, 10 auf den alle achteten von
klein bis groß, sagend: Dieser ist die Kraft Gottes, die

„große“ gerufene. [11] Sie achteten aber auf ihn, weil er gerau-
me Zeit durch die Zaubereien sie außer sich gebracht hatte.
[12] Als sie aber glaubten dem Philippos, der (das Evangelium)
verkündete über das Königtum Gottes und den Namen (des)
Jesus Christos, ließen sich taufen Männer und Frauen. [13] Si-
mon aber auch selbst glaubte, und als Getaufter war er aus-
harrend bei Philippos, und sehend Zeichen und große Kraft
(-taten) geschehend, geriet er außer sich.

[14] Hörend aber die Apostel in Hierosolyma, daß aufgenom-
men hat die Samareia das Wort Gottes, schickten sie zu ihnen
Petros und Johannes, [15] welche, als sie hinabgestiegen waren,
für sie beteten, auf daß sie empfingen heiligen Geist; [16] denn
noch nicht war er auf einen von ihnen herabgefallen, nur ge-
tauft aber waren sie auf den Namen des Herrn Jesus. [17] Dann
auflegten sie die Hände auf sie, und sie empfingen heiligen
Geist. [18] Sehend aber Simon, daß durch die Auflegung der
Hände der Apostel gegeben wird der Geist, hinbrachte er ih-
nen Geld, [19] sagend: Gebt auch mir diese Vollmacht, damit,
wem immer ich auflege die Hände, er empfange heiligen
Geist! [20] Petros aber sprach zu ihm: Dein Silber(geld) gehe
mit dir ins Verderben, weil du die Gabe Gottes meintest
durch Geld zu erwerben; [21] nicht ist dir Teil noch Los an die-
ser Sache, denn dein Herz ist nicht aufrichtig vor Gott.
[22] Kehre also um von dieser deiner Schlechtigkeit und bitte
den Herrn, ob dir wohl weggenommen werden wird das Sin-
nen deines Herzens, [23] denn in Galle von Bitterkeit und in
Fessel von Ungerechtigkeit sehe ich, daß du bist. [24] Antwor-
tend aber sprach Simon: Bittet ihr für mich zum Herrn, auf
daß nichts herabkomme auf mich (von dem), was ihr gesagt
habt. [25] Die aber nun, nachdem sie bezeugt und geredet hatten
das Wort des Herrn, kehrten zurück nach Hierosolyma, und
vielen Dörfern der Samariter verkündeten sie (das Evangeli-
um).

[26] Ein Engel (des) Herrn aber redete zu Philippos, sagend:
Steh auf und geh gegen Mittag auf den Weg, den hinabfüh-
renden von Jerusalem nach Gaza; dieser ist öde. [27] Und auf-

stehend ging er. Und siehe, ein aithiopischer Mann, ein Eu-
nuch, ein Beamter Kandakes, (der) Königin (der) Aithioper,
der (Aufseher) war über ihren ganzen Schatz, der gekommen
war anzubeten nach Jerusalem, 28 war zurückkehrend und sit-
zend auf seinem Wagen, und er las den Propheten Isaias.
29 (Es) sprach aber der Geist zu Philippos: Geh hin und
schließ dich an diesem Wagen! 30 Hinlaufend aber hörte Phi-
lippos, wie er las Isaias, den Propheten, und er sprach: Ver-
stehst du denn auch, was du liest? 31 Der aber sprach: Wie
denn könnte ich, wenn nicht einer mich weisen wird? Und er
bat den Philippos, hinaufsteigend sich zu setzen bei ihm.
32 Der Inhalt aber der Schrift, die er las, war dieser: *Wie ein* Jes 53,7f
Schaf zum Schlachten geführt wurde, und wie ein Lamm vor
dem es Scherenden stumm (ist), so öffnet er nicht seinen
Mund. 33 *In [seiner] Erniedrigung wurde sein Gericht aufge-*
hoben; sein Geschlecht, wer wird (es) beschreiben? Denn
weggenommen wird von der Erde sein Leben. 34 Antwortend
aber der Eunuch dem Philippos sprach: Ich bitte dich, über
wen sagt der Prophet dies? Über sich oder über einen ande-
ren? 35 Philippos aber, öffnend seinen Mund und beginnend
mit dieser Schrift, verkündete ihm (als Evangelium) Jesus.
36 Als sie aber fuhren auf dem Weg, kamen sie an ein Wasser,
und (es) sagt der Eunuch: Siehe, Wasser; was hindert, daß
ich getauft werde?* 38 Und er befahl, daß stehenbleibe der
Wagen, und hinabstiegen beide ins Wasser, Philippos und der
Eunuch, und er taufte ihn. 39 Als sie aber heraufstiegen aus
dem Wasser, riß (der) Geist (des) Herrn den Philippos fort,
und nicht sah ihn mehr der Eunuch, denn er ging seinen Weg,
sich freuend. 40 Philippos aber wurde gefunden in Azotos; und
umherziehend verkündete er (das Evangelium) allen Städten,
bis er kam nach Kaisareia.

9 1 Saulos aber, noch schnaubend Drohung und Mord ge-
gen die Schüler des Herrn, gehend zum Hochpriester,
2 verlangte von ihm Briefe nach Damaskos an die Synagogen,

* V 37 ist spätere Texterweiterung.

auf daß, wenn einige er fände, die von dem „Weg“ sind,
Männer und Frauen, gebunden er (sie) führe nach Jerusalem.
[3] Beim Reisen aber geschah es, daß er nahekam Damaskos,
und plötzlich umstrahlte ihn Licht aus dem Himmel, [4] und
fallend auf die Erde, hörte er eine Stimme, ihm sagend: Saul,
Saul, was verfolgst du mich? [5] Er sprach aber: Wer bist du,
Herr? Der aber: Ich bin Jesus, den du verfolgst; [6] doch steh
auf und geh hinein in die Stadt, und gesagt werden wird dir
das, was du tun mußt! [7] Die Männer aber, die mit ihm des
Weges ziehenden, standen sprachlos, hörend zwar die Stimme, keinen aber sehend. [8] Aufstand aber Saulos von der Erde,
als aber geöffnet waren seine Augen, nichts sah er; an der
Hand führend aber, führten sie ihn hinein nach Damaskos.
[9] Und er war drei Tage nicht sehend, und er aß nicht, und er
trank nicht.

[10] (Es) war aber ein Schüler in Damaskos mit Namen Hananias, und (es) sprach zu ihm in einem Gesicht der Herr: Hananias! Der aber sprach: Siehe, (da bin) ich, Herr. [11] Der
Herr aber zu ihm: Aufstehend geh zu der Gasse, der Gerade
gerufenen, und suche im Haus (des) Judas einen mit Namen
Saulos, einen Tarser! Denn siehe, er betet, [12] und er sah einen
Mann [in einem Gesicht], Hananias mit Namen, hereinkommend und auflegend ihm [die] Hände, auf daß er wieder sähe.
[13] (Es) antwortete aber Hananias: Herr, ich hörte von vielen
über diesen Mann, wieviel Schlechtes er deinen Heiligen tat
in Jerusalem; [14] und hier hat er Vollmacht von den Hochpriestern, zu binden alle Anrufenden deinen Namen. [15] (Es)
sprach aber zu ihm der Herr: Geh, weil mir dieser ein Werkzeug (der) Erwählung ist, zu tragen meinen Namen vor Völker und Könige und (die) Söhne Israels; [16] denn ich werde ihm
zeigen, wieviel er für meinen Namen leiden muß. [17] Wegging
aber Hananias, und hineinging er ins Haus, und auflegend auf
ihn die Hände, sprach er: Bruder Saul, der Herr hat mich geschickt, Jesus, der dir erschien auf dem Weg, auf dem du
kamst, auf daß du wieder siehst und erfüllt wirst mit heiligem
Geist. [18] Und sogleich fielen ab von seinen Augen wie Schup-

pen, und er sah wieder, und aufstehend wurde er getauft,
[19] und Nahrung nehmend, erstarkte er.

Er war aber bei den Schülern in Damaskos einige Tage,
[20] und sogleich verkündete er in den Synagogen Jesus, daß
dieser ist der Sohn Gottes. [21] (Es) gerieten aber außer sich alle
Hörenden, und sie sagten: Ist nicht dieser der, der verfolgte
in Jerusalem die Anrufenden diesen Namen, und war er
(nicht) dazu hierher gekommen, damit gebunden er sie führe
zu den Hochpriestern? [22] Saulos aber erstarkte mehr, und er
verwirrte [die] Judaier, die wohnenden in Damaskos, bewei-
send, daß dieser ist der Gesalbte.

[23] Als aber sich erfüllten etliche Tage, beschlossen die Ju-
daier, ihn zu beseitigen; [24] (es) wurde aber bekannt dem Sau-
los ihr Anschlag. Sie bewachten aber auch die Tore tags und
nachts, auf daß sie ihn beseitigten; [25] seine Schüler aber, (ihn)
nehmend, ließen (ihn) nachts durch die Mauer herab, ihn hin-
ablassend in einem Korb.

[26] Angekommen aber in Jerusalem, versuchte er sich anzu-
schließen den Schülern; und alle fürchteten ihn, nicht glau-
bend, daß er ein Schüler sei. [27] Barnabas aber, sich (seiner)
annehmend, führte ihn zu den Aposteln, und er beschrieb ih-
nen, wie auf dem Weg er den Herrn sah und daß er redete
mit ihm, und wie in Damaskos er freimütig sprach im Namen
von Jesus. [28] Und er war bei ihnen eingehend und ausgehend
in Jerusalem, freimütig sprechend im Namen des Herrn,
[29] und er redete und stritt gegen die Hellenisten, die aber ver-
suchten, ihn zu beseitigen. [30] (Es) erkennend aber, führten ihn
die Brüder hinab nach Kaisareia, und wegschickten sie ihn
nach Tarsos.

[31] Die Gemeinde aber nun in der ganzen Judaia und Galilaia
und Samareia hatte Frieden, erbaut werdend und gehend in
der Furcht des Herrn, und sie wurde durch die Ermutigung
des heiligen Geistes vermehrt.

[32] Es geschah aber, daß Petros alles durchziehend hinabkam
auch zu den Heiligen, den Lydda bewohnenden. [33] Er fand

aber dort einen Menschen mit Namen Aineas, der seit acht
Jahren daniederlag auf einer Bahre, der gelähmt war. 34 Und
(es) sprach zu ihm Petros: Aineas, (es) heilt dich Jesus Chri-
stos; steh auf und richte dir selbst das Bett! Und sogleich
stand er auf. 35 Und (es) sahen ihn alle Lydda und den Saron
Bewohnenden, welche sich bekehrten zum Herrn.

36 In Joppe aber war eine Schülerin mit Namen Tabitha, die
übersetzt heißt Dorkas (= Gazelle); diese war voll guter
Werke und Almosen, die sie tat. 37 Es geschah aber in jenen
Tagen, daß sie, krank geworden, starb; nachdem man (sie)
aber gewaschen hatte, legte man [sie] ins Obergemach. 38 Da
aber Lydda nahe bei Joppe ist, schickten die Schüler, hörend,
daß Petros in ihr ist, zwei Männer zu ihm, bittend: Zögere
nicht, zu kommen bis zu uns! 39 Aufstehend aber ging Petros
mit ihnen; ihn, den Angekommenen, führten sie hinauf ins
Obergemach, und (es) traten zu ihm alle Witwen, weinend
und zeigend die Untergewänder und Obergewänder, wieviele
machte, als sie bei ihnen war, die Dorkas. 40 Hinauswerfend
aber alle nach draußen und beugend die Knie, betete Petros,
und hingewandt zur Leiche sprach er: Tabitha, steh auf! Die
aber öffnete ihre Augen, und sehend den Petros, setzte sie
sich auf. 41 Gebend aber ihr (die) Hand, ließ er sie aufstehen;
rufend aber die Heiligen und die Witwen, stellte er sie vor als
Lebende. 42 Bekannt aber wurde es in der ganzen (Stadt) Jop-
pe, und (es) glaubten viele an den Herrn. 43 Es geschah aber,
daß er etliche Tage blieb in Joppe bei einem Gerber Simon.

10 1 Ein Mann aber in Kaisareia mit Namen Kornelios,
Hauptmann von der Italika gerufenen Kohorte,
2 fromm und Gott fürchtend mit seinem ganzen Haus, viele
Almosen gebend dem Volk und Gott bittend allzeit, 3 sah in
einem Gesicht deutlich, etwa um die neunte Stunde des Ta-
ges, einen Engel Gottes hereinkommend zu ihm und spre-
chend zu ihm: Kornelios! 4 Der aber, anstarrend ihn und in
Furcht geratend, sprach: Was ist, Herr? Er sprach aber zu
ihm: Deine Gebete und deine Almosen stiegen auf zum Ge-
denken vor Gott. 5 Und jetzt schicke Männer nach Joppe und

laß holen einen Simon, der zudem gerufen wird Petros; 6 die-
ser ist zu Gast bei einem Gerber Simon, dem ein Haus gehört
am Meer. 7 Als aber wegging der Engel, der redende zu ihm,
rief er zwei der Hausdiener und einen frommen Soldaten von
denen, die ständig bei ihm waren, 8 und darlegend ihnen alles,
schickte er sie nach Joppe. 9 Am folgenden (Tag) aber, als
jene unterwegs waren und der Stadt nahekamen, stieg Petros
hinauf auf das Dach, um zu beten, um die sechste Stunde.
10 Er wurde aber hungrig und wollte essen. Als sie aber (et-
was) zurüsteten, kam über ihn eine Verzückung, 11 und er
sieht den Himmel geöffnet und herabsteigend einen Behälter
wie ein großes Leintuch, an vier Ecken herabgelassen wer-
dend auf die Erde, 12 in dem alle Vierfüßler und Kriechtiere
der Erde und Vögel des Himmels waren. 13 Und (es) kam eine
Stimme zu ihm: Aufstehend, Petros, schlachte und iß!
14 Petros aber sprach: Keinesfalls, Herr, weil niemals ich aß
irgendetwas Gemeines und Unreines. 15 Und (die) Stimme
(kam) wieder zum zweiten (Mal) zu ihm: Was Gott rein
machte, mache du nicht gemein! 16 Dies aber geschah dreimal,
und sofort wurde aufgenommen der Behälter in den Himmel.
17 Als aber bei sich ratlos war Petros, was das Gesicht sei, das
er sah, siehe, die Männer, die (aus)geschickten von dem Kor-
nelios, die erfragt hatten das Haus des Simon, traten hin ans
Tor, 18 und rufend erkundigten sie sich, ob Simon, der zudem
Petros gerufene, hier zu Gast sei. 19 Als aber Petros nachsann
über das Gesicht, sprach [zu ihm] der Geist: Siehe, drei Män-
ner, dich suchend! 20 Wohlan, aufstehend steige hinab und geh
mit ihnen, nicht zweifelnd, weil ich sie geschickt habe! 21 Hin-
abgestiegen aber sprach Petros zu den Männern: Siehe, ich
bin (der), den ihr sucht; welcher (ist) der Grund, dessentwe-
gen ihr da seid? 22 Die aber sprachen: Kornelios, ein Haupt-
mann, ein Mann, gerecht und Gott fürchtend, bezeugt auch
vom ganzen Volk der Judaier, wurde unterwiesen von einem
heiligen Engel, dich holen zu lassen in sein Haus und zu
hören Worte von dir. 23 Sie herbeirufend nun, nahm er (sie)
als Gäste auf. Am folgenden (Tag) aber, aufstehend, ging er

weg mit ihnen, und einige der Brüder von Joppe gingen mit
ihm. 24 Am folgenden (Tag) aber kam er hinein nach Kaisa-
reia. Kornelios aber war sie erwartend, nachdem er zusam-
mengerufen hatte seine Verwandten und die nächsten Freun-
de. 25 Als aber geschah, daß hereinkam Petros, entgegenge-
hend ihm der Kornelios, fallend (ihm) zu Füßen, huldigte er
(ihm). 26 Petros aber richtete ihn auf, sagend: Steh auf! Auch
ich selbst bin ein Mensch. 27 Und sich unterhaltend mit ihm,
kam er hinein, und er findet viele Zusammengekommene,
28 und er sagte zu ihnen: Ihr wißt, wie gesetzwidrig es ist für
einen judaischen Mann, sich anzuschließen oder zu gehen zu
einem Fremdstämmigen; doch mir zeigte Gott, keinen Men-
schen gemein oder unrein zu nennen; 29 deshalb auch kam ich
widerspruchslos, als ich geholt wurde. Ich erkundige mich
nun: Aus welchem Grund ließt ihr mich holen? 30 Und Korne-
lios sagte: Vor vier Tagen um diese Stunde war ich zur neun-
ten (Stunde) betend in meinem Haus, und siehe, ein Mann trat
vor mich in strahlendem Kleid, 31 und er sagt: Kornelios, er-
hört wurde dein Gebet und deiner Almosen wurde gedacht
vor Gott. 32 Schicke nun nach Joppe und laß herbeirufen Si-
mon, der zudem gerufen wird Petros; dieser ist zu Gast im
Haus (des) Gerbers Simon am Meer. 33 Sogleich nun schickte
ich zu dir, und du handeltest recht, herbeikommend. Jetzt nun
sind wir alle vor Gott da, zu hören alles dir Aufgetragene
vom Herrn.

34 Petros aber, öffnend den Mund, sprach: In Wahrheit be-
greife ich, daß Gott nicht einer ist, der auf die Person sieht,
35 sondern in jedem Volk ist der ihn Fürchtende und Gerech-
tigkeit Wirkende ihm genehm. 36 Das Wort, [das] er schickte
den Söhnen Israels, (als Evangelium) verkündend Frieden
durch Jesus Christos; dieser ist Herr aller. 37 Ihr kennt das
gewordene Geschehen in der ganzen Judaia, angefangen von
der Galilaia nach der Taufe, die Johannes verkündete: 38 Je-
sus, der von Nazareth, wie ihn salbte Gott mit heiligem Geist
und Kraft, der umherzog, wohltuend und heilend alle vom
Teufel Unterdrückten, weil Gott war mit ihm. 39 Und wir

(sind) Zeugen von allem, was er tat im Land der Judaier und
[in] Jerusalem. Und ihn beseitigten sie, hängend (ihn) ans
Holz, [40] diesen erweckte Gott [am] dritten Tag, und er gab,
daß er sichtbar werde, [41] nicht dem ganzen Volk, sondern den
von Gott vorherbestimmten Zeugen, uns, welche wir aßen
und tranken mit ihm nach seinem Aufstehen aus Toten; [42] und
er gebot uns, zu verkünden dem Volk und zu bezeugen, daß
dieser ist der von Gott bestimmte Richter Lebender und To-
ter. [43] (Von) diesem bezeugen alle Propheten, daß Erlaß (der)
Sünden empfängt durch seinen Namen jeder Glaubende an
ihn.

[44] Als noch Petros diese Worte redete, fiel der heilige Geist
auf alle Hörenden das Wort. [45] Und (es) gerieten außer sich
die Gläubigen aus der Beschneidung, wieviele gekommen wa-
ren mit Petros, daß auch auf die Heiden das Geschenk des
heiligen Geistes ausgegossen worden ist; [46] denn sie hörten sie
redend mit Zungen und preisend Gott. Da antwortete Petros:
[47] Kann etwa einer das Wasser verweigern, daß nicht getauft
werden diese, welche den heiligen Geist empfingen wie auch
wir? [48] Auftrug er aber, daß sie im Namen (des) Jesus Chri-
stos getauft würden. Da baten sie ihn, dazubleiben einige
Tage.

11 [1] (Es) hörten aber die Apostel und die Brüder, die in
der Judaia waren, daß auch die Heiden angenom-
men hatten das Wort Gottes. [2] Als aber hinaufstieg Petros
nach Jerusalem, stritten gegen ihn die aus (der) Beschnei-
dung, [3] sagend: Du gingst hinein zu den Männern, die eine
Vorhaut haben und aßest mit ihnen. [4] Anfangend aber setzte
Petros ihnen nacheinander auseinander, sagend: [5] Ich war in
(der) Stadt Joppe betend und sah in Verzückung ein Gesicht,
herabsteigend einen Behälter wie ein großes Leintuch, an vier
Ecken herabgelassen werdend aus dem Himmel, und er kam
bis zu mir. [6] In den (Behälter) hineinstarrend, sah ich nach,
und ich sah die Vierfüßler der Erde und die wilden Tiere und
die Kriechtiere und die Vögel des Himmels. [7] Ich hörte aber
auch eine Stimme, sagend mir: Aufstehend, Petros, schlachte

und iß! 8 Ich aber sprach: Keinesfalls, Herr, weil Gemeines
oder Unreines niemals hineinkam in meinen Mund. 9 (Es)
antwortete aber (die) Stimme zum zweiten (Mal) aus dem
Himmel: Was Gott rein machte, mache du nicht gemein!
10 Dies aber geschah dreimal, und es wurde hinaufgezogen
wieder alles in den Himmel. 11 Und siehe, sogleich hinzutra-
ten drei Männer zu dem Haus, in dem wir waren, geschickt
von Kaisareia zu mir. 12 (Es) sprach aber der Geist zu mir,
mitzugehen mit ihnen, nicht zweifelnd. (Es) kamen aber mit
mir auch diese sechs Brüder, und hineingingen wir in das
Haus des Mannes. 13 Er meldete uns aber, wie er sah [den]
Engel in seinem Haus stehend und sprechend: Schicke nach
Joppe und laß holen Simon, den zudem Petros gerufenen,
14 der reden wird Worte zu dir, durch die du gerettet werden
wirst, du und dein ganzes Haus. 15 Indem ich aber anfing zu
reden, fiel herab der heilige Geist auf sie, wie auch auf uns
am Anfang. 16 Ich gedachte aber des Wortes des Herrn, wie er
sagte: Johannes zwar taufte mit Wasser, ihr aber werdet ge-
tauft werden in heiligem Geist. 17 Wenn nun das gleiche Ge-
schenk Gott ihnen gab, wie auch uns, als sie zum Glauben
kamen an den Herrn Jesus Christos, ich, wer war ich, mäch-
tig, Gott zu hindern? 18 Hörend aber dieses, wurden sie ruhig,
und sie verherrlichten Gott, sagend: Folglich gab auch den
Heiden Gott die Umkehr zum Leben.

19 Die Zerstreuten nun infolge der Bedrängnis, der wegen
Stephanos entstandenen, zogen umher bis Phoinike und Ky-
pros und Antiocheia, zu keinem redend das Wort außer allein
zu Judaiern. 20 (Es) waren aber einige von ihnen kyprische
und kyrenaische Männer, welche, gekommen nach Antio-
cheia, redeten auch zu den Hellenisten, (als Evangelium) ver-
kündend den Herrn Jesus. 21 Und (es) war (die) Hand (des)
Herrn mit ihnen, und eine große Zahl, die gläubig geworden
war, bekehrte sich zum Herrn. 22 Gehört wurde aber das Wort
über sie in den Ohren der Gemeinde, die in Jerusalem ist, und
ausschickten sie Barnabas, [zu ziehen] bis Antiocheia. 23 Der,
angekommen und sehend die Gnade Gottes, freute sich und

ermutigte alle, nach dem Vorsatz des Herzens zu bleiben
beim Herrn, [24] weil er ein guter Mann war und voll heiligen
Geistes und Glaubens. Und hinzugefügt wurde eine ziemliche
Menge für den Herrn. [25] Wegging er aber nach Tarsos, aufzu-
suchen Saulos, [26] und nachdem er (ihn) gefunden hatte, führte
er (ihn) nach Antiocheia. Es geschah ihnen aber auch, daß ein
ganzes Jahr sie zusammenkamen in der Gemeinde und lehrten
eine ziemliche Volksmenge und daß zuerst in Antiocheia die
Schüler Christianer hießen.

[27] In diesen Tagen aber kamen herab von Hierosolyma Pro-
pheten nach Antiocheia. [28] Aufstehend aber einer von ihnen
mit Namen Hagabos zeigte an durch den Geist, daß eine
große Hungersnot sein werde über den ganzen Erdkreis, wel-
che geschah unter Klaudios. [29] Von den Schülern aber, gleich-
wie einer vermögend war, bestimmten sie, jeder von ihnen
solle (etwas) zur Unterstützung schicken den in der Judaia
wohnenden Brüdern; [30] das auch taten sie, (es) schickend zu
den Ältesten durch (die) Hand von Barnabas und Saulos.

12 [1] Zu jener Zeit aber legte Hand an der König Hero-
des, zu mißhandeln einige derer von der Gemeinde.
[2] Er beseitigte aber Jakobos, den Bruder (des) Johannes, mit
(dem) Schwert. [3] Sehend aber, daß es gefällig ist den Judai-
ern, fügte er hinzu, zu ergreifen auch Petros – (es) waren
aber [die] Tage (des Festes) der Ungesäuerten –, [4] den auch
fassend setzte er ins Gefängnis, übergebend (ihn) vier Vier-
schaften von Soldaten, ihn zu bewachen, willens, nach dem
Pascha ihn vorzuführen dem Volk. [5] Petros aber nun wurde
bewacht im Gefängnis; Fürbitte aber geschah anhaltend von
der Gemeinde zu Gott für ihn.

[6] Als aber ihn vorführen wollte Herodes, war in jener
Nacht Petros schlafend zwischen zwei Soldaten, gebunden mit
zwei Ketten, und Wächter vor der Tür bewachten das Ge-
fängnis. [7] Und siehe, ein Engel (des) Herrn trat hin, und Licht
erstrahlte im Raum; schlagend aber an die Seite des Petros,
weckte er ihn, sagend: Steh auf in Eile! Und (es) fielen seine

Ketten von den Händen. 8 (Es) sprach aber der Engel zu ihm:
Gürte dich und binde unter deine Sandalen! Er tat aber so.
Und er sagt ihm: Wirf um dein Gewand und folge mir! 9 Und
hinausgehend folgte er, und nicht wußte er, daß wahr ist das
durch den Engel Geschehende; er meinte aber, ein Gesicht zu
sehen. 10 Hindurchgehend aber durch (die) erste Wache und
(die) zweite, kamen sie an das eiserne Tor, das in die Stadt
führende, welches selbsttätig sich ihnen öffnete, und hinaus-
gehend gingen sie eine Gasse (weit) vor, und sogleich ent-
fernte sich der Engel von ihm. 11 Und Petros, zu sich gekom-
men, sprach: Jetzt weiß ich wahrhaft, daß ausschickte [der]
Herr seinen Engel und mich herausnahm aus (der) Hand des
Herodes und der ganzen Erwartung des Volkes der Judaier.
12 Und sich klar geworden, kam er zum Haus der Maria, der
Mutter (des) Johannes, des zudem Markos gerufenen, wo et-
liche waren versammelt und betend. 13 Als er aber klopfte an
die Tür des Tores, kam herbei eine Magd mit Namen Rhode,
um zu horchen, 14 und erkennend die Stimme des Petros, öff-
nete sie vor Freude nicht das Tor, hineinlaufend aber meldete
sie, Petros stehe vor dem Tor. 15 Die aber sprachen zu ihr: Du
bist verrückt. Die aber versicherte, es verhalte sich so. Die
aber sagten: Sein Engel ist es. 16 Petros aber verharrte klop-
fend; öffnend aber sahen sie ihn und gerieten außer sich.
17 Winkend aber ihnen mit der Hand zu schweigen, beschrieb
er [ihnen], wie der Herr ihn herausführte aus dem Gefängnis,
und er sprach: Meldet (dem) Jakobos und den Brüdern dieses!
Und hinausgehend zog er an einen anderen Ort.

18 Als aber Tag wurde, war eine nicht geringe Erregung bei
den Soldaten, was wohl (mit) Petros geschah. 19 Herodes
aber, suchend nach ihm und nicht (ihn) findend, verhörte die
Wächter, (und) er befahl, (sie) abzuführen, und hinabkom-
mend von der Judaia nach Kaisareia verweilte er (dort).

20 Er war aber wutentbrennend über (die) Tyrier und Sido-
nier; einmütig aber kamen sie zu ihm und überredend Blastos,
den Kammerdiener des Königs, erbaten sie Frieden, weil er-
nährt wurde ihr Land von dem königlichen. 21 Am festgesetz-

ten Tag aber hielt Herodes, nachdem er ein königliches Kleid
angezogen [und] sich gesetzt hatte auf den Richterstuhl, eine
Ansprache an sie, 22 das Volk aber schrie entgegen: Eines
Gottes Stimme und nicht eines Menschen! 23 Auf der Stelle
aber schlug ihn ein Engel (des) Herrn dafür, daß er nicht gab
die Ehre Gott, und von Würmern zerfressen hauchte er (sein
Leben) aus.

24 Das Wort Gottes aber wuchs und mehrte sich. 25 Barnabas
aber und Saulos kehrten zurück nach Jerusalem, erfüllt ha-
bend den Dienst, mitnehmend Johannes, den zudem Markos
gerufenen.

13 1 (Es) waren aber in Antiocheia in der bestehenden
Gemeinde Propheten und Lehrer, Barnabas und
Symeon, der Niger gerufene, und Lukios, der Kyrenaier, und
Manaen, des Tetrarchen Herodes Jugendgenosse, und Saulos.
2 Als sie aber dienten dem Herrn und fasteten, sprach der hei-
lige Geist: Sondert mir doch aus Barnabas und Saulos zu dem
Werk, zu dem ich sie berufen habe. 3 Dann fastend und be-
tend und auflegend ihnen die Hände, entließen sie (sie).

4 Sie nun aber, ausgeschickt vom heiligen Geist, kamen
hinab nach Seleukeia, und von dort segelten sie ab nach Ky-
pros, 5 und angekommen in Salamis verkündeten sie das Wort
Gottes in den Synagogen der Judaier. Sie hatten aber auch
Johannes als Diener. 6 Durchziehend aber die ganze Insel bis
Paphos, fanden sie einen Mann, einen Magier, einen juda-
ischen Lügenpropheten mit Namen Barjesus, 7 der beim Statt-
halter Sergios Paulos war, einem verständigen Mann. Dieser,
herbeirufend Barnabas und Saulos, verlangte zu hören das
Wort Gottes. 8 (Es) widersetzte sich ihnen aber Elymas, der
Magier, denn so wird übersetzt sein Name, suchend, abzu-
wenden den Statthalter vom Glauben. 9 Saulos aber, der auch
Paulos (heißt), erfüllt von heiligem Geist, starrend auf ihn,
10 sprach: O Sohn (des) Teufels, voll von aller List und aller
Bosheit, Feind aller Gerechtigkeit, wirst du nicht aufhören,
zu verkehren die geraden Wege [des] Herrn? 11 Und jetzt,

siehe, (die) Hand (des) Herrn (kommt) über dich, und du wirst blind sein, nicht sehend die Sonne bis zur (bestimmten) Zeit. Auf der Stelle aber fiel auf ihn Dunkel und Finsternis, und umhergehend suchte er Führer. 12 Dann, sehend der Statthalter das Geschehene, glaubte er, außer sich geratend über die Lehre des Herrn.

13 Abgefahren aber von Paphos, kamen die um Paulos ins Perge der Pamphylia, Johannes aber, weggegangen von ihnen, kehrte zurück nach Hierosolyma. 14 Sie aber, weggezogen von Perge, kamen ins pisidische Antiocheia, und [hinein]gehend in die Synagoge am Tag des Sabbats, setzten sie sich. 15 Nach der Verlesung des Gesetzes und der Propheten aber schickten die Synagogenvorsteher zu ihnen, sagend: Männer, Brüder, wenn es bei euch gibt ein Wort (der) Ermutigung an das Volk, redet! 16 Paulos aber, aufstehend und winkend mit der Hand, sprach: Männer, Israeliten, und ihr Gott Fürchtenden, hört! 17 Der Gott dieses Volkes Israel erwählte unsere Väter, und er erhöhte das Volk in der Fremde, im Land Aigyptos, und mit erhobenem Arm führte er sie hinaus aus ihm, 18 und eine etwa vierzigjährige Zeit ertrug er sie in der Wüste, 19 und vernichtend sieben Völker im Land Chanaan, gab er (ihnen) zum Erbe ihr Land 20 etwa vierhundertundfünfzig Jahre. Und danach gab er Richter bis zu Samuel, [dem] Propheten. 21 Und von da (an) forderten sie einen König, und (es) gab ihnen Gott den Saul, einen Sohn (des) Kis, einen Mann aus (dem) Stamm Benjamin, vierzig Jahre, 22 und ihn absetzend, erweckte er den David ihnen zum König, zu dem er auch sprach, bezeugend: Ich fand David, den des Jessai, einen Mann nach meinem Herzen, der tun wird all meinen Willen. 23 Von dessen Nachkommenschaft führte Gott gemäß Zusage für Israel als Retter Jesus (herauf), 24 nachdem Johannes vorherverkündet hatte vor dessen Auftreten eine Taufe (der) Umkehr für das ganze Volk Israel. 25 Als aber Johannes den Lauf erfüllte, sagte er: Was vermutet ihr, daß ich sei? Nicht bin ich (es); doch siehe, (es) kommt nach mir (einer), dessen nicht ich wert bin, die Sandalen der Füße zu lö-

sen. [26]Männer, Brüder, Söhne (des) Geschlechts Abrahams, und die bei euch Gott Fürchtenden, uns wurde das Wort dieses Heils geschickt. [27]Denn die Wohnenden in Jerusalem und ihre Vorsteher, diesen verkennend und die Stimmen der Propheten, die an jedem Sabbat gelesen werden, (ihn) verurteilend erfüllten sie (diese), [28]und keine Todesschuld findend, forderten sie von Pilatos, daß er getötet werde. [29]Als sie aber vollendet hatten alles über ihn Geschriebene, herunterholend (ihn) vom Holz, legten sie (ihn) in ein Grab. [30]Gott aber erweckte ihn aus Toten, [31]der erschien über mehrere Tage den mit ihm Hinaufsteigenden von der Galilaia nach Jerusalem, welche [jetzt] seine Zeugen sind gegenüber dem Volk. [32]Und wir verkünden euch (als Evangelium) die an die Väter geschehene Zusage, [33]daß diese Gott erfüllt hat [ihren] Kindern, uns, indem er aufstehen ließ Jesus, wie auch im zweiten
Psalm geschrieben ist: *Mein Sohn bist du, ich habe dich heute* Ps 2,7
gezeugt. [34]Daß er ihn aber aufstehen ließ aus Toten als einen, der nicht mehr zurückkehren sollte in (die) Verderbnis, hat er
so gesagt: Geben werde ich *euch das Heilige Davids, das* Jes 55,3 (G)
treue. [35]Deshalb sagt er auch in einem anderen: *Nicht wirst* Ps 16,10
du zulassen, daß dein Heiliger sieht Verderbnis. [36]Denn David, nachdem er (dem) eigenen Geschlecht gedient hatte, entschlief durch den Ratschluß Gottes, und er wurde hinzugelegt zu seinen Vätern, und er sah (die) Verderbnis; [37]den aber erweckte Gott, er sah nicht (die) Verderbnis. [38]Bekannt sei euch nun, Männer, Brüder, daß durch diesen euch Erlaß von Sünden verkündet wird, [und] von allem, von dem ihr nicht durch (das) Gesetz (des) Moyses gerechtgesprochen werden konntet, [39]in diesem wird jeder Glaubende gerechtgesprochen. [40]Seht nun, daß nicht herabkomme das bei den Pro-
pheten Gesagte: [41]*Seht, ihr Verächter, und staunt und werdet* Hab 1,5 (G)
vernichtet, weil ein Werk ich wirke in euren Tagen, ein Werk, *das ihr gewiß nicht glaubtet, wenn einer (es) euch erzählte.*

[42]Als sie aber hinausgingen, baten sie, daß am folgenden Sabbat ihnen gesagt würden diese Worte. [43]Als sich aber aufgelöst hatte die Synagoge, folgten viele der Judaier und der

frommen Proselyten dem Paulos und dem Barnabas, welche
ihnen zuredend sie überredeten, zu bleiben bei der Gnade
Gottes. 44 Am kommenden Sabbat aber versammelte sich bei-
nahe die ganze Stadt, zu hören das Wort des Herrn. 45 Die Ju-
daier aber, sehend die Volksmengen, wurden erfüllt von Ei-
fersucht, und sie widersprachen dem von Paulos Geredeten,
lästernd. 46 Und freimütig sprechend sprachen Paulos und
Barnabas: Es war notwendig, daß zu euch zuerst geredet
wurde das Wort Gottes; da ihr es wegstoßt und euch selbst
nicht für wert erachtet des ewigen Lebens, siehe, wenden wir
Jes 49,6 uns zu den Heiden. 47 Denn so hat uns geboten der Herr: *Ich
habe dich gesetzt zum Licht (der) Heiden, daß du seiest zum
Heil bis zum Ende der Erde.*

48 (Es) hörend aber, freuten sich die Heiden, und sie priesen
das Wort des Herrn, und (es) glaubten, wieviele bestimmt
waren zu ewigem Leben; 49 hindurchgetragen aber wurde das
Wort des Herrn durch das ganze Land. 50 Die Judaier aber
hetzten die frommen Frauen auf, die vornehmen, und die Er-
sten der Stadt, und erregten eine Verfolgung gegen Paulos
und Barnabas, und sie warfen sie hinaus aus ihren Gebieten.
51 Die aber, abschüttelnd den Staub von den Füßen gegen sie,
kamen nach Ikonion, 52 und die Schüler wurden erfüllt von
Freude und heiligem Geist.

14 1 Es geschah aber, daß sie in Ikonion genauso hin-
eingingen in die Synagoge der Judaier und so rede-
ten, so daß gläubig wurde von (den) Judaiern und Hellenen
eine große Menge. 2 Die nicht gehorsam gewordenen Judaier
aber erregten und machten böse die Seelen der Heiden gegen
die Brüder. 3 Geraume Zeit aber nun verweilten sie, freimütig
sprechend über den Herrn, der Zeugnis gab [über] das Wort
seiner Gnade, indem er Zeichen gab und Wunder geschehen
ließ durch ihre Hände. 4 (Es) spaltete sich aber die Menge der
Stadt, und die einen waren mit den Judaiern, die anderen mit
den Aposteln. 5 Als aber (der) Drang der Heiden und Judaier
mit ihren Vorstehern entstand, sie zu mißhandeln und zu stei-
nigen, 6 flüchteten sie, als es (ihnen) klar geworden war, in

die Städte der Lykaonia, Lystra und Derbe und die Umge-
gend, 7 und dort waren sie (das Evangelium) verkündend.
8 Und ein Mann, kraftlos in den Füßen, saß da in Lystra,
lahm von seiner Mutter Leib (an), der niemals umherging.
9 Dieser hörte den Paulos redend; der, starrend auf ihn und
sehend, daß er Glauben hat, gerettet zu werden, 10 sprach mit
lauter Stimme: Steh auf auf deine Füße, aufrecht! Und er
sprang auf und ging umher. 11 Und die Volksmengen, sehend,
was Paulos tat, erhoben ihre Stimme, auf Lykaonisch sagend:
Die Götter, Menschen gleich geworden, stiegen herab zu uns,
12 und sie riefen den Barnabas Zeus, den Paulos aber Hermes,
da er war der das Wort Führende. 13 Und der Priester des
Zeus, der vor der Stadt war, Stiere und Kränze zu den Toren
bringend, wollte mit den Volksmengen opfern. 14 (Es) hörend
aber die Apostel Barnabas und Paulos, zerreißend ihre Ge-
wänder, sprangen sie in die Volksmenge, schreiend 15 und sa-
gend: Männer, was tut ihr dieses? Auch wir sind euch gleich-
geartete Menschen, verkündend, daß ihr von diesem Nichti-
gen euch bekehrt zu (dem) lebendigen Gott, *der den Himmel* Ex 20,11
machte und die Erde und das Meer und alles in ihnen; 16 der Ps 146,6
in den vergangenen Geschlechtern alle Völker gehen ließ auf
ihren Wegen; 17 und doch ließ er sich nicht unbezeugt, Gutes
tuend, vom Himmel her euch Regen gebend und fruchtbrin-
gende Zeiten, sättigend mit Nahrung und Freude eure Her-
zen. 18 Und dieses sagend, hielten sie kaum die Volksmengen
ab, ihnen zu opfern.
19 Ankamen aber von Antiocheia und Ikonion Judaier, und
überredend die Volksmengen und steinigend den Paulos,
schleppten sie (ihn) außerhalb der Stadt, meinend, er sei ge-
storben. 20 Als aber die Schüler ihn umringten, aufstehend
hineinging er in die Stadt. Und am folgenden (Tag) ging er
weg mit Barnabas nach Derbe. 21 Und (das Evangelium) ver-
kündend jener Stadt und etliche zu Schülern machend, kehr-
ten sie zurück nach Lystra und nach Ikonion und nach Antio-
cheia, 22 stärkend die Seelen der Schüler, (sie) ermutigend, zu
verbleiben im Glauben, und daß durch viele Bedrängnisse wir

eingehen müssen ins Königtum Gottes. 23 Wählend aber ihnen
je Gemeinde Älteste, empfahlen sie sie betend mit Fasten dem
Herrn, an den sie zum Glauben gekommen waren. 24 Und
durchziehend die Pisidia, kamen sie in die Pamphylia, 25 und
redend in Perge das Wort, stiegen sie hinab nach Attaleia,
26 und von dort segelten sie ab nach Antiocheia, von wo sie
übergeben worden waren der Gnade Gottes für das Werk, das
sie erfüllten. 27 Angekommen aber und versammelnd die Ge-
meinde, berichteten sie, wieviel Gott tat mit ihnen und daß er
öffnete den Heiden eine Tür (des) Glaubens. 28 Sie verweilten
aber eine nicht geringe Zeit mit den Schülern.

15 1 Und einige Herabgekommene von der Judaia lehr-
ten die Brüder: Wenn ihr euch nicht beschneiden
laßt gemäß der Sitte (des) Moyses, nicht könnt ihr gerettet
werden. 2 Als aber nicht geringer Aufruhr und Auseinander-
setzung entstand für Paulos und Barnabas gegen sie, bestimm-
ten sie, daß hinaufsteigen Paulos und Barnabas und einige an-
dere von ihnen zu den Aposteln und Ältesten nach Jerusalem
wegen dieser Streitfrage. 3 Die aber nun von der Gemeinde
Fortgeleiteten durchzogen die Phoinike und Samareia, erzäh-
lend die Bekehrung der Heiden, und sie machten große Freu-
de allen Brüdern. 4 Angekommen aber in Jerusalem, wurden
sie empfangen von der Gemeinde und den Aposteln und den
Ältesten, und sie berichteten, wieviel Gott getan hatte mit ih-
nen. 5 Aufstanden aber einige derer von der Partei der Phari-
saier, die gläubig geworden waren, sagend: Man muß sie be-
schneiden und (ihnen) gebieten, daß sie bewahren das Gesetz
(des) Moyses.

6 Und (es) versammelten sich die Apostel und die Ältesten,
zuzusehen wegen dieses Wortes. 7 Als aber viel Auseinander-
setzung entstanden war, aufstehend sprach Petros zu ihnen:
Männer, Brüder, ihr versteht, daß von alten Tagen (her) Gott
unter euch ausersah, daß durch meinen Mund die Heiden hö-
ren das Wort des Evangeliums und glauben. 8 Und der Her-
zenskenner, Gott, gab Zeugnis, ihnen gebend den heiligen

Geist gleichwie auch uns, 9 und in nichts unterschied er zwi-
schen uns und ihnen, durch den Glauben reinigend ihre Her-
zen. 10 Jetzt also, was versucht ihr Gott, aufzulegen ein Joch
auf den Nacken der Schüler, das weder unsere Väter noch wir
zu tragen vermochten? 11 Doch durch die Gnade des Herrn Je-
sus glauben wir, gerettet zu werden in gleicher Weise wie
auch jene. 12 (Es) verstummte aber die ganze Menge, und sie
hörten Barnabas und Paulos erzählen, wieviele Zeichen und
Wunder Gott tat unter den Heiden durch sie. 13 Nach ihrem
Verstummen aber antwortete Jakobos, sagend: Männer, Brü-
der, hört mich! 14 Symeon erzählte, wie zuerst Gott darauf
sah, zu nehmen aus (den) Heiden ein Volk für seinen Namen.
15 Und damit stimmen zusammen die Worte der Propheten,
gleichwie geschrieben ist: 16 *Danach werde ich umkehren, und* Jer 12,15
wiedererbauen werde ich das zerfallene Zelt Davids, und das Am 9,11f (G)
Niedergerissene an ihm werde ich wiedererbauen und es wie-
deraufrichten, 17 *auf daß die übrigen der Menschen suchen*
den Herrn und alle Heiden, für die (gilt, daß) angerufen wor-
den ist mein Name über sie, sagt der Herr, dieses wirkend,
18 *(was) bekannt (ist) von Ewigkeit.* 19 Deshalb urteile ich, Jes 45,21
nicht zu belasten die von den Heiden sich Hinwendenden zu
Gott, 20 sondern ihnen aufzutragen, sich zu enthalten der Be-
fleckungen mit den Götzen und der Unzucht und des Erstick-
ten und des Blutes. 21 Denn Moyses hat seit alten Zeiten in je-
der Stadt die ihn Verkündenden, indem er in den Synagogen
an jedem Sabbat vorgelesen wird.

22 Dann schien es den Aposteln und den Ältesten mit der
ganzen Gemeinde gut, auswählend Männer aus ihnen, (sie) zu
schicken nach Antiocheia mit Paulos und Barnabas: Judas,
den Barsabbas gerufenen, und Silas, führende Männer unter
den Brüdern, 23 schreibend durch ihre Hand: Die Apostel und
die Ältesten (als) Brüder den Brüdern in der Antiocheia und
(der) Syria und Kilikia, den aus (den) Heiden, Gruß! 24 Da
wir hörten, daß einige von uns [Ausgehende] euch verwirrten
mit Worten, beunruhigend eure Seelen, denen wir nicht Auf-
trag gaben, 25 schien es uns gut, einmütig geworden, auswäh-

lend Männer, zu schicken (sie) zu euch mit unseren geliebten
Barnabas und Paulos, [26] Menschen, die eingesetzt haben ihr
Leben für den Namen unseres Herrn Jesus Christos. [27] Wir
haben nun (aus)geschickt Judas und Silas, die auch selbst
durch (ihr) Wort dasselbe melden (werden). [28] Denn es schien
gut dem heiligen Geist und uns, nichts mehr euch aufzulegen
als Last, außer diesen Notwendigkeiten, [29] sich zu enthalten
von Götzenopferfleisch und Blut und Ersticktem und Un-
zucht, wovor euch bewahrend, ihr gut handelt. Lebt wohl!

[30] Die aber nun Entlassenen kamen hinab nach Antiocheia,
und versammelnd die Menge, übergaben sie den Brief. [31] Le-
send aber, freuten sie sich über die Ermutigung. [32] Judas und
Silas, die auch selbst Propheten waren, ermutigten durch
viel(e) Wort(e) die Brüder, und sie stärkten (sie); [33] als sie
aber eine Zeit gewirkt hatten, wurden sie entlassen mit Frie-
den von den Brüdern zu denen, die sie geschickt hatten.*
[35] Paulos aber und Barnabas verweilten in Antiocheia, lehrend
und (als Evangelium) verkündend mit auch vielen anderen das
Wort des Herrn.

[36] Nach einigen Tagen aber sprach zu Barnabas Paulos:
Laßt uns doch zurückkehrend uns umsehen nach den Brüdern
in jeder Stadt, in denen wir verkündeten das Wort des Herrn,
wie es (mit ihnen) steht. [37] Barnabas aber wollte mitnehmen
auch den Johannes, den Markos gerufenen; [38] Paulos aber
hielt (es) für richtig, den von ihnen von Pamphylia (an) Ab-
gewichenen und nicht mit ihnen Mitgekommenen zu dem
Werk, diesen nicht mitzunehmen. [39] (Es) entstand aber Aufre-
gung, so daß sie sich trennten voneinander, und Barnabas,
mitnehmend den Markos, absegelte nach Kypros, [40] Paulos
aber, sich auswählend Silas, ging weg, übergeben der Gnade
des Herrn von den Brüdern. [41] Er durchzog aber die Syria und
[die] Kilikia, stärkend die Gemeinden.

16 [1] Er kam aber [auch] hin nach Derbe und nach Ly-
stra. Und siehe, ein Schüler war dort, mit Namen
Timotheos, Sohn einer gläubigen judaischen Frau, aber eines

* V 34 fehlt in den wichtigsten Handschriften.

Hellenen (als) Vater, 2 der ein gutes Zeugnis hatte von den
Brüdern in Lystra und Ikonion. 3 (Es) wollte Paulos, daß die-
ser mit ihm auszöge, und nehmend beschnitt er ihn wegen der
Judaier, die in jenen Orten waren; denn (es) wußten alle, daß
ein Hellene war sein Vater. 4 Als sie aber durchwanderten die
Städte, übergaben sie ihnen, zu halten die Anordnungen, die
beschlossenen von den Aposteln und Ältesten in Hierosolyma.
5 Die Gemeinden aber nun wurden gefestigt im Glauben und
nahmen zu an der Zahl, täglich.

6 Sie durchzogen aber die Phrygia und galatisches Land,
gehindert vom heiligen Geist, zu reden das Wort in der Asia;
7 kommend aber nach der Mysia, versuchten sie, in die Bithy-
nia zu gehen, und nicht ließ sie der Geist von Jesus; 8 hin-
durchgehend aber durch die Mysia, hinabstiegen sie nach
Troas. 9 Und ein Gesicht erschien während [der] Nacht dem
Paulos, ein makedonischer Mann war stehend und bittend ihn
und sagend: Übersetzend nach Makedonia, hilf uns! 10 Als er
aber das Gesicht sah, suchten wir sogleich, wegzukommen
nach Makedonia, folgernd, daß uns Gott herbeigerufen hat,
zu verkünden ihnen (das Evangelium).

11 Abfahrend aber von Troas, liefen wir direkt Samothrake
an, am folgenden (Tag) aber Neapolis, 12 und von dort Philip-
poi, welches ist eine Stadt (des) erste[n] Bezirks der Makedo-
nia, eine Kolonie. Wir waren aber in dieser Stadt verweilend
einige Tage. 13 Und am Tag des Sabbats gingen wir hinaus
außerhalb des Tores (den) Fluß entlang, wo wir meinten, daß
eine Gebetsstätte sei, und uns niedersetzend, redeten wir zu
den zusammengekommenen Frauen. 14 Und eine Frau mit
Namen Lydia, eine Purpurhändlerin (der) Stadt Thyateira,
eine Gott verehrende, hörte zu, deren Herz der Herr öffnete,
zu achten auf das von Paulos Geredete. 15 Als sie aber getauft
war und ihr Haus, bat sie, sagend: Wenn ihr geurteilt habt,
daß ich gläubig bin dem Herrn, hereinkommend in mein
Haus, bleibt! Und sie nötigte uns.

16 Es geschah aber, als wir gingen zur Gebetsstätte, daß
eine Magd, die einen Wahrsagegeist hatte, uns begegnete,

welche viel Erwerb bereitete ihren Herren, weissagend. [17] Diese, nachfolgend dem Paulos und uns, schrie, sagend: Diese Menschen sind Knechte des höchsten Gottes, welche euch verkünden (den) Weg (des) Heils. [18] Dies aber tat sie über viele Tage. Paulos aber, aufgebracht und sich umwendend, sprach zu dem Geist: Ich gebiete dir im Namen (des) Jesus Christos, auszufahren aus ihr; und ausfuhr er eben zu der Stunde. [19] Ihre Herren aber, sehend, daß ausging die Hoffnung auf ihren Erwerb, ergreifend den Paulos und den Silas, schleppten sie (sie) auf den Marktplatz zu den Vorstehern, [20] und hinführend sie zu den Befehlshabern, sprachen sie: Diese Menschen verwirren unsere Stadt, Judaier, die sie sind, [21] und verkünden Sitten, die anzunehmen und zu tun uns nicht erlaubt ist, die wir Romaier sind. [22] Und (es) trat mit auf die Volksmenge gegen sie, und die Befehlshaber, zerreißend ihre Gewänder, befahlen, (sie) auszupeitschen, [23] und als viele Schläge sie ihnen auferlegt hatten, warfen sie (sie) ins Gefängnis, gebietend dem Gefängniswächter, sicher sie zu bewachen. [24] Der, solchen Auftrag empfangend, warf sie ins innere Gefängnis, und er sicherte ihre Füße im Holz. [25] Um die Mitternacht aber priesen Paulos und Silas betend Gott, zuhörten ihnen aber die Gefangenen. [26] Plötzlich aber entstand ein großes Erdbeben, so daß erschüttert wurden die Fundamente des Gefängnisses; (es) öffneten sich aber auf der Stelle alle Türen, und die Fesseln aller wurden gelöst. [27] Der Gefängniswächter aber, wach geworden und sehend die Türen des Gefängnisses geöffnet, ziehend [das] Schwert, wollte sich töten, meinend, daß entflohen seien die Gefangenen. [28] (Es) schrie aber mit lauter Stimme [der] Paulos, sagend: Tue dir nichts Schlechtes, denn alle sind wir hier! [29] Fordernd aber Licht, sprang er hinein, und zitternd geworden fiel er nieder vor Paulos und Silas, [30] und hinausführend sie nach draußen, sagte er: Herren, was muß ich tun, damit ich gerettet werde? [31] Die aber sprachen: Glaube an den Herrn Jesus, und gerettet werden wirst du und dein Haus! [32] Und sie redeten zu ihm das Wort des Herrn mit allen in seinem Haus. [33] Und mitnehmend sie in jener Stunde der Nacht wusch er (sie) von den Schlägen, und getauft wurde er und alle die Seinen auf der Stelle, 34 und hinaufführend sie ins Haus, bereitete er einen Tisch, und er jubelte mit dem ganzen Haus, gläubig geworden an Gott. 35 Als es aber Tag wurde, schickten die Befehlshaber die Gerichtsdiener, sagend: Entlasse jene Menschen! 36 (Es) meldete aber der Gefängniswächter [diese] Worte an Paulos: (Es) haben geschickt die Befehlshaber, daß ihr entlassen werdet. Jetzt also hinausgehend, geht in Frieden! 37 Paulos aber sagte zu ihnen: Nachdem sie uns öffentlich unverurteilt schinden ließen, die wir romaische Menschen sind, warfen sie (uns) in (das) Gefängnis, und jetzt werfen sie uns heimlich hinaus? Nicht doch, sondern selbst kommend, sollen sie uns hinausführen. 38 (Es) meldeten aber den Befehlshabern die Gerichtsdiener diese Worte. Sie gerieten aber in Furcht, hörend, daß Romaier sie sind, 39 und kommend ermutigten sie sie, und hinausführend baten sie (sie), wegzugehen von der Stadt. 40 Hinausgehend aber aus dem Gefängnis gingen sie hinein zu der Lydia, und (sie) sehend, ermutigten sie die Brüder und gingen weg.

17

1 Durchreisend aber Amphipolis und Apollonia kamen sie nach Thessalonike, wo eine Synagoge der Judaier war. 2 Nach der Gewohnheit aber ging Paulos hinein zu ihnen, und an drei Sabbaten setzte er sich (mit) ihnen auseinander von den Schriften (her), 3 eröffnend und darlegend: Der Gesalbte mußte leiden und aufstehen aus Toten, und: Dieser ist der Gesalbte, Jesus, den ich euch verkünde. 4 Und einige von ihnen wurden überzeugt und hingen Paulos und Silas an, und von den frommen Hellenen eine große Menge, und von (den) Frauen der Ersten nicht wenige. 5 Die Judaier aber, eifersüchtig geworden und herbeinehmend vom Marktgesindel einige üble Männer und einen Auflauf erregend, brachten in Aufruhr die Stadt, und hintretend vor das Haus (des) Jason, suchten sie, sie herauszuführen zum Volk; 6 sie aber nicht findend, schleppten sie Jason und einige Brüder zu den Stadtpräfekten, schreiend: Die den Erdkreis Aufwiegeln-

den, diese sind auch hierher gekommen, [7] die hat Jason auf-
genommen; und diese alle handeln entgegen den Anordnun-
gen (des) Kaisers, sagend: König sei ein anderer, Jesus. [8] Sie
verwirrten aber die Volksmenge und die dieses hörenden
Stadtpräfekten, [9] und nehmend Bürgschaft von Jason und den
übrigen, entließen sie sie.

[10] Die Brüder aber schickten sogleich während (der) Nacht
Paulos und Silas weg nach Beroia, welche, angekommen, in
die Synagoge der Judaier gingen. [11] Diese aber waren anstän-
diger als die in Thessalonike, (sie), welche aufnahmen das
Wort mit aller Bereitschaft, täglich befragend die Schriften,
ob sich dieses so verhalte. [12] Viele aber nun von ihnen glaub-
ten, und von den vornehmen hellenischen Frauen und Män-
nern nicht wenige. [13] Als aber die Judaier von Thessalonike
erfuhren, daß auch in Beroia verkündet wurde von Paulos das
Wort Gottes, kamen sie, auch dort erschütternd und verwir-
rend die Volksmengen. [14] Sogleich aber dann ausschickten die
Brüder den Paulos, zu gehen bis ans Meer; und zurückblieben
Silas und Timotheos dort. [15] Die aber den Paulos Geleitenden
führten (ihn) bis Athenai und, empfangend einen Auftrag an
Silas und Timotheos, daß möglichst schnell sie kämen zu
ihm, gingen weg.

[16] Als aber in Athenai Paulos sie erwartete, ergrimmte sein
Geist in ihm, als er sah, daß die Stadt voller Götterbilder
war. [17] Er setzte sich nun auseinander in der Synagoge mit
den Judaiern und den Frommen und auf dem Marktplatz an
jedem Tag mit den gerade Anwesenden. [18] Einige aber sowohl
von den epikureischen als auch stoischen Philosophen gerie-
ten zusammen mit ihm, und einige sagten: Was will dieser
Körnerpicker sagen? Andere aber: Fremder Gottheiten Ver-
künder scheint er zu sein, weil er Jesus und die Auferstehung
(als Evangelium) verkündete. [19] Und nehmend ihn, führten sie
(ihn) auf den Areopag, sagend: Können wir erfahren, was
diese neue, die von dir geredete Lehre (ist)? [20] Denn einiges
Befremdende bringst du zu unseren Ohren; wir wollen nun
erfahren, was dieses sein will. [21] Alle Athenaier aber und die

sich dort aufhaltenden Fremden hatten für nichts anderes Zeit, als zu sagen oder zu hören etwas Neueres.

22 Paulos aber, sich hinstellend inmitten des Areopags, sagte: Männer, Athenaier, daß ihr in jeder Hinsicht recht religiös seid, sehe ich; 23 denn hindurchgehend und besichtigend eure Heiligtümer, fand ich auch einen Altar, auf dem aufgeschrieben war: Einem unbekannten Gott. Was nun unwissend ihr verehrt, dies verkünde ich euch. 24 Gott, der die Welt und alles in ihr schuf, dieser, (der) Herr von Himmel und Erde ist, wohnt nicht in handgemachten Tempeln, 25 auch läßt er sich nicht von menschlichen Händen bedienen, irgendetwas bedürfend, selbst gebend allen Leben und Atem und alles; 26 und er schuf aus einem (das) ganze Geschlecht (der) Menschen, daß es wohne auf (der) ganzen Oberfläche der Erde, bestimmend geordnete Zeiten und die Grenzen ihres Wohnraumes, 27 daß sie suchten Gott, ob sie denn ihn ertasteten und fänden, und nicht ist er ja fern von einem jeden von uns.

28 Denn in ihm leben wir und bewegen wir uns und sind wir, wie auch einige der Dichter bei euch gesagt haben: Denn auch seines Geschlechtes sind wir. 29 Die wir nun Gottes Geschlecht sind, dürfen nicht meinen, das Göttliche sei gleich Gold oder Silber oder Stein, (gleich) einem Gebilde (der) Kunst und (der) Überlegung (des) Menschen. 30 Die Zeiten nun der Unwissenheit übersehend, gebietet Gott im bezug auf das Jetzt den Menschen, daß alle überall umkehren, 31 weil er einen Tag festsetzte, an dem er richten will den Erdkreis in Gerechtigkeit, durch einen Mann, den er bestimmte, eine Beglaubigung erbringend für alle, indem er ihn aufstehen ließ aus Toten. 32 Hörend aber von Auferstehung Toter spotteten die einen, die anderen sprachen: Wir wollen dich darüber noch ein anderes Mal hören. 33 So ging Paulos hinaus aus ihrer Mitte. 34 Einige Männer aber, sich ihm anschließend, glaubten, unter denen auch Dionysios, der Areopagit, und eine Frau mit Namen Damaris und andere mit ihnen.

18 1 Danach sich entfernend von Athenai, kam er nach Korinthos. 2 Und findend einen Judaier mit Namen

Akylas, einen Pontier der Abstammung (nach), der kürzlich
gekommen war von der Italia, und Priskilla, seine Frau, weil
Klaudios angeordnet hatte, daß sich alle Judaier von Rom ent-
fernten, kam er zu ihnen, [3] und weil er den gleichen Beruf
ausübte, blieb er bei ihnen, und er arbeitete; denn sie waren
Zeltmacher von Beruf. [4] Er setzte sich aber auseinander in der
Synagoge an jedem Sabbat, und er suchte zu überzeugen Ju-
daier und Hellenen. [5] Als aber herabkamen von der Makedo-
nia Silas und Timotheos, widmete sich Paulos (ganz) dem
Wort, bezeugend den Judaiern, daß Jesus der Gesalbte sei.
[6] Als die sich aber entgegenstellten und lästerten, sprach er,
seine Gewänder abschüttelnd, zu ihnen: Euer Blut über euren
Kopf! Rein (bin) ich; von jetzt (an) werde ich zu den Heiden
gehen. [7] Und fortgehend von dort, hineinging er in das Haus
eines Gott Verehrenden mit Namen Titios Justos, dessen
Haus angrenzend war an die Synagoge. [8] Krispos aber, der
Synagogenvorsteher, glaubte dem Herrn mit seinem ganzen
Haus, und viele der Korinthier, (es) hörend, glaubten und lie-
ßen sich taufen. [9] (Es) sprach aber der Herr bei Nacht durch
ein Gesicht zu Paulos: Fürchte dich nicht, sondern rede und
schweige nicht, [10] weil ich mit dir bin, und keiner wird dir zu-
setzen, dich zu mißhandeln, weil mir viel Volk gehört in die-
ser Stadt. [11] Er ließ sich aber nieder ein Jahr und sechs Mo-
nate, lehrend bei ihnen das Wort Gottes.

[12] Als Gallio aber Statthalter der Achaia war, erhoben sich
einmütig die Judaier gegen Paulos und führten ihn zum Rich-
terstuhl, [13] sagend: Wider das Gesetz verführt dieser die
Menschen, Gott zu verehren. [14] Als aber Paulos den Mund
öffnen wollte, sprach Gallio zu den Judaiern: Wenn es ir-
gendein Unrecht oder ein böser Streich wäre, ihr Judaier,
hätte ich selbstverständlich euch angenommen, [15] wenn (es)
aber Streitfragen sind über Lehre und Namen und das Gesetz
bei euch, mögt ihr selbst (zu)sehen; Richter über dieses will
ich nicht sein. [16] Und forttrieb er sie vom Richterstuhl. [17] (Es)
ergriffen aber alle Sosthenes, den Synagogenvorsteher, (und)
sie schlugen (ihn) vor dem Richterstuhl; und um nichts von

diesem kümmerte sich Gallio.
18 Paulos aber, noch etliche Tage dableibend, segelte ab,
von den Brüdern sich verabschiedend, in die Syria, und mit
ihm Priskilla und Akylas, nachdem er sich hatte scheren las-
sen den Kopf in Kenchreai; denn er hatte ein Gelübde. 19 Sie
kamen aber hin nach Ephesos, und jene ließ er dort zurück,
er selbst aber, hineingehend in die Synagoge, setzte sich aus-
einander mit den Judaiern. 20 Als sie aber baten, über längere
Zeit zu bleiben, willigte er nicht ein, 21 sondern sich verab-
schiedend und sprechend: Wieder werde ich zurückkehren zu
euch, (so) Gott will, fuhr er ab von Ephesos, 22 und hinab-
kommend nach Kaisareia, hinaufsteigend und begrüßend die
Gemeinde, stieg er hinab nach Antiocheia.

23 Und zubringend einige Zeit, zog er aus, durchziehend
nacheinander das galatische Land und Phrygia, stärkend alle
Schüler.
24 Ein Judaier aber, Apollos mit Namen, ein Alexandriner
der Abstammung (nach), ein beredter Mann, kam hin nach
Ephesos, ein Starker in den Schriften. 25 Dieser war unter-
richtet im Weg des Herrn, und glühend im Geist redete er
und lehrte er genau das über Jesus, kennend allein die Taufe
(des) Johannes; 26 und dieser begann freimütig zu reden in der
Synagoge. Hörend ihn aber nahmen Priskilla und Akylas ihn
zu sich und genauer setzten sie ihm auseinander den Weg
[Gottes]. 27 Als er aber hinüberziehen wollte in die Achaia,
schrieben ermunternd die Brüder den Schülern, ihn aufzu-
nehmen; der, angekommen, half viel den Gläubiggewordenen
durch die Gnade; 28 denn heftig widerlegte er die Judaier, öf-
fentlich aufzeigend durch die Schriften, daß Jesus der Ge-
salbte sei.

19 1 Es geschah aber, während Apollos in Korinthos
war, daß Paulos, durchziehend die oberen (Lan-
des)teile, [hinab]kam nach Ephesos und einige Schüler fand;
2 und er sprach zu ihnen: Empfingt ihr heiligen Geist, als ihr
zum Glauben kamt? Die aber zu ihm: Aber wir hörten nicht

einmal, ob es einen heiligen Geist gibt. [3] Und er sprach: Auf
was also wurdet ihr getauft? Die aber sprachen: Auf die Jo-
hannestaufe. [4] (Es) sprach aber Paulos: Johannes taufte eine
Taufe zur Umkehr, dem Volk sagend, daß sie an den nach
ihm Kommenden glauben sollten, das ist an Jesus. [5] (Es) hö-
rend aber, wurden sie getauft auf den Namen des Herrn Je-
sus, [6] und als ihnen Paulos [die] Hände auflegte, kam der hei-
lige Geist auf sie, und sie redeten in Zungen, und sie prophe-
zeiten. [7] Es waren aber insgesamt etwa zwölf Männer.

[8] Hineingehend aber in die Synagoge, redete er freimütig
drei Monate lang, sich auseinandersetzend und zu überzeugen
suchend in bezug auf [das] über das Königtum Gottes. [9] Als
aber einige sich verhärteten und nicht gehorchten, beschimp-
fend den „Weg“ vor der Menge, sonderte er, ablassend von
ihnen, die Schüler ab, täglich sich auseinandersetzend in der
Schule (des) Tyrannos. [10] Dies aber geschah an die zwei
Jahre, so daß alle die Asia Bewohnenden hörten das Wort des
Herrn, Judaier und Hellenen. [11] Und nicht gewöhnliche Kraft
(-taten) tat Gott durch die Hände von Paulos, [12] so daß auch
zu den Kranken gebracht wurden von seiner Haut Schweiß-
tücher oder Binden und die Krankheiten von ihnen wichen
und die bösen Geister herauskamen.

[13] (Es) versuchten aber auch einige der umherziehenden ju-
daischen Beschwörer, zu nennen über die die bösen Geister
Habenden den Namen des Herrn Jesus, sagend: Ich beschwö-
re euch bei Jesus, den Paulos verkündet. [14] (Es) waren aber
sieben Söhne eines gewissen Skeuas, eines judaischen Hoch-
priesters, die dies taten. [15] Antwortend aber sprach der böse
Geist zu ihnen: Den Jesus [zwar] kenne ich, und von Paulos
weiß ich, ihr aber, wer seid ihr? [16] Und auf sie springend der
Mensch, in dem der böse Geist war, bekam er, ihrer beider
Herr werdend, Übermacht über sie, so daß nackt und ver-
wundet sie entflohen aus jenem Haus. [17] Dies aber wurde be-
kannt allen Ephesos bewohnenden Judaiern und Hellenen,
und (es) fiel Furcht auf sie alle, und (es) wurde gepriesen der
Name des Herrn Jesus. [18] Und viele der Gläubiggewordenen

kamen, bekennend und berichtend ihre Taten. [19] Etliche aber
derer, die die Zauberei betrieben hatten, verbrannten – (sie)
zusammentragend – die Bücher vor allen, und man rechnete
zusammen ihre Preise und fand heraus: Fünfzigtausend Silber
(-geldstücke). [20] So wuchs und erstarkte mit Macht das Wort
des Herrn.

[21] Als aber dieses erfüllt war, nahm sich Paulos im Geist
vor, durchziehend die Makedonia und Achaia, zu gehen nach
Hierosolyma, sprechend: Nachdem ich dort gewesen bin,
muß ich auch Rom sehen. [22] Schickend aber in die Makedonia
zwei der ihm Dienenden, Timotheos und Erastos, hielt er
selbst sich eine Zeit (lang) auf in der Asia.

[23] (Es) entstand aber um jene Zeit eine nicht geringe Erre-
gung über den „Weg". [24] Denn einer, Demetrios mit Namen,
ein Silberschmied, der silberne Artemistempel machte, be-
reitete den Handwerkern einen nicht geringen Erwerb; [25] die
versammelnd und die an solchem Arbeitenden, sprach er:
Männer, ihr wißt, daß uns aus diesem Gewerbe der Wohl-
stand kommt, [26] und ihr seht und hört, daß nicht nur von
Ephesos, sondern fast von der ganzen Asia dieser Paulos,
überredend, eine ziemliche Volksmenge verführte, sagend,
daß nicht Götter sind, die durch Hände gemacht werden.
[27] Nicht nur aber ist für uns dieses Gebiet in Gefahr, in Verruf
zu kommen, sondern auch das Heiligtum der großen Göttin
Artemis, für nichts erachtet zu werden, und sie ist auch zu-
künftig (in Gefahr), ihrer Hoheit verlustig zu gehen, die die
ganze Asia und der Erdkreis verehrt. [28] (Es) hörend aber und
voll Wut werdend, schrien sie, sagend: Groß (ist) die Artemis
(der) Ephesier! [29] Und (es) wurde erfüllt die Stadt von der
Verwirrung, und sie stürmten einmütig ins Theater, packend
(die) Makedoner Gajos und Aristarchos, Reisebegleiter von
Paulos. [30] Als Paulos aber hineingehen wollte vor das Volk,
ließen ihn die Schüler nicht; [31] einige aber auch der Asiar-
chen, die ihm Freunde waren, schickend zu ihm, ermahnten
(ihn), sich nicht zu begeben ins Theater. [32] (Die einen) aber
nun (schrien dies), andere schrien etwas anderes; denn es war

die Versammlung in Verwirrung geraten, und die meisten
wußten nicht, weswegen sie zusammengekommen waren.
33 Aus der Volksmenge aber ließen sie vortreten Alexandros,
als ihn die Judaier vorschickten; Alexandros aber, winkend
mit der Hand, wollte sich verteidigen vor dem Volk. 34 Erken-
nend aber, daß ein Judaier er ist, war ein einziges Geschrei
von allen etwa zwei Stunden lang Schreienden: Groß (ist) die
Artemis (der) Ephesier! 35 Beruhigend aber die Volksmenge,
sagt der (Stadt)schreiber: Männer, Ephesier, wer denn ist
unter (den) Menschen, der nicht weiß, daß die Stadt (der)
Ephesier Tempelhüterin ist der großen Artemis und des vom
Himmel gefallenen (Bildes)? 36 Da dieses nun unwidersprech-
lich ist, ist es nötig, daß ihr euch ruhig verhaltet und nichts
Überstürztes tut. 37 Denn ihr führtet vor diese Männer, die
weder Tempelräuber noch unsere Göttin Lästernde (sind).
38 Wenn nun aber Demetrios und die mit ihm (arbeitenden)
Handwerker gegen jemanden eine Sache haben, werden Ge-
richtstage durchgeführt und gibt es Statthalter; anklagen sol-
len sie einander. 39 Wenn ihr aber etwas darüber hinaus ver-
langt, wird es in der gesetzmäßigen Versammlung gelöst
werden. 40 Denn auch wir sind in Gefahr, (des) Aufruhrs an-
geklagt zu werden wegen des heutigen (Tages), da kein
Grund ist, bezüglich dessen wir Rechenschaft werden geben
können wegen dieser Zusammenrottung. Und dieses spre-
chend, löste er auf die Versammlung.

20 1 Nachdem aber der Tumult aufgehört hatte, ließ
Paulos die Schüler holen und ermutigte (sie), (und)
grüßend ging er weg, zu ziehen nach Makedonia. 2 Durchzie-
hend aber jene (Landes)teile und ermutigend sie mit viel(en)
Wort(en), kam er nach der Hellas, 3 und zubrachte er (dort)
drei Monate; als aber ein Anschlag entstand auf ihn von den
Judaiern, als er abfahren wollte in die Syria, faßte er den Ent-
schluß, zurückzukehren durch Makedonia. 4 (Es) zogen aber
mit ihm Sopatros, (der des) Pyrros, ein Beroiaier, von Thes-
salonikern aber Aristarchos und Sekundos und Gajos, ein
Derbaier, und Timotheos, als Asier aber Tychikos und Tro-

phimos. 5 Diese aber, vorausgehend, erwarteten uns in Troas,
6 wir aber segelten ab nach den Tagen (des Festes) der Unge-
säuerten von Philippoi, und wir kamen zu ihnen nach Troas
in fünf Tagen, wo wir verweilten sieben Tage.

7 Am ersten (Tag) der Woche aber, als wir versammelt wa-
ren, zu brechen (das) Brot, redete Paulos zu ihnen, weil er
fortgehen wollte am folgenden (Tag), und er dehnte aus das
Wort bis Mitternacht. 8 (Es) waren aber etliche Lampen im
Obergemach, wo wir versammelt waren. 9 Ein junger Mann
aber mit Namen Eutychos, sitzend auf dem Fenster(brett),
überwältigt von tiefem Schlaf, als Paulos immer länger rede-
te, fiel, überwältigt vom Schlaf, vom dritten Stockwerk hin-
unter, und er wurde aufgehoben tot. 10 Hinabsteigend aber,
warf sich Paulos auf ihn, und (ihn) umarmend, sprach er:
Lärmt nicht, denn seine Seele ist in ihm! 11 Hinaufsteigend
aber und brechend das Brot und essend und noch lange sich
unterhaltend bis zum Tagesanbruch, so ging er weg. 12 Vor-
führten sie aber den Knaben lebend, und sie wurden getröstet
nicht wenig.

13 Wir aber, vorausgehend auf das Schiff, fuhren ab nach
Assos, um von dort aufzunehmen den Paulos; denn so hatte
er angeordnet, während er selbst zu Fuß gehen wollte. 14 Als
er aber zusammentraf mit uns in Assos, aufnehmend ihn, ka-
men wir nach Mitylene, 15 und von dort absegelnd am folgen-
den (Tag), kamen wir hin gegenüber von Chios, am anderen
(Tag) aber fuhren wir hinüber nach Samos, am nächsten aber
kamen wir nach Miletos. 16 Denn beschlossen hatte Paulos,
vorbeizusegeln an Ephesos, damit ihm nicht geschieht, Zeit
zu verbringen in der Asia; denn er beeilte sich, wenn es ihm
möglich wäre, am Tag des Pfingstfestes zu sein in Hieroso-
lyma.

17 Von Miletos (aus) aber schickend nach Ephesos, ließ er
herbeirufen die Ältesten der Gemeinde. 18 Als sie aber ange-
kommen waren bei ihm, sprach er zu ihnen: Ihr wißt, von
(dem) ersten Tag (an), an dem ich kam in die Asia, wie mit
euch die ganze Zeit ich war, 19 dienend dem Herrn mit aller

Demut und Tränen und Versuchungen, die mir widerfuhren in den Anschlägen der Judaier, [20] wie nichts ich zurückhielt von dem Nützlichen, es (etwa) nicht euch zu berichten und euch zu lehren öffentlich und nach Häusern, [21] bezeugend Judaiern und Hellenen die Umkehr zu Gott und (den) Glauben an unseren Herrn Jesus. [22] Und jetzt, siehe, gebunden durch den Geist, gehe ich nach Jerusalem, nicht kennend, was in ihr mir entgegenkommen wird, [23] außer daß der heilige Geist in jeder Stadt mir bezeugt, sagend, daß Fesseln und Bedrängnisse mich erwarten. [24] Aber keines Wortes wert halte ich das Leben für mich, (nur) wie ich vollenden werde meinen Lauf und den Dienst, den ich empfing vom Herrn Jesus, zu bezeugen das Evangelium der Gnade Gottes. [25] Und jetzt, siehe, ich weiß, daß ihr nicht mehr sehen werdet mein Gesicht, ihr alle, bei denen ich durchzog, verkündend das Königtum. [26] Deshalb bezeuge ich euch am heutigen Tag, daß rein ich bin vom Blut aller; [27] denn nicht hielt ich zurück, (etwa) nicht euch zu berichten den ganzen Ratschluß Gottes. [28] Achtet auf euch selbst und die ganze Herde, in der euch der heilige Geist bestellte als Aufseher, zu weiden die Kirche Gottes, die er sich erwarb durch das Blut des eigenen (Sohnes)! [29] Ich weiß, daß hereinkommen werden nach meiner Abreise starke Wölfe zu euch, nicht schonend die Herde, [30] und von euch selbst werden aufstehen Männer, redend Verdrehtes, um wegzuziehen die Schüler hinter sich. [31] Deshalb wacht, gedenkend, daß drei Jahre Nacht und Tag ich nicht aufhörte, mit Tränen zurechtzuweisen einen jeden! [32] Und in bezug auf das Jetzt empfehle ich euch Gott und dem Wort seiner Gnade, das Kraft hat, zu erbauen und zu geben das Erbe unter den Geheiligten allen. [33] An Silber oder Gold oder Kleidung begehrte ich nichts; [34] selbst wißt ihr, daß meinen Bedürfnissen und denen, die mit mir waren, dienten diese Hände. [35] In allem zeigte ich euch, daß es nötig ist, daß die so sich Mühenden sich annehmen der Schwachen, und zu gedenken der Worte des Herrn Jesus, weil selbst er sprach: Selig ist es mehr, zu geben als zu nehmen. [36] Und dieses sprechend, beugend seine Knie mit ihnen

allen, betete er. 37 Großes Weinen aller aber entstand, und
sich werfend an den Hals des Paulos, küßten sie ihn ab, 38 kla-
gend am meisten über das Wort, womit er gesagt hatte, daß
sie nicht mehr sein Gesicht sehen sollten. Sie geleiteten ihn
aber zum Schiff.

21 1 Als es aber geschah, daß wir abfuhren, nachdem
wir uns getrennt hatten von ihnen, kamen wir in di-
rekter Fahrt nach Kos, (tags) darauf nach Rhodos und von
dort nach Patara, 2 und findend ein Schiff, das hinüberfuhr
nach Phoinike, einsteigend fuhren wir ab. 3 Sichtend aber Ky-
pros und zurücklassend sie links, segelten wir nach Syria, und
kamen wir hinab nach Tyros; denn dort war das Schiff, lö-
schend die Ladung. 4 Findend aber die Schüler, blieben wir
dort sieben Tage; diese sagten dem Paulos durch den Geist,
nicht hinaufzusteigen nach Hierosolyma. 5 Als es aber ge-
schah, daß wir erfüllten die Tage, hinausgehend zogen wir
fort, indem uns geleiteten alle mit Frauen und Kindern bis
außerhalb der Stadt, und beugend die Knie am Strand, be-
tend, 6 verabschiedeten wir einander, und einstiegen wir ins
Schiff, jene aber kehrten zurück in das Ihrige.

7 Wir aber, die Schiffahrt beendend, kamen von Tyros hin
nach Ptolemais, und begrüßend die Brüder, blieben wir einen
Tag bei ihnen. 8 Am folgenden (Tag) aber hinausgehend, ka-
men wir nach Kaisareia, und hineingehend in das Haus des
Evangelisten Philippos, der (einer) von den Sieben war, blie-
ben wir bei ihm. 9 Dieser aber hatte vier Töchter, prophezei-
ende Jungfrauen. 10 Während wir aber dablieben mehrere
Tage, kam herab einer aus der Judaia, ein Prophet mit Namen
Hagabos, 11 und kommend zu uns und nehmend den Gürtel
des Paulos, bindend sich selbst die Füße und die Hände,
sprach er: Dies sagt der heilige Geist: Den Mann, dem dieser
Gürtel gehört, werden so binden in Jerusalem die Judaier und
übergeben in (die) Hände (der) Heiden. 12 Als wir aber dieses
hörten, baten wir und die Ortsansässigen, daß er nicht hinauf-
steige nach Jerusalem. 13 Da antwortete Paulos: Was macht
ihr, weinend und brechend mir das Herz? Denn ich bin be-

reit, nicht nur gebunden zu werden, sondern auch zu sterben
in Jerusalem für den Namen des Herrn Jesus. [14] Als er sich
aber nicht überreden ließ, wurden wir ruhig, sprechend: Des
Herrn Wille soll geschehen.

[15] Nach diesen Tagen aber, ausgerüstet, hinaufstiegen wir
nach Hierosolyma; [16] mitgingen aber auch (einige) von den
Schülern von Kaisareia mit uns, führend (uns) zu einem ge-
wissen Mnason, einem Kyprier, einem alten Schüler, bei dem
wir zu Gast sein sollten. [17] Als wir aber gekommen waren
nach Hierosolyma, freudig nahmen uns auf die Brüder.

[18] Am folgenden (Tag) aber ging hinein Paulos mit uns zu
Jakobos, und alle Ältesten kamen hinzu. [19] Und begrüßend
sie, legte er dar bis ins einzelne, was Gott tat unter den Hei-
den durch seinen Dienst. [20] Die (es) Hörenden aber priesen
Gott, und sie sprachen zu ihm: Du siehst, Bruder, wieviele
Zehntausende von gläubig Gewordenen unter den Judaiern
sind, und alle sind Eiferer des Gesetzes; [21] sie wurden aber
unterrichtet über dich, daß du Abfall lehrst von Moyses alle
Judaier, die unter den Heiden, sagend, sie sollten nicht be-
schneiden die Kinder und nicht nach den Sitten wandeln.
[22] Was ist nun? Gewiß werden sie hören, daß du gekommen
bist. [23] Dies nun tue, was wir dir sagen: (Es) sind bei uns vier
Männer, die ein Gelübde auf sich (genommen) haben. [24] Diese
mitnehmend, heilige dich mit ihnen und übernimm die Aus-
gaben für sie, damit sie sich scheren lassen den Kopf, und er-
kennen werden alle, daß, worin sie unterrichtet sind über
dich, nichts ist, sondern daß du wandelst auch selbst haltend
das Gesetz. [25] Was aber die gläubiggewordenen Heiden be-
trifft, trugen wir auf, urteilend, daß sie sich hüten vor Göt-
zenopferfleisch und Blut und Ersticktem und Unzucht. [26] Da
nahm Paulos mit die Männer, heiligte sich am nächsten Tag
mit ihnen (und) ging hinein ins Heiligtum, anzeigend die Er-
füllung der Tage der Heiligung, bis daß dargebracht wurde
für einen jeden von ihnen die Opfergabe.

[27] Als aber die sieben Tage im Begriff waren vollendet zu

werden, brachten die Judaier von der Asia, sehend ihn im Heiligtum, in Verwirrung die ganze Volksmenge, und sie legten Hand an ihn, 28 schreiend: Männer, Israeliten, helft! Dieser ist der Mensch, der gegen das Volk und das Gesetz und diesen Ort alle überall lehrt und auch noch Hellenen hineinführte ins Heiligtum und gemein gemacht hat diesen heiligen Ort. 29 Denn sie hatten vorher gesehen Trophimos, den Ephesier, in der Stadt mit ihm, den, meinten sie, daß ins Heiligtum hineinführte Paulos. 30 Und (es) wurde bewegt die ganze Stadt, und (es) entstand ein Zusammenlauf des Volks, und ergreifend den Paulos, schleppten sie ihn außerhalb des Heiligtums, und sogleich wurden verschlossen die Türen. 31 Und während sie ihn zu töten suchten, hinaufgebracht wurde Meldung zum Chiliarchen der Kohorte, daß ganz Jerusalem in Aufruhr sei. 32 Der, sogleich mitnehmend Soldaten und Hauptleute, lief hinab zu ihnen; die aber, sehend den Chiliarchen und die Soldaten, hörten auf, Paulos zu schlagen. 33 Da, nahekommend, ergriff ihn der Chiliarch, und er befahl, daß er gebunden werde mit zwei Ketten, und er erkundigte sich, wer er sei und was er getan habe. 34 (Die einen schrien dies,) andere aber schrien etwas anderes in der Volksmenge. Da er aber Sicheres nicht erkennen konnte wegen des Tumults, befahl er, daß er geführt werde in die Kaserne. 35 Als er aber kam zu den Stufen, geschah es, daß er getragen werden mußte von den Soldaten wegen der Gewalt der Volksmenge, 36 denn (es) folgte die Menge des Volks, schreiend: Hinweg mit ihm!

37 Und als er in die Kaserne hineingeführt werden sollte, sagt Paulos dem Chiliarchen: Ist es mir erlaubt, etwas zu dir zu sprechen? Der aber sagte: Verstehst du Hellenisch? 38 Nicht also bist du der Aigyptier, der vor diesen Tagen einen Aufstand machte und hinausführte in die Wüste die viertausend Mann der Sikarier? 39 (Es) sprach aber Paulos: Ich bin ein judaischer Mensch, ein Tarser aus der Kilikia, Bürger einer nicht unberühmten Stadt; ich bitte dich aber, erlaube mir, zu reden zum Volk. 40 Als er (es) aber erlaubte, winkte Pau-

los, stehend auf den Stufen, mit der Hand dem Volk. Als aber
eine große Stille entstand, sprach er sie an in der hebraischen
Sprache, sagend:
22 1 Männer, Brüder und Väter, hört meine Verteidi-
gung gegen euch jetzt! 2 Hörend aber, daß in der
hebraischen Sprache er sie ansprach, hielten sie (noch) mehr
Ruhe. Und er sagt: 3 Ich bin ein judaischer Mann, geboren in
Tarsos in der Kilikia, aufgezogen aber in dieser Stadt, zu den
Füßen Gamaliels, ausgebildet gemäß (der) Strenge des väter-
lichen Gesetzes, ein Eiferer Gottes, gleichwie ihr alle (es)
heute seid; 4 der ich diesen „Weg“ verfolgte bis zum Tod,
fesselnd und übergebend in Gefängnisse Männer und Frauen,
5 wie auch der Hochpriester mir bezeugt und der ganze Älte-
stenrat, von denen auch Briefe empfangend, ich zu den Brü-
dern nach Damaskos ging, um auch die dort Befindlichen ge-
bunden nach Jerusalem zu führen, damit sie bestraft werden.
6 Es geschah mir aber, als ich ging und Damaskos nahekam,
daß um Mittag plötzlich aus dem Himmel ein gewaltiges
Licht um mich strahlte, 7 und ich fiel zu Boden, und ich hörte
eine Stimme, mir sagend: Saul, Saul, was verfolgst du mich?
8 Ich aber antwortete: Wer bist du, Herr? Und er sprach zu
mir: Ich bin Jesus, der Nazoraier, den du verfolgst. 9 Die aber
mit mir waren, sahen zwar das Licht, die Stimme aber des zu
mir Redenden hörten sie nicht. 10 Ich sprach aber: Was soll
ich tun, Herr? Der Herr aber sprach zu mir: Aufstehend geh
nach Damaskos, und dort wird zu dir geredet werden über
alles, was dir bestimmt ist zu tun. 11 Als ich aber nicht schau-
en (konnte) wegen des Glanzes jenes Lichts, kam ich, an der
Hand geführt von denen, die mit mir zusammen waren, nach
Damaskos. 12 Ein Hananias aber, ein frommer Mann nach
dem Gesetz, bezeugt von allen (dort) wohnenden Judaiern,
13 kommend zu mir und hintretend, sprach er zu mir: Bruder
Saul, schau auf! Und zu eben der Stunde schaute ich auf zu
ihm. 14 Der aber sprach: Der Gott unserer Väter bestimmte
dich vorher, zu erkennen seinen Willen und zu sehen den Ge-
rechten und zu hören (die) Stimme aus seinem Mund, 15 daß

du Zeuge ihm sein wirst gegenüber allen Menschen (von dem), was du gesehen hast und hörtest. 16 Und jetzt, was zauderst du? Aufstehend laß dich taufen und abwaschen deine Sünden, anrufend seinen Namen! 17 Es geschah mir aber, als ich zurückkehrte nach Jerusalem und während ich betete im Heiligtum, daß ich in Verzückung geriet 18 und ihn sah redend zu mir: Eile und geh hinaus in Kürze aus Jerusalem, weil sie nicht annehmen werden dein Zeugnis über mich! 19 Und ich sprach: Herr, sie wissen, daß ich war ein Gefangennehmender und Schindender in den Synagogen die an dich Glaubenden; 20 und als ausgegossen wurde das Blut von Stephanos, deines Zeugen, war ich auch selbst dabeistehend und einverstanden und bewachend die Gewänder der ihn Tötenden. 21 Und er sprach zu mir: Geh, weil ich dich zu (den) Heiden weit ausschicken werde!

22 Sie hörten ihn aber (an) bis zu diesem Wort, und sie erhoben ihre Stimme, sagend: Hinweg von der Erde mit einem solchen, denn es wäre nicht recht, daß er lebt. 23 Und als sie schrien und abwarfen die Gewänder und Staub warfen in die Luft, 24 befahl der Chiliarch, daß er hineingeführt werde in die Kaserne, sagend, daß er mit Geißelhieben verhört werden (solle), damit er erkenne, aus welchem Grund sie so gegen ihn schrien. 25 Als aber sie ihn ausstreckten für die Riemen, sprach Paulos zum dastehenden Hauptmann: Ist es euch erlaubt, einen romaischen Menschen und (dazu) einen unverurteilten zu geißeln? 26 (Es) hörend aber, meldete der Hauptmann, kommend zum Chiliarchen, sagend: Was willst du tun? Denn dieser Mensch ist ein Romaier. 27 Hinzukommend aber, sprach der Chiliarch zu ihm: Sag mir, bist du ein Romaier? Der aber sagte: Ja. 28 (Es) antwortete aber der Chiliarch: Ich erwarb für viel Kapital dieses Bürgerrecht. Paulos aber sagte: Ich aber bin sogar (darin) geboren worden. 29 Sogleich nun ließen ab von ihm, die ihn verhören sollten, der Chiliarch aber fürchtete sich, erkennend, daß ein Romaier er ist und daß er ihn gebunden hatte.

30 Am folgenden (Tag) aber, erfahren wollend (etwas) Si-

cheres, wessen er angeklagt werde von den Judaiern, löste er
ihn (von den Fesseln) und befahl, daß zusammenkämen die
Hochpriester und das ganze Synhedrion, und hinabführend
den Paulos, stellte er (ihn) vor sie.

23 [1] Hinstarrend aber zum Synhedrion sprach Paulos:
Männer, Brüder, mit allem guten Gewissen habe ich
mich verhalten vor Gott bis zu diesem Tag. [2] Der Hochprie-
ster Hananias aber befahl den Dabeistehenden, ihm zu schla-
gen auf seinen Mund. [3] Da sprach Paulos zu ihm: Schlagen
wird dich Gott, (du) geweißte Wand; und du sitzt da, richtend
mich nach dem Gesetz, und gesetzwidrig befiehlst du, daß ich
geschlagen werde? [4] Die Dabeistehenden aber sprachen: Den
Hochpriester Gottes schmähst du? [5] Und (es) sagte Paulos:
Nicht wußte ich, Brüder, daß er Hochpriester ist; denn es ist
Ex 22,27 geschrieben: *Gegen einen Vorsteher deines Volkes sollst du
nicht schlecht reden.* [6] Paulos aber, erkennend, daß der eine
Teil von (den) Saddukaiern, der andere aber von (den) Phari-
saiern ist, schrie im Synhedrion: Männer, Brüder, ich bin ein
Pharisaier, Sohn von Pharisaiern, wegen (der) Hoffnung und
Auferstehung (der) Toten werde [ich] gerichtet. [7] Als er aber
dies sprach, entstand ein Aufruhr der Pharisaier und Saddu-
kaier, und (es) spaltete sich die Menge. [8] Denn Saddukaier
sagen, nicht gebe es Auferstehung, auch nicht einen Engel,
auch nicht (den) Geist, Pharisaier aber bekennen beides.
[9] (Es) entstand aber großes Geschrei, und aufstehend einige
der Schriftkundigen von dem Teil der Pharisaier stritten, sa-
gend: Nichts Schlechtes finden wir an diesem Menschen;
wenn aber ein Geist redete durch ihn oder ein Engel? [10] Da
aber ein großer Aufruhr entstand, fürchtete der Chiliarch, daß
zerrissen werde Paulos von ihnen, (und) befahl, das Heer
solle herabkommend ihn reißen aus ihrer Mitte und führen in
die Kaserne. [11] In der folgenden Nacht aber hintretend zu ihm
sprach der Herr: Hab Mut! Denn wie du bezeugtest das über
mich in Jerusalem, so mußt du auch in Rom Zeugnis geben.

[12] Als aber Tag wurde, machten die Judaier eine Zusam-
menrottung, (und) sie verpflichteten sich unter Fluch, sagend,

sie würden weder essen noch trinken, bis daß sie getötet hät-
ten den Paulos. 13 (Es) waren aber mehr als vierzig, die diesen
gemeinsamen Schwur ablegten, 14 welche, gehend zu den
Hochpriestern und den Ältesten, sprachen: Unter Fluch ver-
pflichteten wir uns selbst, nichts zu kosten, bis daß wir getö-
tet haben den Paulos. 15 Jetzt also erstattet Anzeige beim Chi-
liarchen mit dem Synhedrion, auf daß er ihn hinabführe zu
euch, als ob ihr genauer erforschen wolltet das über ihn (Vor-
gebrachte); wir aber sind bereit, vor seinem Nahekommen ihn
zu töten. 16 Hörend aber der Sohn der Schwester (des) Paulos
von dem Hinterhalt, herbeikommend und hineingehend in die
Kaserne, meldete er (es) Paulos. 17 Herbeirufen lassend aber
einen der Hauptleute, sagte Paulos: Diesen jungen Mann
führe ab zum Chiliarchen, denn er hat etwas ihm zu melden!
18 Der aber nun, mitnehmend ihn, führte (ihn) zum Chiliar-
chen und sagt: Der Gefangene Paulos, mich herbeirufen las-
send, bat, diesen jungen Mann zu führen zu dir, weil er etwas
zu reden hat mit dir. 19 Der Chiliarch aber, ergreifend seine
Hand und sich entfernend, für sich erkundigte sich: Was ist
(es), das du mir zu melden hast? 20 Er aber sprach: Die Judai-
er vereinbarten, dich zu bitten, daß du morgen den Paulos
hinabführst ins Synhedrion, als ob es etwas genauer sich er-
kundigen wollte über ihn. 21 Du nun gehorche ihnen nicht!
Denn (es) stellen ihm nach mehr als vierzig Männer von
ihnen, welche sich unter Fluch verpflichteten, weder zu essen
noch zu trinken, bis daß sie ihn getötet haben, und jetzt sind
sie bereit, erwartend die Zusage von dir. 22 Der Chiliarch nun
entließ den jungen Mann, gebietend: Plaudere keinem aus,
daß du dieses anzeigtest bei mir.

23 Und herbeirufen lassend [irgendwelche] zwei der Haupt-
leute, sprach er: Macht bereit zweihundert Soldaten, auf daß
sie gehen bis Kaisareia, und siebzig Reiter und zweihundert
Schleuderer, von (der) dritten Stunde der Nacht (an), 24 und
stellt Maultiere bereit, damit sie, daraufsetzend den Paulos,
(ihn) durchretten zu Felix, dem Statthalter! 25 (Und) er schrieb
einen Brief, der diesen Inhalt hatte: 26 Klaudios Lysias dem

besten Statthalter Felix, Gruß! [27] Diesen Mann, der von den
Judaiern festgenommen wurde und getötet werden sollte von
ihnen, nahm ich, hinzutretend mit dem Heer, heraus, erfah-
rend, daß ein Romaier er ist. [28] Und erkennen wollend den
Grund, dessentwegen sie ihn anklagten, führte ich (ihn) hinab
in ihr Synhedrion, [29] den ich angeklagt fand wegen Streitfra-
gen ihres Gesetzes, aber keine Anklage habend würdig (des)
Todes oder (der) Fesseln. [30] Als mir aber angezeigt wurde,
daß ein Anschlag gegen den Mann sein werde, schickte ich
(ihn) sogleich zu dir, gebietend auch den Anklägern, auszusa-
gen [das] gegen ihn (Vorzubringende) vor dir.

[31] Die Soldaten aber nun, gemäß dem ihnen Angeordneten
den Paulos mitnehmend, führten (ihn) während (der) Nacht
nach Antipatris, [32] am folgenden (Tag) aber kehrten sie, die
Reiter weitergehen lassend mit ihm, zurück in die Kaserne;
[33] diese, hineinkommend nach Kaisareia und übergebend den
Brief dem Statthalter, stellten ihm vor auch den Paulos. [34] Le-
send aber und (ihn) befragend, aus welcher Provinz er sei,
und erfahrend, daß er von (der) Kilikia (sei), [35] sagte er: Ich
werde dich verhören, wann auch deine Ankläger angekom-
men sind; (und) er befahl, daß er im Praitorion des Herodes
bewacht werde.

24 [1] Nach fünf Tagen aber stieg hinab der Hochpriester
Hananias mit einigen Ältesten und einem gewissen
Redner Tertullos, welche Anzeige erstatteten beim Statthalter
gegen Paulos. [2] Nachdem er aber gerufen worden war, be-
gann Tertullos anzuklagen, sagend: Viel Frieden erlangten
wir durch dich, und Verbesserungen geschahen für dieses
Volk durch deine Vorsorge, [3] allzeit und überall anerkennen
wir (es), bester Felix, mit aller Dankbarkeit. [4] Damit aber
nicht weiter ich dich ermüde, bitte ich, daß du uns kurz an-
hörst in deiner Milde. [5] Denn wir fanden diesen Mann als eine
Pest und als Aufstände erregend bei allen Judaiern auf dem
Erdkreis, und als Anführer der Sekte der Nazoraier, [6] der
auch das Heiligtum zu entweihen versuchte, den wir aber er-

griffen,* [8] von dem du selbst, (ihn) verhörend über alles dieses, wirst erfahren können, wessen wir ihn anklagen. [9] (Es) griffen aber mit an auch die Judaier, behauptend, dieses verhalte sich so.

[10] Und (es) antwortete Paulos, als ihm zunickte der Statthalter zu reden: Wissend, daß du seit vielen Jahren Richter bist über dieses Volk, verteidige ich guten Muts das über mich, [11] da du erkennen kannst, daß (es) nicht mehr als zwölf Tage für mich sind, seitdem ich hinaufstieg anzubeten nach Jerusalem. [12] Und weder im Heiligtum fanden sie mich gegen jemanden redend oder einen Volksauflauf machend, noch in den Synagogen, noch in der Stadt, [13] auch können sie dir nicht beweisen, weswegen sie jetzt mich anklagen. [14] Ich bekenne dir aber dies, daß ich gemäß dem „Weg“, den sie nennen eine Sekte, (eben)so diene dem väterlichen Gott, glaubend allem gemäß dem Gesetz und dem in den Propheten Geschriebenen, [15] Hoffnung habend auf Gott, die auch diese selbst erwarten, daß zukünftig eine Auferstehung sein wird von Gerechten und Ungerechten. [16] Darin übe ich mich auch selbst, ein unverletztes Gewissen zu haben gegenüber Gott und den Menschen in allem. [17] Nach mehreren Jahren aber kam ich her, um Almosen zu bringen für mein Volk und Opfergaben; [18] dabei fanden mich, als ich mich geheiligt habe im Heiligtum – nicht bei einer Volksmenge und nicht bei einem Tumult – [19] einige Judaier, nämlich von der Asia, die vor dir anwesend sein und anklagen müßten, wenn sie etwas gegen mich hätten. [20] Oder diese selbst sollen sprechen, was sie fanden als Unrecht, als ich stand vor dem Synhedrion, [21] außer diesem einen Ruf, den ich schrie, unter ihnen stehend: Wegen (der) Auferstehung (der) Toten werde ich heute gerichtet vor euch.

[22] (Es) vertagte sie aber Felix, genauer das über den „Weg“ wissen (wollend), sprechend: Wann Lysias, der Chiliarch, herabsteigt, werde ich eure (Sache) entscheiden; [23] Anordnung gab er dem Hauptmann, daß er bewacht werde und daß er

* VV 6b-8a fehlen in den wichtigsten Handschriften.

Ruhe habe, und daß keiner von seinen Eigenen gehindert
werde, ihm zu dienen.
[24] Nach einigen Tagen aber ließ Felix, ankommend mit
Drusilla, seiner eigenen Frau, einer Judaierin, Paulos holen,
und er hörte ihn über den Glauben an Christos Jesus. [25] Als er
aber redete über Gerechtigkeit und Enthaltsamkeit und das
kommende Gericht, antwortete, ängstlich geworden, Felix:
Für jetzt gehe, Zeit aber findend, werde ich dich herbeirufen
lassen; [26] zugleich auch hoffend, daß Geld ihm gegeben werde
von Paulos; deshalb auch, häufiger ihn holen lassend, unter-
hielt er sich mit ihm. [27] Als zwei Jahre erfüllt waren, erhielt
Felix als Nachfolger Porkios Festos; und wollend eine Gunst
gewähren den Judaiern, ließ Felix den Paulos gebunden zu-
rück.
25 [1] Festos nun, betretend die Provinz, stieg nach drei
Tagen hinauf von Kaisareia nach Hierosolyma,
[2] und (es) erstatteten bei ihm Anzeige die Hochpriester und
die Ersten der Judaier gegen Paulos, und baten ihn, [3] eine
Gunst sich erbittend gegen ihn, daß er ihn holen lasse nach
Jerusalem, einen Hinterhalt planend, ihn zu töten auf dem
Weg. [4] Festos nun antwortete, daß Paulos in Kaisareia be-
wacht werde, er selbst aber wolle in Kürze hinausgehen. [5] Die
Mächtigen nun unter euch, sagt er, sollen mit hinabkommen
und, wenn etwas an diesem Mann unstatthaft ist, ihn ankla-
gen.
[6] Verweilend aber bei ihnen nicht mehr als acht oder zehn
Tage, hinabsteigend nach Kaisareia, am folgenden (Tag) sich
setzend auf den Richterstuhl, befahl er, daß Paulos vorgeführt
werde. [7] Als er aber ankam, umringten ihn die von Hieroso-
lyma hinabgestiegenen Judaier, viele und schwere Beschuldi-
gungen vorbringend, die sie nicht zu beweisen vermochten,
[8] während Paulos sich verteidigte: Weder gegen das Gesetz
der Judaier noch gegen das Heiligtum noch gegen (den) Kai-
ser sündigte ich etwas. [9] Festos aber, wollend den Judaiern
eine Gunst gewähren, sprach, antwortend dem Paulos: Willst
du, nach Hierosolyma hinaufsteigend, dort über dieses vor

mir gerichtet werden? 10 (Es) sprach aber Paulos: Vor dem
Richterstuhl des Kaisers stehe ich, wo ich gerichtet werden
muß. Judaiern tat ich kein Unrecht, wie auch du recht gut
weißt. 11 Wenn ich nun Unrecht tue und etwas Todeswürdiges
getan habe, nicht weise ich ab das Sterben; wenn es aber
nichts ist, dessen diese mich anklagen, kann keiner mich ih-
nen preisgeben; (den) Kaiser rufe ich an. 12 Da antwortete
Festos, nachdem er sich unterredet hatte mit dem Rat: (Den)
Kaiser hast du angerufen, zum Kaiser sollst du gehen.

13 Als aber einige Tage vorüber waren, kamen Agrippas,
der König, und Bernike hin nach Kaisareia, begrüßend den
Festos. 14 Als sie aber mehrere Tage dort verweilten, trug
Festos dem König das hinsichtlich des Paulos vor, sagend:
Ein Mann ist zurückgelassen von Felix als Gefangener, 15 ge-
gen den, als ich nach Hierosolyma kam, Anzeige erstatteten
die Hochpriester und die Ältesten der Judaier, fordernd gegen
ihn eine Verurteilung. 16 Ihnen antwortete ich: Nicht ist es Sit-
te bei (den) Romaiern, preiszugeben einen Menschen, ehe der
Angeklagte vor Angesicht hat die Ankläger und Raum zur
Verteidigung erhält gegenüber der Anklage. 17 Als [sie] nun
hierher zusammenkamen, keinen Aufschub machend, (tags)
darauf mich setzend auf den Richterstuhl, befahl ich, daß der
Mann vorgeführt werde; 18 um ihn sich stellend, brachten die
Ankläger keine Schuld vor von Schandtaten, die ich vermute-
te, 19 einige Streitfragen aber wegen der eigenen Religion hat-
ten sie gegen ihn und wegen eines gewissen verstorbenen Je-
sus, von dem Paulos behauptete, er lebe. 20 Ratlos aber über
die Auseinandersetzung wegen dieser (Dinge), sagte ich, ob
er nach Hierosolyma gehen und dort gerichtet werden wolle
wegen dieser (Dinge). 21 Als aber Paulos Berufung einlegte,
daß er bewacht werde für die Entscheidung der Majestät, be-
fahl ich, daß er bewacht werde, bis daß ich ihn hinschicke
zum Kaiser. 22 Agrippas aber (sprach) zu Festos: Ich wollte
auch selbst den Menschen hören. Morgen, sagt er, wirst du
ihn hören.

23 Am folgenden (Tag) nun, als Agrippas kam und Bernike

mit viel Pomp und sie hineingingen in den Audienzsaal mit Chiliarchen und den hervorragendsten Männern der Stadt, und als Festos (es) befahl, wurde Paulos vorgeführt. 24 Und (es) sagt Festos: König Agrippas und alle mit uns anwesenden Männer, seht diesen, dessentwegen die ganze Menge der Judaier mich anging in Hierosolyma und hier, rufend, er dürfe nicht mehr leben. 25 Ich aber begriff, daß er nichts Todeswürdiges getan hat, als dieser selbst aber die Majestät anrief, beschloß ich, (ihn) zu schicken. 26 Wegen diesem habe ich nicht etwas Sicheres dem Herrn zu schreiben, deshalb führte ich ihn vor vor euch und besonders vor dich, König Agrippas, auf daß ich nach geschehenem Verhör (etwas) habe, was ich schreiben werde; 27 denn unvernünftig scheint es mir, zu schicken einen Gefangenen und nicht die Beschuldigungen gegen ihn anzuzeigen.

26 1 Agrippas aber sagte zu Paulos: Es wird dir erlaubt, für dich zu reden. Da, die Hand ausstreckend, verteidigte sich Paulos: 2 Wegen allem, wessen ich angeklagt werde von Judaiern, König Agrippas, habe ich mich für glücklich befunden, vor dir mich heute verteidigen zu sollen, 3 besonders da du Kenner bist aller Sitten bei (den) Judaiern und auch Streitfragen, deshalb bitte ich, großmütig mich anzuhören. 4 Meine Lebensweise aber nun von Jugend (an), die ich von Anfang (an) in meinem Volk und in Hierosolyma hatte, kennen alle Judaier, 5 kennend mich von früher her, wenn sie Zeugnis geben wollen, daß ich nach der genauesten Richtung unserer Frömmigkeit lebte als Pharisaier. 6 Und jetzt stehe ich da, gerichtet werdend wegen (der) Hoffnung auf die an unsere Väter geschehene Zusage von Gott, 7 zu der unser Zwölfstämmevolk, in Beharrlichkeit Nacht und Tag dienend, hinzugelangen hofft; wegen dieser Hoffnung werde ich angeklagt von Judaiern, König. 8 Warum wird es als unglaubhaft beurteilt bei euch, wenn Gott Tote erweckt? 9 Ich nun meinte für mich, gegen den Namen von Jesus, dem Nazoraier, viel Feindliches tun zu müssen, 10 was ich auch tat in Hierosolyma, und viele der Heiligen schloß ich in Gefängnissen ein,

die Vollmacht von den Hochpriestern habend, und wurden sie
getötet, gab ich (meine) Stimme (dafür). [11] Und in allen Syn-
agogen zwang ich sie oft, Strafe androhend, zu lästern, und
übermäßig wütend gegen sie, verfolgte ich (sie) auch bis in
die Städte außerhalb. [12] Dabei, gehend nach Damaskos mit
Vollmacht und Erlaubnis der Hochpriester, [13] sah ich mitten
am Tag auf dem Weg, König, vom Himmel her über den
Glanz der Sonne hinaus ein Licht, umstrahlend mich und die
mit mir Gehenden. [14] Und als wir alle niederfielen auf die
Erde, hörte ich eine Stimme, sagend zu mir in der hebra-
ischen Sprache: Saul, Saul, was verfolgst du mich? Schwer
(ist es) für dich, gegen (den) Stachel auszuschlagen. [15] Ich
aber sprach: Wer bist du, Herr? Der Herr aber sprach: Ich
bin Jesus, den du verfolgst. [16] Doch steh auf und stelle dich
auf deine Füße! Denn dazu erschien ich dir, dich vorherzube-
stimmen zum Diener und Zeugen (dessen), was du [von mir]
sahst und was ich dir (von mir) zeigen werde, [17] herausneh-
mend dich aus dem Volk und aus den Heiden, zu denen ich
dich schicke, [18] zu öffnen ihre Augen, auf daß sie sich hin-
wenden von (der) Finsternis zum Licht und von der Macht
des Satans zu Gott, auf daß sie empfangen Erlaß von Sünden
und ein Los unter den Geheiligten durch den Glauben an
mich. [19] Daher, König Agrippas, wurde ich nicht ungehorsam
der himmlischen Erscheinung, [20] sondern denen in Damaskos
zuerst und in Hierosolyma und über das ganze Land der Ju-
daia (hin) und den Heiden verkündete ich, sie sollten umkeh-
ren und sich hinwenden zu Gott, der Umkehr würdige Werke
tuend. [21] Deswegen nahmen mich die Judaier fest, als ich im
Heiligtum [war], (und) versuchten, Hand (an mich) zu legen.
[22] Da ich nun Hilfe erlangt habe von Gott bis zu diesem Tag,
stehe ich da, bezeugend für klein und groß, nichts außer
(dem) sagend, was auch die Propheten redeten, daß gesche-
hen solle, und Moyses, [23] daß ein Leidender (sein werde) der
Gesalbte, daß er als erster aus (der) Auferstehung (der) Toten
Licht verkünden werde dem Volk und den Heiden.

[24] Als er aber dieses zur Verteidigung gesagt hatte, sagt

Festos mit lauter Stimme: Du bist verrückt, Paulos; das viele
Studieren versetzt dich in Wahnsinn. 25 Paulos aber sagt: Ich
bin nicht verrückt, bester Festos, sondern Worte (der) Wahr-
heit und Besonnenheit tue ich kund. 26 Denn (es) weiß von
diesen (Dingen) der König, zu dem ich auch freimütig spre-
chend rede; denn daß ihm verborgen ist [etwas] von diesen
(Dingen), glaube ich nicht; denn nicht ist in einer Ecke dies
geschehen. 27 Glaubst du, König Agrippas, den Propheten?
Ich weiß, daß du glaubst. 28 Agrippas aber zu Paulos: In Kür-
ze überredest du mich, (mich) zu einem Christianer zu ma-
chen. 29 Paulos aber: Ich möchte beten zu Gott, daß in Kürze
und auch auf lange (Zeit) nicht nur du, sondern auch alle, die
mich heute hören, solche werden, wie auch ich einer bin, aus-
genommen diese Fesseln. 30 Und (es) stand auf der König und
der Statthalter und Bernike und die Sitzenden mit ihnen,
31 und sich entfernend, redeten sie zueinander, sagend: Nichts
(des) Todes oder (der) Fesseln Würdiges tut dieser Mensch.
32 Agrippas aber sagte dem Festos: Entlassen sein könnte
dieser Mensch, wenn er nicht angerufen hätte (den) Kaiser.

27 1 Als aber beschlossen war unser Absegeln nach der
Italia, übergaben sie den Paulos und einige andere
Gefangene einem Hauptmann mit Namen Julios (von der) kai-
serlichen Kohorte. 2 Besteigend aber ein adramyttänisches
Schiff, das segeln sollte nach den Orten entlang der Asia,
fuhren wir ab, wobei mit uns war Aristarchos, ein Makedoner
aus Thessalonike. 3 Und am anderen (Tag) landeten wir in Si-
don, und Julios, menschenfreundlich den Paulos behandelnd,
erlaubte (ihm), zu den Freunden gehend, Pflege zu erlangen.
4 Und von dort abfahrend, segelten wir unter Kypros (hin),
weil die Winde entgegen waren, 5 und das Meer entlang der
Kilikia und Pamphylia durchsegelnd, kamen wir hinab nach
Myra in der Lykia. 6 Und als dort der Hauptmann gefunden
hatte ein alexandrinisches Schiff, segelnd nach der Italia,
brachte er uns hinein in es. 7 Während etlicher Tage aber
langsam segelnd und kaum kommend entlang Knidos, weil

uns nicht heranließ der Wind, segelten wir unter Kreta (hin)
entlang Salmone, 8 und kaum vorbeifahrend daran, kamen wir
an einen Ort, gerufen Schöne Häfen, dem nahe war (die)
Stadt Lasaia.

9 Als aber geraume Zeit vorüber war und schon gefährlich
war die Schiffahrt, weil auch das Fasten schon vorübergegan-
gen war, mahnte Paulos, 10 sagend ihnen: Männer, ich sehe,
daß mit Schaden und viel Verlust nicht nur für die Ladung
und das Schiff, sondern auch für unser Leben sich vollziehen
wird die Schiffahrt. 11 Der Hauptmann aber gehorchte mehr
dem Steuermann und dem Kapitän als dem von Paulos Ge-
sagten. 12 Da aber der Hafen ungeeignet war zur Überwinte-
rung, faßten die Mehreren (den) Entschluß, abzufahren von
dort, ob sie vielleicht überwintern könnten, hinkommend nach
Phoinix, einem Hafen von Kreta, schauend nach Südwesten
und nach Nordwesten.

13 Da aber leicht zu wehen anfing (der) Südwind, meinten
sie, den Vorsatz festhalten zu können, (und) lichtend (den
Anker) fuhren sie nahe vorbei an Kreta. 14 Nicht lange danach
aber wirbelte von ihr ein Sturmwind herab, der Eurakylon ge-
rufene; 15 da aber mitgerissen wurde das Schiff und nicht wi-
derstehen konnte dem Wind, gaben wir (es) preis und ließen
uns treiben. 16 Unter einem Inselchen aber entlangfahrend,
Kauda gerufen, vermochten wir kaum uns zu bemächtigen des
Rettungsbootes, 17 es hochziehend gebrauchten sie Hilfsmittel,
zu umgürten das Schiff, und fürchtend, daß sie in die Syrtis
verschlagen würden, hinablassend das Gerät, trieben sie so
(dahin). 18 Da wir aber sehr vom Sturm bedrängt wurden,
machten sie (tags) darauf einen Hinauswurf (von Ladung),
19 und am dritten (Tag) warfen sie eigenhändig das Schiffsge-
rät fort. 20 Da aber weder Sonne noch Sterne erschienen wäh-
rend mehrerer Tage und ein nicht geringer Sturm andrängte,
schwand schließlich alle Hoffnung, daß wir gerettet würden.

21 Und als große Appetitlosigkeit herrschte, da stellte sich
Paulos in ihre Mitte (und) sprach: Es wäre zwar nötig (gewe-
sen), Männer, mir gehorchend nicht abzufahren von Kreta

und zu vermeiden diesen Schaden und Verlust. 22 Und in be-
zug auf das Jetzt mahne ich euch, guten Muts zu sein; denn es
wird keinen Verlust eines Lebens von euch geben, außer
(den) des Schiffes. 23 Denn (es) trat zu mir in dieser Nacht ein
Engel des Gottes, dem [ich] gehöre, dem ich auch diene,
24 sagend: Fürchte dich nicht, Paulos! Du mußt vor den Kaiser
treten, und siehe, geschenkt hat dir Gott alle Segelnden mit
dir. 25 Deshalb seid guten Muts, Männer! Denn ich vertraue
Gott, daß es so sein wird, wie zu mir geredet worden ist.
26 Auf eine Insel aber müssen wir verschlagen werden.

27 Als aber (die) vierzehnte Nacht kam, seit wir umhertrie-
ben in der Adria, vermuteten um Mitternacht die Seeleute,
daß sich ihnen ein Land nähere. 28 Und lotend fanden sie
zwanzig Orgyia, wenig aber sich entfernend und wieder lo-
tend, fanden sie fünfzehn Orgyia; 29 und fürchtend, daß ir-
gendwo auf felsige Orte wir verschlagen würden, warfen sie
vom Heck vier Anker aus, (und) sie wünschten, daß es Tag
werde. 30 Als aber die Seeleute zu fliehen suchten aus dem
Schiff und hinabließen das Rettungsboot ins Meer unter (dem)
Vorwand, als wollten sie vom Bug aus Anker hinausziehen,
31 sprach Paulos zu dem Hauptmann und den Soldaten: Wenn
diese nicht bleiben im Schiff, könnt ihr nicht gerettet werden.
32 Da schlugen ab die Soldaten die Taue des Rettungsbootes,
und sie ließen es hinabfallen.

33 Bis aber Tag werden wollte, ermutigte Paulos alle, Nah-
rung zu sich zu nehmen, sagend: Heute, (den) vierzehnten
Tag zuwartend, verharrt ihr appetitlos, nichts zu euch neh-
mend. 34 Deshalb ermutige ich euch, Nahrung (zu euch) zu
nehmen; denn dies ist zu eurer Rettung; denn von keinem von
euch wird ein Haar vom Kopf zugrundegehen. 35 Dieses aber
sprechend und Brot nehmend, dankte er Gott vor allen, und
(es) brechend, fing er an zu essen. 36 Es wurden aber guten
Muts alle, und sie nahmen selbst Nahrung zu sich. 37 Wir wa-
ren aber alle Seelen auf dem Schiff zweihundertsechsundsieb-
zig. 38 Gesättigt aber mit Nahrung, erleichterten sie das Schiff,
hinauswerfend den Weizen ins Meer.

39 Als aber Tag wurde, erkannten sie das Land nicht, sie
bemerkten aber eine Bucht, die einen Strand hatte, auf den sie
beschlossen, wenn sie könnten, auflaufen zu lassen das Schiff.
40 Und die Anker wegnehmend, (und sie) ins Meer lassend,
zugleich lösend die Bande der Steuerruder und hinaufhebend
das Vorsegel in den Wind, hielten sie zu auf den Strand.
41 Geratend aber auf eine Untiefe im Meer, ließen sie auflau-
fen das Schiff, und der Bug zwar, sich hineinbohrend, blieb
unbeweglich, das Heck aber löste sich auf unter der Gewalt
[der Wellen]. 42 (Es) kam aber ein Entschluß der Soldaten zu-
stande, daß sie die Gefangenen töteten, damit nicht einer
wegschwimmend entfliehe; 43 der Hauptmann aber, der Paulos
retten wollte, hinderte sie an ihrem Wollen und befahl, daß
die, die schwimmen konnten, als erste hinunterspringend ans
Land gehen sollten, 44 und die übrigen, die einen auf Brettern,
die anderen auf einigem von dem Schiff. Und so geschah es,
daß alle gerettet wurden ans Land.

28 1 Und als wir gerettet waren, da erfuhren wir, daß
die Insel Melite gerufen wird. 2 Und die Barbaren
bereiteten uns nicht die gewöhnliche Menschenfreundlichkeit,
denn anzündend einen Holzstoß, holten sie uns alle heran we-
gen des einsetzenden Regens und wegen der Kälte. 3 Als aber
Paulos zusammenraffte eine Menge Reisig und auflegte auf
den Holzstoß, kam eine Natter wegen der Wärme heraus, und
sie biß sich fest an seiner Hand. 4 Wie aber die Barbaren sa-
hen das Tier, herabhängend von seiner Hand, sagten sie zu-
einander: Gewiß ein Mörder ist dieser Mensch, den, obwohl
gerettet aus dem Meer, die Dike nicht leben lassen wollte.
5 Der aber nun, abschüttelnd das Tier ins Feuer, erlitt nichts
Übles; 6 die aber erwarteten, er werde anschwellen oder plötz-
lich tot niederfallen. Als sie aber lange zuwarteten und sahen,
daß nichts Ungewöhnliches an ihm geschah, schlug ihre Mei-
nung um, (und) sie sagten, daß er ein Gott sei.

7 In den (Gebieten) um jenen Ort gehörten Grundstücke
dem Ersten der Insel mit Namen Poplios, der, uns aufneh-
mend, drei Tage (uns) freundlich bewirtete. 8 Es geschah

aber, daß der Vater des Poplios von Fieber und Durchfall be-
drängt daniederlag; zu dem hineingehend der Paulos, und
betend, auflegend ihm die Hände, heilte er ihn. 9 Als dies aber
geschah, kamen auch die übrigen, die auf der Insel Krank-
heiten hatten, hinzu, und sie wurden geheilt, 10 die auch mit
vielen Ehren uns ehrten und (uns), als wir abfuhren, hinzu-
legten das für die Bedürfnisse.

11 Nach drei Monaten aber fuhren wir ab in einem Schiff,
das überwintert hatte auf der Insel, einem alexandrinischen
mit dem Kennzeichen der Dioskuren. 12 Und gelandet in Syra-
kusai blieben wir da drei Tage, 13 von wo wir, in einem Bo-
gen fahrend, hinkamen nach Rhegion. Und da nach einem
Tag Südwind aufkam, kamen wir am zweiten Tag nach Po-
tioloi, 14 wo wir, Brüder findend, gebeten wurden, bei ihnen
zu bleiben sieben Tage; und so kamen wir nach Rom. 15 Und
von dort kamen die Brüder, hörend das über uns, uns entge-
gen bis Forum Appii und Tres Tabernae; als Paulos sie sah,
dankend Gott, faßte er Mut. 16 Als wir aber hineinkamen nach
Rom, wurde dem Paulos gestattet, für sich zu bleiben mit
dem ihn bewachenden Soldaten.

17 Es geschah aber nach drei Tagen, daß er zusammenrief,
die die Ersten der Judaier waren; als sie aber zusammenge-
kommen waren, sagte er zu ihnen: Ich, Männer, Brüder, der
ich nichts tat gegen das Volk und die väterlichen Sitten, wur-
de als Gefangener aus Hierosolyma übergeben in die Hände
der Romaier, 18 welche mich, nachdem sie (mich) verhört hat-
ten, entlassen wollten, weil keine Todesschuld vorhanden war
bei mir. 19 Da aber die Judaier widersprachen, wurde ich ge-
zwungen, anzurufen (den) Kaiser, nicht als hätte ich etwas,
mein Volk anzuklagen. 20 Aus diesem Grund nun bat ich, euch
zu sehen und zu (euch) zu reden; denn wegen der Hoffnung
Israels bin ich umlegt mit dieser Kette. 21 Die aber sprachen
zu ihm: Wir haben weder Schriften über dich empfangen von
der Judaia, noch ist herbeigekommen einer der Brüder und
meldete oder redete etwas Schlechtes über dich. 22 Wir for-
dern aber, von dir zu hören, was du denkst, denn über diese

Sekte ist uns bekannt, daß (ihr) überall widersprochen wird.
[23] Bestimmend aber mit ihm einen Tag, kamen zu ihm in
die Herberge (noch) mehrere, mit denen er sich auseinander-
setzte, bezeugend das Königtum Gottes und suchend, sie zu
überzeugen von Jesus, vom Gesetz (des) Moyses (her) und
den Propheten, von (der) Frühe bis zum Abend. [24] Und die
einen wurden durch das Gesagte überzeugt, die anderen
glaubten nicht; [25] uneins aber untereinander, lösten sie sich
auf, als Paulos sprach (noch) ein einziges Wort: Recht redete
der heilige Geist durch Isaias, den Propheten, zu euren Vä-
tern, [26] sagend: *Geh zu diesem Volk und sprich: Mit (dem)* Jes 6,9f (G)
*Gehör werdet ihr hören, und nicht sollt ihr verstehen, und se-
hend werdet ihr sehen, und nicht sollt ihr schauen;* [27] *denn
verstockt ist das Herz dieses Volkes, und mit den Ohren
schwer hörten sie, und ihre Augen verschlossen sie; damit sie
nicht schauen mit den Augen und mit den Ohren hören und
mit dem Herzen verstehen und umkehren und ich sie heilen
werde.* [28] Bekannt nun soll euch sein, daß den Heiden ge-
schickt wurde dieses Heil Gottes; sie werden auch hören.*

[30] Er verweilte aber ganze zwei Jahre in eigener Mietwoh-
nung, und aufnahm er alle, die hineinkamen zu ihm, [31] ver-
kündend das Königtum Gottes und lehrend das über den
Herrn Jesus Christos mit allem Freimut, ungehindert.

* V 29 fehlt in den wichtigsten Handschriften.

AN (DIE) ROMAIER

1 1 Paulos, Sklave (des) Christos Jesus, berufener Apo-
stel, ausgesondert zum Evangelium Gottes, 2 das er
vorher zusagte durch seine Propheten in heiligen Schriften
3 über seinen Sohn, den gewordenen aus (der) Nachkommen-
schaft Davids nach (dem) Fleisch, 4 den bestimmten zu Gottes
Sohn in Kraft nach (dem) Geist (der) Heiligkeit aus (der)
Auferstehung von Toten, Jesus Christos, unseren Herrn,
5 durch den wir empfingen Gnade und Apostelamt zu Gehor-
sam (des) Glaubens unter allen Heiden für seinen Namen,
6 unter denen auch ihr seid, Berufene (des) Jesus Christos,
7 allen, die sind in Rom, Geliebten Gottes, berufenen Heili-
gen; Gnade euch und Friede von Gott, unserem Vater, und
(dem) Herrn Jesus Christos.

8 Zuerst aber danke ich meinem Gott durch Jesus Christos
für euch alle, daß euer Glaube verkündet wird in der ganzen
Welt. 9 Denn mein Zeuge ist Gott, dem ich diene in meinem
Geist im Evangelium seines Sohnes, wie ich unablässig euer
Gedenken mache, 10 allzeit bei meinen Gebeten bittend, ob ich
vielleicht endlich einmal den rechten Weg finden werde im
Willen Gottes, zu kommen zu euch. 11 Denn ich verlange, zu
sehen euch, damit etwas ich mitgebe euch an geistiger Gna-
dengabe, auf daß ihr gestärkt werdet, 12 dies aber ist, damit
ich mitermutigt werde bei euch durch den gegenseitigen Glau-
ben, von euch und von mir. 13 Nicht will ich aber, daß ihr
nicht wißt, Brüder, daß oft ich mir vornahm, zu kommen zu
euch, aber ich wurde gehindert bisher, damit irgendeine
Frucht ich habe auch bei euch gleichwie auch bei den übrigen
Heiden. 14 Hellenen und Barbaren, Weisen und Unverständi-
gen bin ich Schuldner; 15 so (bin ich), was mich betrifft, be-
reit, auch euch, denen in Rom, (das Evangelium) zu verkün-
den.

16 Denn nicht schäme ich mich des Evangeliums, denn Kraft

Gottes ist es zum Heil jedem Glaubenden, (dem) Judaier zuerst wie auch (dem) Hellenen. 17 Denn Gerechtigkeit Gottes wird in ihm offenbart aus Glauben zu Glauben, gleichwie geschrieben ist: *Der Gerechte aber aus Glauben wird leben.* Hab 2,4

18 Denn offenbart wird (der) Zorn Gottes vom Himmel gegen jede Gottlosigkeit und Ungerechtigkeit von Menschen, die die Wahrheit in Ungerechtigkeit niederhalten, 19 da ja das Erkennbare Gottes offenbar ist unter ihnen; denn Gott offenbarte (es) ihnen. 20 Denn das Unsichtbare an ihm wird seit Schöpfung (der) Welt durch das Gemachte als Erkennbares angeschaut, seine ewige Kraft und Göttlichkeit, auf daß sie ohne Entschuldigung sind, 21 da sie ja, kennend Gott, nicht wie Gott (ihn) verherrlichten oder dankten, sondern sie wurden zunichte gemacht in ihren Überlegungen, und verfinstert wurde ihr unverständiges Herz. 22 Behauptend, weise zu sein, wurden sie töricht 23 und vertauschten die Herrlichkeit des unvergänglichen Gottes mit (der) Gleichheit (der) Gestalt eines vergänglichen Menschen und von Vögeln und Vierfüßlern und Kriechtieren. 24 Deshalb übergab sie Gott in den Begierden ihrer Herzen zur Unreinheit des Entehrtwerdens ihrer Leiber untereinander; 25 diese vertauschten die Wahrheit Gottes in der Lüge, und sie erwiesen Ehre und dienten der Schöpfung gegen den Schöpfer, der gelobt ist in die Aionen; Amen. 26 Deshalb übergab sie Gott zu Leidenschaften von Unehre; denn ihre Weiber vertauschten den natürlichen Verkehr in den gegen (die) Natur, 27 gleicherweise auch die Männer, lassend den natürlichen Verkehr mit dem Weib, entbrannten in ihrer Begierde gegeneinander, Männer unter Männern die Schandtat bewirkend und den Gegenlohn zurückempfangend, der gebührte ihrer Verirrung unter ihnen. 28 Und gleichwie sie nicht für wert hielten, Gott zu haben in Erkenntnis, übergab sie Gott an einen unbrauchbaren Verstand, zu tun das nicht sich Ziemende, 29 (die da waren) angefüllt mit jeder Ungerechtigkeit, Bosheit, Habgier, Schlechtigkeit, voll Neid, Mord, Streit, List, Verschlagenheit, Ohren-

bläser, 30 Verleumder, Gotthasser, Frevler, Überhebliche,
Prahler, Erfinder von Schlechtem, (den) Eltern Ungehorsa-
me, 31 Unverständige, Unbeständige, Lieblose, Mitleidlose;
32 diese, den Rechtspruch Gottes kennend, daß die solches
Tuenden würdig (des) Todes sind, machen nicht nur das,
sondern haben auch Gefallen an den Tuenden.

2 1 Deshalb ohne Entschuldigung bist du, o Mensch, (und
zwar) jeder Richtende; denn worin du richtest den an-
deren, dich selbst verurteilst du, denn dasselbe tust du, der
Richtende. 2 Wir wissen aber, daß das Gericht Gottes ist (der)
Wahrheit gemäß gegen die solches Tuenden. 3 Rechnest du
aber damit, o Mensch, der du richtest die solches Tuenden, es
aber (selbst) tuend, daß du entfliehen wirst dem Gericht Got-
tes? 4 Oder verachtest du den Reichtum seiner Güte und (sei-
ner) Geduld und (seines) Großmuts, nicht wissend, daß das
Gütige Gottes zur Umkehr dich führt? 5 Gemäß deiner Ver-
härtung aber und (deinem) unbekehrbaren Herzen sammelst
du dir selbst Zorn am Tag (des) Zorns und (der) Offenbarung
Spr 24,12 (des) Gerechtgerichts Gottes, 6 der *geben wird jedem gemäß*
Ps 62,13 *seinen Werken:* 7 den in Geduld guten Werkes Herrlichkeit
und Ehre und Unvergänglichkeit Suchenden: ewiges Leben,
8 denen aber aus Streitsucht und der Wahrheit Ungehorsamen,
Gehorsamen aber der Ungerechtigkeit: Zorn und Wut. 9 Be-
drängnis und Beengung gegen jede Seele eines Menschen, der
das Schlechte bewirkt, eines Judaiers zuerst wie auch eines
Hellenen; 10 Herrlichkeit aber und Ehre und Friede jedem, der
wirkt das Gute, einem Judaier zuerst wie auch einem Helle-
nen; 11 denn nicht gibt es ein Ansehen der Person bei Gott.

12 Denn wieviele gesetzlos sündigten, gesetzlos werden sie
auch vernichtet werden, und wieviele im Gesetz sündigten,
durch (das) Gesetz werden sie gerichtet werden; 13 denn nicht
die Hörer (des) Gesetzes (sind) gerecht bei Gott, sondern die
Täter (des) Gesetzes werden gerechtgesprochen werden.
14 Denn wann (die) Heiden, die (das) Gesetz nicht haben, von
Natur das des Gesetzes tun, sind diese, (das) Gesetz nicht ha-
bend, sich selbst Gesetz; 15 diese weisen auf das Werk des

Gesetzes, geschrieben in ihren Herzen, (was) mitbezeugt ihr
Gewissen und (ihre) sich untereinander anklagenden oder
auch sich verteidigenden Gedanken, 16 an (dem) Tag, da Gott
richtet das Verborgene der Menschen gemäß meinem Evan-
gelium durch Christos Jesus.

17 Wenn du aber Judaier dich nennst und dich ausruhst auf
(dem) Gesetz und dich rühmst in Gott 18 und kennst den Wil-
len und prüfst das Unterscheidende, unterrichtet aus dem Ge-
setz, 19 und überzeugt, selbst Wegführer zu sein von Blinden,
Licht derer in Finsternis, 20 Erzieher Unvernünftiger, Lehrer
Unmündiger, habend die Verkörperung der Erkenntnis und
der Wahrheit im Gesetz: 21 Der Belehrende also einen ande-
ren, dich selbst belehrst du nicht? Der Verkündende, nicht zu
stehlen, du stiehlst? 22 Der Fordernde, nicht ehezubrechen, du
brichst die Ehe? Der Verabscheuende die Götzenbilder, du
begehst Tempelraub? 23 Der du im Gesetz dich rühmst, durch
die Übertretung des Gesetzes entehrst du Gott; 24 denn *der* Jes 52,5
Name Gottes wird wegen euch gelästert unter den Heiden,
gleichwie geschrieben ist.

25 Denn Beschneidung nützt zwar, wenn (das) Gesetz du
tust; wenn aber ein Übertreter (des) Gesetzes du bist, ist
deine Beschneidung Vorhaut geworden. 26 Wenn nun die Vor-
haut die Rechtsprüche des Gesetzes bewahrt, wird nicht seine
Vorhaut zu Beschneidung gerechnet werden? 27 Und richten
wird die Vorhaut aus Natur, das Gesetz erfüllend, dich, der
du trotz Buchstabe und Beschneidung ein Übertreter (des) Ge-
setzes bist. 28 Denn nicht ist ein Judaier, der (es) im Offen-
kundigen (ist), und auch nicht ist Beschneidung, die (es) im
Offenkundigen, im Fleisch (ist), 29 sondern ein Judaier (ist),
der (es) im Verborgenen (ist), und Beschneidung (ist die des)
Herzens, im Geist, nicht (im) Buchstaben; dessen (ist) das
Lob, nicht von Menschen, sondern von Gott.

3 1 Was nun (ist) das Besondere des Judaiers, oder was
der Vorteil der Beschneidung? 2 Viel in jeder Weise.
Erstens [nämlich], daß sie betraut wurden mit den Worten
Gottes. 3 Was denn? Wenn einige untreu wurden, wird etwa

deren Untreue die Treue Gottes aufheben? 4 Niemals! Erwei-
sen soll aber Gott sich als wahrhaftig, jeder Mensch als Lüg-
Ps 51,6 (G) ner, gleichwie geschrieben ist: *Auf daß du gerechtgesprochen
wirst in deinen Worten und siegen wirst, wenn du gerichtet
wirst. 5 Wenn aber unsere Ungerechtigkeit Gottes Gerechtig-
keit erweist, was werden wir sagen? Daß Gott ungerecht, der
Hervorbringende den Zorn? Nach Menschen(art) rede ich.
6 Niemals! Wie wird sonst richten Gott die Welt? 7 Wenn aber
die Wahrheit Gottes in meiner Lügenhaftigkeit überfloß zu sei-
ner Herrlichkeit, was noch werde ich auch wie ein Sünder ge-
richtet? 8 Und nicht, gleichwie wir gelästert werden und gleich-
wie einige sagen, wir würden sagen: Laßt uns tun das Schlech-
te, damit komme das Gute? Deren Aburteilung ist rechtens.

9 Was nun? Haben wir (etwas) voraus? Gewiß nicht; denn
wir klagten vorher an Judaier und Hellenen, daß alle unter
Koh 7,20 (der) Sünde sind, 10 gleichwie geschrieben ist: *Nicht ist ge-*
Ps 14,1–3 *recht, auch nicht einer,* 11 *nicht ist (einer), der verständig ist,*
(= 53,2–4) *nicht ist (einer), der Gott sucht.* 12 *Alle wendeten sich weg,*
zugleich wurden sie nutzlos gemacht; nicht ist (einer), der
Ps 5,10 (G) *Güte tut, [nicht ist] auch nur einer.* 13 *Ein geöffnetes Grab*
Ps 140,4 (G) *(ist) ihr Schlund, mit ihren Zungen betrogen sie, Gift von*
Ps 10,7 *Schlangen (ist) unter ihren Lippen;* 14 *deren Mund ist voll*
Jes 59,7f *Fluch und Bitterkeit,* 15 *flink (sind) ihre Füße, zu vergießen*
Spr 1,16 *Blut,* 16 *Vernichtung und Elend (ist) auf ihren Wegen,* 17 *und*
Ps 36,2 (G) *einen Weg (des) Friedens kannten sie nicht.* 18 *Nicht ist Furcht*
Gottes vor ihren Augen. 19 Wir wissen aber, daß wieviel das
Gesetz sagt, es zu denen unter dem Gesetz redet, damit jeder
Mund gestopft wird und schuldig wird die ganze Welt vor
Gott; 20 weil aus Werken (des) Gesetzes kein Fleisch gerecht-
gesprochen werden wird vor ihm, denn durch (das) Gesetz
(gibt es) Erkenntnis von Sünde.

21 Jetzt aber ist ohne (das) Gesetz (die) Gerechtigkeit Gottes
offenbart worden, bezeugt vom Gesetz und den Propheten,
22 Gerechtigkeit Gottes aber durch Glauben an Jesus Christos
für alle Glaubenden. Denn nicht ist ein Unterschied; 23 denn

alle sündigten und ermangeln der Herrlichkeit Gottes, [24] ge-
rechtgesprochen geschenkweise durch seine Gnade, durch den
Loskauf, den in Christos Jesus; [25] ihn stellte Gott hin als
Sühnopfer durch [den] Glauben in seinem Blut zu Aufweis
seiner Gerechtigkeit wegen des Hingehenlassens der vorher
geschehenen Versündigungen [26] in der Geduld Gottes, zum
Aufweis seiner Gerechtigkeit in der jetzigen Zeit, auf daß er
gerecht sei und gerechtspreche den aus Glauben an Jesus.

[27] Wo (ist) nun das Rühmen? Es wurde ausgeschlossen.
Durch welches Gesetz? Der Werke? Nein, sondern durch
(das) Gesetz (des) Glaubens. [28] Denn wir urteilen, daß ge-
rechtgesprochen wird durch Glauben ein Mensch ohne Werke
(des) Gesetzes. [29] Oder (ist er der) Judaier Gott allein? Nicht
auch (der) Heiden? Ja, auch (der) Heiden, [30] da doch einer
(ist) Gott, der gerechtsprechen wird (die) Beschneidung aus
Glauben und (die) Vorhaut durch den Glauben. [31] Heben wir
nun (das) Gesetz auf durch den Glauben? Niemals! Sondern
(das) Gesetz richten wir auf.

4 [1] Was werden wir nun sagen, daß gefunden hat Abra-
ham, unser Vorvater nach (dem) Fleisch? [2] Denn wenn
Abraham aus Werken gerechtgesprochen wurde, hat er
Ruhm, doch nicht bei Gott. [3] Denn was sagt die Schrift? *(Es)* Gen 15,6
glaubte aber Abraham Gott, und es wurde ihm gerechnet zu
Gerechtigkeit. [4] Dem (Werke) Wirkenden aber wird der Lohn
nicht gerechnet nach Gnade, sondern nach Schuldigkeit, [5] dem
nicht (Werke) Wirkenden aber, (dem) Glaubenden aber an
den, der gerechtspricht den Gottlosen, wird gerechnet sein
Glaube zu Gerechtigkeit; [6] gleichwie auch David redet von
der Seligpreisung des Menschen, dem Gott zurechnet Ge-
rechtigkeit ohne Werke: [7] *Selig, deren Gesetzlosigkeiten er-* Ps 32,1f (G)
lassen und deren Sünden zugedeckt wurden; [8] *selig ein Mann,*
dem nicht zurechnet (der) Herr (die) Sünde.

[9] (Ist) diese Seligpreisung nun für die Beschneidung oder
auch für die Vorhaut? Denn wir sagen: (Es) wurde gerechnet
dem Abraham der Glaube zu Gerechtigkeit. [10] Wie nun wurde
gerechnet? Als er in Beschneidung war oder in Vorhaut?

Nicht in Beschneidung, sondern in Vorhaut; [11] und (das) Zeichen (der) Beschneidung empfing er als Siegel der Gerechtigkeit des Glaubens, des in der Vorhaut, auf daß er sei Vater aller Glaubenden aus (der) Vorhaut, auf daß zugerechnet wird [auch] ihnen [die] Gerechtigkeit, [12] und Vater (der) Beschneidung denen aus Beschneidung nicht allein, sondern auch den Wandelnden in den Spuren des Glaubens unseres Vaters Abraham in (der) Vorhaut.

[13] Denn nicht durch (das) Gesetz (erging) die Zusage dem Abraham oder seiner Nachkommenschaft, er sei der Erbe (der) Welt, sondern durch Gerechtigkeit (des) Glaubens.
[14] Denn wenn die aus (dem) Gesetz Erben (sind), leer gemacht ist der Glaube und aufgehoben die Zusage; [15] denn das Gesetz bewirkt Zorn; wo aber nicht ist ein Gesetz, (da) auch nicht Übertretung. [16] Deshalb: Aus Glauben, damit nach Gnade, auf daß fest sei die Zusage der ganzen Nachkommenschaft, nicht der aus dem Gesetz allein, sondern auch der aus Glauben Abrahams, der ist unser aller Vater, [17] gleichwie geschrieben
Gen 17,5 (G) ist: *Als Vater vieler Völker habe ich dich gesetzt,* gegenüber Gott, dem er glaubte, dem Lebendigmachenden die Toten und (dem) Rufenden das Nichtseiende als Seiendes; [18] der wider Hoffnung an Hoffnung glaubte, auf daß er werde Vater vieler
Gen 15,5 (G) Völker gemäß dem Gesagten: *So wird sein deine Nachkommenschaft,* [19] und, nicht schwach geworden im Glauben, betrachtete er seinen [schon] abgestorbenen Leib, etwa hundertjährig geworden, und die Abgestorbenheit des Mutterschoßes Sarras; [20] an der Zusage Gottes aber nicht zweifelte er durch Unglauben, sondern er wurde gekräftigt im Glauben, Gott Ehre gebend [21] und ganz überzeugt, daß, was er zugesagt hat, er fähig ist, auch zu tun. [22] Deshalb [auch] wurde es zugerechnet ihm zu Gerechtigkeit. [23] Nicht aber wurde geschrie-
Gen 15,6 (G) ben wegen ihm allein: *Es wurde ihm zugerechnet,* [24] sondern auch wegen uns, denen zugerechnet werden soll, den Glaubenden an den, der erweckte Jesus, unseren Herrn, aus Toten, [25] der übergeben wurde wegen unserer Übertretungen und erweckt wurde wegen unserer Gerechtsprechung.

5 1 Gerechtgesprochen nun aus Glauben, Frieden haben
wir zu Gott durch unseren Herrn Jesus Christos, 2 durch
den wir auch den Zugang bekommen haben [im Glauben] zu
dieser Gnade, in der wir stehen, und wir rühmen uns über
(die) Hoffnung der Herrlichkeit Gottes. 3 Nicht nur aber
(dies), sondern wir wollen uns auch rühmen in den Bedräng-
nissen, wissend, daß die Bedrängnis Geduld bewirkt, 4 die
Geduld aber Erprobtheit, die Erprobtheit aber Hoffnung.
5 Die Hoffnung aber beschämt nicht, weil die Liebe Gottes
ausgegossen ist in unseren Herzen durch (den) heiligen Geist,
den uns gegebenen. 6 Denn Christos, als wir noch schwach
waren, starb noch zu (dieser) Zeit für Gottlose. 7 Denn kaum
für einen Gerechten wird einer sterben; denn für den Guten
wagt vielleicht auch einer zu sterben; 8 (es) beweist aber seine
Liebe zu uns Gott, weil, als wir noch Sünder waren, Christos
für uns starb. 9 Um vieles mehr nun als Gerechtgesprochene
jetzt in seinem Blut werden wir gerettet werden durch ihn
vom Zorn. 10 Denn wenn, als wir Feinde waren, wir versöhnt
wurden mit Gott durch den Tod seines Sohnes, um vieles
mehr als Versöhnte werden wir gerettet werden in seinem
Leben; 11 nicht nur aber (dies), sondern auch uns rühmend in
Gott durch unsern Herrn Jesus Christos, durch den jetzt die
Versöhnung wir empfingen.

12 Deshalb, wie durch einen Menschen die Sünde in die
Welt hineinkam und durch die Sünde der Tod und so zu allen
Menschen der Tod gelangte, daraufhin, daß alle sündigten;
13 denn bis zum Gesetz war Sünde in (der) Welt, Sünde aber
wird nicht angerechnet, wenn kein Gesetz ist, 14 doch (es)
herrschte der Tod von Adam bis Moyses auch gegen die, die
nicht sündigten aufgrund der Gleichheit der Übertretung
Adams, der ist Vorbild des Kommenden. 15 Doch nicht wie
die Übertretung, so auch die Gnadengabe; denn wenn durch
die Übertretung des einen die Vielen starben, um vieles mehr
floß die Gnade Gottes und das Geschenk in (der) Gnade, der
des einen Menschen Jesus Christos, auf die Vielen über.
16 Und nicht wie durch (den) einen Sündigenden (ist) das Ge-

schenk; denn die Aburteilung (führte) von (dem) einen zur Verurteilung, die Gnadengabe aber von vielen Übertretungen zur Gerechtsprechung. [17] Denn wenn durch des einen Übertretung der Tod herrschte durch den einen, um vieles mehr werden die die Überfülle der Gnade und des Geschenks der Gerechtigkeit Empfangenden im Leben herrschen durch den einen Jesus Christos. [18] Folglich nun (kam es) wie durch (des) einen Übertretung für alle Menschen zur Verurteilung, so auch durch (des) einen Gerechtsprechung für alle Menschen zur Rechtfertigung (des) Lebens; [19] denn wie durch den Ungehorsam des einen Menschen als Sünder hingestellt wurden die Vielen, so werden auch durch den Gehorsam des einen als Gerechte hingestellt werden die Vielen. [20] (Das) Gesetz aber kam daneben herein, damit sich mehre die Übertretung; wo aber sich mehrte die Sünde, überfloß die Gnade, [21] damit, wie die Sünde herrschte im Tod, so auch die Gnade herrsche durch Gerechtigkeit zu ewigem Leben durch Jesus Christos, unseren Herrn.

6 [1] Was nun werden wir sagen? Laßt uns bleiben bei der Sünde, damit die Gnade sich mehre? [2] Niemals! Die wir starben der Sünde, wie noch werden wir leben in ihr? [3] Oder wißt ihr nicht, daß, wieviele wir getauft wurden auf Christos Jesus, wir auf seinen Tod getauft wurden? [4] Begraben wurden wir also mit ihm durch die Taufe in den Tod, damit, wie Christos erweckt wurde aus Toten durch die Herrlichkeit des Vaters, so auch wir in Neuheit (des) Lebens wandeln. [5] Denn wenn Zusammengewachsene wir geworden sind mit der Gleichheit seines Todes, doch auch (mit der) der Auferstehung werden wir (es) sein; [6] dies erkennend, daß unser alter Mensch mitgekreuzigt wurde, damit aufgehoben wird der Leib der Sünde, damit wir nicht mehr versklavt sind der Sünde; [7] denn der Gestorbene ist gerechtgesprochen (weg) von der Sünde. [8] Wenn wir aber starben mit Christos, glauben wir, daß wir auch leben werden mit ihm, [9] wissend, daß Christos, erweckt aus Toten, nicht mehr stirbt, (der) Tod ist über ihn nicht mehr Herr. [10] Denn, was starb, der Sünde starb es

ein für allemal; was aber lebt, lebt für Gott. [11] So urteilt auch
ihr, daß ihr [seid] Tote zwar für die Sünde, Lebende aber für
Gott in Christos Jesus.

[12] Nicht also soll herrschen die Sünde in eurem sterblichen
Leib, um zu gehorchen seinen Begierden, [13] und nicht stellt
bereit eure Glieder als Waffen (der) Ungerechtigkeit für die
Sünde, sondern stellt bereit euch für Gott, wie aus Toten Le-
bende, und eure Glieder als Waffen (der) Gerechtigkeit für
Gott. [14] Denn Sünde wird über euch nicht Herr sein; denn
nicht seid ihr unter (dem) Gesetz, sondern unter (der) Gnade.
[15] Was nun? Wollen wir sündigen, weil wir nicht sind unter
(dem) Gesetz, sondern unter (der) Gnade? Niemals! [16] Wißt
ihr nicht, daß, wem ihr bereitstellt euch als Sklaven zu Ge-
horsam, Sklaven seid ihr, wem ihr gehorcht, entweder (der)
Sünde zu Tod oder (des) Gehorsams zu Gerechtigkeit?
[17] Dank aber (sei) Gott, weil ihr wart Sklaven der Sünde, ge-
horsam aber wurdet von Herzen (der) Form (der) Lehre, wel-
cher ihr übergeben wurdet, [18] befreit aber von der Sünde,
wurdet ihr versklavt der Gerechtigkeit. [19] Menschliches rede
ich wegen der Schwachheit eures Fleisches. Denn wie ihr be-
reitstelltet eure Glieder als Sklaven für die Unreinheit und die
Gesetzlosigkeit zur Gesetzlosigkeit, so stellt jetzt bereit eure
Glieder als Sklaven für die Gerechtigkeit zu Heiligung.
[20] Denn als Sklaven ihr wart der Sünde, Freie wart ihr gegen-
über der Gerechtigkeit. [21] Welche Frucht nun hattet ihr da-
mals? Darüber schämt ihr euch jetzt, denn das Ende jener
(ist) Tod. [22] Jetzt aber, befreit worden von der Sünde, ver-
sklavt aber Gott, habt ihr eure Frucht zu Heiligung, am Ende
aber ewiges Leben. [23] Denn der Sold der Sünde (ist) Tod, die
Gnadengabe Gottes aber ewiges Leben in Christos Jesus, un-
serem Herrn.

7 [1] Oder wißt ihr nicht, Brüder, denn zu Kennenden (das)
Gesetz rede ich, daß das Gesetz Herr ist über den Men-
schen, auf wie lange Zeit er lebt? [2] Denn die einem Mann an-
gehörige Frau ist dem lebenden Mann gebunden durch Ge-
setz; wenn aber der Mann stirbt, gelöst ist sie vom Gesetz des

Mannes. 3 Folglich nun, solange der Mann lebt, Ehebrecherin
heißt sie, wenn sie (eigen) wird einem anderen Mann; wenn
aber stirbt der Mann, frei ist sie vom Gesetz, so daß sie nicht
mehr Ehebrecherin ist, wenn sie (eigen) wird einem anderen
Mann. 4 Daher, meine Brüder, wurdet auch ihr getötet dem
Gesetz durch den Leib des Christos, auf daß ihr wurdet einem
anderen (eigen), dem aus Toten Erweckten, damit wir Frucht
tragen für Gott. 5 Denn, als wir waren im Fleisch, die Leiden-
schaften der Sünden, die durch das Gesetz, wirkten in unse-
ren Gliedern, auf daß wir Frucht trugen für den Tod; 6 jetzt
aber wurden wir gelöst vom Gesetz, gestorben (dem), worin
wir festgehalten wurden, so daß wir Sklaven sind in Neuheit
(des) Geistes und nicht in Altheit (des) Buchstabens.

7 Was nun werden wir sagen? (Ist) das Gesetz Sünde? Nie-
mals! Doch die Sünde würde ich nicht kennen, außer durch
(das) Gesetz; denn auch um die Begierde wüßte ich nicht,
Ex 20,17 wenn nicht das Gesetz sagte: *Nicht sollst du begehren!*
Dtn 5,21 (G) 8 Anlaß aber nehmend durch das Gebot bewirkte die Sünde
in mir jede Begierde; denn ohne Gesetz (ist die) Sünde tot.
9 Ich aber lebte einst ohne Gesetz, als aber das Gebot kam,
lebte die Sünde auf, 10 ich aber starb, und (es) fand sich mir
das Gebot, das zum Leben, dasselbe (aber) zum Tod; 11 denn
die Sünde, Anlaß nehmend durch das Gebot, täuschte mich
und tötete (mich) durch es. 12 Daher (ist) das Gesetz heilig
und das Gebot heilig und gerecht und gut. 13 Das Gute also
wurde mir zum Tod? Niemals! Doch die Sünde, damit sie er-
scheine als Sünde, durch das Gute bewirkte sie mir (den)
Tod, damit nach Übermaß sündig werde die Sünde durch das
Gebot.

14 Denn wir wissen, daß das Gesetz geistig ist, ich aber bin
fleischlich, verkauft unter die Sünde. 15 Denn was ich bewir-
ke, kenne ich nicht; denn nicht, was ich will, dies tue ich,
sondern was ich hasse, dies mache ich. 16 Wenn aber, was
nicht ich will, dies ich mache, stimme ich dem Gesetz zu, daß
(es) recht (ist). 17 Jetzt aber bewirke nicht mehr ich es, son-
dern die in mir wohnende Sünde. 18 Denn ich weiß, daß nicht

wohnt in mir, dies ist in meinem Fleisch, Gutes; denn das
Wollen liegt bei mir, das Bewirken des Rechten aber nicht;
[19]denn nicht, was ich will, mache ich: Gutes, sondern, was
ich nicht will: Schlechtes, dies tue ich. [20]Wenn aber, was ich
nicht will, [ich] dies mache, nicht mehr ich bewirke es, son-
dern die in mir wohnende Sünde. [21]Ich finde folglich in bezug
auf das Gesetz, daß bei mir, dem das Rechte machen Wollen-
den, das Schlechte liegt; [22]denn ich freue mich am Gesetz
Gottes dem inneren Menschen nach, [23]aber ich sehe ein ande-
res Gesetz in meinen Gliedern, widerstreitend dem Gesetz
meines Verstandes und mich gefangennehmend im Gesetz der
Sünde, das in meinen Gliedern ist. [24]Ich elender Mensch; wer
wird mich retten aus diesem Leib des Todes? [25]Dank aber
(sei) Gott durch Jesus Christos, unseren Herrn. Folglich nun
bin ich selbst einerseits mit dem Verstand Sklave (dem) Ge-
setz Gottes, andererseits im Fleisch (dem) Gesetz (der) Sünde.

8 [1]Keine Verurteilung folglich jetzt denen in Christos Je-
sus. [2]Denn das Gesetz des Geistes des Lebens in Chri-
stos Jesus befreite dich vom Gesetz der Sünde und des Todes.
[3]Denn im Hinblick auf das Kraftlose des Gesetzes, worin es
schwach war durch das Fleisch – Gott, den eigenen Sohn
schickend in Gleichheit (des) Fleisches (der) Sünde und we-
gen (der) Sünde, verurteilte die Sünde im Fleisch, [4]damit der
Rechtspruch des Gesetzes erfüllt würde in uns, den nicht nach
(dem) Fleisch Wandelnden, sondern nach (dem) Geist. [5]Denn
die, die nach (dem) Fleisch sind, sinnen das des Fleisches,
die aber nach (dem) Geist, das des Geistes. [6]Denn das Sinnen
des Fleisches (bedeutet) Tod, das Sinnen des Geistes aber Le-
ben und Frieden; [7]deshalb (ist) das Sinnen des Fleisches in
Feindschaft zu Gott, denn dem Gesetz Gottes ordnet es sich
nicht unter, denn es kann (es) auch nicht; [8]die aber im
Fleisch sind, Gott gefallen können sie nicht. [9]Ihr aber seid
nicht im Fleisch, sondern im Geist, wenn doch (der) Geist
Gottes wohnt in euch. Wenn aber einer (den) Geist (des)
Christos nicht hat, ist dieser nicht von ihm. [10]Wenn aber
Christos in euch, (ist) zwar der Leib tot wegen (der) Sünde,

der Geist aber Leben wegen (der) Gerechtigkeit. 11 Wenn aber
der Geist des Erweckenden den Jesus aus Toten in euch
wohnt, der Erweckende (den) Christos aus Toten wird leben-
dig machen auch eure sterblichen Leiber wegen seines ein-
wohnenden Geistes in euch.

12 Folglich nun, Brüder, sind wir Schuldner, nicht dem
Fleisch, um nach (dem) Fleisch zu leben, 13 denn wenn nach
(dem) Fleisch ihr lebt, werdet ihr sterben; wenn aber im Geist
die Taten des Leibes ihr tötet, werdet ihr leben. 14 Denn wie-
viele durch (den) Geist Gottes geführt werden, diese sind
Söhne Gottes. 15 Denn nicht empfingt ihr (den) Geist (der)
Sklaverei wieder zu Furcht, sondern ihr empfingt (den) Geist
(der) Sohnschaft, in dem wir schreien: Abba, der Vater.
16 Der Geist selbst mitbezeugt unserem Geist, daß wir sind
Kinder Gottes. 17 Wenn aber Kinder, auch Erben; Erben Got-
tes, Miterben aber (des) Christos, da wir doch mitleiden, da-
mit wir auch mitverherrlicht werden.

18 Denn ich urteile, daß nicht würdig (sind) die Leiden der
jetzigen Zeit gegenüber der kommenden Herrlichkeit, die an
uns offenbart werden wird. 19 Denn die Sehnsucht der Schöp-
fung erwartet die Offenbarung der Söhne Gottes. 20 Denn der
Nichtigkeit wurde die Schöpfung untergeordnet, nicht frei-
willig, sondern durch den Unterordnenden, auf Hoffnung
(hin), 21 daß auch die Schöpfung selbst befreit werden wird
von der Sklaverei der Vernichtung zur Freiheit der Herrlich-
keit der Kinder Gottes. 22 Denn wir wissen, daß die ganze
Schöpfung mitjammert und mitklagt bis zum Jetzt; 23 nicht nur
aber (sie), sondern auch wir selbst, die das Unterpfand des
Geistes haben, auch wir selbst stöhnen bei uns, (die) Sohn-
schaft erwartend, den Loskauf unseres Leibes. 24 Denn auf
Hoffnung (hin) wurden wir gerettet; geschaute Hoffnung aber
ist nicht Hoffnung; denn was einer schaut, wer erhofft (es
noch)? 25 Wenn wir aber, was wir nicht schauen, hoffen,
durch Geduld empfangen wir (es). 26 Ebenso aber beisteht
auch der Geist unserer Schwachheit; denn, was wir beten
sollen, wie man muß, wissen wir nicht, sondern der Geist

selbst tritt ein durch unsagbare Seufzer; 27 der Durchforschen-
de aber die Herzen weiß, was das Sinnen des Geistes, weil
gemäß Gott er eintritt für (die) Heiligen. 28 Wir wissen aber,
daß den Gott Liebenden alles zusammenwirkt zum Guten, de-
nen, die nach Vorsatz berufen sind. 29 Denn die er vorherer-
kannte, auch vorherbestimmte er als Mitgestaltete der Gestalt
seines Sohnes, auf daß er sei Erstgeborener unter vielen Brü-
dern; 30 die er aber vorherbestimmte, diese rief er auch; und
die er rief, diese sprach er auch gerecht; die er aber gerecht-
sprach, diese verherrlichte er auch.

31 Was nun werden wir sagen zu diesem? Wenn Gott für
uns, wer (ist) gegen uns? 32 Der sogar den eigenen Sohn nicht
schonte, sondern für uns alle hingab ihn, wie sollte er nicht
auch mit ihm alles uns schenken? 33 Wer wird klagen gegen
(die) Auserwählten Gottes? Gott (ist) der Gerechtsprechende;
34 wer (ist) der Verurteilende? Christos [Jesus], der Gestorbe-
ne, mehr aber (der) Erweckte, der auch ist zur Rechten Got-
tes, der auch eintritt für uns. 35 Wer wird uns trennen von der
Liebe des Christos? Bedrängnis oder Beengung oder Verfol-
gung oder Hunger oder Nacktheit oder Gefahr oder Schwert?
36 Gleichwie geschrieben ist: *Deinetwegen werden wir getötet* Ps 44,23 (G)
den ganzen Tag, wir wurden beurteilt wie Schlachtschafe.
37 Doch in diesen allen siegen wir wegen des uns Liebenden.
38 Denn ich bin überzeugt, daß weder Tod noch Leben noch
Engel noch Hoheiten noch Gegenwärtiges noch Kommendes
noch Kräfte 39 noch Höhe noch Tiefe noch irgendeine andere
Schöpfung uns wird trennen können von der Liebe Gottes,
der in Christos Jesus, unserem Herrn.

9 1 Wahrheit sage ich in Christos, nicht lüge ich, was mir
mitbezeugt mein Gewissen in heiligem Geist, 2 daß
große Betrübnis in mir ist und unaufhörlicher Schmerz in
meinem Herzen. 3 Denn ich wünschte, ein Fluch zu sein, ich
selbst, (weg) von Christos, für meine Brüder, meine Volks-
genossen nach (dem) Fleisch, 4 welche Israeliten sind, deren
die Sohnschaft und die Herrlichkeit und die Bünde und die

Gesetzgebung und der Gottesdienst und die Zusagen, 5 deren
die Väter und aus denen der Christos hinsichtlich (des) Flei-
sches, der über allem Seiende, Gott, (sei) gelobt in die Aio-
nen, Amen.

6 Nicht so aber, daß ausgefallen ist das Wort Gottes. Denn
nicht alle aus Israel, diese (sind) Israel; 7 auch nicht, weil sie
Nachkommenschaft Abrahams sind, (sind) alle Kinder, son-
Gen 21,12 (G) dern: *In Isaak wird dir gerufen werden eine Nachkommen-
schaft*. 8 Dies ist: Nicht die Kinder des Fleisches, diese (sind)
Kinder Gottes, sondern die Kinder der Zusage werden ge-
rechnet zur Nachkommenschaft. 9 Denn das Wort (der) Zusa-
Gen 18,10.14 ge (ist) dieses: *Nach dieser Zeit werde ich kommen, und (es)
wird sein der Sarra ein Sohn.*

10 Aber nicht nur (sie), sondern auch Rebekka, von einem
(einzigen) eine Leibesfrucht habend, von Isaak, unserem Va-
ter; 11 denn noch nicht waren sie geboren und nicht taten sie
etwas Gutes oder Schlechtes – damit der Vorsatz Gottes ge-
mäß Erwählung bleibe, 12 nicht durch Werke, sondern durch
Gen 25,23 (G) den Rufenden – (da) wurde ihr gesagt: *Der Größere wird die-
Mal 1,2f (G) nen dem Geringeren,* 13 gleichwie geschrieben ist: *Den Jakob
liebte ich, den Esau aber haßte ich.*

14 Was nun werden wir sagen? Daß Ungerechtigkeit bei
Ex 33,19 (G) Gott? Niemals! 15 Denn dem Moyses sagt er: *Ich werde mich
erbarmen, wessen immer ich mich erbarme, und ich werde
Mitleid haben, mit wem immer ich Mitleid habe.* 16 Folglich
nun (ist es) nicht (Sache) des Wollenden und nicht des Lau-
fenden, sondern des sich erbarmenden Gottes. 17 Denn (es)
Ex 9,16 sagt die Schrift dem Pharao: *Gerade dazu erweckte ich dich,
auf daß ich aufweise an dir meine Kraft und auf daß bekannt
gemacht wird mein Name auf der ganzen Erde.* 18 Folglich
nun, wen er will, (dessen) erbarmt er sich, wen er aber will,
verhärtet er. 19 Du wirst mir nun sagen: Was [nun] tadelt er
noch? Denn wer hat sich seinem Wollen entgegengestellt? 20 O
Mensch, wer nun eigentlich bist du, der du entgegenredest
Jes 29,16 (G) Gott? *Wird etwa sagen das Gebilde zum Bildenden: Was
machtest du mich* so? 21 Oder hat nicht Vollmacht der Töpfer

über den Lehm, aus dem gleichen Teig zu machen das eine
Gefäß zur Ehre, das andere aber zur Unehre? [22] Wenn aber
Gott, aufweisen wollend den Zorn und kundtun (wollend)
seine Mächtigkeit, in vielem Großmut (die) Gefäße (des)
Zorns ertragen hat, bereitet zum Verderben, [23] und damit er
kundtue den Reichtum seiner Herrlichkeit an (den) Gefäßen
(des) Erbarmens, die er vorbereitete zu Herrlichkeit? [24] Die
auch rief er, uns, nicht nur aus Judaiern, sondern auch aus
Heiden, [25] wie auch in dem Hosee er sagt: *Ich werde rufen* Hos 2,25
mein Nicht-Volk mein Volk und die Nicht-Geliebte Geliebte;
[26] *und es wird sein an dem Ort, wo ihnen gesagt wurde: Nicht* Hos 2,1 (G)
mein Volk (seid) ihr, dort werden sie gerufen werden Söhne
(des) lebendigen Gottes. [27] Isaias aber schreit über Israel:
Wenn die Zahl der Söhne Israels (ist) wie der Sand des Mee- Jes 10,22f
res, wird der Überrest gerettet werden; [28] *denn, ein Wort voll-* Hos 2,1 (G)
endend und beschneidend, wird handeln (der) Herr auf der
Erde. [29] Und gleichwie vorhergesagt hat Isaias: *Wenn nicht* Jes 1,9 (G)
(der) Herr Sabaoth uns übriggelassen hätte einen Samen, wie
Sodoma wären wir geworden und wie Gomorra wären wir
gleich geworden.

[30] Was nun werden wir sagen? Daß Heiden, die nicht Ver-
folgenden Gerechtigkeit, empfingen Gerechtigkeit, Gerech-
tigkeit aber die aus Glauben, [31] Israel aber, verfolgend (das)
Gesetz (der) Gerechtigkeit, nicht zum Gesetz kam. [32] Wes-
halb? Weil nicht aus Glauben, sondern wie aus Werken; sie
stießen an den Stein des Anstoßes, [33] gleichwie geschrieben
ist: *Siehe, ich setze in Sion einen Stein (des) Anstoßes und* Jes 8,14; 28,16
einen Felsen (des) Ärgernisses, und der Glaubende an ihn
wird nicht beschämt werden.

10 [1] Brüder, das Gefallen meines Herzens und das Ge-
bet zu Gott (zielt) für sie auf Heil. [2] Denn ich be-
zeuge ihnen, daß Eifer für Gott sie haben, doch nicht nach
Erkenntnis; [3] denn, nicht kennend die Gerechtigkeit Gottes
und die eigene [Gerechtigkeit] aufzurichten suchend, ordneten
sie sich der Gerechtigkeit Gottes nicht unter. [4] Denn Ende
(des) Gesetzes (ist) Christos zur Gerechtigkeit jedem Glau-

benden. [5] Denn Moyses schreibt hinsichtlich der Gerechtig-
Lev 18,5 keit, der aus [dem] Gesetz: *Der sie tuende Mensch wird leben*
Dtn 9,4; 30,12 *in* ihnen. [6] Die Gerechtigkeit aus Glauben aber sagt so: *Sprich*
nicht in deinem Herzen: Wer wird hinaufsteigen in den Him-
Ps 107,26 *mel?* Das ist: Christos herabzuführen; [7] oder: *Wer wird hinab-*
steigen in den Abgrund? Das ist: Christos aus Toten heraufzu-
Dtn 30,14 führen. [8] Doch, was sagt sie? *Nahe ist dir das Wort in deinem*
Mund und in deinem Herzen, dies ist das Wort des Glaubens,
das wir verkünden. [9] Denn wenn du bekennst in deinem Mund
als Herrn Jesus und glaubst in deinem Herzen, daß Gott ihn
erweckte aus Toten, wirst du gerettet werden; [10] denn mit
(dem) Herzen wird geglaubt zur Gerechtigkeit, mit (dem)
Mund aber wird bekannt zum Heil. [11] Denn (es) sagt die
Jes 28,16 Schrift: *Jeder Glaubende an ihn wird nicht beschämt werden.*
[12] Denn nicht ist ein Unterschied von Judaier und Hellene,
denn derselbe (ist) Herr aller, reich für alle ihn Anrufenden.
Joël 3,5 (G) [13] Denn *jeder, der immer anrufen wird den Namen (des)*
Herrn, wird gerettet werden.

[14] Wie nun sollten sie anrufen, an den sie nicht glaubten?
Wie aber sollten sie glauben (an den), von dem sie nicht hör-
ten? Wie aber sollten sie hören ohne einen Verkündenden?
[15] Wie aber sollten sie verkünden, wenn sie nicht geschickt
Jes 52,7 wurden? Gleichwie geschrieben ist: *Wie zeitig die Füße der*
Nah 2,1 *Verkündenden [das] Gute.* [16] Doch nicht alle gehorchten dem
Jes 53,1 (G) Evangelium. Denn Isaias sagt: *Herr, wer glaubte unserer*
Rede? [17] Folglich (kommt) der Glaube aus (der) Rede, die
Rede aber durch (das) Wort (des) Christos. [18] Doch sage ich,
Ps 19,5 (G) daß sie nicht hörten? Mehr noch: *Über die ganze Erde aus-*
ging ihr Schall und an die Enden des Erdkreises ihre Worte.
[19] Doch sage ich, daß Israel nicht erkannte? Als erster sagt
Dtn 32,21 (G) Moyses: *Ich werde eifersüchtig machen* euch *gegen ein Nicht-*
Volk, gegen ein unverständiges Volk werde ich erzürnen euch.
Jes 65,1 (G) [20] Isaias aber vorwagt sich und sagt: *Ich wurde gefunden [un-*
ter] den mich nicht Suchenden, offenbar wurde ich den mich
Jes 65,2 (G) *nicht Erfragenden.* [21] Zu Israel aber sagt er: *Den ganzen Tag*
breitete ich aus meine Hände zu einem Volk, nicht gehor-

chend und widersprechend.
11 1 Sage ich nun, daß Gott verstieß sein Volk? Nie-
mals! Denn auch ich bin ein Israelit, aus (der)
Nachkommenschaft Abrahams, vom Stamme Benjamin.
2 *Nicht verstieß Gott sein Volk,* das er vorhererkannte. Oder 1 Sam 12,22
wißt ihr nicht, was bei Elias sagt die Schrift, wie er eintritt Ps 94,14
bei Gott gegen Israel? 3 Herr, *deine Propheten töteten sie,* 1 Kön 19,10.14
deine Altäre rissen sie nieder, und ich wurde zurückgelassen
allein, und sie suchen mein Leben. 4 Doch was sagt ihm der
Gottesspruch? *Ich ließ* mir *übrig siebentausend Männer, wel-* 1 Kön 19,18
che nicht beugten (das) Knie der Baal. 5 So (ist) nun auch in
der jetzigen Zeit ein Rest gemäß Erwählung durch Gnade ent-
standen; 6 wenn aber durch Gnade, nicht mehr aus Werken,
da (sonst) die Gnade nicht mehr Gnade wird. 7 Was nun? Was
Israel erstrebt, dies erlangte es nicht, die Erwählung aber er-
langte es; die übrigen aber wurden verstockt, 8 gleichwie ge-
schrieben ist: *(Es) gab ihnen Gott (den) Geist (der) Betäu-* Dtn 29,3
bung, Augen, auf daß sie nicht sehen, und Ohren, auf daß sie Jes 29,10
nicht hören, bis zum heutigen Tag. 9 Und David sagt: *(Es) soll* Ps 69,23f (G)
werden ihr Tisch zur Schlinge und zur Falle *und zum Ärgernis*
und zur Vergeltung ihnen, 10 *verfinstert sollen werden ihre*
Augen, auf daß sie nicht sehen, und ihren Rücken beuge un-
ablässig.

11 Sage ich nun, daß sie strauchelten, damit sie fallen? Nie-
mals! Sondern durch ihre Übertretung (kam) das Heil für die
Heiden, auf daß er sie eifersüchtig mache. 12 Wenn aber ihre
Übertretung Reichtum (der) Welt (ist) und ihre Niederlage
Reichtum (der) Heiden, um wieviel mehr ihre Fülle. 13 Euch
aber sage ich, den Heiden: Soweit nun (der) Heiden Apostel
ich bin, verherrliche ich meinen Dienst, 14 ob vielleicht ich ei-
fersüchtig machen werde mein Fleisch und retten werde eini-
ge von ihnen. 15 Denn wenn ihre Verwerfung Versöhnung
(der) Welt, was (bedeutet ihre) Annahme, wenn nicht Leben
aus Toten? 16 Wenn aber das Erstling(sbrot) heilig, (dann)
auch der Teig; und wenn die Wurzel heilig, (dann) auch die
Zweige. 17 Wenn aber einige der Zweige ausgebrochen wur-

den, du aber als wilder Ölbaumzweig aufgepropft wurdest auf
sie und Mitteilhaber der Wurzel des fetten Ölbaums wurdest,
[18] rühme dich nicht der Zweige; wenn du dich aber rühmst:
Nicht du trägst die Wurzel, sondern die Wurzel dich. [19] Du
wirst nun sagen: Ausgebrochen wurden Zweige, damit ich
aufgepfropft werde. [20] Recht; durch (den) Unglauben wurden
sie ausgebrochen, du aber stehst im Glauben. Sinne nicht Ho-
hes, sondern fürchte dich; [21] denn wenn Gott die natürlichen
Zweige nicht schonte, wird er [wohl] auch dich nicht scho-
nen. [22] Sieh nun (die) Güte und Strenge Gottes: Gegen die Ge-
fallenen Strenge, gegen dich aber Güte Gottes, wenn du
bleibst in der Güte, sonst wirst auch du ausgehauen. [23] Aber
auch jene, wenn nicht sie bleiben im Unglauben, werden auf-
gepfropft werden; denn mächtig ist Gott, sie wieder aufzu-
pfropfen. [24] Denn wenn du aus dem natürlichen wilden Öl-
baum ausgehauen wurdest und wider (die) Natur aufgepfropft
wurdest auf einen schönen Ölbaum, um wieviel mehr werden
diese gemäß (der) Natur aufgepfropft werden auf den eigenen
Ölbaum.

[25] Denn nicht will ich, daß ihr nicht wißt, Brüder, dieses
Geheimnis, damit ihr nicht eingebildet seid [bei] euch: Ver-
stockung ist zum Teil dem Israel geworden, bis daß die Fülle
der Heiden eingeht, [26] und so wird ganz Israel gerettet wer-
Jes 59,20f den, gleichwie geschrieben ist: *Kommen wird aus Sion der*
Jes 27,9 *Rettende, abwenden wird er Gottlosigkeiten von Jakob.* [27] *Und*
dies (ist) mein Bund mit ihnen, wann ich wegnehmen werde
ihre Sünden. [28] Nach dem Evangelium zwar (sind sie) Feinde
wegen euch, nach der Erwählung aber Geliebte wegen der
Väter; [29] denn unbereubar (sind) die Gnadengaben und die Be-
rufung Gottes. [30] Denn wie ihr einst ungehorsam wart Gott,
jetzt aber Erbarmen fandet durch deren Ungehorsam, [31] so
auch sind diese jetzt ungehorsam geworden wegen eures Er-
barmens, damit auch sie [jetzt] Erbarmen finden. [32] Denn zu-
sammenschloß Gott alle in Ungehorsam, damit aller er sich
erbarme. [33] O Tiefe (des) Reichtums und (der) Weisheit und
(der) Erkenntnis Gottes; wie unerforschlich (sind) seine Ge-

richte und unausspürbar seine Wege. [34] Denn *wer erkannte* Jes 40,13 (G)
(den) Sinn (des) Herrn? Oder wer wurde sein Ratgeber?
[35] *Oder wer gab ihm vorher und es wird ihm zurückgegeben* Ijob 41,3
werden? [36] Weil aus ihm und durch ihn und auf ihn (hin) al-
les; ihm die Herrlichkeit in die Aionen, Amen.

12 [1] Ich ermahne euch nun, Brüder, durch die Erbar-
mungen Gottes, bereitzustellen eure Leiber als le-
bendiges heiliges Opfer, Gott wohlgefällig, als euren ver-
nünftigen Gottesdienst; [2] und gestaltet euch nicht gleich die-
sem Aion, sondern gestaltet euch um durch die Erneuerung
des Verstandes, auf daß ihr prüft, was der Wille Gottes, das
Gute und Wohlgefällige und Vollkommene.

[3] Denn ich sage durch die Gnade, die mir gegebene, jedem,
der unter euch ist, nicht darüber hinaus zu sinnen, vorbei (an
dem), was man sinnen muß, sondern zu sinnen, um besonnen
zu sein, wie jedem Gott zuteilte ein Maß an Glauben. [4] Denn
gleichwie an (dem) einen Leib viele Glieder wir haben, die
Glieder aber nicht alle dieselbe Tätigkeit haben, [5] so sind wir,
die Vielen, ein Leib in Christos, im einzelnen aber einander
Glieder. [6] Wir haben aber verschiedene Gnadengaben nach
der Gnade, der uns gegebenen, sei es eine Prophetengabe:
nach der Entsprechung des Glaubens, [7] sei es ein Dienst: im
Dienst, sei es der Lehrende: in der Lehre, [8] sei es der Ermah-
nende: in der Ermahnung; der Gebende: in Einfalt, der Für-
sorgende: in Eifer, der sich Erbarmende: in Heiterkeit.

[9] Die Liebe (sei) ungeheuchelt. (Seid) Verabscheuende das
Böse, Anhängende dem Guten, [10] durch die Bruderliebe zu-
einander Liebevolle, in der Ehre einander Zuvorkommende,
[11] im Eifer nicht Träge, im Geist Glühende, dem Herrn Die-
nende, [12] in der Hoffnung euch Freuende, in der Bedrängnis
Duldende, im Gebet Ausharrende, [13] an den Bedürfnissen der
Heiligen Teilhabende, der Gastfreundschaft Nachjagende!
[14] Segnet die [euch] Verfolgenden, segnet und verflucht nicht!
[15] Freut euch mit sich Freuenden, weint mit Weinenden!
[16] (Seid) dasselbe füreinander Sinnende, nicht das Hohe Sin-

nende, sondern durch das Niedrige euch mitfortreißen Las-
sende! Seid nicht Verständige bei euch selbst! [17] (Seid) keinem
Schlechtes für Schlechtes Zurückgebende, Besorgende Rech-
tes vor allen Menschen; [18] (seid) wenn möglich, was an euch
(liegt), mit allen Menschen Frieden Haltende; [19] (seid) nicht
euch selbst Rächende, Geliebte, sondern gebt Raum dem
Dtn 32,35 Zorn, denn geschrieben ist: *Mir (die) Rache,* ich *werde zu-*
Spr 25,21f (G) *rückgeben,* sagt (der) Herr. [20] Doch *wenn hungert dein Feind,*
sättige ihn; wenn er dürstet, tränke ihn; denn dies tuend,
Kohlen von Feuer wirst du häufen auf seinen Kopf. [21] Werde
nicht besiegt vom Schlechten, sondern besiege im Guten das
Schlechte.

13 [1] Jedermann soll (den) übergeordneten Mächten sich
unterordnen. Denn nicht ist eine Macht, außer von
Gott, die bestehenden aber sind von Gott gesetzt. [2] Daher
stellt der sich der Macht Entgegenstellende der Anordnung
Gottes sich entgegen; die sich aber entgegengestellt haben,
werden für sich ein Urteil empfangen. [3] Denn die Vorsteher
sind nicht (Anlaß zur) Furcht dem guten Werk, sondern dem
schlechten. Willst du aber nicht fürchten die Macht: Tue das
Gute, und du wirst Lob haben von ihr; [4] denn Gottes Dienerin
ist sie dir zum Guten. Wenn aber das Schlechte du tust,
fürchte dich; denn nicht vergeblich trägt sie das Schwert;
denn Gottes Dienerin ist sie, Rächerin zu Zorn dem das
Schlechte Tuenden. [5] Deshalb (die) Notwendigkeit, sich un-
terzuordnen, nicht nur wegen des Zorns, sondern auch wegen
des Gewissens. [6] Denn deshalb zahlt ihr auch Steuern; denn
Diener Gottes sind sie, als in eben diesem Ausharrende.
[7] Gebt allen das Geschuldete: Wem die Steuer die Steuer,
wem den Zoll den Zoll, wem die Furcht die Furcht, wem die
Ehre die Ehre.

[8] Keinem schuldet etwas, außer das Einander-Lieben; denn
der Liebende den andern hat (das) Gesetz erfüllt. [9] Denn das:
Ex 20,13–17 (G) *Nicht sollst du ehebrechen, nicht sollst du morden, nicht sollst*
Dtn 5,17–21 (G) *du stehlen, nicht sollst du begehren* und wenn irgendein ande-
Lev 19,18 res Gebot, in diesem Wort gipfelt es auf [, in dem]: *Du sollst*

lieben deinen Nächsten wie dich selbst. [10] Die Liebe zum
Nächsten tut nicht Schlechtes; (die) Fülle nun (des) Gesetzes
(ist) die Liebe. [11] Und dies, wissend um die Zeit, daß (die)
Stunde schon (da ist), daß ihr vom Schlaf aufsteht, denn jetzt
(ist) näher unser Heil, als da wir gläubig wurden. [12] Die
Nacht schritt fort, der Tag aber ist nahegekommen. Legen
wir ab nun die Werke der Finsternis, ziehen wir an [aber] die
Waffen des Lichts. [13] Wie bei Tag anständig laßt uns wandeln,
nicht in Gelagen und Trinkereien, nicht in Beischläfereien
und Zügellosigkeiten, nicht in Streit und Eifersucht, [14] son-
dern zieht an den Herrn Jesus Christos, und des Fleisches
Sorge macht nicht zu Begierden.

14 [1] Den Schwachen aber im Glauben nehmt an, damit
(es) nicht (kommt) zu Scheidungen von Gedanken.
[2] Der eine glaubt, essen (zu dürfen) alles, der Schwache aber
ißt Gemüse. [3] Der Essende soll den nicht Essenden nicht ge-
ringachten, der nicht Essende aber den Essenden nicht rich-
ten, denn Gott nahm ihn an. [4] Du, wer bist du, der Richtende
einen fremden Hausdiener? Dem eigenen Herrn steht er oder
fällt er; er wird aber aufgestellt werden, denn mächtig ist der
Herr, ihn aufzurichten. [5] [Denn] der eine beurteilt Tag gegen
Tag, der andere beurteilt jeden Tag; jeder soll in seinem ei-
genen Sinn erfüllt sein. [6] Der Bedenkende den Tag, für (den)
Herrn bedenkt er; und der Essende, für (den) Herrn ißt er,
denn er dankt Gott; und der nicht Essende, für (den) Herrn
ißt er nicht, und er dankt Gott. [7] Denn keiner von uns lebt
sich selbst, und keiner stirbt sich selbst; [8] denn wenn wir le-
ben, dem Herrn leben wir, wenn wir sterben, dem Herrn
sterben wir. Wenn wir nun leben und wenn wir sterben, des
Herrn sind wir. [9] Denn dazu starb und lebte Christos, damit
sowohl über Tote als auch Lebende er Herr sei. [10] Du aber,
was richtest du deinen Bruder? Oder auch du, was achtest du
gering deinen Bruder? Denn alle werden wir hintreten zum
Richterstuhl Gottes, [11] denn geschrieben ist: *Ich lebe, sagt* Jes 49,18
(der) Herr, daß mir sich beugen wird jedes Knie und jede Jer 22,24 Ez 5,11
Zunge sich bekennen wird zu Gott. [12] Folglich [nun] wird je- Jes 45,23 (G)

der von uns für sich selbst Antwort geben [Gott].

13 Nicht mehr nun wollen wir einander richten; sondern dies beurteilt (viel)mehr, daß ihr nicht setzt einen Anstoß dem Bruder oder ein Ärgernis. 14 Ich weiß und ich bin überzeugt im Herrn Jesus, daß nichts gemein (ist) durch sich selbst, außer für den Urteilenden, daß etwas gemein sei; jenem (ist es) gemein. 15 Denn wenn durch Speise dein Bruder betrübt wird, nicht mehr nach (der) Liebe wandelst du; vernichte nicht jenen mit deiner Speise, für den Christos starb. 16 Nicht werde also gelästert euer Gutes. 17 Denn nicht ist das Königtum Gottes Speise und Trank, sondern Gerechtigkeit und Friede und Freude in heiligem Geist; 18 denn der darin Dienende dem Christos, (ist) wohlgefällig vor Gott und erprobt vor den Menschen. 19 Folglich nun laßt uns das des Friedens verfolgen und das der Erbauung, der für einander. 20 Nicht wegen Speise zerstöre das Werk Gottes! Alles (ist) zwar rein, doch schlecht für den Menschen, den unter Anstoß Essenden. 21 Recht (ist), nicht zu essen Fleisch und nicht zu trinken Wein und nicht (das), an dem dein Bruder sich stößt. 22 Du, (den) Glauben, [den] du hast, habe bei dir selbst vor Gott. Selig der nicht Richtende sich selbst, in (dem), was er für wert hält; 23 der Zweifelnde aber, wenn er ißt, ist verurteilt, weil nicht aus Glauben (er ißt); alles aber, was nicht aus Glauben (geschieht), ist Sünde.

15 1 Wir schulden aber, wir, die Starken, die Schwächen der Kraftlosen zu tragen, und nicht uns selbst
zu gefallen. 2 Jeder von uns soll dem Nächsten gefallen im
Guten zur Erbauung; 3 denn auch der Christos gefiel nicht
Ps 69,10 (G) sich selbst, sondern gleichwie geschrieben ist: *Die Schmähungen der dich Schmähenden fielen auf mich.* 4 Denn wieviel
vorher geschrieben wurde, zu unsrer Belehrung wurde es geschrieben, damit durch die Geduld und durch die Ermutigung
der Schriften die Hoffnung wir haben. 5 Der Gott aber der
Geduld und der Ermutigung gebe euch, dasselbe zu denken
untereinander gemäß Christos Jesus, 6 damit einmütig in einem Mund ihr verherrlicht den Gott und Vater unseres Herrn

Jesus Christos.

[7] Deshalb nehmt einander an, gleichwie auch der Christos
annahm euch zur Herrlichkeit Gottes. [8] Denn ich sage, daß
Christos Diener geworden ist (der) Beschneidung für (die)
Wahrheit Gottes, auf daß er festige die Zusagen der Väter,
[9] die Heiden aber sollen für (das) Erbarmen verherrlichen
Gott, gleichwie geschrieben ist: *Deshalb werde ich mich be-* Ps 18,50 (G)
kennen zu dir unter Heiden und deinen Namen preisen. [10] Und 2 Sam 22,50
wieder sagt er: *Freut euch, Heiden, mit seinem Volk.* [11] Und Dtn 32,43 (G)
wieder: *Lobt, alle Heiden, den Herrn, und loben sollen ihn* Ps 117,1
alle Völker. [12] Und wieder sagt Isaias: *(Es) wird sein die Wur-* Jes 11,10 (G)
zel des Jessai, und der Aufstehende, zu beherrschen (die)
Heiden, auf ihn werden (die) Heiden hoffen. [13] Der Gott der
Hoffnung aber erfülle euch mit aller Freude und (allem) Frie-
den im Glauben, auf daß ihr überfließt in der Hoffnung in
(der) Kraft heiligen Geistes.

[14] Ich aber bin überzeugt, meine Brüder, auch ich selbst von
euch, daß auch selbst ihr voll seid von Güte, erfüllt von aller
Erkenntnis, fähig, auch einander zurechtzuweisen. [15] Gewag-
ter aber schrieb ich euch zum Teil, wie um euch zu erinnern
durch die Gnade, die mir von Gott gegebene, [16] auf daß ich
sei Diener (des) Christos Jesus für die Heiden, priesterlich
verwaltend das Evangelium Gottes, damit die Opfergabe der
Heiden werde wohlannehmbar, geheiligt in heiligem Geist.
[17] Ich habe nun [das] Rühmen in Christos Jesus in bezug auf
das zu Gott: [18] Denn nicht werde ich wagen, etwas zu reden,
was nicht bewirkte Christos durch mich zu Gehorsam (der)
Heiden, durch Wort und Werk, [19] in Kraft von Zeichen und
Wundern, in Kraft (des) Geistes [Gottes]; so daß ich von
Jerusalem (an) und im Umkreis bis Illyrikon erfüllt habe das
Evangelium des Christos, [20] so aber: Mir eine Ehre daraus
machend, (das Evangelium) zu verkünden, nicht wo (schon)
genannt wurde Christos, damit nicht auf fremdem Fundament
ich baue, [21] sondern gleichwie geschrieben ist: *Denen nicht* Jes 52,15 (G)
verkündet wurde über ihn, sie werden sehen, und die nicht

gehört haben, sie werden verstehen.
22 Deshalb auch wurde ich vielfach gehindert, zu kommen
zu euch; 23 jetzt aber nicht mehr Raum habend in diesen Ge-
genden, Verlangen aber habend, zu kommen zu euch seit
vielen Jahren, 24 ob etwa ich reise in die Spania; denn ich
hoffe, durchreisend zu sehen euch und von euch geleitet zu
werden dort(hin), wenn an euch zuerst zum Teil ich gesättigt
sein werde. 25 Jetzt aber reise ich nach Jerusalem, dienend den
Heiligen. 26 Denn (es) hielten für gut Makedonia und Achaia,
ein gewisses Gemeinschaftswerk zu machen für die Armen
der Heiligen, der in Jerusalem. 27 Denn sie hielten (es) für gut
und sie sind ihre Schuldner; denn wenn an ihrem Geistigen
Anteil bekamen die Heiden, schulden sie auch, im Fleischli-
chen ihnen zu dienen. 28 Dies nun vollendend und versiegelnd
ihnen diese Frucht, werde ich weggehen, (bei) euch durch, in
(die) Spania; 29 ich weiß aber, daß ich, kommend zu euch, in
(der) Fülle (des) Segens (des) Christos kommen werde.
30 Ich ermahne euch aber, [Brüder], durch unseren Herrn
Jesus Christos und durch die Liebe des Geistes, mitzukämp-
fen mit mir in den Gebeten für mich zu Gott, 31 damit ich ge-
rettet werde vor den nicht Gehorchenden in der Judaia und
mein Dienst, der für Jerusalem, wohlannehmbar werde den
Heiligen, 32 damit in Freude kommend zu euch durch (den)
Willen Gottes ich ausruhe mit euch. 33 Der Gott des Friedens
aber (sei) mit euch allen, Amen.

16 1 Ich empfehle euch aber Phoibe, unsere Schwester,
die [auch] ist Dienerin der Gemeinde, der in Ken-
chreai, 2 damit ihr sie aufnehmt im Herrn würdig der Heiligen
und ihr beisteht, in welcher Sache immer sie euer bedarf;
denn auch sie wurde Beistand vieler, auch meiner selbst.
3 Grüßt Priska und Akylas, meine Mitarbeiter in Christos
Jesus, 4 welche für mein Leben ihren Nacken hinlegten, denen
nicht nur ich allein danke, sondern auch alle Gemeinden der
Heiden, 5 und (grüßt) die Gemeinde in ihrem Haus. Grüßt
meinen geliebten Epainetos, der Erstling ist der Asia für

Christos. [6]Grüßt Maria, welche viel sich mühte um euch.
[7]Grüßt Andronikos und Junia, meine Volksgenossen und
meine Mitgefangenen, welche ausgezeichnet sind unter den
Aposteln, die auch vor mir gewesen sind in Christos. [8]Grüßt
Ampliatos, meinen im Herrn Geliebten. [9]Grüßt Urbanos, un-
seren Mitarbeiter in Christos, und meinen geliebten Stachys.
[10]Grüßt Apelles, den Erprobten in Christos. Grüßt die von
denen (des) Aristobulos. [11]Grüßt Herodion, meinen Volksge-
nossen. Grüßt die von denen (des) Narkissos, die im Herrn
sind. [12]Grüßt Tryphaina und Tryphosa, die sich Mühenden im
Herrn. Grüßt die geliebte Persis, welche viel sich mühte im
Herrn. [13]Grüßt Ruphos, den Auserwählten im Herrn, und
seine und meine Mutter. [14]Grüßt Asynkritos, Phlegon, Her-
mes, Patrobas, Hermas und die Brüder mit ihnen. [15]Grüßt
Philologos und Julia, Nereus und seine Schwester, und Olym-
pas, und alle Heiligen bei ihnen. [16]Grüßt einander mit heili-
gem Kuß! (Es) grüßen euch alle Gemeinden des Christos.

[17]Ich ermahne euch aber, Brüder, zu achten auf die, welche
die Entzweiungen und die Ärgernisse machen entgegen der
Lehre, die ihr lerntet, und wendet euch weg von ihnen;
[18]denn solche dienen nicht unserem Herrn Christos, sondern
ihrem eigenen Bauch, und durch die Schönrede und (durch)
Segen täuschen sie die Herzen der Arglosen. [19]Denn euer
Gehorsam gelangte zu allen; über euch nun freue ich mich,
ich will aber, daß ihr weise seid hinsichtlich des Guten, un-
verdorben aber hinsichtlich des Schlechten. [20]Der Gott des
Friedens aber wird zerreiben den Satan unter euren Füßen in
Kürze. Die Gnade unseres Herrn Jesus (sei) mit euch.

[21](Es) grüßt euch Timotheos, mein Mitarbeiter, und Lukios
und Jason und Sosipatros, meine Volksgenossen. [22]Ich grüße
euch, ich, Tertios, der Schreibende den Brief, im Herrn. [23](Es)
grüßt euch Gajos, der Gastgeber von mir und der ganzen Ge-
meinde. (Es) grüßt euch Erastos, der Verwalter der Stadt,
und Kuartos, der Bruder.*

* V 24 ist ein sekundärer Zusatz (vgl. V 20b).

[25 Dem aber, der euch stärken kann gemäß meinem Evan-
gelium und der Verkündigung von Jesus Christos, gemäß
(der) Offenbarung (des) Geheimnisses, (des) ewigen Zeiten
verschwiegenen, 26 jetzt aber offenbarten durch prophetische
Schriften gemäß Auftrag des ewigen Gottes, zu Gehorsam
(des) Glaubens (hin) zu allen Völkern kundgetan, 27 (dem)
einzigen weisen Gott, durch Jesus Christos, ihm (sei) die
Herrlichkeit in die Aionen, Amen.]

An (die) Korinthier A

1 1 Paulos, berufener Apostel (des) Christos Jesus durch
(den) Willen Gottes, und Sosthenes, der Bruder, 2 der
Gemeinde Gottes, die ist in Korinthos, (den) Geheiligten in
Christos Jesus, berufenen Heiligen, mit allen Anrufenden den
Namen unseres Herrn Jesus Christos an jedem Ort, (dem) ih-
rigen und (dem) unseren; 3 Gnade euch und Friede von Gott,
unserem Vater, und (dem) Herrn Jesus Christos.

4 Ich danke meinem Gott allzeit für euch wegen der Gnade
Gottes, der euch gegebenen in Christos Jesus, 5 daß in allem
ihr reich wurdet in ihm, in jedem Wort und jeder Erkenntnis,
6 gleichwie das Zeugnis des Christos gefestigt wurde in euch,
7 so daß ihr nicht zurücksteht in irgendeiner Gnadengabe, die
ihr erwartet die Offenbarung unseres Herrn Jesus Christos;
8 der euch auch festigen wird bis (ans) Ende, als Unbescholte-
ne am Tag unseres Herrn Jesus [Christos]. 9 Treu (ist) Gott,
durch den ihr gerufen wurdet in (die) Gemeinschaft seines
Sohnes Jesus Christos, unseres Herrn.

10 Ich ermahne euch aber, Brüder, durch den Namen unse-
res Herrn Jesus Christos, daß dasselbe ihr alle sagt und (daß)
nicht seien unter euch Spaltungen, sondern (daß) ihr seiet
vollendet in demselben Sinn und in derselben Meinung.
11 Denn aufgedeckt wurde mir über euch, meine Brüder, von
denen (der) Chloe, daß Streitereien unter euch sind. 12 Ich
sage aber dies, daß jeder von euch sagt: Ich bin (des) Paulos,
ich aber (des) Apollos, ich aber (des) Kephas, ich aber (des)
Christos. 13 Ist geteilt der Christos? Wurde etwa Paulos ge-
kreuzigt für euch, oder wurdet ihr auf den Namen (des) Pau-
los getauft? 14 Ich danke [Gott], daß keinen von euch ich tauf-
te, außer Krispos und Gajos, 15 damit nicht einer sage, daß auf
meinen Namen ihr getauft wurdet. 16 Ich taufte aber auch
(des) Stephanas Haus, im übrigen weiß ich nicht, ob irgend-

einen anderen ich taufte. [17] Denn nicht schickte mich Christos
zu taufen, sondern (das Evangelium) zu verkünden, nicht in
Weisheit (des) Wortes, damit nicht leer gemacht werde das
Kreuz des Christos.

[18] Denn das Wort des Kreuzes ist denen, die zugrundege-
hen, Torheit, denen aber, die gerettet werden, uns, Kraft
Jes 29,14 Gottes. [19] Denn geschrieben ist: *Zugrunderichten werde ich
die Weisheit der Weisen, und das Verstehen der Verständigen
werde ich verwerfen.* [20] Wo (ist) ein Weiser? Wo ein Schrift-
kundiger? Wo ein Forscher dieses Aions? Machte nicht tö-
richt Gott die Weisheit der Welt? [21] Denn da in der Weisheit
Gottes nicht erkannte die Welt durch die Weisheit Gott, gefiel
es Gott, durch die Torheit der Verkündigung zu retten die
Glaubenden; [22] und während Judaier Zeichen fordern und
Hellenen Weisheit suchen, [23] verkünden wir aber Christos als
Gekreuzigten, (den) Judaiern als Ärgernis, (den) Heiden aber
als Torheit, [24] ihnen aber, den Berufenen, Judaiern und Helle-
nen, Christos als Gottes Kraft und Gottes Weisheit; [25] denn
das Törichte Gottes ist weiser als die Menschen, und das
Schwache Gottes stärker als die Menschen.

[26] Denn seht eure Berufung, Brüder, daß (es) nicht (gibt)
viele Weise nach (dem) Fleisch, nicht viele Mächtige, nicht
viele Hochgeborene; [27] sondern das Törichte der Welt er-
wählte Gott, damit er beschäme die Weisen, und das Schwa-
che der Welt erwählte Gott, damit er beschäme das Starke,
[28] und das Niedriggeborene der Welt und das Geringgeachtete
erwählte Gott, das nicht Seiende, damit er das Seiende ver-
nichte, [29] auf daß nicht sich rühme alles Fleisch vor Gott.
[30] Aus ihm aber seid ihr in Christos Jesus, der uns Weisheit
wurde von Gott, Gerechtigkeit und Heiligung und Erlösung,
Jer 9,22f [31] damit, gleichwie geschrieben ist: *Der sich Rühmende, im
Herrn soll er sich rühmen.*

2 [1] Und ich, kommend zu euch, Brüder, kam nicht mit
Übermaß an Rede oder Weisheit, verkündend euch das
Geheimnis Gottes. [2] Denn ich beschloß, nicht etwas zu wissen
bei euch, außer Jesus Christos, und diesen als Gekreuzigten.

3 Und ich kam in Schwachheit und in Furcht und in vielem
Zittern zu euch, 4 und meine Rede und meine Verkündigung
(bestand) nicht in überredenden [Worten] von Weisheit, son-
dern in Erweis von Geist und Kraft, 5 damit euer Glaube nicht
sei in Weisheit von Menschen, sondern in Kraft Gottes.

6 Weisheit aber reden wir unter den Vollkommenen, Weis-
heit aber nicht dieses Aions, auch nicht der Herrscher dieses
Aions, die vernichtet werden; 7 sondern wir reden Gottes
Weisheit im Geheimnis, die verborgene, die Gott vorherbe-
stimmte vor den Aionen zu unserer Herrlichkeit, 8 die keiner
der Herrscher dieses Aions erkannt hat; denn wenn sie (sie)
erkannt hätten, nicht hätten sie den Herrn der Herrlichkeit
gekreuzigt. 9 Doch gleichwie geschrieben ist: *Was ein Auge* Jes 64,3;
nicht sah und ein Ohr nicht hörte und zum Herzen eines Men- 52,15; 65,16
schen nicht aufstieg, was bereitete Gott den ihn Liebenden. Jer 3,16
10 Uns aber offenbarte (es) Gott durch den Geist; denn der
Geist erforscht alles, auch die Tiefen Gottes. 11 Denn wer von
(den) Menschen weiß das des Menschen, wenn nicht der
Geist des Menschen, der in ihm? (Eben)so erkannte auch das
Gottes keiner, wenn nicht der Geist Gottes. 12 Wir aber, nicht
den Geist der Welt empfingen wir, sondern den Geist aus
Gott, damit wir erkennen das von Gott uns Geschenkte; 13 das
auch reden wir nicht in gelehrten Worten menschlicher Weis-
heit, sondern in gelehrten (Worten des) Geistes, mit Geisti-
gem Geistiges beurteilend. 14 Ein Sinnenmensch aber nimmt
nicht an das des Geistes Gottes; denn Torheit ist es ihm, und
nicht kann er erkennen, weil es geistig beurteilt wird. 15 Der
geistige Mensch aber beurteilt alles, er selbst aber wird von
keinem beurteilt. 16 Denn *wer erkannte (den) Sinn (des)* Jes 40,13 (G)
Herrn, der ihn belehren könnte? Wir haben (den) Sinn (des)
Christos.

3 1 Auch ich, Brüder, nicht konnte ich reden zu euch wie
zu Geistigen, sondern wie zu Fleischlichen, wie zu Un-
mündigen in Christos. 2 Milch gab ich euch zu trinken, nicht
Speise; denn ihr konntet noch nicht. Doch auch noch jetzt
könnt ihr nicht, 3 denn noch seid ihr Fleischliche. Denn wo

bei euch Eifersucht und Streit (sind), seid ihr (da) nicht
Fleischliche und wandelt nach Menschen(art)? 4 Denn wann
einer sagt: Ich bin (des) Paulos, ein anderer aber: Ich (des)
Apollos, seid ihr (da) nicht Menschen? 5 Was nun ist Apollos?
Was aber ist Paulos? Diener, durch die ihr gläubig wurdet,
und (zwar) wie der Herr einem jeden gab. 6 Ich pflanzte,
Apollos goß, aber Gott ließ wachsen; 7 daher ist weder der
Pflanzende etwas, noch der Gießende, sondern der wachsen
lassende Gott. 8 Der Pflanzende aber und der Gießende sind
eins, jeder aber wird den eigenen Lohn empfangen nach der
eigenen Mühe; 9 denn Gottes Mitarbeiter sind wir, Gottes Ac-
kerfeld, Gottes Bau seid ihr. 10 Nach der Gnade Gottes, der
mir gegebenen, legte ich wie ein weiser Baumeister ein Fun-
dament, ein anderer aber baut (darauf) auf. Jeder aber soll
sehen, wie er (darauf) aufbaut. 11 Denn ein anderes Funda-
ment kann keiner legen als das gelegte, das ist Jesus Christos.
12 Wenn aber einer daraufbaut auf das Fundament Gold, Sil-
ber, wertvolle Steine, Hölzer, Heu, Stroh, 13 eines jeden
Werk wird offenbar werden, denn der Tag wird (es) aufdec-
ken, weil in Feuer offenbart wird; und eines jeden Werk, wie
es ist, das Feuer wird [es] prüfen. 14 Wenn jemandes Werk
bleiben wird, das er daraufbaute, Lohn wird er empfangen;
15 wenn jemandes Werk verbrennen wird, wird er bestraft
werden, selbst aber wird er gerettet werden, so aber wie
durch Feuer. 16 Wißt ihr nicht, daß ein Tempel Gottes ihr seid
und (daß) der Geist Gottes in euch wohnt? 17 Wenn einer den
Tempel Gottes vernichtet, vernichten wird diesen Gott; denn
der Tempel Gottes ist heilig, welche ihr seid.

18 Keiner soll sich täuschen; wenn einer meint, weise zu
sein bei euch in diesem Aion, töricht soll er werden, damit er
weise werde. 19 Denn die Weisheit dieser Welt, Torheit ist sie
Ijob 5,12f bei Gott. Denn geschrieben ist: *Der Fangende die Weisen in*
Ps 94,11 (G) *ihrer Verschlagenheit;* 20 und wieder: *(Der) Herr kennt die*
Gedanken der Weisen, *daß sie sind nichtig.* 21 Daher soll kei-
ner sich rühmen bei Menschen; denn alles ist euer, 22 sei es
Paulos, sei es Apollos, sei es Kephas, sei es Welt, sei es Le-

ben, sei es Tod, sei es Gegenwärtiges, sei es Kommendes;
alles (ist) euer, [23] ihr aber (seid des) Christos, Christos aber
(ist) Gottes.

4 [1] So soll uns erachten ein Mensch als Diener (des) Chri-
stos und Verwalter (der) Geheimnisse Gottes. [2] Dabei
wird im übrigen verlangt bei den Verwaltern, daß treu einer
gefunden wird. [3] Mir aber ist es ein Geringstes, daß von euch
ich beurteilt werde oder von einem menschlichen (Gerichts-)
tag; aber auch nicht mich selbst beurteile ich. [4] Denn nichts
bin ich mir bewußt, aber nicht bin ich darin gerechtgespro-
chen, der aber mich Beurteilende ist (der) Herr. [5] Daher rich-
tet nicht vor (der) Zeit über etwas, bis der Herr kommt, der
auch ausleuchten wird das Verborgene der Finsternis und of-
fenbar machen wird die Entschlüsse der Herzen; und dann
wird das Lob einem jeden werden von Gott.

[6] Dieses aber, Brüder, wandte ich an auf mich und Apollos
wegen euch, damit an uns ihr lernt das Nicht-darüber-Hinaus,
was geschrieben ist, damit ihr nicht einer für den einen euch
aufbläht gegen den anderen. [7] Denn wer beurteilt dich? Was
aber hast du, das du nicht empfingst? Wenn du (es) aber auch
empfingst, was rühmst du dich, als hättest du (es) nicht emp-
fangen? [8] Schon seid ihr gesättigt, schon wurdet ihr reich,
ohne uns gelangtet ihr zur Herrschaft; und wäret ihr doch zur
Herrschaft gelangt, damit auch wir mit euch mitherrschen
könnten. [9] Denn ich meine, Gott stellte uns, die Apostel, als
Letzte hin, wie Todgeweihte, weil ein Schauspiel wir wurden
der Welt und Engeln und Menschen. [10] Wir (sind) töricht we-
gen Christos, ihr aber verständig in Christos; wir schwach,
ihr aber stark; ihr glanzvoll, wir aber ungeehrt. [11] Bis zur
Stunde jetzt hungern wir und dürsten wir und sind wir nackt
und werden wir geschlagen und sind wir unstet [12] und mühen
wir uns, arbeitend mit den eigenen Händen; geschmäht seg-
nen wir, verfolgt ertragen wir, [13] verrufen ermahnen wir; wie
Abfälle der Welt wurden wir, aller Abschaum bis jetzt.

[14] Nicht euch beschämend schreibe ich dieses, sondern als
meine geliebten Kinder zurechtweisen[d]. [15] Denn, wenn

zehntausend Lehrmeister ihr hättet in Christos, (so) doch
nicht viele Väter; denn in Christos Jesus durch das Evangeli-
um zeugte ich euch. [16] Ich ermahne euch nun, werdet meine
Nachahmer! [17] Deswegen schickte ich euch Timotheos, der ist
mein geliebtes und treues Kind im Herrn, der euch erinnern
wird an meine Wege, die in Christos [Jesus], gleichwie über-
all in jeder Gemeinde ich lehre. [18] Wie wenn ich aber nicht zu
euch käme, blähten sich einige auf; [19] kommen aber werde ich
schnell zu euch, wenn der Herr will, und ich werde kennen-
lernen nicht die Rede der Aufgeblähten, sondern die Kraft;
[20] denn nicht in Rede (besteht) das Königtum Gottes, sondern
in Kraft. [21] Was wollt ihr? Mit einem Stock soll ich kommen
zu euch oder in Liebe und im Geist (der) Sanftmut?

5 [1] Überhaupt hört man bei euch von Unzucht, und von
einer solchen Unzucht, welche nicht einmal unter den
Heiden, daß einer (die) Frau des Vaters hat. [2] Und ihr, aufge-
bläht seid ihr und nicht (viel)mehr trauertet ihr, damit wegge-
nommen werde aus eurer Mitte, der dieses Werk tat? [3] Denn
ich, abwesend dem Leibe (nach), anwesend aber dem Geist
(nach), habe schon, wie anwesend, verurteilt den, der so dies
vollbrachte: [4] Nachdem im Namen [unseres] Herrn Jesus euer
und mein Geist sich versammelten mit der Kraft unseres
Herrn Jesus, [5] zu übergeben den solchen dem Satan zum Ver-
derben des Fleisches, damit der Geist gerettet wird am Tag
des Herrn. [6] Nicht recht (ist) euer Rühmen. Wißt ihr nicht,
daß ein wenig Sauerteig den ganzen Teig säuert? [7] Räumt aus
den alten Sauerteig, damit ihr seid ein neuer Teig, gleichwie
ihr ungesäuert seid; denn unser Pascha wurde geschlachtet,
Christos. [8] Daher laßt uns feiern nicht in altem Sauerteig und
nicht in Sauerteig von Schlechtigkeit und Bosheit, sondern in
Ungesäuertem von Lauterkeit und Wahrheit. [9] Ich schrieb
euch in dem Brief, nicht euch zu mischen unter Unzüchtige,
[10] nicht überhaupt unter die Unzüchtigen dieser Welt oder die
Habgierigen und Räuber oder Götzendiener, da ihr sonst
müßtet aus der Welt herausgehen. [11] Jetzt aber schrieb ich

euch, nicht euch darunterzumischen, wenn ein Bruder Ge-
nannter ein Unzüchtiger ist oder ein Habgieriger oder Göt-
zendiener oder Lästerer oder Trunksüchtiger oder Räuber,
mit einem solchen auch nicht zusammen zu essen. [12] Denn
was (habe) ich die draußen zu richten? Nicht (einmal) die
drinnen richtet ihr? [13] Die draußen aber wird Gott richten.
Schafft hinaus den Bösen aus eurer (Mitte)! Dtn 17,7 (G)

6 [1] Wagt (es) einer von euch, der eine (Streit)sache hat
gegen den anderen, sein Recht zu suchen bei den Unge-
rechten und nicht bei den Heiligen? [2] Oder wißt ihr nicht, daß
die Heiligen die Welt richten werden? Und wenn durch euch
gerichtet wird die Welt, unzuständig seid ihr für (die) gering-
sten Rechtssachen? [3] Wißt ihr nicht, daß Engel wir richten
werden, dann nicht etwa Alltägliches? [4] Wenn ihr nun alltägli-
che Rechtssachen habt, die Geringgeachteten in der Gemein-
de, diese setzt ihr ein? [5] Zur Beschämung sage ich euch
(dies). So ist unter euch kein Weiser, der urteilen könnte zwi-
schen seinem Bruder (und seinem Bruder)? [6] Sondern Bruder
rechtet mit Bruder, und dies vor Ungläubigen? [7] Schon aber
[nun] ist (es) überhaupt eine Niederlage für euch, daß Rechts-
sachen ihr habt miteinander. Weshalb leidet ihr nicht (viel-)
mehr Unrecht? Weshalb laßt ihr euch nicht (viel)mehr berau-
ben? [8] Doch ihr tut Unrecht und beraubt, und dies (tut ihr)
Brüdern. [9] Oder wißt ihr nicht, daß Ungerechte Gottes König-
tum nicht erben werden? Irrt euch nicht: Weder Unzüchtige
noch Götzendiener noch Ehebrecher noch Weichlinge noch
Mannesschänder [10] noch Diebe noch Habgierige, nicht Trunk-
süchtige, nicht Lästerer, nicht Räuber werden Gottes König-
tum erben. [11] Und dieses wart ihr (zu) etlichen. Doch ihr wur-
det abgewaschen, doch ihr wurdet geheiligt, doch ihr wurdet
gerechtgesprochen im Namen des Herrn Jesus Christos und
im Geist unseres Gottes.

[12] Alles ist mir erlaubt, doch nicht alles nützt; alles ist mir
erlaubt, doch ich werde mich nicht beherrschen lassen von
etwas. [13] Die Speisen (sind) für den Bauch, und der Bauch
(ist) für die Speisen, Gott aber wird diesen und diese ver-

nichten. Der Leib (ist) aber nicht für die Unzucht, sondern
für den Herrn, und der Herr für den Leib; [14] Gott aber er-
weckte den Herrn, und auch uns wird er auferwecken durch
seine Kraft. [15] Wißt ihr nicht, daß eure Leiber Glieder (des)
Christos sind? Soll ich nun die Glieder des Christos, nehmend
(sie), zu einer Dirne Glieder machen? Niemals! [16] [Oder] wißt
ihr nicht, daß der sich an die Dirne Anhängende ein Leib (mit
Gen 2,24 (G) ihr) ist? Denn *(es) werden,* sagt man, *die zwei zu einem
Fleisch.* [17] Der sich an den Herrn Anhängende ist ein Geist
(mit ihm). [18] Flieht die Unzucht! Jede Sünde, die immer ein
Mensch tut, außerhalb des Leibes ist sie; der Unzucht Trei-
bende aber, gegen den eigenen Leib sündigt er. [19] Oder wißt
ihr nicht, daß euer Leib ein Tempel des heiligen Geistes in
euch ist, den ihr habt von Gott, und (daß) ihr nicht euch
selbst gehört? [20] Denn ihr wurdet gekauft um einen Preis;
verherrlicht also Gott in eurem Leib!

7 [1] Über das aber, was ihr schriebt, recht (sei es) für ei-
nen Menschen, eine Frau nicht zu berühren: [2] Wegen
der (Gefahr von) Unzucht aber soll jeder seine Frau haben,
und jede soll den eigenen Mann haben. [3] Der Frau soll der
Mann die Pflicht leisten, gleicherweise aber auch die Frau
dem Mann. [4] Die Frau verfügt nicht über den eigenen Leib,
sondern der Mann, gleicherweise verfügt aber auch der Mann
nicht über den eigenen Leib, sondern die Frau. [5] Entzieht
euch einander nicht, es sei denn etwa im Einvernehmen auf
Zeit, damit ihr euch widmet dem Gebet und wieder zusam-
men seid, damit nicht euch versuche der Satan wegen eurer
Unbeherrschtheit. [6] Dies aber sage ich als Zugeständnis, nicht
als Befehl. [7] Ich will aber, daß alle Menschen sind wie auch
ich; doch jeder hat eine eigene Gnadengabe von Gott, der
eine so, der andere so.

[8] Ich sage aber den Unverheirateten und den Witwen: Recht
(ist es) für sie, wenn sie bleiben wie auch ich; [9] wenn sie aber
nicht sich beherrschen, sollen sie heiraten, denn besser ist es
zu heiraten als zu brennen. [10] Den Verheirateten aber gebiete

ich, nicht ich, sondern der Herr, daß eine Frau vom Mann
sich nicht trennt, [11] – wenn sie sich aber doch trennt, soll sie
unverheiratet bleiben oder mit dem Mann sich versöhnen, –
und daß ein Mann eine Frau nicht entläßt. [12] Den übrigen aber
sage ich, nicht der Herr: Wenn ein Bruder eine ungläubige
Frau hat und diese zustimmt, zu wohnen mit ihm, nicht soll
er sie entlassen; [13] und eine Frau, wenn eine hat einen ungläu-
bigen Mann und dieser zustimmt, zu wohnen mit ihr, nicht
soll sie entlassen den Mann. [14] Denn geheiligt ist der ungläu-
bige Mann durch die Frau, und geheiligt ist die ungläubige
Frau durch den Bruder; denn sonst sind eure Kinder unrein,
jetzt aber sind sie heilig. [15] Wenn aber der Ungläubige sich
trennt, soll er sich trennen; nicht versklavt ist der Bruder oder
die Schwester in solchen (Fällen); in Frieden aber hat euch
gerufen Gott. [16] Denn was weißt du, Frau, ob du den Mann
retten wirst? Oder was weißt du, Mann, ob du die Frau retten
wirst?

[17] Sondern wie jedem zuteilte der Herr, wie jeden gerufen
hat Gott, so soll er wandeln. Und so ordne ich an in allen
Gemeinden. [18] Wurde einer als Beschnittener gerufen, nicht
soll er sich (die Vorhaut) überziehen; ist einer in Vorhaut ge-
rufen, nicht soll er sich beschneiden lassen. [19] Die Beschnei-
dung ist nichts, und die Vorhaut ist nichts, sondern (das)
Halten (der) Gebote Gottes. [20] Jeder in der Berufung, in der er
gerufen wurde, in dieser soll er bleiben. [21] Wurdest du als
Sklave gerufen, nicht soll es dich kümmern; sondern wenn du
auch freiwerden kannst, nutze (es) (viel)mehr. [22] Denn der im
Herrn gerufene Sklave ist ein Freigelassener (des) Herrn,
gleicherweise ist der gerufene Freie ein Sklave (des) Christos.
[23] Für einen Preis wurdet ihr gekauft; werdet nicht Sklaven
von Menschen! [24] Jeder, worin er gerufen wurde, Brüder,
darin soll er bleiben vor Gott.

[25] Über die Jungfrauen aber habe ich kein Gebot (des)
Herrn, eine Meinung aber gebe ich kund als Begnadeter vom
Herrn, glaubwürdig zu sein. [26] Ich meine nun, daß dies recht
ist wegen der bevorstehenden Not, daß recht (ist) für (den)

Menschen das so Sein. [27] Bist du gebunden an eine Frau, su-
che nicht eine Lösung; bist du gelöst von einer Frau, suche
nicht eine Frau! [28] Wenn aber doch du heiratest, nicht sün-
digtest du, und wenn heiratet die Jungfrau, nicht sündigte sie;
Bedrängnis aber für das Fleisch werden solche haben, ich
aber möchte euch verschont (wissen). [29] Dies aber sage ich,
Brüder: Die Zeit ist zusammengedrängt; im übrigen, daß
auch die Frauen Habenden wie nicht Habende seien [30] und die
Weinenden wie nicht Weinende und die sich Freuenden wie
nicht sich Freuende und die Kaufenden wie nicht Besitzende
[31] und die Gebrauchenden die Welt wie nicht Verbrauchende;
denn es vergeht die Gestalt dieser Welt. [32] Ich will aber, daß
ihr sorglos seid. Der Unverheiratete besorgt das des Herrn,
wie er gefalle dem Herrn; [33] der Verheiratete aber besorgt das
der Welt, wie er gefalle der Frau, [34] und er ist geteilt. Und die
unverheiratete Frau und die Jungfrau besorgt das des Herrn,
damit sie sei heilig sowohl am Leib als auch im Geist; die
Verheiratete aber besorgt das der Welt, wie sie gefalle dem
Mann. [35] Dies aber sage ich zu eurem eigenen Nutzen, nicht
damit ich eine Schlinge euch überwerfe, sondern zum An-
stand und (zu) Beharrlichkeit für den Herrn, unabgelenkt.
[36] Wenn aber einer wider Anstand gegen seine Jungfrau zu
handeln meint, wenn sie ist überreif und es so geschehen
muß, was er will, soll er tun, nicht sündigt er, sie sollen hei-
raten. [37] Wer aber fest steht in seinem Herzen, nicht habend
Not, Macht aber hat über den eigenen Willen, und dies be-
schlossen hat im eigenen Herzen, zu bewahren seine Jung-
frau, recht wird er handeln. [38] Daher auch der Verheiratende
seine Jungfrau, recht handelt er, und der nicht Verheiratende,
besser wird er handeln. [39] Eine Frau ist gebunden, für wie
lange Zeit ihr Mann lebt; wenn aber der Mann entschlief, frei
ist sie, wem sie will, sich zu verheiraten, nur (geschehe es)
im Herrn. [40] Seliger aber ist sie, wenn sie so bleibt, nach mei-
ner Meinung; ich meine aber, daß auch ich Geist Gottes habe.

8 1 Über das Götzenopferfleisch aber: Wir wissen, daß
wir alle Erkenntnis haben. Die Erkenntnis bläht auf, die
Liebe aber baut auf; 2 wenn einer meint, etwas erkannt zu ha-
ben, noch nicht erkannte er, wie man erkennen muß; 3 wenn
aber einer Gott liebt, dieser ist erkannt von ihm. 4 Über das
Essen nun des Götzenopferfleisches: Wir wissen, daß kein
Götze in (der) Welt (ist) und daß kein Gott (ist), außer einem.
5 Denn wenn auch sogenannte Götter sind, sei es im Himmel,
sei es auf Erden, wie ja viele Götter sind und viele Herren,
6 doch für uns (ist) ein Gott, der Vater, von dem alles, und
wir auf ihn (hin), und ein Herr Jesus Christos, durch den al-
les, und wir durch ihn.

7 Doch nicht in allen (ist) die Erkenntnis; einige aber, aus
Gewöhnung an den Götzen bis jetzt, essen (es) wie Götzen-
opferfleisch, und ihr Gewissen, weil es schwach ist, wird be-
fleckt. 8 Eine Speise aber wird uns nicht beistehen vor Gott;
weder, wenn wir nicht essen, stehen wir zurück, noch, wenn
wir essen, haben wir mehr. 9 Seht aber (zu), daß nicht etwa
diese eure Vollmacht Anstoß werde den Schwachen! 10 Denn
wenn einer sieht dich, den Erkenntnis Habenden, im Götzen-
haus (zu Tisch) liegend, wird nicht das Gewissen von ihm,
der schwach ist, erbaut werden zum Essen (von) Götzen-
opferfleisch? 11 Denn zugrundegeht der Schwache an deiner
Erkenntnis, der Bruder, um dessentwegen Christos starb.
12 So aber sündigend gegen die Brüder und schlagend ihr Ge-
wissen, das schwach ist, gegen Christos sündigt ihr. 13 Deswe-
gen, wenn eine Speise Anstoß gibt meinem Bruder, nicht esse
ich Fleisch (bis) in den Aion, damit nicht meinem Bruder ich
Anstoß gebe.

9 1 Bin ich nicht frei? Bin ich nicht Apostel? Habe ich
nicht Jesus, unseren Herrn, gesehen? Seid ihr nicht
mein Werk im Herrn? 2 Wenn ich anderen nicht Apostel bin,
aber doch euch bin ich (es); denn das Siegel meines Apostel-
amtes seid ihr im Herrn. 3 Meine Verteidigung gegen die
mich Beurteilenden ist diese: 4 Haben wir etwa nicht Voll-
macht zu essen und zu trinken? 5 Haben wir etwa nicht Voll-

macht, eine Schwester als Frau mitzuführen wie auch die üb-
rigen Apostel und die Brüder des Herrn und Kephas? 6 oder
haben allein ich und Barnabas nicht Vollmacht, nicht zu ar-
beiten? 7 Wer zieht zu Feld für eigenen Sold jemals? Wer
pflanzt einen Weinberg und ißt nicht seine Frucht? Oder wer
weidet eine Herde und ißt nicht von der Milch der Herde?
8 Etwa nach Menschen(art) rede ich dieses, oder sagt nicht
auch das Gesetz dieses? 9 Denn im Gesetz (des) Moyses ist
Dtn 25,4 geschrieben: *Nicht sollst du mit Maulkorb binden (den) dre-
schenden Ochsen. Ist etwa an den Ochsen Gott gelegen,
10 oder redet er wegen uns allenthalben? Denn wegen uns
unde? wurde geschrieben: *(Es) muß auf Hoffnung (hin) der Pflügen-
de pflügen und der Dreschende auf Hoffnung, Anteil zu er-
halten.* 11 Wenn wir euch das Geistige säten, (ist es) groß,
wenn wir von euch das Fleischliche ernten werden? 12 Wenn
andere an eurer Vollmacht teilhaben, (warum) nicht (viel-)
mehr wir? Doch nicht gebrauchten wir diese Vollmacht, son-
dern alles halten wir aus, damit nicht ein Hindernis wir berei-
ten dem Evangelium des Christos. 13 Wißt ihr nicht, daß die
das Heilige Verrichtenden [das] aus dem Heiligtum essen, die
beim Altar Beschäftigten am Altar Anteil gewinnen? 14 So
auch ordnete der Herr an für die das Evangelium Verkünden-
den, vom Evangelium zu leben. 15 Ich aber habe nicht ge-
braucht etwas von diesem. Nicht schrieb ich aber dieses, da-
mit so geschehe an mir; denn recht (ist) für mich, eher zu
sterben als – meinen Ruhm wird keiner entleeren. 16 Denn
wenn ich (das Evangelium) verkünde, nicht ist es mir Ruhm;
denn Zwang liegt auf mir; denn ein Wehe ist mir, wenn ich
nicht verkünde (das Evangelium). 17 Denn wenn freiwillig ich
dies tue, Lohn habe ich; wenn aber unfreiwillig, mit einer
Verwaltung bin ich betraut; 18 was nun ist mein Lohn? Daß
ich, (das Evangelium) verkündend, unentgeltlich bringen wer-
de das Evangelium, auf daß ich nicht gebrauche meine Voll-
macht am Evangelium.

19 Denn, obwohl frei von allen, allen versklavte ich mich,
damit die meisten ich gewinne; 20 und ich wurde den Judaiern

wie ein Judaier, damit Judaier ich gewinne; denen unter
(dem) Gesetz wie unter (dem) Gesetz, obwohl (ich) nicht
selbst unter (dem) Gesetz bin, damit die unter (dem) Gesetz
ich gewinne; [21] den Gesetzlosen wie ein Gesetzloser, obwohl
nicht selbst Gesetzloser Gottes, sondern im Gesetz (des) Chri-
stos, damit ich gewinne die Gesetzlosen; [22] ich wurde den
Schwachen ein Schwacher, damit die Schwachen ich gewin-
ne; allen bin ich geworden alles, damit allenthalben einige ich
rette. [23] Alles aber tue ich wegen des Evangeliums, damit ich
Mitteilhaber an ihm werde.

[24] Wißt ihr nicht, daß die im Stadion Laufenden alle zwar
laufen, einer aber den Kampfpreis empfängt? Lauft so, daß
ihr (ihn) empfangt! [25] Jeder Wettkämpfende aber enthält sich
in allem, jene aber nun, damit einen vergänglichen Kranz sie
empfangen, wir aber einen unvergänglichen. [26] Ich laufe daher
nicht so wie ins Ungewisse, so kämpfe ich mit der Faust nicht
wie ein (in die) Luft Schlagender; [27] sondern ich schinde mei-
nen Leib und versklave (ihn), damit ich nicht etwa, nachdem
ich anderen verkündigt habe, selbst unbewährt werde.

10 [1] Denn nicht will ich, daß ihr nicht wißt, Brüder,
daß unsere Väter alle unter der Wolke waren und
alle durch das Meer hindurchgingen [2] und alle auf Moyses
getauft wurden in der Wolke und im Meer [3] und alle dieselbe
geistige Speise aßen [4] und alle denselben geistigen Trank tran-
ken; denn sie tranken aus einem geistigen, (ihnen) folgenden
Felsen; der Fels aber war der Christos. [5] Doch an den meisten
von ihnen hatte Gott kein Gefallen, denn hingestreckt wurden
sie in der Wüste. [6] Diese (Dinge) aber wurden unsere Vorbil-
der, auf daß wir nicht begierig nach Schlechtem seien, gleich-
wie auch jene begehrten. [7] Und werdet nicht Götzendiener
gleichwie einige von ihnen, wie geschrieben ist: *(Es) setzte* Ex 32,6 (G)
sich das Volk zu essen und zu trinken, und aufstanden sie zu
tanzen. [8] Und nicht wollen wir Unzucht treiben, gleichwie
einige von ihnen Unzucht trieben, und (es) fielen an einem
(einzigen) Tag dreiundzwanzigtausend. [9] Und nicht wollen wir
versuchen den Christos, gleichwie einige von ihnen versuch-

ten und durch die Schlangen zugrundegingen. 10 Und murrt
nicht, gleichwie einige von ihnen murrten und zugrundegin-
gen durch den Verderber. 11 Dieses aber widerfuhr jenen vor-
bildlich, geschrieben wurde es aber zu unserer Zurechtwei-
sung, auf die die Enden der Aionen gekommen sind. 12 Daher,
wer meint zu stehen, soll sehen, (daß) er nicht falle. 13 Versu-
chung hat euch nicht erfaßt, wenn nicht menschliche; treu
aber (ist) Gott, der nicht zulassen wird, daß ihr versucht wer-
det über (das), was ihr könnt, sondern er wird schaffen mit
der Versuchung auch den Ausgang, bestehen zu können.

14 Deswegen, meine Geliebten, flieht vor dem Götzendienst!
15 Wie zu Verständigen rede ich; beurteilt ihr, was ich sage!
16 Der Becher des Segens, den wir segnen, ist er nicht Ge-
meinschaft des Blutes des Christos? Das Brot, das wir bre-
chen, ist es nicht Gemeinschaft des Leibes des Christos?
17 Weil ein Brot, sind wir, die Vielen, ein Leib, denn alle ha-
ben wir teil an dem einen Brot. 18 Seht das Israel nach (dem)
Fleisch; sind nicht die, welche die Opfer essen, Teilhaber des
Altars? 19 Was nun sage ich? Daß Götzenopferfleisch etwas ist
oder daß ein Götze etwas ist? 20 (Nein!) Sondern daß, was sie
opfern, Dämonen und nicht Gott [sie opfern]; nicht will ich
aber, daß ihr Teilhaber der Dämonen werdet. 21 Nicht könnt
ihr (den) Becher (des) Herrn trinken und (den) Becher von
Dämonen, nicht könnt ihr am Tisch (des) Herrn teilhaben und
am Tisch von Dämonen. 22 Oder machen wir eifersüchtig den
Herrn? Sind wir etwa stärker als er?

23 Alles ist erlaubt, doch nicht alles nützt; alles ist erlaubt,
doch nicht alles baut auf. 24 Keiner soll das Seinige suchen,
sondern das des anderen. 25 Alles auf (dem) Fleischmarkt
Verkaufte eßt, nichts nachforschend wegen des Gewissens;
Ps 24,1 26 denn *des Herrn (ist) die Erde und ihre Fülle.* 27 Wenn einer
euch ruft von den Ungläubigen, und ihr wollt hingehen, alles
euch Vorgesetzte eßt, nichts nachforschend wegen des Gewis-
sens. 28 Wenn aber einer zu euch spricht: Dies ist Geopfertes,
eßt nicht wegen jenes Hinweisenden und (wegen) des Gewis-
sens; 29 Gewissen aber meine ich nicht das eigene, sondern

das des anderen. Denn weshalb wird meine Freiheit gerichtet
von einem anderen Gewissen? 30 Wenn ich mit Dank teilhabe,
was werde ich gelästert (für das), wofür ich danke? 31 Ob ihr
nun eßt, ob ihr trinkt, ob ihr (sonst) etwas tut, alles tut zur
Herrlichkeit Gottes! 32 Unanstößig werdet Judaiern und Helle-
nen und der Gemeinde Gottes, 33 gleichwie auch ich in allem
allen gefällig bin, nicht suchend meinen Nutzen, sondern den
der Vielen, damit sie gerettet werden.

11 1 Meine Nachahmer werdet, gleichwie auch ich
(des) Christos!

2 Ich lobe euch aber, daß in allem meiner ihr gedenkt, und,
gleichwie ich überlieferte euch, die Überlieferungen festhal-
tet. 3 Ich will aber, daß ihr wißt, daß von einem jeden Mann
das Haupt der Christos ist, Haupt aber (der) Frau der Mann,
Haupt aber des Christos Gott. 4 Jeder Mann, der betend oder
prophezeiend (etwas) auf (dem) Haupt hat, schändet sein
Haupt. 5 Jede Frau aber, betend oder prophezeiend mit unver-
hülltem Haupt, schändet ihr Haupt; denn ein und dasselbe ist
sie mit der Geschorenen. 6 Denn wenn sich nicht verhüllt eine
Frau, soll sie sich auch die Haare schneiden lassen; wenn
aber schändlich (ist) für eine Frau das Haarabschneiden oder
Scherenlassen, soll sie sich verhüllen. 7 Denn ein Mann muß
nicht verhüllen das Haupt, da er Bild und Abglanz Gottes ist;
die Frau aber ist Abglanz (des) Mannes. 8 Denn nicht ist (der)
Mann aus (der) Frau, sondern (die) Frau aus (dem) Mann;
9 denn auch nicht wurde geschaffen (der) Mann wegen der
Frau, sondern (die) Frau wegen des Mannes. 10 Deswegen
muß die Frau eine Macht haben auf dem Haupt wegen der
Engel. 11 Jedoch (ist) weder (die) Frau ohne (den) Mann, noch
(der) Mann ohne (die) Frau im Herrn; 12 denn wie die Frau
aus dem Mann, so auch der Mann durch die Frau; alles aber
aus Gott. 13 Bei euch selbst urteilt: Ist es schicklich, daß eine
Frau unverhüllt zu Gott betet? 14 Und lehrt nicht die Natur
selbst euch, daß ein Mann, wenn er langes Haar trägt, (es)
eine Unehre für ihn ist, 15 eine Frau aber, wenn sie langes

Haar trägt, (es) eine Ehre für sie ist? Weil das Haar anstatt einer Umhüllung [ihr] gegeben ist. [16] Wenn aber einer meint, streitsüchtig sein (zu müssen), wir haben solche Gewohnheit nicht, auch nicht die Gemeinden Gottes.

[17] Dies aber gebietend, nicht lobe ich, daß ihr nicht zum Besseren, sondern zum Schlechteren zusammenkommt. [18] Denn erstens höre ich, daß, wenn ihr zusammenkommt in Gemeinde, Spaltungen unter euch bestehen, und zum Teil glaube ich (es). [19] Denn es müssen auch Parteiungen unter euch sein, damit [auch] die Bewährten offenbar werden unter euch. [20] Wenn ihr nun zusammenkommt zu eben diesem, nicht ist es ein Herren-Mahl-Essen; [21] denn jeder nimmt das eigene Mahl vorweg beim Essen, und der eine hungert, der andere ist betrunken. [22] Habt ihr denn etwa nicht Häuser zum Essen und Trinken? Oder verachtet ihr die Gemeinde Gottes und beschämt die nichts Habenden? Was soll ich euch sagen? Soll ich euch loben? Darin lobe ich nicht.

[23] Denn ich übernahm vom Herrn, was ich auch überlieferte euch, daß der Herr Jesus in der Nacht, in der er überliefert wurde, Brot nahm [24] und dankend brach und sprach: Dies ist mein Leib für euch; dies tut zu meiner Erinnerung! [25] Ebenso auch den Becher nach dem Essen, sagend: Dieser Becher ist der neue Bund in meinem Blut; dies tut, jedesmal wenn ihr trinkt, zu meiner Erinnerung! [26] Denn jedesmal, wenn ihr eßt dieses Brot und den Becher trinkt, den Tod des Herrn verkündet ihr, bis daß er kommt.

[27] Daher, wer immer ißt das Brot oder trinkt den Becher des Herrn unwürdig, schuldig wird er sein am Leib und am Blut des Herrn. [28] Prüfen aber soll sich ein Mensch, und so von dem Brot soll er essen und aus dem Becher trinken; [29] denn der Essende und Trinkende, ein Gericht ißt und trinkt er sich, nicht unterscheidend den Leib. [30] Deswegen (sind) unter euch viele Schwache und Kranke und entschlafen etliche. [31] Wenn aber uns selbst wir beurteilten, nicht würden wir gerichtet; [32] gerichtet aber von [dem] Herrn werden wir gezüchtigt, damit nicht mit der Welt wir verurteilt werden. [33] Daher, meine

Brüder, wenn ihr zusammenkommt zum Essen, erwartet ein-
ander! [34] Wenn einer hungert, in (seinem) Haus soll er essen,
damit nicht zum Gericht ihr zusammenkommt. Das Übrige
aber werde ich, sobald ich komme, anordnen.

12 [1] Über die Geistesgaben aber, Brüder: Nicht will
ich, daß ihr unwissend seid. [2] Ihr wißt, daß ihr, als
Heiden ihr wart, zu den stummen Götzen – wie ihr immer
getrieben wurdet – fortgetrieben (wurdet). [3] Deshalb tue ich
euch kund, daß keiner im Geist Gottes redend sagt: Verflucht
(ist) Jesus, und keiner kann sagen: Herr (ist) Jesus, außer in
heiligem Geist.

[4] Unterschiede aber (der) Gnadengaben sind, aber derselbe
Geist; [5] und Unterschiede (der) Dienste sind, doch derselbe
Herr; [6] und Unterschiede (der) Wirkungen sind, aber derselbe
Gott, der Wirkende alles in allen. [7] Jedem aber wird gegeben
die Offenbarung des Geistes zum Nutzen. [8] Denn dem einen
wird durch den Geist gegeben Rede (der) Weisheit, einem
anderen aber Rede (der) Erkenntnis nach demselben Geist,
[9] einem weiteren Glaube in demselben Geist, einem anderen
aber Gnadengaben (der) Heilungen in dem einen Geist, [10] ei-
nem anderen Wirkmöglichkeiten zu Kraft(taten), einem ande-
ren [aber] Prophetengabe, einem anderen [aber] Unterschei-
dungen (der) Geister, einem weiteren Arten von Zungen
(-rede), einem anderen aber Auslegung von Zungen(rede);
[11] alles dieses aber wirkt der eine und derselbe Geist, zutei-
lend eigens einem jeden, gleichwie er will.

[12] Denn gleichwie der Leib einer ist und viele Glieder hat,
alle Glieder aber des Leibes, obwohl viele, ein Leib sind, so
auch der Christos; [13] denn auch in einem Geist wurden wir
alle in einen Leib getauft, seien es Judaier, seien es Hellenen,
seien es Sklaven, seien es Freie, und alle wurden wir mit ei-
nem Geist getränkt. [14] Denn auch der Leib ist nicht ein Glied,
sondern viele. [15] Wenn spräche der Fuß: Weil nicht Hand ich
bin, nicht bin ich vom Leib, ist er nicht deswegen (doch) vom
Leib? [16] Und wenn spräche das Ohr: Weil nicht Auge ich bin,

nicht bin ich vom Leib, ist es nicht deswegen (doch) vom Leib? 17 Wenn der ganze Leib Auge, wo das Gehör? Wenn ganz Gehör, wo der Geruch? 18 Jetzt aber setzte Gott die Glieder, ein jedes von ihnen im Leib, gleichwie er wollte. 19 Wenn aber alles wäre ein Glied, wo der Leib? 20 Jetzt aber zwar viele Glieder, aber ein Leib. 21 Nicht kann aber das Auge sprechen zur Hand: Ich habe dich nicht nötig, oder wieder der Kopf zu den Füßen: Ich habe euch nicht nötig; 22 doch um vieles mehr sind die schwächer zu sein scheinenden Glieder des Leibes notwendig, 23 und welche uns weniger ehrbar zu sein scheinen am Leib, diesen erteilen wir besondere Ehre, und die unanständigen an uns haben besondere Anständigkeit, 24 die anständigen aber an uns haben (sie) nicht nötig. Doch Gott fügte zusammen den Leib, dem Mangelhaften besondere Ehre gebend, 25 damit nicht Spaltung sei im Leib, sondern die Glieder um dasselbe für einander sorgen. 26 Und sei es, ein Glied leidet, mitleiden alle Glieder; sei es, geehrt wird [ein] Glied, mitfreuen sich alle Glieder. 27 Ihr aber seid Leib (des) Christos und Glieder als Teil. 28 Und die einen setzte Gott in der Gemeinde erstens zu Aposteln, zweitens zu Propheten, drittens zu Lehrern, dann (Wunder)kräfte, dann Gnadengaben zu Heilungen, Hilfeleistungen, Führungsgaben, Arten von Zungen(rede). 29 (Sind) etwa alle Apostel? Etwa alle Propheten? Etwa alle Lehrer? (Haben) etwa alle (Wunder)kräfte? 30 Haben etwa alle Gnadengaben zu Heilungen? Reden etwa alle in Zungen? Legen etwa alle aus? 31 Erstrebt aber die größeren Gnadengaben!

Und einen Weg noch darüber hinaus zeige ich euch.

13 1 Wenn ich mit den Zungen der Menschen rede und der Engel, Liebe aber nicht habe, bin ich geworden ein hallendes Kupfer(becken) oder ein gellendes Kymbalon. 2 Und wenn ich habe eine Prophetengabe und weiß die Geheimnisse alle und alle Erkenntnis und wenn ich habe allen Glauben, so daß ich Berge versetze, Liebe aber nicht habe, nichts bin ich. 3 Und wenn ich verteile all meinen Besitz und wenn ich übergebe meinen Leib, damit ich gerühmt werde,

Liebe aber nicht habe, nichts nützt es mir.
4 Die Liebe ist großmütig, freundlich ist die Liebe, nicht ei-
fert sie, [die Liebe] prahlt nicht, nicht bläht sie sich auf,
5 nicht handelt sie unanständig, nicht sucht sie das Ihre, nicht
läßt sie sich erzürnen, nicht rechnet sie an das Schlechte,
6 nicht freut sie sich über das Unrecht, aber sie freut sich mit
an der Wahrheit; 7 alles deckt sie zu, alles glaubt sie, alles
hofft sie, alles erträgt sie.
8 Die Liebe fällt niemals; seien es aber Prophetengaben, sie
werden vernichtet werden; seien es Zungen(reden), sie wer-
den aufhören; sei es Erkenntnis, sie wird vernichtet werden.
9 Denn stückweise erkennen wir, und stückweise prophezeien
wir. 10 Wann aber kommt das Vollkommene, wird das Stück-
weise vernichtet werden. 11 Als ich unmündig war, redete ich
wie ein Unmündiger, dachte ich wie ein Unmündiger, urteilte
ich wie ein Unmündiger; als ich ein Mann geworden, habe
ich vernichtet das des Unmündigen. 12 Denn wir sehen jetzt
durch einen Spiegel im Rätsel, dann aber Angesicht zu Ange-
sicht; jetzt erkenne ich stückweise, dann aber werde ich ganz
erkennen, gleichwie auch ich ganz erkannt wurde. 13 Jetzt
aber bleibt Glaube, Hoffnung, Liebe, diese drei: (Das)
Größte aber von diesen (ist) die Liebe.

14 1 Jagt der Liebe nach, erstrebt aber die Geistesga-
ben, mehr aber, daß ihr prophezeit. 2 Denn der Zun-
genredende, nicht zu Menschen redet er, sondern zu Gott;
denn keiner hört, im Geiste aber redet er Geheimnisse; 3 der
Prophezeiende aber redet (den) Menschen Erbauung und Er-
mutigung und Tröstung. 4 Der Zungenredende erbaut sich
selbst; der Prophezeiende aber erbaut Gemeinde. 5 Ich will
aber, daß ihr alle redet mit Zungen, mehr aber, daß ihr pro-
phezeit; größer aber (ist) der Prophezeiende als der mit Zun-
gen Redende, außer wenn er auslegt, damit die Gemeinde Er-
bauung empfängt.
6 Jetzt aber, Brüder, wenn ich komme zu euch mit Zungen
redend, was werde ich euch nützen, wenn ich nicht zu euch
rede entweder in Offenbarung oder in Erkenntnis oder in

Prophetie oder [in] Lehre? [7]Gleichfalls das Unbelebte, das
einen Laut gibt, sei es Flöte, sei es Kithara, wenn es eine
Unterscheidung für die Töne nicht gäbe, wie wird erkannt
werden das auf der Flöte oder das auf der Kithara Gespielte?
[8]Denn auch wenn eine Trompete einen undeutlichen Laut
gibt, wer wird sich rüsten zum Krieg? [9]So auch ihr, wenn ihr
nicht durch die Zunge verständliche Rede gebt, wie wird er-
kannt werden das Geredete? Denn ihr werdet in (die) Luft
Redende sein. [10]Soviele Arten von Sprachen etwa sind in
(der) Welt, und nichts (ist) sprachlos; [11]wenn ich nun nicht
kenne die Kraft der Sprache, werde ich sein dem Redenden
ein Fremder und der Redende für mich ein Fremder. [12]So
auch ihr, da ihr Eiferer seid um Geister, strebt nach der Er-
bauung der Gemeinde, damit ihr überfließt!

[13]Deshalb soll der Zungenredende beten, daß er (es) ausle-
gen (könne). [14][Denn] wenn ich bete mit Zunge, betet mein
Geist, mein Verstand aber ist unfruchtbar. [15]Was ist nun?
Beten werde ich mit dem Geist, beten werde ich aber auch
mit dem Verstand; preisen werde ich mit dem Geist, preisen
werde ich aber auch mit dem Verstand. [16]Daher, wenn du
preist [im] Geist, der den Platz des Nichteingeweihten Ein-
nehmende, wie soll er das Amen sprechen auf deine Danksa-
gung? Da er, was du redest, nicht weiß; [17]denn du dankst
zwar recht, doch der andere wird nicht erbaut. [18]Ich danke
Gott, mehr als ihr alle rede ich mit Zungen; [19]doch in (der)
Gemeinde will ich (lieber) fünf Worte mit meinem Verstand
reden, damit auch andere ich unterrichte, als zehntausend
Worte in Zunge(nrede).

[20]Brüder, werdet nicht Kinder in den Einsichten, doch in
der Schlechtigkeit werdet unmündig, in den Einsichten aber
Jes 28,11f werdet vollkommen! [21]Im Gesetz ist geschrieben: *In anderen
Zungen und in Lippen von anderen werde ich reden zu diesem
Volk, und auch nicht so werden sie auf* mich *hören,* sagt (der)
Herr. [22]Daher sind die Zungen zum Zeichen nicht für die
Glaubenden, sondern für die Ungläubigen, die Prophetengabe
aber (ist) nicht für die Ungläubigen, sondern für die Glauben-

den. 23 Wenn nun zusammenkommt die ganze Gemeinde zu
eben diesem und alle reden mit Zungen, (es) kommen aber
herein Nichteingeweihte oder Ungläubige, werden sie nicht
sagen, daß ihr verrückt seid? 24 Wenn aber alle prophezeien,
(es) kommt aber herein ein Ungläubiger oder Nichteingeweih-
ter, überführt wird er von allen, beurteilt wird er von allen,
25 das Verborgene seines Herzens wird offenbar, und so, fal-
lend auf (das) Gesicht, huldigen wird er Gott, verkündend,
daß *wirklich Gott in euch ist.* Jes 45,14

26 Was ist nun, Brüder? Wann ihr zusammenkommt, hat je-
der einen Psalm, hat eine Lehre, hat eine Offenbarung, hat
eine Zunge(nrede), hat eine Auslegung; alles soll zur Erbau-
ung geschehen. 27 Sei es, daß einer mit Zunge redet, zu zwei-
en oder höchstens dreien und der Reihe nach, und einer soll
auslegen; 28 wenn aber nicht (da) ist ein Ausleger, schweigen
soll er in (der) Gemeinde, zu sich aber soll er reden und zu
Gott. 29 Propheten aber sollen zwei oder drei reden, und die
anderen sollen beurteilen; 30 wenn aber einem anderen Da-
sitzenden (etwas) offenbart wird, soll der erste schweigen.
31 Denn ihr könnt einzeln alle prophezeien, damit alle lernen
und alle ermahnt werden. 32 Und (die) Geister von Propheten
ordnen sich (den) Propheten unter, 33 denn nicht ist er (der)
Unordnung Gott, sondern (des) Friedens.

Wie in allen Gemeinden der Heiligen 34 sollen die Frauen in
den Gemeinde(versammlungen) schweigen; denn nicht ist ih-
nen erlaubt zu reden, sondern sie sollen sich unterordnen,
gleichwie auch das Gesetz sagt. 35 Wenn sie aber etwas lernen
wollen, zu Hause sollen sie die eigenen Männer befragen;
denn schändlich ist es für eine Frau, zu reden in (einer) Ge-
meinde(versammlung). 36 Oder ging von euch das Wort Gottes
aus, oder gelangte es zu euch allein?

37 Wenn einer meint, ein Prophet zu sein oder ein Geistbe-
gabter, soll er anerkennen, was ich euch schreibe, daß (des)
Herrn Gebot (es) ist; 38 wenn aber einer (das) nicht anerkennt,
wird er nicht anerkannt. 39 Daher, [meine] Brüder, eifert um
das Prophezeien und das Reden mit Zungen hindert nicht;

40 alles aber soll anständig und nach Ordnung geschehen!

15 1 Ich tue euch aber kund, Brüder, das Evangelium,
das ich euch verkündete, das ihr auch übernahmt, in
dem ihr auch steht, 2 durch das ihr auch gerettet werdet, wenn
ihr festhaltet, in welchem Sinn ich euch (das Evangelium)
verkündete, außer wenn etwa grundlos ihr gläubig wurdet.
3 Denn ich überlieferte euch an erster (Stelle), was ich auch
übernahm, daß Christos starb für unsere Sünden nach den
Schriften 4 und daß er begraben wurde und daß er erweckt
worden ist am dritten Tag nach den Schriften 5 und daß er er-
schien Kephas, dann den Zwölf; 6 danach erschien er über
fünfhundert Brüdern auf einmal, von denen die meisten blei-
ben bis jetzt, einige aber entschliefen; 7 danach erschien er Ja-
kobos, dann den Aposteln allen; 8 zuletzt aber von allen,
gleichsam wie der Fehlgeburt, erschien er auch mir. 9 Denn
ich bin der geringste der Apostel, der ich nicht geeignet bin,
gerufen zu werden Apostel, weil ich verfolgte die Gemeinde
Gottes; 10 durch Gnade Gottes aber bin ich, was ich bin, und
seine Gnade, die für mich, nicht leer wurde sie, sondern
reichlicher als sie alle mühte ich mich, nicht ich aber, son-
dern die Gnade Gottes, [die] mit mir. 11 Sei es nun ich, seien
es jene, so verkünden wir, und so wurdet ihr gläubig.

12 Wenn aber Christos verkündet wird, daß aus Toten er
erweckt worden ist, wie sagen bei euch einige, daß es Aufer-
stehung Toter nicht gibt? 13 Wenn es aber Auferstehung Toter
nicht gibt, ist auch Christos nicht erweckt worden; 14 wenn
aber Christos nicht erweckt worden ist, leer (ist) also [auch]
unsere Verkündigung, leer auch euer Glaube; 15 erfunden
werden wir aber auch als Falschzeugen Gottes, weil wir be-
zeugten gegen Gott, daß er erweckte den Christos, den er
nicht erweckte, da doch also Tote nicht erweckt werden.
16 Denn wenn Tote nicht erweckt werden, ist auch Christos
nicht erweckt worden; 17 wenn aber Christos nicht erweckt
worden ist, nichtig (ist) euer Glaube, (und) noch seid ihr in
euren Sünden; 18 also gingen auch die Entschlafenen in Chri-

stos verloren. [19] Wenn wir in diesem Leben auf Christos ge-
hofft haben allein, bemitleidenswerter als alle Menschen sind
wir.

[20] Jetzt aber ist Christos erweckt worden aus Toten als
Erstling der Entschlafenen. [21] Denn da durch einen Menschen
(der) Tod, (kam) auch durch einen Menschen (die) Auferste-
hung Toter. [22] Denn wie in Adam alle sterben, so werden
auch in Christos alle lebendig gemacht werden. [23] Jeder aber
in der eigenen Ordnung: Als Erstling Christos, danach die des
Christos bei seiner Ankunft, [24] dann das Ende, wann er über-
gibt die Herrschaft dem Gott und Vater, wann er vernichtet
hat jede Hoheit und jede Macht und Kraft. [25] Denn er muß
herrschen, bis daß *er legt* alle *Feinde unter* seine *Füße*. [26] Als Ps 110,1
letzter Feind wird vernichtet der Tod; [27] denn *alles unterwarf* Ps 8,7
er unter seine Füße. Wann er aber spricht: Alles ist unterwor-
fen, (ist) offenbar: außer dem Unterwerfenden ihm alles.
[28] Wann aber unterworfen wurde ihm alles, dann wird [auch]
der Sohn selbst sich unterwerfen dem Unterwerfenden ihm
alles, damit sei Gott alles in allem.

[29] Denn was werden (sonst) tun, die sich für die Toten tau-
fen lassen? Wenn überhaupt Tote nicht erweckt werden, was
noch lassen sie sich taufen für sie? [30] Was auch sind wir in
Gefahr jede Stunde? [31] Täglich sterbe ich, wahrhaftig (bei
meinem) Rühmen (über) euch, [Brüder], das ich habe in
Christos Jesus, unserem Herrn. [32] Wenn ich nach Menschen
(-art) mit Bestien kämpfte in Ephesos, was (wäre) mir der
Nutzen? Wenn Tote nicht erweckt werden, *wollen wir essen* Jes 22,13 (G)
und trinken, denn morgen sterben wir. [33] Irrt nicht: (Es) ver-
derben schlechte Gesellschaften gute Sitten. [34] Werdet nüch-
tern in rechter Weise und sündigt nicht, denn Unkenntnis
Gottes haben einige; zur Beschämung rede ich zu euch.

[35] Doch sagen wird einer: Wie werden erweckt die Toten?
Mit welchem Leib aber kommen sie? [36] Unverständiger, du,
was du säst, wird nicht lebendig gemacht, wenn es nicht
stirbt; [37] und was du säst, nicht den Leib, der sein wird, säst
du, sondern ein nacktes Korn, etwa von Getreide oder einem

der übrigen; [38] Gott aber gibt ihm einen Leib, gleichwie er
wollte, und jedem der Samen einen eigenen Leib. [39] Nicht je-
des Fleisch (ist) dasselbe Fleisch, sondern ein anderes (der)
Menschen, ein anderes Fleisch aber (des) Viehs, ein anderes
Fleisch aber (der) Vögel, ein anderes aber (der) Fische.
[40] Und himmlische Leiber, und irdische Leiber: Doch anders-
artig (ist) der Glanz der himmlischen, andersartig aber der
der irdischen. [41] Ein anderer (der) Glanz (der) Sonne, und ein
anderer (der) Glanz (des) Mondes, und ein anderer (der)
Glanz (der) Sterne; denn Stern von Stern unterscheidet sich
im Glanz. [42] So auch die Auferstehung der Toten. Gesät wird
in Verweslichkeit, erweckt wird in Unverweslichkeit; [43] gesät
wird in Unehre, erweckt wird in Ehre; gesät wird in
Schwachheit, erweckt wird in Kraft; [44] gesät wird ein Sinnen-
leib, erweckt wird ein geistiger Leib. Wenn es einen Sinnen-
leib gibt, gibt es auch einen geistigen. [45] So ist auch geschrie-
Gen 2,7 (G) ben: *Es wurde der* erste *Mensch* Adam *zu lebender Seele,* der
letzte Adam zu lebendig machendem Geist. [46] Doch nicht zu-
erst das Geistige, sondern das Sinnliche, danach das Geistige.
[47] Der erste Mensch (ist) von (der) Erde, erdhaft, der zweite
Mensch vom Himmel. [48] Wie der Erdhafte, so auch die Erd-
haften, und wie der Himmlische, so auch die Himmlischen;
[49] und gleichwie wir trugen das Bild des Erdhaften, werden
wir tragen auch das Bild des Himmlischen.

[50] Dies aber sage ich, Brüder, daß Fleisch und Blut das Kö-
nigtum Gottes nicht erben kann, auch nicht erbt die Verwes-
lichkeit die Unverweslichkeit. [51] Siehe, ein Geheimnis sage
ich euch: Nicht alle werden wir entschlafen, alle aber werden
wir verwandelt werden, [52] im Nu, im Augenblick, bei der
letzten Trompete; denn sie wird trompeten, und die Toten
werden erweckt werden als Unverwesliche, und wir werden
verwandelt werden. [53] Denn es muß dies Verwesliche anzie-
hen Unverweslichkeit und dies Sterbliche anziehen Unsterb-
lichkeit. [54] Wann aber dies Verwesliche anzog Unverweslich-
keit und dies Sterbliche anzog Unsterblichkeit, dann wird ge-
Jes 25,8 schehen das Wort, das geschriebene: *Verschlungen wurde der*

Tod in (den) Sieg. 55 *Wo (ist), Tod, dein Sieg? Wo, Tod, dein* Hos 13,14
Stachel? 56 Der Stachel aber des Todes (ist) die Sünde, die
Kraft aber der Sünde das Gesetz; 57 Gott aber Dank, dem Ge-
benden uns den Sieg durch unseren Herrn Jesus Christos.
58 Daher, meine geliebten Brüder, werdet fest, unbewegbar,
überfließend im Werk des Herrn allzeit, wissend, daß eure
Mühe nicht leer ist im Herrn.

16 1 Über die Sammlung aber, die für die Heiligen
Wie ich anordnete den Gemeinden der Galatia, so
tut auch ihr! 2 Jeden ersten (der) Woche soll jeder von euch
bei sich zurücklegen, ansammelnd, was immer etwa (ihm)
gelingt, damit nicht, wann ich komme, dann Sammlungen
sind. 3 Wann aber ich ankomme, diese werde ich, wenn ihr
sie prüftet, mit Briefen schicken, wegzubringen eure Gabe
nach Jerusalem; 4 wenn es aber wert ist, daß auch ich reise,
werden sie mit mir reisen.

5 Kommen aber werde ich zu euch, wann ich Makedonia
durchziehe; denn Makedonia durchziehe ich, 6 bei euch aber
womöglich werde ich bleiben oder auch überwintern, damit
ihr mich geleitet, wohin immer ich reise. 7 Denn nicht will ich
euch jetzt auf (der) Durchreise sehen, denn ich hoffe, einige
Zeit zu bleiben bei euch, wenn der Herr (es) erlaubt. 8 Blei-
ben aber werde ich in Ephesos bis zum Pfingstfest; 9 denn
eine Tür hat sich mir geöffnet, groß und wirksam, und viele
Gegner.

10 Wenn aber Timotheos kommt, seht (zu), daß er furchtlos
sei bei euch; denn das Werk (des) Herrn wirkt er, wie auch
ich; 11 daß nicht einer nun ihn geringachte! Geleitet ihn aber
in Frieden, damit er kommt zu mir; denn ich erwarte ihn mit
den Brüdern. 12 Über Apollos aber, den Bruder: Vielfach bat
ich ihn, daß er komme zu euch mit den Brüdern; und durch-
aus nicht war es (sein) Wille, daß er jetzt kommt; er wird
aber kommen, wann er rechte Zeit findet.

13 Wacht, steht im Glauben, ermannt euch, erstarkt! 14 Alles
(bei) euch soll in Liebe geschehen.

[15] Ich ermahne euch aber, Brüder: Ihr kennt das Haus von
Stephanas, daß es ist Erstling der Achaia und sie sich selbst in
(den) Dienst für die Heiligen einordneten; [16] damit auch ihr
euch unterordnet solchen und jedem Mitarbeitenden und sich
Mühenden. [17] Ich freue mich aber über die Ankunft von Ste-
phanas und Fortunatos und Achaikos, weil euren Mangel
diese ausfüllten; [18] denn sie beruhigten meinen Geist und den
von euch. Anerkennt nun solche!

[19] (Es) grüßen euch die Gemeinden der Asia. (Es) grüßt
euch im Herrn vielmals Akylas und Priska mit der Gemeinde
in ihrem Haus. [20] (Es) grüßen euch die Brüder alle. Grüßt ein-
ander mit heiligem Kuß!

[21] Der Gruß durch meine, des Paulos Hand. [22] Wenn einer
nicht liebt den Herrn, soll er verflucht sein. Maranatha. [23] Die
Gnade des Herrn Jesus (sei) mit euch. [24] Meine Liebe (ist) mit
euch allen in Christos Jesus.

An (die) Korinthier B

1 1 Paulos, Apostel (des) Christos Jesus durch (den) Wil-
len Gottes, und Timotheos, der Bruder, der Gemeinde
Gottes, die ist in Korinthos, mit den Heiligen allen, die sind
in der ganzen Achaia; 2 Gnade euch und Friede von Gott, un-
serem Vater, und (dem) Herrn Jesus Christos.

3 Gelobt der Gott und Vater unseres Herrn Jesus Christos,
der Vater der Erbarmungen und Gott jeder Ermutigung, 4 der
uns Ermutigende bei all unserer Bedrängnis, auf daß wir er-
mutigen können die in jeder Bedrängnis durch die Ermuti-
gung, (mit) der wir selbst ermutigt werden von Gott. 5 Denn
gleichwie überfließen die Leiden des Christos auf uns, so
fließt durch den Christos über auch unsere Ermutigung. 6 Sei
es aber, daß wir bedrängt werden, für eure Ermutigung und
Rettung; sei es, daß wir ermutigt werden, für eure Ermuti-
gung, die sich auswirkende im Erdulden derselben Leiden,
die auch wir leiden. 7 Und unsere Hoffnung (ist) fest für euch,
wissend, daß, wie Teilhaber ihr seid der Leiden, so auch der
Ermutigung.

8 Denn nicht wollen wir, daß ihr nicht (Bescheid) wißt,
Brüder, über unsere Bedrängnis, die in der Asia geschehene,
daß im Übermaß über Kraft wir beschwert wurden, so daß
wir verzweifelten sogar am Leben; 9 sondern bei uns selbst
haben wir das Urteil zum Tod erhalten, damit nicht Vertrau-
ende wir seien auf uns selbst, sondern auf Gott, den Erwec-
kenden die Toten; 10 der aus einem solchen Tod uns rettete
und retten wird, auf den wir gehofft haben, [daß] er auch fer-
ner retten wird, 11 wobei auch ihr mitwirkt für uns durch das
Gebet, damit aus vielen Gesichtern die Gnadengabe an uns
durch viele bedankt werde für uns.

12 Denn unser Rühmen ist dies, das Zeugnis unseres Gewis-
sens, daß wir in Einfalt und Lauterkeit Gottes, [und] nicht in

fleischlicher Weisheit, sondern daß wir in (der) Gnade Gottes
uns verhielten in der Welt, über die Maßen aber gegen euch.
13 Denn nichts anderes schreiben wir euch, außer was ihr lest
und versteht; ich hoffe aber, daß bis zum Ende ihr verstehen
werdet, 14 gleichwie ihr auch verstandet uns zum Teil, daß
euer Ruhm wir sind, gleichwie auch ihr unserer am Tag [un-
seres] Herrn Jesus.

15 Und in diesem Vertrauen wollte ich früher zu euch kom-
men, damit eine zweite Gnade ihr hättet, 16 und bei euch
durchziehen nach Makedonia und wieder von Makedonia zu
euch kommen und von euch geleitet werden in die Judaia.
17 Dies nun wollend, verfuhr ich also mit Leichtsinn? Oder
was ich beschließe, beschließe ich nach (dem) Fleisch, damit
sei bei mir das Ja, Ja, auch das Nein, Nein? 18 Treu aber (ist)
Gott, daß unser Wort, das an euch, nicht ist Ja und Nein.
19 Denn der Sohn Gottes, Jesus Christos, der bei euch durch
uns Verkündete, durch mich und Siluanos und Timotheos,
nicht wurde Ja und Nein, sondern Ja ist in ihm geworden.
20 Denn soviele Zusagen Gottes, in ihm (ist) das Ja; deshalb
auch durch ihn das Amen für Gott zur Herrlichkeit durch uns.
21 Der aber Festigende uns mit euch auf Christos (hin) und
Salbende uns (ist) Gott, 22 der auch versiegelt hat uns und ge-
geben hat die Anzahlung des Geistes in unsere Herzen.

23 Ich aber anrufe als Zeugen Gott gegen meine Seele, daß,
schonend euch, ich nicht mehr kam nach Korinthos. 24 Nicht
daß wir herrschen über euren Glauben, sondern Mitarbeiter
sind wir eurer Freude; denn im Glauben steht ihr.

2
1 Denn ich beschloß bei mir dies, nicht wieder in Be-
trübnis zu euch zu kommen. 2 Denn wenn ich euch be-
trübe, und wer (ist) der mich Erfreuende, wenn nicht der von
mir Betrübte? 3 Und ich schrieb eben dies, damit nicht, kom-
mend, Betrübnis ich hätte von denen, über die ich mich freu-
en müßte, vertrauend auf euch alle, daß meine Freude euer
aller ist. 4 Denn aus vieler Bedrängnis und Beklemmung (des)
Herzens schrieb ich euch unter vielen Tränen, nicht damit ihr
betrübt werdet, sondern damit ihr die Liebe erkennt, die ich

habe über die Maßen zu euch.
[5] Wenn aber einer betrübt hat, nicht mich hat er betrübt,
sondern zum Teil, damit ich nicht übertreibe, euch alle. [6] Ge-
nug für den so Beschaffenen diese Strafe, die von der Mehr-
zahl, [7] so daß im Gegenteil ihr mehr verzeiht und ermutigt,
damit nicht etwa durch die übermäßigere Betrübnis verschlun-
gen werde der so Beschaffene. [8] Deshalb ermahne ich euch,
euch zu entscheiden zur Liebe zu ihm; [9] denn dazu schrieb ich
auch, damit ich erkenne eure Bewährung, ob in allem Gehor-
same ihr seid. [10] Wem ihr aber etwas verzeiht, (verzeihe) auch
ich; denn auch ich, was ich verziehen habe, wenn ich etwas
verziehen habe, wegen euch (habe ich verziehen) im Ange-
sicht (des) Christos, [11] damit wir nicht übervorteilt werden
vom Satan; denn nicht verkennen wir seine Gedanken.

[12] Als ich aber kam nach Troas für das Evangelium des
Christos und als eine Tür mir geöffnet worden ist im Herrn,
[13] hatte ich nicht Ruhe für meinen Geist, weil ich nicht fand
Titos, meinen Bruder, sondern, mich verabschiedend von ih-
nen, wegging ich nach Makedonia.

[14] Gott aber Dank, dem allzeit uns im Triumph Mitführen-
den in Christos und den Duft seiner Erkenntnis Offenbaren-
den durch uns an jedem Ort; [15] denn (des) Christos Wohlge-
ruch sind wir für Gott bei den Rettung Findenden und bei den
Verlorengehenden, [16] den einen Duft aus Tod zu Tod, den an-
deren aber Duft aus Leben zu Leben. Und wer (ist) zu diesem
fähig? [17] Denn nicht sind wir wie die vielen Verfälschenden
das Wort Gottes, sondern wie aus Lauterkeit, sondern wie aus
Gott reden wir gegenüber Gott in Christos.

3 [1] Beginnen wir wieder, uns selbst zu empfehlen? Oder
bedürfen wir etwa, wie einige, empfehlender Briefe an
euch oder von euch? [2] Unser Brief seid ihr, eingeschrieben in
unseren Herzen, erkannt und gelesen von allen Menschen,
[3] offenbar gemacht, daß ihr seid ein Brief (des) Christos, be-
sorgt von uns, eingeschrieben nicht mit Tinte, sondern mit
(dem) Geist (des) lebendigen Gottes, nicht in steinernen Ta-
feln, sondern in Tafeln fleischerner Herzen.

4 Ein solches Vertrauen aber haben wir durch Christos zu
Gott. 5 Nicht daß wir von uns selbst geeignet sind, etwas zu
beurteilen wie aus uns selbst, sondern unsere Fähigkeit (ist)
aus Gott, 6 der auch befähigte uns zu Dienern eines neuen
Bundes, nicht (des) Buchstabens, sondern (des) Geistes; denn
der Buchstabe tötet, der Geist aber macht lebendig. 7 Wenn
aber der Dienst des Todes, in Buchstaben Steinen eingehauen,
geschah in Glanz, so daß nicht hinsehen konnten die Söhne
Israels in das Gesicht (des) Moyses, wegen des vergehenden
Glanzes seines Gesichtes, 8 wie wird nicht (viel)mehr der
Dienst des Geistes sein in Glanz? 9 Denn wenn dem Dienst
der Verurteilung Glanz (zukommt), um wieviel mehr fließt
über der Dienst der Gerechtigkeit an Glanz. 10 Denn auch
nicht ist umglänzt das Umglänzte in diesem Teil wegen des
überragenden Glanzes. 11 Denn wenn das Vergehende (ge-
prägt war) durch Glanz, um wieviel mehr das Bleibende in
Glanz.

12 Da wir nun eine solche Hoffnung haben, verfahren wir
mit viel Freimut, 13 und nicht gleichwie Moyses legte eine
Decke auf sein Gesicht, damit nicht hinsehen die Söhne Isra-
els auf das Ende des Vergehenden. 14 Doch verstockt wurden
ihre Gedanken. Denn bis zum heutigen Tag bleibt dieselbe
Decke auf dem Lesen des alten Bundes, ohne daß enthüllt
wird, daß in Christos sie vergeht; 15 sondern bis heute, so oft
immer Moyses gelesen wird, liegt eine Decke auf ihren Her-
Ex 34,34 zen; 16 *so oft aber immer er sich hinwendet zum Herrn, wird
weggenommen die Decke.* 17 Der Herr aber ist der Geist; wo
aber der Geist (des) Herrn, (ist) Freiheit. 18 Wir alle aber, mit
enthülltem Gesicht den Glanz (des) Herrn spiegelnd, werden
in dasselbe Bild umgestaltet, von Glanz zu Glanz, gleichwie
von (des) Herrn Geist.

4 1 Deswegen, da wir diesen Dienst haben, gleichwie wir
Erbarmen fanden, nicht ermüden wir, 2 sondern wir
sagten uns los von dem Verborgenen der Schande, nicht um-
hergehend in Verschlagenheit und nicht verfälschend das
Wort Gottes, sondern durch die Offenbarung der Wahrheit

uns selbst empfehlend an jedes Gewissen (der) Menschen vor
Gott. [3] Wenn aber auch verdeckt ist unser Evangelium, bei
den Verlorengehenden ist es verdeckt, [4] bei denen der Gott
dieses Aions blendete die Gedanken der Ungläubigen, auf daß
sie nicht wahrnehmen das Leuchten des Evangeliums der
Herrlichkeit des Christos, der ist Bild Gottes. [5] Denn nicht
uns selbst verkünden wir, sondern Jesus Christos als Herrn,
uns selbst aber als eure Sklaven wegen Jesus. [6] Denn Gott,
der sprach: Aus Finsternis wird Licht erstrahlen, der er-
strahlte in unseren Herzen zum Leuchten der Erkenntnis der
Herrlichkeit Gottes im Angesicht von [Jesus] Christos.

[7] Wir haben aber diesen Schatz in tönernen Gefäßen, damit
das Übermaß der Kraft sei Gottes und nicht von uns; [8] in al-
lem Bedrängte, doch nicht Beengte, Ratlose, doch nicht ganz
Ratlose, [9] Verfolgte, doch nicht Verlassene, Niedergeworfe-
ne, doch nicht Verlorengehende, [10] allzeit die Tötung des Je-
sus am Leib Umhertragende, damit auch das Leben des Jesus
an unserem Leib offenbart werde. [11] Denn immer werden wir,
die Lebenden, in (den) Tod übergeben wegen Jesus, damit
auch das Leben des Jesus offenbart werde an unserem sterbli-
chen Fleisch. [12] Daher ist der Tod in uns wirksam, das Leben
aber in euch. [13] Da wir aber denselben Geist des Glaubens ha-
ben gemäß dem Geschriebenen: *Ich glaubte, deshalb redete* Ps 116,1 (G)
ich, glauben auch wir, deshalb auch reden wir, [14] wissend,
daß der, der erweckt hat den Herrn Jesus, auch uns mit Jesus
erwecken und hinstellen wird mit euch. [15] Denn das alles (ge-
schieht) wegen euch, damit die Gnade, sich mehrend durch
der Mehrzahl Danksagung, überfließe in die Herrlichkeit
Gottes.

[16] Deshalb ermüden wir nicht, sondern wenn auch unser
äußerer Mensch vernichtet wird, unser innerer aber wird er-
neuert Tag um Tag. [17] Denn das augenblicklich Geringe unse-
rer Bedrängnis bewirkt uns von Übermaß zu Übermaß ewige
Fülle an Herrlichkeit, [18] da wir nicht achten auf das Schauba-
re, sondern auf das nicht Schaubare; denn das Schaubare (ist)
zeitweilig, das nicht Schaubare aber ewig.

5 [1] Denn wir wissen, daß, wenn unser irdisches Zelthaus
zerstört wird, wir einen Bau aus Gott haben, ein Haus,
nicht handgemacht, ewig, in den Himmeln. [2] Denn auch darin
stöhnen wir, unsere Wohnung, die aus (dem) Himmel, dar-
über anzuziehen ersehnend, [3] wenn anders wir auch angezo-
gen nicht werden nackt erfunden werden. [4] Denn auch wir,
die im Zelt sind, stöhnen beschwert, weil wir nicht wollen
entkleidet werden, sondern überkleidet werden, damit ver-
schlungen werde das Sterbliche vom Leben. [5] Der aber uns
bereitete zu eben diesem, (ist) Gott, der uns gab die Anzah-
lung des Geistes. [6] Da wir nun Mut haben allzeit und wissen,
daß einwohnend im Leib, wir fern wohnen vom Herrn; [7] denn
im Glauben wandeln wir, nicht im Schauen; [8] Mut aber haben
wir, und gut erscheint (es) uns, lieber fern zu wohnen vom
Leib und einzuwohnen beim Herrn. [9] Deshalb auch machen
wir uns eine Ehre daraus, sei es einwohnend, sei es fern
wohnend, wohlgefällig ihm zu sein. [10] Denn es ist nötig, daß
wir alle offenbar werden vor dem Richterstuhl des Christos,
damit jeder empfange das, auf was hin er durch den Leib
handelte, sei es Gutes, sei es Schlechtes.

[11] Kennend nun die Furcht des Herrn überzeugen wir Men-
schen, Gott aber sind wir offenbar geworden; ich hoffe aber
auch in eurem Gewissen offenbar zu sein. [12] Nicht wieder
empfehlen wir uns selbst euch, sondern eine Gelegenheit euch
gebend (des) Rühmens für uns, damit ihr (etwas) habt gegen
die mit (dem) Gesicht sich Rühmenden und nicht mit (dem)
Herzen. [13] Denn sei es, wir gerieten außer uns, für Gott; sei
es, wir sind vernünftig, für euch. [14] Denn die Liebe des Chri-
stos hält zusammen uns, dies Urteilende, daß einer für alle
starb, folglich alle starben; [15] und für alle starb er, damit die
Lebenden nicht mehr sich leben, sondern dem für sie Gestor-
benen und Erweckten. [16] Daher kennen wir von jetzt (an) kei-
nen nach (dem) Fleisch; wenn wir auch Christos gekannt ha-
ben nach (dem) Fleisch, doch jetzt kennen wir (ihn) nicht
mehr (so). [17] Daher wenn einer in Christos (ist), (ist er) neue
Schöpfung; das Alte ging vorüber, siehe, geworden ist Neues.

[18] Alles aber (kommt) von Gott, dem Versöhnenden uns mit
sich durch Christos und Gebenden uns den Dienst der Ver-
söhnung, [19] weil Gott war in Christos (die) Welt (mit) sich
versöhnend, nicht anrechnend ihnen ihre Übertretungen und
legend in uns das Wort der Versöhnung. [20] Anstelle (des)
Christos nun sind wir Gesandte, indem Gott ermahnt durch
uns; wir bitten anstelle (des) Christos, versöhnt euch mit
Gott! [21] Den Sünde nicht Kennenden machte er für uns zur
Sünde, damit wir werden Gerechtigkeit Gottes in ihm.

6 [1] Als Mitarbeitende aber ermahnen wir auch, daß ihr
nicht ins Leere die Gnade Gottes empfingt; [2] denn er
sagt: *Zu genehmer Zeit erhörte ich dich, und am Tag (der)* Jes 49,8 (G)
Rettung half ich dir. Siehe, jetzt (ist) wohlangenehme Zeit,
siehe, jetzt (ist) ein Tag (der) Rettung. [3] Keinen Anstoß in ir-
gendetwas gebend, damit nicht beschimpft wird der Dienst,
[4] sondern in allem uns empfehlend als Gottes Diener, in viel
Geduld, in Bedrängnissen, in Zwängen, in Beengungen, [5] in
Schlägen, in Gefängnissen, in Unordnungen, in Mühen, in
Schlaflosigkeiten, in Fasten, [6] in Reinheit, in Erkenntnis, in
Großmut, in Güte, in heiligem Geist, in ungeheuchelter
Liebe, [7] im Wort (der) Wahrheit, in Kraft Gottes; mit den
Waffen der Gerechtigkeit, den rechten und linken, [8] mit Ehre
und Unehre, mit schlechtem Ruf und gutem Ruf; wie Betrü-
ger und (doch) Wahrhaftige, [9] Nichtwissende und (doch) Ver-
stehende, wie Sterbende und siehe, wir leben, wie Gezüch-
tigte, aber nicht Getötete, [10] wie Betrübte, immer aber sich
Freuende, wie Arme, viele aber Reichmachende, wie nichts
Habende und (doch) alles Besitzende.

[11] Unser Mund hat sich geöffnet zu euch, Korinthier, unser
Herz ist weit geworden; [12] nicht seid ihr beengt in uns, beengt
seid ihr aber in eurem Innersten; [13] als denselben Gegenlohn
aber, wie zu Kindern rede ich, werdet weit auch ihr!

[14] Nicht zieht unter fremdem Joch mit Ungläubigen; denn
welche Teilhabe (ist zwischen) Gerechtigkeit und Gesetzlo-
sigkeit, oder welche Gemeinschaft (hat) Licht zu Finsternis?
[15] Welche Übereinstimmung aber (hat) Christos zu Beliar,

oder welches ist (der) Anteil eines Gläubigen mit einem Un-
gläubigen? 16 Welche Übereinstimmung aber (besteht zwi-
schen) einem Tempel Gottes mit Götzen? Denn wir sind ein
Lev 26,11f Tempel (des) lebendigen Gottes, gleichwie Gott sprach: *Ein-*
Ez 37,27 *wohnen werde ich unter ihnen und darin umhergehen, und ich*
werde sein ihr Gott, und sie werden sein mein Volk. 17 Des-
Jes 52,11.4 halb *geht heraus aus ihrer Mitte und sondert euch ab, sagt*
Ez 20,34 *(der) Herr,* und *Unreines berührt nicht! Und ich werde euch*
2 Sam 7,14 *aufnehmen,* 18 und *ich werde sein* euch *zum Vater, und* ihr
2 Sam 7,8 (G) werdet sein *mir zu Söhnen* und Töchtern, *sagt (der) Herr,*
(der) Allherrscher.

7 1 Da wir nun diese Zusagen haben, Geliebte, wollen wir
uns reinigen von jeder Befleckung von Fleisch und
Geist, vollendend (die) Heiligkeit in Furcht Gottes.

2 Gebt uns Raum! Keinem taten wir Unrecht, keinen rich-
teten wir zugrunde, keinen übervorteilten wir. 3 Zur Verur-
teilung rede ich nicht; denn ich habe vorhergesagt, daß in un-
seren Herzen ihr seid, zum mit(einander) Sterben und mit
(-einander) Leben. 4 Viel Freimut (habe) ich gegen euch, viel
Rühmen (habe) ich über euch; erfüllt bin ich mit der Ermuti-
gung, ich fließe über vor Freude bei all unserer Bedrängnis.

5 Denn auch als wir kamen nach Makedonia, keine Ruhe
hat gehabt unser Fleisch, sondern in allem (sind wir) Be-
drängte; von außen Kämpfe, von innen Ängste. 6 Doch der
Ermutigende die Demütigen ermutigte uns, Gott, durch die
Ankunft (des) Titos, 7 nicht allein aber durch seine Ankunft,
sondern auch durch die Ermutigung, mit der er ermutigt
wurde bei euch, berichtend uns euer Sehnen, euer Klagen,
euren Eifer für mich, so daß ich mich (noch) mehr freute.
8 Denn wenn ich auch betrübte euch in dem Brief, nicht be-
reue ich; wenn ich auch bereute, sehe ich [nämlich], daß je-
ner Brief, wenn er auch auf Zeit euch betrübte, 9 jetzt freue
ich mich, nicht weil ihr betrübt wurdet, sondern weil ihr be-
trübt wurdet zur Umkehr; denn ihr wurdet betrübt gemäß
Gott, damit in nichts ihr geschädigt würdet von uns. 10 Denn
die Betrübnis gemäß Gott wirkt unbereubare Umkehr zur

Rettung; die Betrübnis aber der Welt bewirkt Tod. 11 Denn
siehe, eben dies, das gemäß Gott Betrübtwerden, wie großen
Eifer bewirkte es bei euch, ja Verteidigung, ja Unwillen, ja
Furcht, ja Sehnen, ja Eifer, ja Bestrafung. In allem empfahlt
ihr euch, rein zu sein in der Sache. 12 Also, wenn ich euch
auch schrieb, (so) nicht wegen des Unrecht Tuenden, auch
nicht wegen des Unrecht Erleidenden, sondern wegen des Of-
fenbarwerdens eures Eifers, des für uns bei euch vor Gott.
13 Deswegen sind wir ermutigt worden. Zu unserer Ermuti-
gung hinzu aber über die Maßen mehr freuten wir uns über
die Freude (des) Titos, daß beruhigt worden ist sein Geist von
euch allen; 14 denn wenn ich etwas vor ihm für euch gerühmt
habe, nicht wurde ich beschämt, sondern wie wir alles in
Wahrheit zu euch redeten, so wurde auch unser Rühmen, das
bei Titos, Wahrheit. 15 Und sein Innerstes ist über die Maßen
für euch, sich erinnernd an den Gehorsam von euch allen,
wie mit Furcht und Zittern ihr ihn empfingt. 16 Ich freue
mich, daß ich in allem Mut haben (kann) unter euch.

8 1 Wir tun euch aber kund, Brüder, die Gnade Gottes,
die gegebene in den Gemeinden der Makedonia, 2 daß
in vieler Bewährung in Bedrängnis die Überfülle ihrer Freude
und ihre abgrundtiefe Armut überfloß in den Reichtum ihrer
Einfalt; 3 denn nach Kraft, ich bezeuge (es), und über Kraft,
als Freiwillige, 4 mit viel Ermutigung erbittend von uns die
Gnade und die Gemeinschaft des Dienstes, des für die Heili-
gen, 5 und nicht (nur) gleichwie wir hofften, sondern sich
selbst gaben sie zuerst dem Herrn und (dann) uns durch (den)
Willen Gottes, 6 auf daß wir ermutigten Titos, damit er,
gleichwie er vorher begann, so auch vollende bei euch diese
Gnade. 7 Doch wie in allem ihr überfließt, an Glaube und
Wort und Erkenntnis und jedem Eifer und der Liebe von uns
zu euch, damit ihr auch in dieser Gnade überfließt. 8 Nicht als
Befehl sage ich (es), sondern durch den Eifer anderer auch
das Echte eurer Liebe prüfend; 9 denn ihr kennt die Gnade un-
seres Herrn Jesus Christos, daß wegen euch er arm wurde,

obwohl er reich war, damit ihr durch die Armut jenes reich
werdet. 10 Aber eine Meinung gebe ich darin; denn dies nützt
euch, welche ihr nicht allein das Tun, sondern auch das Wol-
len vorher begannt seit vorigem Jahr; 11 jetzt aber vollendet
auch das Tun, auf daß, gleichwie die Bereitschaft des Wol-
lens, so auch das Vollenden (erfolge) aus dem Haben. 12 Denn
wenn die Bereitschaft vorliegt, nach dem, was sie etwa hat,
wohlangenehm (ist sie), nicht nach dem, was sie nicht hat.
13 Denn nicht damit anderen Ruhe (zuteil wird), euch Be-
drängnis, sondern aus Gleichheit; 14 in der jetzigen Zeit (wer-
de hilfreich) euer Überfluß für den Mangel jener, damit auch
der Überfluß jener (hilfreich) werde für euren Mangel, auf
Ex 16,18 daß Gleichheit werde, 15 gleichwie geschrieben ist: *Der das
Viele (hatte), hatte nicht reichlich, und der das Wenige (hat-
te), hatte nicht Mangel.*

16 Dank aber (sei) Gott, dem Gebenden denselben Eifer für
euch ins Herz (des) Titos, 17 daß die Ermutigung er annahm,
bemühter aber, wie er war, freiwillig wegging zu euch.
18 Mitschickten wir aber mit ihm den Bruder, dessen Lob we-
gen des Evangeliums durch alle Gemeinden (geht), 19 aber
nicht allein (das), sondern auch gewählt von den Gemeinden
als unser Reisebegleiter mit dieser Gabe, der von uns be-
sorgten zu des Herrn [selbst] Herrlichkeit und unserer Bereit-
schaft, 20 vermeidend dies, daß einer uns beschimpfe bei die-
ser reichen Spende, der von uns besorgten; 21 denn wir sorgen
für Rechtes, nicht allein vor (dem) Herrn, sondern auch vor
(den) Menschen. 22 Mitschickten wir aber mit ihnen unseren
Bruder, den wir prüften in vielem vielmals als Bemühten,
jetzt aber als viel Bemühteren mit viel Vertrauen zu euch.
23 Sei es bezüglich Titos: mein Teilhaber und für euch Mitar-
beiter (ist er); seien es unsere Brüder: Apostel von Gemein-
den, Abglanz (des) Christos (sind sie). 24 Den Aufweis eurer
Liebe nun und unseres Rühmens über euch zu ihnen weist ihr
auf im Angesicht der Gemeinden.

9 1 Denn über den Dienst, den für die Heiligen, ist es
überflüssig für mich, euch zu schreiben; 2 denn ich

kenne eure Bereitschaft, die ich in bezug auf euch rühme
(den) Makedonen, daß Achaia gerüstet ist seit vorigem Jahr,
und euer Eifer reizte die Mehrzahl. 3 Ich schickte aber die
Brüder, damit nicht unser Rühmen, das in bezug auf euch,
leer werde in diesem Teil, damit ihr, gleichwie ich sagte, ge-
rüstet seid, 4 daß nicht etwa, wenn mit mir kommen Makedo-
nen und sie finden euch ungerüstet, wir beschämt werden,
wir, damit ich nicht sage ihr, auf dieser Grundlage (des Rüh-
mens). 5 Für notwendig nun hielt ich, zu ermuntern die Brü-
der, daß sie vorangehen zu euch und vorbereiten eure voran-
gekündigte Segen(sgabe), daß diese bereit sei so wie eine Se-
gen(sgabe) und nicht wie Geiz.

6 Dies aber, wer sparsam sät, sparsam wird er auch ernten,
und wer sät auf Segen(sfülle) hin, auf Segen(sfülle) hin wird
er auch ernten. 7 Jeder (gebe), gleichwie er sich vorgenom-
men hat im Herzen, nicht aus Betrübnis oder aus Zwang;
denn *einen freudigen Geber* liebt *Gott.* 8 Gott aber ist mächtig, Spr 22,8a (G)
alle Gnade überfließen zu lassen auf euch, damit ihr in allem
allzeit alle Genüge habend, überfließt zu jedem guten Werk,
9 gleichwie geschrieben ist: *Er teilte aus, er gab den Armen,* Ps 112,9 (G)
seine Gerechtigkeit bleibt in den Aion. 10 Der Gewährende
aber *Same dem Säenden und Brot zur Speise,* gewähren wird Jes 55,10
er und mehren euren Samen und wachsen lassen die Erträge
eurer Gerechtigkeit. 11 In allem reich werdend zu aller Einfalt,
welche bewirkt durch uns Danksagung zu Gott; 12 denn der
Dienst dieser Hilfeleistung ist nicht allein auffüllend die Män-
gel der Heiligen, sondern (ist) auch überfließend durch die
Danksagungen vieler zu Gott. 13 Durch die Bewährung in die-
sem Dienst verherrlichen sie Gott wegen der Unterordnung
eures Bekenntnisses zum Evangelium des Christos und (we-
gen der) Einfalt der Gemeinschaft zu ihnen und zu allen,
14 und sie ersehnen euch mit (dem) Gebet für euch wegen der
überragenden Gnade Gottes zu euch. 15 Dank (sei) Gott für
sein unaussagbares Geschenk.

10 1 Ich selbst aber, Paulos, ermutige euch durch die
Sanftmut und Milde des Christos, der ich ins Ge-
sicht zwar demütig (bin) bei euch, abwesend aber Mut habe
gegen euch; 2 ich bitte aber darum, nicht anwesend Mut haben
(zu müssen) mit dem Vertrauen, mit dem ich denke, (es) zu
wagen gegen einige, die denken, daß wir wie nach (dem)
Fleisch wandeln. 3 Denn im Fleisch wandelnd, nicht nach
(dem) Fleisch kämpfen wir, 4 denn die Waffen unseres Kamp-
fes (sind) nicht fleischlich, sondern mächtig für Gott zur Zer-
störung von Befestigungen, Gedanken zerstörend 5 und jede
Höhe, sich erhebend gegen die Erkenntnis Gottes, und gefan-
gennehmend jeden Gedanken in den Gehorsam des Christos,
6 und in Bereitschaft, zu rächen jeden Ungehorsam, wann er-
füllt wird euer Gehorsam.

7 Das vor (dem) Gesicht seht! Wenn einer sich zutraut,
(des) Christos zu sein, dies soll er wieder bei sich bedenken,
daß gleichwie er selbst (des) Christos, so auch wir. 8 Denn
wenn ich mich [auch] etwas übermäßiger rühmte über unsere
Vollmacht, die der Herr gab zu (eurer) Erbauung und nicht
zu eurer Zerstörung, nicht werde ich beschämt werden. 9 Da-
mit ich nicht scheine gewissermaßen zu erschrecken euch
durch die Briefe; 10 denn die Briefe zwar, sagt man, (seien)
schwer und stark, die Anwesenheit aber des Leibes schwach
und das Wort geringgeachtet. 11 Dies soll derselbe bedenken:
Wie wir sind im Wort durch Briefe als Abwesende, solche
auch als Anwesende im Werk.

12 Denn nicht wagen wir, zuzuzählen oder zu vergleichen
uns einigen der sich selbst Empfehlenden, sondern selbst an
sich selbst sich selbst messend und vergleichend sich selbst
mit sich selbst, nicht verstehen sie. 13 Wir aber werden nicht
ins Maßlose uns rühmen, sondern nach dem Maß der Richt-
schnur, die zuteilte uns Gott als Maß, angelangt zu sein auch
bis zu euch. 14 Denn nicht wie nicht Anlangende zu euch
strecken wir uns darüber hinaus aus, denn auch bis zu euch
gelangten wir mit dem Evangelium des Christos, 15 nicht ins
Maßlose uns rühmend aufgrund fremder Mühen, Hoffnung

aber habend (wegen) eures wachsenden Glaubens, bei euch
groß zu werden gemäß unserer Richtschnur ins Übermaß,
[16] in die (noch) über euch hinaus (liegenden Gegenden) (das
Evangelium) zu verkünden, nicht innerhalb fremder Richt-
schnur über das (schon) Bereitete uns zu rühmen. [17] *Der sich* Jer 9,22f
Rühmende aber, im Herrn soll er sich rühmen; [18] denn nicht
der sich selbst Empfehlende, jener ist erprobt, sondern wen
der Herr empfiehlt.

11 [1] Daß ihr doch ertrüget ein wenig Unverstand von
mir; doch ihr ertragt mich (ja) auch. [2] Denn ich ei-
fere um euch mit Gottes Eifer, denn ich verlobte euch einem
Manne, als reine Jungfrau hinzustellen (euch) dem Christos;
[3] ich fürchte aber, daß etwa, wie die Schlange verführte Eva
in ihrer Verschlagenheit, verdorben werden eure Gedanken,
(weg) von der Einfalt [und der Reinheit], der gegenüber Chri-
stos. [4] Denn wenn der Kommende einen anderen Jesus ver-
kündet, den wir nicht verkündeten, oder ihr einen anderen
Geist empfangt, den ihr nicht empfingt, oder ein anderes
Evangelium, das ihr nicht annahmt, schön ertragt ihr (es).

[5] Denn ich denke, in nichts Mangel zu leiden gegenüber
den Überaposteln. [6] Wenn ich aber auch ein Ungebildeter in
der Rede (bin), doch nicht in der Erkenntnis, sondern in jeder
(Hinsicht) haben wir (sie) offenbart in allem für euch. [7] Oder
tat ich eine Sünde, mich selbst demütigend, damit ihr erhöht
werdet, weil umsonst das Evangelium Gottes ich euch ver-
kündete? [8] Andere Gemeinden beraubte ich, Sold nehmend für
den Dienst an euch, [9] und anwesend bei euch und Mangel lei-
dend, fiel ich keinem zur Last; denn meinen Mangel füllten
wieder auf die Brüder, kommend von Makedonia, und in je-
der (Hinsicht) ohne Last bewahrte ich mich euch und werde
ich (mich) bewahren. [10] Es ist (die) Wahrheit (des) Christos in
mir, daß dieses Rühmen nicht versperrt werden wird für mich
in den Gegenden der Achaia. [11] Weshalb? Weil ich euch nicht
liebe? Gott weiß!

[12] Was ich aber tue, werde ich auch tun, damit ich ab-
schneide die Gelegenheit der eine Gelegenheit Wollenden,

damit sie, worin sie sich rühmen, erfunden werden gleichwie
auch wir. [13] Denn solche (sind) Lügenapostel, betrügerische
Arbeiter, sich Umgestaltende in Apostel (des) Christos.
[14] Und kein Wunder; denn selbst der Satan gestaltet sich um in
einen Engel (des) Lichts. [15] Nichts Großes also, wenn auch
seine Diener sich umgestalten als Diener (der) Gerechtigkeit;
deren Ende wird sein gemäß ihren Werken.

[16] Wieder sage ich, daß nicht einer meine, ich sei unver-
ständig; wenn aber doch, wenn auch nur wie einen Unver-
ständigen nehmt mich auf, damit auch ich ein Weniges mich
rühme. [17] Was ich rede, nicht gemäß (dem) Herrn rede ich,
sondern wie in Unverstand, auf dieser Grundlage des Rüh-
mens. [18] Da viele sich rühmen nach (dem) Fleisch, werde
auch ich mich rühmen. [19] Denn gern ertragt ihr die Unver-
ständigen, die ihr verständig seid; [20] denn ihr ertragt, wenn
einer euch versklavt, wenn einer auffrißt, wenn einer nimmt,
wenn einer sich erhebt, wenn einer ins Gesicht euch schlägt.
[21] Zur Unehre sage ich (es), daß wir schwach gewesen sind.

Worin aber immer einer (es) wagt, in Unverstand rede ich,
wage auch ich (es). [22] Hebraier sind sie? Auch ich. Israeliten
sind sie? Auch ich. Nachkommenschaft Abrahams sind sie?
Auch ich. [23] Diener (des) Christos sind sie? Unsinnig rede
ich, mehr (noch) ich; in Mühen über die Maßen, in Gefäng-
nissen über die Maßen, in Schlägen überragend, in Todesge-
fahren oft. [24] Von Judaiern empfing ich fünfmal vierzig weni-
ger einen, [25] dreimal wurde ich ausgepeitscht, einmal wurde
ich gesteinigt, dreimal erlitt ich Schiffbruch, eine Nacht und
einen Tag habe ich über der Tiefe zugebracht; [26] auf Reisewe-
gen oft, in Gefahren von Flüssen, Gefahren von Räubern,
Gefahren aus (dem) Volk, Gefahren aus (den) Heiden, Gefah-
ren in (der) Stadt, Gefahren in (der) Wüste, Gefahren auf
(dem) Meer, Gefahren unter Falschbrüdern; [27] in Mühe und
Anstrengung, in Schlaflosigkeiten oft, in Hunger und Durst,
in Fasten oft, in Kälte und Nacktheit; [28] ohne die (Dinge) au-
ßerdem: den Andrang zu mir, den täglichen, die Sorge um
alle Gemeinden. [29] Wer ist schwach, und ich bin nicht

schwach? Wer nimmt Anstoß, und ich brenne nicht? 30 Wenn
sich rühmen nötig ist, der (Erscheinungen) meiner Schwach-
heit werde ich mich rühmen. 31 Der Gott und Vater des Herrn
Jesus weiß, der gelobt ist in die Aionen, daß ich nicht lüge.
32 In Damaskos bewachte der Ethnarch des Königs Aretas die
Stadt (der) Damaskener, mich zu fassen, 33 und durch ein
Fenster in einem Korb wurde ich hinabgelassen durch die
Mauer, und ich entfloh seinen Händen.

12 1 Sich rühmen ist nötig, nützlich ist es zwar nicht,
kommen aber will ich zu Erscheinungen und Offen-
barungen (des) Herrn. 2 Ich weiß einen Menschen in Christos,
vor vierzehn Jahren, sei es im Leib, ich weiß nicht, sei es au-
ßerhalb des Leibes, ich weiß nicht, Gott weiß, daß fortgeris-
sen wurde derselbe bis (in den) dritten Himmel. 3 Und ich
weiß denselben Menschen, sei es im Leib, sei es ohne den
Leib, ich weiß nicht, Gott weiß, 4 daß er fortgerissen wurde
ins Paradies und hörte unsagbare Worte, die einem Menschen
zu reden nicht erlaubt (sind). 5 Über denselben werde ich
mich rühmen, über mich selbst aber nicht werde ich mich
rühmen, außer in den Schwachheiten. 6 Denn wenn ich mich
rühmen wollte, werde ich nicht unverständig sein, denn
Wahrheit werde ich sagen; ich unterlasse (es) aber, damit
nicht einer über mich denkt über (das hinaus), was er sieht an
mir oder hört [etwas] von mir, 7 auch bei dem Übermaß der
Offenbarungen. Deshalb, damit ich mich nicht überhebe, ge-
geben wurde mir ein Stachel ins Fleisch, ein Engel Satans,
damit er mich schlage, damit ich mich nicht überhebe. 8 We-
gen diesem bat ich dreimal den Herrn, damit (jener) sich ent-
ferne von mir. 9 Und gesagt hat er mir: Es genügt dir meine
Gnade, denn die Kraft wird in Schwachheit vollendet. Am
liebsten werde ich mich nun (noch) mehr rühmen in meinen
Schwachheiten, damit einwohne in mir die Kraft des Christos.
10 Deshalb finde ich Gefallen an Schwachheiten, an Schmä-
hungen, an Zwängen, an Verfolgungen und Beengungen: für
(den) Christos; denn wann ich schwach bin, dann bin ich
stark.

[11]Ich bin unverständig geworden, ihr zwangt mich. Denn
ich hätte von euch empfohlen werden müssen; denn in nichts
litt ich Mangel gegenüber den Überaposteln, wenn ich auch
nichts bin. [12]Die Zeichen des Apostels wurden zwar gewirkt
bei euch in aller Geduld, durch Zeichen und Wunder und
Kraft(taten). [13]Denn was ist es, worin ihr schlechter gestellt
wurdet gegenüber den übrigen Gemeinden, außer daß ich
selbst euch nicht zur Last fiel? Verzeiht mir dieses Unrecht!

[14]Siehe, dieses dritte (Mal) halte ich (mich) bereit, zu kommen zu euch, und nicht werde ich zur Last fallen; denn nicht
suche ich das Eure, sondern euch. Denn nicht schulden die
Kinder den Eltern, Schätze zu sammeln, sondern die Eltern
den Kindern. [15]Ich aber will am liebsten mich verausgaben
und völlig verausgabt werden für euer Leben. Wenn ich euch
über die Maßen liebe, weniger soll ich geliebt werden? [16]Es
sei aber, ich habe euch nicht beschwert; doch als ein Verschlagener habe ich mit List euch gefaßt. [17]Habe ich etwa
durch einen (von denen), die ich zu euch geschickt habe,
durch ihn euch übervorteilt? [18]Ich ermunterte Titos, und mitschickte ich den Bruder; übervorteilte euch etwa Titos? Wandelten wir nicht in demselben Geist? Nicht in denselben Spuren?

[19]Längst meint ihr, daß wir uns vor euch verteidigen. Vor
Gott in Christos reden wir; alles aber, Geliebte, für eure Erbauung. [20]Denn ich fürchte, daß ich etwa als Kommender
nicht (als solche), wie ich will, euch finde, und ich erfunden
werde bei euch (als solcher), wie ihr nicht wollt; daß etwa
(entstehen) Streit, Eifersucht, Wutausbrüche, Streitereien, Verleumdungen, Ohrenbläsereien, Aufgeblasenheit, Unordnungen;
[21]nicht möge, wenn ich wieder komme, demütigen mich mein
Gott bei euch und nicht ich betrauern viele von denen, die
vorher gesündigt haben und nicht umkehrten bei der Unreinheit und Unzucht und Ausschweifung, die sie taten.

Dtn 19,15 **13** [1]Dieses dritte (Mal) komme ich zu euch; *im Mund
zweier Zeugen und dreier wird festgestellt werden
jedes Wort.* [2]Ich habe vorhergesagt und sage vorher, wie an-

wesend das zweite (Mal) und abwesend jetzt, denen, die vor-
her gesündigt haben, und den übrigen allen, daß, wenn ich
komme aufs neue, ich nicht schonen werde, 3 da ihr eine Be-
währung sucht des in mir redenden Christos, der gegen euch
nicht schwach ist, sondern mächtig ist unter euch. 4 Denn
wurde er auch gekreuzigt aus Schwachheit, lebt er doch aus
(der) Kraft Gottes. Denn auch wir sind schwach in ihm, doch
wir werden leben mit ihm aus (der) Kraft Gottes gegen euch.

5 Prüft euch selbst, ob ihr seid im Glauben, erprobt euch
selbst; oder erkennt ihr euch nicht selbst, daß Jesus Christos
in euch? Es sei denn, daß ihr etwa unerprobt seid. 6 Ich hoffe
aber, daß ihr erkennen werdet, daß wir nicht unerprobt sind.
7 Wir beten aber zu Gott, nicht zu tun euch etwas Schlechtes,
nicht damit wir erprobt erscheinen, sondern damit ihr das
Rechte tut, wir aber wie Unerprobte sind. 8 Denn nicht kön-
nen wir etwas gegen die Wahrheit, sondern für die Wahrheit.
9 Denn wir freuen uns, wann wir schwach sind, ihr aber stark
seid; dies auch erbitten wir: eure Vervollkommnung. 10 Des-
wegen, abwesend schreibe ich dieses, damit anwesend nicht
streng ich verfahren (muß) nach der Vollmacht, die der Herr
mir gab zur Erbauung und nicht zur Zerstörung.

11 Im übrigen, Brüder, freut euch, laßt euch vervollkomm-
nen, laßt euch ermutigen, dasselbe sinnt, haltet Frieden, und
der Gott der Liebe und (des) Friedens wird sein mit euch.
12 Grüßt einander mit heiligem Kuß! (Es) grüßen euch die
Heiligen alle.

13 Die Gnade des Herrn Jesus Christos und die Liebe Gottes
und die Gemeinschaft des heiligen Geistes (sei) mit euch
allen.

AN (DIE) GALATER

1 1 Paulos, Apostel, nicht von Menschen, auch nicht
durch einen Menschen, sondern durch Jesus Christos
und Gott (den) Vater, den Erweckenden ihn aus Toten, 2 und
alle Brüder mit mir den Gemeinden der Galatia; 3 Gnade euch
und Friede von Gott, unserem Vater, und (dem) Herrn Jesus
Christos, 4 dem Gebenden sich selbst für unsere Sünden, auf
daß er herausreiße uns aus dem Aion, dem gegenwärtigen,
bösen, nach dem Willen unseres Gottes und Vaters, 5 dem die
Herrlichkeit in die Aionen der Aionen, Amen.

6 Ich staune, daß so schnell ihr euch wegkehrt von dem
euch Rufenden in (der) Gnade (des) [Christos] zu einem ande-
ren Evangelium, 7 das nicht ist ein anderes; außer daß einige
sind, die euch verwirren und verdrehen wollen das Evangeli-
um des Christos. 8 Doch auch wenn wir oder ein Engel aus
(dem) Himmel (das Evangelium) [euch] verkündete vorbei an
(dem), das wir (als Evangelium) euch verkündeten, Fluch soll
sein! 9 Wie wir vorhergesagt haben, auch jetzt wieder sage
ich: Wenn einer euch (ein Evangelium) verkündet vorbei an
(dem), das ihr übernahmt, Fluch soll sein!

10 Denn überrede ich jetzt Menschen oder Gott? Oder suche
ich Menschen zu gefallen? Wenn noch Menschen ich gefallen
wollte, (des) Christos Sklave wäre ich nicht. 11 Denn kundtue
ich euch, Brüder, daß das Evangelium, das von mir verkün-
dete, nicht ist nach Menschen(art); 12 denn auch nicht von ei-
nem Menschen übernahm ich es, noch wurde ich belehrt,
sondern durch Offenbarung von Jesus Christos. 13 Denn ihr
hörtet (über) meinen Wandel einst im Judentum, daß nach
Übermaß ich verfolgte die Gemeinde Gottes und sie verwü-
stete, 14 und ich fortschritt im Judentum hinaus über viele
Gleichaltrige in meinem Volk, übermäßig (als) Eiferer für
meine väterlichen Überlieferungen. 15 Als aber für gut hielt

[Gott], der Aussondernde mich von meiner Mutter Leib (an)
und Rufende durch seine Gnade, 16 zu offenbaren seinen Sohn
in mir, damit ich (als Evangelium) verkünde ihn unter den
Heiden, nicht sogleich anvertraute ich mich Fleisch und Blut,
17 auch nicht hinaufging ich nach Hierosolyma zu denen, (die)
vor mir Apostel (waren), sondern wegging ich in (die) Ara-
bia, und wieder zurückkehrte ich nach Damaskos. 18 Darauf
nach drei Jahren hinaufging ich nach Hierosolyma, kennen-
zulernen Kephas, und ich blieb bei ihm fünfzehn Tage; 19 ei-
nen anderen aber der Apostel sah ich nicht, außer Jakobos,
den Bruder des Herrn. 20 Was ich aber schreibe euch, siehe,
vor Gott: Nicht lüge ich. 21 Darauf ging ich in die Gegenden
der Syria und der Kilikia; 22 ich war aber unbekannt dem Ge-
sicht (nach) den Gemeinden der Judaia, denen in Christos.
23 Nur aber Hörende waren sie: Der uns einst Verfolgende
verkündet jetzt (als Evangelium) den Glauben, den einst er
verwüstete, 24 und sie priesen an mir Gott.

2 1 Darauf nach vierzehn Jahren wieder hinaufging ich
nach Hierosolyma mit Barnabas, mitnehmend auch Ti-
tos; 2 hinaufging ich aber gemäß Offenbarung; und vorlegte
ich ihnen das Evangelium, das ich verkünde unter den Hei-
den, für sich aber den Geltenden, damit nicht etwa ins Leere
ich laufe oder lief. 3 Doch auch nicht Titos, der mit mir, der
Hellene ist, wurde gezwungen, sich beschneiden zu lassen;
4 wegen der danebeneingedrungenen Falschbrüder aber, wel-
che danebenhereinkamen, zu belauern unsere Freiheit, die wir
haben in Christos Jesus, damit sie uns versklaven, 5 denen
auch nicht für eine Stunde nachgaben wir durch die Unter-
ordnung, damit die Wahrheit des Evangeliums verbleibe bei
euch. 6 Von den Etwas-zu-sein-Geltenden aber – was für wel-
che einst sie waren, geht mich nichts an; (das) Gesicht eines
Menschen nimmt Gott nicht – denn mir hinzuauferlegten die
Geltenden nichts, 7 sondern im Gegenteil, sehend, daß ich be-
traut bin mit dem Evangelium der Vorhaut gleichwie Petros
mit (dem) der Beschneidung, 8 denn der Wirkende in Petros in
bezug auf (den) Apostolat der Beschneidung wirkte auch in

mir in bezug auf die Heiden, 9 und erkennend die mir gegebe-
ne Gnade, Jakobos und Kephas und Johannes, die Säulen-zu-
sein-Geltenden, gaben (die) Rechte mir und Barnabas zur
Gemeinschaft, damit wir zu den Heiden (gingen), sie aber zu
der Beschneidung; 10 allein der Armen daß wir gedächten, was
ich auch mich bemühte, eben dies zu tun.

11 Als aber Kephas kam nach Antiocheia, ins Gesicht wider-
stand ich ihm, weil verurteilt er war. 12 Denn vor dem Kom-
men einiger von Jakobos (her), mit den Heiden zusammen aß
er; als aber sie kamen, zurückwich er und absonderte er sich,
fürchtend die aus (der) Beschneidung. 13 Und mitheuchelten
mit ihm [auch] die übrigen Judaier, so daß auch Barnabas
mitfortgerissen wurde durch ihre Heuchelei. 14 Doch als ich
sah, daß sie nicht gerade zugehen auf die Wahrheit des Evan-
geliums, sprach ich zu Kephas vor allen: Wenn du als Judaier
heidnisch und nicht judaisch lebst, wie nötigst du die Heiden,
judaisch zu leben? 15 Wir (sind) von Natur Judaier und nicht
aus Heiden Sünder; 16 wissend [aber], daß nicht gerechtge-
sprochen wird ein Mensch aus Werken (des) Gesetzes, wenn
nicht durch Glauben an Jesus Christos, und wir glaubten an
Christos Jesus, damit wir gerechtgesprochen würden aus
Glauben an Christos und nicht aus Werken (des) Gesetzes,
weil aus Werken (des) Gesetzes gerechtgesprochen werden
wird kein Fleisch. 17 Wenn wir aber, suchend gerechtgespro-
chen zu werden in Christos, erfunden wurden auch selbst als
Sünder, (ist) folglich Christos (der) Sünde Diener? Niemals!
18 Denn wenn, was ich zerstörte, dieses wieder ich erbaue, als
Übertreter hinstelle ich mich selbst. 19 Denn durch (das) Ge-
setz (dem) Gesetz starb ich, damit für Gott ich lebe. Mit
Christos bin ich mitgekreuzigt; 20 ich lebe, aber nicht mehr
ich, (es) lebt aber in mir Christos; was aber jetzt ich lebe im
Fleisch, im Glauben lebe ich an den Sohn Gottes, den Lie-
benden mich und sich Hingebenden für mich. 21 Nicht abweise
ich aber die Gnade Gottes; denn wenn durch (das) Gesetz
(die) Gerechtigkeit, starb folglich Christos umsonst.

3 1 O unverständige Galater, wer behexte euch, denen vor
Augen Jesus Christos geschrieben wurde als Gekreu-
zigter? 2 Dies allein will ich erfahren von euch: Aus Werken
(des) Gesetzes empfingt ihr den Geist oder aus (dem) Hören
(des) Glaubens? 3 So unverständig seid ihr, begonnen habend
im Geist, jetzt im Fleisch endet ihr? 4 So Großes erfuhrt ihr
vergeblich? Wenn denn wirklich vergeblich! 5 Der nun Ge-
währende euch den Geist und Wirkende Kräfte in euch, aus
Werken (des) Gesetzes oder aus (dem) Hören (des) Glaubens?
6 Gleichwie Abraham *glaubte Gott, und gerechnet wurde es* Gen 15,6 (G)
ihm zu Gerechtigkeit; 7 ihr erkennt folglich, daß die aus Glau-
ben, diese sind Söhne Abrahams. 8 Voraussehend aber die
Schrift, daß aus Glauben gerechtspricht Gott die Völker, vor-
ausverkündete sie (als Evangelium) dem Abraham: *(Es) wer-* Gen 12,3; 18,18
den gesegnet werden in dir alle Völker; 9 daher die aus Glau-
ben werden gesegnet zusammen mit dem gläubigen Abraham.
10 Denn wieviele aus Werken (des) Gesetzes sind, unter ei-
nem Fluch sind sie; denn geschrieben ist: *Verflucht jeder, der* Dtn 27,26
nicht verbleibt bei allem Geschriebenen im Buch des Geset-
zes, es zu tun. 11 Daß aber durch (das) Gesetz keiner gerecht-
gesprochen wird bei Gott, (ist) offenbar, denn *der Gerechte* Hab 2,4
aus Glauben wird leben; 12 das Gesetz aber ist nicht aus Glau-
ben, sondern *der Tuende es wird leben darin.* 13 Christos er- Lev 18,5 (G)
kaufte uns aus dem Fluch des Gesetzes, geworden für uns
(zum) Fluch, denn geschrieben ist: *Verflucht jeder Hängende* Dtn 27,26; 21,23
am Holz, 14 damit auf die Völker der Segen des Abraham
komme in Christos Jesus, damit die Zusage des Geistes wir
empfingen durch den Glauben.
15 Brüder, nach Menschen(art) rede ich: Eines Menschen
bestätigtes Testament verwirft doch keiner oder setzt (etwas)
hinzu. 16 Dem Abraham aber wurden zugesprochen die Zusa-
gen und seinem Nachkommen. Nicht sagt er: Und den Nach-
kommen, wie bei vielen, sondern wie bei einem: *Und deinem* Gen 13,15;
Nachkommen, der ist Christos. 17 Dies aber sage ich: Ein Te- 17,8; 24,7
stament, vorherbestätigt von Gott, entkräftet nicht das nach
vierhundertunddreißig Jahren gewordene Gesetz, auf daß es

aufhebt die Zusage. [18] Denn wenn aus (dem) Gesetz das Erbe (ist), nicht mehr (ist es) aus (der) Zusage; dem Abraham aber durch Zusage ist gnädig gewesen Gott.

[19] Was (soll) nun das Gesetz? Der Übertretungen wegen wurde es hinzugefügt, bis daß käme der Nachkomme, dem zugesagt worden ist, angeordnet durch Engel durch (die) Hand eines Mittlers. [20] Der Mittler aber ist nicht (der) eines (einzelnen), Gott aber ist einer. [21] (Ist) nun das Gesetz gegen die Zusagen [Gottes]? Niemals! Denn wenn gegeben würde ein Gesetz, das fähig (ist), lebendig zu machen: Wirklich aus (dem) Gesetz wäre die Gerechtigkeit; [22] doch zusammenschloß die Schrift alles unter Sünde, damit die Zusage aus Glauben an Jesus Christos gegeben würde den Glaubenden.

[23] Vor dem Kommen aber des Glaubens unter (dem) Gesetz wurden wir verwahrt, zusammengeschlossen für den Glauben, der offenbart werden soll, [24] daher ist das Gesetz unser Zuchtmeister geworden auf Christos (hin), damit aus Glauben wir gerechtgesprochen werden; [25] nachdem aber gekommen ist der Glaube, nicht mehr unter einem Zuchtmeister sind wir. [26] Denn alle seid ihr Söhne Gottes durch den Glauben in Christos Jesus; [27] denn wieviele ihr auf Christos getauft wurdet, Christos zogt ihr an. [28] Nicht ist Judaier und nicht Hellene, nicht ist Sklave und nicht Freier, nicht ist männlich und weiblich; denn alle seid ihr einer in Christos Jesus. [29] Wenn ihr aber (des) Christos, folglich des Abraham Nachkommenschaft seid ihr, gemäß Zusage Erben.

4 [1] Ich sage aber, auf wie lange Zeit der Erbe unmündig ist, in nichts unterscheidet er sich von einem Sklaven, obwohl Herr von allem er ist, [2] sondern unter Aufsehern ist er und Verwaltern bis zur festgesetzten Zeit des Vaters. [3] So auch wir, als wir waren Unmündige, unter die Elemente der Welt waren wir Versklavte; [4] als aber kam die Fülle der Zeit, ausschickte Gott seinen Sohn, geworden aus einer Frau, geworden unter (dem) Gesetz, [5] damit die unter (dem) Gesetz er erkaufe, damit die Sohnschaft wir zurückempfingen. [6] Weil ihr aber seid Söhne, ausschickte Gott den Geist seines Sohnes

in unsere Herzen, der schreit: Abba, der Vater! 7 Daher nicht
mehr bist du Sklave, sondern Sohn; wenn aber Sohn, auch
Erbe durch Gott.

8 Doch damals, nicht kennend Gott, Sklaven wart ihr de-
nen, die von Natur nicht Götter sind; 9 jetzt aber, erkennend
Gott, mehr aber: als Erkannte von Gott, wie wendet ihr euch
wieder hin zu den schwachen und armen Elementen, denen
ihr wieder von neuem Sklaven sein wollt? 10 Tage beachtet ihr
und Monate und Zeiten und Jahre; 11 ich fürchte um euch, daß
nicht etwa vergeblich ich mich gemüht habe für euch.

12 Werdet wie ich, weil auch ich (wurde) wie ihr, Brüder,
ich bitte euch. In nichts tatet ihr mir Unrecht; 13 ihr wißt aber,
daß mit einer Schwäche des Fleisches ich euch verkündete
(das Evangelium) das frühere (Mal), 14 und (trotz) eurer Ver-
suchung an meinem Fleisch nicht verachtetet ihr (mich), und
nicht ausspucktet ihr, sondern wie einen Engel Gottes nahmt
ihr mich auf, wie Christos Jesus. 15 Wo (ist) nun eure Selig-
preisung? Denn ich bezeuge euch, daß, wenn möglich, eure
Augen herausreißend, ihr (sie) mir gegeben hättet. 16 Bin ich
deshalb euer Feind geworden, Wahrheit sagend euch? 17 Sie
eifern um euch nicht recht, sondern ausschließen wollen sie
euch, damit um sie ihr eifert; 18 recht aber (ist es), umeifert zu
werden im Rechten allzeit, und nicht allein bei meinem Zuge-
gensein bei euch, 19 meine Kinder, um die wieder Geburtswe-
hen ich leide, bis daß gestaltet werde Christos in euch; 20 ich
wollte aber zugegen sein bei euch jetzt und verändern meine
Stimme, weil ich ratlos bin um euch.

21 Sagt mir, die unter (dem) Gesetz sein Wollenden, das
Gesetz nicht hört ihr? 22 Denn geschrieben ist, daß Abraham
zwei Söhne hatte, einen aus der Magd und einen aus der
Freien. 23 Doch der aus der Magd ist gemäß (dem) Fleisch
geboren, der aber aus der Freien durch Zusage. 24 Dieses ist
allegorisch gesprochen: Denn diese sind zwei Bünde, einer
vom Berg Sina, zu Sklaverei gebärend, welcher ist Hagar.
25 Das (Wort) Hagar aber ist (der) Sina-Berg in der Arabia; es
entspricht aber dem jetzigen Jerusalem, denn Sklave ist es mit

seinen Kindern. 26 Das obere Jerusalem aber ist frei, welches
Jes 54,1 (G) ist unsere Mutter; 27 denn geschrieben ist: *Freue dich, Un-*
fruchtbare, die nicht Gebärende, brich aus und schreie, die
nicht Geburtswehen Leidende; weil viele (sind) die Kinder der
Einsamen, mehr als der Habenden den Mann. 28 Ihr aber,
Brüder, gemäß Isaak Kinder (der) Zusage seid ihr. 29 Doch
wie damals der gemäß (dem) Fleisch Geborene verfolgte den
gemäß (dem) Geist, so auch jetzt. 30 Doch was sagt die
Gen 21,10 (G) Schrift? *Wirf hinaus die Magd und ihren Sohn; denn gewiß*
nicht wird erben der Sohn der Magd mit dem Sohn der Frei-
en. 31 Deshalb, Brüder, nicht sind wir einer Magd Kinder,
sondern der Freien.

5 1 Zur Freiheit uns Christos befreite; steht nun und nicht
wieder durch ein Joch von Sklaverei laßt euch festhal-
ten! 2 Sieh, ich, Paulos, sage euch, daß, wenn ihr euch be-
schneiden laßt, Christos euch nichts nützen wird. 3 Ich bezeu-
ge aber wieder jedem beschnittenen Menschen, daß er
Schuldner ist, das ganze Gesetz zu tun. 4 Abgebracht werdet
ihr von Christos, welche im Gesetz ihr gerechtgesprochen
werdet, aus der Gnade fielt ihr. 5 Denn wir, im Geist aus
Glauben (die) Hoffnung (der) Gerechtigkeit erwarten wir.
6 Denn in Christos Jesus weder Beschneidung vermag etwas
noch Vorhaut, sondern Glaube durch Liebe wirkend.

7 Ihr lieft recht; wer hinderte euch, [der] Wahrheit nicht zu
vertrauen? 8 Die Überredung (stammt) nicht von dem euch
Rufenden. 9 Wenig Sauerteig säuert den ganzen Teig. 10 Ich
vertraue auf euch im Herrn, daß nichts anderes ihr denken
werdet; der euch Verwirrende wird tragen das Gericht, wer
immer er sei. 11 Ich aber, Brüder, wenn Beschneidung noch
ich verkünde, was noch werde ich verfolgt? Folglich ist auf-
gehoben das Ärgernis des Kreuzes. 12 Sollen doch sich ka-
strieren die euch Aufwiegelnden!

13 Denn ihr wurdet zur Freiheit gerufen, Brüder; nur
(nehmt) nicht die Freiheit zum Anlaß für das Fleisch, sondern
durch die Liebe seid Sklaven einander. 14 Denn das ganze Ge-
Lev 19,18 setz ist in einem einzigen Wort erfüllt, in dem: *Du sollst lie-*

ben deinen Nächsten wie dich selbst! [15] Wenn aber einander
ihr beißt und auffreßt, seht (zu), daß nicht von einander ihr
vertilgt werdet. [16] Ich sage aber, im Geist wandelt, und (die)
Begierde (des) Fleisches werdet ihr gewiß nicht vollbringen.
[17] Denn das Fleisch begehrt wider den Geist, der Geist aber
wider das Fleisch, denn diese stehen einander entgegen, da-
mit nicht, was immer ihr wollt, dieses ihr tut. [18] Wenn aber
vom Geist ihr geführt werdet, nicht seid ihr unter (dem) Ge-
setz. [19] Offenbar aber sind die Werke des Fleisches, welche
sind: Unzucht, Unreinheit, Zügellosigkeit, [20] Götzendienst,
Zauberei, Feindschaften, Streit, Eifersucht, Wutausbrüche,
Streitereien, Entzweiungen, Parteiungen, [21] Neidereien, Trin-
kereien, Gelage und das diesen Ähnliche, wovon ich vorher-
sage euch, gleichwie ich vorhersagte, daß die solches Tuen-
den (das) Königtum Gottes nicht erben werden. [22] Die Frucht
aber des Geistes ist Liebe, Freude, Frieden, Großmut,
Freundlichkeit, Güte, Treue, [23] Sanftmut, Enthaltsamkeit; ge-
gen solches ist nicht (das) Gesetz. [24] Die aber des Christos
[Jesus] kreuzigten das Fleisch mit den Leidenschaften und den
Begierden. [25] Wenn wir leben im Geist, (dem) Geist laßt uns
auch folgen. [26] Werden wir nicht Prahlerische, einander Her-
ausfordernde, einander Beneidende.

6 [1] Brüder, wenn auch aufgegriffen wird ein Mensch in
irgendeiner Übertretung, ihr, die Geistigen, bringt zu-
recht einen solchen im Geist (der) Sanftmut, achtend auf dich
selbst, daß nicht auch du versucht werdest. [2] Von einander die
Lasten tragt, und so werdet ihr erfüllen das Gesetz des Chri-
stos. [3] Denn wenn einer meint, etwas zu sein, obwohl er
nichts ist, betrügt er sich selbst. [4] Sein eigenes Werk soll prü-
fen ein jeder, und dann für sich allein den Ruhm wird er ha-
ben und nicht für den anderen; [5] denn jeder wird die eigene
Last tragen.

[6] Gemeinschaft aber soll haben der Unterrichtete im Wort
mit dem Unterrichtenden in allen Gütern. [7] Nicht irrt, Gott
wird nicht verspottet. Denn was immer sät ein Mensch, dies
auch wird er ernten; [8] denn der Säende auf sein Fleisch, aus

dem Fleisch wird er ernten Verderben, der Säende aber auf den Geist, aus dem Geist wird er ernten ewiges Leben. [9] Als das Rechte Tuende nicht laßt uns ermüden, denn zu eigener Zeit werden wir ernten als nicht Erschlaffende. [10] Folglich nun, wie wir Zeit haben, laßt uns wirken das Gute zu allen, am meisten aber zu den Hausgenossen des Glaubens.

[11] Seht, mit wie großen Buchstaben ich euch schrieb mit meiner Hand. [12] Soviele gefallen wollen im Fleisch, diese zwingen euch, euch beschneiden zu lassen, nur, damit durch das Kreuz des Christos sie nicht verfolgt werden. [13] Denn auch nicht die Beschnittenen selbst halten (das) Gesetz, sondern wollen, daß ihr euch beschneiden laßt, damit in eurem Fleisch sie sich rühmen. [14] Mir aber geschehe (es) nicht, mich zu rühmen, außer im Kreuz unseres Herrn Jesus Christos, durch den mir (die) Welt gekreuzigt ist und ich (der) Welt. [15] Denn weder Beschneidung ist etwas noch Vorhaut, sondern neue Schöpfung. [16] Und soviele dieser Richtschnur folgen werden, Friede über sie und Erbarmen, und über das Israel Gottes.

[17] Im übrigen soll mir keiner Mühen bereiten; denn die Male des Jesus trage ich an meinem Leib.

[18] Die Gnade unseres Herrn Jesus Christos (sei) mit eurem Geist, Brüder; Amen.

An (die) Epheser

1 [1] Paulos, Apostel (des) Christos Jesus durch (den) Wil-
len Gottes, den Heiligen, die sind [in Ephesos], und
(den) Gläubigen in Christos Jesus; [2] Gnade euch und Friede
von Gott, unserem Vater, und (dem) Herrn Jesus Christos.

[3] Gepriesen der Gott und Vater unseres Herrn Jesus Chri-
stos, der uns segnete in allem geistlichen Segen in den Him-
meln in Christos, [4] gleichwie er uns erwählte in ihm vor
Grundlegung (der) Welt, daß wir sind Heilige und Fehllose
vor ihm in Liebe, [5] der uns vorherbestimmte zur Sohnschaft
durch Jesus Christos auf ihn (hin), nach dem Gefallen seines
Willens, [6] zum Lob (der) Herrlichkeit seiner Gnade, mit der
er uns begnadete in dem Geliebten. [7] In ihm haben wir den
Loskauf durch sein Blut, den Erlaß der Übertretungen, nach
dem Reichtum seiner Gnade, [8] von der er überfließen ließ auf
uns, in aller Weisheit und Einsicht, [9] der uns kundtat das Ge-
heimnis seines Willens, nach seinem Gefallen, das er be-
schloß in ihm [10] zur Verwaltung der Fülle der Zeiten, aufzu-
gipfeln alles in dem Christos, das in den Himmeln und das
auf der Erde in ihm. [11] In ihm wurden wir auch ausgelost,
vorherbestimmt nach (dem) Vorsatz des alles Wirkenden nach
dem Ratschluß seines Willens, [12] auf daß wir seien zum Lob
seiner Herrlichkeit, die wir zuvor gehofft hatten, in dem
Christos. [13] In ihm wurdet ihr, die ihr hörtet das Wort der
Wahrheit, das Evangelium eures Heils, an das ihr auch gläu-
big wurdet, auch versiegelt mit dem heiligen Geist der Zu-
sage, [14] der ist Anzahlung unseres Erbes, zum Loskauf des
Eigentums, zum Lob seiner Herrlichkeit.

[15] Deswegen auch ich, hörend vom Glauben bei euch im
Herrn Jesus und von der Liebe, der zu allen Heiligen, [16] höre
nicht auf zu danken für euch, ein Gedenken machend bei
meinen Gebeten, [17] damit der Gott unseres Herrn Jesus Chri-

stos, der Vater der Herrlichkeit, euch gebe (den) Geist (der)
Weisheit und (der) Offenbarung in seiner Erkenntnis, [18] er-
leuchtete Augen [eures] Herzens, auf daß ihr wißt, welche ist
die Hoffnung seiner Berufung, welcher der Reichtum der
Herrlichkeit seines Erbes in den Heiligen, [19] und welche die
überragende Größe seiner Kraft auf uns, die Glaubenden,
nach der Wirksamkeit der Gewalt seiner Stärke. [20] Die wirkte
er in dem Christos, erweckend ihn aus Toten und setzend
(ihn) zu seiner Rechten in den Himmeln [21] über alle Hoheit
und Macht und Kraft und Herrschaft und jeden Namen, ge-
nannt nicht nur in diesem Aion, sondern auch in dem kom-
Ps 8,7 menden; [22] und *alles stellte er unter seine Füße,* und ihn gab
er als Haupt über alles der Kirche, [23] welche ist sein Leib, die
Fülle des alles in allem Erfüllenden.

2 [1] Und euch, die ihr Tote wart durch (eure) Übertretun-
gen und eure Sünden, [2] in denen einst ihr wandeltet
nach dem Aion dieser Welt, nach dem Herrschenden der
Macht der Luft, des Geistes, des jetzt wirkenden in den Söh-
nen des Ungehorsams; [3] unter denen bewegten uns auch wir
alle einst in den Begierden unseres Fleisches, tuend die Wil-
len(sregungen) des Fleisches und der Sinne, und wir waren
von Natur Kinder (des) Zorns wie auch die übrigen; [4] Gott
aber, der reich ist an Erbarmen, wegen seiner vielen Liebe,
mit der er uns liebte, [5] machte uns, die wir waren Tote durch
die Übertretungen, mitlebendig mit dem Christos, – durch
Gnade seid ihr Gerettete – [6] und miterweckte er und mitnie-
dersetzte er (uns) in den Himmeln in Christos Jesus, [7] damit
er aufweise in den herankommenden Aionen den überragen-
den Reichtum seiner Gnade in Güte gegen uns in Christos Je-
sus. [8] Denn durch die Gnade seid ihr Gerettete durch Glau-
ben; und dies nicht aus euch, von Gott (ist) das Geschenk;
[9] nicht aus Werken, damit nicht einer sich rühme. [10] Denn sein
Gebilde sind wir, geschaffen in Christos Jesus zu guten Wer-
ken, die Gott vorausbereitete, damit wir in ihnen wandeln.

[11] Deshalb gedenkt, daß einst ihr, die Heiden im Fleisch,
die ihr Vorhaut genannt wurdet von der sogenannten Be-

schneidung, (der) im Fleisch handgemachten, [12] daß ihr wart
zu jener Zeit ohne Christos, Ausgeschlossene von der Bür-
gerschaft Israels und Fremde gegenüber den Bünden der Zu-
sage, Hoffnung nicht Habende und Gottlose in der Welt.
[13] Jetzt aber in Christos Jesus, ihr, die einst wart fern, wurdet
nahe im Blut des Christos. [14] Denn er ist unser Friede, der
beides machte eins und die Zwischenwand des Zaunes auflö-
ste, die Feindschaft, in seinem Fleisch, [15] das Gesetz der Ge-
bote in Satzungen vernichtend, damit er die zwei schaffe in
ihm zu einem einzigen neuen Menschen, Frieden machend,
[16] und versöhne die beiden in einem einzigen Leib für Gott,
durch das Kreuz, tötend die Feindschaft in ihm; [17] und kom-
mend verkündete er (als Evangelium) Frieden euch, die fern,
und Frieden denen, (die) nahe; [18] denn durch ihn haben wir
den Zugang beide in einem Geist zum Vater. [19] Folglich nun
nicht mehr seid ihr Fremde und Zugezogene, sondern ihr seid
Mitbürger der Heiligen und Hausgenossen Gottes, [20] auferbaut
auf dem Fundament der Apostel und Propheten, wobei Eck-
stein ist Christos Jesus selbst, [21] in dem (der) ganze Bau zu-
sammengefügt wächst zum heiligen Tempel im Herrn, [22] in
dem ihr auch mitauferbaut werdet zur Wohnstätte Gottes im
Geist.

3 [1] Dessentwegen ich, Paulos, der Gefangene des Christos
[Jesus] für euch, die Heiden, [2] – wenn ihr denn hörtet
von der Verwaltung der Gnade Gottes, der mir gegebenen für
euch, [3] [daß] gemäß Offenbarung mir kundgetan wurde das
Geheimnis, gleichwie ich vorher schrieb in Kürze, [4] woran ihr
lesend begreifen könnt mein Verstehen für das Geheimnis des
Christos, [5] das in andern Geschlechtern nicht kundgetan wur-
de den Söhnen der Menschen, wie jetzt es offenbart wurde
seinen heiligen Aposteln und Propheten im Geist, [6] daß die
Heiden sind Miterben und Miteingeleibte und Mitteilhaber
der Zusage in Christos Jesus durch das Evangelium, [7] dessen
Diener ich wurde nach dem Geschenk der Gnade Gottes, der
mir gegebenen nach der Wirksamkeit seiner Kraft.

[8] Mir, dem Allergeringsten aller Heiligen, wurde gegeben

diese Gnade, den Heiden (als Evangelium) zu verkünden den unergründlichen Reichtum des Christos, 9 und zu erleuchten [alle], welches (ist) die Verwaltung des Geheimnisses, des verborgenen vor den Aionen in Gott, dem alles Schaffenden, 10 damit kundgetan werde jetzt den Hoheiten und den Mächten in den Himmeln durch die Kirche die vielfältige Weisheit Gottes, 11 nach (dem) Vorsatz der Aionen, den er machte in dem Christos Jesus, unserem Herrn, 12 in dem wir haben den Freimut und Zugang in Vertrauen durch den Glauben an ihn. 13 Deshalb bitte ich, nicht zu verzagen an meinen Bedrängnissen für euch, welches ist eure Herrlichkeit.

14 Dessentwegen beuge ich meine Knie zum Vater, 15 von dem jedes Geschlecht in (den) Himmeln und auf Erden genannt wird, 16 damit er gebe euch nach dem Reichtum seiner Herrlichkeit in Kraft, gestärkt zu werden durch seinen Geist auf den inneren Menschen (hin), 17 daß wohne der Christos durch den Glauben in euren Herzen, die ihr in Liebe verwurzelt und gegründet seid, 18 damit ihr stark werdet zu begreifen mit allen Heiligen, was die Breite und Länge und Höhe und Tiefe, 19 zu erkennen auch die die Erkenntnis überragende Liebe des Christos, damit ihr erfüllt werdet zur ganzen Fülle Gottes.

20 Dem aber, der fähig ist, über alles (hinaus) zu tun, über die Maßen (mehr), (als) was wir erbitten oder denken, nach der Kraft, der in uns wirkenden, 21 ihm die Herrlichkeit in der Kirche und in Christos Jesus für alle Geschlechter des Aions der Aionen, Amen.

4 1 Ich ermahne euch nun, ich, der Gefangene im Herrn, würdig zu wandeln der Berufung, mit der ihr gerufen wurdet, 2 mit aller Demut und Milde, mit Großmut, ertragend einander in Liebe, 3 bemüht, zu bewahren die Einheit des Geistes im Band des Friedens; 4 ein Leib und ein Geist, gleichwie auch ihr gerufen wurdet in einer Hoffnung eurer Berufung; 5 ein Herr, ein Glaube, eine Taufe, 6 ein Gott und Vater aller, der über allem und durch alles und in allem. 7 Einem jeden aber von uns wurde gegeben die Gnade nach dem Maß des

Geschenks des Christos. 8 Deshalb sagt er: *Hinaufgestiegen* Ps 68,19
zur Höhe nahm er gefangen (die) Gefangenschaft, gab er Ga-
ben den Menschen. 9 Das *„er stieg hinauf“* aber, was ist (das),
wenn nicht, daß er auch herabstieg in die unteren [Teile] der
Erde? 10 Der Herabgestiegene selbst ist auch der *Hinaufge-*
stiegene über alle Himmel, damit er erfülle alles. 11 Und er
selbst gab die einen als Apostel, die andern als Propheten, die
andern als Evangelisten, die andern als Hirten und Lehrer,
12 zur Zurüstung der Heiligen für (das) Werk (des) Dienstes,
für (den) Bau des Leibes des Christos, 13 bis wir hingelangen
alle zur Einheit des Glaubens und der Erkenntnis des Sohnes
Gottes, zum vollkommenen Mann, zum Maß (der) Reife der
Fülle des Christos, 14 damit wir nicht mehr seien Unmündige,
Hin- und Hergeschaukelte und Umhergetriebene von jedem
Wind der Lehre im Würfelspiel der Menschen, in Verschla-
genheit zur Arglist des Betrugs, 15 sondern Wahrheit lebend in
Liebe, wachsen zu ihm in allem, der ist das Haupt, Christos,
16 von dem der ganze Leib, zusammengefügt und zusammen-
gehalten durch jedes unterstützende Gelenk, nach Wirksam-
keit im Maß eines jeden Teils das Wachstum des Leibes wirkt
zur Erbauung seiner selbst in Liebe.

17 Dies nun sage ich und bezeuge ich im Herrn, daß ihr
nicht mehr wandelt, gleichwie auch die Heiden wandeln in
Nichtigkeit ihres Sinnes, 18 verfinstert in der Gesinnung, aus-
geschlossen vom Leben Gottes wegen der Unwissenheit, die
in ihnen ist, wegen der Verstocktheit ihres Herzens, 19 welche
abgestumpft sich hingaben der Ausschweifung zum Vollbrin-
gen jeder Unreinheit in Habgier.

20 Ihr aber lerntet nicht so (kennen) den Christos, 21 wenn
ihr denn ihn hörtet und in ihm gelehrt wurdet, gleichwie es
Wahrheit ist in Jesus, 22 daß ihr ablegt gegenüber dem frühe-
ren Wandel den alten Menschen, den zugrundegehenden an
den Begierden des Trugs, 23 euch aber erneuert im Geist eures
Sinnes 24 und anzieht den neuen Menschen, den nach Gott ge-
schaffenen, in Gerechtigkeit und Heiligkeit der Wahrheit.

25 Deshalb, die ihr ablegtet die Lüge, *redet Wahrheit, jeder* Sach 8,16

mit seinem Nächsten, weil wir sind untereinander Glieder.
Ps 4,5 (G) 26 *Zürnt, aber nicht sündigt!* Die Sonne soll nicht untergehen
über eurer Erzürnung, 27 und gebt nicht Platz dem Teufel!
28 Der Stehlende soll nicht mehr stehlen, (viel)mehr aber sich
mühen, wirkend mit den [eigenen] Händen das Gute, damit er
habe mitzugeben dem, der Bedarf hat. 29 Kein faules Wort soll
aus eurem Mund herausgehen, sondern (nur) wenn eines gut
(ist) zur Erbauung, (wo) Bedarf (ist), damit es gebe Gnade
den Hörenden. 30 Und betrübt nicht den heiligen Geist Gottes,
in dem ihr versiegelt wurdet für (den) Tag (des) Loskaufs.
31 Alle Bitterkeit und Wut und Zorn und Geschrei und Läste-
rung soll genommen werden von euch mit aller Schlechtig-
keit. 32 Werdet [aber] zueinander gütig, mitleidig, verzeihend
einander, gleichwie auch Gott in Christos euch verzieh.

5 1 Werdet nun Nachahmer Gottes als geliebte Kinder
2 und wandelt in Liebe, gleichwie auch der Christos uns
liebte und sich hingab für uns als Gabe und Opfer Gott zum
Duft von Wohlgeruch.

3 Unzucht aber und jede Unreinheit oder Habgier soll nicht
einmal genannt werden unter euch, gleichwie es Heiligen
ziemt, 4 und Schändlichkeit und Dummengeschwätz oder Wit-
zelei, was sich nicht gebührt, sondern (viel)mehr Danksa-
gung. 5 Denn dies wißt, erkennend, daß jeder Unzüchtige
oder Unreine oder Habgierige, das ist: Götzendiener, nicht
hat ein Erb(teil) am Königtum des Christos und Gottes. 6 Kei-
ner soll täuschen euch mit leeren Worten; denn deswegen
kommt der Zorn Gottes auf die Söhne des Ungehorsams.
7 Werdet nun nicht ihre Mitteilhaber; 8 denn ihr wart einst Fin-
sternis, jetzt aber (seid ihr) Licht im Herrn; wie Kinder (des)
Lichts wandelt 9 – denn die Frucht des Lichts (besteht) in aller
Güte und Gerechtigkeit und Wahrheit –, 10 prüfend, was wohl-
gefällig ist dem Herrn, 11 und habt nicht Mitanteil an den
fruchtlosen Werken der Finsternis, (viel)mehr aber auch
überführt (sie); 12 denn das heimlich von ihnen Geschehende
ist schändlich auch (nur) zu sagen, 13 alles aber, was überführt
wird, wird vom Licht offenbart; 14 denn alles Offenbarte ist

Licht. Deshalb sagt er: Steh auf, Schlafender, und steh auf
aus den Toten, und aufleuchten wird dir der Christos.

[15] Seht nun genau (zu), wie ihr wandelt, nicht wie Unweise,
sondern wie Weise, [16] auskaufend die Zeit, weil die Tage böse
sind. [17] Deswegen werdet nicht unvernünftig, sondern ver-
steht, was der Wille des Herrn. [18] Und betrinkt euch nicht mit
Wein, in welchem ist Liederlichkeit, sondern werdet erfüllt
im Geist, [19] redend miteinander [in] Psalmen und Hymnen und
geistlichen Liedern, singend und preisend in eurem Herzen
den Herrn, [20] danksagend allzeit für alles im Namen unseres
Herrn Jesus Christos dem Gott und Vater.

[21] Untergeordnete (seid) einander in (der) Furcht (des)
Christos, [22] die Frauen den eigenen Männern wie dem Herrn,
[23] weil (der) Mann ist (das) Haupt der Frau wie auch der
Christos (das) Haupt der Kirche, er, (der) Retter des Leibes;
[24] doch wie die Kirche sich unterordnet dem Christos, so auch
die Frauen den Männern in allem.

[25] Ihr Männer, liebt die Frauen, gleichwie auch der Christos
liebte die Kirche und sich hingab für sie, [26] damit er sie heili-
ge, reinigend (sie) durch das Bad des Wassers im Wort, [27] da-
mit er selbst sich hinstelle glanzvoll die Kirche, nicht habend
einen Flecken oder eine Runzel oder etwas von solchem, son-
dern damit sie sei heilig und fehllos. [28] So schulden [auch] die
Männer zu lieben ihre Frauen wie ihre Leiber. Der Liebende
seine Frau liebt sich selbst. [29] Denn keiner haßte jemals sein
Fleisch, sondern er nährt und wärmt es, gleichwie auch der
Christos die Kirche, [30] weil Glieder wir sind seines Leibes.
[31] *Statt dessen wird zurücklassen ein Mensch [den] Vater und* Gen 2,24 (G)
[die] Mutter, und anschließen wird er sich an seine Frau, und
(es) werden sein die zwei zu einem Fleisch. [32] Dieses Geheim-
nis ist groß; ich aber sage (es) auf Christos und auf die Kir-
che (hin). [33] Jedoch auch ihr, einzeln, jeder soll seine Frau so
lieben wie sich selbst, die Frau aber, daß sie fürchte den
Mann.

6 [1] Ihr Kinder gehorcht euren Eltern [im Herrn]; denn
dies ist gerecht. [2] *Ehre deinen Vater und die Mutter,* Ex 20,12 (G)

Dtn 5,16 (G) welches ist (das) erste Gebot in (der) Zusage, [3] *damit gut es dir gehe und du sein wirst lange Zeit auf der Erde.* [4] Und ihr Väter, erzürnt nicht eure Kinder, sondern zieht sie auf in Zucht und Zurechtweisung (des) Herrn.

[5] Ihr Sklaven, gehorcht den Herren nach dem Fleisch mit Furcht und Zittern in Einfalt eures Herzens wie dem Christos, [6] nicht nach Augendienerei wie Menschengefällige, sondern wie Sklaven (des) Christos, tuend den Willen Gottes aus (ganzer) Seele, [7] mit Gutwilligkeit dienend wie dem Herrn und nicht Menschen, [8] wissend, daß jeder, wenn er etwas Gutes tut, dieses empfangen wird vom Herrn, sei er Sklave, sei er Freier. [9] Und ihr Herren, dasselbe tut ihnen gegenüber, aufgebend die Drohung, wissend, daß sowohl ihr wie euer Herr ist in (den) Himmeln und Ansehen der Person es nicht gibt bei ihm.

[10] Des übrigen, werdet kräftig im Herrn und in der Gewalt seiner Stärke. [11] Zieht an die Vollrüstung Gottes, auf daß ihr feststehen könnt gegen die Listen des Teufels; [12] denn nicht ist unter uns das Ringen gegen Blut und Fleisch, sondern gegen die Hoheiten, gegen die Mächte, gegen die Weltbeherrscher dieser Finsternis, gegen die Geistwesen der Bosheit in den Himmeln. [13] Deswegen nehmt auf die Vollrüstung Gottes, damit ihr widerstehen könnt am bösen Tag, und, alles vollbringend, feststehen (könnt). [14] Steht also (fest), umgürtend eure Hüften in Wahrheit und anziehend den Panzer der Gerechtigkeit [15] und beschuhend die Füße in Bereitschaft des Evangeliums des Friedens, [16] in allem aufnehmend den Schild des Glaubens, mit dem ihr werdet löschen können alle glühend gemachten Geschosse des Bösen; [17] und den Helm der Rettung nehmt und das Schwert des Geistes, das ist: (das) Wort Gottes. [18] Bei allem Gebet und Bitten (seid) betend zu jeder Zeit im Geist, und dazu wachend in aller Ausdauer und Bitte für alle Heiligen [19] und für mich, damit mir gegeben werde ein Wort im Auftun meines Mundes, in Freimut kundzutun das Geheimnis des Evangeliums, [20] für das ich Gesandter bin in Kette(n), damit ich in ihm freimütig rede, wie ich

reden muß.
[21] Damit aber auch ihr wißt das um mich, was ich tue, alles
wird euch kundtun Tychikos, der geliebte Bruder und treue
Diener im Herrn, [22] den ich schickte zu euch zu eben diesem,
damit ihr erfahrt das über uns und er ermutige eure Herzen.
[23] Friede den Brüdern und Liebe mit Glauben von Gott
(dem) Vater und (dem) Herrn Jesus Christos. [24] Die Gnade
(sei) mit allen Liebenden unsern Herrn Jesus Christos in Un-
vergänglichkeit.

AN (DIE) PHILIPPESIER

1 [1] Paulos und Timotheos, Sklaven (des) Christos Jesus,
allen Heiligen in Christos Jesus, die sind in Philippoi,
mit Aufsehern und Dienern; [2] Gnade euch und Friede von
Gott, unserem Vater, und (dem) Herrn Jesus Christos.

[3] Ich danke meinem Gott bei allem Gedenken an euch,
[4] allzeit in jedem Gebet von mir für euch alle, mit Freude das
Gebet machend, [5] über eure Gemeinschaft (in Richtung) auf
das Evangelium vom ersten Tag bis zum Jetzt, [6] vertrauend
eben darauf, daß, der begonnen hat in euch ein gutes Werk,
(es) vollenden wird bis zum Tag (des) Christos Jesus; [7] gleich-
wie es gerecht ist für mich, dies zu denken für euch alle, des-
wegen, weil ich im Herzen habe euch, die ihr alle sowohl in
meinen Fesseln wie in der Verteidigung und Festigung des
Evangeliums meine Mitteilhaber der Gnade seid. [8] Denn mein
Zeuge (ist) Gott, wie ich ersehne euch alle im Erbarmen (des)
Christos Jesus. [9] Und dies bete ich, damit eure Liebe noch
mehr und mehr überfließe in Erkenntnis und jeder Wahrneh-
mung, [10] auf daß ihr prüft das sich Unterscheidende, damit ihr
seid lauter und unanstößig zum Tag (des) Christos, [11] erfüllt
mit Frucht von Gerechtigkeit, der durch Jesus Christos, zu
Herrlichkeit und Lob Gottes.

[12] Daß ihr aber erkennt, will ich, Brüder, daß das über mich
mehr zur Förderung des Evangeliums gekommen ist, [13] so daß
meine Fesseln offenbar wurden in Christos im ganzen Praito-
rion und den übrigen allen, [14] und die Mehrzahl der Brüder im
Herrn, vertrauend durch meine Fesseln, mehr (es) wagt,
furchtlos das Wort zu reden. [15] Einige zwar auch aus Neid
und Streit, einige aber auch aus Wohlmeinen verkünden den
Christos; [16] die einen aus Liebe, wissend, daß zur Verteidi-
gung des Evangeliums ich bestimmt bin, [17] die anderen aus
Streitsucht verkünden den Christos, nicht aufrichtig, mei-

nend, Bedrängnis aufzurichten meinen Fesseln. 18 Was denn?
Außer, daß auf jede Weise, sei es mit Vorwand, sei es in
Wahrheit, Christos verkündet wird, und darin freue ich mich.

Doch ich werde mich auch freuen, 19 denn ich weiß, daß
dies mir ausgehen wird zur Rettung durch euer Gebet und
durch Unterstützung des Geistes (des) Jesus Christos, 20 ge-
mäß meiner Sehnsucht und Hoffnung, daß in nichts ich be-
schämt werden werde, sondern in allem Freimut wie allzeit
auch jetzt großgemacht werden wird Christos an meinem
Leib, sei es durch Leben, sei es durch Tod. 21 Denn mir (ist)
das Leben Christos und das Sterben Gewinn. 22 Wenn aber
das Leben im Fleisch, (ist) dies mir Frucht (des) Werkes, und
was ich wählen soll, erkenne ich nicht. 23 Bedrängt aber wer-
de ich aus den Zweien, das Verlangen habend zum Auflösen
und mit Christos Sein, [denn] (das ist) um viel mehr besser;
24 das Bleiben aber [in] dem Fleisch (ist) notwendiger wegen
euch. 25 Und darauf vertrauend weiß ich, daß ich bleiben wer-
de und dableiben werde bei euch allen zu eurer Förderung
und zur Freude des Glaubens, 26 damit euer Ruhm überfließe
in Christos Jesus in mir durch meine Ankunft wieder zu euch.

27 Allein verhaltet euch würdig des Evangeliums des Chri-
stos, damit, sei es kommend und euch sehend, sei es abwe-
send ich das über euch höre, daß ihr steht in einem (einzigen)
Geist, mit einer (einzigen) Seele mitkämpfend für den Glau-
ben des Evangeliums, 28 und nicht eingeschüchtert in nichts
von den Gegnern, welches ist für sie Aufweis von Verderben,
aber eurer Rettung, und dies von Gott; 29 weil euch geschenkt
wurde das für Christos, nicht allein das an ihn Glauben, son-
dern auch das für ihn Leiden, 30 denselben Kampf habend, wie
ihr saht an mir und jetzt hört an mir.

2

1 Wenn nun irgendeine Ermutigung in Christos, wenn
irgendein Zuspruch (der) Liebe, wenn irgendeine Ge-
meinschaft (des) Geistes, wenn irgendein Erbarmen und Mit-
gefühle, 2 füllt meine Freude, damit dasselbe ihr sinnt, diesel-
be Liebe habend, einmütig, das Eine sinnend, 3 nichts nach
Streitsucht, auch nicht nach Eitelkeit, sondern durch die De-

mut einander haltend für überragender als sich selbst, 4 nicht
auf das Seine ein jeder achtend, sondern jegliche [auch] auf
das (der) andern.

5 Dies sinnt bei euch, was auch in Christos Jesus, 6 der, als
er in Gestalt Gottes war, nicht für Raub hielt das Sein gleich
Gott, 7 sondern sich selbst entäußerte, Gestalt eines Sklaven
annehmend, in Gleichheit von Menschen geworden; und im
Äußeren erfunden wie ein Mensch, 8 demütigte er sich selbst,
geworden gehorsam bis zum Tod, zum Tod aber (des) Kreu-
zes. 9 Deshalb auch erhöhte ihn Gott und schenkte ihm den
Namen, der über jedem Namen (ist), 10 damit im Namen von
Jesus jedes Knie sich beuge, (der) Himmlischen und Irdischen
und Unterirdischen, 11 und jede Zunge bekenne: Herr (ist) Je-
sus Christos zur Herrlichkeit Gottes (des) Vaters.

12 Daher, meine Geliebten, gleichwie allzeit ihr gehorchtet,
nicht wie in meiner Anwesenheit nur, sondern jetzt viel mehr
in meiner Abwesenheit, mit Furcht und Zittern bewirkt eure
eigene Rettung! 13 Denn Gott ist der Wirkende in euch sowohl
das Wollen wie auch das Wirken für das Wohlgefallen. 14 Al-
les tut ohne Murren und Grübeleien, 15 damit ihr werdet unta-
delig und unverdorben, fehllose Kinder Gottes inmitten eines
verkehrten und verdrehten Geschlechts, unter welchen ihr
scheint wie Leuchten in (der) Welt, 16 (das) Wort (des) Lebens
festhaltend, zum Ruhm mir am Tag (des) Christos, daß nicht
ins Leere ich lief und nicht ins Leere ich mich mühte. 17 Doch
wenn ich auch ausgegossen werde zum Opfer und Dienst eu-
res Glaubens, freue ich mich und freue ich mich mit euch al-
len; 18 desgleichen aber freut auch ihr euch und freut euch mit
mir!

19 Ich hoffe aber im Herrn Jesus, Timotheos schnell euch zu
schicken, damit auch ich gutgestimmt bin, kennend das über
euch. 20 Denn keinen habe ich Gleichgestimmten, welcher
lauter das für euch besorgen wird; 21 denn alle suchen das Ei-
gene, nicht das (des) Jesus Christos. 22 Seine Bewährung aber
kennt ihr, daß wie einem Vater ein Kind mit mir er diente für
das Evangelium. 23 Diesen nun hoffe ich zu schicken sogleich,

sobald ich absehe das über mich; 24 ich vertraue aber im
Herrn, daß auch selbst schnell ich kommen werde.
25 Notwendig aber hielt ich, Epaphroditos, den Bruder und
Mitarbeiter und Mitkämpfer von mir, von euch aber Gesand-
ten und Diener meines Bedarfs, zu schicken zu euch, 26 da er-
sehnend er war euch alle und sich ängstigend, weil ihr hörtet,
daß er erkrankte. 27 Denn er erkrankte auch beinahe zu Tod;
doch Gott erbarmte sich seiner, nicht aber seiner nur, sondern
auch meiner, damit nicht Betrübnis auf Betrübnis ich habe.
28 Eiliger nun schickte ich ihn, damit ihr, sehend ihn, wieder
euch freut und ich unbetrübter bin. 29 Nehmt ihn nun auf im
Herrn mit aller Freude, und solche habt in Ehren, 30 weil we-
gen des Werkes (des) Christos bis zum Tod er nahekam, aufs
Spiel setzend das Leben, damit er auffülle euren Mangel des
Dienstes für mich.

3 1 Im übrigen, meine Brüder, freut euch im Herrn! Das-
selbe euch zu schreiben, (ist) mir zwar nicht(s) Lästi-
ges, euch aber Sicheres.
2 Seht die Hunde, seht die schlechten Arbeiter, seht die
Zerschneidung! 3 Denn wir sind die Beschneidung, die durch
(den) Geist Gottes Dienenden und sich Rühmenden in Chri-
stos Jesus und nicht auf Fleisch Vertrauenden, 4 wiewohl ich
haben (könnte) Vertrauen auch auf (das) Fleisch. Wenn ein
anderer meint, vertrauen (zu können) auf (das) Fleisch, ich
mehr; 5 an Beschneidung ein Achttägiger, aus (dem) Ge-
schlecht Israels, (dem) Stamm Benjamin, Hebraier von He-
braiern, nach (dem) Gesetz Pharisaier, 6 nach Eifer verfolgend
die Gemeinde, nach (der) Gerechtigkeit, der im Gesetz, ge-
worden untadelig. 7 [Doch] was immer mir waren Gewinne,
diese habe ich gehalten wegen des Christos für Verlust.
8 Doch gewiß ja, und ich halte dafür, daß alles Verlust ist we-
gen des Überragens der Erkenntnis (des) Christos Jesus, mei-
nes Herrn, wegen dessen mir alles Verlust wurde, und ich
halte (es) für Dreck, damit Christos ich gewinne 9 und gefun-
den werde in ihm, nicht habend meine Gerechtigkeit, die aus

(dem) Gesetz, sondern die durch Glauben an Christos, die Gerechtigkeit aus Gott aufgrund des Glaubens, [10] zu erkennen ihn und die Kraft seiner Auferstehung und [die] Gemeinschaft seiner Leiden, gleichgestaltet werdend seinem Tod, [11] ob etwa ich hingelange zur Auferstehung, der aus Toten.

[12] Nicht, daß ich schon nahm oder schon vollendet bin, ich jage aber, ob ich auch annehme, daraufhin, daß ich auch angenommen wurde von Christos [Jesus]. [13] Brüder, ich rechne nicht, daß ich selbst angenommen habe; eines aber, das Hinten vergessend, dem Vorne zu aber mich ausstreckend, [14] entsprechend (dem) Ziel jage ich zum Kampfpreis der Berufung Gottes nach oben in Christos Jesus. [15] Wieviele nun Vollkommene (sind), dies wollen wir denken; und wenn etwas anders ihr denkt, auch dies wird Gott euch offenbaren; [16] jedoch, wozu wir gelangten, zu demselben (ist) zu stehen.

[17] Meine Mitnachahmer werdet, Brüder, und achtet auf die so Wandelnden, gleichwie ihr habt als Vorbild uns! [18] Denn viele wandeln, welche oft ich euch sagte, jetzt aber auch weinend sage, als die Feinde des Kreuzes des Christos, [19] von denen das Ende Verderben, von denen der Gott der Bauch und die Herrlichkeit in ihrer Schande, die das Irdische Sinnenden. [20] Denn unsere Bürgerschaft ist in (den) Himmeln, aus dem auch als Retter wir erwarten (den) Herrn Jesus Christos, [21] der umgestalten wird den Leib unserer Niedrigkeit, gleichförmig dem Leib seiner Herrlichkeit, nach der Kraft seines Könnens auch unterzuordnen sich alles.

4 [1] Daher, meine Brüder, geliebte und ersehnte, (meine) Freude und mein Kranz, so steht im Herrn, Geliebte! [2] Euodia ermuntere ich und Syntyche ermuntere ich, dasselbe zu sinnen im Herrn. [3] Ja, ich bitte auch dich, echter Jochgenosse, fasse mit an für sie, welche im Evangelium mit mir kämpften, mit sowohl Klemens als auch den übrigen meiner Mitarbeiter, von denen die Namen im Buch (des) Lebens.

[4] Freut euch im Herrn allzeit; wieder werde ich sagen, freut euch! [5] Das Gütige von euch soll bekannt werden allen Menschen. Der Herr (ist) nahe. [6] Nichts sorgt, sondern in allem

sollen durch das Gebet und die Bitte mit Danksagung eure
Forderungen kundgetan werden bei Gott. 7 Und der Friede
Gottes, der überragende jeden Verstand, wird bewachen eure
Herzen und eure Gedanken in Christos Jesus.

8 Im übrigen, Brüder, wievieles wahr ist, wievieles anstän-
dig, wievieles gerecht, wievieles rein, wievieles beliebt, wie-
vieles ansprechend, wenn irgendeine Ruhmestat und wenn ir-
gendein Lob, dieses bedenkt! 9 Was auch ihr lerntet und über-
nahmt und hörtet und saht an mir, dieses tut! Und der Gott
des Friedens wird mit euch sein.

10 Ich freute mich aber im Herrn sehr, daß schon einmal ihr
wiederaufblühen ließet das für mich Denken, woran ihr auch
dachtet, nicht aber Gelegenheit hattet. 11 Nicht daß aus Man-
gel ich rede, denn ich lernte, in welchen (Lagen) ich bin,
selbstgenügend zu sein. 12 Ich weiß auch mich zu demütigen,
ich weiß auch Überfluß zu haben; in allem und in allen bin
ich eingeweiht, sowohl satt zu werden als auch zu hungern,
sowohl überzufließen als auch Mangel zu leiden; 13 alles ver-
mag ich in dem mich Ermächtigenden. 14 Jedoch, recht tatet
ihr, indem ihr mitteilhabt an meiner Bedrängnis. 15 (Es) wißt
aber auch ihr, Philippesier, daß am Anfang des Evangeliums,
als ich wegging von Makedonia, keine Gemeinde mit mir
Gemeinschaft hatte auf Rechnung von Geben und Nehmen,
außer ihr allein, 16 daß auch in Thessalonike sowohl das eine
wie das andere Mal für den Bedarf ihr mir schicktet. 17 Nicht
daß ich erstrebe die Gabe, sondern ich erstrebe die Frucht,
die sich mehrende auf eurem Konto. 18 Ich habe aber alles und
ich fließe über; ich bin erfüllt, nachdem ich angenommen
habe von Epaphroditos das von euch, einen Duft von Wohl-
geruch, ein genehmes Opfer, wohlgefällig Gott. 19 Mein Gott
aber wird füllen all euren Bedarf nach seinem Reichtum in
Herrlichkeit in Christos Jesus. 20 Unserem Gott und Vater
aber (ist) die Herrlichkeit in die Aionen der Aionen, Amen.

21 Grüßt jeden Heiligen in Christos Jesus! (Es) grüßen euch
die Brüder mit mir. 22 (Es) grüßen euch alle Heiligen, am

meisten aber die aus des Kaisers Haus.
23 Die Gnade des Herrn Jesus Christos (sei) mit eurem
Geist.

AN (DIE) KOLOSSER

1 1 Paulos, Apostel (des) Christos Jesus durch (den) Wil-
len Gottes, und Timotheos, der Bruder, 2 den in Kolos-
sai heiligen und gläubigen Brüdern in Christos; Gnade euch
und Friede von Gott, unserem Vater.
3 Wir danken Gott, (dem) Vater unseres Herrn Jesus Chri-
stos, allzeit für euch betend, 4 hörend von eurem Glauben in
Christos Jesus und von der Liebe, die ihr habt zu allen Heili-
gen, 5 wegen der Hoffnung, der daliegenden für euch in den
Himmeln, von der ihr zuvor hörtet im Wort der Wahrheit des
Evangeliums, 6 des gekommenen zu euch, gleichwie es auch
in der ganzen Welt ist, fruchtbringend und wachsend, gleich-
wie auch unter euch, von dem Tage (an), (an dem) ihr hörtet
und erkanntet die Gnade Gottes in Wahrheit; 7 gleichwie ihr
lerntet von Epaphras, unserem geliebten Mitsklaven, der für
euch ist ein treuer Diener des Christos, 8 der uns auch eröff-
nete eure Liebe im Geist.
9 Deswegen auch wir, von dem Tage (an), (an dem) wir
(es) hörten, hören nicht auf, für euch zu beten und zu bitten,
damit ihr erfüllt werdet mit der Erkenntnis seines Willens in
aller Weisheit und geistlichem Verstehen, 10 zu wandeln wür-
dig des Herrn zu jedem Wohlgefallen, in jedem guten Werk
fruchtbringend und wachsend in der Erkenntnis Gottes, 11 in
aller Kraft gekräftigt nach der Gewalt seiner Herrlichkeit zu
aller Geduld und Großmut.
Mit Freude 12 dankend dem Vater, der euch befähigte zum
Anteil des Loses der Heiligen im Licht; 13 der uns rettete aus
der Macht der Finsternis und versetzte ins Königtum des
Sohnes seiner Liebe, 14 in dem wir haben den Loskauf, den
Erlaß der Sünden; 15 der ist ein Bild Gottes, des unsichtbaren,
Erstgeborener aller Schöpfung, 16 denn in ihm wurde erschaf-
fen alles in den Himmeln und auf der Erde, das Sichtbare und
das Unsichtbare, seien es Throne, seien es Herrschaften,

seien es Hoheiten, seien es Mächte; alles ist durch ihn und auf ihn (hin) erschaffen; [17] und er ist vor allem, und alles hat in ihm Bestand; [18] und er ist das Haupt des Leibes, der Kirche; der ist Anfang, Erstgeborener aus den Toten, damit er werde in allem der Erste, [19] denn es gefiel (Gott), in ihm die ganze Fülle wohnen zu lassen [20] und durch ihn zu versöhnen alles auf ihn (hin), Frieden schaffend durch das Blut seines Kreuzes, [durch ihn] sei es das auf der Erde, sei es das in den Himmeln.

[21] Und euch, die ihr einst ausgeschlossen wart und Feinde der Gesinnung (nach) in den bösen Werken, [22] versöhnte er jetzt aber im Leib seines Fleisches durch den Tod, (um) hinzustellen euch als Heilige und Fehllose und Unbescholtene vor ihm, [23] wenn ihr denn dabeibleibt, im Glauben gegründet und fest, und nicht euch abbringen lassend von der Hoffnung des Evangeliums, das ihr hörtet, dem verkündeten in der ganzen Schöpfung, die unter dem Himmel ist, dessen Diener ich, Paulos, wurde.

[24] Jetzt freue ich mich in den Leiden für euch, und ich fülle auf das Fehlende an den Bedrängnissen des Christos in meinem Fleisch für seinen Leib, der ist die Kirche, [25] deren Diener ich wurde nach der Verwaltung Gottes, der mir gegebenen für euch, zu erfüllen das Wort Gottes, [26] das Geheimnis, das verborgene vor den Aionen und vor den Geschlechtern – jetzt aber wurde es offenbart seinen Heiligen, [27] denen Gott kundtun wollte, welches der Reichtum der Herrlichkeit dieses Geheimnisses unter den Heiden (ist), das ist Christos in euch, die Hoffnung der Herrlichkeit; [28] den wir verkünden, mahnend jeden Menschen und lehrend jeden Menschen in aller Weisheit, damit wir hinstellen jeden Menschen als Vollkommenen in Christos; [29] dazu auch mühe ich mich, kämpfend nach seiner Wirksamkeit, der wirkenden in mir in Kraft.

2 [1] Denn ich will, daß ihr wißt, welchen Kampf ich habe für euch und (für) die in Laodikeia und so viele, die nicht gesehen haben mein Gesicht dem Fleisch (nach), [2] damit

ermutigt werden ihre Herzen, zusammengehalten in Liebe und zu allem Reichtum an Fülle des Verstehens, zur Erkenntnis des Geheimnisses Gottes, (des) Christos, [3] in dem alle Schätze der Weisheit und Erkenntnis verborgen sind. [4] Dies sage ich, damit keiner euch täusche in Vorspiegelung. [5] Denn wenn ich auch dem Fleisch (nach) abwesend bin, doch dem Geist (nach) bin ich mit euch, mich freuend und sehend eure Ordnung und die Festigkeit eures Glaubens an Christos.

[6] Wie ihr nun annahmt Christos Jesus, den Herrn, in ihm wandelt, [7] verwurzelt und auferbaut in ihm und gefestigt im Glauben, gleichwie ihr gelehrt wurdet, überfließend in Danksagung. [8] Seht (zu), daß nicht einer sein wird, der euch einfängt durch die Philosophie und durch leeren Trug nach der Überlieferung der Menschen, nach den Elementen der Welt und nicht nach Christos; [9] denn in ihm wohnt die ganze Fülle der Gottheit leibhaftig, [10] und ihr seid in ihm erfüllt, der ist das Haupt jeder Hoheit und Macht. [11] In ihm wurdet ihr auch beschnitten mit einer nicht handgemachten Beschneidung im Ablegen des Leibes des Fleisches, in der Beschneidung des Christos, [12] mitbegraben mit ihm in der Taufe, in der ihr auch miterweckt wurdet durch den Glauben an die Wirksamkeit Gottes, der ihn erweckte aus Toten; [13] auch euch, die ihr tot wart, [durch] die Übertretungen und die Vorhaut eures Fleisches, mitlebendigmachte er euch mit ihm, verzeihend uns alle Übertretungen. [14] Auslöschend den Schuldschein gegen uns, der aufgrund der Satzungen wider uns war, und ihn hat er aus der Mitte genommen, annagelnd ihn ans Kreuz; [15] entkleidend die Hoheiten und die Mächte, stellte er sie in Öffentlichkeit bloß, triumphierend über sie in ihm.

[16] Nicht nun soll einer über euch urteilen in Speise und in Trank oder in Anbetracht eines Festes oder Neumondes oder von Sabbaten; [17] die sind ein Schatten des Zukünftigen, der Leib aber (ist) des Christos. [18] Keiner soll euch um den Preis bringen, sich gefallend in Demut und Verehrung der Engel, (auf das), was er gesehen hat, sich (etwas) einbildend, grund-

los aufgebläht vom Sinn seines Fleisches, 19 und nicht festhal-
tend das Haupt, von dem (her) der ganze Leib, durch die Ge-
lenke und Bänder unterstützt und zusammengehalten, wächst
das Wachstum Gottes.

20 Wenn ihr gestorben seid mit Christos (weg) von den
Elementen der Welt, was laßt ihr euch wie in der Welt Le-
bende Satzungen auferlegen? 21 Du sollst nicht berühren, du
sollst nicht kosten, du sollst nicht anfassen, 22 was alles zur
Vernichtung durch Verbrauch (bestimmt) ist, (alles) nach den
Geboten und Lehren der Menschen, 23 welches zwar hat (den)
Ruf von Weisheit in selbstgefälliger Frömmigkeit und Demut
[und] Kasteiung (des) Leibes, (aber) nicht zur Ehre jeman-
dem, (sondern) zur Befriedigung des Fleisches.

3 1 Wenn ihr nun miterweckt wurdet mit dem Christos,
sucht das Oben, wo der Christos ist zur Rechten Gottes
sitzend; 2 das Oben habt im Sinn, nicht das auf der Erde!
3 Denn ihr seid gestorben, und euer Leben ist verborgen mit
dem Christos in Gott; 4 wann der Christos offenbart wird,
euer Leben, dann werdet auch ihr mit ihm offenbart werden
in Herrlichkeit.

5 Tötet nun die Glieder, die auf der Erde: Unzucht, Unrein-
heit, Leidenschaft, schlechte Begierde, und die Habgier, wel-
che ist Götzendienst, 6 wodurch der Zorn Gottes kommt [auf
die Söhne des Ungehorsams]. 7 Darin wandeltet auch ihr
einst, als ihr lebtet darin; 8 jetzt aber legt ab auch ihr das al-
les: Zorn, Wut, Schlechtigkeit, Lästerung, Schandrede aus
eurem Mund; 9 nicht belügt einander, nachdem ihr ausgezo-
gen habt den alten Menschen mit seinen Taten 10 und angezo-
gen habt den neuen, der erneuert wird zur Erkenntnis nach
(dem) Bild dessen, der ihn schuf, 11 wo nicht ist Hellene und
Judaier, Beschneidung und Vorhaut, Barbar, Skythe, Sklave,
Freier, sondern alles und in allem Christos.

12 Zieht nun an als Auserwählte Gottes, Heilige und Ge-
liebte: inniges Erbarmen, Güte, Demut, Milde, Großmut,
13 ertragend einander und verzeihend einander, wenn einer
gegen einen eine Beschwerde hat; gleichwie auch der Herr

euch verziehen hat, so auch ihr; 14 Zu all diesem aber die
Liebe, das ist (das) Band der Vollkommenheit. 15 Und der
Friede des Christos soll bestimmen in euren Herzen, zu dem
ihr auch gerufen wurdet in einem Leib; und werdet dankbar!
16 Das Wort des Christos soll reichlich wohnen in euch, in al-
ler Weisheit lehrend und mahnend einander, mit Psalmen,
Hymnen, geistlichen Liedern, in [der] Anmut singend in eu-
ren Herzen für Gott; 17 und alles, was immer ihr tut in Wort
oder in Werk, alles im Namen (des) Herrn Jesus, dankend
Gott (dem) Vater durch ihn.

18 Ihr Frauen, ordnet euch unter den Männern, wie es sich
gebührt im Herrn. 19 Ihr Männer, liebt die Frauen und seid
nicht erbittert gegen sie. 20 Ihr Kinder, gehorcht den Eltern in
allem, denn dies ist wohlgefällig im Herrn. 21 Ihr Väter, reizt
nicht eure Kinder, damit sie nicht mutlos werden.

22 Ihr Sklaven, gehorcht in allem den Herren nach (dem)
Fleisch, nicht in Augendienerei wie Menschengefällige, son-
dern in Einfalt (des) Herzens, fürchtend den Herrn. 23 Was
immer ihr tut, aus (ganzer) Seele tut (es), wie für den Herrn
und nicht für Menschen, 24 wissend, daß vom Herrn ihr emp-
fangen werdet den Lohn des Erbes. Dem Herrn Christos
dient! 25 Denn der Unrecht Tuende wird empfangen, was un-
recht er tat, und nicht ist Personenrücksicht.

4 1 Ihr Herren, das Gerechte und die Gleichheit bereitet
den Sklaven, wissend, daß auch ihr habt einen Herrn
im Himmel!

2 Im Gebet harrt aus, wachend darin in Danksagung, 3 be-
tend zugleich auch für uns, damit Gott uns öffne eine Tür für
das Wort, zu reden das Geheimnis des Christos, dessentwe-
gen ich auch gebunden bin, 4 damit ich es offenbare, wie ich
reden muß. 5 In Weisheit wandelt gegenüber denen draußen,
die Zeit auskaufend! 6 Euer Wort allzeit in Anmut, mit Salz
gewürzt, zu wissen, wie ihr einem jeden antworten müßt.

7 Alles, was mich betrifft, wird euch kundtun Tychikos, der
geliebte Bruder und treue Diener und Mitsklave im Herrn,

8 den ich schickte zu euch eben dazu, damit ihr erfahrt das
über uns und er ermutige eure Herzen, 9 mit Onesimos, dem
treuen und geliebten Bruder, der von euch ist; alles werden
sie euch kundtun, das Hiesige.

10 (Es) grüßt euch Aristarchos, mein Mitgefangener, und
Markos, der Vetter von Barnabas (über den ihr Aufträge
empfingt; wenn er kommt zu euch, nehmt ihn auf), 11 und Je-
sus, der Justos Genannte, die aus der Beschneidung sind,
diese allein (sind) Mitarbeiter für das Königtum Gottes, wel-
che mir Trost wurden. 12 (Es) grüßt euch Epaphras, der von
euch, Sklave (des) Christos [Jesus], allzeit kämpfend für euch
in den Gebeten, damit ihr dasteht vollkommen und erfüllt mit
dem ganzen Willen Gottes. 13 Denn ich bezeuge ihm, daß er
viel Mühe hat für euch und die in Laodikeia und die in Hiera-
polis. 14 (Es) grüßt euch Lukas, der geliebte Arzt, und Demas.

15 Grüßt die Brüder in Laodikeia und Nympha und die Ge-
meinde in ihrem Haus! 16 Und wann der Brief gelesen ist bei
euch, macht, daß er auch in der Gemeinde (der) Laodikeier
gelesen werde, auch den von Laodikeia, damit auch ihr (ihn)
lest! 17 Und sprecht zu Archippos: Sieh auf den Dienst, den du
übernahmst im Herrn, damit du ihn erfüllst!

18 Der Gruß mit meiner, des Paulos, Hand. Gedenkt meiner
Fesseln! Die Gnade (sei) mit euch.

AN (DIE) THESSALONIKER A

1 1 Paulos und Siluanos und Timotheos der Gemeinde
(der) Thessaloniker in Gott (dem) Vater und (dem)
Herrn Jesus Christos; Gnade euch und Friede.
2 Wir danken Gott allzeit für euch alle, ein Gedenken ma-
chend bei unseren Gebeten, unablässig 3 gedenkend eures
Werkes des Glaubens und der Mühe der Liebe und der Ge-
duld der Hoffnung auf unseren Herrn Jesus Christos, vor un-
serem Gott und Vater, 4 wissend, Brüder, geliebte von Gott,
um eure Erwählung, 5 weil unser Evangelium nicht kam zu
euch im Wort allein, sondern auch in Kraft und in heiligem
Geist und [in] viel Fülle, gleichwie ihr wißt, wie wir uns er-
wiesen haben [bei] euch euretwegen. 6 Und ihr, Nachahmer
von uns wurdet ihr und des Herrn, da ihr annahmt das Wort
in viel Bedrängnis mit Freude heiligen Geistes, 7 so daß ihr
wurdet ein Vorbild allen Glaubenden in der Makedonia und in
der Achaia. 8 Denn von euch ist herauserschallt das Wort des
Herrn nicht allein in der Makedonia und [in der] Achaia,
sondern an jedem Ort ist euer Glaube, der an Gott, herausge-
kommen, so daß wir nicht nötig haben, etwas (darüber) zu
reden. 9 Denn sie selbst meldeten über uns, welchen Eingang
wir hatten bei euch und wie ihr euch bekehrtet hin zu Gott,
(weg) von den Götzen, zu dienen dem lebendigen und wahren
Gott 10 und zu erwarten seinen Sohn aus den Himmeln, den er
erweckte aus [den] Toten, Jesus, den Rettenden uns aus dem
kommenden Zorn.

2 1 Denn ihr wißt selbst, Brüder, um unseren Eingang,
den bei euch, daß nicht vergeblich er gewesen ist,
2 sondern daß wir, (obwohl) wir vorher litten und mißhandelt
wurden, gleichwie ihr wißt, in Philippoi, freimütig waren in
unserem Gott, zu reden zu euch das Evangelium Gottes in
viel Kampf. 3 Denn unsere Ermutigung (geschieht) nicht aus

Betrug und nicht aus Unlauterkeit und nicht in List, 4 sondern gleichwie wir geprüft worden sind von Gott, betraut zu werden mit dem Evangelium, so reden wir, nicht wie Menschen Gefallende, sondern Gott, dem Prüfenden unsere Herzen. 5 Denn weder traten wir irgendwann auf in einem Wort von Schmeichelei, gleichwie ihr wißt, noch unter einem Vorwand von Habgier, Gott (ist) Zeuge, 6 noch erstrebend von Menschen Glanz, weder von euch noch von anderen, 7 obwohl wir mit Gewicht auftreten könnten als (des) Christos Apostel. Vielmehr erwiesen wir uns als Unmündige in eurer Mitte, wie wenn eine Amme wärmt ihre Kinder, 8 so ersehnend euch, halten wir für gut, euch Anteil zu geben nicht nur am Evangelium Gottes, sondern auch an unserem (eigenen) Leben, weil Geliebte ihr uns wurdet. 9 Denn ihr erinnert euch, Brüder, an unsere Mühe und Anstrengung: Nachts und tags arbeitend, um nicht zu belasten irgendeinen von euch, verkündeten wir zu euch das Evangelium Gottes. 10 Ihr (seid) Zeugen und Gott, wie heilig und gerecht und untadelig wir euch, den Glaubenden, uns erwiesen, 11 gleichwie ihr wißt, wie einen jeden einzelnen von euch, wie ein Vater seine Kinder, 12 wir euch ermutigten und trösteten und beschworen, auf daß ihr wandelt würdig Gottes, des euch Rufenden zu seinem Königtum und Glanz.

13 Und deshalb danken auch wir Gott unablässig, weil ihr, die ihr annahmt ein Wort (der) Botschaft Gottes von uns, (es) annahmt nicht als Wort von Menschen, sondern gleichwie es wahrhaft ist, als Wort Gottes, das auch wirkt in euch, den Glaubenden. 14 Denn ihr, Nachahmer wurdet ihr, Brüder, der Gemeinden Gottes, die sind in der Judaia in Christos Jesus, weil dasselbe littet auch ihr von den eigenen Stammesgenossen gleichwie auch sie selbst von den Judaiern, 15 die auch den Herrn töteten, Jesus, und die Propheten, und uns verfolgten und Gott nicht gefallen und allen Menschen feindlich sind, 16 die uns hindern, zu den Heiden zu reden, damit sie gerettet werden, auf daß sie auffüllen ihre Sünden allzeit. (Es) kam aber über sie der Zorn (bis) zum Ende.

[17] Wir aber, Brüder, verwaist von euch für (die) Zeit einer
Stunde, (dem) Gesicht (nach), nicht (dem) Herzen, über die
Maßen beeilten wir uns, euer Gesicht zu sehen mit viel Ver-
langen. [18] Deshalb wollten wir kommen zu euch, ich Paulos,
einmal, (ja) sogar zweimal, und (es) hinderte uns der Satan.
[19] Denn wer (ist) unsere Hoffnung oder Freude oder Ruhmes-
kranz – nicht etwa auch ihr – vor unserem Herrn Jesus bei
seiner Ankunft? [20] Denn ihr seid unser Glanz und (unsere)
Freude.

3 [1] Deshalb, (es) nicht mehr aushaltend, hielten wir (es)
für gut, zurückgelassen zu werden in Athenai allein,
[2] und wir schickten Timotheos, unseren Bruder und Mitarbei-
ter Gottes am Evangelium des Christos, auf daß er euch stär-
ke und ermutige zum (Besten) eures Glaubens, [3] daß keiner
erschüttert werde in diesen Bedrängnissen. Denn ihr wißt
selbst, daß dazu wir bestimmt sind; [4] denn auch als bei euch
wir waren, vorhersagten wir euch, daß wir bedrängt werden
würden, gleichwie es auch geschah und ihr wißt. [5] Deswegen
auch, (es) nicht mehr aushaltend, schickte ich, um zu erken-
nen euren Glauben, ob nicht etwa versuchte euch der Versu-
chende und ins Leere ging unsere Mühe.

[6] Jetzt aber, als Timotheos kam zu uns von euch und uns
verkündete (euren) Glauben und eure Liebe und daß ihr habt
ein gutes Gedenken an uns allzeit, euch sehnend, uns zu se-
hen, gleichwie auch wir euch, [7] deswegen wurden wir ermu-
tigt, Brüder, eurethalben bei all unserer Not und Bedrängnis
durch euren Glauben, [8] (so) daß wir jetzt leben, wenn ihr steht
im Herrn. [9] Denn welchen Dank können wir Gott abstatten für
euch bei all der Freude, mit der wir uns freuen euretwegen
vor unserem Gott, [10] nachts und tags über die Maßen bittend,
um zu sehen euer Gesicht und zurechtzubringen die Mängel
eures Glaubens?

[11] Unser Gott und Vater selbst aber und unser Herr Jesus
richte aus unseren Weg zu euch; [12] euch aber lasse der Herr
reich werden und überfließen in der Liebe zueinander und zu
allen, gleichwie auch wir zu euch, [13] auf daß er stärke eure

Herzen als untadelige in Heiligkeit vor unserem Gott und
Vater bei der Ankunft unseres Herrn Jesus mit allen seinen
Heiligen, [Amen].

4 [1] Im übrigen nun, Brüder, bitten wir euch und ermuti-
gen wir im Herrn Jesus, damit, gleichwie ihr empfingt
von uns, wie es nötig ist, daß ihr wandelt und Gott gefallt,
gleichwie ihr auch wandelt, damit ihr überfließt (noch) mehr.
[2] Denn ihr wißt, welche Unterweisungen wir euch gaben
durch den Herrn Jesus.

[3] Denn dies ist (der) Wille Gottes, eure Heiligung, daß ihr
fernhaltet euch von der Unzucht, [4] daß jeder von euch wisse,
sein (eigenes) Gefäß zu besitzen in Heiligung und Ehre,
[5] nicht in Leidenschaft (der) Begierde, gleichwie auch die
Völker, die Gott nicht kennenden, [6] daß keiner übergehe und
übervorteile in (Geschäfts)dingen seinen Bruder, weil ein Rä-
cher (ist der) Herr über alles dieses, gleichwie wir auch vor-
hersagten euch und bezeugten. [7] Denn nicht (be)rief uns Gott
zu Unlauterkeit, sondern in Heiligung. [8] Daher denn nun ver-
wirft der Verwerfende nicht einen Menschen, sondern Gott,
der [auch] gibt seinen heiligen Geist in euch.

[9] Über die Bruderliebe aber habt ihr nicht nötig, daß ich
euch schreibe, denn ihr selbst seid Gottbelehrte, daß ihr ein-
ander liebt, [10] und ihr macht es denn (auch) gegenüber allen
Brüdern, [denen] in der ganzen Makedonia. Wir ermahnen
euch aber, Brüder, überzufließen (noch) mehr, [11] und euch
eine Ehre daraus zu machen, ruhig zu bleiben und zu tun das
Eigene und zu arbeiten mit euren [eigenen] Händen, gleich-
wie wir euch geboten, [12] damit ihr wandelt anständig gegen-
über denen draußen und keinen nötig habt.

[13] Nicht wollen wir aber, daß ihr unwissend seid, Brüder,
über die Entschlafenen, damit ihr nicht betrübt seid gleichwie
auch die übrigen, die nicht Hoffnung Habenden. [14] Denn
wenn wir glauben, daß Jesus starb und aufstand, so wird auch
Gott die Entschlafenen durch Jesus führen (zusammen) mit
ihm. [15] Denn dies sagen wir euch mit einem Wort (des)

Herrn, daß wir, die Lebenden, die Übriggebliebenen zur An-
kunft des Herrn, nicht zuvorkommen werden den Entschlafe-
nen; 16 denn der Herr selbst wird mit einem Befehlsruf, mit
(der) Stimme eines Erzengels und mit (der) Trompete Gottes,
herabsteigen vom Himmel, und die Toten in Christos werden
aufstehen zuerst, 17 dann werden wir, die Lebenden, die Üb-
rigbleibenden, zugleich mit ihnen fortgerissen werden auf
Wolken zur Begegnung mit dem Herrn in (die) Luft; und so
werden wir allzeit mit (dem) Herrn sein. 18 Daher ermutigt
einander mit diesen Worten.

5 1 Über die Zeiten aber und die Fristen, Brüder, nicht
habt ihr nötig, daß euch geschrieben wird, 2 denn ihr
wißt selbst genau, daß (der) Tag (des) Herrn so kommt, wie
ein Dieb in (der) Nacht. 3 Wann sie sagen: Friede und Sicher-
heit, dann plötzlich herantritt an sie Verderben wie die Wehe
an die Schwangere, und nicht werden sie entfliehen. 4 Ihr
aber, Brüder, nicht seid ihr in Finsternis, damit der Tag euch
wie ein Dieb ergreift; 5 denn alle seid ihr Söhne (des) Lichts
und Söhne (des) Tags. Nicht gehören wir (der) Nacht und
nicht (der) Finsternis; 6 folglich wollen wir nun nicht schlafen
wie die übrigen, sondern wachen und nüchtern sein. 7 Denn
die Schlafenden schlafen nachts, und die sich Betrinkenden
sind nachts trunken; 8 wir aber, die wir (dem) Tag gehören,
wollen nüchtern sein, nachdem wir angezogen haben einen
Panzer (des) Glaubens und (der) Liebe und als Helm (die)
Hoffnung auf Heil; 9 denn nicht bestimmte uns Gott für (den)
Zorn, sondern zum Erwerb (des) Heils durch unseren Herrn
Jesus Christos, 10 des Gestorbenen für uns, damit wir, sei es,
daß wir wachen, sei es, daß wir schlafen, zugleich mit ihm
leben. 11 Deshalb ermutigt einander und erbaut einer den an-
deren, gleichwie ihr auch tut.

12 Wir bitten euch aber, Brüder, anzuerkennen die sich Mü-
henden unter euch und (die) Fürsorgenden im Herrn und (die)
euch Zurechtweisenden, 13 und sie hochzuhalten über die Ma-
ßen in Liebe wegen ihres Werkes. Haltet Frieden untereinan-

der! [14] Wir ermahnen euch aber, Brüder, weist zurecht die
Ungeordneten, tröstet die Kleinmütigen, nehmt euch an der
Schwachen, seid großmütig zu allen! [15] Seht (zu), daß nicht
einer Schlechtes für Schlechtes einem zurückgebe, sondern
allzeit verfolgt das Gute [sowohl] für einander wie für alle!
[16] Allzeit freut euch, [17] unablässig betet, [18] in allem dankt; denn
dies (ist der) Wille Gottes in Christos Jesus für euch! [19] Den
Geist löscht nicht, [20] Prophetengaben achtet nicht gering,
[21] alles aber prüft, das Rechte haltet fest, [22] von jeder Gestalt
(des) Bösen haltet euch fern!

[23] Er selbst aber, der Gott des Friedens, heilige euch vollständig, und fehllos werde euer Geist und die Seele und der
Leib bewahrt, untadelig bei der Ankunft unseres Herrn Jesus
Christos. [24] Treu (ist) der euch Rufende, der (es) auch tun
wird.

[25] Brüder, betet [auch] für uns!

[26] Grüßt die Brüder alle mit heiligem Kuß! [27] Ich beschwöre
euch beim Herrn, vorzulesen den Brief allen Brüdern.

[28] Die Gnade unseres Herrn Jesus Christos (sei) mit euch.

An (die) Thessaloniker B

1 1 Paulos und Siluanos und Timotheos der Gemeinde
(der) Thessaloniker in Gott unserem Vater und (dem)
Herrn Jesus Christos; 2 Gnade euch und Friede von Gott, [un-
serem] Vater, und (dem) Herrn Jesus Christos.
3 Dank zu sagen schulden wir Gott allzeit für euch, Brüder,
gleichwie es würdig ist, weil überaus wächst euer Glaube und
sich mehrt die Liebe eines jeden von euch allen zueinander,
4 so daß wir selbst über euch uns rühmen in den Gemeinden
Gottes wegen eurer Geduld und (des) Glaubens in allen euren
Verfolgungen und den Bedrängnissen, die ihr ertragt, 5 Anzei-
chen des gerechten Gerichtes Gottes, auf daß ihr gewürdigt
werdet des Königtums Gottes, für das ihr auch leidet, 6 da es
doch gerecht (ist) von Gott, zurückzugeben den euch Bedrän-
genden Bedrängnis 7 und euch, den Bedrängten, Ruhe mit
uns, bei der Offenbarung des Herrn Jesus vom Himmel mit
Engeln seiner Kraft 8 in Feuerflamme, Bestrafung gebend den
Gott nicht Kennenden und den nicht Gehorchenden dem
Evangelium unseres Herrn Jesus, 9 welche als Strafe zahlen
werden ewige Vernichtung (weg) vom Angesicht des Herrn
und von der Herrlichkeit seiner Stärke, 10 wann er kommt,
verherrlicht zu werden in seinen Heiligen und bestaunt zu
werden in allen Glaubenden, weil geglaubt wurde unser
Zeugnis zu euch, an jenem Tag. 11 Dazu auch beten wir allzeit
für euch, damit euch würdige der Berufung unser Gott und
erfülle alles Wohlgefallen an Güte und (das) Werk (des)
Glaubens in Kraft, 12 auf daß verherrlicht werde der Name
unseres Herrn Jesus in euch, und ihr in ihm, nach der Gnade
unseres Gottes und (des) Herrn Jesus Christos.

2 1 Wir bitten euch aber, Brüder, wegen der Ankunft un-
seres Herrn Jesus Christos und unserer Zusammenfüh-
rung zu ihm, 2 auf daß nicht schnell ihr erschüttert werdet

(weg) vom Verstand und nicht erschreckt werdet, weder
durch einen Geist(erweis) noch durch ein Wort noch durch
einen Brief als (ob) von uns, wie daß bevorsteht der Tag des
Herrn.

3 Nicht täusche euch einer auf irgendeine Weise! Denn
wenn nicht kommt der Abfall zuerst, und offenbart wird der
Mensch der Gesetzlosigkeit, der Sohn des Verderbens, 4 der
sich Widersetzende und sich Überhebende gegen alles, ge-
nannt Gott oder Heiligtum, so daß er selbst in den Tempel
Gottes sich setzt, sich selbst darstellend, daß er Gott ist.
5 Gedenkt ihr nicht, daß ich, noch bei euch seiend, dieses
euch sagte? 6 Und jetzt kennt ihr das Aufhaltende, auf daß er
offenbart werde zu seiner Zeit. 7 Denn das Geheimnis der Ge-
setzlosigkeit wirkt schon; allein, bis (erst) der Aufhaltende
aus (der) Mitte (genommen) wird. 8 Und dann wird offenbart
werden der Gesetzlose, den der Herr [Jesus] hinwegnehmen
wird mit dem Hauch seines Mundes und vernichten wird
durch die Erscheinung seiner Ankunft, 9 dessen Ankunft ent-
sprechend (dem) Wirken des Satans ist in aller Kraft und in
Zeichen und Wundern (der) Lüge 10 und in allem Trug (der)
Ungerechtigkeit für die Zugrundegehenden, dafür, daß die
Liebe zur Wahrheit sie nicht aufnahmen, auf daß sie gerettet
werden. 11 Und deshalb schickt ihnen Gott (das) Wirken (des)
Betrugs, auf daß sie glauben der Lüge, 12 damit gerichtet wer-
den alle nicht Glaubenden der Wahrheit, sondern die Wohlge-
fallen hatten an der Ungerechtigkeit.

13 Wir aber schulden, dankzusagen Gott allzeit für euch,
vom Herrn geliebte Brüder, weil Gott euch auswählte als
Unterpfand zum Heil in Heiligung (des) Geistes und im Glau-
ben an (die) Wahrheit, 14 wozu er [auch] euch rief durch unser
Evangelium, zum Erwerb (der) Herrlichkeit unseres Herrn
Jesus Christos.

15 Folglich nun, Brüder, steht und haltet fest die Überliefe-
rungen, die ihr gelehrt wurdet, sei es durch ein Wort, sei es
durch einen Brief von uns. 16 Unser Herr Jesus Christos selbst
aber und Gott, unser Vater, der uns Liebende und Gebende

ewige Ermutigung und gute Hoffnung in Gnade, 17 ermutige
eure Herzen und stärke (sie) in jedem Werk und guten Wort.

3 1 Im übrigen betet, Brüder, für uns, damit das Wort des
Herrn laufe und verherrlicht werde gleichwie auch bei
euch, 2 und damit wir gerettet werden vor den falschen und
bösen Menschen; denn nicht aller (ist) der Glaube. 3 Treu
aber ist der Herr, der euch stärken und bewahren wird vor
dem Bösen. 4 Wir vertrauen aber im Herrn auf euch, daß, was
wir gebieten, ihr [auch] tut und tun werdet. 5 Der Herr aber
richte aus eure Herzen auf die Liebe zu Gott und auf die Geduld des Christos.

6 Wir gebieten euch aber, Brüder, im Namen [unseres]
Herrn Jesus Christos, euch zurückzuziehen von jedem Bruder, der ungeordnet wandelt und nicht nach der Überlieferung, die sie übernahmen von uns. 7 Denn ihr wißt selbst, wie
man uns nachahmen muß, weil wir nicht ungeordnet waren
bei euch, 8 auch nicht umsonst Brot aßen von einem, sondern
in Mühe und Anstrengung nachts und tags arbeitend, um
nicht zu belasten einen von euch; 9 nicht weil wir nicht haben
eine Vollmacht, sondern damit wir uns selbst als Vorbild
euch geben, auf daß ihr uns nachahmt. 10 Denn auch als wir
waren bei euch, dies geboten wir euch, daß, wenn einer nicht
arbeiten will, er auch nicht essen soll. 11 Denn wir hören, daß
einige wandeln unter euch ungeordnet, nichts arbeitend, sondern Unnützes tuend; 12 solchen aber gebieten wir und ermahnen (sie) im Herrn Jesus Christos, damit mit Ruhe arbeitend
ihr (eigenes) Brot sie essen. 13 Ihr aber, Brüder, ermüdet nicht
als Rechttuende!

14 Wenn aber einer nicht gehorcht unserem Wort durch den
Brief, diesen bezeichnet, daß nicht verkehrt werde mit ihm,
damit er beschämt werde; 15 aber nicht wie einen Feind haltet
(ihn), sondern weist (ihn) zurecht wie einen Bruder. 16 Er
selbst aber, der Herr des Friedens, gebe euch den Frieden
unablässig in jeder Weise. Der Herr (sei) mit euch allen.

17 Der Gruß von meiner, (des) Paulos Hand, welches ist ein

Zeichen in jedem Brief; so schreibe ich. 18 Die Gnade unseres Herrn Jesus Christos (sei) mit euch allen.

AN TIMOTHEOS A

1 1 Paulos, Apostel (des) Christos Jesus gemäß Auftrag
Gottes, unseres Retters, und (des) Christos Jesus, unse-
rer Hoffnung, 2 Timotheos, (dem) echten Kind im Glauben,
Gnade, Erbarmen, Friede von Gott (dem) Vater und (von)
Christos Jesus, unserem Herrn.

3 Gleichwie ich dich ermahnte, dazubleiben in Ephesos, als
ich reiste nach Makedonia, damit du gebietest einigen, nicht
anderes zu lehren 4 und nicht sich zu halten an Mythen und
endlose Stammbäume, welche Streitereien herbeiführen mehr
als (die) Heilserziehung Gottes, die im Glauben. 5 Das Ziel
aber der Unterweisung ist Liebe aus reinem Herzen und gu-
tem Gewissen und ungeheucheltem Glauben, 6 von denen ei-
nige abirrend sich wegwandten zu Geschwätz, 7 sein wollend
Gesetzeslehrer, nicht bedenkend, was sie sagen, noch worauf
sie sich versteifen. 8 Wir wissen aber, daß recht (ist) das Ge-
setz, wenn einer es gesetzgemäß gebraucht, 9 wissend dies,
daß für einen Gerechten (das) Gesetz nicht bestimmt ist, son-
dern für Gesetzlose und Rebellische, Gottlose und Sünder,
Unheilige und Unreine, Vatermörder und Muttermörder,
Menschentöter, 10 Unzüchtige, Knabenschänder, Menschen-
händler, Lügner, Meineidige, und wenn etwas anderes der
gesunden Lehre entgegensteht 11 gemäß dem Evangelium von
der Herrlichkeit des seligen Gottes, das ich anvertraut bekam.

12 Dank habe ich dem, der mich kräftigte, Christos Jesus,
unserem Herrn, daß für treu er mich hielt, stellend in Dienst
13 (den), der früher war ein Lästerer und Verfolger und Frev-
ler, doch ich fand Erbarmen, weil unwissend ich handelte in
Unglauben; 14 überreich aber wurde die Gnade unseres Herrn
mit Glaube und Liebe, der in Christos Jesus. 15 Zuverlässig
(ist) das Wort und aller Annahme wert, daß Christos Jesus
kam in die Welt, Sünder zu retten, deren erster ich bin.
16 Doch deshalb fand ich Erbarmen, damit an mir als erstem

aufweist Christos Jesus den ganzen Großmut zum Urbild der
zukünftig Glaubenden an ihn zu ewigem Leben. [17] Dem König
aber der Aionen, (dem) unvergänglichen, unsichtbaren, einzi-
gen Gott, Ehre und Herrlichkeit in die Aionen der Aionen,
Amen.

[18] Dieses Gebot lege ich dir vor, Kind Timotheos, gemäß
den vorher über dich ergangenen Prophetien, damit du
kämpfst in ihnen den rechten Kampf, [19] habend Glauben und
ein gutes Gewissen, welches wegstoßend, einige am Glauben
Schiffbruch erlitten, [20] unter denen ist Hymenaios und Alex-
andros, die ich übergab dem Satan, damit sie erzogen wür-
den, nicht zu lästern.

2 [1] Ich ermahne nun (zu) allererst, zu verrichten Bitten
Gebete, Fürbitten, Danksagungen für alle Menschen,
[2] für Könige und alle, die in übergeordneter Stellung sind,
damit ein stilles und ruhiges Leben wir führen in aller Fröm-
migkeit und Anständigkeit. [3] Dies (ist) recht und angenehm
vor unserem Retter, Gott, [4] der will, daß alle Menschen ge-
rettet werden und zur Erkenntnis (der) Wahrheit kommen.
[5] Denn einer (ist) Gott, einer auch Mittler Gottes und (der)
Menschen, (der) Mensch Christos Jesus, [6] der sich selbst gab
als Lösegeld für alle, das Zeugnis zu (seinen) eigenen Zeiten.
[7] Dazu wurde ich gesetzt als Verkünder und Apostel, Wahr-
heit sage ich, nicht lüge ich, als Lehrer von Völkern in Glau-
be und Wahrheit.

[8] Ich will nun, daß die Männer beten an jedem Ort, erhe-
bend heilige Hände ohne Zorn und Bedenken. [9] Ebenso
[auch], daß Frauen in ordentlicher Haltung mit Scham und
Besonnenheit sich schmücken, nicht in Haargeflechten und
Gold oder Perlen oder kostbarer Kleidung, [10] sondern, was
geziemt für Frauen, die sich bekennen zur Gottesfurcht,
durch gute Werke. [11] Eine Frau soll in Stille lernen in aller
Unterordnung; [12] zu lehren aber gestatte ich einer Frau nicht,
auch nicht sich zu erheben über einen Mann, sondern zu sein
in Stille. [13] Denn Adam wurde als erster gebildet, dann Eva.

14 Und Adam wurde nicht verführt, die Frau aber, verführt,
ist in Übertretung geraten; 15 gerettet werden wird sie aber
durch das Kindergebären, wenn sie bleiben in Glaube und
Liebe und Heiligung mit Besonnenheit: 1 Zuverlässig (ist) das
Wort.

3 Wenn einer ein Aufseheramt erstrebt, ein rechtes Werk
begehrt er. 2 (Es) muß nun der Aufseher untadelig sein,
einer einzigen Frau Mann, nüchtern, besonnen, ordentlich,
gastfreundlich, lehrgeschickt, 3 nicht weinselig, nicht Schlä-
ger, sondern gütig, nicht streitsüchtig, nicht geldgierig, 4 dem
eigenen Haus recht vorstehend, Kinder habend in Unterord-
nung, mit aller Anständigkeit 5 (wenn aber einer dem eigenen
Haus nicht vorzustehen weiß, wie wird er für eine Gemeinde
Gottes sorgen?), 6 nicht neubekehrt, damit er nicht aufgebla-
sen ins Gericht des Teufels hineinfalle. 7 Er muß aber auch
ein rechtes Zeugnis haben von denen draußen, damit nicht in
Schmach er hineinfalle und (in) eine Schlinge des Teufels.

8 Diener ebenso: anständig, nicht doppelzüngig, nicht an
viel Wein sich haltend, nicht gewinnsüchtig, 9 habend das Ge-
heimnis des Glaubens in reinem Gewissen. 10 Auch diese aber
sollen geprüft werden zuerst, dann sollen sie dienen, wenn sie
unbescholten sind. 11 Frauen ebenso: anständig, nicht ver-
leumderisch, nüchtern, treu in allem. 12 Diener sollen sein ei-
ner einzigen Frau Männer, Kindern recht vorstehend und den
eigenen Häusern. 13 Denn die, die recht dienten, erwerben für
sich eine schöne Stufe und viel Freimut im Glauben, dem an
Christos Jesus.

14 Dieses schreibe ich dir, hoffend, zu kommen zu dir in
Kürze; 15 falls ich aber später komme – damit du weißt, wie
man im Haus Gottes sich verhalten muß, welches ist (die)
Gemeinde (des) lebendigen Gottes, Säule und Fundament der
Wahrheit. 16 Und anerkanntermaßen groß ist das Geheimnis
der Frömmigkeit: Der offenbart wurde im Fleisch, er wurde
gerechtgesprochen im Geist, er erschien den Engeln, er wur-
de verkündet unter Völkern, er wurde geglaubt in (der) Welt,
er wurde aufgenommen in Herrlichkeit.

4 [1]Der Geist aber sagt ausdrücklich, daß in späteren
Zeiten einige abfallen werden vom Glauben, sich hal-
tend an betrügerische Geister und Lehren von Dämonen,
[2]aufgrund (der) Heuchelei von Lügenrednern, (den) Ge-
brandmarkten im eigenen Gewissen, [3]die hindern zu heiraten
(und fordern), sich zu enthalten von Speisen, die Gott schuf
zur Annahme mit Danksagung für die Gläubigen und (die),
die erkannt haben die Wahrheit. [4]Denn alles Geschaffene
Gottes (ist) recht und nichts mit Danksagung Genommene
verworfen; [5]denn es wird geheiligt durch (das) Wort Gottes
und (durch) Fürbitte.

[6]Dieses vorstellend den Brüdern wirst du sein ein rechter
Diener (des) Christos Jesus, dich nährend mit den Worten des
Glaubens und der rechten Lehre, der du nachgefolgt bist; [7]die
gängigen und die altweiberlichen Mythen aber weise ab! Übe
aber dich selbst zu Frömmigkeit; [8]denn die leibliche Übung
ist zu wenigem nützlich, die Frömmigkeit aber ist zu allem
nützlich, Zusage habend (des) Lebens, des jetzigen und des
kommenden. [9]Zuverlässig (ist) das Wort und aller Annahme
wert; [10]denn dazu mühen wir uns und kämpfen wir, weil wir
gehofft haben auf (den) lebendigen Gott, der Retter ist aller
Menschen, besonders (der) Gläubigen.

[11]Gebiete und lehre dieses! [12]Keiner soll deine Jugend ver-
achten, sondern werde Vorbild der Gläubigen in Wort, in
Wandel, in Liebe, in Glaube, in Reinheit! [13]Bis ich komme,
halte dich an das Vorlesen, die Ermahnung, die Lehre! [14]Ver-
nachlässige nicht die Gnadengabe in dir, die dir gegeben wur-
de durch Prophetie mit Auflegung der Hände der Ältesten-
schaft! [15]Dieses besorge, in diesem sei, damit dein Fortschritt
offenbar sei allen! [16]Achte auf dich selbst und die Lehre,
bleibe bei ihnen! Denn dies tuend, wirst du sowohl dich retten
als auch die dich Hörenden.

5 [1]Einen Älteren fahre nicht an, sondern ermahne (ihn)
wie einen Vater, Jüngere wie Brüder, [2]ältere (Frauen)
wie Mütter, jüngere wie Schwestern in aller Reinheit!

[3]Witwen ehre, die wirklichen Witwen! [4]Wenn aber eine
Witwe Kinder oder Enkel hat, sollen sie lernen, zuerst das ei-
gene Haus fromm zu führen und Dankschulden abzustatten
den Vorfahren; denn dies ist angenehm vor Gott. [5]Die wirkli-
che aber und alleingebliebene Witwe hat gehofft auf Gott und
verharrt bei den Bitten und den Gebeten nachts und tags, [6]die
ausschweifende aber ist lebend tot. [7]Und dieses gebiete, da-
mit untadelig sie seien! [8]Wenn aber einer für die Eigenen und
besonders (die) Hausgenossen nicht vorsorgt, den Glauben
hat er (ver)leugnet und ist schlimmer als ein Ungläubiger.

[9]Als Witwe soll bestimmt werden eine nicht weniger als
sechzig Jahre Gewordene, eines einzigen Mannes Frau, [10]in
rechten Werken bezeugt, wenn sie Kinder aufzog, wenn sie
Fremde aufnahm, wenn sie (der) Heiligen Füße wusch, wenn
sie Bedrängten beistand, wenn sie jedem guten Werk nach-
ging. [11]Jüngere Witwen aber weise ab! Denn wann sie sinn-
lich werden, dem Christos zuwider, wollen sie heiraten,
[12]erhaltend (das) Urteil, daß die erste Treue sie brachen;
[13]zugleich aber auch faul (zu sein), lernen sie, umhergehend
in den Häusern, nicht nur aber faul, sondern auch geschwät-
zig und übergeschäftig, redend das nicht Nötige. [14]Ich will
also, daß Jüngere heiraten, Kinder gebären, Hausherrin sind,
keinen Anlaß geben dem Gegner zu Beschimpfung; [15]denn
schon wandten sich einige weg hinter den Satan. [16]Wenn eine
Gläubige Witwen hat, soll sie ihnen beistehen, und nicht soll
beschwert werden die Gemeinde, damit den wirklichen Wit-
wen sie beistehe.

[17]Die recht vorstehenden Ältesten sollen doppelter Ehre
gewürdigt werden, besonders die sich mühenden in Wort und
Lehre. [18]Denn (es) sagt die Schrift: *Einem dreschenden Och-* Dtn 25,4
sen sollst du nicht einen Maulkorb umhängen, und: *Wert (ist)* unde?
der Arbeiter seines Lohnes. [19]Gegen einen Ältesten nimm
eine Beschuldigung nicht an, außer *auf zwei oder drei Zeugen* Dtn 19,15
(hin)! [20]Die Sündigenden überführe vor allen, damit auch die
übrigen Furcht haben! [21]Ich beschwöre (dich), vor Gott und
Christos Jesus und den auserwählten Engeln, daß dieses du

(ein)hältst ohne Vorurteil, nichts tuend nach Zuneigung.
22 (Die) Hände lege keinem schnell auf, und nicht habe Anteil
an fremden Sünden; dich selbst bewahre rein!

23 Trinke nicht mehr Wasser, sondern ein wenig Wein ge-
brauche wegen des Magens und deiner häufigen Schwächen!
24 Einiger Menschen Sünden sind offenkundig, vorangehend
zum Gericht, einigen aber auch folgen sie nach; 25 ebenso
(sind) auch die rechten Werke offenkundig, und die (Werke),
bei denen es sich anders verhält, können nicht verborgen
werden.

6 1 Soviele unter (dem) Joch als Sklaven sind, die eigenen
Gebieter sollen sie aller Ehre wert halten, damit nicht
der Name Gottes und die Lehre gelästert wird. 2 Die aber
gläubige Gebieter Habenden sollen (sie) nicht verachten, weil
Brüder sie sind, sondern sie sollen (noch) mehr Sklave sein,
weil Gläubige sie sind und Geliebte, die der Wohltätigkeit
sich annehmen.

Dieses lehre und mahne an! 3 Wenn einer anderes lehrt und
nicht beitritt (den) gesunden Worten, denen unseres Herrn Je-
sus Christos, und der (der) Frömmigkeit gemäßen Lehre, 4 ist
er aufgeblasen, nichts verstehend, sondern krankend an Aus-
einandersetzungen und Wortgefechten, aus denen entsteht
Neid, Streit, Lästerungen, böse Verdächtigungen, 5 Dauerzän-
kereien von Menschen, verdorben im Verstand und beraubt
der Wahrheit, meinend, ein Erwerb sei die Frömmigkeit.

6 (Es) ist aber ein großer Erwerb die Frömmigkeit mit Ge-
nügsamkeit; 7 denn nichts brachten wir herein in die Welt, so
daß wir auch nichts hinausbringen können; 8 habend aber
Nahrung und Kleidung, mit diesen werden wir uns begnügen.
9 Die aber reich sein wollen, fallen hinein in Versuchung und
Schlinge und viele unverständige und schädliche Begierden,
welche versenken die Menschen in Vernichtung und Unter-
gang. 10 Denn Wurzel aller Übel ist die Geldliebe, nach der
einige strebend abirrten vom Glauben und sich selbst durch-
bohrten mit vielen Schmerzen. 11 Du aber, o Mensch Gottes,

fliehe dieses! Verfolge aber Gerechtigkeit, Frömmigkeit,
Glauben, Liebe, Geduld, Sanftmut! [12]Kämpfe den rechten
Kampf des Glaubens, ergreife das ewige Leben, zu dem du
gerufen wurdest und (für das) du bekanntest das rechte Be-
kenntnis vor vielen Zeugen! [13]Ich gebiete [dir] vor Gott, dem
lebendigerhaltenden alles, und Christos Jesus, dem bezeugen-
den vor Pontios Pilatos das rechte Bekenntnis, [14]daß du be-
wahrst das Gebot makellos, untadelig bis zur Erscheinung un-
seres Herrn Jesus Christos, [15]die zu (seinen) eigenen Zeiten
zeigen wird der selige und einzige Machthaber, der König de-
rer, die als Könige herrschen, und Herr derer, die Herren
sind, [16]der einzige Unsterblichkeit Habende, unzugängliches
Licht Bewohnende, den keiner (der) Menschen sah, auch
nicht sehen kann; dem (sei) Ehre und ewige Gewalt, Amen.

[17]Den Reichen im jetzigen Aion gebiete, nicht hochmütig
zu denken und nicht zu hoffen auf (des) Reichtums Unsicher-
heit, sondern auf Gott, dem gewährenden uns alles reichlich
zu Genuß, [18]Gutes zu tun, reich zu sein an rechten Werken,
freigebig zu sein, mitteilend, [19]aufhäufend sich ein rechtes
Fundament für das Kommende, damit sie ergreifen das wirk-
liche Leben.

[20]O Timotheos, das Anvertraute bewahre, dich wegwen-
dend von den gängigen Leertönereien und Gegenbehauptun-
gen der fälschlich sogenannten Erkenntnis, [21]zu der einige
sich bekennend vom Glauben abirrten.

Die Gnade (sei) mit euch.

AN TIMOTHEOS B

1 [1]Paulos, Apostel (des) Christos Jesus durch (den) Wil-
len Gottes gemäß Zusage (des) Lebens, des in Christos
Jesus, [2]Timotheos, (dem) geliebten Kind, Gnade, Erbarmen,
Friede von Gott (dem) Vater und Christos Jesus, unserem
Herrn.

[3]Dank weiß ich Gott, dem ich diene von (den) Vorfahren
(her) in reinem Gewissen, wie ich unaufhörlich habe das Ge-
denken an dich in meinen Gebeten nachts und tags, [4]verlan-
gend, dich zu sehen, gedenkend deiner Tränen, damit mit
Freude ich erfüllt werde, [5]mich erinnernd des ungeheuchelten
Glaubens in dir, welcher innewohnte zuerst in deiner Groß-
mutter Lois und deiner Mutter Eunike, überzeugt aber bin
ich, daß (er) auch in dir (innewohnt).

[6]Aus diesem Grund erinnere ich dich, anzufachen die Gna-
dengabe Gottes, die in dir ist durch die Auflegung meiner
Hände. [7]Denn nicht gab uns Gott einen Geist von Feigheit,
sondern von Kraft und Liebe und Besonnenheit. [8]Schäme
dich nun nicht des Zeugnisses unseres Herrn und nicht mei-
ner, seines Gefangenen, sondern leide Böses mit für das
Evangelium nach Gottes Kraft, [9]der uns rettete und (uns) rief
mit heiliger Berufung, nicht nach unseren Werken, sondern
nach eigenem Vorsatz und nach (der) Gnade, der uns gegebe-
nen in Christos Jesus vor ewigen Zeiten, [10]der aber jetzt of-
fenbarten durch die Erscheinung unseres Retters Christos Je-
sus, der vernichtete den Tod, ans Licht aber brachte Leben
und Unvergänglichkeit durch das Evangelium, [11]für das ich
gesetzt wurde als Verkünder und Apostel und Lehrer, [12]aus
welchem Grund ich auch dieses leide; doch nicht schäme ich
mich, denn ich weiß, wem ich vertraut habe, und ich bin
überzeugt, daß er mächtig ist, mein Anvertrautes zu bewah-
ren für jenen Tag. [13]Als Vorbild gesunder Worte habe (die),
die du von mir hörtest, in Glaube und Liebe, der in Christos

Jesus; [14] das rechte Anvertraute bewahre durch (den) heiligen
Geist, den einwohnenden in uns.
[15] Du weißt dies, daß sich von mir abwandten alle in der
Asia, unter denen ist Phygelos und Hermogenes. [16] (Es) gebe
Erbarmen der Herr dem Haus (des) Onesiphoros, weil oft er
mich aufrichtete und meiner Kette(n) sich nicht schämte,
[17] sondern, angekommen in Rom, eifrig er mich suchte und
(mich) fand; [18] (es) gebe ihm der Herr, zu finden Erbarmen
vom Herrn an jenem Tag. Und wieviel in Ephesos er half,
kennst du besser.

2 [1] Du nun, mein Kind, werde kräftig in der Gnade, der
in Christos Jesus, [2] und was du hörtest von mir durch
viele Zeugen, dieses vertraue gläubigen Menschen an, welche
geeignet sein werden, auch andere zu lehren! [3] Böses leide mit
wie ein rechter Soldat (des) Christos Jesus! [4] Kein Kämpfen-
der verwickelt sich in die Geschäfte des Lebens, damit dem
Heeressammler er gefalle. [5] Wenn aber auch einer einen
Wettkampf führt, nicht wird er bekränzt, wenn er nicht ge-
setzgemäß kämpfte. [6] Der sich mühende Bauer muß als erster
von den Früchten Anteil erhalten. [7] Bedenke, was ich sage;
denn geben wird dir der Herr Verstehen in allem.
[8] Gedenke (des) Jesus Christos, erweckt aus Toten, aus
(der) Nachkommenschaft Davids, gemäß meinem Evangeli-
um, [9] in dem ich Böses leide bis zu Fesseln wie ein Übeltäter;
doch das Wort Gottes ist nicht gefesselt; [10] deswegen ertrage
ich alles wegen der Auserwählten, damit auch sie (das) Heil
erlangen, die in Christos Jesus mit ewiger Herrlichkeit. [11] Zu-
verlässig (ist) das Wort: Denn wenn wir mitgestorben sind,
auch mitleben werden wir; [12] wenn wir durchhalten, auch mit-
herrschen werden wir; wenn wir (ver)leugnen werden, wird
auch jener uns (ver)leugnen; [13] wenn wir untreu sind, jener
bleibt treu, denn sich selbst (ver)leugnen kann er nicht.
[14] An dieses erinnere, beschwörend vor Gott, nicht mit
Worten zu fechten, zu nichts nützlich, (nur) zur Zerstörung
der Hörenden! [15] Sei bemüht, dich als erprobt hinzustellen vor

Gott, als unbeschämten Arbeiter, geradlinig führend das Wort
der Wahrheit! [16] Die gängigen Leertönereien aber umgehe;
denn zu mehr an Gottlosigkeit werden sie fortschreiten, [17] und
ihr Wort wird wie ein Krebsgeschwür Nahrung haben. Unter
denen ist Hymenaios und Philetos, [18] welche von der Wahrheit
abirrten, sagend, [die] Auferstehung sei schon geschehen, und
sie zerrütten den Glauben einiger. [19] Das feste Fundament
Num 16,5 Gottes freilich steht, habend dieses Siegel: *(Es) erkannte (der)*
Sir 17,26 *Herr die Seinen,* und: *Ablassen soll von Ungerechtigkeit* jeder
Jes 26,13 *Nennende den Namen (des) Herrn.* [20] In einem großen Haus
aber sind nicht nur goldene Gefäße und silberne, sondern
auch hölzerne und tönerne, und die einen zur Ehre, die ande-
ren zur Unehre; [21] wenn nun einer sich reinigte von diesen,
wird er sein ein Gefäß zur Ehre, geheiligt, brauchbar dem
Gebieter, zu jedem guten Werk bereitet.

[22] Die jugendlichen Begierden aber fliehe, verfolge aber
Gerechtigkeit, Glauben, Liebe, Frieden mit den Anrufenden
den Herrn aus reinem Herzen! [23] Die törichten aber und unge-
bildeten Auseinandersetzungen weise ab, wissend, daß sie er-
zeugen Streitereien! [24] Ein Sklave (des) Herrn aber soll nicht
streiten, sondern freundlich sein gegen alle, lehrgeschickt,
Böses erduldend, [25] in Milde erziehend die sich Entgegenstel-
lenden, ob nicht Gott ihnen gibt Umkehr zur Erkenntnis (der)
Wahrheit [26] und sie wieder ernüchtert werden aus des Teufels
Schlinge, gefangengenommen von ihm zu seinem Willen.

3 [1] Dies aber erkenne, daß in (den) letzten Tagen bevor-
stehen werden gefährliche Zeiten; [2] denn (es) werden
sein die Menschen selbstliebend, geldliebend, prahlend, über-
heblich, lästernd, (den) Eltern ungehorsam, undankbar, un-
heilig, [3] lieblos, unversöhnlich, verleumderisch, unbeherrscht,
ungezügelt, das Gute nicht liebend, [4] Verräter, verwegen,
aufgeblasen, lustliebend mehr als gottliebend, [5] habend (den)
Anschein von Frömmigkeit, ihre Kraft aber (ver)leugnend;
und von diesen wende dich ab! [6] Denn aus diesen sind, die
eindringen in die Häuser und einfangen Frauenzimmer, über-
häuft mit Sünden, getrieben von mancherlei Begierden, [7] all-

zeit lernend und niemals zur Erkenntnis (der) Wahrheit kom-
men könnend. 8 Auf welche Weise aber Jannes und Jambres
widerstanden (dem) Moyses, so auch widerstehen diese der
Wahrheit, Menschen, verdorben im Verstand, unerprobt im
Glauben. 9 Doch nicht werden sie fortschreiten zu mehr; denn
ihr Unverstand wird offenbar sein allen, wie auch der jener
(es) wurde.

10 Du aber bist nachgefolgt meiner Lehre, der Führung,
dem Vorsatz, dem Glauben, der Großmut, der Liebe, der
Geduld, 11 den Verfolgungen, den Leiden, wieviele mir ent-
standen in Antiocheia, in Ikonion, in Lystra, wieviele Verfol-
gungen ich ertrug, und aus allen rettete mich der Herr. 12 Alle
aber, die fromm leben wollen in Christos Jesus, werden ver-
folgt werden. 13 Böse Menschen aber und Betrüger werden
fortschreiten zum Schlimmeren, Irreführende und Irregeführ-
te. 14 Du aber bleibe bei (dem), was du gelernt und gläubig
angenommen hast, wissend, von welchen du gelernt hast,
15 und weil du von Kind (auf) [die] heiligen Schriften kennst,
die dich weise machen können zum Heil durch (den) Glau-
ben, den in Christos Jesus. 16 Jede gottbegeistete Schrift (ist)
auch nützlich zur Lehre, zur Überführung, zur Besserung,
zur Erziehung, der in Gerechtigkeit, 17 damit gerüstet sei der
Mensch Gottes, zu jedem guten Werk ausgerüstet.

4 1 Ich beschwöre (dich) vor Gott und Christos Jesus, der
richten wird Lebende und Tote, und bei seiner Erschei-
nung und seinem Königtum: 2 Verkünde das Wort, tritt auf
rechtzeitig (oder) unzeitig, überführe, fahre an, ermahne, in
aller Großmut und Belehrung! 3 Denn (es) wird sein eine Zeit,
da sie die gesunde Lehre nicht ertragen werden, sondern nach
den eigenen Begierden werden sie sich Lehrer anhäufen, sich
kitzeln lassend das Ohr, 4 und von der Wahrheit werden sie
das Ohr abwenden, zu den Mythen aber werden sie sich hin-
wenden. 5 Du aber sei nüchtern in allem, leide Böses, tu (das)
Werk eines Evangelisten, deinen Dienst erfülle!

6 Denn ich werde schon geopfert, und die Zeit meiner Auf-
lösung steht bevor. 7 Den rechten Kampf habe ich gekämpft,

den Lauf beendet, den Glauben bewahrt; [8] im übrigen daliegt
für mich der Kranz der Gerechtigkeit, den mir geben wird der
Herr an jenem Tag, der gerechte Richter, nicht nur aber mir,
sondern auch allen, die geliebt haben seine Erscheinung.

[9] Beeile dich, zu kommen zu mir schnell! [10] Denn Demas
verließ mich, liebend den jetzigen Aion, und er ging nach
Thessalonike, Kreskes in (die) Galatia, Titos in (die) Dalma-
tia; [11] Lukas ist allein bei mir. Markos mitnehmend führe mit
dir, denn er ist mir brauchbar zum Dienst. [12] Tychikos aber
schickte ich nach Ephesos. [13] Den Mantel, den ich zurückließ
in Troas bei Karpos, kommend bring, und die Bücher, beson-
ders die Pergamente! [14] Alexandros, der Schmied, erwies mir
viel Schlechtes; geben wird ihm der Herr nach seinen Wer-
ken; [15] vor dem hüte dich auch du, denn sehr widerstand er
unseren Worten! [16] Bei meiner ersten Verteidigung stand kei-
ner mir bei, sondern alle verließen mich; nicht soll es ihnen
angerechnet werden; [17] der Herr aber stand mir bei und kräf-
tigte mich, damit durch mich die Verkündigung erfüllt werde
und alle Völker hören, und gerettet wurde ich aus (dem) Ra-
chen eines Löwen. [18] Retten wird mich der Herr vor jedem
bösen Werk und retten in sein himmlisches Königtum; ihm
die Herrlichkeit in die Aionen der Aionen, Amen.

[19] Grüße Priska und Akylas und das Haus (des) Onesipho-
ros! [20] Erastos blieb in Korinthos, Trophimos aber ließ ich zu-
rück in Miletos als Kranken. [21] Beeile dich, vor (dem) Winter
zu kommen! (Es) grüßt dich Eubulos und Pudes und Linos
und Klaudia und die Brüder alle.

[22] Der Herr (sei) mit deinem Geist. Die Gnade (sei) mit
euch.

An Titos

1 1 Paulos, Sklave Gottes, Apostel aber (des) Jesus Chri-
stos gemäß (dem) Glauben (der) Auserwählten Gottes
und (der) Erkenntnis (der) Wahrheit, der gemäß Frömmig-
keit, 2 in Hoffnung auf ewiges Leben, das zusagte der nichtlü-
gende Gott vor ewigen Zeiten, 3 er offenbarte aber zu eigenen
Zeiten sein Wort in (der) Verkündigung, die ich anvertraut
bekam gemäß Auftrag unseres Retters, Gottes, 4 Titos, (dem)
echten Kind gemäß gemeinsamem Glauben, Gnade und Frie-
de von Gott (dem) Vater und Christos Jesus, unserem Retter.

5 Dessentwegen ließ ich dich zurück in Kreta, damit das
Fehlende du dazuordnest und aufstellst in jeder Stadt Älteste,
wie ich dir auftrug, 6 wenn einer ist unbescholten, einer einzi-
gen Frau Mann, Kinder habend, gläubige, nicht in Beschuldi-
gung von Liederlichkeit, oder rebellische. 7 Denn es muß der
Aufseher unbescholten sein wie Gottes Verwalter, nicht
selbstgefällig, nicht jähzornig, nicht weinselig, nicht Schlä-
ger, nicht gewinnsüchtig, 8 sondern gastfreundlich, Gutes lie-
bend, besonnen, gerecht, heilig, enthaltsam, 9 festhaltend an
dem gemäß der Lehre zuverlässigen Wort, damit fähig er sei,
sowohl zu ermahnen in der gesunden Lehre, als auch die Wi-
dersprechenden zu überführen.

10 Denn es sind [auch] viele Rebellische, Schwätzer und
Verführer, am meisten die aus der Beschneidung, 11 denen
man das Maul stopfen muß, welche ganze Häuser zerrütten,
lehrend, was sich nicht gehört, schändlichen Gewinnes we-
gen. 12 (Es) sprach einer von ihnen, ihr eigener Prophet: Kre-
ter (sind) immer Lügner, üble Bestien, faule Bäuche. 13 Dieses
Zeugnis ist wahr. Aus diesem Grund überführe sie streng,
damit sie gesund seien im Glauben, 14 nicht sich haltend an
judaische Mythen und Gebote von Menschen, die sich ab-
wenden von der Wahrheit. 15 Alles (ist) rein den Reinen; den

Befleckten aber und Ungläubigen (ist) nichts rein, sondern be-
fleckt ist von ihnen sowohl der Sinn als auch das Gewissen.
[16] Gott bekennen sie zu kennen, durch die Werke aber (ver-)
leugnen sie, Abscheuliche, die sie sind, und Ungehorsame
und zu jedem guten Werk Unbrauchbare.

2 [1] Du aber rede, was geziemt der gesunden Lehre! [2] Alte
Männer seien nüchtern, anständig, besonnen, gesund
im Glauben, der Liebe, der Geduld; [3] alte Frauen (seien)
ebenso an Haltung heiligmäßig, nicht verleumderisch, nicht
vielem Wein versklavt, rechtlehrend, [4] damit sie besonnen
machen die jungen (Frauen), männerliebend zu sein, kinder-
liebend, [5] besonnen, rein, häuslich, gut, sich unterordnend
den eigenen Männern, damit nicht das Wort Gottes gelästert
wird.

[6] Die jüngeren (Männer) ermahne ebenso, besonnen zu sein
[7] bei allem, dich erweisend als Vorbild rechter Werke, in der
Lehre (erweise) Unverdorbenheit, Anständigkeit, [8] gesunde,
unanfechtbare Rede, damit der von der Gegenseite beschämt
werde, weil er nichts Schlechtes zu sagen hat über uns!

[9] Sklaven sollen (den) eigenen Gebietern sich unterordnen
in allem, wohlgefällig sein, nicht widersprechend, [10] nicht
veruntreuend, sondern jede gute Treue aufweisend, damit sie
die Lehre, die unseres Retters, Gottes, schmücken in allem.

[11] Denn (es) erschien die Gnade Gottes, rettend für alle
Menschen, [12] erziehend uns, damit wir, (ver)leugnend die
Gottlosigkeit und die irdischen Begierden, besonnen und ge-
recht und fromm leben im jetzigen Aion, [13] erwartend die se-
lige Hoffnung und (die) Erscheinung der Herrlichkeit des
großen Gottes und unseres Retters Jesus Christos, [14] der sich
selbst gab für uns, damit er uns loskaufe von aller Gesetzlo-
sigkeit und sich reinige ein erwähltes Volk, einen Eiferer
rechter Werke. [15] Dieses rede und ermahne und überführe mit
allem Nachdruck! Keiner soll dich verachten.

3 [1] Erinnere sie, Hoheiten, Mächten sich unterzuordnen,
zu gehorchen, zu jedem guten Werk bereit zu sein,

2 keinen zu lästern, nicht streitsüchtig zu sein, gütig, jede
Milde aufweisend gegen alle Menschen. 3 Denn (es) waren
einst auch wir Unverständige, Ungehorsame, Irrende, ver-
sklavt Begierden und mancherlei Vergnügungen, in Schlech-
tigkeit und Neid dahinlebend, Abscheuliche, einander Has-
sende. 4 Als aber die Güte und die Menschenliebe erschien
unseres Retters, Gottes, 5 nicht aus Werken, denen in Ge-
rechtigkeit, die wir taten, sondern gemäß seinem Erbarmen,
rettete er uns durch (das) Bad (der) Wiedergeburt und (der)
Erneuerung durch (den) heiligen Geist, 6 den er ausgoß auf
uns reichlich durch Jesus Christos, unseren Retter, 7 damit ge-
rechtgesprochen durch seine Gnade Erben wir würden gemäß
(der) Hoffnung auf ewiges Leben.

8 Zuverlässig (ist) das Wort; und über dieses will ich, daß
du dich fest zeigst, damit bedacht sind, in rechten Werken
sich hervorzutun, die gläubig Gewordenen an Gott; dieses ist
recht und nützlich den Menschen. 9 Törichte Auseinanderset-
zungen aber und Stammbäume und Streitereien und Gesetzes-
kämpfe umgehe! Denn sie sind unnütz und nichtig. 10 Einen
häretischen Menschen nach einer und einer zweiten Zurecht-
weisung weise ab, 11 wissend, daß verdreht ist ein solcher und
sündigt, durch sich selbst verurteilt!

12 Wann ich schicken werde Artemas zu dir oder Tychikos,
beeile dich, zu kommen zu mir nach Nikopolis, denn dort
habe ich beschlossen zu überwintern. 13 Zenas, den Gesetzes-
kundigen, und Apollos geleite eifrig, damit nichts ihnen fehle.
14 Lernen sollen aber auch die Unsrigen, in rechten Werken
sich hervorzutun für die notwendigen Bedürfnisse, damit sie
nicht fruchtlos sind.

15 (Es) grüßen dich die mit mir alle. Grüße die uns Lieben-
den im Glauben!

Die Gnade (sei) mit euch allen.

AN PHILEMON

1 Paulos, Gefangener (des) Christos Jesus, und Timotheos,
der Bruder, Philemon, dem Geliebten und unserem Mitarbei-
ter, 2 und Apphia, der Schwester, und Archippos, unserem
Mitkämpfer, und der Gemeinde in deinem Hause; 3 Gnade
euch und Friede von Gott, unserem Vater, und (dem) Herrn
Jesus Christos.

4 Ich danke meinem Gott allzeit, deiner Gedenken machend
bei meinen Gebeten, 5 hörend von dir die Liebe und den Glau-
ben, den du hast an den Herrn Jesus und zu allen Heiligen,
6 auf daß deine Gemeinschaft des Glaubens wirksam werde in
Erkenntnis alles Guten, das in uns (ist), auf Christos (hin).
7 Denn viel Freude hatte ich und Ermutigung an deiner Liebe,
weil das Innerste der Heiligen beruhigt worden ist durch dich,
Bruder.

8 Deshalb, viel Freimut habend in Christos, dir zu befehlen
das Gebührende, 9 wegen der Liebe (viel)mehr bitte ich, als
ein solcher, Paulos, ein alter Mann, jetzt aber auch Gefange-
ner (des) Christos Jesus; 10 ich bitte dich für mein Kind, das
ich zeugte in den Fesseln, Onesimos, 11 den einst dir un-
brauchbaren, jetzt aber [sowohl] dir wie mir gut brauchbaren,
12 den ich dir zurückschickte, ihn, das ist mein Innerstes;
13 den wollte ich bei mir behalten, damit anstelle deiner mir er
diene in den Fesseln des Evangeliums, 14 ohne deinen Ent-
schluß aber wollte ich nichts tun, damit nicht wie aus Zwang
dein Gutes sei, sondern aus Freiwilligkeit.

15 Denn vielleicht wurde er deshalb getrennt auf Zeit, damit
(auf) ewig ihn du erhältst, 16 nicht mehr wie einen Sklaven,
sondern, über einen Sklaven (hinaus), als geliebten Bruder,
besonders mir, um wieviel mehr aber dir, sowohl im Fleisch
wie im Herrn. 17 Wenn nun mich zum Teilhaber du hast,
nimm ihn auf wie mich! 18 Wenn aber dir irgendein Unrecht
er tat oder (etwas) schuldet, dies rechne mir an! 19 Ich, Pau-

los, schrieb mit meiner Hand, ich werde erstatten; damit nicht
ich dir sage, daß auch du dich selbst mir schuldest. 20 Ja, Bru-
der, ich möchte deiner frohwerden im Herrn; beruhige mein
Innerstes in Christos!

21 Vertrauend deinem Gehorsam schrieb ich dir, wissend,
daß auch über (das), was ich sage, (hinaus) du tun wirst.
22 Zugleich aber bereite mir auch eine Herberge! Denn ich
hoffe, daß durch eure Gebete ich euch werde geschenkt wer-
den.

23 (Es) grüßt dich Epaphras, mein Mitgefangener in Chri-
stos Jesus, 24 Markos, Aristarchos, Demas, Lukas, meine Mit-
arbeiter.

25 Die Gnade des Herrn Jesus Christos (sei) mit eurem
Geist.

An (die) Hebraier

1 1 Vielfach und vielartig vormals Gott redend zu den
Vätern durch die Propheten, 2 redete er am Ende dieser
Tage zu uns durch (den) Sohn, den er setzte als Erben von
allem, durch den er auch schuf die Aionen; 3 der ist Wider-
schein (seiner) Herrlichkeit und Ausdruck seines Wesens,
tragend auch alles durch das Wort seiner Kraft; nachdem er
Reinigung von den Sünden schuf, setzte er sich zur Rechten
der Erhabenheit in (den) Höhen, 4 um soviel besser geworden
als die Engel, um wieviel er geerbt hat einen vorzüglicheren
Namen als sie. 5 Denn zu welchem der Engel sprach er je-
Ps 2,7 (G) mals: *Mein Sohn bist du, ich habe heute dich gezeugt?* und
2 Sam 7,14 wieder: *Ich werde sein ihm zum Vater, und er wird sein mir*
1 Chr 17,13 *zum Sohn?* 6 Wann aber wieder er einführt den Erstgeborenen
Dtn 32,43 (G) in den Erdkreis, sagt er: *Und huldigen sollen ihm alle Engel*
Ps 97,7 (G) *Gottes.* 7 Und über die Engel sagt er: *Der Schaffende seine*
Ps 104,4 (G) *Engel zu Winden und seine Diener zu Feuerflammen,* 8 zum
Ps 45,7f (G) Sohn aber: *Dein Thron, Gott, (ist) in den Aion des Aion, und*
der Stab der Geradheit (ist der) Stab deiner Herrschaft. 9 *Du*
liebtest Gerechtigkeit und haßtest Gesetzlosigkeit; deswegen
salbte dich Gott, dein Gott, mit Öl (des) Jubels vor deinen
Ps 102,26–28 (G) *Genossen.* 10 Und: *Du hast zu Anfang, Herr, die Erde gegrün-*
det, und Werke deiner Hände sind die Himmel; 11 *sie werden*
vergehen, du aber verbleibst, und alle werden wie ein Ge-
wand veralten, 12 *und wie einen Umhang wirst du sie aufrol-*
len, wie ein Gewand *auch werden sie verändert werden; du*
aber bist derselbe, und deine Jahre werden nicht aufhören.
Ps 110,1 (G) 13 Zu welchem der Engel aber hat er jemals gesagt: *Setze dich*
zu meiner Rechten, bis ich lege deine Feinde als Fußbank
unter deine Füße? 14 Sind nicht alle dienstbare Geister, zum
Dienst geschickt wegen derer, die erben sollen (das) Heil?

2 1 Deswegen ist es nötig, daß wir über die Maßen achten
auf das Gehörte, daß nicht etwa wir vorbeitreiben.

2 Denn wenn das durch Engel geredete Wort fest wurde und
jede Übertretung und (jeder) Ungehorsam rechtmäßige Ent-
lohnung empfing, 3 wie werden wir entfliehen, ein so großes
Heil vernachlässigend, welches, einen Anfang nehmend im
Reden (Gottes) durch den Herrn, von den (es) Hörenden auf
uns (hin) gefestigt wurde, 4 wobei Gott (es) mitbezeugte durch
Zeichen und Wunder und mannigfaltige Kraft(taten) und hei-
ligen Geistes Zuteilungen nach seinem Willen?

5 Denn nicht Engeln unterwarf er den zukünftigen Erdkreis,
über den wir reden. 6 (Es) bezeugte aber irgendwo einer, sa-
gend: *Was ist ein Mensch, daß du seiner gedenkst, oder ein* Ps 8,5–7 (G)
Sohn eines Menschen, daß du schaust auf ihn? 7 *Du ernied-*
rigtest ihn ein wenig unter Engel, mit Herrlichkeit und Ehre
bekränztest du ihn, 8 *alles unterwarfst du unter seine Füße.*
Denn bei dem Unterwerfen [ihm] alles nichts ließ er ihm un-
unterworfen. Jetzt aber noch nicht sehen wir alles als ihm
Unterworfenes; 9 den aber ein wenig unter Engel erniedrigten
Jesus sehen wir wegen des Leidens des Todes mit Herrlich-
keit und Ehre bekränzt, auf daß er durch (die) Gnade Gottes
für jeden koste (den) Tod.

10 Denn es geziemte sich für ihn, wegen dem alles und
durch den alles, daß er, viele Söhne zur Herrlichkeit führend,
den Anführer ihres Heils durch Leiden vollende. 11 Denn der
Heiligende und die zu Heiligenden (sind) alle aus einem; aus
welchem Grund er sich nicht schämt, Brüder sie zu rufen,
12 sagend: *Verkünden werde ich deinen Namen meinen Brü-* Ps 22,23 (G)
dern, inmitten (der) Gemeinde werde ich dich preisen, 13 und
wieder: *Ich werde sein vertrauend auf ihn,* und wieder: *Siehe,* Jes 8,17; 12,2
ich und die Kinder, die mir Gott gab. 14 Da nun die Kinder 2 Sam 22,3
Gemeinschaft erhalten haben an Blut und Fleisch, hatte auch Jes 8,18 (G)
er gleicherweise Anteil an ihnen, damit durch den Tod er
vernichte den die Gewalt Habenden über den Tod, das ist:
den Teufel, 15 und (damit er) befreie diese, wieviele in Furcht
vor (dem) Tod durch das ganze Leben (hindurch) verfallen
waren einer Sklaverei. 16 Denn doch wohl nicht (der) Engel
nimmt er sich an, sondern (der) Nachkommenschaft Abra-

hams nimmt er sich an. [17] Daher mußte er in allem den Brü-
dern gleich werden, damit ein sich erbarmender und treuer
Hochpriester er werde in bezug auf das gegen Gott, auf daß
er sühne die Sünden des Volkes. [18] Denn worin er gelitten hat,
selbst versucht, kann er den Versuchten helfen.

3 [1] Daher, heilige Brüder, einer himmlischen Berufung
Teilhaftige, beachtet den Gesandten und Hochpriester
unseres Bekenntnisses, Jesus, [2] der treu ist dem ihn Schaffen-
den wie auch Moyses in seinem [ganzen] Haus. [3] Denn dieser
wird für mehr Herrlichkeit als Moyses würdig gehalten, wie
mehr Ehre hat als das Haus der es Erbauende; [4] denn jedes
Haus wird erbaut von irgendeinem, der alles Erbauende aber
Num 12,7 (G) (ist) Gott. [5] *Auch Moyses* (war) zwar *treu in seinem ganzen*
Haus wie ein Diener zum Zeugnis des zu Redenden, [6] Chri-
stos aber (ist) wie ein Sohn über seinem Haus; dessen Haus
sind wir, wenn wir [nur] an der Zuversicht und dem Ruhm
der Hoffnung festhalten.
Ps 95,7–11 [7] Deshalb, gleichwie der heilige Geist sagt: *Heute, wenn*
seine Stimme ihr hört, [8] *verstockt nicht eure Herzen wie in der*
Verbitterung am Tag der Versuchung in der Wüste, [9] *wo*
(mich) versuchten eure Väter in einer Erprobung, und sie sa-
hen (doch) meine Werke [10] *vierzig Jahre; deshalb zürnte ich*
diesem Geschlecht, und ich sprach: Immer irren sie mit dem
Herzen, nicht aber erkannten sie meine Wege, [11] *weshalb ich*
schwor in meinem Zorn: (Als) ob sie eingehen werden in
meine Ruhe! [12] Seht (zu), Brüder, daß nicht etwa sein wird in
einem von euch ein böses Herz von Unglauben, im Abfallen
vom lebendigen Gott, [13] sondern ermahnt einander an jedem
Tag, bis daß das Heute gerufen wird, damit nicht verstockt
werde einer von euch durch einen Betrug der Sünde – [14] denn
Genossen des Christos sind wir geworden, wenn nur den An-
fang der Grundlegung bis zum Ende als sicherem wir fest-
Ps 95,7f halten – [15] wenn gesagt ist: *Heute, wenn seine Stimme ihr*
hört, verstockt nicht eure Herzen wie in der Verbitterung!
[16] Denn welche, hörend (es), verbitterten? Nicht etwa alle

Herauskommenden aus Aigyptos durch Moyses? [17] Welchen
aber zürnte er vierzig Jahre? Nicht den Sündigenden, deren
Glieder (ab)fielen in der Wüste? [18] Welchen aber schwor er,
daß sie nicht eingehen werden in seine Ruhe, außer den Un-
gehorsamen? [19] Und wir sehen, daß nicht sie konnten einge-
hen wegen (des) Unglaubens.

4 [1] Fürchten wollen wir nun, da (die) Zusage verbleibt,
einzugehen in seine Ruhe, daß nicht etwa einer von
euch zurückgeblieben zu sein erscheine. [2] Denn auch wir sind
(solche, denen) (das Evangelium) verkündet wurde, gleichwie
auch jene; doch nicht nützte das Wort der Botschaft jenen,
weil sie sich nicht verbunden hatten im Glauben mit den Hö-
renden. [3] Denn wir gehen ein in [die] Ruhe als die Glauben-
den, gleichwie er gesagt hat: *Weshalb ich schwor in meinem* Ps 95,11
Zorn: (Als) ob sie eingehen werden in meine Ruhe!, und
zwar, obwohl *die Werke* von Grundlegung (der) Welt (an) ge-
schaffen waren. [4] Denn gesagt hat er irgendwo über den sieb-
ten (Tag) so: *Und (es) ruhte Gott am siebten Tag von allen* Gen 2,2 (G)
seinen Werken, [5] und darin wieder: *(Als) ob sie eingehen wer-* Ps 95,11
den in meine Ruhe! [6] Da nun verbleibt, daß einige eingehen in
sie, und die, denen früher (das Evangelium) verkündet wur-
de, nicht eingingen wegen Ungehorsam, [7] bestimmt er wieder
einen Tag, heute, durch David redend nach so langer Zeit,
gleichwie vorhergesagt ist: *Heute, wenn seine Stimme ihr* Ps 95,7f
hört, verstockt nicht eure Herzen! [8] Denn wenn sie Jesus (=
Josua) zur Ruhe gebracht hätte, nicht redete er über einen an-
deren Tag danach. [9] Also verbleibt eine Sabbatruhe dem Volk
Gottes. [10] Denn der Eingehende in seine Ruhe ruhte auch selbst
von seinen Werken, wie Gott von den eigenen. [11] Bemühen
wollen wir uns nun, einzugehen in jene Ruhe, damit nicht in
demselben Beispiel des Ungehorsams einer falle. [12] Denn le-
bendig ist das Wort Gottes und wirksam und schärfer als
jedes zweischneidige Schwert und durchdringend bis zur Tei-
lung von Seele und Geist, von Gelenken und Mark, und Rich-
ter von Gedanken und Gesinnungen (des) Herzens; [13] und nicht
ist ein Geschöpf unsichtbar vor ihm, alles aber (ist) nackt und

offengelegt in den Augen dessen, gegen den wir Rechenschaft
(schulden).

14 Habend nun einen großen Hochpriester, der durchzogen
hat die Himmel, Jesus, den Sohn Gottes, wollen wir festhal-
ten das Bekenntnis. 15 Denn nicht haben wir einen Hochprie-
ster, der nicht mitleiden kann mit unseren Schwächen, viel-
mehr einen, der versucht worden ist in allem, gemäß (seiner)
Gleichheit, (doch) ohne Sünde. 16 Hinzutreten wollen wir nun
mit Zuversicht zum Thron der Gnade, damit wir empfangen
Erbarmen und Gnade finden zu rechtzeitiger Hilfe.

5 1 Denn jeder Hochpriester, aus Menschen genommen,
wird für Menschen eingesetzt in bezug auf das gegen
Gott, damit er darbringe Gaben und Opfer für (die) Sünden,
2 nachsichtig sein könnend mit den Unwissenden und Irren-
den, da auch er umgeben ist (mit) Schwäche. 3 Und wegen ihr
muß er, gleichwie für das Volk, so auch für sich darbringen
für (die) Sünden. 4 Und nicht für sich nimmt einer die Ehre,
sondern als Gerufener von Gott gleichwie auch Aaron.

5 So verherrlichte auch der Christos nicht sich selbst, zu
Ps 2,7 (G) werden Hochpriester, sondern der Redende zu ihm: *Mein
Sohn bist du, ich habe heute dich gezeugt;* 6 gleichwie auch an
Ps 110,4 anderer (Stelle) er sagt: *Du (bist) Priester in den Aion nach
der Ordnung Melchisedeks;* 7 der, in den Tagen seines Flei-
sches, Gebete und Hilferufe zu dem, der ihn retten konnte aus
(dem) Tod, mit starkem Geschrei und Tränen hinbringend
und erhört auf(grund) der Gottesfurcht, 8 lernte, wiewohl er
Sohn war, von (dem), was er litt, den Gehorsam, 9 und voll-
endet, wurde er allen ihm Gehorchenden Grund ewigen
Heils, 10 genannt von Gott Hochpriester nach der Ordnung
Melchisedeks.

11 Darüber (müssen) wir ein langes und schwer verständli-
ches Wort sagen, da träge ihr geworden seid mit den Ohren.
12 Denn obwohl ihr Lehrer sein müßtet wegen der Zeit, wie-
der habt ihr nötig, daß euch einer lehrt die Anfangselemente

der Worte Gottes, und ihr seid geworden (solche), die nötig
haben Milch [und] nicht feste Nahrung. 13 Denn jeder, der
teilhat an Milch, (ist) unerfahren mit (dem) Wort (der) Ge-
rechtigkeit, denn unmündig ist er; 14 für Vollendete aber ist
die feste Nahrung, für die, die durch die Gewöhnung die Sin-
neswerkzeuge geübt haben zur Unterscheidung von Rechtem
und Schlechtem.

6 1 Deshalb, lassend das Anfangswort über den Christos,
auf die Vollendung (hin) wollen wir uns bringen lassen,
nicht wieder (das) Fundament legend (der) Umkehr von toten
Werken und (des) Glaubens an Gott, 2 (der) Lehre über Tau-
fen und (der) Auflegung von Händen, (der) Auferstehung von
Toten und (dem) ewigen Gericht. 3 Und dies werden wir tun,
wenn nur (es) gestattet Gott.

4 Denn unmöglich (ist es), die einmal Erleuchteten, (die)
gekostet haben die himmlische Gabe und Teilhaber geworden
sind am heiligen Geist 5 und gekostet haben Gottes rechtes
Wort und (die) Kräfte (des) zukünftigen Aions 6 und (dann
doch) Abgefallenen, wieder zu erneuern in Umkehr, erneut
kreuzigend für sich den Sohn Gottes und bloßstellend. 7 Denn
(die) Erde, trinkend den oft auf sie kommenden Regen und
hervorbringend Kraut, tauglich für jene, derentwegen sie
auch bebaut wird, empfängt Anteil am Segen von Gott; 8 her-
vorbringend aber Dornen und Disteln, (ist sie) unbrauchbar
und (dem) Fluch nahe, dessen Ende ins Verbrennen (führt).

9 Überzeugt sind wir aber von euch, Geliebte, des Besseren
und (des) zu Heil Gereichenden, wenn wir auch so reden.
10 Denn nicht ungerecht (ist) Gott, zu vergessen euer Werk
und die Liebe, die ihr aufwiest für seinen Namen, die ihr
dientet den Heiligen und dient. 11 Wir verlangen aber, daß je-
der von euch denselben Eifer aufweise zur Vervollständigung
der Hoffnung bis ans Ende, 12 damit nicht träge ihr werdet,
Nachahmer vielmehr der durch Glaube und Ausharren Er-
benden die Zusagen.

13 Denn als Gott dem Abraham die Zusage gab, schwor er,
da er bei keinem Größeren (die Möglichkeit) hatte zu schwö-

Gen 22,17 ren, bei sich selbst, 14 sagend: *Ja wahrlich, segnend werde ich*
dich segnen und mehrend dich mehren; 15 und so, ausharrend,
erlangte er die Zusage. 16 Denn Menschen schwören beim
Größeren, und ihnen (dient als) jeder Widerrede Ende zur Fe-
stigung der Eid; 17 weil Gott besonders den Erben der Zusage
aufzeigen wollte das Unverrückbare seines Ratschlusses,
bürgte er durch Eid, 18 damit wir durch zwei unverrückbare
Dinge, bei denen es unmöglich (ist), daß Gott lügt, eine star-
ke Ermutigung haben, die wir (unsere) Zuflucht nahmen, zu
ergreifen die vorausliegende Hoffnung; 19 die haben wir wie
einen Anker der Seele, sicher und fest und hineinreichend in
das Innere des Vorhangs, 20 wohin als Vorläufer für uns hin-
einging Jesus, nach der Ordnung Melchisedeks Hochpriester
geworden in den Aion.

Gen 14,17–20 7 1 Denn *dieser Melchisedek, König von Salem, Priester*
des höchsten Gottes, der entgegenging Abraham, als er
zurückkehrte von dem Gemetzel mit den Königen, und ihn
segnete, 2 *dem auch (den) Zehnten von allem* zuteilte *Abra-*
ham, (dieser ist) zuerst, übersetzt, zwar König (der) Gerech-
tigkeit, dann aber auch *König von Salem*, das ist: König (des)
Friedens, 3 vaterlos, mutterlos, stammbaumlos, weder einen
Anfang (der) Tage noch ein Lebensende habend, ähnlich ge-
worden aber dem Sohn Gottes, bleibt er Priester auf die Dau-
er.

Gen 14,20 4 Schaut aber, wie groß dieser ist, *dem [auch] (den) Zehn-*
ten Abraham gab aus der Erstlingsbeute, (er,) der Urvater.
5 Auch die aus den Söhnen Levis das Priestertum Empfangen-
den haben zwar ein Gebot, zu bezehnten das Volk nach dem
Gesetz, das heißt: ihre Brüder, wiewohl auch sie hervorge-
kommen sind aus der Lende Abrahams; 6 der aber nicht Ab-
stammende von ihnen hat bezehntet Abraham, und den, der
die Zusagen hat, hat er gesegnet. 7 Ohne jede Widerrede aber
wird das Geringere vom Besseren gesegnet. 8 Aber hier emp-
fangen (die) Zehnten sterbende Menschen, dort aber (einer),
(dem) bezeugt wird, daß er lebt. 9 Und um es gerade heraus

zu sagen: Durch Abraham ist auch Levi, der (die) Zehnten
Empfangende, bezehntet worden; 10 denn er war noch in der
Lende des Vaters, als ihm entgegenging Melchisedek.
11 Wenn nun Vollendung durch das levitische Priesteramt
(möglich) wäre – denn das Volk hat über es Gesetze erhalten
–, welches Bedürfnis (bestünde) noch, nach der Ordnung
Melchisedeks einen anderen aufzustellen als Priester und
nicht nach der Ordnung Aarons (ihn) zu benennen? 12 Denn
wenn geändert wird das Priesteramt, geschieht aus Notwen-
digkeit auch eine Gesetzesänderung. 13 Denn (der), auf den
(hin) dieses gesagt wird, hatte teil an einem anderen Stamm,
von dem keiner sich hinwandte zum Altar; 14 denn offenkun-
dig (ist), daß aus Juda hervorgegangen ist unser Herr, bei
welchem Stamm über Priester Moyses nichts redete. 15 Und
noch übermäßiger ist (dies) offenkundig, wenn nach der Ähn-
lichkeit mit Melchisedek aufgestellt wird ein anderer Priester,
16 der nicht nach (dem) Gesetz eines fleischlichen Gebots (es)
geworden ist, sondern nach (der) Kraft eines unvergänglichen
Lebens. 17 Denn bezeugt wird: *Du (bist) Priester in den Aion* Ps 110,4
nach der Ordnung Melchisedeks. 18 Denn (die) Absetzung ei-
nes vorangehenden Gebots geschieht wegen seiner Schwäche
und Nutzlosigkeit – 19 denn nichts vollendete das Gesetz –,
(die) Einführung aber einer besseren Hoffnung (ist gesche-
hen), durch die wir uns Gott nähern.
20 Und insoweit (geschah dies) nicht ohne Eidschwur; denn
diese sind ohne Eidschwur Priester geworden, 21 jener aber
mit Eidschwur durch den Sagenden zu ihm: *(Es) schwor (der)* Ps 110,4
Herr, und nicht wird er (es) bereuen: Du (bist) Priester in
den Aion. 22 Insoweit [auch] eines besseren Bundes Bürge ist
geworden Jesus. 23 Und die einen (zu) mehreren sind Priester
geworden, weil sie durch den Tod gehindert wurden dazu-
bleiben; 24 der (andere) aber, weil er bleibt in den Aion, hat
als unvergängliches das Priesteramt; 25 daher er auch zur
Gänze retten kann die Hinzutretenden durch ihn zu Gott, all-
zeit lebend, um einzutreten für sie.
26 Denn ein solcher geziemte uns auch als Hochpriester,

heilig, frei vom Bösen, unbefleckt, getrennt von den Sündern und höher als die Himmel geworden, [27]der nicht hat täglich (die) Notwendigkeit, wie die Hochpriester, zuerst für die eigenen Sünden Opfer darzubringen, dann für die des Volkes; denn dies tat er ein für allemal, sich selbst darbringend. [28]Denn das Gesetz setzt Menschen ein als Hochpriester, (an sich) habend Schwäche, das Wort des Eidschwurs aber, des nach dem Gesetz (erfolgten), einen in den Aion vollendeten Sohn.

8 [1]Hauptsache aber bei dem Gesagten (ist): Einen solchen haben wir als Hochpriester, der sich setzte zur Rechten des Thrones der Erhabenheit in den Himmeln, [2]des Heiligen Diener und des wahren Zeltes, das erstellte der Herr, nicht ein Mensch. [3]Denn jeder Hochpriester wird zum Gaben und Opfer Darbringen eingesetzt; daher (ist es) notwendig, daß auch dieser etwas hat, was er darbringe. [4]Wenn er nun wäre auf Erden, nicht wäre er ein Priester, da es die nach (dem) Gesetz die Gaben Darbringenden gibt; [5]welche (dem) Abbild und Schatten der himmlischen (Dinge) dienen, gleichwie unterwiesen worden ist Moyses, im Begriff zu vollenden das
Ex 25,40 Zelt; denn: *Sieh,* sagte er, *du sollst alles machen nach dem Urbild, dem dir gezeigten auf dem Berg;* [6]jetzt aber hat er einen (um soviel) vorzüglicheren Dienst erlangt, um wieviel er auch eines besseren Bundes Mittler ist, welcher aufgrund besserer Zusagen festgesetzt worden ist.

[7]Denn wenn jener erste untadelig wäre, nicht für einen zweiten würde gesucht ein Ort. [8]Denn tadelnd sie, sagt er:
Jer 31,31–34 *Siehe, Tage kommen, sagt (der) Herr, und ich werde abschließen mit dem Haus Israel und mit dem Haus Juda einen neuen Bund, [9]nicht nach dem Bund, den ich machte mit ihren Vätern am Tag, da ich sie nahm in die Hand, herauszuführen sie aus (dem) Land Aigyptos, weil sie nicht darinblieben in meinem Bund, und ich vernachlässigte sie, sagt (der) Herr; [10]denn dies (ist) der Bund, den ich verfügen werde für das Haus Israel nach jenen Tagen, sagt (der) Herr: Gebend meine*

Gesetze in ihren Sinn, auch in ihre Herzen werde ich sie
schreiben, und ich werde ihnen sein zum Gott, und sie werden
sein mir zum Volk; 11 *und gewiß nicht (brauchen) sie belehren*
jeder seinen Mitbürger und jeder seinen Bruder, sagend:
Erkenne den Herrn!, weil alle mich kennen werden vom Klei-
nen bis zum Großen von ihnen, 12 *denn gnädig werde ich sein*
gegen ihre Ungerechtigkeiten und ihrer Sünden werde ich ge-
wiß nicht mehr gedenken. 13 Indem er sagt: einen neuen, hat
er alt gemacht den ersten; das Veraltete aber und Vergreiste
(ist) nahe (dem) Verschwinden.

9 1 (Es) hatte zwar nun [auch] der erste (Bund) Rechtssat-
zungen über (den) Dienst und das weltliche Heiligtum.
2 Denn ein Zelt wurde erbaut, das erste, in dem sowohl der
Leuchter als auch der Tisch und die Ausstellung der Brote
(waren), welches genannt wird: Heiliges; 3 hinter dem zweiten
Vorhang aber ein Zelt, das Allerheiligste genannte, 4 habend
einen goldenen Räucheraltar und die Lade des Bundes, die
umhüllt ist von allen Seiten mit Gold, darin ein goldener
Krug, enthaltend das Manna, und der Stab Aarons, der er-
grünte, und die Tafeln des Bundes, 5 über ihr aber Cherubin
von Glanz, beschattend die Deckplatte; worüber jetzt nicht ist
zu reden im einzelnen. 6 Da diese (Dinge) aber so erbaut sind,
gehen in das erste Zelt zwar unablässig die Priester hinein,
die Dienste vollbringend, 7 in das zweite aber einmal des Jah-
res allein der Hochpriester, nicht ohne Blut, das er darbringt
für sich selbst und für des Volkes Unwissenheiten, 8 womit
dies der heilige Geist anzeigt, daß noch nicht offenbar gewor-
den ist der Weg zum Heiligen, solange das erste Zelt noch
Bestand hat, 9 welches ist ein Gleichnis für die bevorstehende
Zeit, wonach Gaben und Opfer dargebracht werden, die nicht
vollenden können den Dienenden nach (dem) Gewissen,
10 Rechtssatzungen (des) Fleisches nur im Hinblick auf Spei-
sen und Getränke und verschiedene Tauchungen, die bis zu
einer Zeit (der) Verbesserung auferlegt worden sind.

11 Christos aber, gekommen als Hochpriester der (Wirk-
lichkeit) gewordenen Güter, ging durch das größere und

vollendetere, nicht handgemachte Zelt, das heißt: nicht von
dieser Schöpfung, 12 noch durch Blut von Böcken und Käl-
bern, sondern durch das eigene Blut ein für allemal hinein in
das Heilige, ewige Erlösung findend. 13 Denn wenn das Blut
von Böcken und Stieren und (die) Asche einer Jungkuh beim
Besprengen die Verunreinigten heiligt zu des Fleisches Rein-
heit, 14 um wieviel mehr wird das Blut des Christos, der durch
ewigen Geist sich selbst als Fehllosen darbrachte Gott, reini-
gen unser Gewissen von toten Werken zu dienen (dem) le-
benden Gott.

15 Und deswegen ist er eines neuen Bundes Mittler, auf daß,
weil (sein) Tod geschah zur Erlösung von den Übertretungen
im ersten Bund, die Zusage empfingen die zum ewigen Erbe
Gerufenen. 16 Denn wo ein Testament (besteht, ist es) eine
Notwendigkeit, beizubringen (den) Tod des Verfügenden;
17 denn ein Testament (ist nur) bei Toten wirksam, da niemals
es in Kraft tritt, solange der Verfügende lebt. 18 Daher ist
auch nicht der erste (Bund) ohne Blut erneuert worden;
19 denn, nachdem von Moyses jedes Gebot nach dem Gesetz
dem ganzen Volk gesagt worden war, nehmend das Blut der
Kälber [und der Böcke], besprengte er mit Wasser und schar-
lachroter Wolle und Ysop sowohl das Buch selbst als auch
Ex 24,8 das ganze Volk, 20 sagend: *Dies (ist) das Blut des Bundes, den*
Gott anordnete für euch. 21 Auch das Zelt aber und alle Geräte
des Dienstes besprengte er gleicherweise mit dem Blut. 22 Und
beinahe wird mit Blut alles gereinigt nach dem Gesetz, und
ohne Blutvergießen nicht geschieht Vergebung.

23 Notwendigkeit (besteht) nun zwar, daß die Abbilder des-
sen, (was) in den Himmeln (ist), (auf) diese (Weisen) gerei-
nigt werden, das Himmlische selbst aber durch bessere Opfer
als diese. 24 Denn nicht in ein handgemachtes Heiligtum hin-
einging Christos, ein Gegenbild des wahren, sondern in den
Himmel selbst, um jetzt zu erscheinen vor dem Angesicht
Gottes für uns; 25 auch nicht damit oft er darbringe sich selbst,
wie der Hochpriester hineingeht in das Heilige alljährlich mit
fremdem Blut, 26 da er (sonst) oft hätte leiden müssen seit

Grundlegung (der) Welt; jetzt aber ist er ein für allemal bei
(der) Vollendung der Aionen zur Beseitigung [der] Sünde
durch sein Opfer offenbart worden. [27] Und wie den Menschen
auferlegt ist, einmal zu sterben, danach aber (das) Gericht,
[28] So wird auch der Christos, einmal dargebracht, um hinweg-
zunehmen (die) Sünden vieler, zum zweiten (Mal) ohne Sün-
de erscheinen den ihn Erwartenden zum Heil.

10 [1] Denn, das Gesetz, habend (nur) einen Schatten von
den zukünftigen Gütern, nicht die Gestalt der Dinge
selbst, kann mit denselben Opfern, die sie alljährlich darbrin-
gen, auf die Dauer niemals die Hinzutretenden vollenden;
[2] würden sie nicht sonst aufgehört haben, (sie) darzubringen,
weil sie kein Bewußtsein mehr hätten von Sünden als Dienen-
de, die einmal gereinigt worden sind? [3] Doch in ihnen (steht
die) Erinnerung an Sünden alljährlich; [4] denn unmöglich (ist
es), daß Blut von Böcken und Stieren wegnimmt Sünden.
[5] Deshalb, hereinkommend in die Welt, sagt er: *Opfer und* Ps 40,7–9
*Opfergabe wolltest du nicht, einen Leib aber hast du mir be-
reitet;* [6] *an Brandopfern und (Opfern) für (die) Sünde hattest
du kein Wohlgefallen.* [7] *Da sprach ich: Siehe, ich komme, ist
in (der) Rolle eines Buches geschrieben über mich, zu tun, o
Gott, deinen Willen.* [8] Weiter oben sagend: *Opfer und Opfer-
gaben und Brandopfer und (Opfer) für (die) Sünde wolltest du
nicht, noch hattest du (daran) Wohlgefallen,* welche nach
(dem) Gesetz dargebracht werden, [9] hat er daraufhin gesagt:
Siehe, ich komme, zu tun deinen Willen. Hinwegnimmt er das
Erste, damit das Zweite er aufstellt, [10] den Willen, in dem wir
geheiligt sind durch die Opfergabe des Leibes (des) Jesus
Christos ein für allemal.

[11] Und jeder Priester steht da, täglich dienend und dieselben
Opfer oftmals darbringend, welche niemals wegnehmen kön-
nen Sünden, [12] dieser aber, der ein einziges Opfer für (die)
Sünden darbrachte, auf die Dauer setzte er sich zur Rechten
Gottes, [13] im übrigen abwartend, bis (daß) hingelegt werden
seine Feinde als Fußbank seiner Füße. [14] Denn durch eine ein-
zige Opfergabe hat er vollendet auf die Dauer, die geheiligt

werden. [15] (Es) bezeugt uns aber auch der heilige Geist; denn
Jer 31,33f nachdem er gesagt hat: [16] *Dies (ist) der Bund, den ich verfü-*
gen werde für sie *nach jenen Tagen, sagt (der) Herr: Gebend*
meine Gesetze in ihre Herzen, auch in ihren Sinn will ich
schreiben sie, [17] *und ihrer Sünden* und ihrer Gesetzlosigkeiten
werde ich gewiß nicht mehr gedenken. [18] Wo aber Vergebung
für diese (ist), (gibt es) keine Opfergabe mehr für (die)
Sünde.

[19] Da wir nun, Brüder, Zuversicht haben für den Eingang
ins Heilige durch das Blut von Jesus, [20] den er uns erneuerte
als einen neuen und lebendigen Weg durch den Vorhang, das
heißt: durch sein Fleisch, [21] und einen großen Priester über
das Haus Gottes, [22] wollen wir hinzutreten mit wahrhaftigem
Herzen in (der) Fülle (des) Glaubens, gereinigt die Herzen
vom schlechten Gewissen und gewaschen den Leib mit rei-
nem Wasser; [23] festhalten wollen wir das Bekenntnis der Hoff-
nung ohne Wanken, denn treu (ist), der die Zusage gab, [24] und
achtgeben wollen wir aufeinander zur Anregung zu Liebe und
rechten Werken, [25] nicht verlassend unsere Versammlung,
gleichwie (es) Sitte (ist bei) einigen, sondern ermahnend, und
(zwar) um soviel mehr, wie ihr seht den sich nähernden Tag.

[26] Denn wenn freiwillig wir sündigen, nachdem wir emp-
fingen die Erkenntnis der Wahrheit, nicht mehr verbleibt für
(die) Sünden ein Opfer, [27] sondern eine furchtbare Erwartung
(des) Gerichts und (der) Eifer eines Feuers, das fressen wird
die Widersetzlichen. [28] Wenn einer verwirft (das) Gesetz (des)
Dtn 17,6 Moyses, *wird er* ohne Erbarmen *auf zwei oder drei Zeugen*
(hin) sterben; [29] einer wieviel schlimmeren Strafe, meint ihr,
wird für würdig gehalten werden der den Sohn Gottes Ver-
achtende und das Blut des Bundes für gemein Haltende, durch
das er geheiligt wurde, und (der) den Geist der Gnade Ver-
Dtn 32,35 schmähende? [30] Denn wir kennen den Sprechenden: *Mir (die)*
Dtn 32,36 *Rache, ich werde vergelten.* Und wieder: *Richten wird (der)*
Ps 135,14 *Herr sein Volk.* [31] Furchtbar (ist) das Hineinfallen in (die)
Hände (des) lebendigen Gottes.

32 Erinnert euch aber der früheren Tage, in denen ihr als
Erleuchtete viel Kampf erduldetet in Leiden, 33 und zwar ei-
nerseits durch Schmähungen und Bedrängnisse zum Schau-
spiel gemacht, andererseits Teilhaber (derer) geworden, de-
nen so es geschah. 34 Denn ihr littet auch mit den Gefangenen,
und den Raub eures Besitzes mit Freude nahmt ihr hin, wis-
send, daß ihr habt ein besseres Vermögen und ein bleibendes.
35 Werft nun nicht weg eure Zuversicht, welche hat eine große
Entlohnung. 36 Denn Geduld habt ihr nötig, damit ihr, den
Willen Gottes tuend, empfangt die Zusage. 37 Denn noch
ganz, ganz kurz, (und) der *Kommende wird kommen, und* Jes 26,20 (G)
nicht wird er sich Zeit lassen; 38 *mein Gerechter aus Glauben* Hab 2,3f (G)
aber wird leben, und *wenn er zurückweicht, hat kein Wohl-*
gefallen meine Seele an ihm. 39 Wir aber sind nicht (solche)
des Zurückweichens zum Verderben, sondern (solche des)
Glaubens zum Erwerb (des) Lebens.

11 1 Es ist aber (der) Glaube Grundlage (des) Erhoff-
ten, ein Überführtsein von nicht schaubaren Dingen.
2 Denn durch diesen erhielten ein (gutes) Zeugnis die Älteren.
3 Durch Glauben begreifen wir, daß geschaffen wurden die
Aionen durch (das) Wort Gottes, so daß nicht aus Erschei-
nendem das Schaubare geworden ist. 4 Durch Glauben brachte
Abel ein größeres Opfer als Kain Gott dar, durch das er das
Zeugnis erhielt, gerecht zu sein, weil Gott Zeugnis gab über
seine Gaben, und durch dieses redet er noch als Gestorbener.
5 Durch Glauben wurde Henoch versetzt, auf daß er nicht
sähe (den) Tod, und nicht wurde er gefunden, weil ihn Gott
versetzte. Denn vor der Versetzung hat er (gutes) Zeugnis er-
halten, wohlgefällig gewesen zu sein vor Gott; 6 ohne Glauben
aber (ist es) unmöglich, wohlgefällig zu sein; denn glauben
muß der Hinzutretende zu Gott, daß er ist und den ihn Su-
chenden ein Entlohner wird. 7 Durch Glauben erbaute Noe,
unterwiesen über das noch nicht Schaubare, von Sorge ergrif-
fen, eine Arche zur Rettung seines Hauses, wodurch er ver-
urteilte die Welt, und gemäß Glauben wurde er Erbe der Ge-
rechtigkeit. 8 Durch Glauben gehorchte Abraham, gerufen,

herauszugehen an einen Ort, den er sollte empfangen zum
Erbe, und herausging er, nicht wissend, wohin er geht.
9 Durch Glauben siedelte er in das Land der Zusage wie in ein
fremdes, in Zelten wohnend mit Isaak und Jakob, den Miter-
ben derselben Zusage; 10 denn er erwartete die die Fundamen-
te habende Stadt, deren Erbauer und Gründer Gott (ist).
11 Durch Glauben empfing auch selbst (die) unfruchtbare Sarra
Kraft zur Grundlegung von Nachkommenschaft, und (zwar)
außerhalb (der) Zeit (der) Reife, da für treu sie hielt den Zu-
sagenden. 12 Deshalb auch wurden sie von einem einzigen ge-
boren, und zwar einem Abgestorbenen, gleichwie die Sterne
des Himmels an Menge und wie der Sand, der längs des
Ufers des Meeres, der unzählbare.

13 Gemäß Glauben starben diese alle, nicht erlangend die
Zusagen, sondern von weitem sie sehend und begrüßend und
bekennend, daß sie Fremde und Beisassen sind auf der Erde.
14 Denn die solches Sagenden zeigen an, daß sie eine Heimat
suchen. 15 Und wenn sie doch an jene gedacht hätten, aus der
sie ausgegangen waren, hätten sie Zeit gehabt zurückzukeh-
ren; 16 jetzt aber nach einer besseren streben sie, das heißt:
nach einer himmlischen. Deshalb nicht schämt sich ihrer
Gott, ihr Gott gerufen zu werden; denn er bereitete ihnen eine
Stadt.

17 Durch Glauben brachte Abraham als Versuchter den
Isaak dar, und (zwar) den Einziggeborenen brachte er dar,
der die Zusagen empfangen hatte, 18 zu dem gesagt worden
Gen 21,12 (G) war: *In Isaak wird gerufen werden dir eine Nachkommen-
schaft,* 19 bedenkend, daß auch aus Toten zu erwecken mäch-
tig ist Gott, daher er ihn auch gleichnishaft zurückempfing.
20 Durch Glauben auch segnete Isaak wegen (des) Zukünftigen
den Jakob und den Esau. 21 Durch Glauben segnete Jakob
Gen 47,31 (G) sterbend jeden der Söhne Josephs und *huldigte (Gott), über
die Spitze seines Stockes* (gebeugt). 22 Durch Glauben ge-
dachte Joseph sterbend des Auszugs der Söhne Israels, und
wegen seiner Gebeine gab er Weisung.

23 Durch Glauben wurde Moyses, als er geboren wurde,

verborgen drei Monate lang von seinen Eltern, weil sie sahen, daß fein war das Kind, und nicht fürchteten sie die Verfügung des Königs. 24 Durch Glauben leugnete Moyses, als er groß geworden, genannt zu werden ein Sohn (der) Tochter (des) Pharao, 25 (viel)mehr vorziehend, Schlechtes zu erleiden mit dem Volk Gottes als einen zeitweiligen Genuß (der) Sünde zu haben, 26 für größeren Reichtum haltend die Schmähung des Christos als die Schätze von Aigyptos; denn ausschaute er auf die Entlohnung. 27 Durch Glauben verließ er Aigyptos, nicht fürchtend die Wut des Königs; denn wie ein den Unsichtbaren Sehender hielt er stand. 28 Durch Glauben hat er vollzogen das Pascha und die Ausgießung des Blutes, damit nicht anfasse der Würgeengel das von ihnen Erstgeborene. 29 Durch Glauben durchschritten sie das rote Meer wie durch trockenes Land, in dem, als sie (auch) einen Versuch machten, die Aigyptier ersoffen. 30 Durch Glauben fielen die Mauern Jerichos, im Kreis umzogen an sieben Tagen. 31 Durch Glauben kam Rachab, die Dirne, nicht um mit den Ungehorsamen, empfangend die Kundschafter in Frieden.

32 Und was soll ich noch sagen? Denn fehlen wird mir die Zeit, zu erzählen über Gedeon, Barak, Sampson, Jephthae, David und Samuel und die Propheten, 33 die durch Glauben Königreiche bezwangen, Gerechtigkeit wirkten, Zusagen erlangten, Löwenmäuler verstopften, 34 Feuerkraft löschten, Schwertmäulern entflohen, von Schwäche erstarkten, stark wurden im Krieg, Schlachtordnungen Fremder wanken machten. 35 Zurückempfingen Frauen durch Auferstehung ihre Toten; andere aber wurden gefoltert, nicht annehmend die Befreiung, damit eine bessere Auferstehung sie erlangten; 36 andere aber machten Erfahrung mit Verspottungen und Geißelungen, noch dazu mit Fesseln und Gefängnis; 37 sie wurden gesteinigt, zersägt, starben durch Mord mit (dem) Schwert, gingen umher in Schaffellen, in Ziegenfellen, Mangel leidend, bedrängt, Schlechtes erleidend, 38 (sie), deren nicht würdig war die Welt, in Wüsten umherirrend und auf Bergen und in Höhlen und den Spalten der Erde. 39 Und diese alle, ein

(gutes) Zeugnis erhaltend durch den Glauben, nicht empfin-
gen die Zusage, 40 da Gott für uns etwas Besseres vorsah, da-
mit nicht ohne uns sie vollendet würden.

12 1 Daher denn nun wollen auch wir, die wir eine sol-
che uns umgebende Wolke von Zeugen haben, ab-
legend allen Ballast und die umstrickende Sünde, mit Geduld
laufen den uns vorausliegenden Kampf, 2 hinsehend auf des
Glaubens Anführer und Vollender, Jesus, der um der ihm
vorausliegenden Freude willen erduldete (das) Kreuz, (die)
Schande mißachtend, und sich zur Rechten des Thrones Got-
tes gesetzt hat. 3 Denn bedenkt den, (der) solchen Wider-
spruch von den Sündern gegen sich erduldet hat, damit ihr
nicht ermattet, in euren Seelen erschlaffend.

4 Noch nicht bis aufs Blut widerstandet ihr, gegen die
Sünde ankämpfend. 5 Und vergessen habt ihr die Ermutigung,
Spr 3,11f welche euch wie Söhne anredet: *Mein Sohn, achte nicht ge-
ring (die) Züchtigung (des) Herrn und erschlaffe nicht, von
ihm gestraft;* 6 *denn wen (der) Herr liebt, erzieht er, er geißelt
aber jeden Sohn, den er annimmt.* 7 Zur Erziehung erduldet
ihr; wie an Söhnen handelt an euch Gott. Denn wer (ist) ein
Sohn, den nicht (der) Vater erzieht? 8 Wenn aber ohne Erzie-
hung ihr seid, deren alle teilhaftig geworden sind, seid ihr
also Uneheliche und nicht Söhne. 9 Dann: Die Väter unseres
Fleisches hatten wir als Erzieher, und wir richteten uns (nach
ihnen); werden wir uns nicht viel mehr unterwerfen dem Va-
ter der Geister und leben? 10 Denn diese übten für wenige
Tage nach ihrem Gutdünken Erziehung aus, jener zu (unse-
rem) Nutzen, auf daß wir teilhaben an seiner Heiligkeit.
11 Jede Erziehung aber scheint für die Gegenwart nicht zur
Freude zu sein, sondern zur Betrübnis, zuletzt aber erstattet
sie eine friedliche Frucht (der) Gerechtigkeit denen, (die)
durch sie geübt worden sind.

12 Deshalb richtet wieder auf die erschlafften Arme und die
gelähmten Knie, 13 und gerade Wege schafft für eure Füße,
damit nicht das Lahme sich verrenkt, sondern (viel)mehr ge-
heilt wird! 14 (Dem) Frieden jagt nach mit allen und der Heili-

gung, ohne die keiner sehen wird den Herrn, 15 darauf ach-
tend, daß nicht einer zurücksteht von der Gnade Gottes, *daß* Dtn 29,17 (G)
nicht eine Wurzel von Bitterkeit nach oben wächst und zur
Plage wird und durch sie befleckt werden viele, 16 daß nicht
einer ein Unzüchtiger oder Unreiner wie Esau (ist), der für
eine einzige Speise abgab seine Erstgeburtsrechte. 17 Denn ihr
wißt, daß auch nachher, als er erben wollte den Segen, er
verworfen wurde, denn nicht fand er einen Ort für Umkehr,
wiewohl mit Tränen sie suchend.

18 Denn nicht seid ihr hinzugetreten zu einem betastbaren
und verbrennenden Feuer und zu Düsternis und Dunkelheit
und Brausen 19 und zu einer Trompete Schall und zu einem
Hall von Worten, deren Hörer sich erbaten, daß nicht hinzu-
gefügt werde ihnen ein Wort, 20 denn nicht ertrugen sie das
Aufgetragene: Auch wenn ein Tier berührt den Berg, soll es
gesteinigt werden; 21 und, so furchtbar war das Erschienene,
(daß) Moyses sprach: *Erschreckt bin ich* und zitternd. 22 Son- Dtn 9,19
dern ihr seid hinzugetreten zum Berg Sion und zur Stadt (des)
lebendigen Gottes, zum himmlischen Jerusalem, und zu
Zehntausenden von Engeln, zur Festversammlung 23 und zur
Gemeinde (der) Erstgeborenen, die aufgezeichnet sind in
(den) Himmeln, und zu Gott, (dem) Richter aller, und zu
(den) Geistern (der) vollendeten Gerechten 24 und zu (des)
neuen Bundes Mittler Jesus und zum Blut (der) Besprengung,
das besser redet als Abel.

25 Seht (zu), daß ihr nicht abweist den Redenden; denn
wenn jene nicht entflohen, abweisend den auf Erden Weisun-
gen Gebenden, um viel mehr wir, die sich Abwendenden von
dem vom Himmel, 26 dessen Stimme die Erde erschütterte
damals, (der) jetzt aber eine Zusage gab, sagend: *Noch ein-* Hag 2,6.21
mal werde ich erschüttern, nicht nur *die Erde,* sondern *auch*
den Himmel. 27 Das aber *Noch-einmal* zeigt [die] Verwand-
lung dessen an, was als Geschaffenes erschüttert wird, damit
bleibe das Unerschütterliche. 28 Deshalb wollen wir, ein uner-
schütterliches Königtum empfangend, Dank sagen, durch den
wir Gott dienen, wohlgefällig, mit Gottesfurcht und Scheu;

Dtn 4,24; 9,3 29 denn auch (ist) unser *Gott ein verzehrendes Feuer.*

13

1 Die Bruderliebe soll bleiben. 2 Der Gastfreund-
schaft vergeßt nicht, denn durch diese beherbergten
einige unbemerkt Engel! 3 Gedenkt der Gefangenen wie Mit-
gefangene, der Schlechtes Erleidenden wie solche, die auch
selbst im Leib sind. 4 Geehrt (sei) die Ehe bei allen und das
Ehebett unbefleckt, denn Unzüchtige und Ehebrecher wird
Gott richten. 5 Ohne Habgier (sei) das Verhalten, (euch) be-
Dtn 31,6.8 gnügend mit dem Vorhandenen. Denn er selbst hat gesagt: *Nicht*
Gen 28,15 *werde ich dich aufgeben, und nicht werde ich dich verlassen,*
Ps 118,6 (G) 6 so daß wir Mut haben zu sagen: *(Der) Herr (ist) mir Helfer,*
[und] nicht werde ich mich fürchten, was wird tun mir ein
Mensch?

7 Gedenkt eurer Führer, welche geredet haben zu euch das
Wort Gottes, achtend auf den Ausgang von deren Wandel,
ahmt nach (ihren) Glauben! 8 Jesus Christos (ist) gestern und
heute derselbe und in die Aionen. 9 Durch mannigfaltige und
fremde Lehre laßt euch nicht abbringen; denn recht (ist), daß
durch Gnade gefestigt wird das Herz, nicht durch Speisen,
von denen keinen Nutzen hatten die (damit) Umgehenden.
10 Wir haben einen Altar, von dem zu essen nicht haben Voll-
macht die dem Zelt Dienenden. 11 Denn von (den) Tieren, de-
ren Blut für (die) Sünde hineingebracht wird in das Heilige
durch den Hochpriester, deren Leiber werden verbrannt au-
ßerhalb des Lagers. 12 Deshalb litt auch Jesus, damit er heilige
durch das eigene Blut das Volk, außerhalb des Tores. 13 Daher
wollen wir hinausgehen zu ihm, außerhalb des Lagers, seine
Schmach tragend; 14 denn nicht haben wir hier eine bleibende
Stadt, sondern die zukünftige suchen wir. 15 Durch ihn [nun]
wollen wir darbringen Gott ein Opfer (des) Lobes unablässig,
das heißt: (die) Frucht (der) Lippen, die bekennen seinen
Namen. 16 Der Wohltätigkeit aber und Gemeinschaft vergeßt
nicht; denn an solchen Opfern hat Gott Wohlgefallen. 17 Ge-
horcht euren Führenden und ordnet euch unter, denn sie wa-
chen über eure Seelen wie (solche), die Rechenschaft abgeben

werden, damit mit Freude dies sie tun und nicht stöhnend; denn schädlich (wäre) für euch dies.

18 Betet für uns! Denn wir sind überzeugt, daß ein gutes Gewissen wir haben, da wir in allem recht uns verhalten wollen. 19 Über die Maßen aber ermahne ich, dies zu tun, damit schneller ich euch zurückgegeben werde.

20 Der Gott des Friedens aber, der Heraufführende aus Toten den großen Hirten der Schafe mit (dem) Blut eines ewigen Bundes, unseren Herrn Jesus, 21 bereite euch in allem Guten, zu tun seinen Willen, wirkend in uns das Wohlgefällige vor ihm durch Jesus Christos, dem die Herrlichkeit (sei) in die Aionen [der Aionen], Amen.

22 Ich ermahne euch aber, Brüder, ertragt das Wort der Ermahnung, denn auch (nur) in Kürze schrieb ich euch. 23 Wißt, daß unser Bruder Timotheos entlassen worden ist, mit dem, wenn er (etwas) schneller kommt, ich euch sehen werde.

24 Grüßt alle eure Führenden und alle Heiligen! (Es) grüßen euch die von der Italia.

25 Die Gnade (sei) mit euch allen.

(DES) JAKOBOS BRIEF

1 [1] Jakobos, Gottes und (des) Herrn Jesus Christos
Sklave, den zwölf Stämmen in der Diaspora einen
Gruß.

[2] Für lauter Freude haltet, meine Brüder, wann ihr fallt in
mancherlei Versuchungen, [3] erkennend, daß die Erprobung
eures Glaubens bewirkt Geduld. [4] Die Geduld aber soll haben
ein vollkommenes Werk, damit ihr seid vollkommen und
fehllos, in nichts zurückbleibend.

[5] Wenn aber einer von euch zurückbleibt an Weisheit, soll
er (sie) erbitten von Gott, dem allen einfach Gebenden und
nicht Scheltenden, und gegeben werden wird (sie) ihm. [6] Er
soll aber bitten im Glauben, nicht zweifelnd; denn der Zwei-
felnde gleicht einer Woge (des) Meeres, sturmbewegt und hin
und her geworfen. [7] Denn nicht soll meinen jener Mensch,
daß er etwas empfangen wird vom Herrn, [8] ein zwiespältiger
Mann, unbeständig auf allen seinen Wegen.

[9] (Es) soll sich aber rühmen der niedrige Bruder in seiner
Höhe, [10] der Reiche aber in seiner Niedrigkeit, weil er wie
eine Blume (des) Grases vorübergehen wird. [11] Denn aufging
die Sonne mit der Glut, und sie trocknete aus das Gras, und
seine Blume fiel ab, und die Schönheit ihres Aussehens ging
zugrunde; so wird auch der Reiche auf seinem Lebensweg
dahinwelken.

[12] Selig ein Mann, der erduldet eine Versuchung, weil er,
ein Erprobter geworden, empfangen wird den Kranz des Le-
bens, den er zusagte den ihn Liebenden. [13] Keiner, der ver-
sucht wird, soll sagen: Von Gott werde ich versucht, denn
Gott ist unversuchbar vom Schlechten, er versucht aber selbst
keinen. [14] Jeder aber wird versucht von der eigenen Begierde,
fortgezerrt und geködert; [15] dann gebiert die Begierde,
schwanger geworden, Sünde, die Sünde aber, zur Vollendung
gebracht, gebiert Tod.

16 Irrt euch nicht, meine geliebten Brüder! 17 Jede gute Gabe
und jedes vollkommene Geschenk ist von oben herabkom-
mend, vom Vater der Lichter, bei dem nicht ist eine Verände-
rung oder eines Wechsels Abschattung. 18 Nach seinem Willen
gebar er uns durch (das) Wort (der) Wahrheit, auf daß wir
seien eine Art Erstling seiner Geschöpfe.

19 Wißt, meine geliebten Brüder: (Es) sei aber jeder Mensch
schnell zum Hören, langsam zum Reden, langsam zum Zorn;
20 denn (der) Zorn eines Mannes wirkt nicht Gerechtigkeit
Gottes. 21 Deshalb, ablegend jede Schmutzigkeit und Über-
fülle von Schlechtigkeit, in Sanftmut nehmt auf das einge-
pflanzte Wort, das fähig ist, zu retten euer Leben.

22 Werdet aber Täter (des) Wortes und nicht nur Hörer, täu-
schend euch selbst. 23 Denn, wenn einer Hörer (des) Wortes
ist, aber nicht Täter, dieser gleicht einem Mann, betrachtend
das Aussehen seines Gewordenseins im Spiegel; 24 denn er
betrachtete sich und ist weggegangen, und sogleich vergaß er,
wie beschaffen er war. 25 Der sich aber hineinbeugt in das
vollkommene Gesetz der Freiheit und dabeibleibt, nicht ein
Hörer (der) Vergeßlichkeit geworden, sondern ein Täter (des)
Werkes, dieser wird selig sein in seinem Tun.

26 Wenn einer meint, fromm zu sein, nicht am Zügel füh-
rend seine Zunge, sondern täuschend sein Herz, dessen
Frömmigkeit ist nichtig. 27 Reine und unbefleckte Frömmig-
keit vor dem Gott und Vater ist diese: zu schauen nach Wai-
sen und Witwen in ihrer Bedrängnis, makellos sich zu bewah-
ren von der Welt.

2 1 Meine Brüder, nicht mit Ansehen der Personen habt
den Glauben an unseren Herrn Jesus Christos (, den
Herrn) der Herrlichkeit. 2 Denn wenn hineingeht in eure Ver-
sammlung ein Mann, goldberingt, in prächtiger Kleidung,
hineingeht aber auch ein Armer in schmutziger Kleidung, 3 ihr
aber schaut auf den die prächtige Kleidung Tragenden und
sprecht: Du, setz dich schön hierher, und zu dem Armen
sprecht ihr: Du, stell dich dorthin oder setz dich unten an

meine Fußbank, [4] machtet ihr da nicht einen Unterschied bei
euch selbst und wurdet Richter mit bösen Überlegungen?
[5] Hört, meine geliebten Brüder! Wählte Gott nicht aus die für
die Welt Armen als Reiche im Glauben und als Erben des
Königtums, das er zusagte den ihn Liebenden? [6] Ihr aber ent-
ehrtet den Armen. Unterdrücken nicht die Reichen euch, und
ziehen nicht sie euch in Rechtshändel? [7] Lästern nicht sie den
schönen Namen, den angerufenen über euch?

[8] Wenn freilich (das) königliche Gesetz ihr erfüllt gemäß
Lev 19,18 der Schrift: *Du sollst lieben deinen Nächsten wie dich selbst,*
recht tut ihr; [9] wenn ihr aber nehmt das Ansehen der Person,
Sünde wirkt ihr, überführt vom Gesetz als Übertreter. [10] Denn
wer das ganze Gesetz bewahrt, aber in einem einzigen ver-
stößt, ist in allen schuldig geworden. [11] Denn der Sprechende:
Ex 20,13f *Du sollst nicht ehebrechen,* sprach auch: *Du sollst nicht mor-*
Dtn 5,17f *den;* wenn du aber nicht ehebrichst, aber mordest, bist du
geworden ein Übertreter (des) Gesetzes.

[12] So redet und so tut wie (solche), (die) durch (das) Gesetz
(der) Freiheit werden gerichtet werden. [13] Denn das Gericht
(ist) erbarmungslos gegen den, der nicht übte Erbarmen; (es)
triumphiert Erbarmen über Gericht.

[14] Welches (ist) der Nutzen, meine Brüder, wenn einer sagt,
Glauben zu haben, Werke aber nicht hat? Kann etwa der
Glaube ihn retten? [15] Wenn ein Bruder oder eine Schwester
nackt sind und ermangelnd der täglichen Nahrung, [16] aber (es)
spricht einer von euch zu ihnen: Geht fort in Frieden, wärmt
euch und sättigt euch, aber nicht gebt ihr ihnen das Erforder-
liche des Leibes, welches (ist) der Nutzen? [17] So auch der
Glaube, wenn er nicht hat Werke, tot ist er für sich selbst.

[18] Aber (es) wird einer sagen: Du hast Glauben, und ich
habe Werke; zeig mir deinen Glauben ohne die Werke, und
ich werde dir zeigen aus meinen Werken den Glauben. [19] Du
glaubst, daß ein einziger ist Gott; recht tust du; auch die Dä-
monen glauben und schaudern.

[20] Willst du aber erkennen, (du) leerer Mensch, daß der
Glaube ohne die Werke unnütz ist? [21] Wurde Abraham, unser

Vater, nicht aus Werken gerechtgesprochen, als er darbrachte
Isaak, seinen Sohn, auf dem Altar? [22] Du siehst, daß der Glau-
be mitwirkte mit seinen Werken und aus den Werken der
Glaube vollendet wurde, [23] und erfüllt wurde die Schrift, die
sagende: *(Es) glaubte aber Abraham Gott, und es wurde ihm* Gen 15,6
gerechnet zu Gerechtigkeit, und ein Freund Gottes wurde er
gerufen. [24] Ihr seht, daß aus Werken gerechtgesprochen wird
ein Mensch und nicht aus Glauben allein. [25] Wurde gleicher-
weise aber nicht auch Rachab, die Dirne, aus Werken ge-
rechtgesprochen, als sie aufnahm die Boten und auf anderem
Weg wegschickte? [26] Denn wie der Leib ohne Geist tot ist, so
ist auch der Glaube ohne Werke tot.

3 [1] Nicht viele Lehrer sollt ihr werden, meine Brüder,
wissend, daß ein größeres Gericht wir empfangen wer-
den. [2] Denn gegen vieles verstoßen wir alle. Wenn einer im
Wort nicht verstößt, dieser (ist) ein vollkommener Mann,
mächtig, am Zügel zu führen auch den ganzen Leib. [3] Wenn
wir aber das Zaumzeug in die Mäuler der Pferde legen, auf
daß sie uns gehorchen, lenken wir auch ihren ganzen Leib.
[4] Siehe, auch die Schiffe, so groß sie sind und von rauhen
Winden getrieben, werden gelenkt vom kleinsten Steuerruder,
wohin der Drang des Steuernden will, [5] so ist auch die Zunge
ein kleines Glied, und Großes prahlt sie. Siehe, welches Feu-
er welche Waldung anzündet; [6] auch die Zunge (ist) ein Feu-
er; als die Welt des Unrechts steht die Zunge da in unseren
Gliedern, die befleckende den ganzen Leib und entflammende
den Kreis des Gewordenseins und (selbst) entflammt von der
Gehenna. [7] Denn jede Natur von Tieren und von Vögeln, von
Kriechtieren und von Seetieren wird gebändigt und ist gebän-
digt worden durch die menschliche Natur, [8] die Zunge aber
kann keiner (der) Menschen bändigen, ein unbeständiges
Übel, voll todbringenden Gifts. [9] Mit ihr preisen wir den
Herrn und Vater, und mit ihr verfluchen wir die Menschen,
die nach Ähnlichkeit Gottes gewordenen; [10] aus demselben
Mund kommt heraus Segen und Fluch. Nicht darf, meine

Brüder, dieses so geschehen. 11 Sprudelt etwa die Quelle aus
demselben Spalt das Süße und das Bittere? 12 Kann etwa, mei-
ne Brüder, ein Feigenbaum Oliven hervorbringen oder ein
Weinstock Feigen? Auch Salziges kann nicht hervorbringen
süßes Wasser.

13 Wer (ist) weise und verstehend unter euch? Er soll zeigen
aus dem rechten Wandel seine Werke in Sanftmut von Weis-
heit. 14 Wenn aber bitteren Eifer ihr habt und Streitsucht in
eurem Herzen, rühmt euch nicht und lügt (nicht) gegen die
Wahrheit! 15 Nicht ist diese Weisheit eine von oben herab-
kommende, sondern eine irdische, sinnliche, dämonische.
16 Denn wo Eifer und Streitsucht, dort (ist) Unordnung und
jede schlechte Tat. 17 Aber die Weisheit von oben ist zuerst
rein, dann friedlich, gütig, gehorsam, voll Erbarmen und gu-
ter Früchte, unparteiisch, ungeheuchelt. 18 Frucht aber (der)
Gerechtigkeit wird in Frieden gesät durch die Frieden Schaf-
fenden.

4 1 Woher (kommen) Kriege und woher Kämpfe unter
euch? Nicht von da her: aus euren Lüsten, den kämp-
fenden in euren Gliedern? 2 Ihr begehrt, und nicht habt ihr,
ihr mordet und eifert, und nicht könnt ihr erlangen, ihr kämpft
und bekriegt (euch), nicht habt ihr wegen eures Nicht-Bittens,
3 ihr bittet und nicht empfangt ihr, weil schlecht ihr bittet,
damit ihr (es) in euren Lüsten verschwendet. 4 Ehebrecheri-
sche, ihr wißt nicht, daß die Freundschaft mit der Welt
Feindschaft gegen Gott ist? Wer immer also will sein ein
Freund der Welt, als Feind Gottes steht er da. 5 Oder meint
ihr, daß vergebens die Schrift sagt: Mit Eifersucht verlangt
(Gott nach) dem Geist, den er wohnen ließ in uns? 6 Größere
Spr 3,34 (G) Gnade aber gibt er; deswegen sagt sie: *Gott widersteht Über-
heblichen, Niedrigen aber gibt er Gnade.* 7 Unterwerft euch
also Gott, widersteht aber dem Teufel, und er wird fliehen
von euch, 8 nähert euch Gott, und er wird sich euch nähern!
Reinigt (die) Hände, Sünder, und heiligt (die) Herzen, Zwie-
spältige! 9 Jammert und trauert und weint! Euer Lachen soll
umgewandelt werden in Trauer und die Freude in Niederge-

schlagenheit. 10 Erniedrigt euch vor (dem) Herrn, und er wird
euch erhöhen!
11 Verleumdet einander nicht, Brüder! Der Verleumdende
einen Bruder oder Richtende seinen Bruder verleumdet (das)
Gesetz und richtet (das) Gesetz; wenn du aber (das) Gesetz
richtest, nicht bist du Täter (des) Gesetzes, sondern Richter.
12 Einer ist [der] Gesetzgeber und Richter: der retten kann und
vernichten; du aber: Wer bist du, der Richtende den Näch-
sten?

13 Auf jetzt, die ihr sagt: Heute oder morgen werden wir
gehen in diese Stadt, und wir werden schaffen dort ein Jahr,
und wir werden Geschäfte machen, und wir werden Gewinne
erzielen, 14 welche ihr nicht kennt das des Morgen, wie euer
Leben (sein wird); denn Dunst seid ihr, für kurz erscheinend
und dann vergehend. 15 Anstatt daß ihr sagt: Wenn der Herr
will, werden wir sowohl leben als auch dies oder jenes tun.
16 Jetzt aber rühmt ihr euch in euren Prahlereien; jedes Rüh-
men solcher Art ist böse. 17 Dem nun, der weiß, Rechtes zu
tun, aber (es) nicht tut, Sünde ist es ihm.

5 1 Auf jetzt, (ihr) Reichen, weint, heulend über euer
Elend, das herankommende! 2 Euer Reichtum ist ver-
fault, und eure Gewänder sind Mottenfraß geworden, 3 euer
Gold und Silber sind verrostet, und ihr Rost wird zum Zeug-
nis euch sein, und er wird fressen eure Fleisch(massen) wie
Feuer. Ihr sammeltet Schätze in (den) letzten Tagen. 4 Siehe,
der Lohn der Arbeiter, die abmähten eure Felder, der von
euch vorenthaltene, schreit, und die Rufe der Ernter sind *in* Jes 5,9
die Ohren (des) Herrn Sabaoth eingedrungen. 5 Ihr schwelgtet
auf der Erde, und ihr lebtet üppig, ihr nährtet eure Herzen *am* Jer 12,3
Tag (des) Schlachtens, 6 ihr verurteiltet, ihr mordetet den Ge-
rechten, nicht widersteht er euch.

7 Harrt nun aus, Brüder, bis zur Ankunft des Herrn! Siehe,
der Bauer erwartet die wertvolle Frucht der Erde, harrend auf
sie, bis er empfängt Frühfrucht und Spätfrucht. 8 Harrt auch

ihr aus, stärkt eure Herzen, denn die Ankunft des Herrn ist
nahegekommen! 9 Stöhnt nicht, Brüder, gegen einander, damit
ihr nicht gerichtet werdet! Siehe, der Richter ist vor die Tü-
ren getreten. 10 Als Beispiel des Übelerleidens und des Aus-
harrens nehmt, Brüder, die Propheten, die redeten im Namen
(des) Herrn. 11 Siehe, seligpreisen wir die Geduldigen; die
Geduld Jobs hörtet ihr, und das Ende (durch den) Herrn saht
ihr, daß erbarmungsvoll ist der Herr und barmherzig.

12 Vor allem aber, meine Brüder, schwört nicht, weder
beim Himmel noch bei der Erde noch mit irgendeinem ande-
ren Eid; sein soll aber euer Ja ein Ja und das Nein ein Nein,
damit nicht unter ein Gericht ihr fallt.

13 Erleidet einer Übel unter euch, er soll beten; ist einer
gutgestimmt, er soll preisen; 14 ist einer krank unter euch, er
soll herbeirufen die Ältesten der Gemeinde, und beten sollen
sie über ihn, salbend [ihn] mit Öl im Namen des Herrn.
15 Und das Gebet des Glaubens wird retten den Ermatteten,
und aufrichten wird ihn der Herr; und wenn Sünden er getan
hat, erlassen werden wird ihm. 16 Bekennt nun einander die
Sünden und betet füreinander, auf daß ihr geheilt werdet! Viel
vermag wirksames Gebet eines Gerechten. 17 Elias war ein
Mensch, uns gleichgeartet, und durch Gebet betete er, daß es
nicht regne, und nicht regnete es auf der Erde drei Jahre und
sechs Monate; 18 und wieder betete er, und der Himmel gab
Regen, und die Erde brachte hervor ihre Frucht.

19 Meine Brüder, wenn einer unter euch abirrte von der
Wahrheit und einer ihn bekehrte, 20 wissen soll er: Der Be-
kehrende einen Sünder aus (der) Verirrung seines Weges wird
Spr 10,12 retten sein Leben aus Tod, und *verhüllen wird er eine Menge
von Sünden.*

VON PETROS A

1 [1] Petros, Apostel (des) Jesus Christos, (den) auserwähl-
ten Beisassen in (der) Diaspora von Pontos, Galatia,
Kappadokia, Asia und Bithynia, [2] nach Vorwissen Gottes
(des) Vaters, in Heiligung (des) Geistes, zu Gehorsam und
Besprengung mit (dem) Blut (des) Jesus Christos; Gnade und
Friede möge euch vermehrt werden.
[3] Gelobt (sei) der Gott und Vater unseres Herrn Jesus Chri-
stos, der nach seinem großen Erbarmen uns wiedergebar zu
lebendiger Hoffnung durch (die) Auferstehung (des) Jesus
Christos aus Toten, [4] zu unvergänglichem und unbeflecktem
und unverwelklichem Erbe, aufbewahrt in (den) Himmeln für
euch, [5] die in Kraft Gottes Behüteten durch (den) Glauben
zum Heil, bereit, offenbart zu werden in (der) letzten Zeit.
[6] Darüber jubelt ihr, die ihr ein wenig jetzt, wenn es nötig
[ist], betrübt werdet in mancherlei Versuchungen, [7] damit das
Echte eures Glaubens (für) viel wertvoller als Gold, das ver-
nichtet, durch Feuer aber (auf Echtheit) geprüft wird, erfun-
den werde zu Lob und Herrlichkeit und Ehre bei (der) Offen-
barung (des) Jesus Christos; [8] (ihn), den ihr nicht saht, liebt
ihr, an (ihn), den ihr jetzt nicht seht, glaubend aber jubelt ihr
in unaussprechlicher und herrlicher Freude, [9] empfangend das
Ziel [eures] Glaubens: Heil (der) Seelen. [10] Hinsichtlich dieses
Heils suchten und forschten Propheten, die über die Gnade
für euch prophezeienden, [11] erforschend, auf welche oder was
für eine Zeit der Geist (des) Christos in ihnen hinwies, vor-
herbezeugend die Leiden für Christos und die Herrlichkeiten
danach. [12] Ihnen wurde offenbart, daß sie nicht sich selbst,
sondern euch dienten in bezug auf das, was jetzt euch ver-
kündet wurde durch die, die euch (das Evangelium) verkün-
deten [im] vom Himmel geschickten heiligen Geist, in das
Engel begehren hineinzublicken.
[13] Deshalb, die Lenden eurer Gesinnung umgürtet, nüch-

tern, hofft völlig auf die Gnade, euch gebracht bei (der) Of-
fenbarung (des) Jesus Christos. [14] Wie Kinder (des) Gehor-
sams gleicht euch nicht an den Begierden (von) früher in eu-
rer Unwissenheit, [15] sondern gemäß dem Heiligen, der euch
rief, werdet auch selbst Heilige in allem Wandel, [16] denn ge-
Lev 11,44f; 19,2 schrieben ist: *Heilige sollt ihr sein, weil ich heilig [bin].*
[17] Und wenn als Vater ihr anruft den ohne Rücksicht auf die
Person Richtenden nach eines jeden Werk, wandelt in Furcht
die Zeit eurer Fremdlingschaft, [18] wissend, daß ihr nicht
durch Vergängliches, Silber oder Gold, losgekauft wurdet aus
eurem nichtigen, väterüberlieferten Wandel, [19] sondern durch
(das) wertvolle Blut (des) Christos, wie eines fehllosen und
makellosen Lammes, [20] (des) vorausausersehenen zwar vor
Grundlegung (der) Welt, (des) sich offenbarenden aber in
(der) letzten der Zeiten wegen euch, [21] die ihr durch ihn Gläu-
bige (seid) an Gott, der ihn erweckte aus Toten und Herrlich-
keit ihm gab, so daß euer Glaube auch Hoffnung ist auf Gott.

[22] Nachdem ihr eure Seelen geheiligt habt im Gehorsam der
Wahrheit zu ungeheuchelter Bruderliebe, aus [reinem] Herzen
liebt einander beständig, [23] wiedergeboren nicht aus vergäng-
lichem Samen, sondern unvergänglichem, durch Gottes le-
Jes 40,6f bendes und bleibendes Wort. [24] Denn *alles Fleisch (ist) wie
Gras, und all* seine *Herrlichkeit wie eine Blume (des) Grases;*
Jes 40,8 *(es) vertrocknete das Gras und die Blume fiel ab;* [25] *das Wort
aber (des) Herrn bleibt in den Aion.* Dies aber ist das Wort,
das (als Evangelium) an euch verkündete.

2 [1] Ablegend also alle Schlechtigkeit und allen Trug und
Heucheleien und Neidereien und alle Verleumdungen,
[2] wie eben geborene Säuglinge verlangt die vernünftige, un-
verfälschte Milch, damit durch sie ihr wachst zum Heil,
Ps 34,9 (G) [3] wenn *ihr kostetet, daß gütig der Herr.* [4] Zu ihm hinzutre-
tend, (dem) lebenden Stein, von Menschen zwar verworfen,
bei Gott aber auserwählt (und) kostbar, [5] werdet auch (ihr)
selbst wie lebende Steine aufgebaut als ein geistliches Haus zu
einer heiligen Priesterschaft, um darzubringen geistliche Op-
fer, wohlannehmbar [für] Gott durch Jesus Christos. [6] Denn

es ist enthalten in (der) Schrift: *Siehe, ich setze in Sion einen* Jes 28,16
auserwählten, kostbaren Eckstein, und der Glaubende an ihn
wird gewiß nicht beschämt. 7 Euch nun die Ehre, den Glau-
benden, (den) Nichtglaubenden aber (:) *ein Stein, den ver-* Ps 118,22 (G)
warfen die Bauenden, dieser wurde zum Hauptstein 8 und *ein* Jes 8,14
Stein (des) Anstoßes und ein Fels (des) Ärgernisses; sie stoßen
sich (daran), dem Wort nicht gehorchend, wozu sie auch be-
stimmt wurden. 9 Ihr aber (seid) ein auserwähltes Geschlecht,
eine königliche Priesterschaft, ein heiliger Stamm, ein Volk
zu *Eigentum,* auf daß *die Ruhmestaten* dessen ihr ausruft, der Jes 43,21
aus (der) Finsternis euch rief in sein wunderbares Licht; 10 die
ihr einst *Nicht-Volk,* (seid) jetzt aber Volk Gottes, die *ihr* Hos 1,6.9; 2,25
nicht Erbarmen gefunden habt, fandet jetzt aber Erbarmen.

11 Geliebte, ich ermahne als Zugezogene und Beisassen
euch zu enthalten der fleischlichen Begierden, welche kämp-
fen gegen die Seele; 12 euren Wandel unter den Heiden recht
führend, damit, worin sie euch verleumden wie Übeltäter, aus
den rechten Werken ersehend sie Gott verherrlichen *am Tag* Jes 10,3
(der) Heimsuchung.

13 Ordnet euch unter jeder menschlichen Schöpfung wegen
des Herrn, sei es einem König als Übergeordnetem, 14 sei es
Statthaltern als durch ihn Geschickten zur Bestrafung von
Übeltätern, zum Lob aber von Guttätern; 15 denn so ist der
Wille Gottes, daß Gutes Tuende zum Schweigen bringen der
unvernünftigen Menschen Unverstand. 16 Als Freie und nicht
als (solche), die als Deckmantel der Schlechtigkeit die Frei-
heit haben, sondern als Gottes Sklaven 17 ehrt alle, die Bru-
derschaft liebt, Gott fürchtet, den König ehrt!

18 Ihr Hausdiener, (seid) euch Unterordnende in aller Furcht
den Gebietern, nicht allein den guten und anständigen, son-
dern auch den verkehrten. 19 Denn dies ist Gnade, wenn einer
wegen (des) Gewissens vor Gott Betrübnisse erträgt, unge-
rechterweise leidend. 20 Denn was für ein Ruhm (ist das),
wenn ihr sündigend, und (deswegen) geschlagen, erdulden
werdet? Aber wenn ihr Gutes tuend und (deswegen) leidend

erdulden werdet, (ist) dies Gnade bei Gott. [21] Denn dazu wur-
det ihr gerufen, weil auch Christos litt für euch, euch zu-
rücklassend ein Beispiel, damit ihr nachfolgt seinen Spuren,
Jes 53,9 [22] der Sünde *nicht tat, und nicht wurde gefunden Trug in sei-
nem Mund,* [23] der geschmäht nicht zurückschmähte, leidend
nicht drohte, sondern (es) übergab dem gerecht Richtenden;
Jes 53,4.12 [24] der *unsere Sünden selbst hinauftrug* an seinem Leib auf das
Holz, damit wir, den Sünden abgestorben, der Gerechtigkeit
Jes 53,5 leben, *durch* dessen *Striemen ihr geheilt wurdet.* [25] Denn ihr
Jes 53,6 wart *wie irrende Schafe,* aber ihr wandtet euch jetzt hin zum
Hirten und Aufseher eurer Seelen.

3 [1] Gleicherweise [ihr] Frauen, (seid) euch Unterordnende
den eigenen Männern, damit, auch wenn einige nicht
gehorchen dem Wort, sie durch den Wandel der Frauen ohne
Wort gewonnen werden, [2] sehend euren in Furcht reinen
Wandel. [3] Euer Schmuck sei nicht der äußere von Haarge-
flecht und Anlegen von Goldenem oder Anziehen von Ge-
wändern, [4] sondern der verborgene Mensch des Herzens in
dem Unvergänglichen des sanften und ruhigen Geistes, der
vor Gott kostbar ist. [5] Denn so schmückten sich einst auch die
heiligen Frauen, die hoffenden auf Gott, sich unterordnend
den eigenen Männern, [6] wie Sarra gehorchte dem Abraham,
Herrn ihn rufend, deren Kinder ihr wurdet, Gutes tuend und
nicht fürchtend irgendeinen Schrecken.

[7] Ihr Männer gleicherweise, (seid) Zusammenwohnende
nach Erkenntnis mit dem weiblichen Gefäß als (dem) schwä-
cheren, zuteilend (ihnen) Ehre, da auch (sie) Miterben (der)
Gnade (des) Lebens, auf daß nicht gehindert werden eure Ge-
bete.

[8] Endlich aber (seid) alle Gleichgesinnte, Mitleidende, Bru-
derliebende, Gutherzige, Demütige, [9] nicht Zurückgebende
Schlechtes gegen Schlechtes oder Schmähung gegen Schmä-
hung, im Gegenteil aber Segnende, weil dazu ihr gerufen
Ps 34,13–17 wurdet, damit Segen ihr erbt. [10] Denn *wer (das) Leben lieben
und gute Tage sehen will, soll ruhen lassen die Zunge von
Schlechtem und (die) Lippen, um nicht zu reden Trug,* [11] *er*

soll sich aber *wegwenden vom Schlechten und tun Gutes, er*
soll suchen Frieden und ihm nachjagen; [12] *denn (die) Augen*
(des) Herrn (richten sich) auf Gerechte und seine Ohren auf
ihr Gebet, (das) Angesicht (des) Herrn aber (richtet sich) ge-
gen Schlechtes Tuende.
[13] Und wer (ist), der euch Böses zufügen wird, wenn des
Guten Nacheiferer ihr werdet? [14] Doch wenn ihr auch leiden
solltet wegen (der) Gerechtigkeit, Selige (seid ihr)! *Die Furcht* Jes 8,12
aber vor ihnen fürchtet nicht und werdet nicht verwirrt, [15] *als* Jes 8,13
Herrn aber den Christos *heiligt* in euren Herzen, immer be-
reit zur Verteidigung gegenüber jedem von euch Fordernden
ein Wort über die Hoffnung in euch, [16] doch mit Sanftmut und
Furcht, ein gutes Gewissen habend, damit, worin ihr ver-
leumdet werdet, beschämt werden die Schmähenden euren
guten Wandel in Christos. [17] Denn besser als Gutes Tuende,
wenn es wollte der Wille Gottes, zu leiden, denn als Übel-
täter. [18] Denn auch Christos litt ein für allemal für (die) Sün-
den, ein Gerechter für Ungerechte, damit er euch hinführe zu
Gott, getötet zwar (dem) Fleisch (nach), lebendiggemacht
aber (dem) Geist (nach); [19] in ihm auch hingehend, verkündig-
te er den Geistern im Gefängnis, [20] (den) einst ungehorsamen,
als zuwartete die Großmut Gottes in (den) Tagen Noes beim
Erbauen (der) Arche, in die wenige, das heißt: acht Seelen,
gerettet wurden durch (das) Wasser (hindurch). [21] Welches
auch euch rettet als Gegenbild jetzt: die Taufe, nicht als Weg-
nahme schmutzigen Fleisches, sondern als Bitte zu Gott um
ein gutes Gewissen, durch (die) Auferstehung (des) Jesus
Christos, [22] der ist zur Rechten Gottes, gegangen zum Him-
mel, nachdem ihm unterworfen wurden Engel und Mächte
und Kräfte.

4 [1] Da nun Christos litt im Fleisch, bewaffnet auch ihr
euch mit derselben Gesinnung, weil der, der litt im
Fleisch, Ruhe hat vor (der) Sünde, [2] um nicht mehr (den) Be-
gierden (der) Menschen, sondern (dem) Willen Gottes zu le-
ben die übrige Zeit im Fleisch. [3] Denn es genügt, die vor-
übergegangene Zeit das Wollen der Heiden gewirkt zu haben,

die ihr euch ergangen habt in Ausschweifungen, Begierden,
Weingelagen, Schwelgereien, Zechereien und frevelhaften
Götzendiensten. [4] Darin werden sie befremdet, als Lästernde,
daß ihr nicht mitlauft in denselben Strom der Liederlichkeit,
[5] (doch) werden sie Rechenschaft geben dem sich bereit Hal-
tenden, zu richten Lebende und Tote. [6] Denn dazu wurde
auch (den) Toten (das Evangelium) verkündet, damit sie zwar
gerichtet werden nach (Art der) Menschen im Fleisch, (damit)
sie aber leben nach (Art) Gottes im Geist.

[7] Von allem aber das Ende ist nahegekommen. Seid also
besonnen und nüchtern zu Gebeten; [8] vor allem die Liebe zu-
Spr 10,12 einander haltet beständig, weil *(die) Liebe verhüllt eine Men-
ge Sünden.* [9] (Seid) gastfreundlich zueinander ohne Murren,
[10] gleichwie ein jeder empfing eine Gnadengabe, dient einan-
der im bezug auf sie wie rechte Verwalter (der) mannigfalti-
gen Gnade Gottes. [11] Wenn einer redet – wie Aussprüche Got-
tes; wenn einer dient – wie aus Stärke, die Gott gewährt, da-
mit in allem verherrlicht werde Gott durch Jesus Christos,
dem ist die Herrlichkeit und die Gewalt in die Aionen der
Aionen, Amen.

[12] Geliebte, werdet nicht befremdet durch die Feuersglut bei
euch, zur Versuchung euch geschehend, wie wenn Befremdli-
ches euch widerführe, [13] sondern, wie ihr teilhabt an den Lei-
den des Christos, freut euch, damit auch bei der Offenbarung
seiner Herrlichkeit ihr euch freut, jubelnd. [14] Wenn ihr ge-
schmäht werdet im Namen (des) Christos, Selige (seid ihr),
Jes 11,2 weil *der Geist* der Herrlichkeit und der *Gottes* auf euch *ruht.*
[15] Denn nicht soll leiden einer von euch als Mörder oder Dieb
oder Übeltäter oder als Spitzel; [16] wenn aber als Christ, soll er
sich nicht schämen, sondern verherrlichen Gott in diesem
Namen. [17] Denn (es ist) [die] Zeit, daß beginnt das Gericht
beim Haus Gottes; wenn aber zuerst bei uns, was (wird sein)
das Ende der nicht Gehorchenden dem Evangelium Gottes?
Spr 11,31 (G) [18] Und *wenn der Gerechte kaum gerettet wird, der Gottlose
und Sünder (aber), wo wird er erscheinen?* [19] Deshalb sollen
auch die Leidenden nach dem Willen Gottes (dem) treuen

Schöpfer anvertrauen ihre Seelen im Gutes-Tun.

5 1 (Die) Ältesten nun bei euch ermahne ich, der Mitälte-
ste und Zeuge der Leiden des Christos, der Teilhaber
auch der Herrlichkeit, die offenbart werden wird: 2 Weidet die
Herde Gottes bei euch, nicht gezwungen [beaufsichtigend],
sondern freiwillig, nach (der Art) Gottes, und nicht gewinn-
süchtig, sondern bereitwillig, 3 auch nicht wie Herrschende
über das Zugeteilte, sondern als Vorbilder Werdende für die
Herde; 4 und wenn sich offenbart der Ersthirte, werdet ihr
empfangen den unverwelklichen Kranz der Herrlichkeit.
5 Gleicherweise, Jüngere, unterstellt euch Älteren; alle aber
untereinander legt an die Demut, denn Gott *widersteht Über-* Spr 3,34 (G)
heblichen, Demütigen aber gibt er Gnade.

6 Demütigt euch also unter die starke Hand Gottes, damit er
euch erhöhe zur Zeit, 7 eure ganze Sorge werfend auf ihn,
weil ihm liegt an euch. 8 Seid nüchtern, wacht! Euer Widersa-
cher, (der) Teufel, *wie ein Löwe brüllend* geht umher, su- Ps 22,14
chend [einen] zu verschlingen; 9 dem widersteht fest im Glau-
ben, wissend, daß dasselbe an Leiden eurer Bruderschaft in
[der] Welt auferlegt ist. 10 Der Gott aber jeder Gnade, der
euch rief in seine ewige Herrlichkeit in Christos [Jesus], wird
(die) ein wenig Leidenden selbst vollenden, stärken, befesti-
gen, gründen. 11 Ihm (sei) die Gewalt in die Aionen, Amen.

12 Durch Siluanos, den treuen Bruder, wie ich denke,
schrieb ich euch in Kürze, ermahnend und bezeugend, daß
dies ist (die) wahre Gnade Gottes, in der ihr steht. 13 (Es)
grüßt euch die in Babylon Mitauserwählte und Markos, mein
Sohn. 14 Grüßt einander im Kuß (der) Liebe!

Friede euch allen, denen in Christos.

Von Petros B

1 [1] Symeon Petros, Sklave und Apostel (des) Jesus Christos, an die, die einen uns gleichwertigen Glauben erlangten in (der) Gerechtigkeit unseres Gottes und Retters Jesus Christos; [2] Gnade und Friede möge euch vermehrt werden in (der) Erkenntnis Gottes und von Jesus, unserem Herrn.

[3] Wie uns alles, das zu Leben und Frömmigkeit, seine göttliche Kraft geschenkt hat durch die Erkenntnis dessen, der uns rief in eigener Herrlichkeit und Tatkraft, [4] durch die er die kostbaren und größten Verheißungen uns geschenkt hat, damit durch diese ihr Teilhaber göttlicher Natur werdet, entflohen dem in der Welt durch Begierde (herrschenden) Verderben. [5] Und eben darum aber, allen Eifer aufwendend, bietet dar in eurem Glauben die Tatkraft, in der Tatkraft aber die Erkenntnis, [6] in der Erkenntnis aber die Enthaltsamkeit, in der Enthaltsamkeit aber die Geduld, in der Geduld aber die Frömmigkeit, [7] in der Frömmigkeit aber die Bruderliebe, in der Bruderliebe aber die Liebe. [8] Denn (sind) diese bei euch vorhanden und sich mehrend, lassen sie (euch) nicht dastehen als Untätige und Fruchtlose in bezug auf die Erkenntnis unseres Herrn Jesus Christos; [9] denn bei wem diese nicht da sind, blind ist er, kurzsichtig, vergessend die Reinigung von seinen früheren Sünden. [10] Deswegen, Brüder, (noch) mehr bemüht euch, festzumachen eure Berufung und Erwählung; denn dieses tuend, werdet ihr gewiß nicht straucheln jemals. [11] Denn so wird euch reichlich dargeboten werden der Zugang zum ewigen Königtum unseres Herrn und Retters Jesus Christos.

[12] Deshalb will ich immer euch erinnern an dieses, wiewohl ihr Wissende und Gestärkte in der vorhandenen Wahrheit (seid). [13] (Für) recht aber halte ich, solange ich bin in dieser Zeltwohnung, euch aufzuwecken durch Erinnerung, [14] wissend, daß rasch ist der Abbruch meiner Zeltwohnung, gleichwie auch unser Herr Jesus Christos mir eröffnete; [15] ich werde

mich aber auch bemühen, daß ihr jederzeit nach meinem
Weggang (die Möglichkeit) habt, daran Gedenken zu machen.
16 Denn nicht ausgeklügelten Mythen folgend, taten wir
euch kund die Kraft und Ankunft unseres Herrn Jesus Chri-
stos, sondern Augenzeugen geworden seiner Hoheit. 17 Denn
empfangend von Gott (dem) Vater Ehre und Herrlichkeit, als
an ihn eine solche Stimme erging von der erhabenen Herr-
lichkeit: Mein Sohn, mein Geliebter, ist dieser, an dem ich
Gefallen fand, 18 und diese Stimme hörten wir aus (dem)
Himmel ergangen, als wir mit ihm waren auf dem heiligen
Berg. 19 Und wir halten fester das prophetische Wort, dem
recht ihr tut, anzuhangen wie einer Leuchte, scheinend an fin-
sterem Ort, bis daß ein Tag aufleuchtet und ein Lichtbringer
aufgeht in euren Herzen; 20 dies zuerst erkennend, daß jede
Prophetie (der) Schrift nicht (Sache) eigener Auflösung ist;
21 denn nicht durch Willen eines Menschen erging jemals eine
Prophetie, sondern vom heiligen Geist getragen redeten von
Gott (her) Menschen.

2 1 Auftraten aber auch Lügenpropheten unter dem Volk,
wie auch unter euch Falschlehrer sein werden, welche
einführen werden Lehrmeinungen (des) Verderbens, auch den
Gebieter (ver)leugnend, der sie erkauft hat. (Damit) führen
sie für sich herbei ein rasches Verderben, 2 und viele werden
nachfolgen ihren Ausschweifungen, derentwegen der Weg der
Wahrheit gelästert werden wird, 3 und in Habgier werden sie
mit erlogenen Worten euch erkaufen, für die das (Verdam-
mungs)urteil seit langem nicht unwirksam ist, und ihr Ver-
derben schlummert nicht.
4 Denn wenn Gott Engel, die gesündigt haben, nicht schon-
te, sondern sie Höhlen von Dunkel übergab, im Tartaros sie
einsperrend als zum Gericht Aufbewahrte, 5 auch (die) alte
Welt nicht schonte, sondern (nur) Noe als achten, als (der)
Gerechtigkeit Künder bewahrte, eine Sintflut für (die) Welt
von Gottlosen heraufführend, 6 auch (die) Städte Sodoma und
Gomorra einäschernd [zur Zerstörung] verurteilte, ein Bei-

spiel (des) Zukünftigen für Gottlose setzend, [7] und (den) gerechten, vom Wandel der Frevler in Ausschweifung geplagten Lot rettete; [8] denn mit Blick und Gehör quälte der Gerechte, wohnend bei ihnen, Tag für Tag (seine) gerechte Seele aufgrund gesetzloser Werke; [9] (es) weiß (der) Herr, Fromme aus (der) Versuchung zu retten, Ungerechte aber für (den) Tag (des) Gerichts als zu Bestrafende aufzubewahren, [10] am meisten aber die in Begierde nach Befleckung hinter Fleisch Hergehenden und Herrschaft Verachtenden. Als selbstgefällige Wagehälse zittern sie nicht, Herrlichkeiten lästernd, [11] wo Engel, die an Stärke und Kraft größer sind, nicht vorbringen gegen sie beim Herrn ein lästerndes Urteil.

[12] Diese aber, wie unvernünftige Tiere, als Naturwesen geboren zu Fang und Verderben, (in Dingen) lästernd, in denen sie nichts verstehen, werden in deren Verderben auch verdorben werden, [13] gestraft mit (des) Unrechts Lohn, für Vergnügung haltend die Schwelgerei am Tag, Schmutzflecken und Schandmale, schwelgend in ihren Betrügereien, schmausend mit euch, [14] Augen habend voll (Begierde) nach einer Ehebrecherin und ruhelos nach Sünde, lockend ungefestigte Seelen, ein Herz habend geübt in Habgier, Kinder (des) Fluches; [15] verlassend (den) geraden Weg, irrten sie umher, nachfolgend dem Weg des Balaam, (dem) des Bosor, der Unrechtslohn liebte, [16] aber Zurechtweisung eigener Gesetzwidrigkeit erfuhr; ein stimmloses Zugtier, mit (der) Stimme eines Menschen redend, hinderte die Unvernunft des Propheten. [17] Diese sind wasserlose Quellen und vom Sturm getriebene Nebelschwaden, für die das Dunkel der Finsternis aufbewahrt ist. [18] Denn Übermäßiges an Nichtigkeit redend, locken sie in Begierden (des) Fleisches durch Ausschweifungen die kaum Entfliehenden den in (der) Verirrung sich Aufhaltenden, [19] Freiheit ihnen verheißend, obwohl sie selbst Sklaven des Verderbens sind; denn wem einer unterliegt, diesem ist er versklavt. [20] Denn wenn sie, entflohen den Befleckungen der Welt durch (die) Erkenntnis [unseres] Herrn und Retters Jesus Christos, in diesen aber wieder verstrickt, unterliegen, ist

geworden für sie das Letzte schlimmer als das Erste. 21 Denn
besser wäre für sie, nicht erkannt zu haben den Weg der Ge-
rechtigkeit, als, nachdem sie erkannt haben, sich wegzuwen-
den von dem ihnen übergebenen heiligen Gebot. 22 Es ist ein-
getroffen für sie, was das wahre Sprichwort (besagt): Ein
Hund, der sich hinwandte zum eigenen Auswurf, und: Ein
Schwein, das sich badete zum Wälzen im Kot.

3 1 Diesen Brief, Geliebte, schreibe ich euch schon als
zweiten, in denen ich aufwecke durch Erinnerung eure
lautere Gesinnung, 2 damit ihr euch erinnert der von den hei-
ligen Propheten vorhergesagten Worte und des von euren
Aposteln (verkündeten) Gebots des Herrn und Retters, 3 dies
zuerst erkennend, daß kommen werden in (den) letzten Tagen
Spötter [mit] Gespött, nach ihren eigenen Begierden wandelnd
4 und sagend: Wo ist die Zusage seiner Ankunft? Denn seit-
dem die Väter entschliefen, verbleibt alles so (wie) von An-
fang (der) Schöpfung. 5 Denn es verbirgt sich ihnen, dies be-
hauptend, daß (die) Himmel waren von alters her und (die)
Erde aus Wasser und durch Wasser Bestand hatte durch Got-
tes Wort, 6 durch die die damalige Welt, durch Wasser über-
flutet, zugrundeging; 7 die jetzigen Himmel aber und die Erde
sind durch dasselbe Wort aufgespart für (das) Feuer, bewahrt
für (den) Tag (des) Gerichts und Verderbens der gottlosen
Menschen.

8 Dies eine aber soll euch nicht verborgen sein, Geliebte,
daß ein Tag beim Herrn (ist) wie tausend Jahre und tausend
Jahre wie ein Tag. 9 Nicht verzögert (der) Herr die Zusage,
wie einige (es) für eine Verzögerung halten, sondern groß-
mütig ist er zu euch, nicht wollend, daß einige zugrundege-
hen, sondern daß alle zur Umkehr gelangen.

10 Kommen wird aber (der) Tag (des) Herrn wie ein Dieb,
an dem die Himmel prasselnd vergehen werden, (die) Ele-
mente aber erhitzt aufgelöst werden, und (die) Erde und die
Werke auf ihr werden (nicht mehr) gefunden werden. 11 Da
dieses alles so aufgelöst wird, als welche müßt [ihr] dasein in

heiligem Wandel und (in) Frömmigkeit, [12] erwartend und be-
schleunigend die Ankunft des Tages Gottes, durch den (die)
Himmel brennend werden aufgelöst werden und (die) Ele-
Jes 65,17; 66,22 mente erhitzt schmelzen. [13] *Neue Himmel* aber *und eine neue*
Erde erwarten wir nach seiner Verheißung, in denen Gerech-
tigkeit wohnt.

[14] Deshalb, Geliebte, dieses erwartend bemüht euch, ma-
kellos und fehllos von ihm erfunden zu werden in Frieden,
[15] und haltet die Großmut unseres Herrn für Rettung, gleich-
wie auch unser geliebter Bruder Paulos nach der ihm gegebe-
nen Weisheit euch schrieb, [16] wie auch in allen Briefen, wenn
er in ihnen über diese (Dinge) redet, unter denen einiges
Schwerverständliche ist, was die Unwissenden und Ungefe-
stigten verdrehen wie auch die übrigen Schriften, zu ihrem
eigenen Verderben.

[17] Ihr nun, Geliebte, (dies) vorherwissend, bewahrt euch,
damit ihr nicht, durch den Betrug der Frevler mitfortgerissen,
herausfallt aus der eigenen Festigkeit, [18] wachset aber in Gna-
de und Erkenntnis unseres Herrn und Retters Jesus Christos!
Ihm die Herrlichkeit sowohl jetzt als auch am Tag (des)
Aions. [Amen].

Von Johannes A

1 1 Was war von Anfang, was wir gehört haben, was wir
gesehen haben mit unseren Augen, was wir schauten
und unsere Hände berührten über das Wort des Lebens –
2 und das Leben wurde offenbart, und wir haben gesehen und
bezeugen und verkünden euch das ewige Leben, welches war
beim Vater und uns offenbart wurde –, 3 was wir gesehen und
gehört haben, verkünden wir auch euch, damit auch ihr Ge-
meinschaft habt mit uns. Und unsere Gemeinschaft aber (ist
eine) mit dem Vater und mit seinem Sohn Jesus Christos.
4 Und dieses schreiben wir, damit unsere Freude erfüllt sei.

5 Und (es) ist dies die Botschaft, die wir gehört haben von
ihm und euch verkünden, daß Gott Licht ist und Finsternis in
ihm gar keine ist. 6 Wenn wir sagen, daß wir Gemeinschaft
haben mit ihm und in der Finsternis wandeln, lügen wir, und
nicht tun wir die Wahrheit; 7 wenn aber im Licht wir wan-
deln, wie er selbst ist im Licht, Gemeinschaft haben wir mit-
einander, und das Blut von Jesus, seinem Sohn, reinigt uns
von jeder Sünde. 8 Wenn wir sagen, daß wir Sünde nicht ha-
ben, uns selbst führen wir irre, und die Wahrheit ist nicht in
uns. 9 Wenn wir bekennen unsere Sünden, treu ist er und ge-
recht, daß er erläßt uns die Sünden und reinigt uns von jeder
Ungerechtigkeit. 10 Wenn wir sagen, daß wir nicht gesündigt
haben, zum Lügner machen wir ihn, und sein Wort ist nicht
in uns.

2 1 Meine Kinder, dieses schreibe ich euch, damit ihr
nicht sündigt. Und wenn einer sündigt, einen Fürspre-
cher haben wir beim Vater, Jesus Christos, (den) Gerechten;
2 und er ist Sühne für unsere Sünden, nicht für die unsrigen
aber allein, sondern auch für die ganze Welt.

3 Und daran erkennen wir, daß wir ihn erkannt haben,
wenn seine Gebote wir bewahren. 4 Der Sagende: Ich habe

ihn erkannt, und seine Gebote nicht Bewahrende, ein Lügner
ist er, und in diesem ist die Wahrheit nicht; [5] wer aber immer
bewahrt sein Wort, wahrhaft ist in diesem die Liebe Gottes
vollendet worden; daran erkennen wir, daß in ihm wir sind.
[6] Der Sagende, er bleibe in ihm, schuldet, gleichwie jener
wandelte, auch selbst [so] zu wandeln.

[7] Geliebte, nicht ein neues Gebot schreibe ich euch, sondern
ein altes Gebot, das ihr hattet von Anfang; das alte Gebot ist
das Wort, das ihr hörtet. [8] Wieder: Ein neues Gebot schreibe
ich euch, was wahr ist in ihm und in euch, weil die Finsternis
vergeht und das wahre Licht schon scheint. [9] Der Sagende, er
sei im Licht, und seinen Bruder Hassende ist in der Finsternis
bis jetzt. [10] Der Liebende seinen Bruder bleibt im Licht, und
Anstößiges ist in ihm nicht; [11] der Hassende aber seinen Bru-
der ist in der Finsternis, und in der Finsternis wandelt er, und
nicht weiß er, wohin er fortgeht, weil die Finsternis blind
machte seine Augen.

[12] Ich schreibe euch, Kinder: Erlassen sind euch die Sünden
wegen seines Namens. [13] Ich schreibe euch, Väter: Erkannt
habt ihr den vom Anfang. Ich schreibe euch, junge Männer:
Besiegt habt ihr den Bösen. [14] Ich schrieb euch, Kinder: Er-
kannt habt ihr den Vater. Ich schrieb euch, Väter: Erkannt
habt ihr den vom Anfang. Ich schrieb euch, junge Männer:
Stark seid ihr und das Wort Gottes bleibt in euch und besiegt
habt ihr den Bösen.

[15] Liebt nicht die Welt, auch nicht das in der Welt! Wenn
einer liebt die Welt, nicht ist die Liebe des Vaters in ihm;
[16] denn alles das in der Welt, die Begierde des Fleisches und
die Begierde der Augen und die Prahlerei des Lebens, nicht
ist aus dem Vater, sondern aus der Welt ist es. [17] Und die
Welt vergeht und ihre Begierde, der Tuende aber den Willen
Gottes bleibt in den Aion.

[18] Kinder, letzte Stunde ist, und gleichwie ihr hörtet, daß
ein Antichristos kommt, sind jetzt auch viele Antichristosse
aufgetreten, woher wir erkennen, daß letzte Stunde ist. [19] Aus

uns gingen sie aus, doch nicht waren sie aus uns; denn wenn
aus uns sie wären, geblieben wären sie bei uns; doch damit
sie offenbart würden, daß nicht alle aus uns sind. [20] Und ihr
habt eine Salbung von dem Heiligen, und ihr wißt alle.
[21] Nicht schrieb ich euch, weil ihr nicht wißt die Wahrheit,
sondern weil ihr sie wißt und weil jede Lüge nicht aus der
Wahrheit ist.

[22] Wer ist der Lügner, wenn nicht der Leugnende, (der
sagt,) daß Jesus nicht ist der Christos? Dieser ist der Anti-
christos, der Leugnende den Vater und den Sohn. [23] Jeder
Leugnende den Sohn hat auch nicht den Vater, der Beken-
nende den Sohn hat auch den Vater. [24] Ihr, was ihr hörtet von
Anfang, in euch soll es bleiben. Wenn in euch bleibt, was
von Anfang ihr hörtet, werdet auch ihr im Sohn und im Vater
bleiben. [25] Und diese ist die Zusage, die er selbst uns zusagte:
das ewige Leben.

[26] Dieses schrieb ich euch über die euch Irreführenden.
[27] Und ihr, die Salbung, die ihr empfingt von ihm, bleibt in
euch, und nicht habt ihr nötig, daß einer euch belehrt, son-
dern wie seine Salbung euch belehrt über alles, auch wahr ist
sie, und nicht ist sie Lüge, und gleichwie sie euch lehrte,
bleibt ihr in ihm.

[28] Und jetzt, Kinder, bleibt in ihm, damit, wenn er offen-
bart wird, wir Zuversicht haben und nicht beschämt werden
vor ihm bei seiner Ankunft. [29] Wenn ihr wißt, daß gerecht er
ist, erkennt ihr, daß auch jeder Tuende die Gerechtigkeit aus
ihm gezeugt ist.

3 [1] Seht, was für eine Liebe uns gegeben hat der Vater,
damit Kinder Gottes wir gerufen werden, und wir sind
(es). Deswegen erkennt die Welt uns nicht, weil sie ihn nicht
erkannte. [2] Geliebte, jetzt sind wir Kinder Gottes, und noch
nicht wurde offenbart, was wir sein werden. Wir wissen, daß,
wenn es offenbart wird, gleich ihm werden wir sein, weil wir
ihn sehen werden, gleichwie er ist. [3] Und jeder Habende diese
Hoffnung auf ihn heiligt sich selbst, gleichwie jener heilig ist.

4 Jeder Tuende die Sünde tut auch die Gesetzlosigkeit, und
die Sünde ist die Gesetzlosigkeit. 5 Und ihr wißt, daß jener of-
fenbart wurde, damit die Sünden er trage, und (daß) Sünde in
ihm nicht ist. 6 Jeder in ihm Bleibende sündigt nicht; jeder
Sündigende hat ihn nicht gesehen und ihn nicht erkannt.

7 Kinder, keiner soll euch irreführen: Der Tuende die Ge-
rechtigkeit ist gerecht, gleichwie jener gerecht ist; 8 der Tuen-
de die Sünde ist aus dem Teufel, weil von Anfang der Teufel
sündigt. Dazu wurde offenbart der Sohn Gottes, damit er
auflöse die Werke des Teufels. 9 Jeder aus Gott Gezeugte tut
keine Sünde, weil sein Same in ihm bleibt, und nicht kann er
sündigen, weil aus Gott er gezeugt ist. 10 Daran sind offenbar
die Kinder Gottes und die Kinder des Teufels: Jeder nicht Tu-
ende (die) Gerechtigkeit ist nicht aus Gott, und der nicht Lie-
bende seinen Bruder.

11 Denn dies ist die Botschaft, die ihr hörtet von Anfang,
daß wir lieben einander, 12 nicht gleichwie Kain aus dem Bö-
sen war und schlachtete seinen Bruder; und weswegen
schlachtete er ihn? Weil seine Werke böse waren, die aber
seines Bruders gerecht.

13 [Und] nicht staunt, Brüder, wenn euch haßt die Welt!
14 Wir wissen, daß wir hinübergegangen sind aus dem Tod ins
Leben, weil wir lieben die Brüder; der nicht Liebende bleibt
im Tod. 15 Jeder Hassende seinen Bruder ist ein Menschen-
mörder, und ihr wißt, daß jeder Menschenmörder nicht hat
ewiges, in ihm bleibendes Leben. 16 Daran haben wir erkannt
die Liebe, daß jener für uns sein Leben einsetzte; auch wir
schulden, für die Brüder das Leben einzusetzen. 17 Wer aber
immer hat die Lebensgüter der Welt und erblickt seinen Bru-
der Bedarf habend und verschließt sein Innerstes vor ihm, wie
bleibt die Liebe Gottes in ihm? 18 Kinder, nicht laßt uns lieben
mit (dem) Wort, auch nicht mit der Zunge, sondern in Werk
und Wahrheit.

19 [Und] daran werden wir erkennen, daß aus der Wahrheit
wir sind, und vor ihm werden wir überzeugen unser Herz,
20 daß, wenn uns verurteilt das Herz, daß Gott größer ist als

unser Herz und alles erkennt. 21 Geliebte, wenn [unser] Herz
(uns) nicht verurteilt, Zuversicht haben wir zu Gott, 22 und
was immer wir erbitten, empfangen wir von ihm, weil seine
Gebote wir bewahren und das Gefällige vor ihm tun.

23 Und dies ist sein Gebot, daß wir glauben dem Namen
seines Sohnes Jesus Christos und einander lieben, gleichwie
er uns gab ein Gebot. 24 Und der Bewahrende seine Gebote
bleibt in ihm und er in ihm; und daran erkennen wir, daß er
bleibt in uns, aus dem Geist, den er uns gab.

4 1 Geliebte, nicht jedem Geist glaubt, sondern prüft die
Geister, ob aus Gott sie sind, weil viele Lügenprophe-
ten ausgegangen sind in die Welt. 2 Daran erkennt ihr den
Geist Gottes: Jeder Geist, der bekennt Jesus Christos als im
Fleisch Gekommenen, ist aus Gott, 3 und jeder Geist, der
nicht bekennt Jesus, nicht ist aus Gott; und dies ist der (Geist)
des Antichristos, von dem ihr gehört habt, daß er kommt, und
jetzt ist er schon in der Welt.

4 Ihr seid aus Gott, Kinder, und ihr habt sie besiegt, weil
größer ist der in euch als der in der Welt. 5 Sie sind aus der
Welt, deswegen reden sie aus der Welt, und die Welt hört
sie. 6 Wir sind aus Gott; der Gott Erkennende hört uns; wer
nicht ist aus Gott, hört uns nicht. Daraus erkennen wir den
Geist der Wahrheit und den Geist des Irrtums.

7 Geliebte, lieben wir einander, weil die Liebe aus Gott ist,
und jeder Liebende ist aus Gott gezeugt und erkennt Gott.
8 Der nicht Liebende erkannte Gott nicht, weil Gott Liebe ist.
9 Daran wurde offenbart die Liebe Gottes zu uns, daß Gott
seinen Sohn, den einziggezeugten, geschickt hat in die Welt,
damit wir leben durch ihn. 10 Darin besteht die Liebe, nicht
daß wir geliebt haben Gott, sondern daß er liebte uns und
schickte seinen Sohn als Sühne für unsere Sünden. 11 Geliebte,
wenn so Gott uns liebte, schulden auch wir, einander zu lie-
ben. 12 Gott hat keiner jemals gesehen. Wenn wir einander
lieben, bleibt Gott in uns, und seine Liebe ist in uns vollen-
det. 13 Daran erkennen wir, daß in ihm wir bleiben und er in

uns, daß aus seinem Geist er uns gegeben hat. 14 Und wir ha-
ben gesehen und bezeugen, daß der Vater geschickt hat den
Sohn als Retter der Welt. 15 Wer immer bekennt, daß Jesus ist
der Sohn Gottes, Gott bleibt in ihm und er in Gott. 16 Und wir
haben erkannt und geglaubt die Liebe, die Gott hat zu uns.

Gott ist Liebe, und der Bleibende in der Liebe bleibt in
Gott, und Gott bleibt in ihm. 17 Darin ist vollendet worden die
Liebe bei uns, daß wir Zuversicht haben am Tag des Ge-
richts, denn gleichwie jener ist, sind auch wir in dieser Welt.
Furcht ist nicht in der Liebe, 18 sondern die vollkommene
Liebe wirft hinaus die Furcht, weil die Furcht Strafe hat, der
sich Fürchtende aber ist nicht vollendet worden in der Liebe.
19 Wir lieben, weil er als erster uns liebte. 20 Wenn einer
spricht: Ich liebe Gott, und seinen Bruder haßt, ein Lügner ist
er; denn der nicht Liebende seinen Bruder, den er gesehen
hat, kann Gott, den er nicht gesehen hat, nicht lieben. 21 Und
dieses Gebot haben wir von ihm, daß der Gott Liebende lie-
ben soll auch seinen Bruder.

5 1 Jeder Glaubende, daß Jesus ist der Christos, ist aus
Gott gezeugt, und jeder Liebende den, der gezeugt hat,
liebt [auch] den aus ihm Gezeugten. 2 Daran erkennen wir,
daß wir lieben die Kinder Gottes, wann wir Gott lieben und
seine Gebote tun. 3 Denn dies ist die Liebe Gottes, daß seine
Gebote wir bewahren, und seine Gebote sind nicht schwer.
4 Denn alles aus Gott Gezeugte besiegt die Welt; und dies ist
der Sieg, der besiegte die Welt: unser Glaube.

5 Wer [aber] ist der Besiegende die Welt, wenn nicht der
Glaubende, daß Jesus ist der Sohn Gottes? 6 Dieser ist (es),
der kam durch Wasser und Blut, Jesus Christos, nicht im
Wasser allein, sondern im Wasser und im Blut; und der Geist
ist der Zeugnis Gebende, weil der Geist die Wahrheit ist.
7 Denn drei sind die Zeugnis Gebenden,* 8 der Geist und das
Wasser und das Blut, und die drei sind auf das eine (hin).

* Sekundär ist hier der gelegentliche Einschub: „im Himmel: der Vater, der Logos und der heilige Geist, und diese drei sind eins. Und drei sind die Zeugnis Gebenden auf der Erde:“

9 Wenn das Zeugnis der Menschen wir annehmen, das Zeug-
nis Gottes ist größer; denn dies ist das Zeugnis Gottes, daß er
Zeugnis gegeben hat über seinen Sohn. 10 Der Glaubende an
den Sohn Gottes hat das Zeugnis in sich, der nicht Gott Glau-
bende hat zum Lügner ihn gemacht, weil er nicht geglaubt hat
an das Zeugnis, das Gott bezeugt hat über seinen Sohn. 11 Und
dies ist das Zeugnis, daß ewiges Leben Gott uns gab, und
dieses Leben ist in seinem Sohn. 12 Der Habende den Sohn hat
das Leben; der nicht Habende den Sohn Gottes hat das Leben
nicht.

13 Dieses schrieb ich euch, damit ihr wißt, daß ewiges Le-
ben ihr habt, (euch) den Glaubenden an den Namen des Soh-
nes Gottes. 14 Und dies ist die Zuversicht, die wir haben zu
ihm, daß, wenn etwas wir erbitten nach seinem Willen, er uns
hört. 15 Und wenn wir wissen, daß er uns hört, was immer
wir erbitten, wissen wir, daß wir haben das Erbetene, das wir
erbeten haben von ihm.

16 Wenn einer sieht seinen Bruder sündigend eine Sünde
nicht zum Tod, soll er bitten, und geben wird er ihm Leben,
denen, die nicht sündigen zum Tod. Es gibt eine Sünde zum
Tod; nicht über jene sage ich, daß er bitten soll. 17 Jede Unge-
rechtigkeit ist Sünde, und es gibt eine Sünde nicht zum Tod.

18 Wir wissen, daß jeder aus Gott Gezeugte nicht sündigt,
sondern der aus Gott Gezeugte bewahrt ihn, und der Böse be-
rührt ihn nicht. 19 Wir wissen, daß aus Gott wir sind und die
ganze Welt im Bösen liegt. 20 Wir wissen aber, daß der Sohn
Gottes gekommen ist und uns Einsicht gegeben hat, damit wir
erkennen den Wahren, und wir sind in dem Wahren, in sei-
nem Sohn Jesus Christos. Dieser ist der wahre Gott und ewi-
ges Leben.

21 Kinder, hütet euch vor den Götzen!

VON JOHANNES B

1 Der Älteste an (die) auserwählte Herrin und ihre Kinder,
die ich liebe in Wahrheit, und nicht ich allein, sondern auch
alle, die erkannt haben die Wahrheit, 2 wegen der Wahrheit,
die bleibt in uns und mit uns sein wird in den Aion. 3 Sein
wird mit uns Gnade, Erbarmen, Friede von Gott (dem) Vater
und von Jesus Christos, dem Sohn des Vaters, in Wahrheit
und Liebe.

4 Ich freute mich sehr, daß ich gefunden habe von deinen
Kindern Wandelnde in (der) Wahrheit, gleichwie ein Gebot
wir empfingen vom Vater. 5 Und jetzt bitte ich dich, Herrin,
nicht als ein neues Gebot dir Schreibender, sondern welches
wir hatten von Anfang, daß wir einander lieben. 6 Und dies ist
die Liebe, daß wir wandeln nach seinen Geboten; dies ist das
Gebot, gleichwie ihr hörtet von Anfang, daß darin ihr wan-
delt.

7 Denn viele Betrüger gingen aus in die Welt, (das sind) die
nicht Bekennenden Jesus Christos als kommend im Fleisch;
dieser ist der Betrüger und der Antichristos. 8 Schaut auf
euch, damit ihr nicht verliert, was wir bewirkten, sondern
vollen Lohn empfangt.

9 Jeder Weitergehende und nicht Bleibende in der Lehre des
Christos hat Gott nicht; der Bleibende in der Lehre, dieser hat
sowohl den Vater als auch den Sohn. 10 Wenn einer kommt zu
euch und diese Lehre nicht bringt, nicht nehmt ihn ins Haus
und einen Gruß sagt ihm nicht! 11 Denn der ihm einen Gruß
Sagende hat Anteil an seinen bösen Werken.

12 Vieles hätte ich euch zu schreiben, (doch) nicht wollte ich
(es) durch Papier und Tinte, sondern ich hoffe zu kommen zu
euch und (von) Mund zu Mund zu reden, damit unsere Freu-
de erfüllt sei.

13 (Es) grüßen dich die Kinder deiner auserwählten
Schwester.

Von Johannes C

1 Der Älteste dem geliebten Gajos, den ich liebe in Wahr-
heit.

2 Geliebter, über alles wünsche ich, daß es dir gut geht und
du gesund bist, gleichwie es gut geht deiner Seele. 3 Denn ich
freute mich sehr, als Brüder kamen und bezeugten deine
Wahrheit, gleichwie du in (der) Wahrheit wandelst. 4 Größere
Freude als darüber habe ich nicht, daß ich höre, meine Kin-
der wandeln in der Wahrheit.

5 Geliebter, treu handelst du, was immer du wirkst an den
Brüdern, und zwar fremden, 6 die deine Liebe bezeugten vor
(der) Gemeinde, an denen recht du tun wirst, geleitend sie,
würdig Gottes; 7 denn für den Namen zogen sie aus, nichts
nehmend von den Heidnischen. 8 Wir nun schulden, aufzu-
nehmen solche, damit Mitarbeiter wir werden für die Wahr-
heit.

9 Ich schrieb etwas der Gemeinde; doch der unter ihnen er-
ster sein wollende Diotrephes nimmt uns nicht auf. 10 Deswe-
gen, wenn ich komme, werde ich erinnern an seine Werke,
die er tut, mit bösen Worten schwatzend über uns, und nicht
sich begnügend damit, auch selbst nimmt er die Brüder nicht
auf, und die Willigen hindert er, und aus der Gemeinde wirft
er (sie) hinaus.

11 Geliebter, ahme nicht nach das Schlechte, sondern das
Gute! Der Gutes Tuende ist aus Gott; der Schlechtes Tuende
hat Gott nicht gesehen. 12 (Dem) Demetrios ist bezeugt wor-
den von allen und von der Wahrheit selbst; auch wir aber be-
zeugen, und du weißt, daß unser Zeugnis wahr ist.

13 Vieles hätte ich dir zu schreiben, doch nicht will ich mit
Tinte und Rohr dir schreiben; 14 ich hoffe aber, sogleich dich
zu sehen, und (von) Mund zu Mund werden wir reden.

15 Friede dir. (Es) grüßen dich die Freunde. Grüße die
Freunde nach Namen!

VON JUDAS

1 Judas, (des) Jesus Christos Sklave, Bruder aber (des) Ja-
kobos, den in Gott (dem) Vater geliebten und für Jesus Chri-
stos bewahrten Berufenen; 2 Erbarmen und Friede und Liebe
möge euch vermehrt werden.

3 Geliebte, allen Eifer anwendend, euch zu schreiben über
unser gemeinsames Heil, hielt ich (es) für eine Notwendig-
keit, euch zu schreiben, (euch) ermutigend, zu kämpfen für
den ein für allemal den Heiligen übergebenen Glauben. 4 Denn
gewisse Menschen schlichen sich nebenein, die bereits vorge-
merkt sind für dieses Gericht, Gottlose, die Gnade unseres
Gottes verkehrend in Ausschweifung und den einzigen Gebie-
ter und unseren Herrn Jesus Christos (ver)leugnend.

5 Erinnern aber will ich euch, die [ihr] alles wißt, daß [der]
Herr, nachdem er ein für allemal (das) Volk aus (dem) Land
Aigyptos gerettet hatte, das zweite (Mal) die nicht Glauben-
den vernichtete, 6 und (die) Engel, die nicht bewahrten ihre
Hoheit, sondern die eigene Wohnung verließen, zum Gericht
(des) großen Tages mit ewigen Fesseln im Dunkeln bewahrt
hat, 7 wie Sodoma und Gomorra und die Städte um sie, auf
die gleiche Weise wie diese Unzucht treibend und hergehend
hinter anderem Fleisch, vorliegen als Beispiel, ewigen Feuers
Strafe erleidend.

8 Gleicherweise freilich auch diese, träumend, beflecken
(das) Fleisch, Herrschaft aber weisen sie ab, Herrlichkeiten
aber lästern sie. 9 Der Michael aber, der Erzengel, als er mit
dem Teufel streitend sich auseinandersetzte über des Moyses
Leib, nicht wagte (es), ein Urteil (der) Lästerung vorzubrin-
Sach 3,2 gen, sondern er sprach: *(Es) strafe dich (der) Herr.* 10 Diese
aber, was sie nicht kennen, lästern sie, was sie aber von Na-
tur aus wie die unvernünftigen Tiere verstehen, darin verder-
ben sie. 11 Wehe ihnen, weil auf dem Weg des Kain sie gingen
und durch den Irrtum des Balaam um Lohn sich preisgaben

und durch die Widerrede des Kore vernichtet wurden. 12 Diese sind die Schmutzflecken bei euren Liebesmahlen, mitschmausend furchtlos, sich selbst weidend, wasserlose Wolken von Winden fortgetrieben, spätherbstliche, fruchtlose Bäume, zweimal abgestorben, entwurzelt, 13 wilde Wellen (des) Meeres, aufschäumend ihre eigenen Schändlichkeiten, herumirrende Sterne, denen das Dunkel der Finsternis in (den) Aion aufbewahrt ist.

14 (Es) prophezeite aber auch diesen (der) siebte von Adam (her), Henoch, sagend: Siehe, (es) kam (der) Herr in(mitten) seiner heiligen Zehntausenden, 15 Gericht zu halten wider alle und zu überführen jede Seele wegen aller Werke ihrer Gottlosigkeit, die sie gottlos taten, und wegen all des Harten, das sie redeten wider ihn, gottlose Sünder. 16 Diese sind Nörgler, Hadernde, nach ihren Begierden Gehende, und ihr Mund redet Hochfahrendes, sie bestaunen Gesichter, eines Vorteils wegen.

17 Ihr aber, Geliebte, erinnert euch der Worte, der vorhergesagten von den Aposteln unseres Herrn Jesus Christos, 18 daß sie euch sagten: Zur letzten Zeit werden Spötter sein, die gemäß ihren Begierden nach Gottlosigkeiten wandeln. 19 Diese sind die Zerspaltenden, Sinnenwesen, (den) Geist nicht Habende.

20 Ihr aber, Geliebte, auferbauend euch durch euren heiligsten Glauben, in heiligem Geist betend, 21 bewahrt euch in (der) Liebe Gottes, erwartend das Erbarmen unseres Herrn Jesus Christos zu ewigem Leben. 22 Und der einen erbarmt euch, der Zweifelnden, 23 die anderen aber rettet, aus (dem) Feuer (sie) reißend, der anderen aber erbarmt euch in Furcht, hassend auch das vom Fleisch befleckte Gewand.

24 Dem aber, der euch als Ungestrauchelte bewahren und vor seine Herrlichkeit stellen kann als Fehllose in Jubel, 25 (dem) einzigen Gott, unserem Retter durch Jesus Christos, unseren Herrn, (sei) Herrlichkeit, Erhabenheit, Gewalt und Vollmacht vor dem ganzen Aion und jetzt und in alle Aionen, Amen.

Offenbarung (des) Johannes

1 1 Offenbarung (des) Jesus Christos, die Gott ihm gab,
zu zeigen seinen Knechten, was geschehen muß in Kür-
ze, und (die) er schickend anzeigte durch seinen Engel seinem
Knecht Johannes, 2 der bezeugte das Wort Gottes und das
Zeugnis (des) Jesus Christos, wieviel er sah. 3 Selig der Le-
sende und die Hörenden die Worte der Prophetie und (die)
Bewahrenden das in ihr Geschriebene, denn die Zeit (ist)
nahe.

4 Johannes den sieben Gemeinden, denen in der Asia: Gna-
de euch und Friede von (dem), der ist und der war und der
kommt, und von den sieben Geistern, die vor seinem Thron,
5 und von Jesus Christos, der Zeuge, der Treue, der Erstgebo-
rene der Toten und der Herrscher der Könige der Erde. Dem,
der uns liebt und uns erlöste von unseren Sünden in seinem
Blut, 6 und der uns machte zu einem Königtum, zu Priestern
für seinen Gott und Vater, ihm (sei) die Herrlichkeit und die
Dan 7,13 Gewalt in die Aionen [der Aionen]; Amen. 7 *Siehe, er kommt*
Sach 12,10–14 *mit den Wolken, und sehen wird* ihn jedes Auge und (die),
Gen 12,3; 28,14 welche ihn *durchbohrten, und trauern werden über ihn alle*
Stämme der Erde. Ja, Amen.
8 Ich bin das Alpha und das Omega, sagt (der) Herr, Gott,
der ist und der war und der kommt, der Allherrscher.

9 Ich, Johannes, euer Bruder und Mitteilhaber an der Be-
drängnis und (dem) Königtum und (der) Ausdauer in Jesus,
war auf der Insel, der Patmos gerufenen, wegen des Wortes
Gottes und des Zeugnisses von Jesus. 10 Ich war im Geist am
Herrentag und hörte hinter mir eine laute Stimme wie von ei-
ner Trompete, 11 sagend: Was du siehst, schreibe in ein Buch
und schicke (es) den sieben Gemeinden, nach Ephesos und
nach Smyrna und nach Pergamon und nach Thyateira und

nach Sardeis und nach Philadelpheia und nach Laodikeia!
12 Und ich wandte mich um, zu sehen die Stimme, welche
redete mit mir, und mich umwendend sah ich sieben goldene
Leuchter, 13 und inmitten der Leuchter (einen) gleich (dem)
Sohn eines Menschen, angezogen mit einem fußlangen Ge-
wand und umgürtet um die Brust mit einem goldenen Gürtel.
14 Sein Kopf aber und die Haare (waren) weiß wie weiße
Wolle, wie Schnee, und seine Augen wie eine Feuerflamme,
15 und seine Füße gleich Golderz wie in einem glühenden
Ofen und seine Stimme wie eine Stimme vieler Wasser, 16 und
habend in seiner rechten Hand sieben Sterne und aus seinem
Mund ein zweischneidiges scharfes Schwert herauskommend,
und sein Gesicht wie die Sonne scheint in ihrer Kraft.
17 Und als ich ihn sah, fiel ich vor seine Füße wie ein To-
ter, und er legte seine Rechte auf mich, sagend: Fürchte dich
nicht; ich bin der Erste und der Letzte 18 und der Lebende,
und ich war ein Toter, und siehe, lebend bin ich in die Aio-
nen der Aionen, und ich habe die Schlüssel des Todes und des
Hades. 19 Schreibe nun, was du sahst und was ist und was ge-
schehen wird danach! 20 Das Geheimnis der sieben Sterne, die
du sahst auf meiner Rechten, und die sieben goldenen Leuch-
ter: Die sieben Sterne, Engel der sieben Gemeinden sind sie,
und die sieben Leuchter, sieben Gemeinden sind sie.

2
1 Dem Engel der Gemeinde in Ephesos schreibe:
Dies sagt der Festhaltende die sieben Sterne in seiner
Rechten, der Umhergehende inmitten der sieben goldenen
Leuchter: 2 Ich kenne deine Werke, nämlich deine Mühe und
deine Ausdauer, und daß du nicht (er)tragen kannst Schlechte,
und (daß) du prüftest die sich Apostel Nennenden und (es)
nicht sind, und sie fandest als Lügnerische, 3 und Ausdauer
hast und (er)trugst wegen meines Namens und nicht ermüdet
bist. 4 Doch ich habe gegen dich, daß du deine erste Liebe
gelassen hast. 5 Gedenke also, wovon du (ab)gefallen bist, und
kehre um, und die ersten Werke tue! Wenn aber nicht, kom-
me ich zu dir, und bewegen werde ich deinen Leuchter von
seinem Platz, wenn du nicht umkehrst. 6 Doch dies hast du,

daß du hassest die Werke der Nikolaiten, die auch ich hasse.
7 Der Habende ein Ohr soll hören, was der Geist sagt den Ge-
meinden. Dem Siegenden, geben werde ich ihm zu essen vom
Baum des Lebens, der ist im Paradies Gottes.

8 Und dem Engel der Gemeinde in Smyrna schreibe:
Dies sagt der Erste und der Letzte, der ein Toter war und auf-
lebte: 9 Ich kenne deine Bedrängnis und die Armut – doch
reich bist du – und die Lästerung von denen, die sagen, Judai-
er seien sie und (es) nicht sind, sondern eine Synagoge des
Satans. 10 Fürchte nichts, was du leiden wirst! Siehe, (es) wird
werfen der Teufel (einige) von euch in ein Gefängnis, damit
ihr versucht werdet, und haben werdet ihr Bedrängnis zehn
Tage. Werde treu bis zum Tod, und geben werde ich dir den
Kranz des Lebens!
11 Der Habende ein Ohr soll hören, was der Geist sagt den
Gemeinden. Der Siegende wird gewiß nicht Unrecht erleiden
vom zweiten Tod.

12 Und dem Engel der Gemeinde in Pergamon schreibe:
Dies sagt der Habende das Schwert, das zweischneidige, das
scharfe: 13 Ich weiß, wo du wohnst: Wo der Thron des Satans
(ist); und du hältst fest meinen Namen, und nicht leugnetest
du den Glauben an mich auch in den Tagen (des) Antipas,
mein Zeuge, mein treuer, der getötet wurde bei euch, wo der
Satan wohnt. 14 Doch ich habe gegen dich (einiges) wenige,
daß du dort hast Festhaltende die Lehre Balaams, der den
Balak lehrte, zu werfen einen Fallstrick vor die Söhne Israels,
zu essen Götzenopferfleisch und zu huren. 15 So hast auch du
Festhaltende die Lehre [der] Nikolaiten in gleicher Weise.
16 Kehre also um! Wenn aber nicht, komme ich zu dir schnell,
und Krieg führen werde ich mit ihnen mit dem Schwert mei-
nes Mundes.
17 Der Habende ein Ohr soll hören, was der Geist sagt den
Gemeinden. Dem Siegenden, geben werde ich ihm vom ver-
borgenen Manna, und geben werde ich ihm einen weißen
Stein, und auf den Stein einen neuen Namen geschrieben, den
keiner kennt, wenn nicht der Empfangende.

[18] Und dem Engel der Gemeinde in Thyateira schreibe:
Dies sagt der Sohn Gottes, der Habende seine Augen wie
Feuerflammen und seine Füße gleich Golderz: [19] Ich kenne
deine Werke, nämlich die Liebe und den Glauben und den
Dienst und die Ausdauer von dir, und deine letzten Werke
(sind) mehr als die ersten. [20] Doch ich habe gegen dich, daß
du (gewähren) läßt die Frau Jezabel, die sich Prophetin Nen-
nende, und sie lehrt und führt irre meine Knechte, zu huren
und zu essen Götzenopferfleisch. [21] Und ich gab ihr Zeit, da-
mit sie umkehre, aber nicht will sie umkehren aus ihrer Hure-
rei. [22] Siehe, ich werfe sie in ein Bett und die Ehebrechenden
mit ihr in große Bedrängnis, wenn sie nicht umkehren von
den Werken von ihr, [23] und ihre Kinder werde ich töten durch
(den) Tod. Und (es) werden erkennen alle Gemeinden, daß
ich bin der Erforschende Nieren und Herzen, und geben
werde ich euch, jedem nach euren Werken. [24] Euch aber sage
ich, den übrigen, denen in Thyateira, die nicht haben diese
Lehre, welche nicht erkannten die Tiefen des Satans, wie sie
sagen: Nicht werfe ich auf euch eine andere Last, [25] jedoch,
was ihr habt, haltet fest, bis daß immer ich kommen werde!
[26] Und der Siegende und der Bewahrende bis zu (den) Enden
meine Werke, geben werde ich ihm Vollmacht über die Völ-
ker, [27] und *weiden wird er sie mit eisernem Stab, wie* die *irde-* Ps 2,9
nen Gefäße zerbrochen werden, [28] wie auch ich empfangen
habe von meinem Vater, und geben werde ich ihm den Mor-
genstern. [29] Der Habende ein Ohr soll hören, was der Geist
sagt den Gemeinden.

3 [1] Und dem Engel der Gemeinde in Sardeis schreibe:
Dies sagt der Habende die sieben Geister Gottes und
die sieben Sterne: Ich kenne deine Werke, daß du einen Na-
men hast, daß du lebst, aber ein Toter bist. [2] Werde ein Wa-
chender und stärke das Übrige, das sterben wollte, denn nicht
habe ich gefunden deine Werke erfüllt vor meinem Gott!
[3] Gedenke also, wie du empfangen und gehört hast, und be-
wahre (es) und kehre um! Wenn du also nicht wachst, kom-
men werde ich wie ein Dieb, und nicht wirst du wissen, zu

welcher Stunde ich kommen werde über dich. 4 Doch du hast
(einige) wenige Namen in Sardeis, die nicht befleckten ihre
Gewänder, und umhergehen werden sie mit mir in weißen
(Gewändern), weil sie würdig sind.
5 Der Siegende wird so umworfen werden mit weißen Gewän-
dern, und nicht werde ich auslöschen seinen Namen aus dem
Buch des Lebens, und bekennen werde ich seinen Namen vor
meinem Vater und vor seinen Engeln. 6 Der Habende ein Ohr
soll hören, was der Geist sagt den Gemeinden.

7 Und dem Engel der Gemeinde in Philadelpheia schreibe:
Dies sagt der Heilige, der Wahre, der Habende den Schlüs-
sel Davids, der Öffnende, und keiner wird schließen, und
(der) Schließende, und keiner öffnet: 8 Ich kenne deine Wer-
ke; siehe, ich habe vor dich gegeben eine geöffnete Tür, die
keiner schließen kann, denn du hast wenig Kraft und du be-
wahrtest mein Wort und nicht leugnetest du meinen Namen.
9 Siehe, ich werde (dir) geben aus der Synagoge des Satans
von denen, die sagen, Judaier seien sie, aber (es) nicht sind,
sondern lügen. Siehe, ich werde machen, daß sie kommen
werden und niederfallen werden vor deinen Füßen und erken-
nen, daß ich dich liebte. 10 Weil du bewahrtest mein Wort von
der Ausdauer, werde auch ich dich bewahren vor der Stunde
der Versuchung, die kommen wird über den ganzen Erdkreis,
zu versuchen die Wohnenden auf der Erde. 11 Ich komme
schnell; halte fest, was du hast, damit keiner nehme deinen
Kranz!
12 Der Siegende, machen werde ich ihn zu einer Säule im
Tempel meines Gottes, und nicht wird er hinausgehen, und
schreiben werde ich auf ihn den Namen meines Gottes und
den Namen der Stadt meines Gottes, des neuen Jerusalem, die
herabsteigende aus dem Himmel von meinem Gott, und mei-
nen neuen Namen. 13 Der Habende ein Ohr soll hören, was
der Geist sagt den Gemeinden.

14 Und dem Engel der Gemeinde in Laodikeia schreibe:
Dies sagt der Amen, der treue und wahre Zeuge, der Anfang
der Schöpfung Gottes: 15 Ich kenne deine Werke, daß weder

kalt du bist noch heiß. Daß doch kalt du wärest oder heiß!
[16] So, weil lauwarm du bist und weder heiß noch kalt, will ich
dich ausspeien aus meinem Mund. [17] Weil du sagst: Reich bin
ich, und reich bin ich geworden, und keinen Bedarf habe ich,
und du nicht weißt, daß du bist der Elende und Be-
mitleidenswerte und Arme und Blinde und Nackte, [18] rate ich
dir, zu kaufen bei mir Gold, gebrannt im Feuer, damit reich
du wirst, und weiße Gewänder, damit du (sie) umwirfst und
nicht offenbar wird die Schändlichkeit deiner Nacktheit, und
Augensalbe, zu salben deine Augen, damit du siehst. [19] Wel-
che immer ich liebe, überführe ich und erziehe ich; eifere
also und kehre um! [20] Siehe, ich stehe an der Tür und klopfe
an; wenn einer hört meine Stimme und öffnet die Tür, [auch]
hineingehen werde ich zu ihm, und Mahl halten werde ich mit
ihm und er mit mir.
[21] Der Siegende, geben werde ich ihm, zu sitzen mit mir auf
meinem Thron, wie auch ich gesiegt und mich gesetzt habe
mit meinem Vater auf seinen Thron. [22] Der Habende ein Ohr
soll hören, was der Geist sagt den Gemeinden.

4 [1] Danach sah ich (auf), und siehe, eine geöffnete Tür im
Himmel, und die erste Stimme, die ich hörte wie eine
Trompete redend mit mir, sagend: Steige herauf hierher, und
zeigen werde ich dir, was geschehen muß danach!
[2] Sogleich war ich im Geist, und siehe, ein Thron stand da
im Himmel, und auf dem Thron ein Sitzender, [3] und der Sit-
zende gleich im Ansehen einem Jaspisstein und einem Kar-
neol, und ein Strahlenkranz rings um den Thron gleich im
Ansehen einem Smaragd. [4] Und rings um den Thron vierund-
zwanzig Throne, und auf den Thronen vierundzwanzig Älte-
ste sitzend, umworfen mit weißen Gewändern und auf ihren
Köpfen goldene Kränze. [5] Und aus dem Thron gehen heraus
Blitze und Stimmen und Donner, und sieben Fackeln von
Feuer brennend vor dem Thron, welche sind die sieben Gei-
ster Gottes, [6] und vor dem Thron (etwas) wie ein gläsernes
Meer gleich Kristall. Und inmitten des Thrones und rings um

den Thron vier Lebewesen voller Augen vorne und hinten. [7] Und das erste Lebewesen gleich einem Löwen, und das zweite Lebewesen gleich einem Jungstier, und das dritte Lebewesen habend das Gesicht wie von einem Menschen, und das vierte Lebewesen gleich einem fliegenden Adler. [8] Und die vier Lebewesen, eines ums andere von ihnen habend je sechs Flügel, sind ringsum und innen voller Augen, und Ruhe
Jes 6,3 haben sie nicht tags und nachts, sagend: *Heilig, heilig, heilig*
Am 3,13 (G) *Herr, Gott, der Allherrscher,* der war und der ist und der kommt. [9] Und wann geben werden die Lebewesen Herrlichkeit und Ehre und Dank dem Sitzenden auf dem Thron, dem Lebenden in die Aionen der Aionen, [10] (nieder)fallen werden die vierundzwanzig Ältesten vor dem Sitzenden auf dem Thron, und huldigen werden sie dem Lebenden in die Aionen der Aionen, und werfen werden sie ihre Kränze vor den Thron, sagend: [11] Würdig bist du, unser Herr und Gott, zu nehmen die Herrlichkeit und die Ehre und die Kraft, denn du schufst alles und durch deinen Willen war es und wurde es geschaffen.

5 [1] Und ich sah in der Rechten des Sitzenden auf dem Thron ein Buch, beschrieben innen und hinten, versiegelt mit sieben Siegeln. [2] Und ich sah einen starken Engel, verkündend mit lauter Stimme: Wer (ist) würdig, zu öffnen das Buch und zu lösen seine Siegel? [3] Und keiner im Himmel noch auf der Erde noch unter der Erde konnte öffnen das Buch, noch sehen in es. [4] Und ich weinte viel, daß keiner würdig gefunden wurde, zu öffnen das Buch, noch zu sehen in es. [5] Und einer von den Ältesten sagt mir: Weine nicht! Siehe, es siegte der Löwe, der aus dem Stamm Juda, die Wurzel Davids, (um) zu öffnen das Buch und seine sieben Siegel.

[6] Und ich sah inmitten des Thrones und der vier Lebewesen und inmitten der Ältesten ein Lamm stehend, wie geschlachtet, habend sieben Hörner und sieben Augen, welche sind die [sieben] Geister Gottes, geschickt auf die ganze Erde. [7] Und es kam und empfing (das Buch) aus der Rechten des Sitzenden auf dem Thron.

8 Und als es empfing das Buch, die vier Lebewesen und die
vierundzwanzig Ältesten fielen (nieder) vor dem Lamm, ha-
bend jeder eine Kithara und goldene Schalen voller Räucher-
werk, welche sind die Gebete der Heiligen, 9 und sie singen
ein neues Lied, sagend: Würdig bist du, zu empfangen das
Buch und zu öffnen seine Siegel, weil du geschlachtet wur-
dest und kauftest für Gott durch dein Blut (Menschen) aus je-
dem Stamm und (jeder) Zunge und (jedem) Volk und (jeder)
Völkerschaft 10 und machtest sie für unseren Gott zu einem
Königtum und zu Priestern, und sie werden herrschen als Kö-
nige auf der Erde.
11 Und ich sah (auf), und ich hörte eine Stimme von vielen
Engeln rings um den Thron und die Lebewesen und die Älte-
sten, und (es) war ihre Zahl zehntausend (mal) zehntausend
und tausend (mal) tausend, 12 sagend mit lauter Stimme: Wür-
dig ist das geschlachtete Lamm, zu empfangen die Kraft und
Reichtum und Weisheit und Stärke und Ehre und Herrlichkeit
und Segen. 13 Und jedes Geschöpf, das im Himmel und auf der
Erde und unter der Erde und auf dem Meer und alles in ih-
nen, hörte ich, sagend: Dem Sitzenden auf dem Thron und
dem Lamm der Segen und die Ehre und die Herrlichkeit und
die Gewalt in die Aionen der Aionen. 14 Und die vier Lebewesen
sagten: Amen. Und die Ältesten fielen (nieder) und huldigten.

6 1 Und ich sah (auf), als das Lamm öffnete eines von den
sieben Siegeln, und ich hörte eines von den vier Lebe-
wesen, sagend wie eine Stimme eines Donners: Komm! 2 Und
ich sah (auf), und siehe, ein weißes Pferd, und der Sitzende
auf ihm habend einen Bogen, und es wurde gegeben ihm ein
Kranz, und herauskam er siegend, und damit er siege.
3 Und als es öffnete das zweite Siegel, hörte ich das zweite
Lebewesen, sagend: Komm! 4 Und herauskam ein anderes
Pferd, ein feuerrotes, und dem Sitzenden auf ihm, gegeben
wurde ihm, zu nehmen den Frieden von der Erde und damit
einander sie schlachten, und gegeben wurde ihm ein großes
Schwert.

5 Und als es öffnete das dritte Siegel, hörte ich das dritte Lebewesen, sagend: Komm! Und ich sah (auf), und siehe, ein schwarzes Pferd, und der Sitzende auf ihm habend einen Waagebalken in seiner Hand. 6 Und ich hörte (etwas) wie eine Stimme inmitten der vier Lebewesen, sagend: Ein Choinix Weizen um einen Denar, und drei Choinices Gerste um einen Denar, und das Öl und den Wein schädige nicht!

7 Und als es öffnete das vierte Siegel, hörte ich (die) Stimme des vierten Lebewesens, sagend: Komm! 8 Und ich sah (auf), und siehe, ein grünliches Pferd, und der Sitzende auf ihm, sein Name (ist) [der] Tod, und der Hades folgte mit ihm, und gegeben wurde ihnen Vollmacht über das Vierte der Erde, zu töten mit Schwert und mit Hungersnot und mit Tod und durch die Tiere der Erde.

9 Und als es öffnete das fünfte Siegel, sah ich unter dem Altar die Seelen der Geschlachteten wegen des Wortes Gottes und wegen des Zeugnisses, das sie festhielten. 10 Und sie schrien mit lauter Stimme, sagend: Bis wann, heiliger und wahrhaftiger Gebieter, richtest du nicht und rächst unser Blut an den Wohnenden auf der Erde? 11 Und gegeben wurde ihnen einem jeden ein weißes Gewand und gesagt wurde ihnen, daß sie sich beruhigen sollten noch kurze Zeit, bis vollzählig seien auch ihre Mitknechte und ihre Brüder, die getötet werden sollten wie auch sie.

12 Und ich sah (auf), als es öffnete das sechste Siegel, und ein großes Erdbeben entstand, und die Sonne wurde schwarz wie ein härener Sack, und der ganze Mond wurde wie Blut, 13 und die Sterne des Himmels fielen auf die Erde, wie ein Feigenbaum abwirft seine Spätfeigen, von einem großen Wind erschüttert, 14 und der Himmel verschwand wie ein zusammengerolltes Buch, und jeder Berg und (jede) Insel wurden von ihren Plätzen bewegt. 15 Und die Könige der Erde und die Großen und die Chiliarchen und die Reichen und die Starken und jeder Sklave und (jeder) Freie verbargen sich in
Hos 10,8 den Höhlen und in den Felsen der Berge, 16 *und sie sagen den Bergen und den Felsen: Fallt auf uns* und *verbergt uns* vor

(dem) Angesicht des Sitzenden auf dem Thron und vor dem Zorn des Lammes, 17 denn es kam der große Tag ihres Zorns, und wer kann bestehen?

7 1 Danach sah ich vier Engel, stehend an den vier Ecken der Erde, festhaltend die vier Winde der Erde, damit nicht wehe ein Wind über die Erde noch über das Meer noch über jeden Baum. 2 Und ich sah einen anderen Engel, aufsteigend vom Aufgang (der) Sonne, habend ein Siegel (des) lebenden Gottes, und er schrie mit lauter Stimme zu den vier Engeln, denen gegeben war, selbst zu schädigen die Erde und das Meer, 3 sagend: Schädigt nicht die Erde noch das Meer noch die Bäume, bis wir besiegeln die Knechte unseres Gottes auf ihren Stirnen.

4 Und ich hörte die Zahl der Besiegelten, hundertvierundvierzigtausend, Besiegelte aus jedem Stamm (der) Söhne Israels: 5 Aus (dem) Stamm Juda zwölftausend Besiegelte, aus (dem) Stamm Ruben zwölftausend, aus (dem) Stamm Gad zwölftausend, 6 aus (dem) Stamm Aser zwölftausend, aus (dem) Stamm Nephthalim zwölftausend, aus (dem) Stamm Manasse zwölftausend, 7 aus (dem) Stamm Symeon zwölftausend, aus (dem) Stamm Levi zwölftausend, aus (dem) Stamm Issachar zwölftausend, 8 aus (dem) Stamm Zabulon zwölftausend, aus (dem) Stamm Joseph zwölftausend, aus (dem) Stamm Benjamin zwölftausend Besiegelte.

9 Danach sah ich (auf), und siehe, eine große Volksmenge, die keiner zählen konnte, aus jeder Völkerschaft und (allen) Stämmen und Völkern und Zungen, stehend vor dem Thron und vor dem Lamm, umworfen mit weißen Gewändern und Palmen in ihren Händen, 10 und sie schreien mit lauter Stimme, sagend: Das Heil unserem Gott, dem Sitzenden auf dem Thron, und dem Lamm! 11 Und alle Engel standen rings um den Thron und die Ältesten und die vier Lebewesen, und sie fielen vor dem Thron auf ihre Gesichter und huldigten Gott, 12 sagend: Amen, der Segen und die Herrlichkeit und die Weisheit und der Dank und die Ehre und die Kraft und die Stärke unserem Gott in die Aionen der Aionen; Amen.

13 Und (es) antwortete einer von den Ältesten, sagend mir:
Diese, die Umworfenen mit den weißen Gewändern, wer sind
sie, und woher kamen sie? 14 Und ich sprach zu ihm: Mein
Herr, du weißt (es). Und er sprach zu mir: Diese sind die
Kommenden aus der großen Bedrängnis, und sie wuschen
ihre Gewänder und weißten sie im Blut des Lammes. 15 Des-
wegen sind sie vor dem Thron Gottes und dienen ihm tags
und nachts in seinem Tempel, und der Sitzende auf dem
Jes 49,10 Thron wird zelten über ihnen. 16 *Nicht* mehr *werden sie hun-
gern und nicht* mehr *dürsten, noch wird fallen auf sie die Son-
ne noch* jede *Glut,* 17 weil das Lamm, das mitten vor dem
Thron, sie weiden wird und sie weisen wird zu (des) Lebens
Jes 25,8 Quellen (der) Wasser, *und abwischen wird Gott jede Träne
aus* ihren *Augen.*

8 1 Und wann es öffnete das siebte Siegel, wurde Stille im
Himmel, etwa eine halbe Stunde. 2 Und ich sah die sie-
ben Engel, die vor Gott standen, und gegeben wurden ihnen
sieben Trompeten. 3 Und ein anderer Engel kam, und er wur-
de an den Altar gestellt, habend eine goldene Räucherpfanne,
und gegeben wurde ihm viel Räucherwerk, damit er (es) gebe
für die Gebete aller Heiligen auf den goldenen Altar, dem vor
dem Thron. 4 Und hinaufstieg der Rauch des Räucherwerks
für die Gebete der Heiligen aus (der) Hand des Engels vor
Gott. 5 Und (es) nahm der Engel die Räucherpfanne, und er
füllte sie aus dem Feuer des Altars, und er warf (sie) auf die
Erde, und (es) entstanden Donner und Stimmen und Blitze
und ein Erdbeben.

6 Und die sieben Engel, die Habenden die sieben Trompe-
ten, bereiteten sich, damit sie trompeteten.

7 Und der erste trompetete; und (es) entstand Hagel und
Feuer, gemischt mit Blut, und wurde geworfen auf die Erde,
und das Dritte der Erde wurde verbrannt, und das Dritte der
Bäume wurde verbrannt, und alles grüne Gras wurde ver-
brannt.

8 Und der zweite Engel trompetete; und (etwas) wie ein

großer Berg, von Feuer brennend, wurde geworfen ins Meer,
und (es) wurde das Dritte des Meeres Blut, 9 und (es) starb
das Dritte der Geschöpfe, derer im Meer, habend Leben, und
das Dritte der Schiffe wurde vernichtet.
10 Und der dritte Engel trompetete; und (es) fiel aus dem
Himmel ein großer Stern, brennend wie eine Fackel, und er
fiel auf das Dritte der Flüsse und auf die Quellen der Wasser,
11 und der Name des Sterns wird genannt „der Wermut“, und
(es) wurde das Dritte der Wasser zu Wermut, und viele der
Menschen starben von den Wassern, weil sie bitter gemacht
waren.
12 Und der vierte Engel trompetete; und zerschlagen wurde
das Dritte der Sonne und das Dritte des Mondes und das
Dritte der Sterne, damit verfinstert würde das Dritte von ih-
nen und der Tag nicht scheine, das Dritte von ihm, und die
Nacht gleicherweise.
13 Und ich sah (auf), und ich hörte einen Adler, fliegend in
der Himmelsmitte, sagend mit lauter Stimme: Wehe, wehe,
wehe den Wohnenden auf der Erde wegen der übrigen Stim-
men der Trompete der drei Engel, die (noch) trompeten sol-
len.

9 1 Und der fünfte Engel trompetete; und ich sah einen
Stern, aus dem Himmel gefallen auf die Erde, und ge-
geben wurde ihm der Schlüssel des Schlundes des Abgrunds,
2 und er öffnete den Schlund des Abgrunds, und aufstieg
Rauch aus dem Schlund wie Rauch eines großen Ofens, und
verfinstert wurde die Sonne und die Luft vom Rauch des
Schlunds. 3 Und aus dem Rauch herauskamen Heuschrecken
auf die Erde, und gegeben wurde ihnen Vollmacht, wie Voll-
macht haben die Skorpione der Erde. 4 Und gesagt wurde ih-
nen, daß sie nicht schädigen das Gras der Erde noch jedes
Grün noch jeden Baum, außer die Menschen, welche nicht
haben das Siegel Gottes auf den Stirnen. 5 Und gegeben wurde
ihnen, daß sie nicht sie töten, sondern daß sie gequält werden
fünf Monate, und ihre Qual (ist) wie (die) Qual von einem
Skorpion, wann er sticht einen Menschen. 6 Und in jenen Ta-

gen werden suchen die Menschen den Tod, und nicht werden
sie ihn finden, und begehren werden sie zu sterben, und (es)
flieht der Tod vor ihnen.
7 Und die Gleichbilder der Heuschrecken (waren) gleich Pfer-
den, bereitet für (den) Krieg, und auf ihren Köpfen (etwas)
wie Kränze gleich Gold, und ihre Gesichter wie Gesichter
von Menschen, 8 und sie hatten Haare wie Haare von Frauen,
und ihre Zähne waren wie von Löwen, 9 und sie hatten Panzer
wie eiserne Panzer, und der Laut ihrer Flügel (war) wie (der)
Laut von Wagen vieler Pferde, laufend in (den) Krieg, 10 und
sie haben Schwänze gleich Skorpionen und Stacheln, und in
ihren Schwänzen (ist) ihre Vollmacht, zu schädigen die Men-
schen fünf Monate; 11 sie haben über sich als König den Engel
des Abgrunds, sein Name hebraisch Abaddon, und in Helle-
nisch hat er (den) Namen Apollyon.
12 Das erste Wehe ging vorüber; siehe, es kommen noch zwei
Wehe danach.

13 Und der sechste Engel trompetete; und ich hörte eine
(einzige) Stimme aus den [vier] Hörnern des goldenen Alta-
res, des vor Gott, 14 sagend dem sechsten Engel, der Habende
die Trompete: Löse die vier Engel, die gebundenen am gro-
ßen Fluß Euphrates! 15 Und gelöst wurden die vier Engel, be-
reitet für die Stunde und (den) Tag und (den) Monat und (das)
Jahr, damit sie töten das Dritte der Menschen. 16 Und die Zahl
der Heere der Reiterei (war) zwanzigtausend (mal) zehntau-
send; ich hörte ihre Zahl.
17 Und so sah ich die Pferde in der Erscheinung und die Sit-
zenden auf ihnen, habend feurige und hyazinthfarbige und
schwefelgelbe Panzer, und die Köpfe der Pferde wie Köpfe
von Löwen, und aus ihren Mäulern herauskommt Feuer und
Rauch und Schwefel. 18 Von diesen drei Schlägen wurden ge-
tötet das Dritte der Menschen, durch das Feuer und den
Rauch und den Schwefel, den herauskommenden aus ihren
Mäulern. 19 Denn die Vollmacht der Pferde ist in ihrem Maul
und in ihren Schwänzen, denn ihre Schwänze (sind) gleich
Schlangen, habend Köpfe, und mit ihnen schädigen sie.

[20] Und die übrigen der Menschen, die nicht getötet wurden
durch diese Schläge, kehrten nicht um von den Werken ihrer
Hände, damit sie nicht huldigten den Dämonen und den Göt-
zen, den goldenen und den silbernen und den kupfernen und
den steinernen und den hölzernen, die weder sehen können
noch hören noch umhergehen, [21] und sie kehrten nicht um von
ihren Morden noch von ihren Zaubermitteln noch von ihrer
Hurerei noch von ihren Diebereien.

10 [1] Und ich sah einen anderen starken Engel, herab-
steigend aus dem Himmel, umkleidet mit einer
Wolke, und der Regenbogen auf seinem Kopf und sein Ge-
sicht wie die Sonne und seine Füße wie Säulen von Feuer,
[2] und habend in seiner Hand ein geöffnetes Büchlein. Und er
stellte seinen rechten Fuß auf das Meer, den linken aber auf
die Erde, [3] und er schrie mit lauter Stimme, wie ein Löwe
brüllt. Und als er schrie, redeten die sieben Donner mit ihren
Stimmen. [4] Und als die sieben Donner redeten, wollte ich
schreiben, und ich hörte eine Stimme aus dem Himmel, sa-
gend: Versiegele, was die sieben Donner redeten, und schrei-
be es nicht!

[5] Und der Engel, den ich sah, stehend auf dem Meer und
auf der Erde, erhob seine rechte Hand in den Himmel, [6] und
er schwor beim Lebenden in die Aionen der Aionen, der
schuf den Himmel und das in ihm und die Erde und das auf
ihr und das Meer und das in ihm, daß Zeit nicht mehr sein
wird, [7] sondern in den Tagen der Stimme des siebten Engels,
wann er trompeten wird, ist auch erfüllt das Geheimnis Got-
tes, wie er (als Evangelium) verkündete seinen Knechten, den
Propheten.

[8] Und die Stimme, die ich hörte aus dem Himmel, wieder re-
dend mit mir und sagend: Geh fort, nimm das geöffnete Buch
in der Hand des Engels, des stehenden auf dem Meer und auf
der Erde! [9] Und wegging ich zu dem Engel, sagend ihm: Gib
mir das Büchlein! Und er sagt mir: Nimm und iß es auf! Und
es wird bitter machen deinen Bauch, aber in deinem Mund
wird es sein süß wie Honig.

10 Und ich empfing das Büchlein aus der Hand des Engels,
und ich aß es auf, und es war in meinem Mund wie Honig
süß, und als ich es aß, wurde bitter gemacht mein Bauch.
11 Und sie sagen mir: Du mußt wieder prophezeien über Völ-
ker und Völkerschaften und Zungen und viele Könige.

11 1 Und gegeben wurde mir ein Rohr gleich einem
(Meß)stab, sagend: Steh auf und miß den Tempel
Gottes und den Altar und die Huldigenden in ihm! 2 Aber den
Hof, den außerhalb des Tempels, wirf nach außerhalb und
miß ihn nicht, weil er gegeben wurde den Völkern, und die
heilige Stadt werden sie treten zwei[und]vierzig Monate.
3 Und ich werde geben meinen zwei Zeugen, und sie werden
prophezeien tausendzweihundertsechzig Tage, umworfen mit
Säcken. 4 Diese sind die zwei Ölbäume und die zwei Leuch-
ter, die vor dem Herrn der Erde stehenden. 5 Und wenn einer
sie will schädigen, Feuer kommt heraus aus ihrem Mund und
verzehrt ihre Feinde; und wenn einer sie schädigen wollte, so
muß er getötet werden. 6 Diese haben die Vollmacht, zu ver-
schließen den Himmel, damit nicht Regen falle an den Tagen
ihrer Prophetie, und Vollmacht haben sie über die Wasser,
umzuwandeln sie in Blut und zu schlagen die Erde mit jedem
Schlag jedesmal, wenn sie wollen.
7 Und wann sie beendeten ihr Zeugnis, das Tier, das aufstei-
gende aus dem Abgrund, wird Krieg machen mit ihnen und
wird sie besiegen und sie töten. 8 Und ihre Leiche (liegt) auf
der Straße der großen Stadt, welche gerufen wird geistlicher-
weise Sodoma und Aigyptos, wo auch ihr Herr gekreuzigt
wurde. 9 Und (es) sehen (welche) von den Völkern und Stäm-
men und Zungen und Völkerschaften ihre Leiche drei Tage
und einen halben, und ihre Leichen lassen sie nicht gelegt
werden in eine Grabstätte. 10 Und die Wohnenden auf der Er-
de freuen sich über sie, und sie erfreuen sich, und Geschenke
werden sie schicken einander, weil diese zwei Propheten
quälten die Wohnenden auf der Erde.
Ez 37,5.10 11 Und nach den drei Tagen und einem halben *(der) Geist*
(des) Lebens aus Gott *hineinging in sie, und sie stellten sich*

auf ihre Füße, und eine große Furcht fiel auf die sie Sehen-
den. 12 Und sie hörten eine laute Stimme aus dem Himmel, sa-
gend ihnen: Steigt herauf hierher! Und sie stiegen hinauf in
den Himmel in der Wolke, und (es) sahen sie ihre Feinde.
13 Und in jener Stunde entstand ein großes Erdbeben, und das
Zehnte der Stadt fiel, und getötet wurden in dem Erdbeben
(die) Namen von siebentausend Menschen, und die übrigen
gerieten in Furcht und gaben Ehre dem Gott des Himmels.

14 Das zweite Wehe ging vorüber; siehe, das dritte Wehe
kommt schnell.

15 Und der siebte Engel trompetete; und (es) entstanden
laute Stimmen im Himmel, sagend: (Es) wurde das Königtum
der Welt unseres Herrn und seines Gesalbten, und er wird als
König herrschen in die Aionen der Aionen. 16 Und die vier-
undzwanzig Ältesten, [die] vor Gott sitzenden auf ihren Thro-
nen, fielen auf ihre Gesichter und huldigten Gott, 17 sagend:
Wir danken dir, Herr, Gott, der Allherrscher, der ist und der
war, daß du empfangen hast deine große Kraft und als König
herrschtest. 18 Und die Völker erzürnten, und (es) kam dein
Zorn und die Zeit der Toten, gerichtet zu werden, und zu ge-
ben den Lohn deinen Knechten, den Propheten und den Heili-
gen und den Fürchtenden deinen Namen, die Kleinen und die
Großen, und zu verderben die Verderbenden die Erde.

19 Und geöffnet wurde der Tempel Gottes, der im Himmel,
und (es) erschien die Lade seines Bundes in seinem Tempel,
und (es) entstanden Blitze und Stimmen und Donner und ein
Erdbeben und großer Hagel.

12 1 Und ein großes Zeichen erschien am Himmel, eine
Frau, umkleidet mit der Sonne, und der Mond unter
ihren Füßen und auf ihrem Kopf ein Kranz von zwölf Ster-
nen, 2 und sie (ist) schwanger, und sie schreit, Geburtswehen
habend und sich quälend zu gebären. 3 Und (es) erschien ein
anderes Zeichen am Himmel, und siehe, ein großer, feuerro-
ter Drache, habend sieben Köpfe und zehn Hörner und auf
seinen Köpfen sieben Diademe, 4 und sein Schwanz schleppt

das Dritte der Sterne des Himmels und warf sie auf die Erde.
Und der Drache hat sich vor die Frau gestellt, die daran war
zu gebären, damit, wann sie gebäre, er ihr Kind auffresse.
5 Und sie gebar einen Sohn, ein Männliches, der weiden wird
alle Völker mit eisernem Stab. Und fortgerissen wurde ihr
Kind zu Gott und zu seinem Thron. 6 Und die Frau floh in die
Wüste, wo sie dort hat einen Ort, bereitet von Gott, damit
dort man sie nähre tausendzweihundertsechzig Tage.

7 Und (es) entstand ein Krieg im Himmel, der Michael und
seine Engel (mußten) Krieg führen mit dem Drachen. Und
der Drache führte Krieg und seine Engel, 8 und nicht(s) ver-
mochte er, und nicht wurde ihr Ort gefunden mehr im Him-
mel. 9 Und geworfen wurde der große Drache, die alte
Schlange, gerufen Teufel und der Satan, der Irreführende den
ganzen Erdkreis, geworfen wurde er auf die Erde, und seine
Engel wurden mit ihm geworfen. 10 Und ich hörte eine laute
Stimme im Himmel, sagend: Jetzt entstand das Heil und die
Kraft und das Königtum unseres Gottes und die Macht seines
Gesalbten, weil hinabgeworfen wurde der Ankläger unserer
Brüder, der sie anklagende vor unserem Gott tags und nachts.
11 Und sie besiegten ihn durch das Blut des Lammes und
durch das Wort ihres Zeugnisses, und nicht liebten sie ihr
Leben bis zum Tod. 12 Deswegen freut euch, [ihr] Himmel
und die in ihnen Zeltenden! Wehe der Erde und dem Meer,
weil herabstieg der Teufel zu euch, habend große Wut, wis-
send, daß er wenig Zeit hat.

13 Und als der Drache sah, daß er geworfen wurde auf die
Erde, verfolgte er die Frau, welche geboren hatte den Männ-
lichen. 14 Und gegeben wurden der Frau die zwei Flügel des
großen Adlers, damit sie fliege in die Wüste zu ihrem Ort,
wo sie genährt wird dort eine Zeit und Zeiten und eine halbe
Zeit, (weg) vom Gesicht der Schlange. 15 Und (es) warf die
Schlange aus ihrem Maul hinter der Frau Wasser (her) wie
einen Fluß, damit er sie vom Fluß forttragen ließe. 16 Und (es)
half die Erde der Frau, und (es) öffnete die Erde ihr Maul,
und sie trank auf den Fluß, den geworfen hatte der Drache

aus seinem Maul. [17] Und (es) erzürnte der Drache über die
Frau, und er ging fort, Krieg zu machen mit den übrigen ih-
rer Nachkommenschaft, den Bewahrenden die Gebote Gottes
und Habenden das Zeugnis von Jesus.
[18] Und er stellte sich auf den Sand des Meeres.

13 [1] Und ich sah aus dem Meer ein Tier heraufstei-
gend, habend zehn Hörner und sieben Köpfe und
auf seinen Hörnern zehn Diademe und auf seinen Köpfen
Name[n] (der) Lästerung. [2] Und das Tier, das ich sah, war
gleich einem Panther, und seine Füße wie (die) eines Bären,
und sein Maul wie (das) Maul eines Löwen. Und (es) gab ihm
der Drache seine Kraft und seinen Thron und große Voll-
macht. [3] Und (ich sah) einen von seinen Köpfen wie geschlach-
tet zu Tode, und der Schlag seines Todes wurde geheilt.

Und (es) staunte die ganze Erde hinter dem Tier, [4] und sie
huldigten dem Drachen, weil er gab die Vollmacht dem Tier,
und sie huldigten dem Tier, sagend: Wer (ist) gleich dem
Tier, und wer kann Krieg führen mit ihm?
[5] Und gegeben wurde ihm ein Maul, redend Großes und
Lästerungen, und gegeben wurde ihm Vollmacht, zu wirken
zwei[und]vierzig Monate. [6] Und es öffnete sein Maul zu
Lästerungen gegen Gott, zu lästern seinen Namen und sein
Zelt, die im Himmel Zeltenden. [7] Und gegeben wurde ihm,
Krieg zu machen mit den Heiligen und sie zu besiegen, und
gegeben wurde ihm Vollmacht über jeden Stamm und (jedes)
Volk und (jede) Zunge und (jede) Völkerschaft. [8] Und huldi-
gen werden ihm alle Wohnenden auf der Erde, (jeder,) von
dem nicht geschrieben ist sein Name im Buch des Lebens des
geschlachteten Lammes seit Grundlegung (der) Welt.

[9] Wenn einer hat ein Ohr, hören soll er! [10] Wenn einer in
Gefangenschaft (soll), in Gefangenschaft geht er fort; wenn
einer mit (dem) Schwert getötet werden (soll), wird er mit
(dem) Schwert getötet. Hier ist die Ausdauer und die Treue
der Heiligen (nötig).

[11] Und ich sah ein anderes Tier heraufsteigend aus der Er-
de, und es hatte zwei Hörner gleich einem Lamm, und es re-

dete wie ein Drache. 12 Und die ganze Vollmacht des ersten
Tieres wirkt es vor ihm, und es bewirkt, daß die Erde und die
auf ihr Wohnenden huldigen dem ersten Tier, von dem ge-
heilt wurde der Schlag seines Todes. 13 Und es wirkt große
Zeichen, daß es bewirkt, daß auch Feuer aus dem Himmel
herabsteigt auf die Erde vor den Menschen, 14 und es führt die
Wohnenden auf der Erde irre durch die Zeichen, die ihm ge-
geben wurden, zu wirken vor dem Tier, sagend den Wohnen-
den auf der Erde, zu machen ein Bild für das Tier, das den
Schlag des Schwertes hat und auflebte.
15 Und gegeben wurde ihm, zu geben Geist dem Bild des Tie-
res, damit auch rede das Bild des Tieres und bewirke, [daß],
welche immer nicht huldigen dem Bild des Tieres, getötet
würden. 16 Und es bewirkt, daß alle, die Kleinen und die Gro-
ßen, und die Reichen und die Armen, und die Freien und die
Sklaven, sich geben ein Prägezeichen auf ihre rechte Hand
oder auf ihre Stirn, 17 und daß keiner kaufen oder verkaufen
kann, wenn nicht der Habende das Prägezeichen: den Namen
des Tieres oder die Zahl seines Namens.

18 Hier ist die Weisheit (nötig). Der Verstand Habende soll be-
rechnen die Zahl des Tieres! Denn (die) Zahl eines Menschen
ist sie, und seine Zahl (ist) sechshundertsechsundsechzig.

14 1 Und ich sah (auf), und siehe, das Lamm, stehend
auf dem Berg Sion, und mit ihm hundertvierund-
vierzigtausend, habend seinen Namen und den Namen seines
Vaters geschrieben auf ihren Stirnen. 2 Und ich hörte eine
Stimme aus dem Himmel wie eine Stimme vieler Wasser und
wie eine Stimme eines großen Donners, und die Stimme, die
ich hörte, (war) wie von Kitharaspielern, kitharaspielend auf
ihren Kitharas. 3 Und sie singen (etwas) [wie] ein neues Lied
vor dem Thron und vor den vier Lebewesen und den Älte-
sten, und keiner konnte lernen das Lied außer den hundert-
vierundvierzigtausend, den Gekauften von der Erde. 4 Diese
sind (die), die mit Frauen sich nicht befleckten, denn jung-
fräulich sind sie; diese (sind) die Folgenden dem Lamm, wo-
hin immer es fortgeht. Diese wurden gekauft von den Men-

schen als Erstlingsgabe für Gott und für das Lamm, 5 und *in* Zef 3,13
ihrem Mund nicht wurde gefunden eine Lüge, fehllos sind sie. Jes 53,9

6 Und ich sah einen anderen Engel fliegend in (der) Himmelsmitte, habend ein ewiges Evangelium zu verkünden für die Sitzenden auf der Erde und für jede Völkerschaft und (jeden) Stamm und (jede) Zunge und (jedes) Volk, 7 sagend mit lauter Stimme: Fürchtet Gott und gebt ihm Ehre, denn (es) kam die Stunde seines Gerichts, und huldigt dem, der machte den Himmel und die Erde und (das) Meer und Quellen (der) Wasser!

8 Und ein anderer, zweiter Engel folgte, sagend:
(Es) fiel, (es) fiel Babylon, die große, die aus dem Wein der Leidenschaft ihrer Hurerei getränkt hat alle Völker.

9 Und ein anderer, dritter Engel folgte ihnen, sagend mit lauter Stimme:
Wenn einer huldigt dem Tier und seinem Bild und empfängt ein Prägezeichen auf seine Stirn oder auf seine Hand, 10 wird er auch trinken vom Wein der Leidenschaft Gottes, dem unvermischt eingeschenkten im Becher seines Zorns, und gequält werden wird er in Feuer und Schwefel vor (den) heiligen Engeln und vor dem Lamm. 11 Und der Rauch ihrer Qual steigt in Aionen (der) Aionen auf, und nicht haben Ruhe tags und nachts die Huldigenden dem Tier und seinem Bild, und wenn einer empfängt das Prägezeichen seines Namens. 12 Hier ist die Ausdauer der Heiligen (nötig), der Bewahrenden die Gebote Gottes und den Glauben an Jesus.

13 Und ich hörte eine Stimme aus dem Himmel, sagend:
Schreibe:
Selig (sind) die Toten, die im Herrn Sterbenden ab jetzt. Ja, sagt der Geist, damit sie ausruhen von ihren Mühen, denn ihre Werke folgen mit ihnen.

14 Und ich sah (auf), und siehe, eine weiße Wolke, und auf der Wolke ein Sitzender gleich (dem) Sohn eines Menschen, habend auf seinem Kopf einen goldenen Kranz und in seiner Hand eine scharfe Sichel. 15 Und ein anderer Engel kam heraus aus dem Tempel, schreiend mit lauter Stimme zu dem

Sitzenden auf der Wolke: Schicke deine Sichel und ernte! Denn (es) kam die Stunde zu ernten, weil gedörrt ist die Ernte der Erde.

16 Und (es) warf der Sitzende auf der Wolke seine Sichel auf die Erde, und (ab)geerntet wurde die Erde.

17 Und ein anderer Engel kam heraus aus dem Tempel, dem
im Himmel, habend auch er eine scharfe Sichel. 18 Und ein
anderer Engel [kam heraus] aus dem Altar, [der] Habende Vollmacht über das Feuer, und er schrie mit lauter Stimme zu dem Habenden die scharfe Sichel, sagend: Schicke deine scharfe Sichel und ernte ab die Trauben des Weinstocks der
Erde! Denn reif sind seine Beeren. 19 Und (es) warf der Engel
seine Sichel auf die Erde, und er erntete ab den Weinstock der Erde, und er warf (die Trauben) in die Kelter der großen
Wut Gottes. 20 Und getreten wurde die Kelter außerhalb der
Stadt, und heraus kam Blut aus der Kelter bis zum Zaumzeug der Pferde, an die tausendsechshundert Stadien.

15

1 Und ich sah ein anderes Zeichen am Himmel, groß und wunderbar, sieben Engel, habend sieben Schläge, die letzten, denn in ihnen wurde vollendet die Wut Gottes.

2 Und ich sah (etwas) wie ein gläsernes Meer, gemischt mit
Feuer, und die Siegenden über das Tier und über sein Bild und über die Zahl seines Namens, stehend am gläsernen
Meer, habend (die) Kitharas Gottes. 3 Und sie singen das Lied
(des) Moyses, des Knechtes Gottes, und das Lied des Lam-
Ps 111,2; 139,14 mes, sagend: *Groß* und *wunderbar (sind) deine Werke, Herr,*
Am 3,13; 4,13 (G) *Gott, der Allherrscher; gerecht und wahr (sind) deine Wege,*
Dtn 32,4
Ps 145,17 *König der Völker;* 4 *wer wird nicht fürchten, Herr, und ver-*
Jer 10,7 *herrlichen deinen Namen?* Denn allein heilig (bist du), denn
Ps 86,9
Jes 2,2 *alle Völker werden kommen und werden huldigen vor dir,*
Jer 16,19 denn deine Rechtsprüche wurden offenbar gemacht.

5 Und danach sah ich (auf), und geöffnet wurde der Tempel
des Zeltes des Zeugnisses im Himmel, 6 und herauskamen die
sieben Engel, [die] Habenden die sieben Schläge, aus dem

Tempel, angezogen mit reinem, strahlendem Leinen, und
umgürtet um die Brüste mit goldenen Gürteln. 7 Und eines
von den vier Lebewesen gab den sieben Engeln sieben golde-
ne Schalen voll der Wut Gottes, des lebenden in die Aionen
der Aionen. 8 Und gefüllt wurde der Tempel mit Rauch von
der Herrlichkeit Gottes und von seiner Kraft, und keiner
konnte hineingehen in den Tempel, bis vollendet würden die
sieben Schläge der sieben Engel.

16 1 Und ich hörte eine laute Stimme aus dem Tempel,
sagend den sieben Engeln: Geht fort und gießt aus
die sieben Schalen der Wut Gottes auf die Erde!

2 Und wegging der erste, und er goß aus seine Schale auf
die Erde, und (es) entstand ein schlechtes und böses Ge-
schwür an den Menschen, den habenden das Prägezeichen des
Tieres und den huldigenden seinem Bild.

3 Und der zweite goß aus seine Schale auf das Meer, und
(es) entstand Blut wie eines Toten, und jedes Lebewesen
starb, (all) das im Meer.

4 Und der dritte goß aus seine Schale auf die Flüsse und die
Quellen (der) Wasser, und (es) entstand Blut. 5 Und ich hörte
den Engel der Wasser, sagend: Gerecht bist du, der ist und
der war, der Heilige, daß du dieses gerichtet hast, 6 denn Blut
von Heiligen und Propheten vergossen sie, und Blut [hast] du
ihnen gegeben zu trinken, würdig sind sie (dessen).
7 Und ich hörte den Altar, sagend: Ja, Herr, Gott, der All-
herrscher, wahr und gerecht (sind) deine Gerichte.

8 Und der vierte goß aus seine Schale auf die Sonne, und
gegeben wurde ihr, zu verbrennen die Menschen in Feuer.
9 Und verbrannt wurden die Menschen mit großer Glut, und
sie lästerten den Namen Gottes, des habenden die Vollmacht
über diese Schläge, aber nicht kehrten sie um, ihm zu geben
Ehre.

10 Und der fünfte goß aus seine Schale auf den Thron des
Tieres, und (es) wurde sein Königtum verfinstert, und sie
zerbissen ihre Zungen vor Schmerz, 11 und sie lästerten den
Gott des Himmels wegen ihrer Schmerzen und wegen ihrer

Geschwüre, aber nicht kehrten sie um von ihren Werken.
12 Und der sechste goß aus seine Schale auf den großen
Fluß, den Euphrates, und (es) vertrocknete sein Wasser, da-
mit bereitet werde der Weg der Könige, derer vom Aufgang
(der) Sonne. 13 Und ich sah aus dem Maul des Drachen und
aus dem Maul des Tieres und aus dem Mund des Lügenpro-
pheten drei unreine Geister wie Frösche; 14 denn sie sind Zei-
chen wirkende Geister von Dämonen, die herausgehen zu den
Königen des ganzen Erdkreises, sie zu versammeln zum
Krieg des großen Tages Gottes, des Allherrschers. 15 Siehe,
ich komme wie ein Dieb. Selig der Wachende und Bewahren-
de seine Gewänder, damit er nicht nackt umhergehe und sie
sehen seine Scham. 16 Und sie versammelten sie an dem Ort,
dem auf hebraisch Harmagedon gerufenen.

17 Und der siebte goß aus seine Schale auf die Luft, und
herauskam eine laute Stimme aus dem Tempel von dem
Thron, sagend: Es ist geschehen. 18 Und (es) entstanden Blitze
und Stimmen und Donner, und ein großes Erdbeben entstand,
wie nicht entstand, seitdem ein Mensch entstand auf der Erde,
ein solches Erdbeben, so groß. 19 Und (es) wurde die große
Stadt zu drei Teilen, und die Städte der Völker fielen. Und
Babylon, die große, (ihrer) wurde gedacht vor Gott, zu geben
ihr den Becher des Weines der Wut seines Zorns. 20 Und jede
Insel floh, und Berge wurden nicht gefunden. 21 Und ein gro-
ßer Hagel wie von Zentnerschwere fällt herab aus dem Him-
mel auf die Menschen, und (es) lästerten die Menschen Gott
wegen des Schlags des Hagels, weil groß ist sein Schlag sehr.

17 1 Und (es) kam einer von den sieben Engeln, den
habenden die sieben Schalen, und redete mit mir,
sagend: Auf, ich werde dir zeigen den Gerichtsbeschluß über
die große Hure, der sitzenden an vielen Wassern, 2 mit der
hurten die Könige der Erde, und (es) betranken sich die Be-
wohnenden die Erde vom Wein ihrer Hurerei; 3 und forttrug
er mich in eine Wüste im Geist.

Und ich sah eine Frau, sitzend auf einem scharlachroten

Tier, voller Namen (der) Lästerung, habend sieben Köpfe und
zehn Hörner. 4 Und die Frau war umworfen mit Purpur und
Scharlach und vergoldet mit Gold und wertvollem Stein und
Perlen, habend einen goldenen Becher in ihrer Hand voll von
Greueln und dem Unreinen ihrer Hurerei 5 und auf ihrer Stirn
einen Namen geschrieben, ein Geheimnis, Babylon, die
große, die Mutter der Huren und der Greuel der Erde. 6 Und
ich sah die Frau betrunken vom Blut der Heiligen und vom
Blut der Zeugen für Jesus. Und ich staunte, sie sehend, ein
großes Staunen.

7 Und (es) sprach zu mir der Engel: Weshalb stauntest du?
Ich werde dir sagen das Geheimnis der Frau und des Tieres,
des sie tragenden, des habenden die sieben Köpfe und die
zehn Hörner.

8 Das Tier, das du sahst, war und ist nicht und wird aufsteigen
aus dem Abgrund, und ins Verderben geht es fort, und stau-
nen werden die Wohnenden auf der Erde, von denen nicht ge-
schrieben ist der Name ins Buch des Lebens seit Grundlegung
(der) Welt, sehend das Tier, daß es war und nicht ist und da-
sein wird; 9 hier (ist) der Verstand (nötig), der Weisheit ha-
bende. Die sieben Köpfe sind sieben Berge, worauf die Frau
sitzt. Und (es) sind sieben Könige; 10 die fünf fielen, der eine
ist, der andere kam noch nicht, und wann er kommt, kurz soll
er bleiben. 11 Und das Tier, das war und nicht ist, ist auch
selbst (der) achte und ist von den sieben, und ins Verderben
geht es fort. 12 Und die zehn Hörner, die du sahst, sind zehn
Könige, welche ein Königtum noch nicht empfingen, doch
Vollmacht wie Könige empfangen sie für eine (einzige) Stun-
de mit dem Tier. 13 Diese haben eine (einzige) Meinung, und
die Kraft und ihre Vollmacht geben sie dem Tier. 14 Diese
werden mit dem Lamm Krieg führen, und das Lamm wird sie
besiegen, weil es Herr (der) Herren ist und König (der) Köni-
ge, und die mit ihm (sind) Berufene und Auserwählte und Treue.

15 Und er sagt mir: Die Wasser, die du sahst, wo die Hure
sitzt, Völker und Volksmengen sind sie und Völkerschaften
und Zungen. 16 Und die zehn Hörner, die du sahst, und das

Tier, diese werden hassen die Hure, und verwüstet werden
sie sie machen und nackt, und ihr Fleisch werden sie essen
und sie verbrennen in Feuer. 17 Denn Gott gab in ihre Herzen,
zu tun seine Meinung und zu tun eine (einzige) Meinung und
zu geben ihr Königtum dem Tier, bis erfüllt sein werden die
Worte Gottes. 18 Und die Frau, die du sahst, ist die große
Stadt, die habende ein Königtum über die Könige der Erde.

18 1 Danach sah ich einen anderen Engel herabsteigend
aus dem Himmel, habend große Vollmacht, und die
Erde wurde erleuchtet von seiner Herrlichkeit. 2 Und er schrie
mit starker Stimme, sagend: (Es) fiel, (es) fiel Babylon, die
große, und wurde eine Wohnstätte von Dämonen und ein Ge-
fängnis eines jeden unreinen Geistes und ein Gefängnis eines
jeden unreinen Vogels [und ein Gefängnis eines jeden unrei-
nen] und gehaßten [Tieres], 3 weil vom Wein der Leidenschaft
ihrer Hurerei getrunken haben alle Völker und die Könige der
Erde mit ihr hurten und die Kaufleute der Erde aus der Kraft
ihrer Genußsucht reich wurden.

4 Und ich hörte eine andere Stimme aus dem Himmel, sa-
gend: Kommt heraus, mein Volk, aus ihr, damit ihr nicht mit
teilhabt an ihren Sünden, und damit ihr von ihren Schlägen
nicht empfangt, 5 denn aneinandergereiht wurden ihre Sünden
bis zum Himmel, und (es) gedachte Gott ihrer Unrechttaten.
6 Vergeltet ihr, wie auch sie vergolten hat, und verdoppelt das
Doppelte gemäß ihren Werken! In den Becher, den sie ein-
schenkte, schenkt ihr doppelt ein! 7 Wieviel sie sich verherr-
lichte und genußsüchtig war, soviel gebt ihr Qual und Trauer.
Denn in ihrem Herzen sagt sie: Ich sitze als eine Königin,
und nicht bin ich Witwe, und Trauer sehe ich gewiß nicht.
8 Deswegen werden an einem (einzigen) Tag ihre Schläge
kommen, Tod und Trauer und Hungersnot, und in Feuer wird
sie verbrannt werden, denn ein starker Herr (ist) Gott, der sie
Richtende.

9 Und weinen und trauern werden über sie die Könige der
Erde, die mit ihr gehurt haben und genußsüchtig waren, wann
sie sehen den Rauch ihrer Feuersbrunst, 10 von weitem ste-

hend wegen der Furcht vor ihrer Qual, sagend: Wehe, wehe,
du große Stadt, Babylon, du starke Stadt, denn in einer (ein-
zigen) Stunde kam dein Gericht.

11 Und die Kaufleute der Erde weinen und trauern über sie,
weil ihre Ware keiner mehr kauft, 12 Ware von Gold und Sil-
ber und wertvollem Stein und Perlen und Leinen und Purpur
und Seide und Scharlach und jedes Holz vom Zitronenbaum
und jedes elfenbeinerne Gerät und jedes Gerät aus wertvoll-
stem Holz und Kupfer und Eisen und Marmor 13 und Zimt und
Amomon(balsam) und Räucherwerk und (Salb)öl und Weih-
rauch und Wein und Öl und feinstes Mehl und Weizen und
Großvieh und Schafe und von Pferden und von Wagen und
von Leibern und Seelen von Menschen. 14 Und die Früchte
der Begierde deiner Seele gingen weg von dir, und alles Fette
und das Strahlende ging zugrunde von dir, und nicht mehr
wird man sie finden.

15 Die Kaufleute von diesen (Dingen), die reich gewordenen
von ihr, von weitem werden sie stehen wegen der Furcht vor
ihrer Qual, weinend und trauernd, 16 sagend: Wehe, wehe, du
große Stadt, die umworfene mit Leinen und Purpur und
Scharlach und (die) vergoldete [mit] Gold und wertvollem
Stein und Perle, 17 denn in einer (einzigen) Stunde wurde
verwüstet so großer Reichtum. Und jeder Steuermann und je-
der zu einem Ort Segelnde und Seeleute und soviele (auf)
dem Meer arbeiten, von weitem standen sie 18 und schrien,
sehend den Rauch ihrer Feuersbrunst, sagend: Wer (ist)
gleich der großen Stadt? 19 Und sie warfen Staub auf ihre
Köpfe und schrien weinend und trauernd, sagend: Wehe,
wehe, du große Stadt, in der reich wurden alle, die Habenden
die Schiffe auf dem Meer, aufgrund ihrer Schätze, denn in
einer (einzigen) Stunde wurde sie verwüstet. 20 Freue dich
über sie, Himmel, und ihr Heiligen und ihr Apostel und ihr
Propheten, denn (es) vollzog Gott euren Gerichtsbeschluß an
ihr.

21 Und aufhob ein (einzelner) starker Engel einen Stein wie
einen großen Mühlstein und warf (ihn) ins Meer, sagend: So

wird mit Gewalt geworfen werden Babylon, die große Stadt,
und nicht gefunden wird sie mehr. 22 Und (die) Stimme von
Kitharaspielern und Musikern und Flötenspielern und Trom-
petenbläsern werde nicht gehört mehr in dir, und jeder Künst-
ler jeder Kunst werde nicht gefunden mehr in dir, und (die)
Stimme eines Mühlsteins werde nicht gehört mehr in dir,
23 und (das) Licht einer Leuchte nicht scheine mehr in dir, und
(die) Stimme eines Bräutigams und einer Braut werde nicht
gehört mehr in dir; denn deine Kaufleute waren die Großen
der Erde, weil durch deine Zauberei irregeführt wurden alle
Völker, 24 und in ihr wurde Blut von Propheten und Heiligen
gefunden und von allen Geschlachteten auf der Erde.

19 1 Danach hörte ich (etwas) wie eine laute Stimme ei-
ner großen Volksmenge im Himmel, sagend: Hal-
leluja; das Heil und die Herrlichkeit und die Kraft (sind) un-
seres Gottes, 2 weil wahr und gerecht seine Gerichte; denn er
richtete die große Hure, welche verdarb die Erde in ihrer Hu-
rerei, und rächte das Blut seiner Knechte an ihrer Hand.
3 Und zum zweiten (Mal) haben sie gesagt: Halleluja; und ihr
Rauch steigt hinauf in die Aionen der Aionen. 4 Und (nie-
der)fielen die vierundzwanzig Ältesten und die vier Lebewe-
sen, und sie huldigten Gott, dem Sitzenden auf dem Thron,
sagend: Amen, halleluja. 5 Und eine Stimme ging vom Thron
aus, sagend: Lobt unseren Gott, alle seine Knechte [und] die
ihn Fürchtenden, die Kleinen und die Großen. 6 Und ich hörte
(etwas) wie eine Stimme einer großen Volksmenge und wie
eine Stimme vieler Wasser und wie eine Stimme starker Don-
ner, sagend: Halleluja, denn König wurde (der) Herr, [unser]
Gott, der Allherrscher. 7 Wir wollen uns freuen und jubeln,
und wir werden geben ihm die Ehre, denn (es) kam die Hoch-
zeit des Lammes und seine Frau bereitete sich, 8 und gegeben
wurde ihr, damit sie sich umwerfe strahlendes reines Leinen;
denn das Leinen sind die Rechttaten der Heiligen.

9 Und er sagt mir: Schreibe: Selig, die zum Mahl der Hoch-
zeit des Lammes Gerufenen. Und er sagt mir: Diese sind die
wahren Worte Gottes. 10 Und (nieder)fiel ich vor seinen Fü-

ßen, ihm zu huldigen. Und er sagt mir: Sieh, nicht! Dein Mit-
knecht bin ich und (der) deiner Brüder, der habenden das
Zeugnis von Jesus; Gott huldige! Denn das Zeugnis von Jesus
ist der Geist der Prophetie.
[11] Und ich sah den Himmel geöffnet, und siehe, ein weißes
Pferd und der Sitzende auf ihm, [gerufen] treu und wahr, und
in Gerechtigkeit richtet er und führt er Krieg. [12] Seine Augen
aber [wie] eine Feuerflamme, und auf seinem Kopf viele Dia-
deme, habend einen Namen geschrieben, den keiner kennt,
außer er selbst, [13] und umworfen mit einem Gewand, getaucht
in Blut, und gerufen ist sein Name: das Wort Gottes.
[14] Und die Heere, [die] im Himmel, folgten ihm auf weißen
Pferden, angezogen mit weißem reinem Leinen. [15] Und aus
seinem Mund kommt heraus ein scharfes Schwert, damit er
mit ihm schlage die Völker, und er selbst *wird sie weiden mit* Ps 2,9
eisernem Stab, und er selbst tritt die Kelter des Weines der
Leidenschaft des Zornes Gottes, des Allherrschers, [16] und er
hat auf dem Gewand und auf seinem Schenkel einen Namen
geschrieben: König (der) Könige und Herr (der) Herren.
[17] Und ich sah einen (einzelnen) Engel stehend in der Son-
ne, und er schrie [mit] lauter Stimme, sagend allen Vögeln,
den fliegenden in (der) Himmelsmitte: Auf, versammelt euch
zum großen Mahl Gottes, [18] damit ihr eßt Fleisch von Köni-
gen und Fleisch von Chiliarchen und Fleisch von Starken und
Fleisch von Pferden und von den Sitzenden auf ihnen und
Fleisch von allen Freien und von Sklaven und von Kleinen
und von Großen.
[19] Und ich sah das Tier und die Könige der Erde und ihre
Heere versammelt, zu machen den Krieg mit dem Sitzenden
auf dem Pferd und mit seinem Heer. [20] Und gefangen wurde
das Tier und mit ihm der Lügenprophet, der gemacht hatte
die Zeichen vor ihm, mit denen er irreführte, die empfingen
das Prägezeichen des Tieres und die Huldigenden seinem
Bild; lebend wurden geworfen die zwei in den See des Feu-
ers, den brennenden in Schwefel. [21] Und die übrigen wurden
getötet mit dem Schwert des Sitzenden auf dem Pferd, dem

herauskommenden aus seinem Mund, und alle Vögel wurden gesättigt von ihrem Fleisch.

20 [1] Und ich sah einen Engel herabsteigend aus dem Himmel, habend den Schlüssel des Abgrundes und eine große Kette in seiner Hand. [2] Und er ergriff den Drachen, die alte Schlange, der ist (der) Teufel und der Satan, und er band ihn tausend Jahre, [3] und er warf ihn in den Abgrund, und er verschloß und versiegelte über ihm, damit er nicht irreführe mehr die Völker, bis vollendet wären die tausend Jahre. Danach muß er gelöst werden eine kurze Zeit.

[4] Und ich sah Throne, und sie setzten sich auf sie, und (der) Gerichtsbeschluß wurde ihnen gegeben, und die Seelen der Geköpften wegen des Zeugnisses von Jesus und wegen des Wortes Gottes, und welche nicht huldigten dem Tier noch seinem Bild und nicht empfingen das Prägezeichen auf die Stirn und auf ihre Hand. Und sie wurden lebendig und sie herrschten als Könige mit dem Christos tausend Jahre. [5] Die übrigen der Toten wurden nicht lebendig, bis vollendet waren die tausend Jahre.

Dies (ist) die erste Auferstehung. [6] Selig und heilig der Teilhabende an der ersten Auferstehung; über diese hat der zweite Tod nicht Vollmacht, sondern sie werden sein Priester Gottes und des Christos, und sie werden als Könige herrschen mit ihm [die] tausend Jahre.

[7] Und wann vollendet sind die tausend Jahre, wird gelöst
werden der Satan aus seinem Gefängnis, [8] und er wird ausge-
hen, irrezuführen die Völker, die in den vier Ecken der Erde,
den Gog und Magog, zu versammeln sie zum Krieg, deren
Zahl (sein wird) wie der Sand des Meeres. [9] Und heraufstie-
gen sie auf der Breite der Erde, und sie umringten das Lager
2 Kön 1,10.12 der Heiligen und die geliebte Stadt, *und herabfiel Feuer aus
dem Himmel, und es fraß sie auf.* [10] Und der Teufel, der sie
Irreführende, wurde geworfen in den See des Feuers und
Schwefels, wo auch das Tier und der Lügenprophet (sind),
und sie werden gequält werden tags und nachts in die Aionen
der Aionen.

11 Und ich sah einen großen weißen Thron und den Sitzen-
den auf ihm, vor dessen Angesicht die Erde floh und der
Himmel, und eine Stätte wurde nicht gefunden für sie. 12 Und
ich sah die Toten, die großen und die kleinen, stehend vor
dem Thron. Und Bücher wurden geöffnet, und ein anderes
Buch wurde geöffnet, das ist (das) des Lebens, und es wurden
gerichtet die Toten aufgrund des Geschriebenen in den Bü-
chern gemäß ihren Werken. 13 Und (es) gab heraus das Meer
die Toten, die in ihm, und der Tod und der Hades gaben her-
aus die Toten, die in ihnen, und sie wurden gerichtet, jeder
gemäß seinen Werken. 14 Und der Tod und der Hades wurden
geworfen in den See des Feuers. Dieser Tod ist der zweite,
der See des Feuers. 15 Und wenn einer nicht gefunden wurde
eingeschrieben im Buch des Lebens, wurde er geworfen in
den See des Feuers.

21 1 Und ich sah einen neuen Himmel und eine neue
Erde. Denn der erste Himmel und die erste Erde
vergingen, und das Meer ist nicht mehr. 2 Und die heilige
Stadt, ein neues Jerusalem, sah ich herabsteigend aus dem
Himmel von Gott (her), bereitet wie eine Braut, geschmückt
für ihren Mann. 3 Und ich hörte eine laute Stimme vom Thron
(her), sagend: Siehe, das Zelt Gottes bei den Menschen, und
er wird zelten bei ihnen, und sie werden seine Völker sein,
und Gott selbst wird bei ihnen sein [als ihr Gott], 4 *und abwi-* Jes 25,8
schen wird er jede Träne aus ihren *Augen,* und der Tod wird
nicht mehr sein, auch nicht Trauer, auch nicht Geschrei, auch
Mühe wird nicht mehr sein, weil das Erste verging.

5 Und (es) sprach der Sitzende auf dem Thron: Siehe, neu
mache ich alles. Und er sagt: Schreibe: Diese Worte sind zu-
verlässig und wahr. 6 Und er sprach zu mir: Es ist geschehen.
Ich [bin] das Alpha und das Omega, der Anfang und das
Ende. Ich werde dem Dürstenden geben aus der Quelle des
Wassers des Lebens umsonst. 7 Der Siegende wird dieses er-
ben, und *ich werde ihm Gott sein, und er wird mir Sohn sein.* 2 Sam 7,14
8 Den Feigen aber und Untreuen und Verabscheuungswürdi- Ez 11,20
gen und Mördern und Hurern und Zauberern und Götzendie-

nern und allen Lügnerischen (ist) ihr Anteil im See, dem
brennenden (in) Feuer und Schwefel, das ist der zweite Tod.

9 Und (es) kam einer von den sieben Engeln, den habenden
die sieben Schalen voll der letzten sieben Schläge, und er re-
dete mit mir, sagend: Auf, ich werde dir zeigen die Braut, die
Frau des Lammes. 10 Und forttrug er mich im Geist auf einen
großen und hohen Berg, und er zeigte mir die heilige Stadt
Jerusalem, herabsteigend aus dem Himmel von Gott (her),
11 habend die Herrlichkeit Gottes, ihre Leuchte gleich einem
sehr wertvollen Stein, wie ein kristallen glänzender Jaspis-
stein. 12 Habend eine große und hohe Mauer, habend zwölf
Tore und auf den Toren zwölf Engel und Namen angeschrie-
ben, welche sind [die Namen] der zwölf Stämme (der) Söhne
Israels; 13 im Osten drei Tore und im Norden drei Tore und
im Süden drei Tore und im Westen drei Tore. 14 Und die
Mauer der Stadt, habend zwölf Grundsteine und auf ihnen
(die) zwölf Namen der zwölf Apostel des Lammes.

15 Und der Redende mit mir hatte ein Maß, ein goldenes
Rohr, damit er messe die Stadt und ihre Tore und ihre Mau-
er. 16 Und die Stadt steht viereckig da, und ihre Länge (ist) so
groß wie [auch] die Breite. Und er maß die Stadt mit dem
Rohr auf zwölftausend Stadien, die Länge und die Breite und
die Höhe von ihr sind gleich. 17 Und er maß ihre Mauer mit
hundertvierundvierzig Ellen nach Maß eines Menschen, das
ist (das) eines Engels. 18 Und das Baumaterial ihrer Mauer
(ist) Jaspis, und die Stadt reines Gold gleich reinem Glas.
19 Die Grundsteine der Mauer der Stadt (sind) mit jedem kost-
baren Stein geschmückt; der erste Grundstein ein Jaspis, der
zweite ein Saphir, der dritte ein Chalcedon, der vierte ein
Smaragd, 20 der fünfte ein Sardonyx, der sechste ein Karneol,
der siebte ein Chrysolith, der achte ein Beryll, der neunte ein
Topas, der zehnte ein Chrysopras, der elfte ein Hyazinth, der
zwölfte ein Amethyst, 21 und die zwölf Tore zwölf Perlen, je
ein jedes der Tore war aus einer (einzigen) Perle. Und die
Straße der Stadt (war) reines Gold wie durchsichtiges Glas.

22 Aber einen Tempel sah ich nicht in ihr, denn der Herr,

Gott, der Allherrscher ist ihr Tempel und das Lamm. 23 Und
die Stadt hat nicht nötig die Sonne noch den Mond, damit sie
ihr scheinen, denn die Herrlichkeit Gottes erleuchtete sie, und
ihre Leuchte (ist) das Lamm. 24 Und (es) werden wandeln die
Völker aufgrund ihres Lichts, und die Könige der Erde brin-
gen ihre Herrlichkeit in sie, 25 und ihre Tore werden nicht ge-
schlossen werden tags, denn Nacht wird nicht sein dort, 26 und
sie werden bringen die Herrlichkeit und die Ehre der Völker
in sie. 27 Und nicht wird hineingehen in sie jegliches Gemei-
ne, nämlich [der] Tuende Greuel und Lüge, wenn nicht die
Eingeschriebenen im Buch des Lebens des Lammes.

22 1 Und er zeigte mir einen Fluß von Wasser (des) Le-
bens, strahlend wie Kristall, ausgehend vom Thron
Gottes und des Lammes. 2 Inmitten ihrer Straße und hüben
und drüben des Flusses (ist) ein Baum (des) Lebens, bringend
zwölf Früchte, monatlich ein jeder abgebend seine Frucht,
und die Blätter des Baumes (sind) zur Heilung der Völker.
3 Und jeglicher Fluch wird nicht mehr sein. Und der Thron
Gottes und des Lammes wird in ihr sein, und seine Knechte
werden ihm dienen, 4 und sie werden sehen sein Angesicht,
und sein Name auf ihren Stirnen. 5 Und Nacht wird nicht
mehr sein, und nicht haben sie nötig (das) Licht einer Leuchte
und (das) Licht (der) Sonne, weil (der) Herr, Gott, leuchten
wird über ihnen, und sie werden als Könige herrschen in die
Aionen der Aionen.

6 Und er sprach zu mir: Diese Worte (sind) zuverlässig und
wahr, und der Herr, der Gott der Geister der Propheten,
schickte seinen Engel, zu zeigen seinen Knechten, was ge-
schehen muß in Kürze. 7 Und siehe, ich komme schnell. Selig
der Bewahrende die Worte der Prophetie dieses Buches.

8 Und ich, Johannes, (bin) der Hörende und Sehende die-
ses. Und als ich hörte und sah, (nieder)fiel ich zu huldigen
vor den Füßen des Engels, des Zeigenden mir dieses. 9 Und
er sagt mir: Sieh, nicht! Dein Mitknecht bin ich und (der)
deiner Brüder, der Propheten und der Bewahrenden die Wor-

te dieses Buches; Gott huldige!

10 Und er sagt mir: Versiegele nicht die Worte der Prophe-
tie dieses Buches! Denn die Zeit ist nahe. 11 Der Unrecht Tu-
ende soll weiter Unrecht tun, und der Schmutzige soll sich
weiter beschmutzen, und der Gerechte soll weiter Gerechtig-
keit tun, und der Heilige soll sich weiter heiligen!

12 Siehe, ich komme schnell, und mein Lohn mit mir, zu
vergelten einem jeden, wie sein Werk ist. 13 Ich (bin) das Al-
pha und das Omega, der Erste und der Letzte, der Anfang
und das Ende.

14 Selig die Waschenden ihre Gewänder, damit ihrer sein
wird die Vollmacht über den Baum des Lebens und sie durch
die Tore hineingehen werden in die Stadt. 15 Draußen die
Hunde und die Zauberer und die Hurer und die Mörder und
die Götzendiener und jeder (die) Lüge Liebende und Tuende.

16 Ich, Jesus, schickte meinen Engel, euch zu bezeugen die-
ses über die Gemeinden. Ich bin die Wurzel und das Ge-
schlecht Davids, der strahlende Morgenstern.

17 Und der Geist und die Braut sagen: Komm! Und der Hö-
rende soll sprechen: Komm! Und der Dürstende soll kom-
men, der Wollende soll empfangen Wasser (des) Lebens um-
sonst.

18 Ich bezeuge einem jeden Hörenden die Worte der Pro-
phetie dieses Buches: Wenn einer etwas hinzulegt auf es,
wird hinzulegen Gott auf ihn die Schläge, die in diesem Buch
beschriebenen, 19 und wenn einer wegnimmt von den Worten
des Buches dieser Prophetie, den in diesem Buch geschriebe-
nen, wird wegnehmen Gott seinen Anteil vom Baum des Le-
bens und von der heiligen Stadt.

20 (Es) sagt der dieses Bezeugende: Ja, ich komme schnell.
Amen, komm, Herr Jesus!

21 Die Gnade des Herrn Jesus (sei) mit allen.

Anhang

Es bestand von Anfang an der Wunsch, der Übersetzung des MNT eine Liste von Erklärungen und Karten beizugeben. Gerade weil wir uns entschlossen hatten, die Eigennamen und viele Spezialbegriffe - mit einigen wenigen Ausnahmen - in der Form zu belassen, wie sie im griechischen Text stehen, mußten sich die Benutzer des MNT an so manches Ungewohnte gewöhnen. Nicht selten werden sie sich Lese-Hilfen gewünscht haben, wie wir sie jetzt bei der 5. Auflage des MNT anbieten können. Darüber sind wir Herausgeber dem Verlag außerordentlich dankbar.

Wort- und Sacherklärungen

Abaddon: Verderben, Untergang - Ort des Abgrunds: Totenreich; Name des Engels der Unterwelt, s. Apollyon

Abba: Vater - der Gott Jesu; Gebetsanrufung

Achaia: Mittel- und Südgriechenland, röm. Provinz

Adramyttium: Stadt und Hafen in Mysien/Kleinasien

Aigyptos: Ägypten - urspr.: Beiname der Stadt Memphis

Ainon: Aufenthaltsort Johannes des Täufers südl. v. Skythopolis (?)

Aion: Weltzeit, Ewigkeit, Äon

Aithioper: Äthiopier

Alexandriner: Bewohner von Alexandria, Stadt im Nildelta

Ältestenrat: s. Synhedrion

Amen: „So ist es / so sei es“ - Bestätigung des Willens und Wortes Gottes; oft liturgische Akklamation

Amomon: Balsam

Antichristos: Eschatologischer Gegenspieler Christi: „Gegenchristus“

Antiocheia: a) Stadt in Syrien, Hauptstadt der Seleukiden; b) Stadt in Pisidien

Apollyon: Verderber - Anspielung auf Pestgott Apollon; s. Abaddon

Apostolat: Beauftragung mit einer Sendung

Aposynagogos: ein aus der Synagoge Ausgestoßener

Arabia: Gebiet der Nabatäer, östlich des Jordan

Areopag: Areshügel in Athen - Amtssitz der athenischen Stadtbehörde

Areopagit: Beisitzer des Gerichts auf dem Areopag

Arimathaia: Arimathäa - Heimatstadt des Ratsherrn Joseph v. A.

Asia: westl. Teil Kleinasiens, röm. Provinz

Asiarch: städt. Abgeordneter für die Bundesversammlung der Provinz Asia

Athenai: Athen - Hauptstadt Attikas, später Griechenlands

Baal: „Herr“, „Besitzer“, westsemitische Gottesbezeichnung

Babylon: Stadt am Euphrat, Hauptstadt des babylonischen Reiches

Balaam: auch: Bileam; heidnischer Prophet der Landnahmezeit

Barbar: Fremdsprachiger, Nicht-Grieche

Beelzebul: von Baal-Zebub: „Erhabener“, „Fürst“; oberster der bösen Geister; verballhornt: „Herr der Fliegen“

Beisasse: Zugezogener, Außenstehender - Mensch mit anderer Heimat

Beliar: Bosheit, Verderben - Gottwidrige Macht: Satan, Antichrist

Beroiaier: Bewohner der griech. Stadt Beröa im Süden Mazedoniens

Bethzatha: Teich in Jerusalem nahe dem Schaftor

Bithynia: Bithynien: Königreich im nordwestl. Kleinasien, später röm. Provinz

Boanerges: Donnersöhne - Bezeichnung Jesu für Jakobus und Johannes

Centurio: Militärischer Führer einer Hundertschaft

Chaldaier: mit Babyloniern identifizierte Ostaramäer, auch Bezeichnung für Sterndeuter, Wahrsager, Magier

Chanaan: von Israel erobertes Gebiet im westjordanischen Bergland

Cherub: Mischwesen mit Löwen- und Menschengesichtern, Flügeln und Füßen; später: Hüter der Bundeslade im Tempel

Chiliarch: Anführer einer Tausendschaft, Befehlshaber einer Kohorte

Christianer: Christen, Anhänger des Christos (= Messias) Jesus

Dalmatia: röm. Provinz „oberes Illyrien" (heute: Albanien/Jugoslawien)

Damaskener: Bewohner der Stadt Damaskus (heute: Hauptstadt Syriens)

Dekapolis: Gebiet der Zehn Städte, fast alle im Ostjordanland, frühhellenistisch - von Pompeius zur Föderation zusammengefaßt

Derbaier: Bewohner der Stadt Derbe in Lykaonien/Kleinasien

Diaspora: Zerstreuung, v.a. Israels (später der Kirche) unter die Völker

Dike: Personifiziert als Strafgöttin gedachte Strafgerechtigkeit

Dioskuren: Zwillings-Götter Kastor und Pollux, Beschützer der Seefahrt

Elamiter: Bewohner des Landes Elam, östlich von Babylonien

Ephesier: Bewohner der Stadt Ephesus, Hauptstadt der röm. Provinz Asia

Ephatha: „Tue dich auf!"

Erstling: Erstfrüchte der Ernte, Erstgeburt des Viehs, als Geschenk-Opfer dargebracht - NT: überträgt auf Christus, Geist, Christen, v.a. Erstberufene

Ethnarch: hellenistischer Titel, etwa „Großherzog", „Fürst"

Euphrates: Fluß Euphrat, längster Fluß Vorderasiens

Eurakylon: Nordostwind

Gabbatha: Anhöhe, Erhebung - gepflasterter Hof der Burg Antonia; s. Lithostrotos

Galilaia: Galiläa - Land westlich des Sees Genezareth

Gehenna: Hölle, jenseitiger Strafort - abgeleitet vom Hinnom-Tal bei Jerusalem als Stätte der Verworfenheit

Gerasener: Bewohner von Gerasa, Stadt im Ostjordanland

Gethsemani: Name eines Gartens am Ölberg jenseits des Kidron

Gog: Feind aus dem Norden - Fürst des Landes Magog, Feldherr Satans beim endzeitlichen Völkerangriff auf Jerusalem

Golgotha: „Schädelstätte" - Hügel, Hinrichtungsort Jesu

Gomorra: wie Sodom: (wegen ihrer sprichwörtlichen Freveltaten) zerstörte Städte am Toten Meer

Hades: Totenreich, Scheol - im Innern der Erde vorgestellt

Häresie: Sekte, Parteiung, Richtung, Lehrmeinung; später: Irrlehre

Harmagedon: Berg von Megiddo, dem klassischen Schlachtfeld Kanaans - Ort endzeitlichen Kriegsgeschehens zwischen. Gott und seinen Feinden

Hebraier: Im Judentum: Ehrenname für die Juden - im NT: aramäisch sprechende Juden Palästinas (im Gegensatz zu den „Hellenisten")

Hellene: Grieche - Bewohner Griechenlands

Hellenismus: Durch Alexander d. Gr. und seine Nachfolger begründete Kulturepoche vom 3.–1. Jh. v. Chr.

Hellenist: von griechischer Sprache und Kultur beeinflußter Jude

Hermes: griechischer Gott (röm.: Merkur): Götterbote, Totenbegleiter

Herodianer: Im NT: Anhänger des Herodes Antipas, Gegner Jesu

Hierosolyma: Lateinischer Name für Jerusalem

Hierosolymite: Bewohner Jerusalems

Hosee: Hosea, jüdischer Prophet des 8. Jh. v. Chr.

Hymne: Gottesdienstliches Lied, Lob-Psalm

Idumaia: Land Edom im südjudäischen Gebiet

Ikonion: Ikonium - Hauptstadt Lykaoniens/ Kleinasien

Illyrikon: gebirgiges Land nordwestlich von Mazedonien

Iskariotes (= Iskarioth): Beiname des Judas: Mann aus Karioth (?)

Italika: Italische Kohorte (in Cäsarea?)

Ituraia: Ituräa - Landschaft nordöstlich Galiläas

Jezabel (= Isebel): Königin im Nordreich Israel, aus Tyrus stammend; im NT: Urbild einer zum Götzendienst verführenden Frau

Joppe (= Japho): Stadt an der philistäischen Küste zwischen Karmel und Gaza

Jordanes: Jordan - Fluß in Palästina

Jota: Kleinster Buchstabe der hebräischen Quadratschrift - Ausdruck für Geringfügigkeit

Judaia: Hell.-röm. Bezeichnung des Gebiets der israelitischen Südstämme Juda und Benjamin - Wohngebiet der „Juden"

Judaier: Juden - ursprünglich: Bewohner Judäas

Judaisch: jüdisch

Kaisareia: Cäsarea: „Cäsar-Städte", v.a. Augustus und Tiberius gewidmet (1. C. am Meer: Hafen- und Residenzstadt des röm. Prokurators; 2. C. Philippi: Hauptstadt der Tetrarchie des Herodessohnes Philippus)

Kajaphas: jüdischer Hoherpriester zur Zeit Jesu (18–37 n. Chr.)

Kana: Dorf in Galiläa

Kananaier: Kanaaniter - im AT: Herrenschicht in Palästina, städtische Bewohner des Landes Kanaan

Kapharnaum: auch: Kapernaum; Dorf am See Genezareth

Kappadokia: Kappadozien - Hochland im östlichen Kleinasien

Kithara: Musikinstrument, vergleichbar Zither und Laute

Kohorte: Römische Truppeneinheit: zehnter Teil einer Legion

Korban: Weihegabe an den Tempelschatz

Kraniou Topos: „Schädelstätte" – Ort der Hinrichtung Jesu

Kymbalon: Musikinstrument, vergleichbar der Cymbel (= metallisches Handbecken, das mit einem anderen zusammengeschlagen wird)

Kyprier: Bewohner der Insel Zypern

Kyrenaier: Bewohner der Hauptstadt der griech. Kolonie Kyrenaike in Lybien

Laodikeia: Laodizea – Stadt in Phrygien

Laubhüttenfest: Wallfahrts- und Erntedankfest

Lema sabachthani: „Warum hast du mich verlassen?"

Libertiner: Freigelassener Sklave

Lithostrotos: „Marmorpflaster" – im Hof der Burg Antonia (?) (s. Gabbatha)

Magdalenerin: aus Magdala stammend (Ort am See Gennezareth)

Magog: Volk südöstlich des Schwarzen Meers – mythisches Land des „Feindes aus dem Norden"

Makedonia: Gebiet im Norden Griechenlands, zeitweilig Königreich, später röm. Provinz

Manna: man = „Brot vom Himmel", das die Israeliten in der Wüste aßen (Ex 16): Wüstenfrucht von der Manna-Tamariske

Maranatha: Gebetsruf: „Komm, Herr!"

Melite: Insel Malta

Messias: eschatologische Rettergestalt; wörtlich: „Gesalbter", übersetzt: „Christus"

Miletos: Milet – Stadt im westlichen Kleinasien

Moyses: Mose(s) – Führer beim Auszug aus Ägypten

Mythos: Gedanke, Motiv, auch: Bericht; im NT: Fabel, Schwindel

Nain: Stadt an der Südgrenze Galiläas

Nasiräer: Gottgeweihter in Israel, der/die ein Gelübde ablegte

Nazoraier: Nazarener, aus Nazara/Nazaret(h) stammend

Nikolait: Anhänger einer Sekte, benannt nach einem nicht bestimmbaren Nikolaus

Ölberg: „Berg der Ölbäume“, Höhenzug im Osten Jerusalems

Omega: Letzter Buchstabe des griechischen Alphabets – Symbol für das Ende

Pascha: Jüdisches Pesach-, christliches Osterfest; auch Paschalamm

Pharao: ägyptisch: „großes Haus“, „Palast“; übertragen auf den König als Repräsentanten des Staats

Pharisaier: Jüdische Gruppe, ursprünglich fromme „Separatisten“; im NT: Gesprächspartner und Gegner Jesu; nach 70 n. Chr. als Vertreter des Judentums Gegner des werdenden Christentums

Philadelpheia: lydische Stadt in Kleinasien

Philippesier: Bewohner der Stadt Philippi im Osten Mazedoniens

Phoinix: a) Vogel aus Arabien; b) Hafen von Kreta

Phrygia: Phrygien – Landschaft im westl. Hochland Kleinasiens

Porkios Festos: Porcius Festus, röm. Prokurator (60–62 n. Chr.)

Praitorion: Hauptquartier eines Prätors oder eines militärischen Befehlshabers; im NT: Amtssitz des Pilatus

Priester: „Wer Heiliges treibt“, für heilige Handlungen zuständige Person; im NT: nur für jüdische Priester gebraucht

Prokurator: röm. Statthalter in Palästina (von 6–66 n. Chr.); Luther: „Landpfleger“

Proselyt: jemand, der sich dem Judentum anschloß

Rabbuni: „Mein Meister“; Titel für jüdischen Schriftgelehrte; im NT: Anrede der Maria von Magdala für Jesus

Sabbatweg: Am Sabbat erlaubter Weg von höchstens 2000 Ellen (= ca. 880 m)

Saddukaier: Jüdische Partei mit großem Einfluß auf die klerikalen Kreise

Samareia: Hauptstadt Nordisraels; später auch Name der Provinz Samaria - zwischen Judäa und Galiläa

Samariter: Bewohner der Landschaft Samaria oder Anhänger des Tempels bei Sichem

Sampson: Samson oder Simson, letzter der sechs „Großen Richter" (Ri 13-16)

Sardeis: Sardes, Stadt in Kleinasien

Scheidebrief: rechtliche Auflösung einer Ehe durch einen jüdischen Mann

Sikarier: „Dolchmänner": Meuchelmörder; jüdische Freiheitskämpfer

Siloam: Kanal in Jerusalem, der Wasser zum S.-Teich führt

Sion: Name für den Berg Hermon bzw. älteste Schreibweise für Zion, die Jebusiterstadt Jerusalem auf dem Berg Ofel, dessen östlicher Teil Zion genannt wurde; hier stand eine Burg

Sodom: wie Gomorra: (wegen ihrer sprichwörtlichen Freveltaten) zerstörte Städte am Toten Meer

Solomon: Salomo - König in Israel und Juda (965-926 v. Chr.)

Synagoge: Jüdische Lokalgemeinde oder ihr Versammlungsort

Synagogenausschluß: Umstrittene Maßnahme des pharisäisch bestimmten Hohen Rats von Jabne/Jamnia gegen das frühe Judenchristentum

Synhedrion: Jüdische Verwaltungs- und Gerichtsbehörde in Jerusalem während der hell.-röm. Zeit

Syrakusai: Syrakus - Hafenstadt an der Ostküste Siziliens

Tabitha: Dorkas = Gazelle; Jüngerin Jesu aus Joppe

Talitha kum: „Mädchen steh auf": Jesu Wort an die Tochter des Jairos

Tartaros: Unterwelt, Hölle; göttlicher Strafort

Täufer: Bezeichnung für Johannes wegen seiner spezifischen Taufe

Tagesdienstabteilung: Priester- und Levitenordnung für den Tempeldienst

Tempelweihfest: Erinnerung v.a. an Tempelweihe und Wiedereinweihung

Tetrarch: Titel im Sinne von „Statthalter", „Herzog"; Luther: „Vierfürst"

Tiberios: Tiberius - röm. Kaiser (14–37 n. Chr.)

Tres Tabernae: an der Via Appia gelegener Ort (= „Drei Hütten oder Wirtshäuser")

Ysop: Aromatische Pflanze; im NT: auf einen Stecken gebundener Busch dieser Pflanze

Zehnt: Abgabe v.a. an den Tempel, Steuer an die Leviten

Zelot: „Eiferer"; jüdische Freiheitskämpfer zur Zeit der röm. Besatzung

Zwölfstämmevolk: Israel, das Volk der „Zwölf Stämme"

Maße, Gewichte und Münzeinheiten *

Assarion: Röm. Münze (s. Denar); bei Luther: Pfennig

Bat: Hohlmaß für Flüssiges: zwischen 35 und 45 l; bei Luther: Eimer

Choinix: Hohlmaß für Trockenes: ca. 1,3 kg

Denar: Röm. Münze: Silberdenar (= 16 Assarion = 64 Kodrantes = 128 Lepta); bei Luther: Groschen

Doppeldrachme: Griech. Münze (s. Drachme); bei Luther: Silberling

* Da die Maßeinheiten innerhalb des römischen Reiches nicht einheitlich waren, geben wir hier nur Orientierungswerte an (Einzelheiten s. B. Reicke/ L. Rost, Biblisch–Historisches Handwörterbuch, Göttingen 1962ff, und H. Haag, Bibel-Lexikon, Einsiedeln [2]1968). Der Münzwert in heutigem Geldwert läßt sich aufgrund des bei Mt 20,9ff genannten Tageslohns eines Landarbeiters (1 Denar) abschätzen.

Drachme: Griech. Münze (= 6 Oboloi = 48 Stück Kupfergeld); bei Luther: Groschen

Elle: Längenmaß: ca. 0,5 m

Fußbreit: Längenmaß: ca. 0,35 m

Kodrantes: Röm. Münze (s. Denar); bei Luther: Heller

Kor: Hohlmaß für Flüssiges: zwischen 350 und 450 l (= 10 Bat)

Kupfer(geld): Griech. Münze (s. Drachme)

Lepton : Münze: Kleinste griech. Kupfermünze

Litra: Gewicht: das röm. Pfund = 327,45 g; bei Luther: Pfund

Meile: Längenmaß: Röm. Meile = 1478,5 m

Metrete: Hohlmaß für Flüssiges: ca. 39 l

Mna: Griech. Münzbetrag (= 50 Doppeldrachmen = 100 Drachmen); bei Luther: Pfund

Orgyia: Längenmaß: ca. 2 m

Saton: Syr.-paläst. Hohlmaß, erst für Getreide, dann für Flüssigkeiten: ca. 7,3 kg bzw. 11–13 l; bei Luther: Scheffel

Scheffel: Hohlmaß: ca. 8,7 l

Silber(geldstück): Röm. Münze = Silberdenar (s. Denar); bei Luther: Silberling

Stadion: Längenmaß: ca. 200 m

Stater: Griech. Münze auch Tetradrachme (s. Drachme); bei Luther: Stater

Talent: Griech. Gewicht und Münzbetrag (= 60 Mna bzw. 41 kg); bei Luther: Zentner

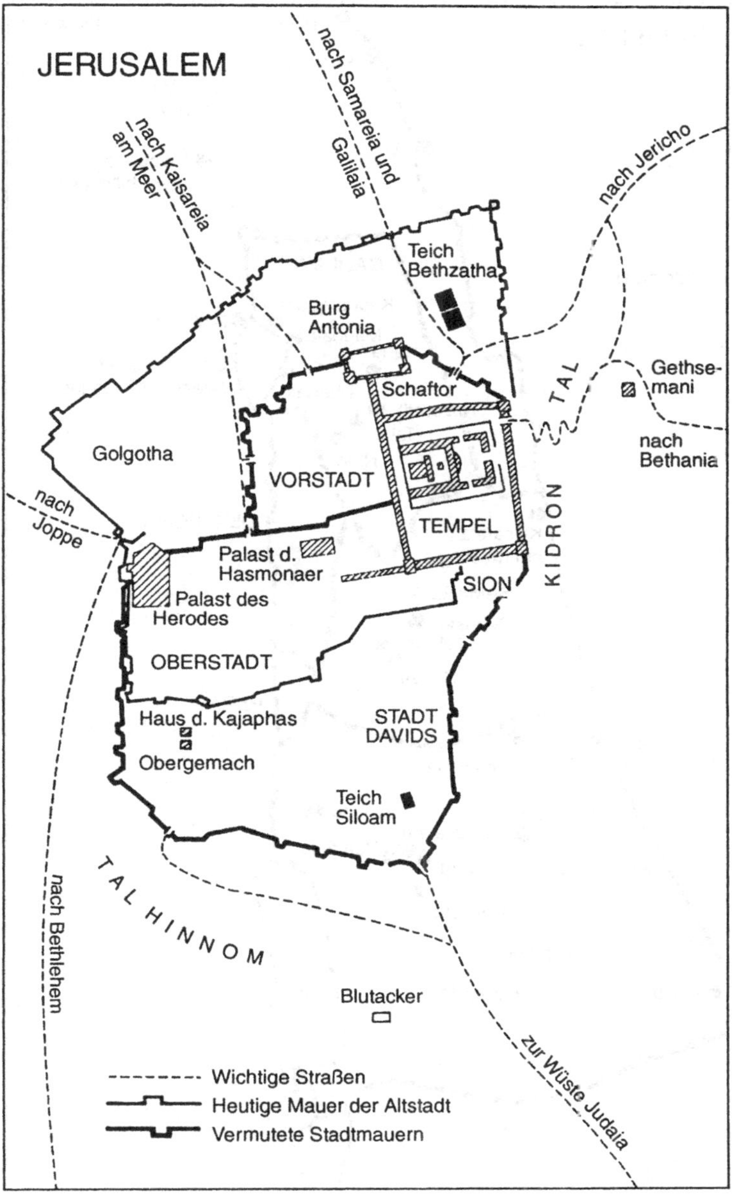

JERUSALEM
nach Kaisareia am Meer
nach Samareia und Galilaia
nach Jericho
Teich Bethzatha
Burg Antonia
Schaftor
Gethsemani
TAL
nach Bethania
Golgotha
VORSTADT
KIDRON
TEMPEL
nach Joppe
Palast d. Hasmonaer
SION
Palast des Herodes
OBERSTADT
Haus d. Kajaphas
Obergemach
STADT DAVIDS
Teich Siloam
TAL HINNOM
nach Bethlehem
Blutacker
zur Wüste Judaia
Wichtige Straßen
Heutige Mauer der Altstadt
Vermutete Stadtmauern

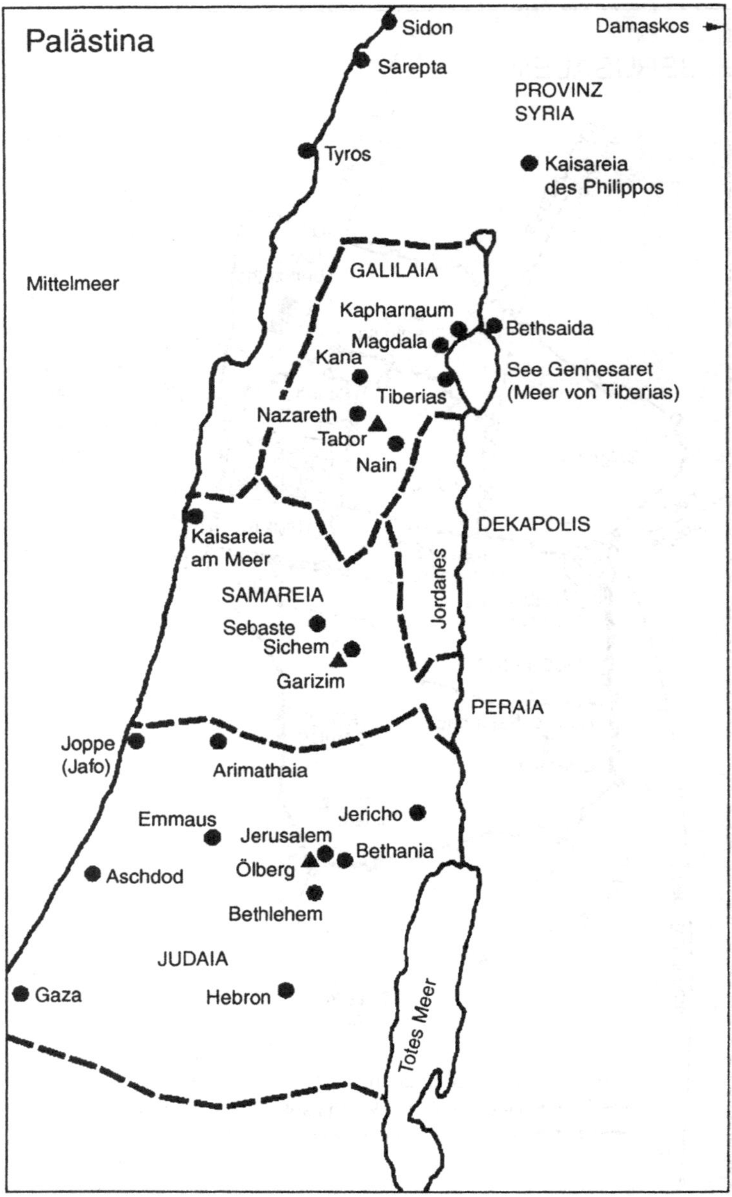
Palästina
Sidon
Damaskos
Sarepta
PROVINZ
SYRIA
Tyros
Kaisareia
des Philippos
GALILAIA
Mittelmeer
Kapharnaum
Bethsaida
Magdala
Kana
See Gennesaret
(Meer von Tiberias)
Tiberias
Nazareth
Tabor
Nain
DEKAPOLIS
Kaisareia
am Meer
Jordanes
SAMAREIA
Sebaste
Sichem
Garizim
PERAIA
Joppe
(Jafo)
Arimathaia
Emmaus
Jericho
Jerusalem
Bethania
Aschdod
Ölberg
Bethlehem
JUDAIA
Gaza
Hebron
Totes Meer

Der Mittelmeerraum
DALMATIA
Rom
ITALIA
Potioloi
SIZILIA
Syrakusai
Melite
MAKEDONIA
Philippoi
Neapolis
Thessalonike
Samothrake
Athenai
KORINTHOS
Troas
PROVINZ ASIA
BITHYNIA
GALATIA
PONTIOS
KAPPADOKIA
PISIDIA
Antiocheia
Ikonion
Perge
Derbe
Lystra
Tarsos
Seleukeia
Antiocheia
Ephesos
Miletos
Pamphylia
KILIKIA
Attalia
Salamis
RHODOS
Myra
KYPROS
Paphos
SYRIA
KRETA
Lasaia
Sidon
Damaskos
GALILAIA
Kaisareia
Aschdod
Jerusalem
Gaza
JUDAIA
Kyrene
Alexandreia
LIBYA
AIGYPTOS
ARABIA